壹卷
YE BOOK

让思想流动起来

论世衡史
- 丛书 -

鸦片税收与清末新政

— 修订版 —

刘增合 著

四川人民出版社

图书在版编目（CIP）数据

鸦片税收与清末新政 / 刘增合著. -- 2版（修订本）. -- 成都：四川人民出版社，2020.9
ISBN 978-7-220-12014-5

Ⅰ.①鸦… Ⅱ.①刘… Ⅲ.①财政史—研究—中国—清后期 Ⅳ.①F812.952

中国版本图书馆CIP数据核字（2020）第179749号

YAPIAN SUISHOU YU QINGMO XINZHEN（XIUDING BAN）
鸦片税收与清末新政（修订版）
刘增合 著

出 版 人	黄立新
策划统筹	封 龙
责任编辑	赵 静 唐 婧
版式设计	戴雨虹
封面设计	周伟伟
责任印制	周 奇
出版发行	四川人民出版社（成都市槐树街2号）
网 址	http://www.scpph.com
E-mail	scrmcbs@sina.com
新浪微博	@四川人民出版社
微信公众号	四川人民出版社
发行部业务电话	（028）86259624 86259453
防盗版举报电话	（028）86259624
印 刷	成都东江印务有限公司
成品尺寸	145mm×210mm
印 张	18.75
字 数	442千
版 次	2020年9月第1版
印 次	2020年9月第1次印刷
书 号	ISBN 978-7-220-12014-5
定 价	98.00元

■版权所有·侵权必究
本书若出现质量问题，请与我社发行部联系更换
电话：（028）86259453

序

　　这次修订,是由于本书初版时对字数规模有所限制,不得不删去最初书稿中较多的内容,而那些内容对于充分反映研究主题不可或缺,本次修订时一并收入原先被删减的内容。修订过程中,对原书稿中的舛误和遗漏尽量订正,部分章节标题也有所调整。大致来说,这次修订更能够体现这一研究课题的研究进展。

目 录

绪 论 …………………………………………………… 001

第一章 禁政观念与税源经略 …………………… 031
第一节 禁政观念的变动 ………………………… 032
第二节 税源经略与财政利益博弈 ……………… 058
第三节 鸦片专卖与禁政决断 …………………… 116

第二章 禁政名义下的专卖与统税 ……………… 164
第一节 鸦片专卖的筹计与展开 ………………… 165
第二节 土药统税 ………………………………… 210
第三节 财政与禁政的对峙 ……………………… 259

第三章 财政抵补筹策及其困境 ………………… 290
第一节 筹办印花税 ……………………………… 291
第二节 盐斤再度加价 …………………………… 333

第三节　抵补陷入困境 ································· 365

第四章　禁政与新政的抵牾 ································· 394
　　　第一节　禁政时期的整军经武 ······················· 395
　　　第二节　兴学与警政 ································· 437
　　　第三节　"急务"与"本源"的失调 ··················· 463

第五章　禁政激变与"新政之累" ························· 495
　　　第一节　禁政激变 ································· 495
　　　第二节　新政之累 ································· 528

结　语 ··· 561

征引文献 ··· 573

绪　论

一、论题缘由

众所周知，鸦片问题是影响近代中国命运的重要因素之一。鸦片贸易合法化以后，外来鸦片输入大幅度增加，本土鸦片生产也泛滥成灾。大量鸦片源源不断地供给官民，导致吸食鸦片之风弥漫开来。鸦片之害不但表现为毁身耗财，更严重的是败坏社会风气，祸害匪浅。清末新政兴起后，鸦片问题的严重性更引起中外人士的空前关注。在朝野促动下，清廷痛下禁政决断，国内禁烟运动随之兴起。鸦片禁政与清末新政同处一个时期，禁政所涉及的诸多问题与新政举措关系甚大，彼此牵制，互有影响。禁政对新政改革的影响是多方面的，这与鸦片在晚清社会产生的各种问题密切相关。

"鸦片问题"指涉的范围较为宽泛，表现形式颇不相同，"社会问题"是一个主要的方面，这是指鸦片危害社会和个人，既毁身耗财又蠹国病民，为祸愈烈；"颓废的精神文化"是鸦片危害在精神领域中的重要表现，娱乐生活和社会交往中处处以鸦片吸食为媒介，官民的精神生活趋向堕落，不思进取，加之盗匪、娼妓、自杀伴随其中，整个社会陷入伦理失衡、精神堕落的境地；"鸦片经济"是近代农业和商业的一种特殊形式，烟农与烟商不顾道义和名誉，一味讲求种植利益和追逐商业暴利，因而产生形形色色的鸦片"产业"，诸如种植、加工、贸易、运输、押运、经纪等等，这一产业链不断发展，造就了鸦片问题的经济基础；"鸦片交涉"也不应忽视，英国以鸦片税收为财政和军费大宗，不可能轻易襄助中国禁烟，清廷使臣、总理衙门以至于20世纪初的外务部多为此交涉所累；"鸦片财政问题"与上述问题密切相关，是鸦片对清廷财政所产生的重要影响，中央与地方财政对鸦片税收的依赖性越来越大，在税收与禁烟之间，多数人更加重视前者。19世纪70年代末期左宗棠的鸦片加税主张确为禁烟之需要，但在讨论过程中，加税就是筹款，侧重点已发生了转换，"以后鸦片害国之深，昔日财政之依赖烟税，实开其恶端"[①]。1877年驻英使臣郭嵩焘连上两疏请求清廷主持禁烟。[②]朝臣公开的说法且不具论，私下表态尤见其真意，刘坤一的观点大体反映了各方对鸦片税厘的严重依赖，12月初他在私人信函中说：

[①] 罗玉东：《光绪朝补救财政之方策》，载《中国近代经济史研究集刊》第1卷第2期，1933年6月。
[②] "二月初八日奏疏"，见杨坚校补：《郭嵩焘奏稿》，岳麓书社1983年，第368—369页；第二疏，见郭嵩焘：《郭侍郎奏疏》卷一二，光绪壬辰孟秋月刊，第17—22页。

> 郭筠仙侍郎禁烟之议，万不能行。即以广东而论，海关司局每年所收洋药税厘约百万有奇，讵有既经禁烟仍收税厘之理！此项巨款为接济京、协各饷及地方一切需要，从何设法弥缝？……顾据实直陈，必触忌讳，不如暂缓置议，想朝廷不再垂询。①

朝臣与疆吏之间的默契不难达成，郭嵩焘的建议并未产生应有的效果。此后鸦片税厘并征谈判时期，类似侧重征税的言论即不再遮掩，为了追逐鸦片税收而放言无忌，不再顾及国体。因此，鸦片问题又是一个重要的财政问题。

各种鸦片问题的衍生是一个渐进的过程，并且交互影响。1909年2月万国禁烟会召开之初，有评论称这次大会是"万国救生大会""万国实业大会""万国济贫大会"和"万国体育大会"，盛赞禁烟可以达到"死者得不死"、地利尽可开辟、中国之贫得救、国民体质强健等目的。②外人对于中国鸦片问题的评论也着眼于多个角度，1909年2月初，参加上海万国禁烟会的大会主席——美国勃伦特（C.H.Brent）主教在其演说最后即申言，万国禁烟大会对鸦片问题关涉道德、财政、商务、交涉等，"每一层务要实心实力研究"③。

本书不准备对"鸦片问题"的方方面面进行讨论，而是着眼于税收和财政层面，侧重探讨清廷鸦片税收变动与各项新政改革之间的关系，尤其是鸦片税收整顿、分配以及与此相关的各项新政事业的矛盾。鸦片税是晚清为数不多的大宗税项之一，它包括外来鸦片

---

① 《刘坤一遗集》之"书牍"卷6，中华书局1959年，第1831页。
② 《清谈万国禁烟大会》，载《申报》1909年2月1日。
③ 《万国禁烟会纪事》，《东方杂志》第6年第3期，1909年4月15日。

和土产鸦片两部分税收,两种鸦片税所起的财政作用、用途及引致的朝野矛盾各有差异,后期禁政导致的财政抵补任务也轻重有别,抵补过程中的矛盾运作颇不相同。外来鸦片的征税问题,许多著述已有不同程度的涉及,本文仅关注它对清廷财政的补救作用;土产鸦片的税收整顿起步较晚,方案迭见,中央与地方的矛盾也最为复杂,明争暗斗的情形较为突出,着力探讨这一个侧面,可以更深入细致地发现晚清财政经济、练兵军费筹措等领域出现的各种矛盾,进而牵引出清末朝臣与疆臣的权力纷争和政治疏离倾向。因此,这一课题可以深化鸦片禁政和清末新政史的研究。

清末新政的含义较为宽泛,编练新军、创办学堂、创设警政、宪政改革、官制改革、地方自治改革等,内容庞杂,范围甚广。其中,练兵自强一项始终占据主导地位。财政为庶政之母,鸦片财税作为晚清财政的大宗收入,始终与练兵求强的资金运用密切相关,其他如偿付外债和赔款、举借外债抵押、对外交涉、海关经费、学务、警政、海军、地方自治、咨议局创建甚至社会赈济等等,无一不与鸦片税厘瓜葛相连。本书主要是关注鸦片税厘与练兵、警政和兴学的关系问题,其他新政事项暂不深论。

鸦片问题与新政改革息息相关,清末诸多报刊及朝野人士已有同感,1906年9月清廷颁布禁烟上谕,有意将求强求富的新政与鸦片禁政联系起来:

> 自鸦片烟弛禁以来,流毒几遍中国,吸食之人废时、失业、病身、败家,数十年来日形贫弱,实由于此,言之可为痛恨。今朝廷锐意图强,亟应申儆国人咸知振拔,俾祛沈(沉)痼而导康

和,著定限十年以内,将洋土药之害一律割除净尽。①

两个星期后,《申报》刊发专论,称禁烟是清廷宣布立宪后的第一个改革行动,并预先描绘出鸦片禁政对新政改革的重大影响:

> 漏卮既塞,国用自充,以之兴学则人才生,以之练兵则军势振,以之振兴实业则工艺可改良,以之整顿地方则自治有进步。河出伏流,一泻汪洋,太阳炝耀,升自扶桑,其禁烟后,新中国之景象哉于斯时也。②

1908年3月,清廷重申禁烟上谕,也可概见其以祛毒促新政的用心:

> 鸦片盛行以来,流毒异常惨烈,染斯疾者,破其财产,夭其寿命,习为偷惰,职业全废,即各直省吞烟自尽之案,岁计不知凡几,盗贼讼狱因此滋繁,伤天地好生之心,殊堪悲悯,且令神州古国,种类日弱,志气日颓,自强更复何望?③

禁政期间,某些州县劝禁罂粟的告示也紧随潮流,将流行经年的天演论与挽救危亡的新政改革相关联:

---

① 朱寿朋编:《光绪朝东华录》第五册,中华书局1958年,总5570页。
② 《论戒烟与立宪之关系》,载《申报》1906年10月6、7日。
③ 《申报》1908年3月23日。

照得鸦片毒我中国，祸久且烈，数十年来财源枯竭、民情偷惰多由于此，稍有见识之士无不痛心疾首。朝廷以振兴贫弱、挽救危亡之策，非从扫除烟毒入手不可……再不愤志戒除，我国民将在天演淘汰之列矣。①

与上述言论相比，外人的反应稍有不同，域外言论多次提醒清廷应注意鸦片禁政所带来的财政压力。②看来，极力推崇禁政对新政促进作用的言论，对禁政可能会导致财政困绌甚至会阻碍新政事业后果的估计显然不足。美国禁烟名士勃伦特（C.H.Brent）主教说，对待鸦片问题存在着"感情阶段"和"科学阶段"两个环节。据此可见，清廷和大部分报刊对禁政作用期望甚高，仅仅处于新政改革激励下的"感情阶段"，朝野人士对鸦片禁政可能会引起中央

---

① 程稣著：《浙鸿爪印》，沈云龙主编：《近代中国资料丛刊》（以下简称《丛刊》）正编，第779号，台湾文海出版社1969年，第206—207页。此处指的是浙江临海县的禁烟公告。

② 首先是英国驻华公使朱尔典在得知清廷禁烟上谕发布后的第一个反应就是担心中国财税的抵补能力，连续两次发给英国外交部的公文中强调此一问题，见"驻华英使朱尔典致英外部大臣葛雷公文"（1906年9月30日、11月22日），载《外交报汇编》第29册，广文书局影印1964年初版，第3、6页；其次是英国《摩宁普士报》1907年6月25日以"论中国禁烟"为题的社论和《泰晤士报》1909年12月7日以"论中国赋税"为题的社论均谈到同一问题，两篇社论均被国内的《外交报》译成中文刊发，分别见《外交报》第186期和第269期；密切关注中国政局的英国记者莫理循也有如此感觉，"在中国，财政无疑象一块礁石，而国家这只航船很可能触礁沉没"，骆惠敏编：《清末民初政情内幕——乔厄·莫理循书信集：1895—1912》（上），知识出版社1986年，第651页。日本实科学校专门理化学生邹吉人光绪二十九年到日本去留学，三十三年归国，见国势危弱，拟一说帖，请赵尔巽代奏，讲到财政问题的重要性：美人建议中国注意财政问题的重要性，但中国有关官员并不采纳，日本大隈重信也觉得非常可惜，说中国存亡之机就在此七年之内，不亡则永不会亡。见中国第一历史档案馆（以下简称"一档馆"）藏赵尔巽档案全宗81/418号。

与地方矛盾以及新政资金筹措等问题,大多缺乏清醒的认识,新政改革成效不大且屡遭诟病与此大有关系。民国时期人们对清末禁政的负面影响评论较多,例如民国年间成书的《涪陵县续修涪州志》认为禁政推行之后,中国痛失鸦片税厘,度支日绌,加速了清末政权的垮塌。①云南《宣威县志》也认为,"以云南之贫,因鸦片而稍资接济","鸦片之在滇省,功多于罪",当地人士持此看法者不在少数。②

另外,清末各地海关税务司和许多疆臣的公文奏报,对于因种植鸦片而致富、民众激烈的反抗铲烟以及因禁烟而税收大绌、贸易萎缩的各种现象多有涉及。清末新政的失败与鸦片禁政中诸多矛盾的措置失当关系匪浅。

明晰两者之间存在的契合与抵牾是论证的关键所在,也预示着该课题所具有的挑战性和学术价值。将清末禁政这一幕大戏放在新政改革这一舞台上演出,并将新政改革置于清末禁政的背景下对照观看,历史的底本与后人的观念附加会尽量呈现得泾渭分明,也会使历史事实的重建多一路径,增一视角。

二、前贤研究的追踪与检讨

晚清至民国的历史进程与鸦片问题密切相关,重大事件与其均有着直接或间接的关系,朝野感受深切,对鸦片问题的关注、研究

---

① 施纪云:《涪陵县续修涪州志》卷7,重庆都邮街公司1928年铅印本,第15页。
② 聂闻铎:《泸县富顺及昆明实习调查日记(1932—1941)》,收入萧铮编:《民国二十年代中国大陆土地问题资料》,成文出版社1977年,第34、136页。

和介绍相对较多。在以往关于鸦片问题的研究中，关注社会问题的论著占绝大部分，形成研究的主导，而从本文确定的角度进行研究则相对较弱。

（一）晚清至民国时期

清末有关研究论著系"当时人论当时事"，紧扣时势，揭示实情，表达切身感受，后人研究必须重视，文献价值较高，但因受制于舆论走势，议论品评或有不周。成书较早被今人广泛关注的是李圭撰述的《鸦片事略》（上、下卷）①，汤象龙1931年特意撰文介绍该书，称其为"先人早已研究精详而未流行于世的著作"②。由于成书时间的限制，该书下卷多关注清廷对进口鸦片税厘的整顿问题，对国产鸦片的税厘整顿未加详查，并且对洋土药税厘整顿过程中的地方与中央矛盾鲜有涉及。清末禁政期间，一本鸦片问题的普及性论著出版，这就是被坊间意欲盗版盈利的《鸦片流毒中国史》。③该书对鸦片输入的源流、中英交涉过程、战争始末、禁烟史实等辑录精详，将嘉道年间至1907年各省海关、厘税局卡所报鸦片入口数量、价值列一长表，以彰显财富漏卮的严重性，并对鸦片之害作出医学上的解释。由于关注角度和成书时间的限制，该书对禁政之后的税厘缩减及抵补未作展论。大约同一时期，国内部分报

---

① 清光绪年间刻本，1931年1月国立北京图书馆据此刻本排印，后来收入沈云龙主编：《近代中国资料丛刊》三编第61辑，台湾文海出版社1966年。
② 《社会科学杂志》第2卷第2期，民国二十年6月。
③ 《严禁翻刻私售〈鸦片流毒中国史〉告示》，黄季陆主编：《中华民国史料丛编·中国日报》第四册，1908年1月7日，中国国民党中央委员会党史资料编纂委员会印行。

刊翻译出版了英国麦克拉伦所著《鸦片贸易历史》一书。[①]该书仍是一普及性读物，侧重于揭露印度政府对鸦片税的财政依赖，内容有孟加拉鸦片进款、政府垄断制造之利等。此书披露的孟加拉行政长官与印度财政专员的对话十足地表明英属印度对鸦片税收的重视，亦可预见中国后来推行禁政时可能遇到的外交阻力之大。1909年万国禁烟会在上海召开，国内舆论对该会极为关注，有关媒介专门报道会议消息，《神州日报》特意刊发《阿片历史谈》（阿片指鸦片）一文，论述鸦片祸国之毒害，其中谈及太平天国运动骤然兴起与鸦片之害有至为密切的关系。[②]清末关于鸦片禁政的论著多从社会问题和银漏角度着眼，且受舆情影响较大，对税收抵补、财政和新政之影响则较少措意，但有关论著提示背景，自应加以注意。

民国时期，鸦片问题的研究论著主要有财政贸易和税制史类论著、鸦片毒害和禁烟法令实施过程的通史性论著以及从国际关系和外交等角度的研究著作三类，以前二者的研究较为深入。就鸦片税收与新政之间错综复杂的关系来说，上述三类课题各有侧重，虽非专论，仍较清末有大的进展，且更加理性。

清廷覆亡不久人们对清代鸦片税厘与财政关系有所认识，较为典型的是吴廷燮作《清财政考略》，该书对1885年以后清廷财政扩张与鸦片税厘整顿的关系加以关注，特别是对清廷将鸦片税厘加征作为

[①] 先是《政治官报》从1909年12月19日（第772号）起连续刊载，四天以后《盛京时报》也开始刊载。
[②] 《阿片历史谈》，《东方杂志》第6年第2期转载，1909年2月15日。

历次筹款要策论述较多。[①]1915年陈庭锐撰《鸦片问题之结束》[②]，充分注意到鸦片税厘对清代晚期财政的重要作用，对晚清鸦片税的年收入估计为白银3000万至4000万两，惟估计方法与资料依据未作说明，对于鸦片税在中国和其他国家的用途和征税问题仅作简要介绍。刘秉麟撰《中国财政小史》对光绪年间的赋税问题讨论较多，[③]关于鸦片税问题，该书认为这是光绪中叶之后弊病较多的税种，"杂税亦多，而流毒之深，贻害之远"，"当时清廷收入，恃为大宗"，对各省征税的不同方法略为介绍，对户部公布的鸦片税征收数字不抱信任，指出"据实地调查者言之，鸦片之税逃脱不少"。

20世纪30年代以后，一部分学者在研究清代财政和贸易、税制等问题时兼及鸦片税收问题，对其用途、财政地位等多有精当的分析。罗玉东所著《中国厘金史》研究的范围是百货厘金，其中将早期各省鸦片厘金造报问题作了考证，对1906年之前的厘金收入的数量作了初步统计。鸦片税收增长主要是在1905年以后，因论题所限，该书并未就此深论。[④]汤象龙的部分论文对19世纪后期洋药税厘的财政作用有所涉及，认为庚子赔款、郑州河工借款、俄法借款、英德借款等外债筹还和抵押，与洋药税收入有极大关系。[⑤]30

[①] 吴廷燮著：《清财政考略》，民国三年3月校印，第2—24页。
[②] 陈庭锐：《鸦片问题之结束》（译美国《评论之评论》杂志），《大中华》第1卷第12期，民国四年12月20日，上海中华书局印行。
[③] 刘秉麟著：《中国财政小史》，第78—81页，《万有文库》第1集第1000种，商务印书馆1933年。
[④] 罗玉东著：《中国厘金史》，收入《丛刊》续编第62辑，台湾文海出版社印行。
[⑤] 汤象龙：《民国之前的外债是如何偿付的？》《民国以前关税担保之外债》，均收入后来出版的《中国近代财政经济论文选》，西南财经大学出版社1987年。

年代初，罗玉东发表《光绪朝补救财政之方策》一文，影响后来学术至大，该文注意到土药加征对清廷筹措庚子赔款的作用，对清政府的鸦片税厘整顿也有所说明。①40年代后期，彭雨新发表《清末中央与各省财政关系》②一文，阐述了19世纪后期湖北省与四川省在鸦片税征收问题上的矛盾情形，并对土药统税的拨款制度有所注意。另外，30年代研究对外贸易史学者郑友揆在论述对外贸易统计方法的变迁时，概括地谈到洋药海关税在1895年之前的财政价值。③赋税史研究也是涉及鸦片税问题的重要领域，30年代较有代表性的是吴兆莘著《中国税制史》，该书下卷介绍了土药税在19世纪中后期各省征收的税率互不相同、各自为政的情形，并列表作了比较，说明各省土药税的税率和征收数目。④赵丰田在其晚清经济思想史著述中涉及到鸦片问题，诸如印花税收入数目的估计，重税鸦片作为筹款之策，鸦片税办理海军的建议，⑤等等。

20年代以后，从整体上研究和介绍晚清鸦片问题的著作开始出现，尽管侧重点有所区别，但基本上是受当时鸦片再度泛滥现实的刺激而作，并且选题类型具有共同的取向，即将鸦片问题作为社会问

---

① 罗玉东：《光绪朝补救财政之方策》，《中国近代经济史研究集刊》第1卷第2期，1933年5月。
② 彭雨新：《清末中央与各省财政关系》，《社会科学杂志》第9卷第1期，1947年6月。后收入李定一、吴相湘编纂：《中国近代史论丛》第2辑第5册，正中书局1979年。
③ 郑友揆：《我国海关贸易统计编制方法及其内容之沿革考》，《社会科学杂志》第5卷第3期，1934年9月。
④ 吴兆莘著：《中国税制史》（下册），商务印书馆1937年再版。
⑤ 赵丰田著：《晚清五十年经济思想史》，哈佛燕京学社1939年；崇文书店1967年初版。

题来处理,侧重于禁毒一个方面,①这一选题路径影响深远,甚至今人著述大都被其"问题意识"所牵制。当时最典型的是于恩德撰述的《中国禁烟法令变迁史》②,就本书所关注的方面来说,该书既对洋药税收问题有所讨论,又对土药税厘的整顿有所涉及,并兼及地方与中央的矛盾,对1906年禁政时期鸦片税厘的抵补问题也未遗漏。正如其标题所示,该书"仅限于中央之禁烟法令,至于地方法令,除引示例证外,暂不列入",作者声明,内容重在"重述史实,跡其变迁,就法令发生之原因及其推行结果,加以纯粹客观之记载",而对鸦片税的财政影响、朝野对立以及税收抵补过程中的种种矛盾,作者并未深论;论著的通史性质使之对有关问题点到为止。

外交史和国别史的研究也涉及鸦片问题。较有影响的是刘彦所著《中国近时外交史》③,其注意者有三事,一为袁世凯主张借鉴日本人在台湾的专卖方法渐禁鸦片,推行扩张财政政策;二是汪大燮建议禁烟的原因分析;三是广东推行牌照捐所引致的中英外交冲突,按说这是一次三方交涉,即广东的袁树勋(背后为许珏),

---

① 正如于恩德所著《中国禁烟法令变迁史》中"序言"所说,"自鸦片输入中国以来,举国人士沉溺于其中者,不知凡几,因之倾家荡产,身败名裂者亦不可胜数,百余年间,吾国民生之多艰,民族之不競,原因虽多,而鸦片之流毒,实为其重要原因","本文之目的,即拟分析禁烟法令失败之原因,而思有以补救之道也",见于恩德著:《中国禁烟法令变迁史》,中华书局1934年。
② 另外尚有民国时期的禁烟名士罗运炎所著《中国鸦片问题》(上海兴华报社1929年),陶亢德编辑:《鸦片之今昔》(上海宇宙风社 1937 年),顾学裘:《鸦片》(商务印书馆1936年),何引流:《中国的毒品问题》(《中国经济论文集》第2集,中国经济情报社1936年),《鸦片与鸦片问题之研究》(《云南旅平学会会刊》1933年第7期)等,上述论著学术水平均不及《变迁史》一书。
③ 刘彦著:《中国近时外交史》,第504—511页,《民国丛书》第1辑第27种,上海书店影印。

北京外务部和英国驻华公使，三方之间纷争激烈，但该书的分析不仅简略，且将矛盾关涉之三方化约为两方，有违事实。清末美国与英国在对待鸦片贸易问题上立场不同，新政时期美国成为反鸦片运动的急先锋，民国时期美国学者专论美英之间的差别，《鸦片与英国》是此一时期的重要论著，①该文披露英国及其属国在民国时期继续依赖鸦片税收，并对其殖民地政府财政收入中的鸦片税比例作了统计。30年代前期，美国学者大卫·E.欧文也注意到英国在印度和中国推行鸦片政策中所扮演的特殊角色，氏著《英国在中国与印度的鸦片政策》一文研究较深，②该文"贸易的终结"部分关注到清廷对鸦片税收的依赖情况，对鸦片税的贸易平衡功能和财政扩张价值作了述论，并以较大篇幅研究了清末新政改革对社会吸食鸦片弊端的挑战，著者认为，"毫无疑问，中国已经走上了变革之路，但是一个强大的国家，理想的改革者与广泛传播的鸦片是不相容的，中国已经从沉重的教训中汲取经验，并早早地有力地处理危险事件。改革者鲜明的目标一定直指鸦片的威胁"，"如果中国争取与西方同样的平等地位，吸食鸦片的习惯是一种罪恶的表现，一定要消除"。③论者关注的问题主要是鸦片禁政本身，间或兼及财政问题。比较此一时期国外学者研究的选题和水准，该书算是一个代表。

看来，鸦片作为社会和财政问题，以及鸦片禁政与新政的关系均已进入学者的研究视野，且较清末有所深入。财政和赋税史

---

① 艾伦·拉·莫特：《鸦片与英国》，《东方杂志》第21卷第22号。
② David Edward Owen, *British Opium Policy in China and India*, Yale University Press, 1934.
③ David Edward Owen前揭文，"Chapter XII, The Ending of the Trade"部分。

的研究从整体上呈现出专业化特点，有关机构的组织实施较有成效；①禁烟史和外交类选题较清末人士的探究更加理性和全面，后人研究的路向和选题模式受这一时期影响较大。

（二）20世纪50—70年代后期

这一时段由于政治原因，国外学者与港台学者的研究更为深入。有关研究主要是对晚清鸦片税用途的探讨较有进展，并对鸦片税收涉及的政治利益团体有所讨论。

20世纪50年代有关研究较少，比较重要的有两种，一是李文治编辑的《中国近代农业史资料》，对鸦片问题的资料有所注意和搜集，该书收入了国际鸦片委员会的报告书，陕西省在庚子之后为筹措赔款增加鸦片征税税率，以及直隶省为抵补鸦片税进行的盐斤加价资料等，②但清末禁政时期有关材料的辑录仍比较零散；另一个是美国学者威罗贝著有《外人在华特权和利益》③，1957年被译成中文在国内出版。此书对中国开征鸦片税厘进行了阐述，并对英国1906年的鸦片政策转轨和美国政府酝酿制定禁止鸦片的专卖制度进行了比较研究，突出了美国在鸦片禁政问题上对中国的协助作用。

60年代有几种论著值得一提。姚贤镐编的《中国近代对外贸易

---

① 中央研究院社会科学研究所负责组织和规划全国的社会科学研究机构和正在进行以及将要进行的研究课题，其中，汤象龙即有两项研究课题：一是清初之财政政策，二是清季南北洋水师经费及海防经费，见《社会科学杂志》第七卷第二期（民国二十五年6月）刊载的"国内社会科学研究题目一览"；该刊第八卷第二期刊有"1936年国内社会科学研究题目一览"，内中含有高德超（交大）所报课题"清季民业铁路资本研究"，陶希圣等（北大经济系）所作课题"清季以来银行货币变迁史"，桑毓英所进行的"清代地方政府及中央与地方之关系"（北大政治系）。
② 李文治：《中国近代农业史资料，1840—1911》第1辑，三联书店1957年。
③ 威罗贝著，王绍坊译：《外人在华特权和利益》，三联书店1957年。

史资料，1840—1895》一书篇帙巨大，外文史料辑录较多，涉及本书论题的史料有两类，即鸦片贸易合法化之前鸦片走私、白银外流问题与英属印度经营鸦片盈利增长的资料等，[①]因专题所限，鸦片贸易与财政关系的史料未能收录。美国学者卡梅伦的《1898—1912年中国的改革运动》一书是专门探讨清末新政的重要论著。对新政与禁烟皆有专论。将鸦片禁政视为新政改革的一个环节：西方学者一般认为清廷推行的鸦片统税，其目的在于筹款，而不是禁烟，卡梅伦则认为1906年9月以前清政府的禁烟尝试是真诚的，重税鸦片是禁烟的一个必备手段；对清政府制定禁烟政策和颁布禁烟法令进行了有益的探讨，尤其是对唐绍仪与外务部提出供英国考虑的六点禁烟建议之间的关系论证较详。[②] 莱特所著《中国关税沿革史》[③]则着重谈到鸦片贸易合法化之后，各省对鸦片征税税率的参差不齐，以及它对各省和中央财政所起的支柱作用，该书的材料和观点曾被广泛引用，原因是莱特作为当事人，他提供的材料较为真实。

玛格丽特·利姆1969年撰成的博士论文《英国与印中鸦片贸易的终结（1905—1913）》是一部被人广泛引证的论著，[④]对中国方面的材料使用较多，该文探讨的问题主要有唐绍仪与印度财政部长爱德华·贝克爵士讨论终止鸦片贸易的问题；英国推行的鸦片贸易

---

① 姚贤镐编：《中国近代对外贸易史资料，1840—1895》（1—3册），中华书局1962年。
② Meribeth E.Cameron：*The Reform Movement in China,1898—1912*, Octagon Books Press, 1963.
③ 莱特著，姚曾廙译：《中国关税沿革史》，商务印书馆1963年。
④ 玛格丽特·利姆：《英国与印中鸦片贸易的终结（1905—1913）》，未刊伦敦大学博士论文，1969年，转见托马斯·D. 莱因斯：《改革、民族主义与国际主义：1900—1908年中国的禁烟运动与英美的影响》，该文载《近代亚洲研究》1991年第25期。

政策对正常国际贸易的侵蚀,摧毁了具有无限潜力的中国市场;英国印度部大臣摩利禁止鸦片贸易的观点:虽然英属印度从鸦片税收中取得的收入越来越少,但它仍为英国政府提供了大量的税收,而且为印度农民带来了收益,要想使英国赞同禁烟,中国首先要有禁烟的诚意;对清廷推行鸦片统税的危险后果问题,该文阐论较详,认为它疏远了地方与中央的关系,是清廷推行的冒险政策;对鸦片统税的收入作了大致的估计,全国从这项税收中每年可获得白银1700万两至6700万两的财政收入;各省督抚对禁烟的态度以及国外人士对全国各省禁烟成绩的考评也是此文探讨的重要内容。

70年代鸦片问题的研究较为深入,有关研究论著的数量虽然不多,但论证切入的角度和论证水准则值得称道。王树槐在其《庚子赔款》一文中发现,清廷和各省疆臣讨论筹措赔款的计划时,均将鸦片加税作为筹款的重要途径,认为整顿鸦片税厘、举办印花税是此时朝野扩张财政、应付赔款的极为重要的手段。[1]林满红1979年撰成《晚清的鸦片税,1858—1906》一文是专门探讨晚清鸦片征税问题较早的重要论著。该文对1858年鸦片贸易合法化以来至1906年鸦片禁政推行之前,中央和各省在鸦片征税问题上的言论和举措,尤其对各省开征时间不一的鸦片厘金问题进行了梳理,作为专门论述鸦片征税的论著,其开创性价值不应忽视。[2]托马斯·L.肯尼迪发表的《毛瑟枪与鸦片贸易:1895—1911年的湖北枪炮厂》一文,

---

[1] 王树槐:《庚子赔款》,"中研院"近代史研究所专刊(31),1974年。
[2] 林满红:《晚清的鸦片税,1858—1906》,《思与言》1979年第5期。

是讨论鸦片税用途问题所见到的较为出色的一篇个案研究，①论者认为，湖北枪炮厂（后改为湖北兵工厂）的日常经费与鸦片税收有密切的关系，鸦片禁政推行之后，原来工厂经费进账中有30%来自鸦片税，现在鸦片税的收入仅为13%以下，其后果是中国近代枪炮生产停滞不前，而该厂本可以生产出世界最新式的枪炮；禁政推行对各省也是一次经济上的巨大考验。当然，湖北枪炮厂经费中有鸦片税的使用的确是事实，但该省鸦片税主要用来偿还庚子赔款——每年白银120万两，两者在资金使用上曾经出现过矛盾，湖北省因此与中央产生过激烈的冲突，该文未加重视，是为瑕瑜互见。

既有专门论述鸦片税收的选题，又有考证鸦片税收用途方面个案研究，且出现了以中英鸦片问题为主旨的博士论文，对新政与鸦片禁政进行了初步研究，这是该时期有关研究的主要特征，相对于民国时期来说，其研究的深度和广度皆有不同凡响的进展。但是无可否认，作为研究力量的主体，外人所依据的材料类型和研究解读方式有诸多缺憾，其立论和求证皆有不尽不实之处，问题的复杂性往往被简化，且模式化的倾向至为明显。

（三）20世纪80年代以来

80年代以来，学术界对清末鸦片问题研究取得长足进展，基本史料的整理出版大有改观，研究论题的涵盖面更为广泛，通史性论著出版较多，地区性禁烟问题受到关注，研究重心已经由道光朝鸦

---

① 托马斯·L.肯尼迪（Thomas L. Kennedy）：《毛瑟枪与鸦片贸易：1895—1911年的湖北枪炮厂》，载乔舒亚.A.福格尔（Joshua A.Fogel）与罗威廉（William T.Rowe）合编《展望变革的中国：韦慕庭教授退休纪念文集》（*Perpectives on a Changing Chin: Essays in Honor of Professor G.Martin Wilbur on the Occasion of His Retirement*），西景出版社1979年。

片战争时期转移到清末禁政时期;研究课题的类型从过去较为单一的研究禁烟、注重社会问题,变成财经问题与社会问题并重,将禁政与新政改革联系起来进行研究的趋势也开始出现。下面结合本文论题,从几个方面来把握这一时期的研究概况。

1. 史料出版

此处史料专指与晚清鸦片问题有关的史料。[①]80年代之初,《近代史资料》刊发了《清末民变年表》,依据官书和报刊,参阅其他档案、地方志等材料,辑录了大量的清末禁烟、税收抵补和新政筹款等所引发的各地民变材料,[②]虽不甚完整,但大致未漏,使研究者称便。海关报告是研究鸦片问题必备的直接史料,对鸦片贸易价格、洋土药的消长变化、禁烟引起的区域贸易和财税规模的变动、政府和民众的反应等多有涉及,近年来此类史料出版较多,如《上海近代社会经济发展概况》[③]、《上海近代贸易经济发展概况》[④]、《近代重庆经济与社会发展》[⑤]、《近代拱北海关报告汇编》[⑥]等。

[①] 事实上,与清末新政有关的史料出版的情况比较复杂,既有时人办报,如《申报》《大公报》一类,官方公文的汇集,如《谕摺汇存》《华制存考》等,又有时人对官方公文的辑注,如《光绪朝东华录》《清朝续文献通考》,民国以后,史料刊布更多,本文已注意及此,不再赘论。

[②] 张振鹤、丁原英:《清末民变年表,1902—1911》(上、下),载《近代史资料》1982年第3、4期。

[③] 徐雪筠译:《上海近代社会经济发展概况》,上海社会科学院出版社1985年。

[④] 李必樟译:《上海近代贸易经济发展概况》,上海社会科学院出版社1993年。

[⑤] 周勇、刘景修译编:《近代重庆经济与社会发展:1876—1949》,四川大学出版社1987年。

[⑥] 莫世祥、虞和平、陈奕平编译:《近代拱北海关报告汇编:1887—1946》,澳门基金会1998年。

禁毒史料的出版已有零的突破，上海方面首先出版了《清末民初的禁烟运动和万国禁烟会》[1]，本书辑录了清廷和各地禁烟情况的报刊和档案材料，报刊主要是依据在上海发行出版的《申报》和《字林西报》，档案材料则依据上海市档案馆所藏公共租界工部局年报，并参考了工部局总办处档案。该书辑录史料的时限较短，材料较为集中，正如其标题所示，选编内容侧重于禁烟问题，对上海万国禁烟会和公共租界禁烟问题的材料搜集尤力，相对来说，禁政中的其他问题则较少涉及。其次是1998年由国家禁毒委员会推出的宏篇巨著《中国禁毒史资料》[2]，字数多达210万，时限自雍正初年至民国三十八年，横亘220余年，但真正与本论题相关的部分不足五分之一。该书虽侧重禁烟问题，但对鸦片税政、财政与外交、烟税抵补等问题亦有涵盖，在较大程度上可弥补前述史料之不足。90年代初期，云南省档案馆公布了禁种罂粟劝办桑棉的史料。[3]云南是清末鸦片的主产区之一，该省财政以鸦片税厘为依赖，禁政时期，云南推行的是全国最激进的"缩期禁烟"政策，导致该省财政经济和贸易的急剧垮塌，以及民众社会生活的迅速下降。为抵补烟税流失，各级官吏积极推广蚕桑、棉麻、桐茶等，可谓费尽心机。从这项史料选辑中可看出时人对鸦片禁政的反应和对策。90年代后

---

[1] 上海市禁毒工作领导小组、上海市档案馆编：《清末民初的禁烟运动和万国禁烟会》，上海科学技术出版社1996年。
[2] 马模贞主编：《中国禁毒史资料》，天津人民出版社1998年。
[3] 《清末云南为禁种大烟而劝办桑棉档案史料之一》，《云南档案史料》1991年第4期；《清末民初云南禁种大烟劝办桑棉档案史料之二》，《云南档案史料》1993年第3期。

期，第一历史档案馆选辑出版了清末试办印花税史料。①印花税属于从西方传播进来的新型税种，光绪中叶开始筹议，甲午战后议论较多，禁政开始后，度支部承命预为鸦片税厘抵补，故大张旗鼓开始推行，自此之后轩然大波屡起，政争不绝，终未起到抵补的功效。该项档案史料分藏于会议政务处、外务部、户部（度支部）等全宗档案中，当时的报刊媒介屡有报道，但仍不完整。这次公布的史料弥足珍贵，极便利用。

2. 论题讨论之广泛和深入

论题分布之广，介入程度之深是这一时期研究的主要特征，兹按专题略述于后。

（1）清末鸦片税厘的用途问题

这一问题的研究承继了民国以来讨论的结果，且有所深入，虽未作专门研究，但有关论著多有涉及。汤象龙在80年代初期对重庆海关税收的使用和分配作了统计和研究。②他认为，重庆海关的鸦片税占到了进出口总税数目的一半，对海关税收用途的研究，较大程度上是对鸦片税厘使用问题的讨论。根据汤著，海关税用途的分类包括"国用项下"与"关用项下"两类，范围较广。李恩涵在研究曾纪泽的外交生涯时亦涉及晚清鸦片税的用途问题，③该

---

① 第一历史档案馆：《清代两次试办印花税史料》，《历史档案》1997年第4期。
② 汤象龙：《重庆海关税收和分配统计，1891—1910》，《四川文史资料》1983年第3期；另外，戴一峰：《近代中国海关与中国财政》（厦门大学出版社1993年）亦注意到鸦片税与偿付各国赔款之间的密切。
③ 李恩涵：《曾纪泽的外交》，"中研院"近代史研究所专刊（15），1982年再版；另见托马斯·D. 莱因斯：《改革、民族主义与国际主义：1900—1908年中国的禁烟运动与英美的影响》，该文载《近代亚洲研究》1991年第25期。

文注意到，曾纪泽和海军衙门均建议鸦片税厘并征之后的增收部分可用来办理海防和东三省边防。莊吉发的研究指出，光绪一朝鸦片税与诸多自强事业有关联，如浙江海关、江苏海关洋药税奉拨海防经费、各省洋药厘金奉拨船政经费、江海关的鸦片税拨充铁路经费等等。①戚其章、叶志如等人的研究也发现，颐和园和三海建设经费均有较多的资金来自鸦片税。②军事费用的支出与鸦片税的使用最有关系，这一方面亦被研究者所证实，蒋秋明、朱庆葆所著《中国禁毒历程》对此有所讨论。③区域性鸦片问题研究以秦和平所著《云南鸦片问题与禁烟运动》《四川鸦片问题与禁烟运动》为代表，后一论著较为详细地探讨了四川鸦片税厘的基本流向，概而言之，如四川机器局经费、教案赔款、支付对外逆差、甲午及庚子赔款、京师大学堂经费、北洋军需、练兵经费、专使经费、黄浦江经费、铁路经费、内务府经费、东北边防经费、部分省份的协饷等等。④如上研究多注意禁政之前鸦片税的用途，而对1905年以后该项收入与练兵、兴学、警政等新政事业的密切关系则较少涉及，研

---

① 莊吉发：《同光年间的地方财政与自强经费的来源》，《清季自强运动研讨会论文集》，1988年；另见林崇墉：《沈葆桢与福州船政》，联经出版事业公司1987年。
② Pong David, "Keeping the Foochow Navy Yard afloat:government fluence and China' searly modern defence industry,1866—75," (*Moden Asian Studies*, 1987, Vol.21, Part1 P121—152) 亦密切关注鸦片税与福州船政经费的关系。戚其章：《颐和园工程与北洋海军》，《社会科学战线》1989年第4期；叶志如、唐益年：《光绪朝的三海工程与北洋海军——兼论颐和园工程挪用海军经费问题》，第一历史档案馆编：《明清档案与历史研究——中国第一历史档案馆六十周年纪念论文集》（下），中华书局1988年。
③ 蒋秋明、朱庆葆：《中国禁毒历程》，天津教育出版社1996年，第170—171页；另见王宏斌：《禁毒史鉴》，岳麓书社1997年。
④ 秦和平著：《四川鸦片问题与禁烟运动》，四川民族出版社2001年，第43—45页。

究的空间仍待拓展。

（2）鸦片税的征收及其财政地位

郭卫东的研究较为详尽地论述了鸦片税的财政地位，他认为，"鸦片输华合法化给清政府带来的最直接的收益是税收的增加"，"到1866年，这个数目增加到白银200万，相当于该年度所有进口货征税总额的两倍。而且，这只是中央政府的收益，还不包括地方政府的进项，各地在鸦片税上的收益远远超过中央"，"清朝中央和地方政府通过鸦片贸易合法化剧增的财政收入将是一个十分巨大的数字"。①吴敦俊对贵州鸦片税和鸦片产业的研究也显示，"（鸦片经济）在相当长的时间里，补偿了贵州财政收入的不足，并在某中程度上活跃了市场，促进了商品的流通，繁荣了经济，抵补了贸易上超支严重的财政赤字"②，相似的结论也见于蒋秋明和日本学者等人的研究，有关论著认为，鸦片贸易"为产烟地区换回了大批的财货，成为产烟地区对外进行经济交换的主要手段"，"就其正面影响而言，一是通过鸦片输出，内陆地区得到了他们原先无力购买的工业产品及东部地区的其他物品，并从东部地区吸收了可观数量的白银……这在一定程度上缓解了内陆地区的贫困，改善了内陆地区的民众生机。二是有助于内陆地区的社会安定……三是通过鸦片输出从东部富庶地区吸取过来的白银及货品，不仅改善了民众的生计，也增加了内陆地区本身的商业化过程……四是内陆地区与东

---

① 郭卫东：《不平等条约与鸦片输华合法化》，《历史档案》1998年第2期；另见目黑克彦：《中国近代における输入アヘンに对する税厘征收问题の基础的研究》，《平成七年度科研费报告书》1996年3月。

② 吴敦俊：《近代贵州经济的支柱——烟税》，《贵州文史丛刊》1986年第4期。

部沿海地区经济交往的增加,不仅维系了这两大区间的经济联系,在某种程度上也维系了东部沿海地区与内陆尤其是边陲地区的政治整合"。①秦和平对云南省鸦片问题的研究,也得出类似的结论,认为云南鸦片税收对云南财政经济和民众社会生活、商业运作、贸易发展皆有须臾不可分离的关系。②他在四川鸦片问题的研究中,也曾详细地考察了四川鸦片税厘的征收和整顿问题,并且认定,"四川地方政府历年征收的烟土税厘并没有真正地用于地方的建设事业,为民众谋利益,而是用于解决清政府的财政困难及新政支出。从这个意义上讲,鸦片起到延续清政府统治的客观作用";在讨论这一问题时,秦著对征税过程中四川省与中央、各省的矛盾问题作了专门探讨,③著论精详。

(3) 鸦片税厘之抵补

王宏斌认为,度支部拟定了鸦片税的抵补方案,每年在正常税收项目上递增白银80万两,主要措施依次是各省盐斤加价四文、推广鸦片牌照捐、整顿田房税契;地方性的抵补措施各有方策,云南拟开矿产增加税收、广西拟加征宰牛税、四川对食肉者抽厘、江西加征出口米税。论者断言,各项抵补政策很不成功,加速了清王朝的崩溃。④何汉威的研究与此大致相同,唯注意到印花税推行的抵

---

① 蒋秋明前揭书,第164—166页;新村容子:《清朝政府のアヘン输入代替政策とアヘン贸易》,《东洋学报》78卷第2期,1996年9月。
② 秦和平:《云南鸦片问题与禁烟运动》,四川民族出版社1998年;另见王宏斌前揭书。汤象龙在《中国近代海关税收与分配统计》(中华书局1992年)中详细地将鸦片税厘的收入情况列表呈示,亦可概见其数量之巨大。
③ 秦和平:《四川鸦片问题与禁烟运动》,第45—48页。
④ 王宏斌前揭书,第300—301页;另见苏智良:《中国毒品史》,上海人民出版社1997年,第207—208页。

补政策。①秦和平注意到云南省和四川省的抵补措施有农政改良，发展养蚕和植桑，开采矿产，某些州县注意引进外资，开办各类实业以增加地方政府的收入，并开办房捐、粮米附加票捐，开办各类教养工厂、增加盐税和加征肉厘等，并研究了各项措施的实施情况。②值得注意的是鸦片税的抵补问题非常复杂，既有财政税收的抵补，也包含种植生计的抵补；关于财政税收抵补的数量，论者多依据外务部的一个奏折，每年抵补白银80万两，实际需要抵补的数量远远高于此数；而且它所导致的中央与地方矛盾日趋激烈，如上研究系一良好开端，预留的空间仍十分广阔。

（4）鸦片禁政与新政矛盾

田海林等③对该问题作了专门的研究，认为20世纪初，对外庚子赔款，对内举办新政，本已使清王朝财政捉襟见肘。而在清末新政中，由于从1906年起开始谕令禁烟，清王朝又因此丧失了占全国财政百分之十左右的洋土药税厘的收入，这对清王朝来说更是雪上加霜。因此清末禁烟新政搞得越好，清王朝就覆亡得越快。论者认为禁政引发的主要矛盾有：其一，禁政导致烟农和烟商对政府的不满；其二，为抵补洋土药收入而加征新捐税激化了民众与政府的矛盾；其三，禁烟断饷对练兵新政失控，等于驱赶新军加入辛亥革命；其四，禁烟令各省财政支绌，加剧了地方与清廷的离心力，

---

① 何汉威：《清末赋税基准的扩大及其局限——以杂税中的烟酒税和税契为例》，《"中研院"近代史研究所集刊》第17期下册，1988年12月。
② 秦和平：《云南鸦片问题与禁烟运动》，第177—180页；《四川鸦片问题与禁烟运动》，第114—116页。
③ 田海林、张志勇：《禁烟新政与清王朝的覆亡》，"纪念辛亥革命90周年国际学术讨论会"论文，2001年10月，载中国史学会编：《辛亥革命与20世纪的中国》（中册），中央文献出版社2002年，第1289—1304页。

辛亥革命时各省纷纷独立，与此大有关系；其五，禁烟使清王朝官僚政治体系的新陈代谢机制失去财政支撑，政府因无米下锅而导致辛亥革命时期无人为其卖命；其六，禁烟削弱了偿付外债及赔款的实力，从而丧失了列强的信用与支持，这使"洋人的朝廷"更快覆亡。蒋秋明等学者的研究与上述观点稍有不同，认为清政府的覆亡原因中，鸦片禁政只是一个间接的因素。①上述研究中，问题仍复不少，仍有必要加强细致、实证的研究。

（5）清末鸦片专卖问题

这一问题研究较少，蒋秋明等人的论著涉及此一问题，分别研究了清末未能推行鸦片专卖的原因，并对各省的专卖做法略作探讨。②王宏斌对19世纪80年代清廷和民间酝酿的鸦片专卖问题作过讨论，此时清廷正与英国谈判鸦片税厘并征，专卖政策是解决鸦片问题对策之一，最终不了了之。③秦和平对四川禁政时期的官膏专卖亦有讨论，官膏专卖机构设置、运作方法和管理措施等成为其关注的重要问题。④由于官膏专卖是一个极为复杂的问题，作者的立论是从四川省的实践出发，结论可行，但推之于全局则不尽然。外

---

① 蒋秋明、朱庆葆前揭书，第206页。另外，林满红：《财经安稳与国民健康之间：晚清的土产鸦片议论，1833—1905》（"中研院"近代史研究所社会经济史组编：《财政与近代历史》，"中研院"近代史研究所1999年印）对此也有类似的看法。
② 蒋秋明前揭书，第197—198页。
③ 王宏斌前揭书，第201—207页，另见王宏斌：《赫德爵士传——大清海关洋总管》，文化艺术出版社2000年版。另外，石楠：《略论港英政府的鸦片专卖政策》（《近代史研究》1992年第6期）是专门讨论香港鸦片专卖问题的重要论著，也是目前所见专门对鸦片专卖问题进行研究的重要论著。
④ 秦和平：《四川鸦片问题与禁烟运动》，第121—127页。

人的研究主要是探讨与清末鸦片专卖有关的"菲律宾报告",包括这一报告起草的原因、内容和做法,对中国产生影响的估计。①上述研究是一个开端,度支部对鸦片专卖的复杂态度、各省专卖筹划的不同类型以及1909年万国禁烟会前后,端方等人的专卖筹划尚未受到应有的重视。

回顾学术史之后,不妨从整体上作几点评价:

首先,在已刊清末禁烟问题的论著中,对鸦片税政形态的运作注意不够,绝大多数仅仅注意到鸦片问题的道德和社会风化层次,把如何禁毒本身视为论题的主旨,较多关注鸦片贸易合法化、白银漏卮、禁烟舆论环境、政策变向、中央政府和各地对禁烟事业的推进、颁布的禁烟法令以及取得的禁烟成效等问题。而鸦片贸易合法化以后,国家财政与地方财政倚重鸦片税收的趋势,②多未成为关注的重点;对鸦片税厘与晚清改革事业资金的广泛联系,这类著作论述略显笼统;

其次,民国时期研究晚清财政问题的论著中,鸦片税收研究的情况稍好一些,贸易史著述中较多的关涉到境外鸦片输入的变动,且以贸易平衡理论加以剖析;关税史的研究既注意到鸦片贸易量的起伏,且对税厘并征的决策过程及其财政意义有较多的讨论,但对土产鸦片的税收整顿及其更为明显的财政扩张作用则用力较浅,尤其对清廷推行财政集权条件下,土产鸦片税收整顿过程中蕴含的诸

---

① 戴维·F.马斯托著,周云译:《美国禁毒史——麻醉品控制的由来》,北京大学出版社1999年;另见托马斯·D.莱因斯:《改革、民族主义与国际主义:1900—1908年中国的禁烟运动与英美的影响》。
② "国家财政"与"地方财政"迟至清季清理财政时期方见此说,但太平天国之后,由于外省督抚权重,事实上的财政分层已渐趋明晰,故可借用此语暂作指涉。

类矛盾更少涉猎。清末禁烟运动期间鸦片税厘的整顿最见成效，但却以朝野疏离为代价，此类研究鲜有置论；

第三，鸦片禁政与新政改革同时推行，新政改革要求有相当的资金支持，而禁政则将这一部分资金人为地缩减，自同光新政以来鸦片税厘即与各项洋务新政甚为相关，禁政推行势必打破这一结合体，空缺的资金从何处诛求和抵补？清廷中枢与外省督抚如何直面这一矛盾，禁政对新政的影响究竟如何把握，对清末财政的总崩溃有无直接关联，尤其是鸦片税收的财政抵补问题，在上述三类研究中均未有足够的研究；

第四，清末新政研究中有两类情况，一是单独探讨政治改革，另一个是经济改革政策、法规及实践的探讨，两类著述均将有关的研究课题向前推进一步，但有泛论倾向，新政与禁政"两处茫茫皆不见"，先入为主，或偏于"时代意见"非常明显。由新政改革看禁政，或者变换置论，需要学人再深入一步，方有正果。

三、研究理念与设想

鸦片禁政属于社会改革范畴，洋土药税收属于财经类范畴，新政则属于政治类范畴，在某项研究中可以孤立地将某一方面抽出来加以关注，着力研究，这是无可非议的。但是，历史事件是在多种范畴、多种因素中发生的，它们之间相互影响，相互制约，如此看来，从总体上进行研究就显得尤其重要，本书决定将禁政、税收、财政和新政改革几个方面结合起来进行一个整体的研究，以揭示诸类因素之间的互动关系。鉴于以往研究的缺憾，这一做法应该是有意义的，而且极为必要，否则有关的研究不可能获得深入，历史的面相仍旧是支离破碎、模糊迷离甚至是条块分割。利用社会科学的方法做历史研究受到时下学人的推重，社会史与经济史、政治史与财政史藩篱明晰，秦越为界，门类森严。先入为主划学科为牢笼，互不越雷池一步，政治史中不见经济，经济史中不见社会，社会史中不见财经，财政史中只有数字，此类倾向由来已久。学科细分化是客观的，但不应成为历史研究中固守学科藩篱的理由。杜正胜认为，如今史学界对社会科学的依赖和器重已较前减弱得多，这是史学界的"成熟"①，大陆地区学术界或不尽然，固守藩篱或乱跨学科的倾向则比比皆是。本书研究的理路是将鸦片税政之渊源、发展、消亡置于新政改革的背景下，互为参酌，尽量避免自设藩篱。

将报刊与档案文献、时人记述等各类史料尽量搜求详全，恰当地解读和排比史料是进行研究的关键。本书注重对报刊史料的报道内容和报道方式、报道心态的分析，对同一事件的报道频率亦不忽视，然后结合档案材料和当事人的记述，力求去掉悬揣臆测。对报刊类型的选择是搜集史料必须注意的一个问题，京师与疆省媒介，北方与南方媒介，民间与官方媒介，域内与域外媒介均作为史料搜集和比勘的对象，在对比中求真伪，觇隐情，辨立场。以往的研究中，对报刊史料的使用有两个问题，其一是不甚重视，其二是拿来就用。因而某些论著中或陷阱密布，或看朱成碧。陈寅恪先生治史注重发隐辩诬，在潜心撰述《柳如是别传》一书时，对材料的处理态度极为严谨，如何详究考实，如何分辨隐讳和诬妄，如何博考而

---

① 杜正胜：《史语所的过去、现在与未来》，"迈向新学术之路：学术史与方法学的省思"研讨会，1998年10月，此转见罗志田主编：《20世纪的中国：学术与社会》（上），山东人民出版社2001年，"编序"，第7页。

慎取等，均有独到而精辟的言论，①本书虽不能妄言达于此境，但力图以此作为警示，做好报刊史料的解读功夫。档案史料须有旁证。军机处和中央各部②、某些省份、封疆大吏的档案中，较多的是冠冕堂皇的公文，碍于成例搪塞应付者不在少数，剖析官样公文背后的因缘由来至为必要，因之，须借助其他类型的史料明了其隐情，或者对不同具折者的情形对照排比，了然于同情之中方可见其真实，前贤所讲小心翼翼地使用档案诚非虚论，本书将对此予以重视。

贯通各类学科的治学方法，以具体问题具体分析为治学要则，这是本文遵循的宗旨。本书对清末新政和鸦片禁政的打通，须借助于各类学问之方法，政治变革史、财政史甚至军事史等均属不应忽视的门类。③在研究中把握事件和现象之间的可能联系，借此探求研究对象的变动、演化和消长。长期以来，鸦片禁政的研究呈现单纯的以社会关怀为中心的研究心态，缺少对"社会问题"的整体性把握，也忽略它与政制改革、经济改革和财政需求甚至是民众心理之间有机联系，生动、丰富的历史图景容易被肢解或化约，解释方

---

① 陈寅恪：《柳如是别传》上册，上海古籍出版社1980年，第10、39、44—45页。
② 与本文相关的清廷各部门档案中，度支部的档案暂未开放，但就清廷公文的管理制度而言，各部重要的准驳摺件均应汇总政务处（会议政务处），"嗣后，凡有内外各衙门奏定各摺件，拟由军机处抄送政务处，逐件检阅，但非事关慎密即发交报房刊行"，光绪三十一年五月庆亲王奕劻在讨论御史黄昌年奏请制定准驳摺件的刊播管理办法时，即有上述决定。（《政务处议复刊布准驳摺件摺》，载《申报》1907年6月22日）。因之，度支部重要的公文较多存于会议政务处档案中，故本文对会议政务处的档案涉猎尤多，在较大程度上可以弥补度支部档案暂缺的遗憾。
③ 罗志田先生认为，真正跨学科的研究需要跨学科的训练，未有此类训练者不妨先尝试在史学范围内跨越各专科化的子学科，如思想史、社会史、军事史等藩篱，以增强学者视野的开放性。罗志田：《立足于中国传统的跨世纪开放型新史学》，《四川大学学报》1996年第2期。

式也就不免单一化。历史是各类矛盾的集合体,新政与禁政尤为如此,描述和分析这类矛盾,解释历史变动的原因,诚属不可回避的要项,这就需要论者在深入时境的前提下,既坚持普遍联系之原则,又抱有具体问题具体分析之心态。求得史实的准确性是史学发展的前提,否则,论事论人的急就之作,"其思想则为枉用,其批评则为虚发"。

史识、史料和史法三者兼顾,对于研究撰述尤为必要。就本书论题而言,前人已经涉猎既久,史料留存非浩瀚不足以概括,辟前人之成法,创获于科学之求证,是该项论题成功的关键。具体到清末鸦片问题与新政演进,两者始终是环环相扣,因缘凑泊。所以,本书论证过程中,非缘因相随,互相联系的问题不作著论,既察知新政经武之财源,亦不忘鸦片税政之流变;既论证税厘之短缺,也关注其对练兵新政之影响,等等。此类事项,一波既起,万波相随,呈现出历史演进规律的复杂性,本书将其作为研究对象尽量不作简约武断,力求避免就事论事甚至是树木森林两不见的研究取向,撰著目的只有一个,那就是尽量重建历史本相,让今人所本与历史实态接近,再接近。

第一章 禁政观念与税源经略

财政为庶政之母，榷政乃财政之根。20世纪60年代初期王尔敏认为，海关税对新政和自强有救挽之功："海关洋税几乎是中国新政的命脉，而兵工业的发展确是大部靠关税挹注。"[①]同光之际的海关税即以洋药税为大宗，1887年后清廷对进口鸦片实行税厘并征，入款大增，其财政意义更加明显。自强新政需款愈来愈多，迫使朝臣与疆吏对土药榷政愈加关注。为从洋土药税厘中争取更多的财源，枢垣交章弹奏，总税务司献策揽权，外省督抚苦心孤诣，刻意维护，省份之间因鸦片税政而互为龃龉，或阴相排拒，或声应气求，演成光绪朝中后期财政扩张之一景。开源与节流系财政运作中的基本规则，土药税的整顿兼具开源与节流，涉及各方利害，牵一发而动全身。

---

① 王尔敏：《清季兵工业的兴起》，"中研院"近代史研究所1963年，第147—148页。

就在鸦片税收大量挹注于自强新政事业期间，国内对于是否禁绝鸦片的观念悄然改变，[①]由以土抵洋的"鸦片战"阶段发展到适应新政改革的禁绝鸦片阶段，观念变动的重要契机是20世纪初年兴起的新政改革。随着新政事业的推行，中央与地方需款激增，对鸦片税厘的整顿尤加关注，土药税成为各省开辟财源的主要途径之一。在鸦片税政经略过程中，中央推行财政集权，导致地方与中央矛盾纷争层出不穷。鸦片断禁必然使练兵新政的财源大幅度缩减，朝臣与疆吏为此各有献策，多将洋土药专卖视为兼顾禁政和筹款的良策，举办鸦片专卖似成定局，因而清廷决然做出的禁政决断其实可以从财政层面加以体会。

第一节 禁政观念的变动

鸦片贸易合法化以后，国内种植鸦片日趋兴盛。在应否禁绝鸦片问题上，朝野的态度和观念前后有别。庚子之前多数人主张以土抵洋；随着新政事业的推展，人们认识到吸食鸦片与新政改革格格不入，限时禁绝的呼声日益高涨，原来以土抵洋的观念发生了重大转变。本节讨论鸦片税则颁行之后至清末新政时期，国人在处理鸦片问题上的不同趋向，以检讨这些禁政观念与晚清政情变动之关系。

---

① 《上海近代贸易发展概况：1854—1898年英国驻上海领事贸易报告汇编》，第863页。

一、经济民族主义视野下的"鸦片战"理念

"鸦片战"是禁政观念中"以土抵洋"认识的形象概括，它与当时民间流行的商战思潮有关。郑观应1894年阐论"商战"理论时首次使用"鸦片战"说法，且将其列为对西方进行"商业之战"的首策，"弛令广种烟土"，以进行"鸦片战"①。这类观念盛行于留心国计的士人群体，枢府与疆臣则以"寓禁于征""以征为禁"政策相呼应。

弛禁土药以抵洋药的观点曾被道光帝封杀，以许乃济的弛禁论被申斥最为典型。②此后，公卿宿儒推重的蒋湘南仍坚持弛禁鸦片，以土抵洋，"以中国之鸦片抵夷人之鸦片，夷人为利而来，必至折本而去，久之自不复贩"③。战后较长时期内，或弛或禁的言论较少出现，即或有之，亦多主禁政为不急之务，担心禁绝之法徒增苛扰，且以妨害民食为虑。④咸同之世变乱频仍，清廷财库空虚，洋药纳税准进，土药名虽厉禁，而地方间或偷植，州县官吏或禁或弛，久无定法。1873年辽东一带即因官吏升黜调迁，禁政糜烂

---

① 郑观应：《商战》（上），《盛世危言》第三卷，1894年刊行，第19页。其他九项商战内容有：洋布战、用物战、食物战、零星货物战、矿产战、日用品"商战"、外贸战、零星杂物战、货币战。
② 朱批谓其"殊属纰谬，著降为六品顶戴，即行休致，以示惩儆"，《筹办夷务始末》卷5，第9页。
③ 蒋湘南：《七经楼文钞》卷4，同治九年重刊本，第35页。
④ 岸本（中山）美绪：《〈租覈〉市場論の経済思想史の位置》，《中国近代史研討会》第二集，1982年。

一时;①浙江台州官府对罂粟种植一事干脆息事宁人,以防烟民暴乱②;更有甚者,地方官吏纵容属地广植罂粟以牟暴利,"蒙古的亲王伯五,因见北京附近广植罂粟,乃下令所属地区拔除所有其他作物,改植罂粟"③。全国性的禁政已无可能推行,无奈之下,在士大夫群体中萌生的"鸦片战"观念,虽系自欺欺人,但不失为一种消极的抵制手段。

鸦片商战在咸同后期,特别是光绪一朝为愈来愈多的人所信奉,公开的言论多讲以土抵洋:"近日英夷就抚而鸦片之禁渐弛,漏卮之弊愈不可稽,于是留心国计者佥议,请令各直省普种罂粟花,使中原之鸦片益蕃,则外洋自无可居奇之货,且罂粟浆之成鸦片,其毒究不如乌土、白皮之甚,则吸烟者之害亦不甚深,可以逐渐挽救。"④主张与英国进行"鸦片战"的郑观应早在同治元年即有以土抵洋的想法,建议民众多食川土,少食洋土,视为固国卫民的要策。⑤光绪中叶,郑氏又列出对待鸦片的三个策略:"上策"是严定期限,一体戒除,主要途径是实行鸦片专卖;"中策"是广种土药,阴抵洋药,并暗收利权;"下策"则是"既不能禁洋药

---

① *Chinese Maritime Customs,Annual Trade Reports and the Trade Returns of the Various Treaty Ports,1864—1916*(简称为《海关年报》),1873年,"牛庄",第6页。转见林满红:《财经安稳与国民健康之间:晚清的土产鸦片论议(1833—1905)》,载"中研院"近代史研究所社会经济史组编:《财政与近代历史》,"中研院"近代史所1999年印。以下数条海关材料亦见该文,不另注。
② 《海关年报》1873年,第72页。
③ 《海关年报》1871年,"牛庄",第19页。
④ 梁章钜撰:《浪迹丛谈、续谈、三谈》,第一部分《浪迹丛谈》卷5,中华书局1981年,第75页。
⑤ 夏东元:《郑观应集》(上册),上海人民出版社1982年,第19页。

之来，又加征土药以自塞销路，吸者、种者、洋药、土药，一任其自生自灭，自去自来，惟图多收税厘，稍济燃眉之急用"①，按照他的看法，鸦片专卖属于"上策"，而"鸦片战"当属"中策"一类。"上策"涉及外交，较难办理；"中策"虽然消极，却较有希望。在此前后，有人提出了更具体的"鸦片战"方案，简称"一纲四目"，一纲是指"宜择地以广种植也"，四目包括："择种地以编清册"，"开井塘以溥水利"，"轻税厘以保利权"，"一行价以抑洋药"。论者的观点是主张鸦片弛禁，但其论著的标题却是"禁栽罂粟策"②，遮掩之间仍是提倡务实的以土抵洋方针。

　　光绪中叶，曾纪泽承命对英交涉鸦片税厘并征，他也倾向于采取郑观应提出的鸦片"商战"策略。张焕纶建议他与英国谈判鸦片征税问题，"中土禁烟，久无长策，操之促则生变，持之缓则渐弛，况海岸辽阔，岛屿纷歧，藏匿必多，拦截匪易"，"此事转机，匪伊岁月，稍尽人力，冀挽天心，此使臣之责也"，曾纪泽对此既赞同，又无可如何，断言"未易急切图功"。③清廷内部以土抵洋的言辞更为强硬，袁世凯的叔父袁保恒——刑部左侍郎——光绪初年干脆扬言进行鸦片抵洋，他告诉总税务司赫德：他和其他人将要保护本国的鸦片种植，直到能够制止外人输入鸦片，那时本国才可停止种植鸦片。赫德认为这是"骑虎难下"之论，④尽管如

---

① 《郑观应集》（上册），第400—404页。
② 《禁栽罂粟策》，陈忠倚辑：《皇朝经世文三编》（一），《丛刊》正编，第751号，第538—540页。
③ 喻岳衡点校：《曾纪泽遗集》，《日记》卷2，岳麓书社1983年，第346页。
④ 中国第二历史档案馆、中国社科院近代史所合编：《中国海关密档——赫德、金登干函电汇编（1874—1907）》第7卷，中华书局1995年，第1009页。

此，他还是建议英国令印度搞好自己财政。

实际上，赫德的愿望极难实现。英属印度赖鸦片税为岁入大宗，孟加拉地方生产的鸦片直接为印度所有，而各土邦生产的鸦片在孟买出口上船，须由印度政府征收过境税，早在1871—1872年期间，英属印度从孟加拉和土邦生产的鸦片中每年收入800万英镑，相当于印度政府当年岁入的七分之一。① 由此，英国政府批评中国说，仅仅从卫生和道德层面看待鸦片问题，这是不够全面的，"即使所说洋药的毒害作用是确实的，只要中国准许栽种罂粟而且在大规模地进行，禁止鸦片进口并不能影响吸食。我们必须把这件事当作一个纯粹的商业问题来看。"由于英国在鸦片贸易立场上毫不退让，总理衙门措词强硬地照会阿礼国（Rutherfold，Alcock）：如果英国不愿停止鸦片贸易，中国最后一着将是取消栽种罂粟的禁令。②

阿礼国深觉事态严重，1871年他提醒英国国会说："大量的罂粟种植在中国蔓延，中国政府正打着如意算盘，如果中国不能与英国政府言归于好或共同协商的话，中国就会无节制地种植罂粟，使鸦片价格下跌，他们这样做是以为他们能用自己的鸦片挤走进口鸦片"③，但英国政府不太相信土药的竞争能力。的确，1863年赫德曾向各海关发放过一份问卷，询问本国鸦片能否取

---

① 《东印度——情状与进步，1872—1873年》，《英国议会文书》第50卷，1873年；亦见《印度征税》，《中西闻见录选编》1874年9月，第22页；《清季外交史料》第24卷，"光绪朝"，第10页。
② 《总理衙门致阿礼国》，《东印度财政专门委员会报告》186年7月，《英国议会文书》第8卷，1871年，第268页，提问5694。
③ 马丁·布思（Martin Booth）著，任华梨译：《鸦片史》（*Opium A History*），海南出版社1999年，第168页。

代外来鸦片，结果，除厦门海关外，牛庄、天津、九江、镇江、上海、汕头、广东各海关税务人员均称：本国鸦片对外国鸦片的进口没有妨碍，或称土药无取代洋药之可能，原因是土药味淡而涩，且失重率大。[1]税务人员的观察是仔细的，并且一语中的：土药的竞争力长期以来远远逊色于洋药，根本的原因在于其质量较差。印度官方对中土愈来愈强劲的"鸦片战"也不以为然。80年代中期，印度财政部长包令（John Bowring）对于马建中发出的"以土抵洋"的信号仍抱有怀疑，对本国鸦片的竞争力信心十足，如下对话微妙地反映了双方对"鸦片战"所持有的不同立场，且概见鸦片所具有的财政和税收价值：

> 马建忠：吾国之加厘金亦即暗寓渐禁之意，至度支自有正项，假使由鸦片筹饷，则开内地罂粟之禁，由官抽税，自行收买，一如贵制之例，每岁进项又岂止五六百万金镑。此法一行，则印度出口鸦片日减，而岁入之税亦日减矣。故我国现议开禁种烟者颇不乏人，惟我中堂心维大局，以为与贵国和好已久，事有关乎印度度支巨款，特遣本道来此访一两全之策，如专为筹税起见，则有开禁种烟之法在。
>
> 包令：印度鸦片味厚，中国土烟味薄，华人多舍薄取厚，贵国罂粟之禁虽开，其销售未必能广，而印度鸦片之畅销自若也。
>
> 马建忠：中烟销售不广者，良以栽种罂粟有干例禁，民间偷种不多，只销本土；至味薄之故，皆因民间偷种，未敢公然设

---

[1] Special Series, No.2, P.74.

立厂局讲求制法,倘例禁一开,销售既广,行见烟制日精,烟味日厚,安见终让印度也!今则我国计不出此,但愿外来之鸦片日减,内地之罂粟日稀,使吾民不受吸鸦片之巨祸,并使贵国可免卖鸦片之物议,所谓一举而两得也。①

与包令的意愿正好相反,在赫德调查"以土抵洋"之后,民间罂粟种植悄然扩张。事隔十年,英国驻上海的领事麦华陀(Walter H.Medhurst)的观察别具天地:"目前中国生产鸦片的数量如此之大,进口鸦片遭到的竞争如此严重,以致任何有关这个问题的报告如果不考虑到这种竞争就会显得不够完整……所以我们完全可以看到的结果必将是:当中国学会怎样种植与配制鸦片使之达到与印度鸦片同等的水平时,英国在鸦片贸易中所占的份额将逐步下降以至消灭。"②

再过十年,英国驻上海领事许士(Patrick J.Hughes)说,麻洼鸦片的价格下跌与四川鸦片的竞争有关,四川鸦片的经销网络已经深入到上海、湖南、湖北、江西和安徽等省,华北和西北居民则大多吸食本地所产的鸦片。1894年领事哲美森(George Jamieson)对上海地区印度鸦片需求量的估计更沮丧,称其为"呆滞的,而

---

① 《马道建忠在印度西末喇谒晤黎督贝户部问答节略》,吴汝纶编:《李文忠公(鸿章)全集》,《译署函稿》第12卷,总第3140—3141页,《丛刊》续编,第696号,台湾文海出版社影印。
② 《领事麦华陀1873年度上海贸易报告》,李必樟译:《上海近代贸易发展概况:1854—1898年英国驻上海领事贸易报告汇编》,上海社会科学院出版社1993年,第304—305页。麦华陀认为这是一个与印度财政极有关系的问题,因而在报告中建议最好立即任命一个调查委员会,委派他们在中国各地进行鸦片种植情况的调查。

且是趋于衰退的",而土产鸦片1894年比前一年涌入上海的总量则增加了100%以上。①国外人士的报告亦可与本国媒介的报道相互参较。1897年《集成报》转载《苏报》消息说:"前时嗜鸦片者皆吸食印土,自中国弛禁后,略有吸云南土者。彼时栽种未得其法,滋味略薄,今已直追印土之浓,故北海近年云土畅销,而公班进口颇为减色云。"②该消息只是描述了国内局部地区鸦片战的明显效果;1898年该报又援引《官书局报》译自《彼得堡时报》的同类消息说:"印度鸦片销于中国,营转运者多英国人。据伦敦来信云:一千八百九十五年鸦片之由印度运入中国者不下三万余箱,九十六年贩入中国者仅一万五千余箱,本年运入中国之数尚未得悉。按年比较,则去岁少于前年将及一半。说者谓近年以来,印度鸦片运入中国日觉减少,此皆由中国本地所产罂粟日盛,则中国财流出外国者当不至如从前之多矣。"③

该消息所言问题与上述消息相似,唯两者所及区域不同,后者对全国情形加以关注,而前者仅注意个别区域;其次,在版面栏目的安排上,前者置于"商事"一栏,而后者则属"西国近事","商事"多为内稿转载,由国内访员访求所得,因探求区域之事,相对较真;后者多为外电迻译,就本消息来说,信源来自彼得堡媒介驻英访员,却言印度鸦片入华事,未必近真,所言趋势属实,只是引述数字不乏桀误。举证如下:根据上海、广州

---

① 《上海近代贸易发展概况:1854—1898年英国驻上海领事贸易报告汇编》,第863页。
② 《印土滞销》,《集成报》第14册,中华书局1991年影印出版,光绪二十三年8月15日,第797页。
③ 《鸦片入华渐减》,《集成报》第26册,1898年2月25日,第1485页。

等全国33个海关机构所报告的鸦片进口数量和《海关十年报告》等资料汇总分析，1895年至1896年外国鸦片输入中国分别为51000余担和49000担左右，①其中印度鸦片占有绝大多数，波斯和土耳其鸦片则为数极少，至多不会超出数千担。根据《海关十年报告》的说法，两年中输入上海一地的印度鸦片（白皮土、公班土和喇庄土）分别计有28000余担和30000担左右，这个数字与上述报道数字相差较大，值得注意。当然，作为一种走势和状态描述，这份报道仍有参考之价值。

长期以来清廷名义上压制鸦片弛禁言论，禁止鸦片的传统观念仍有发生作用的空间。中西时局随世俱变，这类传统的禁政观念已开始调整。前述主张鸦片战的言论多为求异思变、经世时流中个别人的言论，这些言论的提出与发表有较长的时间差，况且其面世的载体多为个人出版品（例如言论结集、书札和日记等），因其出版形式、发表时间的局限，有关言论的受众相对较狭，对社会的影响力较小。同治末年诞生的近代报刊开始发表此类言论，鸦片商战观念相互感染的途径陡增，观念生成的机率也随之增大。创刊不久的《申报》对民间鸦片商战言论有所回应，主张推行"不禁之禁"的办法，主要论点有三：其一，既然国人喜食鸦片，就应放松对土产鸦片的禁控，政府一可征税，二可使二千数百万两白银留在国内，免致巨额银漏；其二，加强鸦片制作的方法改进，仿行印度办法，以适合国内消费者的口味，政府不但有巨额税收，农民亦可增加收

---

① 此系对各个海关两年所报数字的整理，另外参考徐雪筠等编译的《海关十年报告》（《上海近代社会经济发展概况》），第367页，唯该数字的整理采用约略计算，百位数作四舍五入处理。

入；其三，凭藉征税而使鸦片售卖价格增高，贫者戒吸而富者渐减，不禁而自禁。①该主张持论于"弛禁之间"，与郑观应提出的鸦片战相类似。察其所论，反叛传统的观念自不待言，更引人注目的是，所论所言均以公开的形式直面社会，不隐讳亦不掩饰，当时确属罕见。

媒体介入这一问题的讨论，不仅有《申报》这一类世俗的报刊，即便是与宗教宣传有关的《万国公报》亦瞩目此一问题。据朱维铮先生研究，1892年复刊后的《万国公报》成为广学会的言论机关，广学会的成员涵盖了外交官、税务司、洋行代表、传教士和律师等，该会常务工作多由担任协理的传教士，特别是书记（总干事）控制。②在书记或总干事成员中，不管是林乐知、慕维廉还是李提摩太，其广为人知的身份是传教士，该刊的作者群体也主要是一些传教士。③众所周知，基督教与鸦片是格格不入的，长期以来基督教徒矢志不渝地反对鸦片，对英国的鸦片贸易政策甚有非议，反鸦片问题曾一度成为1888年上海基督教传教大会的讨论主题之一。就是这样一个为基督教徒所关注的媒介，在1892年复刊以后不久，即刊发署名古吴钓叟的文章，论者称自己对待鸦片的态度是"实事求是""直抒胸臆"，将自己的建议称为"创论"。他对传统禁止鸦片的观念持反对态度，认为单纯禁止罂粟的言论是"蹈常

---

① 《拟弛自种鸦片烟土禁论》，《申报》1873年6月28日。
② 朱维铮：《西学的普及——〈万国公报〉与晚清"自改革"思潮》，载氏著：《求索真文明——晚清学术史论》，上海古籍出版社1996年，第72页。
③ 如在华著名的传教士丁韪良、艾约瑟、花之安、李佳白、狄考文（C.W.Mateer）、马林（W.E.Mackin）等，该刊聘用的华人学者如沈毓桂、蔡尔康、任廷旭、袁康等大多具有基督教徒的身份。朱维铮前揭书，第75页。

袭故""陈陈相因"之论，断言其"愚亦甚"，属于未观中西大势，不察际会巨变，作茧自缚的愚蠢主张。作者建议推行"不禁自禁"的办法："有种烟一法尤为至善之法。夫西人售烟专中国之利，中国种烟夺西人之利；西烟道远价贵，中烟产近价贱，吸者畏贵喜贱，则中烟将争购，西烟将不售，则银亦不入西国矣"，"且西人烟售中国已矣，既禁之不能，拒之不可，莫妙于中国种烟而使西烟不售，此策之至善者也。如更听民种烟，则外国之烟不能种，于中国则贩烟者将折耗而不来，殆至外国之贩烟不来，而后中国之种烟斯可议禁矣，斯时也而后禁种焉"。①

论者在陈述自己的观点之后，尚有意寻求同调支持，一是引证广东友人待鹤斋主人（郑观应）的观点说："近观粤友待鹤斋主人所著《救时揭要》一书中，有'自禁鸦片烟论'，竟所见略同。其言曰鸦片烟为害，曷若不禁而自禁。今洋土多而川土少，土味淡而洋味浓，浓者吸之瘾重病深，淡者吸之瘾轻病浅，洋土多则府库日虚，川土多则漏卮可免，若洋土能仿外国之例税倍于价，而川土则照税则之例轻收其税以助国用，□人多购川土少购洋土，岂非固国卫民之一道乎？"二是发现美国人林乐知也主张开禁鸦片，古吴钓叟称："林进士乐知"所著《中西关系略论》主张开土药种贩吸之禁，以保利权是对待鸦片问题的权宜之计，也是两害相权取其轻，

---

① 古吴钓叟：《理财论》，《万国公报》第40册，1892年4月，影印本（二十），总12774—12775页。除了古吴钓叟以外，求异思变的国人中尚有多人坚持以土抵洋说法，称道光朝以来的禁烟之议为"老生常谈"，例如有人撰文专门谈论夺取洋药之利的具体办法，见《禁栽罂粟策》，陈忠倚辑：《皇朝经世文三编》（一），《丛刊》正编，第751号，第538—540页。

系不得已之选择。①古吴氏对外人这一看法深有感慨:"林君美国人也,乃能见及此而进忠言,而华人反见不及此而置之不论,岂旁观者清而当局者迷耶?何不思之甚也!"慨叹国人的禁政观念不能与时俱变。

林乐知对中国鸦片问题的态度,除了古吴钓叟所提到的《中西关系略论》以外,1893年他还撰写有关鸦片问题的专论,仍阐释他原来的观点,将其刊于《万国公报》,以广影响。林乐知仍主张"不善之中立一善法",由于中国"国帑缺民生困"与洋药大量准进有关,他的看法就是以土药抵御洋药,曲折救国,最后鸦片之害可绝。②中法战争之后,国内"自改革"的倾向日趋明显,"外须和戎,内须变法"成为多数时贤共识,过去僵硬的鸦片禁政处置方式确需反思。既然禁之不能,拒之不可,那么鸦片商战的言论随处流播便不足为奇。

民间的言论倾向亦有变动。同治末年,北方的辽东半岛在形式上尚禁止鸦片的种吸,③但西南省份则不知禁令为何物,"民不知非,视同禾稼"④,南北不同步,东西有差异,历来如此,观念的生成和流变亦概莫能外。光绪初年,留心时务者曾在策试考题中提出"洋药一项每岁金钱出口甚巨。中国吸烟者多,而罂粟之禁,虑妨民食,势必土浆日少洋药居多,宜用何策杜塞漏卮无害谷产

---

① 古吴钓叟:《理财论》,第12776—12777页。
② 林乐知:《论鸦片烟之害》,《万国公报》第56册,1893年8月,影印本(二十二),第13866—13867页。
③ 《海关年报》1874年,"牛庄",第3页。
④ 李文治等编:《中国近代农业史资料》第1册,三联书店1957年,第459页。

论"①,学生的答题和书院山长王韬的眉批多持开禁鸦片之议。②禁烟名士许珏在给赵尔巽的信函中也说:"珏两年来疏陈请加洋土药税,未敢遽言禁者,因言禁则众皆以为迂图,势将置之不问;言加税则尚有裨财政,或冀采用其说",许珏此言所及之现象在在皆有,即便是孙中山这位被今人奉若神明的伟人也不能免俗,90年代时他也主张"劝种罂粟,实禁鸦片之权舆",非徒托空言之可比拟。③大致说来,经世之风与民族主义思潮对鸦片禁弛观念影响巨大,刊诸媒介的言论多数主张对外来鸦片实行商战,以牙还牙,传统的速禁或断禁主张未能成为舆论的主流。

与士人群体坚持的鸦片商战观点相对应,清廷内部多数官员主张"以征为禁""寓禁于征"。"禁"与"征"当然冰炭对立,无可调和,鸦片贸易合法化之前,这一对矛盾政策却被地方官员付诸实施,名义上是禁止鸦片,实际上则侧重征税。1855年8月,上海道台计划对允许上岸的外国鸦片征收税款,每箱白银25元,④遭到鸦片商的拒绝;第二年,两江总督何桂清"始自江苏之上海,定以每箱白银24两,以白银20两归入军需交拨,4两白银作办公经

---

① 渔隐编:《时务经济策论统宗》第12卷,上海文贤阁1908年石刻本,《理财科》(下),"论二",第24—28页。
② 王韬:《格致书院课艺》,上海格致书院1891年,第35页。转见林满红:《财经安稳与国民健康之间——晚清的土产鸦片论议(1833—1905)》,载"中研院"近代史所社会经济史组编:《财政与近代历史》,"中研院"近代史所1999年印。
③ 许珏的言论见赵尔巽档案全宗26/160;《孙中山上李鸿章书》,《孙中山全集》第1卷,中华书局1981年,第17—18页。亦可见朱宏源:《同盟会的革命理论——〈民报〉个案研究》,"中研院"近代史所专刊(50),"中研院"近代史所1985年印,第24页。
④ 《北华捷报》1855年8月18日。

费"①。这些私自征收鸦片税的举动,总是标榜"以征为禁"。清廷对此宽严不一,对待福建省的私自征税,上谕的态度颇可玩味——"鸦片烟例禁森严。前有人奏请驰禁,迭经大学士九卿等议驳在案。该员叶永元等何得变易名目,擅行抽税。即或因防剿需费,姑为一时权宜之计,也不应张贴告示,骇人听闻,且妄称奏明,更属荒谬"②,即全局名义上仍行禁政,若因局部防剿需费,姑以暂时征税为权宜之计,推行"以征促禁"。此后几十年中,多数地方大员心领神会,暗暗贯彻了这一意图,与"鸦片战"观念相互默契。

"以征为禁"的重心在"征",即凭藉税率之低昂来达到操纵的目的,如何确定恰当的土药税率成为一个长期争论不休的问题。若以筹措经费、排挤洋药为目的,则主张低税率;如强调推行禁政,则主重税率。两种思路种因悠久,争论不绝。最终以李鸿章的低税率主张左右了鸦片税政的方针。李鸿章的意图极为明显,排斥印度鸦片入华,以保中国利权不外泄。对鸦片实施低税政策实际上就是采取"鸦片战"的策略,该措施一直实行到20世纪初年,成效较为明显。在低税率政策的影响下,19世纪下半叶洋土药价格的变动趋势如下:

---

① 《中国近代史料丛刊·第二次鸦片战争》(四),第61页。
② 《文宗实录》,第236卷,第11—12页。

表1-1　19世纪下半叶洋土药价格比较表

单位：%

年代	港别	土药价格占洋药价格（%）	资料来源
1863年	镇江	60	Special Series No.2 P.71
同上	厦门	50	同上书，No.2 P.76
1869年	全国	33	领事报告 Vol:9 P.344
1887年	牛庄	50	同上书，Vol:16 P.393
同上	汉口	40	Special Series No.9
1893年	全国	60	领事报告 Vol:18 P.327

资料说明：此表的制作系参考林满红：《清末本国鸦片之替代进口鸦片（1858—1906）》，《"中研院"近代史研究所集刊》第9期，"中研院"近代史研究所1980年7月。

1870年以后，土药产量总体上已经超过洋药进口数量，市场份额逐步扩大，鸦片战的目标已初步实现。但是随着土药规模日益扩大，鸦片产业逐步壮大，鸦片之祸更为严重；更为棘手的是中央与地方的财政体系中已深深地嵌入了鸦片税厘这一支柱，要政需款尤赖此一饷源，断之不可，禁之犹难，陷入了赫德所称的"骑虎难下"的窘境，这是鸦片商战策略所带来的重要负面影响。

二、契合新政改革的禁政理念

各地推行鸦片战后，土药种植规模急剧扩大，鸦片对社会毒害的程度加深。1887年洋药税厘并征前夕，除台湾和海南外，各地都大量生产鸦片烟土，川、滇两省尤为重灾区，约略统计，云南三分之一的农田转产罂粟，四川省估计有70%的男性是鸦片吸食者。"中国内地会"创始人戴德生（Jamer Hudson Taylor）1893年时证实，鸦片在中土流播之速，普及之广出乎意料，"当我1854年第一次到中国时，鸦片上瘾的人相对较少，但近20年鸦片迅速蔓延，近10年更快，现在吸食鸦片猖狂得惊人"，这是他访问中国10个省份得出的结论。①报刊言论说得更具体、深刻："鸦片之为害我国，其蔓延已四五百年，而范围所及，实兼心理、政治、社会、生计、外交诸问题，莫不被其影响，自非根本之地改弦更张，合君民上下以全力注之，未易扫数百年之积习。"②此时的鸦片愈来愈成为"问题"，而且是一个牵制民族命运的"大问题"，它对社会经济的侵蚀且不具论，仅就吸食鸦片者本人所遭受的鸦片毒害而论，称其"伐性醢骨"，意甚妥帖。《万国公报》对国外毒品吸食者的丧才失德深感忧虑，专门刊文描述吸食者的心理和行为，颇具感染力。③晚近以来，西人常以睡狮比喻中国现状，国人则多以"狮而云睡，终有一醒"自豪，汪穰卿则指出，此睡狮实际上是特指哺乳大的驯狮，被饵以鸦片，使终日昏昏，俯首帖耳，取义殆至长睡，永无醒时，因呼国人憬然悟之。④鸦片商战的负面影响已经使整个民族背上一个沉重的包袱，国人在庆幸以土抵洋的成功之后，面对

---

① 马丁·布思前揭文，第169页。外人说法与国人的观感可以互相印证，时人对鸦片之害甚有同感，称之为空前之浩劫，清廷的言论暂且不论，民间有人即描述说，"自鸦片流毒入中国，隳人事业、败人财产、耗人精血、颓人志气、误人光阴、促人生命莫此为甚，乃蔓延二十二行省，各处几无一干净土，且屡禁不能戢其毒焰，殆为浩劫使然"，孙家振：《退醒庐笔记》，上海书店出版社1997年，第102页。
② 《论英使照复限制印土入口事》，《外交报》1907年10月2日，第189期。
③ 山雅谷：《吸鸦片则不能有为论》，《万国公报》第96卷，1897年1月。
④ 汪康年：《汪穰卿笔记》，书首刊登的《出版说明》，上海书店1997年。

的却是土药泛滥和流毒横溢,庆幸转而变成忧虑。新的禁政观念即在这一背景下萌动。

日俄战争以后,刷新吏治和强健国民体魄的呼声日益强烈,国内鸦片之禁适时提出,鸦片对国民体质、经济和社会风俗、行政效率甚至军队作战能力的破坏力,日益被朝野所惊悟。在清廷推行新政背景下,多数言论自然将禁毒运动与新政事业联系起来。

1906年7月,清廷颁布"预备立宪"上谕,宣示:"廓积弊,明定责成"以奠定立宪政治基础,这是清末禁政观念变动的重要契机。过去呼声甚高的鸦片战言论趋于沉寂,更多的人开始从立宪与新政角度看待鸦片问题,强调鸦片禁政与推行立宪政治并行不悖,鸦片禁政与立宪改革的密切关系被舆论无限突出,"鸦片一日不绝,则立宪一日不成,而中国亦一日不可救。盖戒烟与立宪有至密之关系,尚非他政所能比"[①];媒体言论还将禁政与各项新政事业的推行效果相关联,特别是练兵求强和振兴实业两个方面,"不先禁烟,即开矿亦无用也,矿之所出不敌烟之所耗,相安縻费储积仍无由基,是灌漏卮也。即练兵也无裨也。持戟之士即属吸烟之徒,一遇惊慌,遁逃惟恐不速,是张空弮也",吸食鸦片对军队战斗力的恶劣影响十分明显,日本人也注意到,"军官之所以屡次打败仗,原因是军中都吸鸦片,大敌临头,还躺在床上吸鸦片。吸鸦片是定时性的,一到时间,即使是在战场上也得吸,否则就受不

---

① 该言论与下述引文均见《论戒烟与立宪之关系》,《申报》1906年10月6、7日。"戊戌变法"以后,留学生与传教士的提倡,加上报刊媒介的鼓吹,直接促成了新政时期鸦片观念的修正。这是民国时期于恩德撰述《中国禁烟法令变迁史》特意指出的现象。

了"①。少数督抚的言论也堪可注意，1907年3月反鸦片运动的急先锋云贵总督锡良即主张祛除烟祸，认为禁政与社会复兴紧密相关，"窃以为鸦片之害甚于洪水烈火……其危害之悲惨超过战争"，"数十年来，国家日形衰弱，洋人无礼益甚，其因在于民气未起；而民气和民力转弱无非在于鸦片之害"。②清末兴起的立宪运动和军国民思潮，使舆论界意识到民众素质与国家振兴的密切关系，反观现实，士农工商沉湎于鸦片，甘为枯骨，的确是推行革新事业中最令人忧虑的大事。

外人对国内鸦片观念的新变化亦甚为注意。1905年出版并于1906年春天译成中文的《菲律宾报告》，是亚洲地区鸦片问题调查报告，它注意到各地海关官员对社会舆论的反映：牛庄的海关官员认为禁烟"舆论在增长"；宁波的海关官员看到"在许多地方，强大的舆论支持发布禁烟公告"；云南腾越（今腾冲）海关的一份报告声称："禁绝这种恶习的舆论逐渐明显"；安通的一位外交官写道："我发现，舆论普遍赞成禁烟运动"；上海学生一直"有效地致力于对大众思想施加良好的道德影响"，使之认识到鸦片危害；在福州，一位目击者强调，吸食鸦片"现在被认

---

① 《皇朝经世文编》卷24，第452页，《丛刊》，台湾文海出版社影印；小岛晋治监修：《幕末明治中国见闻录集成》第1卷，ゆまに书房平成九年，第32—33页；转见冯天瑜著：《"千岁丸"上海行——日本人1862年的中国观察》，商务印书馆2001年，第202—203页。
② 锡良在19世纪80年代山西禁烟时期即为激进派人物。此转引自托马斯·D. 莱因斯：《改革、民族主义和国际主义：1900—1908年中国的禁烟运动与英美的影响》，载《国外中国近代史研究》第25辑，第28页。作者评论说，1906—1908年间，"一种新的民族主义情绪"开始渗透到群众中去。他们从政府和传教士对烟毒的告诫中觉醒，逐渐把鸦片、帝国主义和民族衰弱联系起来。又见该书第34页。

为是'有失体统',明显不受年轻人欢迎";厦门、广州和其他商埠的外国官员也有类似的报告。①1907年6月,沪上英语媒介也作出判断:"尽管对发布严厉的禁烟章程有种种怀疑,但不能忽视的事实是全国反对鸦片的情绪正在增长,禁烟运动具有爱国特征。"②难怪英国《泰晤士报》驻中国记者莫理循感叹说"反对鸦片烟的舆论,正像传播西方教育、发扬尚武精神和大量创办地方报纸一样引人注目",莫理循深受感染,敦促他所服务的《泰晤士报》有关负责人正视这一舆论现实,"因为我知道,随着中国禁烟运动积聚力量的迹象不断增加,和大多数人要求查禁这种麻醉品的热忱不断增长,你将会给予越来越多的衷心支持。我很愿意见到你像我个人做到的那样,作为伟大的喉舌大声疾呼地支持这个运动"③。可以说,20世纪初年新政与拒毒改革的历程中,民间舆论与政府认识在一定程度上是吻合的,逐渐形成了"以拒毒促新政"的鸦片观念。

1906年是清廷推行新政改革的关键年代,百废待举,需款孔殷。9月份清廷作出了禁绝鸦片的重大决策,将禁政纳入新政改革的框架中,这似乎意味着枢廷上层决心逐步地放弃鸦片税厘收入。清廷鸦片政策转轨以及新政改革推行,促使人们将禁政与清末新政所涉及的国家生存、贸易发展、对世界经济的影响以及邦交关系等问题联

---

① 《菲律宾报告》第2册,第73—77页;《字林星期周刊》1906年12月14日,第629页;默温:《麻醉一个民族》,第82—83页;《中国(第2号)1908年》,第3页。此参见托马斯·D.莱因斯前揭文,第32页。
② 《字林星期周刊》1907年6月7日,第557页。
③ 骆惠敏编,刘桂梁译:《清末民初政情内幕(上)》,《乔·厄·莫理循书信集》,上海知识出版社1986年,第497页。

系起来，超过了以往的认识水准，这是清末新政时期鸦片观念变动的重要表现，也标志着禁政与新政运动相契合更高程度的认识。

这种观念的形成有一个过程。前述报章言论仅仅直观地将禁政与新政改革相关联，其认识程度有待深化。而1909年2月份在上海举行万国禁烟大会，中国代表团所阐发的主要观点是清廷官员精心准备的，并且大量地吸纳了有关人士的意见和建议，更能反映朝野在禁政观念上的更新和演进。尤其是唐国安的会议演说不同凡响，外国代表团和西文媒介对此交誉不已，因而更具代表性。[①]

处理鸦片问题的难度在于如何解决道德与商业利益之间的矛盾，中国首席代表端方的演说词确定了道德至上的方针，"窃谓本会纯以道德思想为主，欲去世界人类之毒害，既为列国所公认，则一切国际种族之界限，理应一律融化，以独伸本会慈善文明之宗旨"[②]。美国首席代表、会议主持者勃兰特（C.H.Brent）主教在认可此点提议的前提下，建议从更广泛的角度讨论鸦片问题，以达到由"感情阶段"到"科学阶段"的过渡。[③]在会议期间，为了赢得与会国家代表对中国所提四项议案的支持，在中国代表向大会提交议案前夕，唐国

---

① 唐氏的演说能力，近人孔宪立多有褒评，"先生固演说家，擅雄辩；以故一临会场，议论风生，于西人提议之条件，尝多所折冲。盖当日先生在汇中旅馆（万国禁烟会以汇中旅馆为会所）之言论，实词严义正，慨当以慷，且与亚列斯多德所论演说要旨若合符节……先生之演说词详明剀切，有以国利民福为念者，必反复雒诵而不忍置也"，孔宪立原著：《前北京清华学校校长唐介臣先生传》，载舒新城：《近代中国教育史料》，《丛刊》续编，第652号，台湾文海出版社影印。关于上海禁烟会上唐国安的演说问题，英文媒介称"是一份杰出的、逻辑性很强的报告"，足见该演说对外人的影响力之大。
② 《中国代表端午帅演说词》，《申报》1909年2月2日。
③ 原载《字林西报》1909年2月3日。此见《清末民初的禁烟运动和万国禁烟会》，第102页。

安2月24日特意发表了一个极富感染力的演说,他认为,鸦片问题已成为我们国家"所必须面对最紧迫的道德和经济问题","中国民众的领袖人物把鸦片看成是对中国的生存最危险的敌人"。[①]唐的演说有力地论证了鸦片已经严重地腐蚀着中国社会经济的肌体,遏制了中国外贸事业的发展,更长远的负面影响则是阻止了中国进入现代文明国家的步伐。这些方面系新政改革的重要目标。

鸦片对中国经济肌体的腐蚀,流行已久的"漏卮论"是一个重要的分析工具,1906年汪大燮拟具禁烟奏折时,汪氏分析鸦片危害的基本尺度之一就是"漏卮论"[②]。清廷发布禁烟上谕后不久,在致汪康年的信中,汪大燮对鸦片毒害与商务振兴之关系仍复提及:"近日东方报载,法人考察中国商务,每岁入不敷出八千八百万圆。偿款在外,铁路借款利息在外。此报已译寄商部。倘洋药禁绝,可收回五千万圆,尚亏四千万之谱,非振兴商业不为功也。外人视为危殆已极,而我安之若素,岂不奇哉?"[③]万国禁烟会期间,漏卮论仍是中国代表分析鸦片危害的主要工具。唐国安关于鸦片对经济危害的认识更为清醒,他以"漏卮论"为基础,运用逻辑推理的方式列举了一系列数字予以证明:以1906年为例,本年土烟总产量保守地估计为584800担,价值估算为2.2亿两白银,加之洋烟进口价值3000万两白银(以1905年进口量计算),直接花费共计2.5亿两白银。唐氏认为,国内生产毒品的土地若改种其他农作物,每年至少应获得1.

---

① 《中国代表唐国安的演说》,《字林西报》1909年3月1、2日,转见《清末民初禁烟运动和万国禁烟会》,第96、102—112页。
② 《出使英国大臣汪奏革除烟祸折》,载《盛京时报》1906年11月6日。
③ 上海图书馆编:《汪康年师友书札》(一),上海古籍出版社1986年,第869页。

5亿两白银收入,如此算来,国家每年因鸦片问题而耗费白银4亿两;他进而将吸食鸦片给劳动力造成的损失也估算进来,假定全国2500万染上烟瘾的人中,①青壮年劳动力在未染上烟瘾时每日平均赚取0.2两银子,而因毒瘾发作每日则少赚四分之一,于是全国每日损失白银12.5万两,每年则损失白银4.5625亿两,如上共计损失白银8.5625亿两。这些资金对我们落后国家的现代化事业来说,将是笔极为宝贵的财富,而且我们尚未把资本损失计算进去。②就在两年前,《申报》"论说"也对禁烟的经济价值作过预测:"以官膏之加价补土捐之损失,本法之最简便者,土捐逐年减,则膏价逐年加,待至十年后,土捐膏价虽已两无所收,而民间骤少此四五千万之花销,则金融之机关必灵,金融之机关既灵,则工商业必骤形发达,而国家之进款自裕,此乃计学之公理,即吾国民足君足之说也。"③

关于鸦片遏制中国外贸事业的发展,唐国安认为,这不仅是中国的损失,更是全世界贸易的严重损失。1867年中国海关的统计报告显示,当时中国的入口贸易不到6930万两白银,1905年达

---

① 关于全国吸毒者的数量无法作精确统计,只能大致推算。以四川省为例,据英国驻华公使统计,光宣年间,全川吸食鸦片者为315万人,其中17%(即54万)已成瘾(《广益丛报》第17号,《调查》)。就全国来说,以1905—1906年为例,1905年中国进口鸦片5189000斤,次年土烟产量58480000斤,两者共计63679000斤,吸食者以每日需烟膏2钱计,一年约需5斤(李圭:《鸦片事略》),鸦片成瘾者则有1300万人,如果加上吗啡、海洛因这些毒品吸食者,吸毒人数应该大大超过2000万人。《黄朝经世文四编》中记载很多地方"吸嗜者十居六七,上自官绅,下至肩挑贩负之俦,无不以有限之资供无穷之瘾,甚至鹄面鸠形,填沟壑而不顾"。(何良栋辑:《皇朝经世文四编》卷34)

② 《中国代表唐国安的演说》,《清末民初禁烟运动和万国禁烟会》,第106页。

③ 《论禁烟之前途》,《申报》1907年2月21日。

到4.47亿两白银,近四十年增长了6倍多,中国人均入口贸易额约为2先令5便士,而日本每人平均入口贸易额为15先令10便士,差不多是中国的7倍,美国更是中国的30倍。唐氏预计说,"当中国发展起她自己的商业和工业时,谁能估计得出它对世界贸易的影响究竟有多大呢?如果全世界卖给每个中国人的东西像卖给每个日本人的东西一样多,全世界每年就能从中国赚到30亿两银子!"中国对外贸需求的范围和程度已有巨大的增长,但是"满足这些需求的能力由于有了鸦片嗜好而大为削弱"。这一观点恰巧与60多年前鸦片战争时期英国多数商人和政治家的担心相契合。

早在1842年7月,一份由235名商人和工场主签名并呈交给罗伯特·皮尔爵士(Robert Peel)的备忘录表明了多数人的担忧:只要非法的鸦片贸易还在进行,他们就无法在安全的环境中从事他们的商业活动,鸦片贸易势必会损害英中之间正常的贸易往来,英国鸦片集团操纵的毒品成为中国进口的主要英国商品!① 1843年阿什利勋爵在英国下议院的发言中也表达了类似的观点:鸦片贸易对英国的外贸是有害的,因为这种毒品将会成为英国对华出口其他产品的替代品。但是如果禁止鸦片贸易,那么中国人会用他们的产品与英国产品进行交换,英国商业的扩展和新的产品市场的开辟将会有

---

① 《对华鸦片贸易的目前状况》,《斯科提希评论》1860年1月,第10页,转见M.G.马森:《西方的中华帝国观》,时事出版社1999年,第149—150页。三年之后,美国《纽约时报》也愤愤不平地评论说"不错,英格兰国库确实得到了极其丰盈的进项,这也是她创造出那些悲惨需求所获得的巨大回报,但她却丧失了所有如下可能的收益,即她如果把对大清国的出口设定为工业品时所可能获得的收益。可怕的鸦片烟瘾不只是消耗这个民族的劳动力和财力,从而直接导致了这个国家的贫穷,而更抑制了它对其他商品的进口,进而使所有期望从事正当贸易的工业国家蒙受了损失",见《英国鸦片贩子力阻清国禁烟》,《纽约时报》1863年4月26日。

利于英国的劳工阶级，对中国人也有利。①尽管两国的贸易利益不同，但鸦片贸易对两国造成的负面影响是一致的，英国政府将自己捆绑在鸦片利益集团身上，浑然不觉地走了半个多世纪。

鸦片对中国进入现代文明国家已形成极大的阻碍。新政的目标不但是富国强兵，而且以现代文明国家为改革趋向。1906年《外交报》曾就禁政与国家文明的关系有所论述，"国家文明之发生，则视其改革弊害之能力若何耳。鸦片之于中国，语夫外交之故事，则有丧败之辱；语其毒烈之性质，则有破业弱种之忧"，"我政府不可不自立文明之法制，以为之应，冀渐得自侪于文明大国之列者也，所谓宜立文明法制以为之应者，即速行禁烟是已"。②唐国安在万国禁烟会演说中明确地将鸦片问题与国家文明、"现代化事业"相联系，他解释说："我们祈求摆脱这种祸害，因为我们不但把这种祸害视为阻碍我们进入现代化进步国家行列的障碍，而且把去除这种祸害视为我们是否够格进入这个行列的标准"，他举证说，目前科举考试制度已被废除，在旧的教育制度的废墟上创建出众多的现代化的学校，成千上万的年轻人天南地北地去寻找知识，亲王和高级官员们游历欧美进行考察，铁路、矿山、现代制造业已步入正规，而且还计划成立立宪政府，"所有这一切只能有一个解

---

① 《汉萨议会辩论集》第58卷，1843年，第370—375页。此转见梅森：《19世纪西方对鸦片贸易的评论》，《国外中国近代史研究》第12辑，第245页，也可参见M.G.马森：《西方的中华帝国观》，时事出版社1999年，第149—150页。

② 《论禁烟与外交之关系》，载《外交报》第147期，1906年7月6日。近两年后，英国议员戴乐在议会发言时也表达了类似的观点——"两载以来，固已大有变迁，盖中国前识之士靡不以禁烟为然，亦由大梦已觉，而独立自强之思想近方萌芽"，《英国下议院会议中国禁烟事》（译英国《摩宁普士报》1908年5月7日），《外交报》光绪三十四年六月十五日，第214期。

释：我们正在走上进步与维新的道路"。

唐国安此语,与会人员中至少有一个人抱有同感,他就是曾任北洋大学堂总教习、留美学生监督的美国代表团成员丁嘉立(C.D.Tenney)博士。1907年2月,丁嘉立在纽约赴美亚公会午宴时,席间演说时曾论及中国的新气象,共有六端:"(一)爱国之精神渐振;(二)夸张国家名誉之心益盛;(三)收回税务铁路管理权之念颇切;(四)各种人在中国交际往来期于益加亲睦;(五)整顿国家之陆军;(六)广开通商场,任外人前往贸易。"①

深入一步品味,唐氏此语实有针对性。按照《泰晤士报》驻华记者莫理循的观点,长期以来,西方国家对中国的认识总有"滞后"和"偏见",与鸦片问题密切相关的英国尤为代表。《泰晤士报》是英国了解和认识中国的窗口,其所刊载报道在一定程度上也反映了英国人心目中的中国形象:"整个社会腐朽没落百业凋敝","政治腐败的国度","东方世界里一块黑暗与紊乱的国土","只不过是声名狼藉的中国官僚属下的一名走卒而已",如上用语均是《泰晤士报》描述中国的习惯语言,莫理循将其斥之为老调重弹。②《泰晤士报》的干将瓦伦丁·姬乐尔的中国观念更具影响,它被莫理循称作是姬乐尔的"名言":"中华帝国正在没落,其四肢已经烂掉,尽管中国人的生命力或许还在十八个省的心脏部位苟延残喘。"③这种言论,使英国政府在看待中国禁烟能力

---

① 《美士演说中国情形》,《申报》1907年2月22日。
② 《清末民初政情内幕》(上),第549页。
③ 《清末民初政情内幕》(上),第652、681页。

上长期坚持保留态度，也是该国看重印度鸦片利益反对回应中国禁烟呼吁的重要背景。

唐国安强调中国改革的形象意在改变外人对中国的成见。外人对清廷推行新政大多抱有不信任态度，站在先生的角度，则往往鄙视学生，认为学生总是陈陈相因，虚应故事，极以欺骗为能事，骗取外国的资金和政策支持。对立宪政治改革中的枢臣出洋考察和禁止外国鸦片入口两件事，外人更具疑惑。难怪1906年清廷重臣到英国进行宪政考察时，深谙英国舆情的汪大燮拼力整合此事，极欲给英人一个良好的印象。①唐国安刻意强调新政改革实绩与汪大燮对立宪政治考察的安排费尽心机，其意实有暗合，目的均在影响外人态度，推动英等西方国家真正支持中国的禁政，具体来说，是力促各国代表重视我方提出的禁烟议案。鸦片吸食阻碍新政进步不但被官员所认识，媒介对此解释得更直接："国以民为本，民气盛则国力强，倘人人嗜烟而成废民，则国亦何所恃哉？朝廷自举行新政以来，事事与民更新，今更筹备立宪，予民以参政之权，苟不除此烟害，则万事休矣，欲图强而益弱，欲求富而益贫，五洲虽大，恐亦不容此烟国烟民之优游自若也。"②

概而言之，清末禁政作为新政改革必须经历的一个环节，既可以刷新清廷在国民和国际社会中的形象，赢得支持新政改革的社会

---

① 《汪康年师友书札》，第840—841、837—838页。鸦片问题也是如此，汪最担心流于故事，"惟我国向来局于小就，言大则骇听，为可虑耳"，"惟闻各国颇有派人赴中国查探者。倘减种等事不能实力奉行，全局皆将虚空粉碎矣"，《书札》，第892、925页。
② 《申报》1909年8月29日。《字林西报》评论说，鸦片禁政是"具有头等重要意义的工作"，见该报1909年3月2日。

基础；又可铲除这一严重的"漏卮"，以便腾挪更多的资金挹注于练兵、兴学、警政等改革，看来两类改革具有契合相容的关系。但是，拥有实权的枢臣和疆吏的禁政观念较为复杂，并不如此简单；鸦片商和烟农对待禁政的态度也是一个关键问题，其反对和抵制的力度有多大，更不易预测。此类变数在整个禁政与新政推行期间，始终左右着运动的进程，这是探讨鸦片问题与清末新政时绝不可忽视的问题。

第二节　税源经略与财政利益博弈

鸦片禁政上谕发布和推行之前，中央与各省对鸦片税收加大了整顿的力度。洋药税收整顿较早，涉及英国利益，因有条约限制，不易推进。中方屡请增加洋药税的税率，但英国不愿配合，此举不但引起国人的不满，外人也深以为憾，对英人的态度颇有微词。①1887年实行洋药税厘并征之后，收入猛增。这一问题以往涉论较多，此不作重点探讨。土药税厘的整顿较为复杂，甲午以前，土药税的财政影响并不十分明显。甲午战争以后，随着土药产量剧增，土药税的财政意义开始凸现。由于筹措巨额战争赔款，中央与地方的财政日趋紧张，户部和各省对土药税厘的经略步伐不得不加快，各种整顿方案纷然迭见，中央与地方、鸦片产区与非鸦片产区

---

① 英国丹拿牧师曾经希望中国加重印度鸦片税率作为禁烟的手段，得知英国极力反对的态度后，非常愤慨。见《论鸦片烟加税》，何良栋辑：《皇朝经世文四编》，《丛刊》正编，第761号，第442—443页。

的矛盾日渐激化。随着中央财政集权愈来愈明显，外省督抚专权的局面势必被打破。在对土药税厘激烈追逐的过程中，中央与地方纠纷不断，免不了演成中央控制与地方抵制的一幕幕闹剧。

一、土产鸦片税整顿与各省财政扩张

庚子之后，巨额赔款使清王朝的财政陷入困境。当赔款谈判正在进行时，一个通晓中国情势的日本人撰文预测了中国筹措巨款的潜力，"清国岁入所最重要者不过地租、盐税、厘金、海关税、内地关税、鸦片税六种而已"①，这六种税源增加的空间和幅度，或限于条约，或碍于民生，或虑于工商，各不相同。逐一权衡后，他认为较有可能的税源仅有鸦片税一项。②与总税务司赫德有密切关系的一个外籍官员也建议重视土药税的整顿，他提出的开源之策中，"增加土药税"位居各种筹款手段第三位，仅次于地丁和盐课的整顿，其筹款潜力甚至高于印花税的试办。③尽管鸦片商人因屡次加重税率而苦不堪言，但"上裕国储，下不病民"的搜括之策看来仍是对鸦片税收实行整顿。

土药税是清末历次财政扩张的要项，这一现象早已被民初的

---

① 松冈忠美：《论清国财政》，《国民报》第一期，明治三十四年5月10日。
② 松冈忠美前揭文。文章分析说："鸦片之害行于清国者日深且广，负贩之徒莫不沾染，政府每欲重征其税，既富税源，潜移恶习，然嗜之者迄不少衰，而困苦弥甚，加征之说因而止者，亦非今日始矣……地租诸税既无可加，则其他更无可加之税。司农仰屋，束手无策。不得已试办烟膏捐。1899年3月先于北京、上海开办，不论大小，每铺年纳捐银五十两，各商不堪其苦，沥情上诉，二月后其令遂废。"
③ 《某洋员上当道论整顿中国财政策》，杨凤藻编：《皇朝经世文新编续集》（一），《丛刊》正编，第781号，第464—474页。

财政类著作所注意。①以庚子赔款的筹措为例，中央与各省的注意力不约而同，对洋土药税厘的整顿均寄予厚望。关于赔款担保的项目，军机处奏称"即曰理财，则并不在常年赋税作想，而以开发地利矿产，即此一端，似可敷用。其他增加进口税，亦可兴商；洋药税厘更当措意"②，军机处的计划涉及三项财源，其实并无把握，欲开发地利矿产但却缺少资金和技术，要增加进口税却被外人阻遏，洋药税厘也因英国反对极难措意；而土药税却是一个有待整顿的领域，刘坤一和张之洞等均有类似建议。③

各省呈报的筹款措施，根据王树槐的有关研究，④内地十八个省份中，对土药税厘加以措意的有15个，占总数的83%，例如声称实行"土药加成"者有直隶、江苏、湖南、广东、广西、云南和贵州等7个省份；重视土药税整顿的省份有山西、河南；加强整顿膏捐收入的省份安徽、江西、福建、浙江、湖北等5个省份；计划增加罂粟种植税的省份是甘肃。用于庚子赔款的货物税收中，土药税厘的加征及膏捐位居首位，占整个货物税总量的35%之多。不仅如此，在实际应付赔款的过程中，有的省份尽管未向清廷呈报，如四川等省，仍将部分土药税厘用来挹注赔款事项。通过海关征收的洋

---

① 吴廷燮著：《清财政考略》，民国三年3月校印，第22—24页。
② 国家档案局明清档案馆编：《义和团档案史料》，光绪二十六年十二月二十一日，"军机处奏"，中华书局1959年，第83页。
③ 刘坤一：《刘忠诚公遗集》，"电信"卷1，第75页；国家档案局明清档案馆编：《义和团档案史料》，光绪二十七年三月初九，"张之洞电"，第1061—1062页。
④ 王树槐：《庚子赔款》，"中研院"近代书所专刊（31），1974年。

药税厘亦有较多的款项用于赔款。①随后开展的练兵兴学和其他各项新政举措均与鸦片税厘有关，由此可以想见中央与各省对洋土药税厘的追逐自然不遗余力。

鸦片税厘包括土药和洋药两部分，清廷对两者的使用十分严格，尤其对洋药税厘并征之后的税款收入，户部尤为瞩目。1888年税厘并征甫经开始，户部即"飞催各省"将划定部分解归中央，"以暂顾目前之窘"。②此后清廷通过各地海关从各省手中收回了大量的财权，以鸦片税厘并征为例，经由海关向清廷提供的洋药厘金税款，甲午战前每年即达600万海关两，占关税总收入的26%左右。③海关接管原来由张之洞所控制的广东六厂后，九龙和拱北两个海关每年向中央提供100万两左右的收入。④由于中英之间的条约所限，洋药税收作大幅度扩张在双方修约之前暂时还无法实现。

土药税厘的整顿较为复杂，自50年代末期以来，地方始终控制着大部分的收入。1861年初户部拟定了全国厘务章程八条，其中对鸦片厘金的造报有严格的规定："查洋药、盐斤两项抽厘，应按限

---

① 汤象龙：《民国以前的赔款是如何偿付的？》，《中国近代经济史研究集刊》第2卷第2期，民国二十三年印。
② 《户部奏拟飞催各省将加征洋药厘金尽数提解部库折》，朱寿朋编：《光绪朝东华录》第3册，中华书局1958年，第2433页。
③ Lian Lin-hsiao, *China's Foreign Trade Statistics, 1864—1949*, Harvard University Press, 1974, P132—133.
④ *The Chinese Maritime customs:Returns of Trade and Trade Reports,1888—1894*. 此举粤省督臣张之洞极力反对，因该省举借外债等数目累加已达900余万，绝大部分须由本省洋药厘金归还（每年还款85万）；由于中英葡三方会商鸦片税厘并征，税务司马根来议撤广东六厂（洋药厘金专征机构），张之洞请求中央保留，却遭申斥："挟持偏见，故作危词"，见许同莘编：《张文襄公年谱》，第53、56—67页，商务印书馆1947年再版；《清末外交史料》第68卷，此转见戴一峰著：《近代中国海关与中国财政》，厦门大学出版社1993年，第160页。

分案造报，不得与货物厘捐银两牵涉。洋药、盐斤两项厘捐为拨款大宗，倘与货物抽厘彼此牵混，易启映射取巧之弊，应令各省督抚转饬各局员各收各厘，分别造册，依限报部。"①各省鸦片厘金的造报大多是纸面空文，不足为凭。实际上，福建、浙江、山东等省长期以来并未分册造报，药厘与货厘长期牵混，土药厘金有时甚至成为一省的主要厘金收入，如山西省的"药料厘金"就是如此；某些省份即使单独征收，但在册报时，也多与货厘合报。究其原因，实为抵制中央的染指："如药厘附在货厘项下时，其用途早经规定，如一旦划与土药税项下，则收入将全数解部，或听部指拨，于各省财政诸多不便，故结果即未完全遵办。"②罗玉东指出，各省货物厘金报告中附有洋土药厘金的省份较为普遍，附有洋药厘金的省份有福建、山东、江苏、浙江、河南5个省份；附有土药厘金的省份有山西、陕西、浙江、福建、湖北、江苏、江西、广东、甘肃9个省份，但其年限长短有别。地方给中央的册报中假账较多，户部莫可究诘，这是地方搪塞中央的一个手段，多数与事实不符。③甲午前后，在华的外国商务人士也认为各省造报的税厘征收数目均低于实际，四川省的瞒报情形更为严重。④

  1908年美国《纽约时报》将中央与地方的这种财政游戏揭穿，

---

① 《户部遵议厘税大减饷糈不继酌拟章程八条疏》，《湖南厘务汇纂》，第1卷，此转见罗玉东：《中国厘金史》，第31页，《丛刊》续编，第62辑，台湾文海出版社影印。
② 罗玉东前揭书，第154—156页。
③ 《会议政务处覆奏清理财政事宜折》，载《华制存考》，1908年12月。
④ 从土药产量和征税比例等各种因素计算，川省在1895年税厘两项的收入即达69万两，而总督上报的数字却只有30万两。"此可见刘秉璋（四川总督）之报告为不实也，而即此更可见各省督抚之报告为失实矣"，《光绪朝东华录》，第3963页。

该报评论说:

> 财政收入中的大部分都是由各省政府上缴的,而各省的每位官员,从总督到职位卑微的官吏,都努力对所收税款数额保密,因为这些税款中的一部分要保留下来,作为他们获得额外补贴的来源,而那些上级部门如果对任何省份有所怀疑,怀疑他们实际收到的税款要比上缴的税款更高,或者认为可以让他们再多收一些税款时,这些省里的官员们就会提出更多的要求了。这种制度通常被称为"压榨式",它总是诱使每一位官员把自己所在地区的税收数量说成是最少的,而中央政府也不反对这种做法,只要地方政府所保留下的税款数额合理就行……这种"压榨式"的财政制度既复杂又精细,的确是政府机关之间彼此相互制衡的产物。①

中央与地方财政互为制衡的情形自太平天国运动以后渐趋明显,至清朝末年已经成型,日本有人对此颇有感慨:"所称为中国者,实非一完全整齐之帝国。其二十一行省之地,俨若分为二十一国,而皆各有半独立之象,又复各相联络,而后成此散漫无纪之国也。斯言也,证之于各种政事上皆得显其实矣,而以财政为尤著。"②财政问题中,中央和各省对土药税厘的整顿即为显例,20

---

① 郑曦原编:《帝国的回忆——〈纽约时报〉晚清观察记》,三联书店2001年,第77页。
② 日本东邦协会:《中国财政纪略》,"总论",此转见汪林茂:《清咸、同年间筹饷制度的变化与财权下移》,《杭州大学学报》第21卷第2期,1991年6月。

世纪初各省对土药税厘经略即在此种背景下展开。

1903年以后各省对土药税厘的整顿颇有特点，在地域分布上，北方省份较少，南方省份则较为普遍，鸦片产区与非鸦片产区均有所举措。以浙江、江西、安徽、湖北和广东等南方五省为例，可以深入探讨各省对鸦片税厘的整顿情形。

浙江省的整顿开始较早。1898年为了响应户部的整顿计划，该省在产土要区设局征收，由候补道李幼梅驻台州督办，刊刻示谕广为招揽。①此举为英人所知，《泰晤士报》出于维护洋药商人利益，发表评论对浙省的做法不以为然，反对地方官员插手土药税的榷征事务，极力推举总税务司赫德的征税建议，提出土药税应由海关来征收，对户部刻意迁就各省的利益极为不满。②但浙省未加理会，刻意经征，绍兴一郡用力尤甚，对当地佐杂、官员及差保的需索陋规加以申禁，到1903年以后成效渐著，督办官员高廷瓒也一再连任。③

江西省基本上属于非鸦片产区，为了缓解赔款和新政需款的压力，对土药过境税的整顿不敢怠慢。20世纪初该省土药税整顿基本上以户部支持的统税制度为基础，但有自己的征收特色。其中重要的一项就是杜绝蒙混，强化查验。料土一项原来并无征税办法，赣省鉴于其价值较低，与土药不同，仅规定较低的税率，按照过境统捐减半征收，料土每千两征银两，以示区别。户部新定的统捐办法

---

① 《浙省土药》，载《集成报》（录自《苏报》）第28册，1898年3月17日。
② 《论中国财赋》，译自《泰晤士报》，原载《国闻报》1898年3月5日，转载于《集成报》第29册，1898年3月26日。
③ 《议加膏捐》，《申报》1903年10月14日；《鑑湖近事》，《申报》1904年11月7日。

出台后,该省又将料土的税率下调,每千两仅征收银二两五钱。这一更改,形势大变,土商以土药冒充料土,贿赂关卡,随意映射,致使向来册报较少的料土税越来越多,而土药统捐却愈发减少,迫使赣省不得不更改税章,"兹拟概照土药统捐章程,每料土千两收统捐银十二两,膏捐亦照章每千两收银十两,以杜弊端而顾正款",加强了稽查征收的力度。①另外,根据《申报》访事员的调查,该省负责征收土药税厘的机构有两套人马,一是土药统捐局,专门征收土药过境统捐;另一个是土药膏捐局,负责对土膏统捐进行征收,两者在业务上互有往来,②对于鸦片产品来说,既做到了对土药本身的征税,又不放过土膏及其他附属产品的税款经征,力图杜绝税收征管中的跑冒滴漏,可谓锱铢必求。

安徽省既是一个鸦片产区,又是云贵川土药经销的省份之一。庚子以后,土药税厘的整顿举措基本上按照户部提出的办法,实行统捐经征。新定的统捐章程规定,贩运川土来皖省销售,每百斤应完纳统捐税银16两,照旧另加筹饷捐输银2两,共计18两白银;如属过境,则减半征收;本省出产土药亦改为统捐,税率为每百斤40两白银,并且规定了缉私核查的严格办法。③该省土药厘金总局原来分为皖南、皖北二处,在要隘设立分局,随着税政改章,征税业务和人员调配亦作出划一设置。④但在执行过程中,局卡人员对税

---

① 《示定土捐》,《申报》1903年6月7日。
② 《浔郡官场纪事》,《申报》1904年3月5日。此处所见土药统捐局和土膏统捐局的机构设置情形,系据文中所报道的上述两个机构的人员调配情况而得出来的。
③ 《示捐土药》,《申报》1904年1月13日。
④ 《土药改章》,《申报》1904年2月24日。

章执行宽疏，尤其对于印花与运单两者缺一不可的规定随意解释，以图中饱。所以税章虽改为统捐，但弊端却愈来愈大。1905年初，该省重新示谕税章，并将缉私章程作了明确宣示，加大了缉私奖励的力度。①

湖北省的情形较为特别，尽管本省鸦片产量较少，但它却是云贵川等地所运鸦片的过境重地，历来是土药税厘整顿的重要地区。由于区位因素的特殊性，该省土药税厘的榷征经常与鸦片主产省份发生争执，中央势力介入的情况也相对较多，保卫本省利益就显得尤为重要。在两湖合办鸦片统捐之前，该省的整顿措施并无太大起色，但湖北督辕对此始终未敢轻易放弃。

湖广总督张之洞对土药税捐重视的原因较多，有关人士的建议相当关键。早在甲午战争结束前后，面对中国迟早要筹措巨额赔款的形势，有人直接条陈张之洞，坦言鸦片捐税的重要性，称举办烟捐是"治标"之策，每年可收入13000余万千文，"行之三年对日赔款可偿，行之五年国用足，然后开铁路、练海军、设机器、立学堂，诸政次第施行，国胡不强，兵胡不精，器械胡不利，人才胡不出？雄长五洲，力图报复，彼族自不敢正眼相觑，而今日偿款、割地之耻亦可以告无罪矣"②。这一建议清廷没有采纳，论者十分惋惜。③张之洞却因之深知土药捐税的巨大潜力。1902年前后为了筹措赔款和举办枪炮厂，张之洞极力谋划，对加税的任何机会均不放

---

① 《皖省土药局统捐章程》，《申报》1905年3月7日。
② 《急则治标论》，杨凤藻编：《皇朝经世文新编续集》（二），第938—940页，《丛刊》正编，第771号。
③ 同上书，《急则治标论》一文作者附记，第941页。

过。清廷通谕各省加土药税三成,湖北考虑再三,决定加征二成,既防偷漏,增加税款收入,也希图广为招徕,吸纳土商报税的积极性,隐抵海关染指,并暗牵四川税利。①宜昌土税局刘道台未领会张之洞的用意,担心税率增加会导致土商绕越,迟迟没能执行,海关税务司方面的不合作态度也是该员犹豫不决的重要原因。张之洞对此极为震怒,电示宜昌土税局称:"部文加土税三成,今湖北关局土税土厘均只加二成,较部文为轻,已经奏准,何以延不遵办?若总税司一两月不覆,便总不办耶?此系加土药税并非加洋药税,何以部文奏案俱不算,必待总税司耶?"②赔款压力之下,清廷对土药税利益不得不加以重视。接下来,湖北创造出"就土预征膏捐"的新办法,"膏捐就土预征,每百斤除干耗二斤,每土一两收捐钱七十文"。③这是两湖合办土膏统捐的前奏,后来湘鄂合办统捐时就是遵循了这项规定。

中英商约谈判期间,英方谈判代表马凯(J.L.Mackay)要求中方裁撤各地的厘金局卡、盐厘卡和土药卡。清廷任命的商约谈判协办大臣之一张之洞据理力争,无论是站在清廷的立场,还是立足湖北省的利益,张氏申言绝不能答应撤卡。张之洞致电刘坤一和商约大臣盛宣怀说,"湖北饷项向恃土药税为大宗,新案赔款尤大半取给于膏捐,通计在百万以外,与江苏情形不同,全省命脉所关,断难放松一步",否则,"湖北赔款兵饷皆无著矣","湖北厘金可

---

① 《致荆州濮道台宜昌土税局刘道台》,《张文襄公(之洞)全集》,第175卷,"电牍"54,第12556—12558页,台湾文海出版社影印本。
② 同上。
③ 《致宜昌土税局宋道台》,《张文襄公(之洞)全集》,"电牍"58,第12852页。

裁，而土药水陆卡断不能撤"①。商约谈判中，马凯亦决不让步，声明说："如果不规定把所有的厘卡一律裁撤，任何加进口税一倍半的建议，我都不能转呈英国政府……我个人也曾考虑保留盐和土鸦片的厘卡，但是英国政府从来不曾同意，而且立刻受到反对加税的人们的攻击，认为这是我的建议中最大的弱点之一。"②为进一步解决谈判中双方的冲突，1902年7月8日，马凯在武昌与张之洞进行了面对面的交涉，是否裁撤鸦片厘卡是这次会谈的重要问题。中方雇员副总税务司裴式楷（R.E.Bredon，此为汉名）对这次会谈作了记录。张之洞认为，鸦片税卡并不妨碍中英之间一般货物的贸易和流通，言外之意，湖北的鸦片税厘利益不能因裁厘加税谈判而丧失。裴式楷的会谈记录，显示出该省征收土药税厘的一般程序和税基类型，此将会谈情形节略如下：

> 马凯：据我了解盐厘卡所并不抽征一般货物的厘金，鸦片的手续怎样？
>
> 张之洞：各土药卡也不抽厘。
>
> 马凯：既不抽厘还要它们做什么？
>
> 张之洞：抽土药税，但不抽厘。
>
> 马凯：鸦片是否可以通运全国，是否这里设一个卡子抽征，那里又设一个卡子查验来防止漏税？

---

① 《致江宁刘制台上海盛大臣》，《张文襄公（之洞）全集》，"电牍"59，第12968—12969页。
② 中国近代经济史资料丛刊编辑委员会主编、中华人民共和国海关总署研究室译：《辛丑和约订立以后的商约谈判》（帝国主义与中国海关资料丛刊之十一），中华书局1994年，第69页。

张之洞：以宜昌为例，四川的鸦片，运到宜昌付了税就可以通行全省。

马凯：如果运入别省呢？

张之洞：如果它运入别省，再抽征一次。

马凯：那就是在运销途中征税了。

张之洞：一般的办法是运销别省的鸦片都用轮船装运，可以通行全国不再付税。如果在本省消费，须付土药税，如果运销外省则在洋关纳税。

裴式楷：（向杰弥逊）湖北省的税一般都是由省境上的第一道卡子征收的。

张之洞：商人运来的鸦片供本省消费的，他须付本省的土药税，而不付洋关税。有时他们用民船装运，税就由别省征收。一般的办法是用轮船装运，以避免各省所征的税。

杰弥逊：陆路运来的鸦片呢？

张之洞：由本省北面的税卡收税。宜昌附近另有一卡抽收陆路运来的土药税。

马凯：如果运入别省呢，是否须在这些税卡再付一道税？湖北省内还有别的税没有？

张之洞：宜昌附近的下市地方还有一个卡子。如果不能缴验在宜昌付税的单照，就须在这里再付。在老河口和应山县也一样。湘鄂边境上一共有四处税卡。每一饼鸦片都贴有印花或单照，可以在省内到处通行。

杰弥逊：除去税以外，鸦片是否还须付厘？

张之洞：鸦片须付税、厘和捐款，都在宜昌缴纳。

马凯：如果没有印花呢？

张之洞：过卡子时须付税。

马凯：究竟还有多少别的卡子？

张之洞：沙市和汉口各有一卡，此外在各地，如较大的村镇等等还有一些卡子。

马凯：我们原先不知道鸦片的征税办法，我们现在明白了。我们可以在条款内规定。①

湖北土药税厘与各项要需有关，长期以来的苦心经营已有成效，所以马凯的让步对湖北省来说至关重要。该省所创办的土膏捐局，也是谋求土药财政收入的机构之一，但开办一年糜费十几万金，效果并不理想。端方护理督辕后，迅即裁撤，归入善后局经理，以节糜费。两个月后，汉口土税烟膏局总办吴涓吉到任，即将该局大加整顿，税章也有较大的更动。②但汉口土商并不配合，整顿的成效并不明显，这也是后来两湖地区合办统捐的背景之一。

广东省是洋土药输入的主要省份之一，尤以洋药为主。征收洋药税厘的主要机构六厂和拱北等海关的税厘大部分被中央提走后，粤省财政大受影响。捉襟见肘之下，该省仍对洋药税厘的整顿抱有希望。1902年夏季广东省洋药入口的主要海关——拱北海关洋药入口商表现得异常活跃，洋药入口量比往常大为增加。税务司官员认为，其主要原因是粤省官府允许在本省承办熟膏包税制，包税商有

---

① 《辛丑条约签订以后的商约谈判》，第91—92页。
② 《膏捐裁并》，《申报》1903年10月28日；《鄂省官场记事》，《申报》1904年1月26日。

权征收附加税，其数额较高，因此迫使洋药进口的途径改在拱北。但这种包税制时间极短，仅仅三个月就因鸦片经销商的强烈反对而不得不作罢。①上述关于包税制命运的解释系拱北海关税务司甘博所言。但是主持操办该项事宜的许珏却有不同的解释。1903年服膺海外的许珏在给岑春煊上书中，认为该项制度（商人包税制）系"由商人具秉承饷，每年认缴一百二十万，于粤省派赔之款已得大半。其章程系按照曾慧敏《烟台条约》续订专条第五款办理，并无违碍"②，但英国驻华公使受鸦片商人的饶舌后极力干预此事，给外务部施加压力，粤省的主管官员德寿不顾承包商的吁请和延请律师的建议，畏避交涉，此事无果而终。许珏惋惜筹款的时机错失，岑春煊主粤后，他建议岑氏重新审议此一计划，继续推行他所提出的这一"膏引"制度（即仿照清末食盐划分引地制度），藉此蠲免杂税，以苏天南民众之困绌。③这一建议由于种种原因未能实行。1904年春天，黄宣廷条陈督辕，主张将生土、熟膏两行合作经营，每两抽银四分，以八成作办事经费，二成作司事人员的花红。善后局传集土商到署会议，众商声称需要协商后答复。善后局官员疑其蔑视抗拒，要求上司加重抽税，如若反抗，扬言实行官膏专卖，封杀私烟。④所以官膏专卖一说沸沸扬扬，岑春煊要求善后局十日内

---

① 莫世祥、虞和平、陈奕平编译：《近代拱北海关报告汇编：1887—1946》，澳门基金会1998年，第81页。
② 《上岑云帅书》，许珏撰：《復庵遗集》，《清末民初史料丛刊》第49种，第330页，成文出版社1970年印行；但是两广总督德寿向清廷汇报所举原因与此有别，其奏折认为，查明商办推广膏捐情形，并因与条约不符，现已撤销，另筹办法等。《德宗实录》第509卷，第11页。
③ 许珏撰：《復庵遗集》，第331页。
④ 《粤办膏捐》，《申报》1904年5月27日。

议妥章程，准备推行官膏制度。善后局官员提出的章程事实上还是分为两种方案，在推行官办还是商办问题上举棋不定。①其间粤省候补知县吴孟斐条陈督辕，建议增加粤东地区的烟膏捐。②几种方案迭见，岑春煊亦游移其间。并且，善后局所议定的官膏专卖章程被洋药商人告发，英人称其违背烟台条约。无奈之下，该局决定"专抽白土，不抽洋药"，并为此展开白土销量的调查。③粤省鸦片商与英人关系密切，官府的举动时常被其牵制，该项计划亦不了了之，企图对洋药税进行整顿的计划也没有实现。不久，两广地区开始合办土膏统捐，其财政困境暂时获得解围。

除此之外，福建也着力整顿膏捐，江苏、四川、广西、上海、山东等省均对土药税厘展开整顿，或开源或节流，不遗余力。④即连产土较少的直隶也不甘落后，袁世凯对李鸿章在90年代制定的土药税厘征税办法大加批评，并新定四条章程，将征税重心放在外来土药的贩销者，⑤藉此筹款练兵，应付赔款。

尽管各省对土药整顿全力以赴，省与省之间亦互有联络，但随之而起的练兵新政却使中央势力介入进来，各省的整顿计划不幸被

---

① 《粤东谭屑》，《申报》1904年5月28日。
② 《丹荔分香》，《申报》1904年7月10日。
③ 《粤垣杂志》，《申报》1904年7月16日。
④ 《设局收捐》《膏捐豁免》《土业须知》等，分别见《申报》1905年3月27日、1903年8月1日、1904年4月23日。以四川为例，该省光绪末年土药税厘达100万两以上，仅涪陵土税分局从1885年至1891年间，年均收取土药税即达10万两以上，到光绪末年更高达30万两以上，见《涪陵文史资料选辑》第2辑，转见王金香：《清末鸦片税收述论》，《山西师大学报》2000年第4期。
⑤ 《直隶袁宫保奏整顿土药税务增订试办章程请旨遵行折》，《申报》1903年9月18日。

中央支持的八省统捐计划所肢解，南方省份"暗暗"推行、极富成效的合办土药统捐行动被迫打断，由此引发了各省督抚对抗中央的轩然大波。

二、八省土膏统捐与清廷财权回收
（一）合办土膏统捐之开端

清末关于鸦片的分类和称谓比较复杂，"土药""土膏""灯膏"等，时常出现报章杂志以及官员奏折中。本书所说的"土膏"，系土药及其所熬烟膏的合称，在清末官员的行文中，"土膏统捐"的含义就是对土药和烟膏进行一次性合并征收的税捐。①土膏"统捐"的由来与晚清厘金制度和税章混乱有关。长久以来，各省虽推行"以征为禁"，但基于各种原因，土药税率（土药厘金、土药税和膏捐等）之高低往往有别，且调整无常。就土药税厘中的通过税而言，各地差别极大，并且各省征税机构在征税过程中盛行折扣做法，明折和暗折并举，以广招徕。例如宜昌土税总局——全国最重要的土药征税机构，在原定税率的基础上往往打二折征课，

---

① 1912年1月23日第一次海牙禁烟会议制定的《海牙国际禁烟公约》对"生鸦片"作如下概念上的限定："由罂粟花之子房内取出之汁自然凝结而成，但略施人工以便包装及载运"；对"熟鸦片"的规定是："由生鸦片原料特别制造而成，如溶解、如滚沸、如煎熬、如发酵，经次加工炼成净质，可供吸食之用"，这一限定也包括"膏渣"及鸦片吸食后所留下的一切其他灰渣。见威罗贝著，王绍坊译：《外人在华特权和利益》，三联书店1957年，第674—675页。按："生、熟鸦片"仅限于某些严格的条约用语，就国内用语的习惯来说，统称"土膏"，如果详细区分，"土"一般即指"生鸦片"，"膏"则是"熟鸦片"。本文所论仅指土产鸦片（土药），进口鸦片（洋药）则不涉及，此注。

即原来100斤鸦片只当20斤征税。①根据满铁经济调查会的著述，1903年前后②，全国各省的土药税率差别较大，兹列举几个主要省份的土药税率以作比较。

表1-2　1903年前后部分省份土药课税比较表
单位：每百斤课征银两

省份	税率	省份	税率
直隶	20	福建	35
河南	33	浙江	48
山西	55	广东	30
甘肃	16.6	湖北	32
江苏	30	奉天	50
安徽	20	四川	10（出省）
江西	43	陕西	35（他省移入）
湖南	16　26（过境）	云南	6　12（出省）

云南情形系按"价值每千两"计算，满铁经济调查会：《支那税制之沿革》，第291—293页，此转见吴兆莘著：《中国税制史》（下），商务印书馆1937年，第102—104页。

土膏统捐是对上述混乱税率进一步整顿的产物。商货贵于流通，商情锱铢必较，这是一个基本的商业规律。税率高低不均必然引起土商的偷漏或绕越。为防止土商绕越偷漏，各省土药征税机构绞尽脑汁，形形色色的做法迭经尝试，但总有缺憾。1892年初，刘

---

① 林满红：《清末本国鸦片之替代进口鸦片（1858—1906）》，载《"中研院"近代史研究所集刊》1980年第9期。
② 由于1903年以后许多省份实行联省合办统捐，划定区域内税率趋同，故此，本文选择此前的各省课征的税率以作比较。

坤一借鉴山东、四川的经验，对徐州土药税厘征收进行改革，较早地提出了土药统捐的做法。①由于徐州土药税征收中出现严重的漏税问题，刘坤一提出"各商贩如照章报完徐捐银三十两之外，再在徐局捐银三十两，准其加贴印花，无论运往何省，经过各关卡，但验有徐局两次印花者，概不重征。如仅捐银三十两，只能照免本省之厘，经过各省仍各照该省章程征收税厘"，这一统捐方案提出后清廷允准。相对于从前的做法，刘坤一所定"合并征收"的土药统捐制度算是一大改进，将原来"遇卡抽厘"的多次征课变为一次性征收，在特定区域内，既简化了征税的程序，又方便了土商的贸易。尽管如此，徐州统捐的收入反不如前，主要原因是邻省山东的土药税率更低，总括落地税、厘金和关税三项各征银16两，无论运往何省概不重征，相邻的安徽也采取类似的做法。这种类似今天所说的"贸易壁垒"和"反倾销"的做法，使得客土、洋药纷纷越占徐土市场。不得已，刘坤一又将徐局的征税作了调整，以迎战邻省土药之倾销。②调整后的税收成绩仍不见好转，甚至每况愈下。③以至于户部讥讽其"一再改章，竟同虚设"，并道出中央的苦衷：徒受开禁之名，赋税未获征收之实。

甲午战后中央财政困绌，户部研究了总税务司赫德关于土药税

---

① 1892年，四川和山东亦见有此做法。刘坤一：《奏请徐州土药加捐各省概不重征折》，《刘坤一遗集》，"奏疏" 20，中华书局1959年，第721—723页。
② 《奏请徐州土药加捐出口银两概不重征折》，《刘坤一遗集》，"奏疏"第25卷，第920—922页。
③ 调整之前，每年收入24—25万两，之后却跌至21万余两，《户部奏请在土药繁盛各处设立总局仿洋药税厘并征折》，朱寿朋编：《光绪朝东华录》第4册，中华书局1958年，第3963页。

的整顿意见后，提出了类似徐州方案的计划，①此举的最大弱点仍是每省各自为战，没有规定联合征收统捐的办法，仍避免不了"贸易战"的困局，而且烟膏征税依然没有纳入整顿范围，再加上各省警惕中央插手地方土药税政，均称窒碍难行。②这种自为整顿、以邻为壑的局面一直保持到1903年底。

1903年底，两湖合办土膏统捐首先冲破了土药统捐制度的困境，它是对刘坤一土药统捐制度的重大改进，统一税率所覆盖的地域更为广阔，既有土药贸易区位上的优势，又有税章之改良，所以税收入款剧增。此项制度的更改有三个背景，即张之洞将土药税厘收入用于枪炮厂经费、筹措庚子赔款压力以及湖南枪炮厂扩建经费筹划三个方面，枪炮厂的扩建经费筹措更是直接的起因。

首先，将土药税用于枪炮厂经费的问题。张之洞督鄂时，对湖

---

① 《光绪朝东华录》第4册。户部要求各省："遴派干员在各省出产土药繁盛各处设立总局，略仿洋药税厘并征之法，先行试办。每担百斤征六十两，就近在总局交纳，纳足之后，发给印票，粘贴印花，任其销售，无论运往何处，概不重征"。赫德对土药税收的关心除了他自身的原因以外，另有一个关键的原因就是户部对其能力的看重，包括光绪皇帝也交旨由其经理全国的土药税收事项，这项计划前后筹画的时间长达一年左右，最后由于各省反对，此事未果。见"赫德和驻伦敦办事处税务司金登干往来函电"，第3号"1896年5月17日北京去函Z字第708号"，"1896年6月14日北京去函Z字第172号"，"1897年3月28日北京去函Z字第747号"以及"1897年7月4日北京去函Z字第758号"，对外贸易部海关总署研究室编：《帝国主义与中国海关》第八编，《中国海关与英德续借款》，科学出版社1959年，第3—5、11—12页；另外张元济也言及户部中对赫德经办土药税有争论和分歧，见上海图书馆编：《汪康年师友书札》（二），上海古籍出版社1986年，第1691页。
② 当时国内多数人对赫德此人极抱警惕，他所提出的种种改进洋土药税收的建议均遭到非议，这些非议不但来自督抚，也有一般士绅，批评的言词非常尖锐。见桐乡庐氏校刻：《桐乡劳先生（乃宣）遗稿》，第383—385、387—390各页，《丛刊》正编，第357号；杨曾勗辑：《无锡杨仁山（楷）先生遗著》，第23—25页，《丛刊》正编，第536号；《洋药土税》，见葛士濬辑：《皇朝经世文续编》（五），第3060页，《丛刊》正编，第741号。

北枪炮厂的经费来源极其重视，总理衙门饬令张之洞对该厂的经费自为筹划，鉴于四川机器制造局系在川省土税项下奏明支用，湖北援引四川成例，也请求该厂的经费由本省土药税项支付拨用，并获准在案。其实，张之洞将土药税厘收入用作枪炮厂经费的原因，除了四川机器局的经验启发外，另一个重要的原因是他对鄂省的土药税厘大加整顿，较有成效，税收数额较前剧增，将其挹注于兵工厂也才会有这种可能。①

其次是庚子赔款的筹措促使湖北土药税收制度加以改进的问题。湖北省庚子赔款奉摊数额每年120万两，在各省中虽不算最多，但其财政压力却较各省为甚，1902年春天在给荣禄和鹿传霖的信中，张之洞坦言相告："近来各省筹款皆难，而鄂省为尤甚。因宜昌盐厘抵还四厘五洋款，除江省外，较之他省实多派还洋款一次，是以尤形艰苦"，该省为筹措赔款来源，多方研究，但"司道会议，心志每不能齐，名目多端，实际了无把握"。②在各种罗掘的方法中，土药贸易税是张之洞刻意整顿的主要对象。几经筹划之后，1902年4月下旬，"就土预征膏捐"作为筹措赔款的主要措施出台。这在各省实属首创，是对土药税厘征收方法所作的重大改进，与以往的土药征税制度相比变化较大，其高明之处是将土药与

---

① 《妥筹枪炮厂常年经费折》，《张文襄公（之洞）全集》第30卷，"奏议"30，第2251—2257页，《丛刊》正编，第455号。将洋药税厘用于军事工业的事例极多，而土药税厘用于兵器工业的仅见湖北和四川等省。另外，关于土药税整顿的问题，鄂省添设隘卡20余所，派镇道大员分南北两路督办，前此税收只7万余两，行之一年，至31万两，次年则因加税，鄂税顿绌。见许同莘编：《张文襄公年谱》，商务印书馆1946年，第72页。

② 杜春和等编：《荣禄书札》，齐鲁书社1986年，第256页；苑书义等编：《张之洞全集》第285卷，"书札"4，河北人民出版社1998年，第10236页。

烟膏进行一次性合并征税,而不是像以往分开来课征。鄂省税章规定"每百斤除干耗二斤,每土一两收捐钱七十文"。该制度实施初期,对土药旧有存货,张之洞还规定了折扣的具体办法:"至各栈店现存土膏须派妥员清查,从宽照六成完纳,即按七十文收四十二文,以示体恤。"①但在执行时,土商"不免绕越湘省,致抽收未能十分畅旺",估计年收入亦不过白银2—30万两间,可见此项税章调整并未一步到位。

两湖合办土膏统捐的直接起因是筹措枪炮厂扩建经费,即拟议中的湖南枪炮厂经费之筹措。筹议这一计划时,正逢张之洞赴京师襄办要事,故初步筹议时张氏并未参与其中。②1904年1月,署鄂督端方与湘抚赵尔巽协商拟稿,由端方主稿上奏清廷,建议以两省合办土膏统捐的税收盈余办理湖南枪炮厂。这一两省合办统捐的建议应该是清末鸦片税厘整顿中最具"智慧"的变革,突破了原来各省以邻为壑的格局,是对张之洞所定"就土预征膏捐"制度的进一步完善。

端折申具的理由大致有二:一为准备成立的湖南枪炮厂筹集饷项,这是该折的主要理由;二系两省合办土膏统捐可防止土商偷漏和绕越,希冀税项畅旺,"不开源而源足,不病民而国裕"③,端折称此为"一举两得",既供给枪炮厂经费,又使两省的土药税收

---

① 《致宜昌土税局宋道台》,《张文襄公(之洞)全集》,第177卷,"电牍"58,第12852页。
② 张氏进京原以为一个月即可竣事,但议商学堂章程,之后受热而病,又因德商趸船事件滞留旬余,前后数月之久。见胡钧撰:《张文襄公(之洞)年谱》,《丛刊》正编,第47号,第216页。
③ 《统办膏捐充枪弹厂经费折》,端方著:《端忠敏公奏稿》,《丛刊》正编,第94号,第365—368页。亦见《总理练兵处议复湖广总督端方等拟请鄂湘两省合建枪弹厂并以土膏捐拨充经费奏稿》,一档馆:总理练兵处档案全宗。

更有保障。对合办统捐的筹划，奏稿说："将膏捐一项由两省委员合办，凡原运湖南行销及由湖北过境运往湖南行销土药，一律均照鄂省章程征收膏捐。此项膏捐本系取之吸食之家，已有成法可循，决不至稍滋扰累。"此外，该折对统捐收入以后的税款使用问题也有所陈请，"所有征存土膏捐税之款，分别拨足鄂湘两省按年应征应解之数，其余悉数储为新厂常年经费"。奏上之后，练兵处对此项收入极为眼红，在与政务处议覆时，对此项建议否决了一半：鄂厂继续扩充巩固，湘厂缓办，且湘省应该襄助湖北；两省土膏统捐可以合办，但此项收入必须另款存储，以备练兵处提拨。

张之洞由京师返回湖北前后，得知此种结果，立即上奏，援引成案请求以两省合办的税收盈余办理鄂厂，折中针对练兵处和户部的要求，特意解释说，"此次统捐今年甫经试办，为数尚难预定，总之不能甚多，断不敷添机添厂之用，所差尚远"，"时势危迫，旦夕千变，其关系中国日逼日紧，应办各事，继日待旦犹恐不及，故添机造械之举万难犹豫延缓，以致坐误光阴"，折上允准。①这其中有不少玄妙之处，最具要害的是两省合办统捐的预期收益问题，张之洞具折时为1904年9月底，奏稿中称税收为数无多，但在此前的5月初，他已知可能收入的大致数目，5月2日端方即告之："系膏捐所收之款，除拨还两省旧有正杂各款及鄂省赔款捐外，其增收之数约一百万，作为南北两省公之款合办枪厂"，张之洞又询问另一知情者朱滋泽，也有相同的说法。②张氏奏稿中的说法系

---

① 《请留膏捐余款添制军械折》，《张文襄公（之洞）全集》，"奏议"63，第4328—4334页。
② 《致长沙赵抚台》，《张之洞全集》第258卷，"电牍"89，第9139页。

为掩饰，以求此款留在湘鄂。张折入奏之前，端方曾有奏片上达清廷，极力强调湖北枪炮、钢药厂的经费困难，以及生产潜力与经费不足的矛盾，[①]实际上这是为捍卫土膏统捐利益所作的渲染，而张之洞的力争则是起到了关键的作用。

两湖合办土膏统捐的时间始于1904年1月，其实际效益远远大于预期的效益。就1905年6月宜昌土膏局总办孙廷林对税款收入所作的统计，自1904年1月至1905年1月，湘省各局的收入，扣除局用开支，再扣除湘省岁额24万两，"实在溢收银一百三十二万四千八百九十七两有奇"[②]。这一数字已经超出端方等人原来预计的三分之一。两湖统捐的分配协议规定，合办土膏统捐的收入两省平分，鄂省应得款项66万余两，这一数字相当于合办之前的3倍甚至更多。湖北省的赔款和兵工厂经费大部分藉此挹注，合办统捐期间，鄂省督辕屡屡向湘省催款[③]，要因就是兵工厂用款甚急，且该厂规模扩张，需款孔亟，这笔税厘更属救辍之款。

联省合办土膏统捐的第二个显例便是湘鄂赣皖四省合办土膏统捐。这一计划的筹划和运作与张之洞有直接的关系。[④]由两湖合办到四省合办的运作，同样是在中央未加干预之下自然发展的结果。江西和安徽两省同意将本省的鸦片税收体系并入四省联办，以谋求更多的收入。张之洞之所以主张将安徽和江西纳入合办的体系中，

[①] 《枪炮局厂情形片》，《端忠敏公奏稿》第3卷，第368—370页。
[②] 《致长沙端抚台》，《张之洞全集》第261卷，"电牍"92，第9335—9336页。
[③] 《致宜昌总局朱道台》《致长沙陆抚台》《致长沙端抚台》《致长沙端抚台》《致长沙端抚台》，分别见《张之洞全集》第9182、9241、9295、9318、9336各页。
[④] 《湖北全省财政说明书》，"岁入部·土药税"，第13页。

最主要的原因是这两个省份也是西南土药行销的主要地区，皖赣两省土商的运销路径多与两湖地区有关，若弃置不顾，还会有较多的偷漏，危及两湖的土药税课收入。

张之洞与赣、皖两省抚辕往返筹商，确定了四方合作举办的有关事宜。四省合办的开端时间为1904年7月。具体做法分为两个部分，一是"鄂、湘土膏统捐，由宜昌经过者，归鄂并征；由湖北边境赴湘、不经宜昌者，归湘并征"；二是"赣、皖统捐，由鄂过境者，归鄂并征；不由鄂过境者，归赣、皖自征"。①为达到有章可循而划一征收，四方协商制定了"四省合办土税膏捐现行章程"，共计五条。②按以上章程规定，张之洞的门生胡钧统计说，每土百斤征收统税膏捐114两。③

四省合办统捐以后的税收成绩，特别是新加入的江西和安徽两省的情况，由于此类史料较为零散，难以确切地作出估计，但应加

---

① 《致京户部》，《张之洞全集》第259卷，"电牍"90，第9209页。
② 《四省合办土税膏捐现行章程》，《申报》1905年7月10日。
③ 《张文襄公（之洞）年谱》，第222页；《湖北通志》第50卷，第50—61页。林满红教授认为，"本国鸦片唯一税率高于外国鸦片的时期，是1904—1905年间的统税时期。本国鸦片所有税收一并征课，每担115两，较外国鸦片所缴一担110两为高"（林满红：《清末本国鸦片之替代进口鸦片》，《近代史研究所集刊》第9期，第422页），此论笼统而不确切。问题有二，首先，在林教授所列的时限之内，至少有三种以上的征税制度（两湖合办统捐、湘鄂赣皖合办统捐、两广合办统捐以及其余各省的多种征税制度），每一种均较洋药税率为低。随后的八省土膏统捐税率是根据四省合办统捐的办法，税率虽确定为115两，实际执行仍有所变通，如统一实行折扣方法，定为九五折，且民船与轮船的税率有差别，民船所运的土药税率较低（《四省合办土税膏捐现行章程》，《八省土膏统捐试办章程》，均见《申报》1905年7月10日，《收督办八省膏捐柯抚电》，一档馆：练兵处档案全宗）；问题之二是探讨洋土药税率之高低，系就整体而言，但不应涵盖一切，洋药税与土药税的售卖，风险有别，地方征收的税种和勒索名目也有较大的差别，两种鸦片税率的比较便是难以措手的事情。

以肯定的是皖省收入不会比原来降低,该省土膏税捐收入的下降主要在1906年中央推广合办制度之后。四省统捐的开办使安徽能够解缴各类中央和地方的需求款项,并未见受该项制度的牵制。① 估计江西省的收入也不会比原来降低。

中央势力介入之前,联省合办较有成效的第三个显例是两广合办土膏统捐。两广地区消费的鸦片多为洋药,税收整顿受英人干预极大,极难有所措置。土药税收的整顿在初期也颇有曲折,任何一省的单独整顿均不见明显成效,广东岁收土药厘金仅仅7万两上下,广西招商承包,每年亦仅6万两白银。岑春煊督粤,对土药税收大加整顿,沿用张之洞在两湖地区的新经验,筹划两广合办经征事宜。岑督首先命广西候补道丁乃扬在梧州设立两广土膏统税总局,并制定有关两广合办的章程,从媒体报道的情况来看,该项章程内容较略:"销售本省土药,于入境第一厘卡除去箱篓,每百斤再除皮五斤,按净土征土税库平银三十两,膏捐库平银七十两,逐饼粘贴印花,发给执照,注明土斤税捐及印花数目各若干,以便经过各局卡查验放行,不再重征。"② 由于柯逢时抚桂省时首先举办土膏统捐,较有基础,故该省加入两广统捐体系的时间较早,比广东提前近一年,于1904年1月开办,而广东则从1904年12月才开始

---

① 《安徽全省财政说明书》,"岁入部",第36页。相对来说湖北省从中受益匪浅,1904年8月张之洞饬各属免解赔款捐,留办学堂。赔款的大部分来自土药统捐的收入,很大程度上解除了该省的财政困境,见《张文襄公(之洞)年谱》,第225页。
② 《两广合办土税膏捐现行章程》,《申报》1905年7月10日。该项报道属于事后追补,并非后来才制定。两广合办统捐,两省执行新税率的时间不同,广西较早;在广东尚未按合办以后的新章征税时,广西梧州局征收统捐的范围,按照两广协定,既包括销往广西的土药,也包括销往广东的土药。广东本省改章较晚,原因则比较复杂,此不展论。

办起。①粤桂合办之后,税款的分配规则确定为"东六西四"②,这与两湖合办实行的"溢款均分"制度是有区别的。

改章以后两省的收入大幅度增加。按照柯逢时后来的统计,两广合办土膏统捐效益大增,"自查光绪三十年十一月初一两广合办之日起,扣至三十二年十月底,划办两年期满止,东省共征收统税银一百五十四万一千四百余两;又西省自二十九年十二月开办起,至三十二年十月底止,共征收税银一百六十六万九百余两"③。度支部后来清理各省财政时,粤省呈报的财政说明书中,关于土膏统捐税收的数字虽不完整,但大致反映了两省合办的成绩:

> 综计两广自收土税两年,自光绪三十年十一月至光绪三十一年十月,收银一百九十一万五千余两;光绪三十一年十一月至光绪三十二年十月,收银八十万二千余两;又两广土税展限划办三年,光绪三十二年十月底限满起扣至宣统元年十月底期满,第一年收银六十八万三千七百三十三两九钱三分八厘四毫五丝,第二年收银七十五万五千五百一十七两四钱七分六厘,第三年收银七十六万五千九百零二两零零四厘。④

谓其不完整,有媒介报道为证。《申报》在1906年3月底

---

① 《度支部议覆两广划办土药请奖折》,一档馆:会议政务处档案全宗,档案号:187/1123。
② 《广东财政说明书》第6卷,"土药税"。此项比例后来于宣统元年底又有改变。
③ 《度支部议覆两广划办土药请奖折》,一档馆:会议政务处档案全宗,档案号:187/1123。
④ 《广东财政说明书》第6卷,"土药税"。

报道说"两广土膏统捐局将岁收数目具报督宪察核,计自光绪三十年十一月合办起至三十一年十月底止,东西两省共收库平银一百九十二万一千四百九十两零。内东省征收税捐,又应收由宜昌局征收税捐拨还五成,共银一百一十四万九千二百一十余两;西省征收税捐,又收一六过境税捐,共银七十七万二千二百七十余两"①,该消息访自广州,且有关统计数据刚刚作出,不似有误。

该项统捐税款对两省的练兵、赔款和新政极有裨益。广西对此项收入甚为看重,对合办以后的成效也较满意,"土药税包商,岁仅三万六千两,光绪二十九年设土膏总局,次年两广合办,以收数九十六万两为定额"②;就其用途来说,桂抚李经羲认为它可以挹注于本省的善后和赔款、新政等事业。③粤省的各项要需也于此项收入有极密切的关系,"广东财政异常困难,每年不敷三百余万,练兵经费、凑还洋款、军饷、学费(取)资于原有土膏厘税者居多"④。1906年1月份,粤省在筹措解付中央练兵经费时,瞅准了土膏统税,请求用这项收入来上缴中央:"粤省财力窘急,常年度支不敷三百余万,加以广西用兵两年,待给东省为数不少,协拨之款日有加增,一切新政非财政莫举,窘迫情形远不如秦晋小省。当与司道反复筹商,惟有土膏统捐一项东省收入尚见起色,即在于奏准留用之土膏统捐项下勉分出银二十五万两,连前认之十五万两

---

① 《土膏捐岁收巨数之可骇》,《申报》1906年3月26日。
② 《广西财政沿革利弊说明书》第1卷,"总论"。
③ 《桂抚李奏陈广西土捐不便归宜昌统收电稿》,《申报》1905年5月25日;《桂抚致柯中丞电》,《申报》1905年6月10日。
④ 《广东财政说明书》第6卷,"土药税"。

共四十万两，作为广东省认解练兵经费，于年内解清。"①两广合办之后，其税款收入在本省的财政地位，与两湖及随后的四省合办相比，按理说应该稍有差别，缘其尚有洋药税厘，而且洋药税厘收入的规模确实比较大。但在实际上，自1887年实行洋药税厘并征之后，洋药税厘归中央支配者较多，土药税厘收入就显得弥足重要，与上述几省相比，的确是不分伯仲。随后出现的铁良南下，并由此引发出八省土膏统捐问题，同样将两广和两湖赣皖等省份置于跟中央对立的地位。

（二）铁良南巡

铁良南巡是清末财政史甚至是新政史上一个重要的事件，考察中央集权时也是不可绕过的问题，过往论者亦有探论，②惜其未能将该事件与八省土膏统捐问题的因缘作一置评，如此，铁良南下的历史内涵便不完整。

历史是因缘凑泊、环环相扣的变化历程，铁良所作所为亦事出有因。庚子之年国内变局，列强构衅，中国蒙受耻辱和巨额赔款，1903年日俄交战，国土遭受外人蹂躏，国防空虚等，均是清廷国策转换的重要契机，新政方针之确立，练兵筹饷之经略无不与此有关。即就练兵而言，清廷频频颁布懿旨、密令及上谕，中心问题就是筹饷练兵。户部迭次进行开源与节流的讨论，财政处、练兵处这些新机构的设立，也无不与此类事项密切关联。就连慈禧太后的

---

① 《练兵处奏为议覆两广总督岑春煊奏于土膏统捐项下认解练兵经费折》，一档馆：练兵处档案全宗。
② 何汉威：《从清末刚毅、铁良南巡看中央和地方的财政关系》，载《"中研院"历史语言研究所集刊》第68本，1997年3月。

寿辰问题也与练兵问题扯到一起，寿辰之前，所颁懿旨言之凿凿：命本年（1904年）寿辰停止筵宴及进献，值日俄两国战事未泯，诸臣当注目于筹饷练兵、兴学育才之事。① 加意练兵实为当下清廷最重要的事项，盛宣怀在京师的眼线报告说："慈圣对练兵一事非常着急，因筹款事几至寝食俱废。所以停止祝寿，所以廷谕京外各官竭力裁并，严剔州县中饱。于是又派铁（良）君赴各省查库。于是又饬各省无论报效巨细各款，均归户部另存，归练兵经费。"② 清末财政扩张，前以筹措庚子赔款为一大转折，现则以筹备练兵经费为一高潮，谕令各省整顿田房税契，仿行直隶办法抽收烟酒税，整理内务府经费，提取各省陋规，整理川省土药税，等等，均属筹饷要策。袁世凯左右下的练兵处也以极大的精力介入各省的财政事宜，它与户部及新设立的财政处时常联衔审理有关税厘拨解一类的事项，甚至连十万两也要考虑。③ 各省面对中央的练兵派款惶惶不安，滞留京师的张之洞发给端方的密电说"练兵处派各省饷款九百六十万，骇人听闻，众论皆不以为然"，端方也惊诧不已，怨

---

① 参阅中国人民大学清史研究所编：《清史编年》第12卷，中国人民大学出版社2000年，第347页。
② 陈旭麓等编：《辛亥革命前后——盛宣怀档案资料选辑之一》，上海人民出版社1979年，第12页。实际情况是，寿礼照收，练兵更当措意（见该书19页）。
③ 《清末民初政情内幕》（上），第448—449页，知识出版社1986年。振兴工商属于新政之要策，但与练兵筹款缓急有别，在筹款高潮期间，农工商部也不得不报效库平银一万两，以求向外务部和户部看齐。见"农工商部奏为拟请报效练兵处经费银两折"，一档馆：农工商部档案全宗；练兵处与直隶袁世凯的紧密利益联系，外人Stephen R, Mackinnon有所研究，见其论著 *Power and Politics in Late Imperial China: Yuan ShiKai in Beijing and Tianjin* (Berkeley, Los Angeles & London: University of California Press, 1980)，该文认为，"在供应新增军队军饷方面，只有直隶总督袁（世凯）得到练兵处的援助"，见该文第108页。

言连连："近日练兵处饬各省筹巨款，并提各省优缺优差及烟酒等税，今承密示，尤切悚骇。方今天下商民疲困，人心涣散，偿款万难久支，岂可再滋扰累？"①外人注意到，两江、湖广和闽浙三总督联袂合奏，抱怨中央练兵经费的筹集方案。②民间言论也对此种搜刮和集权倾向颇有微词，《中外日报》《时报》《顺天时报》《大公报》等媒体的批评言论迭见报端，并经常被刚刚创刊的《东方杂志》所转载，形成一定的民意趋向。即使如此，练兵国策已定，碍难更改。铁良南巡即是搜求练兵经费、扩张中央财政的一步险棋。

铁良，字宝臣，满洲镶白旗人。根据美国驻南京副领事W.T.Gracey的观察，铁良是一位能干、头脑清楚、聪明敏锐、性格果断的强势官员。③在中央大练新军的国策确定以后，铁良的仕途扶摇直上，圣眷优隆，1903年5月27日户部改组，擢那桐为尚书，铁良升任侍郎；五个月后练兵处设立，奕劻为总理，袁世凯擢为会办，而铁良则居于襄同办理的地位，④其职责主要是参与拟订练兵方案，并筹措经费以供中央练兵之用。铁良南下的使命为何？据

---

① 《致武昌端署制台》，《张之洞全集》第258卷，"电牍"89，第9118页。这两封密电均透露京师言官激烈地反对练兵派款的方案，张之洞说，"此事枢府及外廷人人皆痛言其谬，言官谏阻者五人，语皆悚切"，"然众言官已直言之矣，京师大小臣工皆以此为忧，专望外省匡救。仁和素缄默，此次亦向邸力争"，见该书第9121、9125—9126页。
② 此消息见诸于《泰晤士报》（*Tiems*），此转见Stephen R. Mackinnon前揭文，第110页。张之洞的应对方案是"外省但就此次户部奏各条，量力筹办，即可交卷，至前案以缓复为妥，切切。此众要人屡次面言者也。总之，本初乃是借俄事而练兵，借练兵而揽权，此外流弊，不敢尽言"，《张之洞全集》，第9125页。
③ 转引自何汉威前揭文，第100页注释。
④ 《清史编年》第12卷，第311、326页。

1904年7月17日谕旨云：

> 前据张之洞等奏江南制造局移建新厂一折。制造局厂关系紧要，究竟应否移建，地方是否合宜，枪炮诸制若何尽利？著派铁良前往各该处详细考求，通盘筹画，据实复奏。并顺道将各该省进出款项，及各司库局所利弊，逐一查明，并行具奏……该侍郎务须破除情面，实力办理，以副委任。①

看来铁良负有两项使命，但主次有别，按谕旨的字面意思，主要使命是考察移建新厂问题，而考察各省"财政利弊"则属于"顺道"，充其量算是次要使命。陛辞请训时，考察新厂与清查财政孰轻孰重，慈禧必有交代，铁良对内意心领神会，然后开始南巡。1904年8月20日离京，取道天津，乘轮南下，于28日到达上海，一直待到9月15日之前；9月15日至10月5日赴苏州清查财政，然后返回上海巡阅炮台和部队；10月21日至11月29日逗留南京，之后赴安徽芜湖等地；12月28日至武昌，31日赴湖南考查新厂设址；1905年1月中旬由湖南返回武昌，观看兵操和学堂等；新年之

---

① 《清史编年》第12卷，第350页；《德宗实录》卷532，第5页；张之洞的移厂计划详见《会筹江南制造局移建新厂办法折》，《张文襄公全集》第62卷，台湾文海出版社1963年据北平楚学精庐1937年藏版影印，第2—18页。

后返京复命。①

南方省份对铁良此行极为紧张。以张之洞为例,在铁良离京六天之后,便急电户部新任尚书赵尔巽,探听铁良南来筹款的数量和指标;②8月30日,急电端方,请其探听铁良对湖北的意图③。而且湖北方面还注意到清廷密遣良弼微服前来,以配合铁良的行动,志在必得巨款。张氏不敢怠慢,立即作出举动,"遂照练兵处原奏解足五十万;又遵旨就冗员糜费尽力节裁,认解三万两;又率司道厅府州县报效五万两,听候部拨"④。媒介即评论说,张之洞预备好现成的捐献报销,以避开中央政府的纠缠,也同时躲开铁良咄咄逼人的攫取态势。⑤

湖北力图避开中央搜刮的计划不幸落空了,极难预料的一件事使得张之洞、岑春煊、李经羲等地方督抚措手不及。铁良瞄上了数省联办土膏统捐的地方利益领地。此举的直接起因,据铁良于12月14日的奏折称,系其"博访周咨""细心探讨"的结果。如何访求,访求谁人的确是一个秘密。奏折中铁良称其咨询的官员仅仅是

---

① 《北华捷报》等英文媒介对铁良之行的报道较为详细,此处参考 North China Herald andSupreme Court and Consular Gazette,26/81904,P.471;16/9/1904,P.641;7/10/1904,P.811;21/21/904,P.1247;North China Daily News,12/10/1904,P.5;14/10/1904,P.5;15/10/1904,P5,转见何汉威前揭文第95页;《张文襄公(之洞)年谱》,第229页;朱彭寿:《旧典备征安乐康平室随笔》,第188页;冯恕:《皇清诰授光禄大夫建威将军前江宁将军予谥'庄靖'满洲穆尔察公墓志铭》拓本,中国社科院《近代史资料》编辑部主编:《民国人物碑传集》,四川人民出版社1997年;钱实甫编:《清代职官年表》第四册,中华书局1980年,第3284页。
② 《致京化石桥吏部张玉书译出转送署户部大堂赵尚书》,《张之洞全集》,"电牍"90,第9187页。
③ 《致苏州端抚台》,《张文襄公全集》第190卷,"电牍"69,第17页。
④ 《张文襄公(之洞)年谱》,第224—225页。
⑤ 《湖北》,《警钟日报》第215号,1904年9月7日。

孙廷林,"总局办理补用道孙廷林颇著能声,素为湖广总督臣张之洞、巡抚现署两江督臣端方所倚任。因电调来宁,面加询问"。孙廷林到达南京后,给铁良带来了什么信息?铁良的叙述是:

> 据称,云南、贵州、四川土药行销各省为一大宗,而宜昌实为商运扼要之地。前由两湖合力于宜昌设立捐局,抽收土膏统捐,继又并江西、安徽两省,合办创设以来,比较各省分办之时溢收甚巨等语。①

上述言论并非秘不示人,关键问题有两个,首先是铁良除了关注湘鄂皖赣四省统捐的巨大成效以外,却将联办统捐的范围扩大到两广和苏闽四省,这一主意是谁首先给他建议的?孙廷林"颇著能声",素为张、端所倚任这一信息由谁人告之于铁良?孙氏本人不大可能这样毛遂自荐。且看奏折中的用语:"窃思四省合办既有成效可观,至两广苏闽亦系云贵川土行销所及之地,若任由各省分办,恐沿途偷漏,散漫无稽,倘能合八省为一,收数必当有效。当与该员商度八省合办之法,就原定章程酌加……"的确,由奏折表面意思而言,铁良与孙廷林在南京协商过八省统捐的举办方案,应属无疑。当时就有媒介报道说,八省土膏的建议就是出自孙廷林,张之洞被激怒,藉此要将其参劾,且看《申报》对此事的报道原文:

---

① 《钦差大臣铁奏请试办八省土膏统捐并派员经理情形折》,《政艺通报》,光绪乙巳,"政书通辑"第1卷,第4页;亦见《钦差大臣铁侍郎良奏请试办八省土膏统捐并派员经理情形折》,《申报》1905年1月26日。着重号系笔者所加。

八省土膏统捐之议创自孙廷林，因之见恶于张督。闻官场人云，孙前办川盐督销局，收支数目较前办委员成本既富而收数反少，业经张督饬查。孙弥缝不得，惧不禀复，后有人为之借箸始潦草塞责。然张督益怒其欺，闻拟专折奏参云。①

并且，还有一则材料也证明是孙廷林出卖了四省合办统捐的利益，亦属言之凿凿，这就是胡钧所著《张文襄公（之洞）年谱》的说法："湖北道员孙廷林建议于钦差大臣铁良……"②这些材料具有足够的证明力量，但却不能够说明铁良首先从何人那里探听到四省统捐的秘密。这就引发出第二个问题：谁走在了孙廷林前面？有关史实证明，铁良不会在滞留武汉期间得知这一秘密。赴湖北前，铁良接到清廷不必清查他省款项的谕旨③，故其未对湖北的财政进行盘查。深入一步考证，铁良的奏稿是在12月14日上达清廷的，此时他赴湖北的计划尚未成行。问题出在他在江苏、上海、南京等地期间。

好在铁良此行，有关报刊极为关注，许多与铁良有关的消息见诸报端。仔细排检有关媒介的报道后可以发现，确有一人向铁良提

---

① 《孙廷林见恶于鄂督》，《申报》1905年5月15日。
② 《张文襄公（之洞）年谱》，第229页。
③ 铁良在江苏期间，巡抚端方与其发生争执，端方认为铁良如此搜刮，如果苏省发生意外，费用将安出？《纪铁侍郎在苏筹款事》，《大公报》1904年10月18日。由于端方等人的抗议，1904年11月清廷给他发来谕旨："该侍郎行抵江南……仍将经过地方营务留心查看，至各省司库局所一切款目，毋庸调查，著即责成该省督抚认真整顿"，该谕旨与铁良在京时接受的任务相互矛盾，可见各省反对之激烈，见《德宗实录》卷536，第12页，光绪三十年冬十月丙寅（1904年11月28日）；铁良在湖北并未介入该省的财政，见《张文襄公（之洞）年谱》，第229页。

供了关键的消息，此人就是瑞澂。此事过去将近一年时，《申报》才有如下报道："八省膏捐之说，创于调任九江道瑞澂，而成之于铁良……"①该项报道的时间较为特别，距离铁良南下事件已经久远，真相极有可能浮出水面。铁良南巡发现四省膏捐的秘密，表面看似属意外，实则必然。其一，张之洞早先用土膏税捐作湖北枪炮厂经费，端方奏将两省合办土膏统捐的盈余税款作新厂经费等，都是经练兵处与户部等审核的问题，铁良作为户部侍郎和练兵处大臣岂能不知？此次南下考察的重要使命即为军事工业而来，湖北枪炮厂、上海制造总局的情况他当然要询及经费问题，因之，四省合办土膏统捐的效益问题迟早要暴露；其二，瑞澂任职九江道之后，正好供职于上海，此正处于铁良考察和搜刮的范围之内，江南制造总局经费事宜、上海地区的财政，甚至周边省份的财政（包括土膏统捐的成效等）问题，瑞澂并非一无所知，②片言只语之间，铁良即可会意神领，电令孙廷林前来询问即是顺理成章的事情；其三，孙廷林的责任在于应铁良之令前来南京汇报情况，将两省、

---

① 《某督拟约各督抚合劾膏捐督办》，《申报》1905年11月17日。
② 据笔者掌握的资料，瑞澂在庚子年之后外放的第一个官职是九江道，在九江道任内，张之洞运作的湘鄂赣皖四省合办土膏统捐已经见效，两广地区的土膏统捐也已开始，瑞澂作为江西九江道应知晓此事；其后不久就由九江道任移任上海道，《清史稿》列传及《清代重要职官表》等官书对瑞澂这段履历有所记载。有人参考上述官书以及许云撰《访辛亥年湖广总督瑞澂的夫人》等材料，认为庚子年以后瑞澂的经历如下"二十六年，庚子之役，联军入京，组法庭于顺天，推为临时地方审判官，后出为九江道，有治声；移上海道，沪地交涉繁，瑞澂应付缜密，颇负持正名，尤专意警政，中外交通其能"，见刘绍唐主编：《民国人物小传·瑞澂》，《传记文学》第40卷第4期。这段记载说明，瑞澂在上海和九江均有不凡政绩，瑞澂有条件和可能向铁良建议举办八省土膏统捐的事情，在何处提供这种建议，提供的信息途径是什么，限于资料条件，这是本书目前无法解决的。

四省合办的具体问题（包括合办的巨大成效）和盘托出，进而引起铁良的兴趣，然后两人协商讨论如何举办八省膏捐的问题。由于《申报》的报道极为简单，遗留的关键史料未能寓目，欲理清此事之头绪，诚为难事。如上探论，仅为篆测，可靠详确的论证仍留待后来。

如此，孙廷林的"罪责"即可获得部分开脱，1905年6月份以后他也才有可能出任宜昌总局总办一职。①此类事项关系到本省的巨大利益，有关各省当然极为关注，各督抚的眼线拼力搜寻，事情的真相终于大白。

对铁良上奏内容的理解，当然要结合他此行之目的来看。铁良南下旨在筹款练兵，这一点人所共知。何汉威一文的结论是铁良奉使南下"厥为短期性的财政扩张"，"整体来说，刚毅和铁良南巡对有关省份财务的影响，相当有限"。②该论点是基于作者考察的特定范围而言，扩大这一范围，将南巡与八省土膏统捐一事相联系，结论便截然不同，恰恰相反，铁良南巡行动的结果对南方八省，尤其是两湖地区、安徽、江西等省份的财政影响是长期性的。按：铁良关于八省统捐的奏章尽管贯以"试办一年"的弹性限制，实际上，不仅是"试办"，次年即果断地推广至各省，时间也突破

---

① 《孙廷林得办宜昌土膏统捐》，《申报》1905年6月16日。孙、柯二人早先即有结纳，两人关系非浅，《清史编年》（第12卷）记载，1903年4月份孙廷林为湖北候补道，护理江西巡抚柯逢时委任其为景德镇瓷器公司总办（见该书第308页）。故柯氏甫任督办土药统捐大臣即展开运动，为孙廷林解困开脱，土膏统捐局差事权力巨大，有黜陟分局委员之权，结果孙廷林又如愿以偿。

② 何汉威一文主要侧重在铁良考察苏州、上海、南京等地的财政问题。何汉威前揭文，第103、106页。

一年的限制,从1905年直至1911年,长达6年多;财政搜刮的效益之大是铁良本人、户部、财政处以及练兵处当初始料未及的,以至于后来的度支部在禁烟形势高涨的情况下,仍坚决捍卫土药统税的巨大利益。当然,这一切结果的出现首先应该从推求铁良上奏内容中来了解。

该奏折的核心内容在于铁良对税收盈余分配方法的建议,也就是有关省份与中央部门分别占有的税收利益。铁折建议说:

> 此项收款均照(光绪)二十九年收数作为各省定额,由宜局合收分解,溢收之数零(另)款存储,听候拨用。如此,则商民可免沿途苛累,于各省进项亦复无损丝毫,而国家有此进款似于大局不无裨益……此项土膏统捐创始于鄂,本为鄂省摊派赔款之用,间有盈余,亦俱拨作兵工厂常年经费,出入皆有定数。所有湖北本省拟收之数应请概予免提,以重武备而示区别。俟办有端倪,再将豫陕徐淮等处土膏分别厘定次序,次第举行。①

此中关节较多,且均可引致争议。例如,分配给有关省份的税款数额是一个确定不变的恒值,它以光绪二十九年的收入为基数。

---

① 《钦差大臣铁奏请试办八省土膏统捐并派员经理情形折》,《政艺通报》,"光绪乙巳·政书通辑"第1卷,第4页;亦见《钦差大臣铁侍郎良奏请试办八省土膏统捐并派员经理情形折》,《申报》1905年1月26日。《东方杂志》第二年第一期所载此折的用语与《政艺通报》所刊有所不同,前者所用标题为《练兵大臣兵部侍郎铁奏请试办八省土膏统捐并派员经理情形折》,且内中有这样一句话为后者所无:"其余溢收之数均著另储候解,专作练兵经费的款,不得挪移。"查户部和财政处的会奏议复折件,确有此语,媒介刊布疆臣奏折时多有不甚完整者,须相互参见,方可断论。

就这一年来说，有关省份或者甫经创办（例如湘鄂赣皖四省，广西刚创办一个月不到），或者概未创办（例如苏闽粤等省），此项统捐是对土药和土膏事先征收的税厘，且在合办前提下才可产生显效。原来各省穷尽心力迭加整顿，但收效不大，有的甫经见效，巨大的潜力尚待发掘，以初办时期的收入水平作为拨款基数，自然会导致中央与地方的冲突；至于声称"于各省进项亦复无损丝毫"，纯属臆测或别有用心，联系到中央不断集权的趋势，欲藉八省土膏统捐搜括地方财源的用心便不难理解。再如，"国家得此进款似于大局不无裨益"，这项进款的规模和数量，柯逢时有所预计，即丰年银200万两，歉岁则可能不及此数。[1]事实上这一预计大大低估了合办统捐的成效，实际收入超过其预计的数倍。这一点各有关省份理应知之甚详，根据以往合办统捐的经验，也可预计出收入的广阔前景，将如此巨额的地方税厘收归中央作练兵经费，在袁世凯控制练兵处以及其他关键部门的前提下，此项大宗进款必然对袁氏揽权、内外争雄有极大作用。[2]这也极难为南方督抚所认可，张之

---

[1] 《督办土药统税大臣柯奏试办八省土膏统捐并开办日期折》，《东方杂志》第2年第10期，1905年11月21日。
[2] 据Stephen R.Mackinnon研究，练兵处等机构的设置，是要把人和财从其他各省导引至中央所在的直隶的一个举措和借口，见Stephen R.Mackinnon前揭文，109页；何汉威前揭文亦指出，练兵处的组织多仿照袁世凯的军事施政而建构，练兵处的成员多来源于袁世凯经营的体系，有些媒介言论对铁良南巡的目的，即称其抽南方之财练北方之军。张之洞在京时对此已洞见无余，见《张之洞全集》第258卷，"电牍"89，第9118—9119、9125—9126各页。

洞、岑春煊等尤不谓然。①深入一步，各省财政均遭此大难，抵制中央关于八省统捐决断的局面也就自然会出现，铁良南巡所造成的轩然大波终于使得这项政策未能照原来预计的方案全盘实施，各省的筹划和抵制呈现多种形式，利益之争的结果自然各有差别。

（三）明争与暗对

铁折入奏，京师的反响如何？就在铁良返京之前，他于年前12月14日入奏的八省土膏统捐一折两日后即有结果，朱批：财政处、户部知道。两部门阅看此折后，在研究讨论议覆奏折时，由于该折涉及练兵经费的问题，练兵处大臣亦得知并介入此事，②从而发现了这一筹款方案的巨大潜力，极力主张尽速办理。春节前后军机处便速发廷寄一道，对铁良此项建议褒奖有加："土药税捐统归一处抽收，既为商民省累，又于进款加增，著财政处、户部即行切实举办，其统捐收数除按各省定额仍照旧拨给应用外，其余溢收之数均著另储候解，专作练兵经费的款，不得挪移。至此项统捐应如何遴派妥员统筹办法，期于推行尽利之处，并著财政处、户部会商各该省督抚，从速详定章程奏明办理。"③这一廷寄藉着八省统捐筹措巨额军费的迫切愿望于此可见，当然，尽快控制此项税款的意

---

① 在各省反击的运作中，张之洞实属督抚阵营中的殿军，这不单是湖北省岁失巨款一因，溯源求解，尚有更深入的隐情，陈夔龙著《梦蕉亭杂记》所言实亦道破天机，"癸卯张文襄内招，两宫拟令入辅，卒为项城所挤，竟以私交某协揆代之，文襄郁郁，仍回鄂督任"，可为一语中的，诚为确论。见《梦蕉亭杂记》第2卷，上海古籍书店1983年，第26页。
② 虽然上谕要求由财政处和户部来专门办理此事，但一档馆存档的各类全宗中，练兵处档案中却有关于八省土膏统捐讨论的折件，其内容与对外刊发的稍有区别。
③ 《钦差大臣铁奏拟请试办八省土膏统捐并派员经理情形折并廷寄一道》，《大公报》1905年2月9日。

图亦暗含其中。内意要求速办此事,而财政处与户部的运作却长达数月,与各省的沟通和协商颇费时日,极不顺利。两部门均称"当经通行各该省督抚遵照,并令迅速咨复。迄今数月,复到者尚属寥寥",各省对此冷淡处理,不得不使两部门压力增大,大宗税款稍纵即逝,"查川汉等处土药□运均在七、八月间,故税捐以秋季为最旺,若非速定章程,及时开办,则本年收项大宗既去,尾数无多"。①在这种情况下,财政处与户部毅然拟稿入奏,强行决定年内举办。

此间,有关省份正在谋求对策。八省统捐直接或间接涉及的省份主要有两类,一是土药消费数额巨大、税收利益较大的省份,如湖北、广东、广西和安徽等省,二是鸦片主产区省份,主要是西南地区的四川、云南、贵州等省,当然,在谋划抵制的过程中,其他省份亦有所举措。

湖北省的反击和抵制尤具代表。铁折提出在较大范围内举办土膏统捐的问题,早在去年(1904年)9月份,就被该省所否决。首先,对中央控制各省财权的企图,张之洞坚决抵制。清廷谕令铁良南下后不久,张氏在祝贺赵尔巽升任户部尚书的电文中表示,在各省筹款问题上,督抚应有自主权,反对有人驾控,"尊意既令鄙人筹款,则请责成鄙人独办,必能仰副宸廑,若有人掣肘则难矣"。②其次,对户部尝试举办全国土膏统捐的意图,张氏也暗相

---

① 《财政处、户部会奏遵旨筹议八省土膏统捐请派大员管理克期开办折》,《申报》1905年4月18日;"财政处、户部会奏遵旨筹议八省土膏统捐请派大员管理折",《东方杂志》第2年第7期,1905年8月25日。
② 《致京化石桥吏部张玉书译出转送署户部大堂赵尚书》,《张之洞全集》,"电牍"90,第9187页。

排拒。铁良南巡期间,赵尔巽曾与张之洞商度全国举办土膏统捐的问题,遭到后者力阻,张氏极力强调举办的难度,其回电说:"尊意通国办土膏一节,尚望熟思详酌。缉私万难,扰民太甚。前两年,朱道创此议,鄙人集众官筹议两个月,实无办法。商、民愤怨愁叹,乃改为就土征膏,即现在办法也。请细询鄂省官即知。总恳荩筹,层层想到方可举行。"①但是,赵尔巽毕竟是刚从湖南巡抚任上擢为户部尚书,尽管他对两湖统捐问题了如指掌,但对四省合办统捐的详情却不知悉,当他询问此事时,张之洞的答复亦很简略。②

军机处关于土膏统捐的廷寄下达之后,财政处、户部即行准备与各省协商,并拟定了调查的主要省份,于1904年12月30日用兵部火票迅即传达到有关省份。两部门所列的调查对象主要有:两江、湖广、闽浙、两广四位总督,江苏、江西、安徽、湖南、广东、广西六位巡抚。调查的核心内容并非是否举办八省统捐,而是遴派督办大臣与举办细节的筹划等问题。③至此,湖北等有关省份才知道铁良之奏与清廷命意,内意且要鄂省参与筹办。

湖北省拟定了八省统捐举办对本省财政有可能产生影响的有关问题,张之洞要求下属必须调查如下事项:

---

① 《致京户部赵尚书》,《张之洞全集》,"电牍"90,第9194页。
② 《致京户部》,《张之洞全集》,"电牍"90,第9209页。由于铁良介入这一问题且在短期内即有奏议,这与赵尔巽关注的时间距离较近,两者之间是否有某种机缘,限于史料目前尚无法确断。
③ 《湖广总督张宫保遵饬查核改办八省土膏统捐札文》,《申报》1905年1月21日。按:湖北省巡抚此前刚被裁撤,江苏与江淮分治亦于酝酿中,且有争议。

1. 土膏抽收统捐一项，两广如何抽收？
2. 究竟改办八省统捐以后，总共实有溢收若干？
3. 确核经过鄂境土药数目，行销外省道路；销两广者共有若干？销苏闽者共有若干？
4. 假如绕越陕、豫、贵州等处，有何防范堵截之法？
5. 于鄂省厘、款、捐及两次奉旨允准捐款溢收留充兵工厂添拨制械用费之款有何妨碍？
6. 以后各州县及各局卡查缉私土应秉承何处文札？于吏治民生有无窒碍？应如何统筹办法期于妥善之处？①

张之洞对本省的调查是基于做到心中有数，以便确切地评估湖北省在八省统捐推行后所遭受的影响，并非立即响应中央的部署，他要观看其他省份的举动。第二年春天，湖北方面即开始就土膏统捐一事与江宁、苏州、广州等有关督抚进行联络，表面上是遵内意筹办，襄助财政处和户部，但函电交驰之内，却是声应气求，共谋对策。

湖北方面对八省土膏统捐一事的气愤甚至痛恨可想而知。张之洞在与有关督抚的函电往返中，对最初的献策者揶揄嘲讽说"八省统办膏捐，当时献策者其意只图见好干进，不顾各省利害，并不顾自己能否践言做到。此人向来行径，江、皖必知其详"，"上年鄂与皖、赣商办四省统捐，本系试办，一年后再定。乃献策者忽然

---

① 《湖广总督张宫保遵饬查核改办八省土膏统捐札文》。张之洞要求参与调查的机构有：湖北布政使司、按察使司、盐法道、江汉关、宜昌道、善后局、牙厘局和宜昌土膏局等。

发此大难,竟欲办八省统捐。其人素行,皖所深知"。①湖北省的担心全在财政一项,四省合办时,岁收巨额税款,赔款与兵工厂经费均有着落,其他省份亦不吃亏;现在推行膏税新章,中央意在筹措巨款,外销必然锐减,内销定会收紧,张之洞的担心自有其理:"鄂省去年试办四省统捐,岁收甚巨。今于赣于湘,凡溢收者统归于内,鄂约岁失的款六七十万两","至皖土则全行绕越,鄂既无所增收,皖转失所固有","内意此举责成鄂省筹办,不惟头绪纷繁,毫无把握,且预征极重捐款于数千里上游之地、商货未销之时,苟可规避,绕越必多。不惟统捐必不能如愿网罗,坐享巨利,恐湖北本省旧有宜昌关税必然锐减,向来解款,取之何处?"②

解款、赔款、练兵和兵工厂等费用确为湖北省财政支出之要项,中央通过八省土膏统捐名义对各省的财权骤行收紧,湖北每年流失七十万两白银③,竭蹶立现,如何从中央手中争取部分外销,以求补苴是湖北上下探讨的问题,但是争款无名也确实使张之洞甚感忧虑,他传令下属将出入款目预算列表,能减则减;对各州县的平余银两进行调查,将腾出的款项用于本省练兵(中央给湖北省

---

① 《致江宁周制台、苏州效护院、广州岑制台、张抚台》,《至安庆诚抚台》,《张之洞全集》第261卷,"电牍"92,第9288、9295页。
② 同上。除了财政本身的原因,张之洞反对举办八省统捐是否还有其他原因?联系到兵工厂的扩厂经费问题,张之洞不能无虑,袁世凯挟持之下的练兵处对设立北厂较为积极,八省土膏统捐与此有直接的关系,如何对三厂的经费进行合理的配置,一直是张与中央分歧的重要问题。极力反对八省膏捐或许也与此事有关。
③ 《张文襄公(之洞)年谱》,第229页。张之洞在1907年称,湖北铜圆减铸及膏捐改章两项,大宗来源骤短三百万;各省财权流失的原因,张之洞毫不犹豫地归结于刚毅、铁良南下,柯逢时督办膏捐,陈璧考察铜圆等。见《湖北财政困难》,《大公报》1907年3月13日;《张香帅电陈财政情形》,《大公报》1907年6月22日。

的任务是练足两镇之兵）。然而，清查过后，所得款项极少，不得不仍在八省膏捐问题上想办法。①报界人士对中央此举颇有非议，在连篇累牍报道湖北省筹款动态的时候，对张之洞的做法也表示同情，颇中肯綮的评论迭见报端。在上述报道篇末，记者作了一个评论，其倾向性已很明显，"记者按：创办膏捐者张香帅也。原意专备湖北重需的款，今政府改为八省统捐，第集政权、□权于中央，而绝不瞻顾各省之需用，此中国政府之大病也。然香帅之设法酌提，其为公为私非记者所能拟议矣"。不仅如此，该报尚发表"论说"，指责八省统捐与练兵新政的矛盾是顾此失彼，剜肉补疮："是统捐之设为练兵而设也，然则当局者必望收数愈多则练兵之费愈充。岂知练兵之费愈充而国民愈弱乎？收数愈多则吸烟者愈众，吸烟者愈众则人种愈弱，人种愈弱则兵气愈不振，岂非膏捐与练兵适相反对之时欤？"②八省土膏统捐之举措，报界与督抚的反对尽管立论有别，但它与各省的抵制行动适成同盟。

看来，直接向中央争款谈何容易！师出无名，苦无藉口此其一，铁良之奏已将鄂省拨解之款另案处理，尤加惠顾，张之洞自无话说；申明八省举办，效果未必俱佳，枢府自无人信其判断。权衡之下，张之洞只有一策，即由湖北方面保举督办土膏统捐大臣由中央任命，并在实质上听命于自己，以求捍卫地方利益，并可时时窥测内意，此举做到，自然可以将前述中央财政集权倾向暗暗化消，用心可谓良苦。关于督办土膏统捐大臣的人选，有一人较为适宜，

---

① 《督鄂拟挽回膏捐》，《申报》1905年5月5日；《土膏统捐之影响》，《申报》1905年5月11日。
② 《论八省土膏统捐事》，《申报》1905年4月19日。

他就是即将赴任黔抚的柯逢时。

柯逢时，字逊庵，湖北武昌人，1883年进士。科考时张之洞为其受知师，自然是张氏门生，后来延入张幕，职责为文案、对折，既然属于门生，柯当终生执弟子礼。降及晚清，无论文苑或官界多盛行"拜门"结纳之风，张与柯的师生之谊一般人确不可比。①柯逢时官拜户部侍郎以及外放至江西为巡抚，挤入地方疆臣大吏行列，应与张之洞的影响有关。这是张之洞选择柯逢时的一个重要前提；但更关键的理由是1903年4月柯逢时抚赣时，首创百货统捐，规定"凡已经捐纳货物，粘贴印花，经过下卡，只许查验，不许补抽"，商民称便，收效极佳，清廷令各省推广，剔除中饱，以期裕课恤商，故言办百货统捐者实以江西省为权舆。②值此练兵筹款之时，八省统捐如何出色创办实为篆缘登进的台阶，百货统捐与土膏统捐原本并无二致，保举柯逢时理由充足。孙廷林虽然对土膏统捐尚称熟稔，但当时去之尚不解恨，遑论保举。在张之洞看来，督办膏捐一职只有柯逢时足以担当。从中央一侧来看，财政处和户部酝酿期间，并未见合适的人选，铁良推荐的孙廷林资历尚浅，难以统摄大局。上下交通之后，柯氏入选自在张之洞意料之中，媒介的报道亦可为证：

---

① 中国社科院近代史所藏：《张之洞紧要折稿》；第一历史档案馆编：《清代职官履历全编》，华东师大出版社1997年，此转引自欧阳红：《张之洞幕府研究》，中山大学历史系硕士学位论文，2001年，第8、64页。对于拜门门生，1906年3月初，某侍御曾有封奏要求禁止此风，以杜植党营私之弊，但风气已成，改之极难。《大公报》1906年3月3日。

② 《江西全省财政说明书》，"岁入部·统税"，第1—3页；《光绪朝东华录》，第5012页；《清史编年》第12卷，第306页。

本任贵州巡抚柯中丞逢时日前奉电旨，派为督办八省土膏统捐大臣。因财政处、户部覆奏八省统捐时，适鄂督张香帅有专折陈奏，谓八省膏捐事务繁要，仅派道员孙廷林总办其事恐不足胜任，必得钦派大员驻扎八省适中地方。因保举柯中丞办事认真，且统捐办法原为该抚所创，应请简派为督办大臣，暂令缓赴黔任等语，朝廷遂有是命。①

柯逢时虽觉该职为肥缺，但却是上下矛盾的枢纽，处理棘手，且易丛怨，后闻言此职位充其量是政府中的无聊官职，也就打算具疏辞去该职。②但是廷寄不允，饬其力任其难，以图报效。③廷寄未到之前，柯逢时已经于1905年4月6日来到武昌，张之洞得悉，立即派人迎接，并约其夜间在官署密谈。④在张之洞的操持和影响下，柯逢时确定了八省统捐的机构及办公处所，并就有关省份的土膏征收等问题展开调查，并为确定税率、各省拨款定额等问题进行

---

① 《柯中丞督办八省膏捐之原因》，《申报》1905年4月26日。亦有一说，谓柯逢时得到督办八省土膏统捐大臣一职系端方和铁良密保，此恐访事员之推测，非证实性报道，此备一说，以作参考，见《柯中丞又萌退志》，《申报》1905年6月18日。
② 《柯中丞拟辞督办膏捐》，《申报》1905年5月4日。其实，鸦片税官并非"无聊职位"，而是肥缺，时人赋诗曰"昔年禁鸦片，土贵黄金贱，去年税洋药，民苦官更乐。千取百，万取千，朝廷岁所入，宁是夷人钱？重曰税，轻曰厘，府库日以瘠，囊橐日以肥，坐关之吏肥如牛"，见朱维干：《福建史稿》（下册），转见王金香前揭文。
③ 《柯抚辞办膏捐差未允》，《申报》1905年5月28日。
④ 《柯中丞抵鄂》，《申报》1905年5月10日。

准备。①

柯逢时的准备工作并不顺利，中央的意图与各省的压力均需兼顾，地方省份抵制中央财政攫取的趋向已经比较明显，柯氏间处其中，处境之难概可想见。正在其着手准备八省统捐问题的前后，广东的岑春煊与广西的李经羲又向其发难，迫使他对统捐问题的处理不得不非常慎重。

两广改办土膏统捐的时间并非一致，广东省改章较晚，仅仅一个月之后，京师要求有关省分讨论八省统捐的咨文就送到广州。岑春煊对本省的膏捐成效虽然不可预计，但桂省的巨大成效他是知悉的，因而极力反对铁良的建议，尤其对铁折中以光绪二十九年（1903年）为各省拨款定额，确定需要照顾的省份中也并无两广，因而极为愤慨，表示"铁侍郎所拟按照光绪二十九年收数作为各省定额，由宜昌局合收分解之议实难遵允"②。柯逢时督办八省土膏统捐大臣的任命传到广州，岑春煊对八省统捐本身及对柯氏的任命均不赞成。柯逢时遵照户部的计划，一直想把两广地区的土膏统捐也纳入总局的范围内，有报道说，"两广土膏捐前经督抚议商划出

---

① 《八省膏捐定设三大卡》，《申报》1905年5月16日；《鄂省膏捐总局将次开办》，《申报》1905年6月3日；《饬造土膏统捐清册》，《申报》1905年6月10日；《柯中丞致军机处电》，《申报》1905年6月12日；《柯逢时奏设土膏统捐设局事宜》，《申报》1905年6月27日；《芜湖道办理皖省膏捐》，《申报》1905年7月16日；《八省土膏统捐局落成》，《申报》1905年7月31日；《派吕承瀚为八省膏捐总文案》，《申报》1905年8月31日；《财政处咨查鄂省提拨土膏捐实数》，《申报》1905年12月31日。

② 《粤督不允膏捐改章》，《申报》1905年2月13日。反对膏捐改章的重要背景除了顾念地方财政利益以外，另一个直接的原因是两广正在为肃清广西变乱而用款甚巨，这一用项直到1905年10月份才告一段落，岑春煊也因匪患有功而被授以太子少保衔，李经羲也获优叙，见刘绍唐主编：《民国人物小传·李经羲》，《传记文学》第40卷第4期。

自办后,为八省统捐柯中丞所持,故迄未定议"①,柯氏的态度和计划自然引起粤桂方面的抵制。

岑春煊决定参劾柯逢时。恰有广西水军右军统领杨耀缺额扣饷被岑查办,岑氏即以用人失察之罪名对柯加以参劾,要求交部议处,②朱批:柯逢时著交部议处。岑春煊这一参劾立即显效,迫使柯氏又萌退志,每见僚属总称卸甲归田,意志极为消沉。③更大的麻烦是在五个月后,有关各省的督抚极欲联合起来扳倒他,他们认为,八省膏捐关系各省利权巨大,而柯逢时近日办理此事又多暗揽利权,致使各省财权渐失,所以决定胪陈柯氏的一切罪状入告。④估计此事并未成真,但亦概见柯氏所受压力之大。并且,柯逢时抚赣期间,声名狼藉,宦途中植下无数荆棘,时人对其也讽嘲有加,去赣后,人赠一联:伐柯伐柯,上联是:"逢君之恶罪不容于死",下联是:"时日曷丧予及女偕亡",联首轻轻箝入"逢、时"二字,天衣无缝,巧不可偶。⑤抚桂期间柯逢时也不洽舆情,官场无以自立。⑥柯逢时人脉处境之险恶,自己未必不知,一旦被参劾,后果堪忧。

桂省巡抚李经羲对八省膏捐的举办当然也不同意,该省土膏统捐经过整顿,加之两省合办,成效大显,自不愿舍其大利,本省境

---

① 《奏请分拨西省膏捐》,《申报》1905年10月2日。
② 《前抚柯中丞交部议处》,《申报》1905年6月8日。
③ 《柯中丞又萌退志》,《申报》1905年6月18日。
④ 《某督拟约各督抚合劾膏捐督办》,《申报》1905年11月17日。
⑤ 懋谦:《柯逢时》,载刘铁冷、蒋著超编:《民权素》第1集,民国三年4月,《丛刊》续编,第551号。
⑥ 沈惠风:《眉庐丛话》,《丛刊》续编,第635号,第58页。

内迭经遭乱，需款孔亟，此项收入正好补苴。所以李经羲义无反顾拟折上奏，要求自办膏捐，言辞恳切，"况广西土捐尽收尽解，去年因帑项奇绌，甫经设法，商情渐定，犹可望收数较增，以济本省无定之支用，倘此时遽改合办，局势散漫，窒碍多端，捐章无可再增，查缉难期周密，即幸而比较现收之数无损，先尽本省照拨，亦属徒劳无补；设收不及数，则虽先尽本省，广西已受暗亏，从何弥补？至于捐由合办款项转拨挹注，既难应时挪移，亦多棘手，种种失宜更不待言矣"①。而清廷却将此事交给柯逢时办理。李经羲仍不得求诸于柯氏顾念桂省，要其网开一面，否则直为"绝桂"无疑。②由于柯氏刚从桂抚任上卸下，应该了解广西窘困之情，但他却称，"划出自办诸多妨碍"，建议由总局所收广西捐款仍归广西拨用。③后来，岑春煊具奏折请两广合办，折上，旨准自合办之日起，划归自办两年，规定由两广收捐并销往该两省的云贵川土药捐税可以留归本省。

江西省系四省合办土膏统捐的省份之一，对八省合办统捐一事也极为重视，多方探测中央的命意，且致电苏省对此看法，试图争取增加拨款数额。苏省属于洋药销售的主要地区，对土膏统捐的关注自然较他省不同，但仍希望每年能够拨还20万两白银。④福建省闻知八省合办之事，也加大了整顿的力度，"财政局各司道定自本年正月起将各项捐款归并为一，由局遴委专员收解，以一事

---

① 《桂抚奏请自办膏捐》，《申报》1905年5月13日；《桂抚李奏陈广西土捐不便归宜昌统收电稿》，《申报》1905年5月25日。
② 《桂抚致柯中丞电》，《申报》1905年6月10日。
③ 《奏准广西膏捐归本省拨用》，《申报》1905年6月16日。
④ 《电复赣抚办理膏捐情形》，《申报》1905年3月18日。

权"①，希图在八省合办体系内争取较多的拨款定额。

产土省份的阻力则以四川为最大。但这种阻力与他省不同，归结为一点就是税率问题。川省若执行新税章，则每担须征正税110两、15两经费银、5两2钱8分铁路官款股本，共计白银130两2钱8分，②税率之重超乎以前较多。四川土药税负历来较低，地方政府长时间以来一直执行着低税率的政策，否则，稽征难度极大。③八省统捐实行后，不但该省大员对此反对并加以抵制，即连川土商人也极为恐慌。蔡乃煌是办理川省土税较久的官员，他所提供的情况足可见证："弟督办川省土税，调查最确，贩土巨商，粤人、鄂人各居其半。柯公未奏准以前，各商百端尝试向弟力恳，必欲达其减税目的。弟见弃公家大利且背寓征为禁宗旨，若代为详恳，必招奇谤，即令无人指责，亦不敢昧良欺罔，见好行商。"④商人奔竞之风意在减税赢利，他们不但对经办官员求情施惠，而且禀请张之洞，请其转商柯逢时核减川土之税。⑤新税章的阻力大致可以想见。

美国学者在研究该问题时，也认为中央推行八省统捐政策具有冒险性，"它不仅影响到朝廷与各省之间棘手的财政关系，而且引起洋人在思想上对中国未来鸦片计划的怀疑。另一方面，武昌统税局（或其他9个局）接管了曾由地方绅士控制的税收。按每

---

① 《设局收捐》，《申报》1905年3月27日。
② 《光绪三十二年度度支部奏复川督筹议土药统税新章折》，《东方杂志》第3年第11期，1906年12月10日。按此处税率当指川土出境的税率。
③ 秦和平著：《四川鸦片问题与禁烟运动》，四川民族出版社2001年，第25—33页。
④ 《蔡乃煌致赵尔巽》，时赵尔巽当为户部尚书，一档馆：赵尔巽档案全宗81/418。
⑤ 《蜀商请核减土膏统税》，《申报》1905年10月8日。

担115两库平银计算，每年可望得到1700—6700万两鸦片收入。魏尔特估计，清朝得到5200万两，其中3100万两回流到各省。英国驻华公使朱尔典估计每年为4500万两。无论如何，清朝控制了这项资金"①。不管这项税收的数量规模有多大，至少有一点可以肯定，它对中央与地方的新政、赔款和练兵事业极为重要，上下左右争夺这一财源势不可免。

（四）柯逢时奏折

各省纷纷明争暗对，形成八省土膏统捐推行的巨大阻力，迫使新任督办土膏统捐大臣柯逢时不得不斟酌损益，在筹划入奏折件过程中另起炉灶，贯彻"既符合中央的意图，又不拂去各省期望"的宗旨，终于在1905年6月中下旬将奏折呈寄清廷。②比较铁、柯二折，让步地方的成分相当明显。

最关键的一点是征收税款的分配计划，这一点与铁折有大的不同。首先，它改变了各省拨款定额以光绪二十九年（1903年）收入为标准的规定，建议以光绪三十年的收入作为基数。柯逢时特意解释说："查鄂赣开办土膏税捐始于光绪二十八年，两湖合办始于二十九年十二月，鄂湘赣皖四省合办始于三十年五月，广西始于三十年正月，广东则十一月，苏闽两省尚未定章。若以廿九年为额，则已办者皆系少数，未办者无额可稽。"③细品其说，则有问

---

① 托马斯·D.莱因斯：《改革、民族主义与国际主义：1900—1908年中国的禁烟运动与英美的影响》，该文载《近代亚洲研究》1991年第25期，译文见中国社会科学院近代史研究所：《国外中国近代史研究》第25辑。
② 《柯逢时奏土膏统捐设局事宜》，《申报》1905年6月27日。
③ 《柯中丞奏八省土膏统捐大致办法并开办日期折》，《申报》1905年7月7日。

题，以三十年收入为准，多是对湘鄂赣皖的照顾，广东开办虽晚，上述规定似对其不利，但两广已经准予划开自办，所以广东并不吃亏，反而属于暂时的赢家；苏闽两省并未实行预征膏捐的行动①，按理说该项拨款的时间确定对其最为不利，但有一点却是不可忽视的，那就是此两省的土药消费总量相对较少，情形与他省有别，当然，两省的大吏对此前风波介入较少，亦为要因之一。

税收分配第二个应注意的问题，是该折提醒中央对改章以后的收入不应估计过高，不应对地方省份搜刮过甚，财政处、户部和练兵处对此不应抱过高的期望值。折中有言"当兹时势艰难，练兵尤为要政，各疆臣公忠体国，当竭力统筹；惟骤提巨款实难支柱，大局所关，不得不统筹兼顾"，关于这一看法的来源，柯氏的解释是与湖广总督张之洞及各省督抚协商妥议的结果。这一"协商妥议"，也就影响到该折对各省拨款的数额建议，"江西照适中之数岁拨银七十万两，安徽照额拨五万两，湖北系有专款待支，两广近来需饷尤急，原奏已示区前（别），均请各归本省支报。两广前经奏请办理，两年后再由户部提拨"，这一改动，是在拨款数字上对各省所作的让步。

柯折让步地方的内容，还体现在各省报解方式的规定。柯逢时

---

① 就当时来说，八省土膏统捐是一个习惯化的称谓。但财政处在研究这一问题的文件中，特别给予更正，建议正式的称谓是"九省土膏统捐"，该折说："原折所指统捐省份系在苏淮未分省以前，今应改为两湖、两广、江苏、江淮、江西、安徽、福建九省合办……"见《财政处奏为遵旨筹议土膏统捐事请特派大员管理克期开办以裕饷源折》，一档馆：练兵处档案全宗。该折在正式刊布时将这一段文字删去，原因大约是苏淮分省在当时尚有争议，缘其分省之说纯系清廷练兵筹款之需要，而地方督抚对此却极有看法。

的建议饶有意味，颇可琢磨，且看其内容："各省收支数目，按月由各局报明各省，并禀报总局，按季由各省册报户部，仍咨总局备案；应解总局之款，由各局专报总局，由臣连同总局支用（之）数按季册报户部，并咨明各省，互相查考"，如上所说的程序，实际上将八省土膏统捐总局界定为单纯的征税资料汇总和备案机构，对各省并无严格的限制和监督。总括言之，关于对各省征税、拨解款项及拨解程序的建议均属对各省的照顾，自实质意义上看，该项奏牍的建议与八省统捐推行之前各省原来的做法并无大的不同，所以这份奏折极其明显地偏向各省的利益。由于上述建议与铁折明显不同，所以柯逢时对相关变动有必要加以解释，他的用语意味深长："以上各节与原奏间有未符，揆度情形，只期允洽"，此种解释已可略见各省对立、抵制的影响之大。

当然，中央的意图柯氏并非不知，正如他所说的，筹款练兵当属要政，所以他所建议的举措是：四省合办，湖北溢收之款应提解30万两白银，湖南溢收的款项以后每年拨30万两白银，苏闽两省行销土药有限，暂缓议拨，"提拨溢收及预征他省税捐并子口加收膏捐按月并解总局，由臣分别批解练兵处济饷，大约丰年可得银二百万两，岁歉减成。□俟试办一年，综计款目，如可多收自当尽解，万一溢收无几，届时酌量变通"，这就是说，既筹有现成的银两可以解作练兵经费，又有一系列的制度保障，这就是对中央的交差。

五个月后练兵需款孔亟，财政处与户部借催款之机，发起反击，痛斥外省"却顾""异视"之心，暗批柯逢时失职失责，态度之强烈，言辞之尖刻非寻常可比。诸如"原以其（指八省土膏统捐一事——引者）挈领提纲，与各省疆臣同舟共济，乃两广旋以军饷紧迫,奏请自办两年,已有却顾之意;其宜昌总局专办两湖,则以两广、苏、闽附于赣、皖,亦不无异视之心","若各存疆界之私,兵糈何赖","但以收支造报之不实,久为成例,即如近年各省膏捐溢收之数甚巨,独两广以请奖之故,三个月报收银五十余万两,其余各省报部之款仍属无几,则征多报少之情形已可概见"。对柯逢时本人,财政处与户部也耿耿于怀,特别是对拨解税款的程序意见最大,称之为:"各省自为收支,而总局止于备案,并无考成之责,稽核未必认真,恐分局之奉行亦形怠缓,名虽八省合办,实未有画一之规,立法尚嫌疏略。"①

财政处与户部此折的主要意图在于强化土膏统捐总局的权力,减少各省督抚介入收支环节,以确保统捐收入掌握在中央手中。为此,它规定:"惟各省收支之数必须由该抚一手经理,俾专责成,应令转饬各省分局将收支各数随时报明总局,按季由总局汇齐分晰,开单咨送臣处臣部核办","如分局开报不实,即由该抚查明,指名严参,臣部仍不时派员调查,再有各项弊端,定惟该总局是问!"对各省的拨款数量也是两部关注的问题,所以此折强调不能含混了事,应明确划定界限和数量,"梧局征收之款虽暂归两广应用,亦当由总局汇核开报,并截清两年定限,勿再推展;其鄂、湘二省拨给若干,苏、闽二省销数有限,究竟拨给若干,均应早勒定额,以免含混",即便是各省以前的税则和收入也要求柯逢时报

---

① 《财政处、户部奏为八省土膏统捐宜并力筹办拟将收支各数饬由总局汇核分晰开报折》,1905年11月19日具奏,一档馆:财政处全宗档案。此折未见刊发。

明查核。虽然该折一再声称不愿对各省竭泽而渔①，实际上，上述规定确为"竭泽而渔"的措施，只是在具体执行上，各省合作不足而抵制有余，尽可能减少自身的损耗。

就在柯逢时折片入奏之后，中央势力又想介入北方省份的土膏统捐事务。此项建议出自京师某大员。鉴于南方八省土膏统捐的举办极富成效，而北方土药产区迄今未能有效整顿，"虽有部定章程，税厘并征名曰统捐，而运销各省仍不免节节阻滞"，此人所指的北方省份有九个，即山西、陕西、甘肃、山东、河南、直隶以及东三省，主张办理北九省土膏统捐。②此议一出，枢廷犹豫不决，因其担心各省阻力，南方八省统捐的举办早已酿成风波，于是军机大臣中就有人力阻北九省土膏统捐计划，"以为如此搜刮无遗，恐不免有财穷力竭之虞"③，实则惧怕各省反对。此事一度置而不论，销声匿迹。但半年之后，由南方八省的土膏统捐向北方及西部推广的计划再度提上议事日程。

1906年春天，柯逢时奏请推广土膏统捐的实施范围，并专门具折制定推广的办法以及各项详细的章程等。鉴于各省的压力，他对各省如何使用土膏税捐问题用心颇苦。关于各省在紧急需款的情况下，能否通融使用此款？他的建议是报请户部批准可以动用。但财政处和户部审查时却将此款否决，两部确定的条件极为严格：

---

① 《财政处、户部奏为八省土膏统捐宜并力筹办拟将收支各数饬由总局汇核分晰开报折》，1905年11月19日具奏，一档馆：财政处全宗档案。此折未见刊发。
② 《拟办北九省土膏统捐之传闻》，《申报》1905年7月10日。该消息访自北京，谓其"传闻"，估计较有可能。
③ 《北九省膏捐之议未决》，《申报》1905年7月17日。

原奏所称如收数增多而该省或有急需,可由各督抚咨商户部通融挪借一节,与臣等请开办统捐折内奏定他省不得援两湖两广为例办法未免两歧,况既奉谕旨溢收之数另储候解,专作练兵经费的款,不得挪移,自应遵旨办理。若听其咨商通融,恐将来漫无限制,应请嗣后各省如有军务急需,准各督抚引广西成案专折奏请,由臣部察核酌拨,其别项用款概不准援例率请挪移,以定限制。①

关键的改变不在于此,对各省税款拨解制度的调整才是最为重要变化。对非鸦片产区至关重要的过境税被两部审查时删掉,这一更改对湖北、湖南、江西、安徽、两广等省的影响极为巨大;并且规定,各地局卡和缉私经费由各省自为支报,中央不予负担。就拨款本身来说,变动尤大。例如对安徽省的规定,"安徽原拨川云贵土税五万两,其本产土药税向未报部。现定为安徽本产土药仍照本省每百斤原收统捐四十两之数拨还,其行销川云贵土亦按每土百斤拨还银四十两,挹彼注兹所得较多,无庸以五万两为岁拨之额",因之,皖省岁失巨款;湖北省本产土药税亦被纳入拨款体系考虑,"湖北系创办土膏统捐省份,且有专款待支,应准照其本省销数,每担按一百两正款全数拨还;又湖北本产土税如何分拨,应由该侍

---

① 《财政处、户部会奏议复各省膏捐办法折片》,《东方杂志》第3年第7期,1906年8月14日。此次税章之更改以及统捐范围之扩展极为蹊跷,柯逢时的奏折应是内廷嘱托,他自己仅限于具体计划的研究,并负责拟稿;而且未见户部插手,独财政处讨论议覆,于1906年5月下旬奏上允准。亦见《财政处奏定膏捐章程》,《大公报》1906年5月18日。

郎查明原征税则及近年收数，另行报部核定"，尚不止于此，柯逢时即面告张之洞，财政处尚有特别提扣，将来提拨扣减为数甚多。①这次税章和拨款制度的更改，表明中央财政集权又发展到一个新的阶段。

各省对此的反应不一，南方省份遭受的影响尤为巨大。安徽省的土药税收入总量本来不算巨大，但用途广泛，依赖此款来挹注要政，但此次拨款数量的更改却使其各方面均受影响，"皖省土药税向设专局征收，仍归牙厘局汇总。每年额解度支、民政两部经费银各二万两，又师范学堂经费银四万二千两，支应局充饷银四万八千两，共银十三万两。自光绪三十二年改归部局，由土药统税总办童道祥熊议定按年照数拨还，实则每年仅约还银五万余两，以致各款未能如数应付"②；湖北一省更受搜刮，拨款制度改变以后，鄂省与中央发生的首次冲突即是过境税的处理问题。湖北省坚征不让，财政处的质询电文便直接传给鄂省督辕，责令湖北的做法是"紊乱定章"，其电文说："是过境一项原议章程早已删去，孙道为宜局总办，岂不知之？今于赣、闽正耗应解总局之款，并不呈请管理统捐大臣核定，辄按每百斤迻（径）行划出十九两二钱解交湖北，仍作为过境名目，而以其所余银二两五钱零结交总局，似此紊乱定章，果属何意？应即转饬该道明白声复！"张之洞坚持认为，"统捐本注重在（土）膏过境，名目虽除，其增收膏捐极巨，鄂省原有过境税自应照数拨还"③，因而他立即电令仍担任宜昌局总办的孙

---

① 《致荆州孙道台》，《张之洞全集》，第9489页。
② 《安徽全省财政说明书》，"岁入部"第七节，"抵补土药税加价"。
③ 《致荆州孙道台》，《张之洞全集》，第9487—9488页。

廷林,应立即筹划如何"措词顶复",并令其征询柯逢时,以便柯氏面授机宜。6月中旬,张之洞干脆致电京师枢府,叙说鄂省财政之窘况,特别是针对膏捐改章和拨款制度问题意见尤大,声称"鄂省风俗微有不同,恐有不能实力奉行之虑"①,坚请中央须顾及各省利益,但这一吁请结果不问可知。这次将八省土膏统捐推向各省,意味着中央攫取地方财权的程度更为深入,由八省而及全国,将土药税利益巨大的西部产土省份也囊括其中,上下纷争局面持续了较长的时间。

由铁良南巡所引发的上下冲突,无法完全用中央集权与督抚权重这一传统的解读模式来理解。②当然,中央集权或督抚专权两个趋向是较早影响历史变动的因素,新时期风云际会之中依然产生影响。袁世凯在庚子以后迅速崛起,在许多重要事项上,颇有挟天子以令诸侯的气势,③在其与中央要臣的结纳中,造就了一个朋党网

---

① 《鄂督请改膏捐章程》,《大公报》1906年6月11日;《条陈改良膏捐办法》,《大公报》1906年6月22日。
② 据何汉威先生考证,1960年以来,学界对流行经年的晚清地方督抚专政论质疑较多,论者多认为,中央既未如过去所说的大权旁落,督抚也不是为所欲为。批评督抚专政说最全面的论著是刘广京:《晚清督抚权利问题商榷》,载刘广京著:《经世思想与新兴企业》,联经出版事业公司1990年,第255—293页;以及王尔敏:《淮军志》,学术著作奖助委员会1967年,第347—389页;Stephen R.Mackinnon ,*Power and Politics in Lete Imperial China:Yuan Shikai in Beijing and Tianjin*(Bekeley,Los Angeles & London:University of California Press,1980),esp.P.61;Daniel H.Bays,*China Enters the Twentieth Chang Chih-tung and the Issue of a New Age*,1895-1909 (Ann Arbor:University of Michigan Press,1978),esp.P.4等。何氏观点见前揭文。
③ 即就本文所关注的练兵问题而言,练兵处虽是中央特设统筹全国练兵的中枢,实则与袁世凯私人机关无异,其部将王士珍的行状中说"其编定营制,厘定饷章,及军屯要扼,皆公(指王士珍——引者)及冯、段诸公主之,王大臣画诺而已",见《碑传集补》,卷末,尚秉和:《德威上将军正定王公行状》。

络，①在很大程度上左右着新政机构的运行态势，而八省统捐所涉及的部分督抚显然处于其对立面，筹款练兵也就有复杂的政治和区域利益纠纷介乎其中，中央控制各省与各省谋求本地利益必会呈现出龃龉对峙的态势，诸类矛盾互为牵连，根因似可由上述事理中得以寻觅。

第三节　鸦片专卖与禁政决断

1906年9月20日，清廷发布了禁烟上谕，决心以禁政推动新政。决定实行禁政的原因，过往论者强调舆论吁请对清廷幡然变计的作用，但鸦片税厘却系各项新政事业的重要财源，无论是中枢机构的户部、练兵处，还是各省督抚，却没有梗阻这一决断。练兵与新政需款在在孔亟，禁政推行的财政风险是中央决断禁烟时必须考虑的重要问题，鸦片专卖便是中央与地方官员筹划解决这一难题的要策，决定禁烟的要因亦可从中得以窥见。

---

① 黄华：《纪江春霖》，载《国闻周报》第13卷第35期，1936年9月。该文透露，江春霖参袁世凯的奏折中，对袁世凯交通权贵，援结朋党的内情均有揭露，他称袁世凯"前后保举内外大员，如民政部侍郎赵秉钧、农工商部侍郎杨士琦、外务部侍郎梁敦彦、右丞梁如浩、大理院正卿定成、顺天府伊凌福彭、直督杨士骧、吉抚陈昭常、皖抚朱家宝等，皆执贽称门生，为引进私属之罪；东三省总督徐世昌为谱兄，江督端方为契友，赣抚冯汝骙为亲家，鲁抚袁树勋为宗姓，豫抚吴重熹为世交，为纠结疆臣之罪；北洋新军为直省冠，世凯既入军机，引起门生杨士骧代为直督，诸事不得自专，悉皆受其节制，为遥执兵柄之罪"等。

一、借镜域外

庚子之前,鸦片专卖方案已经有人鼓吹,1904年之后中央内部、各省督抚甚至民间人士均有言论刊布,声势由小到大,至1906年禁政上谕发布前,鸦片专卖已经最大限度地引起朝野各派关注。鸦片专卖之风兴起后,国人对域外专卖经验和做法时加关注,了解的侧重点不同,对域外专卖做法也就各有取舍。总而言之,中国香港模式、中国台湾模式和印度模式均对各省的专卖思路产生影响。

禁政之前朝野讨论鸦片专卖时多是针对外来鸦片,土药专卖虽有措意,但不占主体。19世纪80年代,中英《烟台条约续增专条》签订之前,李鸿章派马建忠赴印度调查鸦片问题并谋求解决方案,各种专卖方案频频出现,最终以洋药税厘并征方案取而代之。[①]进入90年代,驻外使臣薛福成对国外的鸦片专卖加以注意,并向国内作过介绍。[②]1892年民间有人也主张实行专卖管理,宋恕曾提出"官烟"计策,他说,"鸦片目前难以禁绝,宜暂立官烟局。民欲开张烟馆者,令其到局计灯报捐,由局给帖开张。于帖内填明灯数,开张后按灯收月捐"[③],这一建议已经看到土药税收的财政价值。甲午战后,各省对土药税厘整顿过程中,专卖议论再度出现,1897年台湾日据时期的鸦片专卖甫经实施,即被各省媒介所关注,

---

① 吴汝纶编:《李文忠公(鸿章)全集》,第1281—1282、3137—3142、3155、3293等各页,《丛刊》续编,第70辑;李圭:《鸦片事略》,第74—79各页。
② 薛福成:《出使英法义比四国日记》,岳麓书社1985年,第404、896各页。
③ 宋恕:《六字课斋卑议(初稿)》,变通篇,《官烟章第二十七》,见胡珠生编:《宋恕集》上册,中华书局1993年,第28页。

专卖章程也被登出并转载宣示。①一年后,在户部筹措赔款的讨论中,黑龙江副都统景祺对土药和洋药的税厘整顿计划提出自己的看法,建议户部在全国范围内,仿照食盐引地制度,实行专卖管理,藉以筹措巨款。②世事纷纭,各省皆有不同的经略,专卖一说暂被搁置。

庚子年以后,不但中央和各省加大对鸦片利益的追求,外人也插手国内的鸦片专卖,希图牟利。法国派员运动于京师要员、两江和湖广总督,要求将内地十八个省的鸦片专卖权交由法人经理,获利均分,中国每年可得2000万两,有裨于赔款,张之洞等地方督抚予以拒绝。③鉴于鸦片专卖的巨大效益,刘坤一与张之洞拟定的《江楚会奏变法三折》中,将"官收洋药"列入采择西法的范围,认为别的筹款举措皆属零星罗掘,惟此法最为显效,"此事任重款巨,而其事甚简",建议清廷简派大员速行实施。④此事久未实行,度支部后来解释说:"查东西各国凡消费品多由公家专卖之法,盖专卖者即加税之极端办法也。前江鄂督臣会奏变法条陈,即有官收洋药之说,特以造端宏大,急切难得办法。"⑤实际情况并

---

① 《台湾禁烟章程》,共计14条款,总督向外发布的时间是明治30年2月30日,国内首由《福报》刊出,后又被《集成报》转载,见《集成报》第4册,1897年6月4日,影印本,第190—192页。
② 《户部议覆请征铺税药牙折》,《集成报》第30册,1898年4月5日,影印本,第1680—1776页。
③ 《致军机处、外务部、户部、保定袁制台、江宁刘制台》,《张文襄公(之洞)全集》,第5780—5781页。
④ 刘坤一、张之洞撰:《江楚会奏变法三折》,《丛刊》续编,第471号,第175—181页。
⑤ 《度支部奏统筹禁烟事宜及土药税仍旧办理折》,《东方杂志》第4年第2期,"内务",1907年4月7日,第46—48页。

非如此简单，对英交涉极不顺利是一个主要的原因。1902年中英举行商约谈判期间，中方提出由中国官方全权购买进口印度洋药，归官专卖，但未能达成协议。①中英双方磋商期间，德国瑞记洋行的兰格又来京师和各省要员中活动，旨在获得国内鸦片专卖的主办权，并不惜血本报效中国一百万两白银，而且许诺借给中国数千万两白银以作开办经费。张之洞速将此事电知军机处等，提醒要警惕外人揽办中国财政。②自此以后，专卖议论亦入沉寂。

  日俄战争前后，专卖问题再度兴盛。有关言论首先强调对域外经验进行调查，借镜西法，以便更有效地加以整顿。20世纪初年国内兴复海军呼声甚高，朝臣权贵外出游历时，除了对舰船器械加以考察以外，海军经费的筹措亦不得不注意。经费需数量十分庞大，如何罗致确实犯难。1904年贝子溥伦考察南洋诸岛时，对新加坡、中国香港地区鸦片专卖的成效甚感兴趣，对内地鸦片税收现状极为不满。朝臣权贵归来后，极欲以西法整顿洋土药税收，以筹措海军经费，鸦片专卖便是其条陈中最重要的建议，揆其大要约有三端：

1. 清其源之法

  洋药进口应请与英国政府商定，改由官办，在新加坡设立局所，限以担数，有减无增。香港左右之海口严查私贩，则内地土药虽严禁重征而不为虐。

2. 截其流之法

---

① 英国驻华使馆参赞黎枝："报告中国禁烟事宜说帖"，录自"英国蓝皮书（为中国禁烟事）"，《外交报》第228期，1908年11月28日。
② 《致军机处、外务部、户部、保定袁制台、江宁刘制台》，《张文襄公（之洞）全集》，第5780—5782页；《致京袁制台、江宁刘制台》，同上书，第12825—12826页。

各省土药改由各省采买,设立公司,商民不得私贩私熬,其有辗转贩卖,准由公司购买粘贴印花。印花纸设于此,试办土药价值仍不得高于洋药。

3. 暂定权宜之法

各省查明土药出产实数,暂定土药专税,则一税收足任其所之,核定总收数目分摊各省,向收数目照数拨还,庶免偷漏侵渔之弊。①

三种方法中,前两种纯系专卖方式,第三种则是后来各省联办或中央控制的各省统捐模式。此奏动因在于羡慕西法之美备,收入之丰厚,"新加坡烟膏公司每月交税四十万元,中国香港烟膏公司每月交税十万元,实无流弊。若中国各省举办,当百倍于新加坡等埠"。溥伦所称香港等埠鸦片专卖收入极丰,诚不刊之论,但其数字多系约略之数,与英国官方的统计有较大差异。20世纪初期,港埠鸦片实行包税制,由广福、万福、振华等烟土公司承包,每届承包三年,其间每年的税额为一确定数目,1901年至1904年为一届,年收包税额75万元,但下一届的数额大幅度增长,达204万元,占香港岁入的29.5%。②难怪该折对香港的鸦片专卖成效推崇有加。该折奏上,内意如何反应不得而知,不久京师传出要设立膏捐总局的消息,有人主张在各省通商地面设立分卡,鸦片商人只有领取引票方可营业,此项收入中的一部分,用于拨解练兵经费。③估计此

---

① 《贝子溥奏敬陈管见上备采择折》,一档馆:总理练兵处档案。
② 英国殖民部档案:CO133,《香港蓝皮书》,20世纪初年各卷,转见石楠:《略论港英政府的鸦片专卖政策:1844—1941》,《近代史研究》1992年第6期。
③ 《京师议办膏捐总局》,《申报》1905年3月6日。

项建议与前述权贵的奏折有一定关系。此前，两广总督岑春煊曾关注香港的专卖成效，并试图在广东加以效仿，但由于英人阻挠，未能实行。①此后港府的鸦片经营方法和岁入情形渐为国内要员所侦知。从庚子至禁政推行之前，港英政府的税收统计中，鸦片岁入所占比重极为突出，且越来越高，此将英国殖民部的有关统计列表如下，以资观览：

表1-3 1900—1906年香港鸦片岁入比例表
单位：港元

年度	鸦片税入数量	占岁入总数之比例
1900年	372000	8.8%
1901年	687000	16.3%
1902年	750000	15.3%
1903年	750000	14.3%
1904年	1945000	28.6%
1905年	2040000	29.5%
1906年	2040000	29.0%

资料来源：CO133,《香港蓝皮书》，1900—1906年各卷，此据石楠前揭文列表整理。

在筹划鸦片专卖的高潮中，香港专卖模式及其巨大成效最先为各大员所瞩目，私下或公开派遣幕僚前往调查者不在少数。1906

---

① 《粤办膏捐》，《申报》1904年5月27日；《粤东谭屑》，《申报》1904年5月28日；《丹荔分香》，《申报》1904年7月10日；《粤垣杂志》，《申报》1904年7月16日。

年初某督抚建议外务部调查香港专卖章程，以便取法资照；①一个月后，英国驻华公使将香港专卖章程呈递外务部，并对此表示关心，②他向外务部传递了一个消极的信息：港英政府认为中国举办专卖难度太大，"香港总督之意，以中国举办洋药专卖一项颇难实行，盖地方太大，不若香港及台湾之区区小岛易于严防也"，这件事暗示英人对中国图谋专卖鸦片的不快。疆臣多知英人常生阻力，所以后来的调查多集中于中国台湾地区和印度，1905年前后筹划鸦片专卖时，各省督抚更加瞩目这两个主要区域。

台湾专卖办法受到重视，与日本官方对清廷大员的活动有关。早在1902年4月，日本驻沪总领事小田切万寿之助运动于张之洞等人，建议中国官收洋药实行专卖，并称日本商人在台湾有熬膏秘法，"一可掺药料，用土少出膏多，既可获利，亦可减瘾。如募用日工师当相助。但此事必与英商妥，如中国愿办，可趁此议商约之际，与之议添此一条，以为酬报，日本当助中国与英议之。此乃代我筹饷，劝中国官办，非日商揽办，既不揽权，亦不借款，如有成效，优给日工师薪水花红而已"。③清廷欲采其议，但英人遏阻，官收之说作罢。将近两年之后，日本驻华公使内田康哉又旧话重提，对内廷和户部进行游说，仍建议"议一筹款之法，援日本政府专卖烟草之例，将鸦片烟膏尽行收买，复由政府批发，不准民间私行运售"，④不久，清廷表示有意仿照日本之法举办专卖。⑤由此

---

① 《鸦片专卖将见实行》，《大公报》1906年2月15日。
② 《中英参酌洋药专卖章程》，《大公报》1906年3月15日。
③ 《致江宁刘制台》，《张文襄公（之洞）全集》，第12855—12856页。
④ 《日公使提议鸦片专卖》，《申报》1905年4月16日。
⑤ 《阿片烟膏拟归政府专卖》，《申报》1905年5月8日。

台湾专卖之方法和成效自然成为朝野关注的问题。

借镜台湾专卖经验，直隶总督袁世凯比较热心，属僚唐绍仪、梁士诒自印度谈判藏约归国后又极力进言，①所以袁氏更有抱负，极欲尝试此事，他对唐绍仪的建议反应颇佳，认为："事故应为，但恐朝贵以为得罪外人，不肯为耳。今仗子三寸不烂之舌，先从外交上着手，予当与燕孙商定，分函各朝贵，力促成之。"②在京师内外运动各枢臣要员，并谋求对英交涉有所突破，此为袁氏筹划之一；派员赴台考察专卖事宜系其筹划之二。1905年8月袁世凯委派陈晓庵前往台湾调查日本殖民当局官卖烟膏章程，意欲取法办理。③

日本在台湾专卖的成效是督抚大员极欲侦知的重要问题。按：成效评估厥有两端：即控制吸食的成效和专卖收益的大小。台湾是清末吸食鸦片风气较盛的地区，④根据日本人1895年2月对台湾鹿港13家鸦片烟馆的调查，烟民每日平均消费金额为日金六钱，⑤就旅馆来说，如将宿费计入，鸦片吸食的总费用占日均工资的37.5%至45.11%。⑥看来台湾鸦片之害确实严重，日本在台推行鸦片专卖以后，吸烟人口的比例即有不同幅度的下降，列表如下：

---

① 岑学吕：《三水梁燕孙（士诒）先生年谱》（上），台湾文海出版社，第56页。
② 同上。
③ 《袁督委员查台湾官卖烟膏章程》，《申报》1905年8月14日。
④ 伊能嘉柜：《台湾文化志》（中卷），中译本，台湾省文献委员会1991年，第162页。
⑤ 陈其南：《台湾的传统中国社会》，允晨文化1987年，第242—243页，此转见王良行著：《近代中国对外贸易史论集》，知书房1997年版，第286页。
⑥ 陈其南：《台湾的传统中国社会》，允晨文化1987年，第242—243页。

表1-4 台湾鸦片专卖之后吸烟人数比例变动表

单位：人

年代	烟民人数	烟民占总人口的比例
1897年	5097	1.90%
1898年	95449	3.70%
1900年	173394	6.32%
1901年	164915	5.83%
1902年	180859	6.23%
1903年	142741	4.88%
1904年	148479	4.99%
1905年	144201	4.62%
1906年	130615	4.14%

资料来源：1897—1898年，采自周宪文：《日据时代台湾鸦片史》，《台湾经济史十集》，第140页，台湾银行1966年；1900—1906年，采自台湾省"行政长官"公署统计室编：《台湾省五十一年来统计提要》，第1374页，中国台湾"行政长官"公署统计室1946年。

上述数字显示，专卖制度对减少吸烟者数量有缓慢的制约作用，能够保证吸烟人口的数字不再增多。各省派遣调查的人员以及外人等对台湾此项成效的评价各有区别，数字亦不相同，多数人对此表示认可和肯定。有报纸评论说："其法系将外洋所有进口洋药尽行归官收买，有官设局制造烟膏，转卖于民，无瘾者不许贩食，于是旧瘾渐除，新染者渐绝……此法行之数年，已减去吸烟之人四万二千三百七十九名矣"[①]；报界还有人反对当时正在筹备的八

---

① 《袁督委员查台湾官卖烟膏章程》，《申报》1905年8月14日。

省统捐，呼吁实行台湾的专卖办法，认为前者纯粹属于筹款之法，而后者则是禁烟与筹款并举的办法。①鸦片专卖风气鹊起后，报刊社论专门就此表态，基本上肯定的言论占多数。

专卖风潮使当时出现了新的禁烟气象，"自鸦片归政府专卖之说起，于是吸烟者亟谋所以戒除之道，友朋亲戚互相劝喻，或立社以资提倡，或著论以广劝戒。事会所乘，似不难藉此以渐除烟毒"②。美国亦有媒介给予褒评："迄于今日已及七载，禁烟之成效渐有可观……吾知二十年内，日本之新领土烟毒可以尽除，然则逐渐禁烟之合宜亦可见矣。"③反对和怀疑的声音相对较小，以教会为背景的《万国公报》对各省督抚意图仿效台湾专卖法极力批评，关于台湾以专卖方法推行禁烟的成效，该报评论说，"烟既归官，彼官将以为利薮，果能严行约束弊绝风清乎？即政府骤得一项进款，迟之又久，且将恃烟税为岁入大宗，而禁绝之反有不便矣。故日本之治台湾，其专卖章程施行已数年，而吸烟人数之多如故"④。《东方杂志》亦有社论对朝野致力于台湾专卖一法，以此解决国内鸦片问题表示怀疑，认为专卖受诸多条件的限制，内地与台湾一岛情形不同，不可盲目照搬，"涤此数百年积染之污垢，决非但仿区区台湾限制之法即可有效"⑤。同是内地言论，对仿行台湾专卖之法进行禁烟的评价却大相径庭。相对来说，八省土膏统捐

---

① 《论八省土膏统捐事》，《申报》1905年4月19日。
② 《戒烟说》，《申报》1906年3月23日。
③ 《论日本在台湾禁烟事》，《拿呼美报》1909年2月，《外交报》第241期，1909年5月14日。
④ 《论鸦片为中国之大害》，《万国公报》第207册，1906年4月。
⑤ 本社撰稿：《禁烟私议》，《东方杂志》第3年第4期，1906年5月18日。

大臣柯逢时的态度颇可玩味，朝野对洋药专卖一事推崇备至，柯逢时反而主张与英国谈判增加洋药税率，以解决鸦片问题。[1]这一建议未见下文，估计是不了了之。可以看出，柯氏的看法悖逆于专卖潮流，彰显自我的意图较为明显。

鸦片专卖的收入效益是督抚大员更为看重的问题。台湾专卖的成效比较可观，袁世凯派出大员赴台考察之后，内地有影响的报纸随后就有统计说，"日人行此法于台湾，自戊戌年至壬寅年，共得利五百七十七万四千三百四十三元，在国家既获大利，而民间吸烟之人又历年递减，即可以几于减绝，诚为善法"[2]。从美国报界后来的报道中，亦可概见台湾鸦片专卖之巨大效益，1903年获利300万日元。[3]区区台湾一岛即可获此大利，内地若举办专卖，当十几倍于台湾。所以，不待日人相邀，封疆大吏与京师权贵即趋之若鹜。直隶派遣大员赴台不久，台湾人王石鹏以日本在台湾专卖章程为蓝本，参以己意，拟成有关章程呈递给袁世凯，以备在大陆境内采择实施。[4]其内容共有五章，分别包括：（一）洋药及土膏；（二）官局及大小贩卖馆；（三）制膏及吸食；（四）杂则；（五）违犯罚则。[5]此项章程规制尚算完备，基本可以付诸实施。经过数月酝酿，袁世凯确定了鸦片专卖的方法和原则，宗旨是"近

---

[1] 《柯逢时奏报与英外交部商办洋药税政事宜折》，一档馆：军机处录副，"外交类·中英"，胶卷编号2，案卷号186。
[2] 《袁督委员查台湾官卖烟膏章程》，《申报》1905年8月14日。
[3] 《论日本在台湾禁烟事》，《外交报》第241期，1909年5月14日。
[4] 《袁督委员查台湾官卖烟膏章程》，《申报》1905年8月14日。
[5] 《王石鹏参考台湾专卖烟膏章程》，《申报》1905年10月2、3日。

可以抽大宗之膏捐,远可以为自强之基础"①。

除了袁世凯对台湾专卖情有独钟,两广总督岑春煊亦颇感兴趣,由于粤省财政支绌异常,学堂和警政在在需款,相比之下,台湾专卖鸦片的收益也就极具诱惑力,《字林西报》传来的消息说,"粤督现在查得台湾政府行鸦片专卖法,为岁入一大宗;并查得台湾警察办理此事成效卓著,甚堪信用,因思两广亦即可以鸦片岁入之款兴办警察"②,于是,岑春煊选派广东法政学堂教务长前赴台湾考察鸦片专卖和警政事宜。

尽管出洋游历考察是清末一大景观,但如此重视考察境外鸦片专卖实属罕见。除香港、台湾外,下一个考察对象是印度的鸦片专卖经验。两江总督周馥和直隶总督袁世凯策划实施了这一计划。此事缘起,据报界称,以土抵洋是一个重要的因素:"中国各省虽有本土,而畅场曾不逮印土十之三,坐失大宗利权,何以处商业竞争之世界?"两江督辕所设商务局官员刘聚卿特意协商南洋顾问官赖勿洛,然后协同精于"西学"的人员两名,前往印度寻求鸦片制造之法。③考察人员乘法国公司轮船沿香港、新加坡一线,向印度进发。派遣郑世璜(浙江慈溪人)为总办,洋员赖勿洛(英国人),翻译沈鉴(江苏青浦人),文案陆浩(江苏常州人),此外尚有茶司茶工、仆从等。④仔细推敲,这一报道疑点不少,首先,此事非商务局人员所能决断,各省专卖呼声甚嚣尘上,周馥不能不加意讲

---

① 《札知议除烟毒》,《申报》1906年2月3日。
② 《粤督派员赴台湾考察鸦片、警察》,《申报》1906年8月23日;《粤督拟以鸦片岁入办理警察之传闻》,《申报》1906年8月30日。
③ 《派员赴印度研究制土制茶》,《申报》1905年5月10日。
④ 《两江委派茶土各员已过香港》,《申报》1905年6月12日。

求，①袁世凯与周馥为姻亲，结纳与交通甚勤，袁力主实行专卖，周的行动背后可能有袁；其次，考察人员赴印度取经制造茶土说法疑为掩饰，主要的目的在于调查印度鸦片专卖和征税做法。从郑世璜所上说帖内容来看，言种植之法内容极少，而谈论印度征税、拍卖以及国家从中收益的内容则极为全面②，周馥后来的奏陈也全都是印度的鸦片税则与拍卖情形。看来，此行招牌与事实颇难契合。

　　1904年赴印度谈判藏约问题的唐绍仪一行，也对英属印度的鸦片专卖问题进行了详细的调查。代表团中翰林院修撰梁士诒具体组织了这一行动。梁士诒年谱的撰者强调谱主本人的因素是这次调查印度鸦片专卖的主要原因，《年谱》说：梁士诒在经过家乡时，其弟有所嘱托，"兄在京供职，宦海升沉，自有定命，此可不论；今赴印度，想在印地有长时间耽搁。夫印度之为患我国者，厥为鸦片烟，望我兄驱除之，以救国人，此不世功业也"，于是梁士诒答应下来。③在印期间，梁士诒经常与唐绍仪商度此事，唐亦甚加赞许。年谱这一说法恐有不全，由于这次在印度对鸦片问题的调查，局面规宏，牵扯较多，若无上层示意，必不能圆满解释此事。在印期间，梁氏组织调查印度鸦片的种植、税则和收入等，不遗余力，"皆作成详细报告。大约每年印度政府收入鸦片烟税约四千万卢比

---

① 无标题，系一档馆所藏：政务处第2794号档，约计1905年11月份咨呈，附周馥奏片，该奏片称："欲知印度办法，非派专员切实考察不知详细。凡私家记载仅得崖略，《星轺日记》仍未详明，本署大臣于今年三月委派郑道世璜赴锡兰、印度考察茶叶，饬其并将印度洋药征税办法查明具报。"
② 外界所看到的郑世璜的说帖是刊于《东方杂志》第3年第2期上的"郑观察世璜上两江总督周条陈印锡种茶暨烟土税则事宜"，该文内容与周馥所上郑世璜的说帖内容并不一致，文字简略不同，有较大的差异。
③ 岑学吕：《三水梁燕孙（士诒）先生年谱》（上），第46页。

(每十五卢比合英金一镑)"①。1905年11月,唐绍仪等归国后,在袁世凯的授意下,梁士诒等四处运动,周馥是袁世凯的圈内人士,②自应首先获知有关唐绍仪的调查结果。两江总督周馥拟稿时也反映了唐绍仪等人的意见。按周馥奏陈所言,唐绍仪极力强调印度军费与鸦片税收的密切关系:

> 印度养陆军二十二万五千,其兵费半取于洋药地税、洋药出口税、制药官厂三处,专指此三项为练兵之款,总计近十年之数共得税(银)二百四十三兆两有奇。是以灭缅甸、侵滇边、倡联军,攻西藏,其蚕食中土之策皆印兵是赖。印度养兵之费,非英人养之也,吾国吸洋药者养之也。英人虑三岛不足以殖民,将以印度为立国之中心点,而以藏地、廓尔喀、缅甸、暹罗、巫来由、阿富汗为附庸,内顾中华,又注目于川黔两粤,即将洋药所赡之印兵为之前驱。③

周馥迫切强调专卖的重要性,并不仅仅依据鸦片税对印度军费的支撑作用,亦不单纯强调专卖的巨大效益,他还惋惜地回顾说,

---

① 岑学吕:《三水梁燕孙(士诒)先生年谱》(上),第51页。
② 周馥与袁世凯的不寻常关系,时人多有感知,郑孝胥即为其一,郑氏日记中有所记载"昨闻爱苍诵《南京百字诗》,曰:'昔日一科房,今朝督部堂。亲家袁世凯,恩主李鸿章。瞎子兼聋子,南洋属北洋。金陵旧游处,瓦石响叮当',吴人嘲周馥之作也",中国历史博物馆编,劳祖德整理:《郑孝胥日记》第2册,中华书局1993年,第1052页。
③ 无名称,一档馆:政务处第2794号档案。《申报》的消息尽管灵通,对上述鸦片税与印度军费的内容予以节录刊报,但却有张冠李戴之嫌,将唐绍仪的来函说成是郑世璜考察印度的结果,见《江督咨称洋药专卖》,《申报》1906年1月16日。

时至今日,各省土药税整顿远不奏效,后悔当初李鸿章与印度即将达成的专卖协议被朝臣所梗阻,"议已垂成,闻有人言,归官收买有失政体,议遂中辍,盖不知印度办法亦归官收买,若不归官收买,加税愈重,偷漏愈多"①。周馥将郑世璜和唐绍仪的考察结论一并咨呈,坚请政务处主持专卖之议。

几乎在同一时期,知识界及有关官员也注意到,美国对鸦片专卖也有自己的操作办法。1906年春天,由美国人主持制定的《菲律宾报告》被译成中文,刊于《字林星期周刊》②。这项关于鸦片专卖的文件是历经五个月的时间,调查了日本本土、日据时期的台湾地区、上海地区、香港地区以及西贡、缅甸、爪哇、新加坡和菲律宾群岛以后,由布伦特主教草拟的。布伦特总结说:"我们见到的唯一有效的法律是日本在其帝国本土和殖民地台湾的法律,我们可以仿照它的经验提出自己的建议。"③针对鸦片专卖的收益问题,文件制定者建议:"政府专卖的收入应遵循以下原则,即从鸦片所得收入不得超过与此有关的支出。其目的在于

---

① 政务处第2794号档案;王伯恭:《蜷庐笔记》,第26页,转见孔祥吉:《晚清佚闻丛考——以戊戌维新为中心》,巴蜀书社1998年,第130—131页。
② 托马斯·D.莱因斯:《改革、民族主义与国际主义:1900—1908年中国的禁烟运动与英美的影响》,《近代亚洲研究》1991年第25期,译文见中国社会科学院近代史研究所:《国外中国近代史研究》第25辑,第14页。《字林星期周刊》1905年4月14日,第88—89、104—106页;4月20日,第133—139页;4月28日,第193—195、211—212页;5月5日,第243—244页;5月12日,第295页;5月26日,第374—375、402—403页。
③ 布伦特1904年2月6日致塔夫脱,BP,container6,转见戴维·F.马斯托著,周云译:《美国禁毒史:麻醉品控制的由来》,北京大学出版社1999年,第37页。

控制、抑制和鸦片的使用和贸易,而不是敛财。"①该项报告总的精神是制定三年的鸦片渐禁政策,三年期间美国政府实行专卖鸦片,三年后则完全禁止。这一规定既借鉴了日本在台湾的专卖模式,又有所区别,即将禁绝鸦片视为专卖制度的灵魂,而将税收规模限制在特定的范围之内,这一做法将美国与日本、法国等专卖制度区别开来。②随着美国对中国影响的加强,这一专卖模式在国内也有一定号召力。③自此以后,中央和各有关省份对鸦片专卖事宜就紧锣密鼓地筹备起来。

二、朝野推崇

清廷欲推行鸦片禁政难度较大。对英交涉尚无把握,此其一;官场历来因循故事,欺上瞒下,上下政令能否畅通亦未可料定,此其二;烟农和土商对抗禁政,各省能否应付自如,确难把握,此其三;禁政推行必将丧失过多的财源,筹备与抵补的能力如何,无法预料,此其四。禁政决断之前,此类难题不可回避。尤其是中央、地方的新政经费与鸦片税厘密切相关,禁政决断尤难作出。

---

① 美国陆军部岛国事务局:《菲律宾鸦片调查委员会报告》,华盛顿特区:政府出版局1905年,第53页。转见托马斯·D.莱因斯前揭文,第13—14页。
② 就专卖收入来说,法国在越南等地实施的鸦片专卖收入颇丰,"惟鸦片一物为法政府之专卖品,故其饷源甚巨,一千九百零四年至一千九百零七年,所得鸦片税共六十七万二千四百镑,除开支外,尚余四十二万零四百镑",载《外交报汇编》,第92页;日本的情形亦不例外,"明治三十年度只有一百五十三万九千七百六十六元,到大正八年度,竟达六百九十四万七千三百二十二元。以后虽说逐渐减少,然而在大正十二年度也还有五百零二万二千八百零三元之多",刘光华:《殖民地财政政策的特殊性》,载国立中山大学法科社会科学论丛编辑委员会:《社会科学论丛》第2卷第8号,1929年6月15日出版。
③ 《美使愿助专卖鸦片》,《申报》1906年2月23日。

分年限期推行鸦片专卖能够巧妙地将上述难题一一化解，朝野自然积极推崇。

专卖收益庞大、财政赖以支持是朝野推崇的要因。庚子前后各类专卖方案陆续推出，对鸦片归官专卖的收益也就有各种不同的推求和估计。

庚子之前，清廷根据总税务司赫德的调查和建议，预计对土药税厘加强整顿后，能够获取的有效收入是2000万两；①民国初年，美国一家杂志对清廷每年鸦片税厘收入的总数曾有估计，"政府统共收入之鸦片税，连印度鸦片之进口税在内，约计自三千万金元至四千万金元"②。如上两种数字不可相混，前者系指土药税收入，后者则包括洋药税在内的一切鸦片税收入。1902年法国西贡税务司有人来华活动，并请法国驻华公使代为出面，要求包办中国鸦片专卖，所开出的代价是2000万两白银；德国瑞记洋行兰格也拼力争取此事，并开出巨额回报，志在必得。③刘坤一在与张之洞讨论官收洋药进行专卖时，担心亏本难行，建议缓议此事；张之洞则踌躇满志，认为先与英国议定，将来华洋药承包两年，"事甚活便，断无赔折之理，更无虑洋款难还矣"，极力强调此策十分重要，系筹款大策。④鸦片专卖的收益，《江楚会奏变法三折》中的推求较为详明，该项收益包括两个部分，一是成本和税厘，总计5000万两；二

---

① 《户部奏请在土药繁盛各处设立总局仿洋药税厘并征折》，朱寿朋编：《光绪朝东华录》第4册，第3963—3965页。
② 陈庭锐：《鸦片问题之结束》，译自美国《评论之评论》杂志，《大中华》第2卷第12期，1914年12月20日。
③ 《致军机处、外务部、户部、保定袁制台、江宁刘制台》，"致京袁制台、江宁刘制台"，《张文襄公全集》，第5780—5782、12825—12826页。
④ 《致江宁刘制台》，《张文襄公全集》，第12473—12474页。

是"二成加价"收入,"除税厘照数拨还海关外,计每年可得盈余一千万两"。开办专卖之初,必须筹银1000万两,分10年归还,还款期间,每年得银700万两,借款还清之后,"岁盈八百万两,洵为巨款"①。这仅仅是针对来华洋药的专卖收益,十几倍于洋药的土产鸦片尚未计算在内。

1904年贝子溥伦对鸦片专卖的利益亦有推测。他在列举新加坡鸦片专卖利益巨大的情形后说:"若中国各省举办,当百倍于新加坡等埠",按其所论,"新加坡烟膏公司每月交税四十万元",一年之内即有近500万元,照其"百倍"理论推算,中国每年则能够获得4亿至5亿元收益。②四个月后,日本驻华公使内田康哉建议户部收买鸦片烟膏,归官批发,"每一两征收费用二钱二分,约计每年可得一万万两,以供赔款及新政经费之用"③。对洋药实行专卖的收益计算,较为著名的是黄遵宪1896年前后所作的计算,黄氏去世后,其建议设官局以销售洋药的主张被《东方杂志》刊布,广为传播,影响巨大。其计算方法如下:

  由中国设立官局,凡洋药买卖统归于局,照通行卖价酌加一倍,以当课税。以百斤价五百两计,准六万担为则,初年可增税三千万两。以三十年通计,逐年减一分,共增税四十六千五百万两。初办十年应增税二十五千万又五百万两,中间十年应增税

---

① 刘坤一、张之洞撰:《江楚会奏变法三折》,第175—177页。
② 《贝子溥奏敬陈管见上备采择折》,一档馆:总理练兵处全宗。
③ 《日公使提议鸦片专卖》,《申报》1905年4月16日;《阿片烟膏拟归政府专卖》,《申报》1905年5月8日。

十五千万又五百万两,后十年应增税五千五百万两。①

看来仅洋药专卖一项的收益每年可达3000万两,土药产量十几倍于洋药,专卖的利益更不可限量。从京师到各省,朝野上下积极酝酿专卖一事,大有取代各省统捐的趋势。1905年5月初,清廷对日本公使的专卖建议就有善意回应,态度积极。②两江总督周馥对印度的专卖调查结束以后,掺以袁世凯、唐绍仪等人的意图,拟稿入奏,请求举办全国的专卖事宜。商部对此态度积极,初次对鸦片专卖表态是在1905年12月底,该部在向各省督抚咨商的事项中就有鸦片专卖的问题;中国驻墨西哥参赞梁询建议由中央收买洋土药,归官专卖。商部对这一建议极为支持,批示"洋烟流毒耗神损财,该参赞所著论议多有可采"③;在致各省督抚的咨文中,要求各省对收买洋土药一事进行筹备,并饬令各省州县切实办理土药收买的前期准备事项。④户部亦有良好的回应。此前,张之洞的幕员蒯光典曾建议户部尚书铁良,以日本的专卖经验来指导中国实行鸦片专卖,一为筹款良策,二为禁止鸦片之法,集成巨款后,可以拨归海陆军经费,亦可用于路矿建设。蒯氏称,鸦片专卖应当作为"直接专卖品",利益巨大。⑤这一说辞对铁良影响至大。铁良计划在年

---

① 《拟设官局以贩洋药议》(嘉应黄公度先生遗著),《东方杂志》第3年第9期,1906年10月12日。
② 《阿片烟膏拟归政府专卖》,《申报》1905年5月8日。
③ 《商部咨各省督抚文(为晓谕赴墨华工及官卖鸦片事)》,《申报》1905年12月28日。
④ 《商部为鸦片专卖事致各督抚电》,《申报》1906年2月11日。
⑤ 蒯光典著:《金粟斋遗集》,第302、304页,《丛刊》正编,第304号。

底以前将专卖章程定妥，明年（1906）春天开办。①两江总督既看直隶举动，又探测湖北底细，②声气应求之中，有关省份开始步入运作阶段。

  影响禁政决断的因素中，鸦片专卖收益巨大仅仅是一个方面。此外，尚有两个非常关键的因素，对禁烟上谕的制定起了决定性的作用，这就是户部奏折与驻英使臣汪大燮的筹划，两者交相影响，各有不同的作用。

  1906年初户部提出"分年禁烟"的计划，其宗旨是"以榷烟为禁烟"，该部解释说："与其求征税之方，税仍不旺，不如行禁烟之策，害可永除。况乎不言征而税实征于无形之中，民之蒙其利者犹或俟诸异时，国之收其利者不啻得之今日"，此项宗旨尽管未能确定禁烟的具体期限，但毕竟提出了禁烟的问题。③户部此折的背景较为复杂，赵尔巽甫任尚书，即与湖广总督张之洞探讨全国办理土药统捐的问题，张氏持消极态度④，通国办理之议不得不作罢；此前，出使意大利大臣许珏奏陈该国榷烟大略，请求中央先将国内土药试办专卖；袁世凯也奏请中央饬令户部筹议整顿鸦片膏税。两折奏上，内廷谕令户部筹议，故有此奏。这一奏折实质上仍是追逐鸦片利益，但手法有别于前。其核心的部分仍是推行国家垄断、官膏专卖的计策。

---

① 《奏请开办官膏》，《大公报》1906年1月5日。
② 《南省鸦片官卖先声》，《申报》1906年2月1日；《江督拟实行鸦片专卖法》，《大公报》1906年2月20日。
③ 《户部奏洋药土药害人耗财拟严定分年禁法画一办法折》，《东方杂志》第2年第2期，1905年3月30日；《政艺通报》，"光绪乙巳"，第8—11页。
④ 《致京户部赵尚书》，《张之洞全集》，第9194页。

禁烟必有财政风险，户部非不知之。既可化解风险，又能禁绝鸦片者，只有专卖一法。在规定的年限内，①由此法所获得的收益当然十分巨大，户部计算的结果非常诱人："臣尝考内地种烟之地，约计五六十万顷，产土近四百万石。每担售银近五百两，照二成收取，每担近百两。合四百万石计之，抽银近四万万两。就令收成不及分，抑或药料充数，臣且折半计算，岁入亦近二万万两。即再减半，亦一万万两。"如此巨大收益，用于新政、偿款，等到大局渐定之后，禁烟方能无后顾之忧。禁政的财政风险即藉此化掉，一举两得。当然，赵尔巽拟稿时，亦充分考虑了各省督抚的立场，特意解释此举对各省并无窒碍，反而有益，诸如款项回笼时间提前、充纳之数较旧时提增多、户部可以明确知晓各省的亏款之数并给予划拨等等。并且，此等妙计出台，正遇上朝野对鸦片专卖推崇有加，加之日本公使的倡言，内廷自然乐得从事。

三、禁政谕旨发布的内外因检讨

清末鸦片禁政是一个与新政改革相因应的重要问题，禁政所涉及之诸问题多与时局变迁、以至中外关系的流变甚且相关，尤其是1906年9月20日枢垣上层进行禁烟决策并发布禁政谕旨的导因问题，与内政、外交均有兼涉，更具典型。上推近贤，下迄今人，承学之士于此多有精当著述。无庸讳言，禁政决断之远因近因与决断牵制因素的讨论，其中的故实认定和考证均不应含混。但既存中外

---

① 此折并未明确地确定禁烟的年限，只是有模糊不定的说法，"数十年后，内地无复吸烟之人，而洋药土药自然禁绝"，这一期限的说法与次年八月清廷确定的"定以十年为限"截然不同。

著述中，就禁政谕旨的缘起与导因的判断而言，许多关键环节的讨论似有疑问，揆诸史料，咫尺之间的物事犹易传讹，含混记述与误作判断之处在在皆有，恐不足征信。此处仅就1906年9月禁烟谕旨的直接起因问题试作梳理，欲求尽量还原历史之真象，在尊重前人研究的基础上，着重就几个语焉不详或判断有误的关键问题进行了梳理和分析：

一是唐绍仪对9月20日禁烟上谕发布的影响和作用问题应作如何评价。该问题的提出缘于西方学者多肯定唐氏对上谕制定的直接影响。本文则从唐绍仪1905年初赴印度谈判至1906年9月20日上谕发布前的主要外交活动问题入手，考证此间鸦片政策的变动情况，进而认定唐绍仪与禁烟上谕的制定和发布并无直接的关联。

二是汪大燮6月初禁烟奏折问题的讨论。论者多肯定汪折对上谕发布的直接影响，但在英国政府并未就改变对华鸦片政策向中国主动作出保证的前提下，清廷却"单方面"作出了禁烟的决定，就以往历史来说，这是一种反常的举动。清廷对国内媒介关于英国议会禁烟的信息与对汪大燮传递的禁烟信息做了不同的处理，本文据时人函札材料等旁证了汪氏兄弟（汪康年和汪大燮）与对禁烟决策起决定性影响的军机大臣兼外务部尚书瞿鸿禨的非常交往关系，并试图推测这种非常交往关系对枢廷接纳汪折所起的关键作用。

三是讨论美国传教士杜布西（H.C.Dubose）等人的联名请求对禁烟上谕的影响问题。过往论者多主张杜布西等人的上书直接对禁政决策产生影响。本书据当时媒介的有关报道以及清外务部的有关答复，对学术界流行的这种判断作了否定的考证，从而认定杜布西等人的联合上书并未对禁烟上谕的制定产生直接影响。

1906年9月之前，鸦片禁政活动即已推展多次，但终因未具规模，或虎头蛇尾而未成正果。究其原因，除了英国鸦片政策的负面牵制以外，财税饷项上的过分依赖是一个主导性因素，各地新政事项之推行，更强调了对鸦片税厘难以舍弃的粘连状态。从中央到地方，或明或暗地贯彻"寓禁于征"的所谓禁烟政策，于恩德在其《中国禁烟法令变迁史》中仔细考察了当时的禁烟法令和各地的实践，据此认为，鸦片为害甚巨的主要原因在于鸦片弛禁与抽税政策。洋药、土药重抽税厘，开始尚有寓禁于征的本来意味，但其后则变本加厉，直以鸦片作摇钱树，禁烟初衷早已抛诸脑后，为了最大限度地聚敛财富，从而别立种种税名，滥抽民财。[①]即便是在清廷作出禁绝鸦片政策的前夕，1905年户部在有关奏折中虽下决心禁止鸦片，但种因相陈，此折主旨仍对有利可图的鸦片税源恋恋不舍，其禁烟方针的大意是，欲禁洋药，当先自禁土药，请求采熬膏由官专卖，以达到减少土药数量的目的。根据筹划，专卖局在此交易中，凡土药售银一两，局中提取二钱二分，以二钱解司库，以二分充局用。所谓"寓禁于征"的真实意图从其奏疏中可窥见一斑：

　　　　国家既得此大宗款项，举新政，偿债金。数年之后大局渐定，用款渐少。于斯时也，分年酌减种地亩数，设熬膏局，以握准吸准买之权，不准商民干预。初并不收膏捐，但令吸食者先买票，彼少壮无瘾之人不准买。若无瘾而买票，则与有瘾不买票者

---

① 于恩德：《中国禁烟法令变迁史》，台湾文海出版社1973年，第108页。

同科以重罚。罚重而人不敢犯，故十年后内地无复吸烟之人，而洋药、土药自然禁绝……与其求征税之方仍不旺，不如行禁烟之策，害可永除。况乎不言征，而税实征于无形之中，民之蒙其利者犹或视诸异时，国之收其利者不啻得之今日。①

递降而论，类似的言论在外省督抚和幕僚中迭见不鲜。西人所办的《时报》对袁世凯酝酿中的鸦片专卖计划作了透露："北洋大臣已议定鸦片专卖之法，拟从英国购买制造鸦片绝大机器，其价额百四十万元，计此等机力每日能造鸦片烟三万斤，按目下计划实行专卖法，则每年可得一亿元，此亦国家之一大利源也。"②至禁烟上谕发布的前一个月，郑孝胥犹向端方进言鸦片专卖之策，"余为午桥言制械之急，可议官包进口洋药，而加抽土药税，既为禁吸烟之预备，十年之内，所得足资制械之用矣。申言其理致，举座皆然

---

① 这份奏折为文周纳，颇费安排，开始部分反鸦片的意味极浓烈，"窃自洋药之毒已深，土药之禁已弛，始图抵制，终至泛滥。内而年增数千万无形之惰废，外而年铄数千百万立罄之膏脂，国计民生两受其害。故中西智士咸谓中国欲为自强计，为致富计，均非禁烟不可"，"与其求征税之方仍不旺，不如行禁烟之策，害可永除"；奏折中有一句话当为关键，即"一禁则百难毕集"，可供选择的方案自为推行"寓禁于征"，不过折中已改为"官膏专卖"。见《户部奏洋药土药害人耗财拟严定分年禁法划一办法折》，"内务"，《东方杂志》第2年第2期。
② 《时报》1906年3月21日。国内的媒介比《时报》更早地关注到此一问题，但在报道时，碍于时流，不得不作了巧妙的处理，"据西报云：某省因创办洋药专卖事宜，已由英国定造烧膏机器一具，价值更计四十万元。闻此种机器每日可出烟膏三十万斤"，见《实行洋药专卖之先声》，《大公报》1906年3月18日。

之"①。鼎革之际，近贤吁请变革时局，新政之见灿然具陈，而举百端大政无不需资，晚清的工商发展滞缓，鸦片重税征禁之思路种因悠久，故导致新政经费罗掘的方法也易涉雷同，鸦片问题遂呈禁与不禁的吊诡之态。

1906年为朝廷推行新政改革的关键年代，百废待举，需款孔殷，作为朝廷财政中枢的户部与各省的财政机构均被各种新政要项所困扰，腾挪挹注，捉襟见肘。恰在此时，朝廷作出了反鸦片问题的重大决策，显然已将禁烟运动纳入新政改革的框架之内，它意味着枢廷上层已下决心逐步地放弃鸦片税厘这一不可或缺的财政支柱。无论从朝廷的鸦片政策史角度，抑或是晚清的财政史方面，这个谕令的宣布均可视作重大的政策性的转轨——以至于英国驻华公使朱尔典倍感吃惊，认为这无异于"自杀"政策。②

"鸦片问题"是中英之间在近代国际贸易问题上的产物，一端是拼力抵制鸦片的中国，另一端则是策划、支持和纵容对华鸦片贸

---

① 中国历史博物馆编，劳祖德整理：《郑孝胥日记》（第2册），（北京）中华书局1993年，第1051页。1909年2月的上海万国禁烟会上，郑孝胥为中国首席会议代表端方拟定的演说词，又将鸦片专卖问题视为会议讨论的主要议题，"然禁烟而不专卖，则人数无可调查，即政令权力无可设施"，《中国代表端午帅演说词》，《申报》1909年2月2日。
② 《申报》1906年9月23日报道了朝廷于20日发布的禁烟上谕："自鸦片烟弛禁以来，流毒几遍中国，吸食之人废时、失业、病身、败家。数十年来日形贫弱，实由于此，言之可为痛恨。今朝廷锐意图强，亟应申儆国人咸知振拔，俾祛沈（沉）痼而导康和，著定限十年以内将洋土药之害一律割除净尽。"该上谕发布10天以后，驻华英使朱尔典以惊讶的心态评价该政策变化："数年以来，中政府方欲搜此（指鸦片税饷）以归中央，盖或为朝廷所用，或为地方要需（如修浚上海浦江之类），或还各省所举之债。现今中国国帑即已如此，一旦实行禁烟，必至财力不济，较之印度政府之弃其饷源实有过之。况山、陕、川、滇四省，固以盛植罂粟为农业，一旦禁之，有不异常掣肘也！"见《驻华英使朱尔典致英外部大臣葛雷公文》，《外交报》第223期，1908年10月9日，该文1906年9月30日发自北京。

易的英国,作为全球贸易的主要媒介,鸦片对英属印度和英国本土具有战略性和全局性意义[①],他们历来曲意维护这一贸易,两次鸦片战争、鸦片经济的膨胀等皆起因于此,朝廷过去推行鸦片禁绝和弛禁政策的交替轮回,主要的原因也在于此。据此可以判断,1906年9月朝廷决定推行禁政的直接导因,除了国内吁求改革的道德、舆论压力之外,另一端的英国鸦片政策的调整当属要因。在这一基本的逻辑判断上,中外鸦片史专家没有太多分歧。但在具体还原历史真相的过程中,西方史学界与国内学者的观点却大相径庭。

---

① 关于鸦片的重要地位,有学者作了这样的描述:英国人在中国发现了吸鸦片的陋习,马上在印度大量种植,以印度鸦片换取中国茶叶和白银,茶叶运至北美售得高价。19世纪英国人搞工业革命,开出汇票到已独立的美国买棉花,美国人则凭藉英国汇票到中国买茶叶,中国人然后以汇票购食鸦片,不够则以白银补足;英国人以中国白银买到生丝,用不完的白银则又运回印度铸造银币,丝茶运回欧洲发大财。这是澳洲学者黄宇和先生描述的英国鸦片的"妙用"。参见澳大利亚悉尼大学黄宇和教授未刊稿:《全球一体化旋风中的近代中国:从叶名琛档案谈起》。在英国鸦片政策改革之前,单就对印度饷源而论,鸦片的"妙用"仍不逊色,根据英国《斯丹达报》1906年10月29日对鸦片与印度财政关系所供资料,举证如下表:

1899—1906年印土出口与印度所得饷额表
价值单位:镑

年代	1899年	1900年	1901年	1902年	1903年	1904年	1905年	1906年
出口	4750674	5649143	6303624	5681990	5344623	6980110	7082295	6314511
饷额	2220308	2670589	3312663	3240068	2846869	3506178	4050999	3590600

资料来源:《论中国禁烟》(译自英国1906年10月29日《斯丹达报》),《外交报》第167期,1907年1月18日。

职是之因,印度总督额尔金伯爵才声称:"英政府果为此举(令印度减种、减运鸦片——引者),是实侵犯个人之自由,舍弃浩大之军饷,而使谋利者不满于英廷,且印度之属英者,虽得禁止,印人之私有土地亦何不可私自营运耶?"(《外交报》第167期,1907年1月18日)

约略而论，对影响9月20日禁烟上谕直接有关的重大因素，过往研究者见仁见智，各自认定不同的根因。西方学者多强调晚清外交重臣唐绍仪在向慈禧转述英国鸦片政策变化中，对朝廷鸦片方针的更新起了决定性影响，且将这种行为的时间提前到1905年后期。① 其次，认定1906年5月末英国议会变更对华鸦片政策，从而导致了英政府对华发出了积极的改变以往鸦片政策的照会，且对此大加渲染，认为枢垣上层的决策赖其影响极大。② 几乎大部分鸦片问题著作均提到美国传教士杜布西等人的联合上书对朝廷禁烟决策的决定性或直接性影响，尽管各种表述的方式有差别。③ 部分学者肯定了清朝驻英国公使汪大燮上达政府奏折的直接影响，但对该奏折背后枢臣的决策等问题未加厘清，仅转述近人刘彦所著《中国近时外交史》中的断语："军机大臣瞿鸿禨以汪（大燮）驻伦敦，主张禁烟必有把握，遂议决"作为交代，含混表述尤为明显。平心而

---

① 托马斯·D.莱因斯：《改革、民族主义与国际主义：1900—1908年中国的禁烟运动与英美的影响》，该文载《近代亚洲研究》，1991年第25期。此结论依据之史料有四：即《近代中国史事日志》（下册），第1238页；唐绍仪：《在英国禁烟委员会上的演说》（1909年2月12日，伦敦），载《中国之友》第26号，1909年4月；《中国（第1号）1908年》，英外交部《有关西藏的进一步报道（第3号）》；玛格丽特·利姆《英国与印中鸦片贸易的终结（1905—1913）》（未刊伦敦大学博士论文1969年）。近人岑学吕编：《三水梁燕孙（士诒）先生年谱》在记叙1905年9月以后，谱主与唐绍仪的有关活动时，也多强调唐氏对朝廷决策的影响，见该书第56—57页。

② 马丁·布思：《鸦片史》，第179页。文中认为："1906年，在英国声明的促进下，中国皇帝宣布了一个律令，要求禁止吸食鸦片并关闭所有的烟馆"；民国时期的禁烟名士罗运炎在其《中国烟禁问题》（大明图书公司，1934年）也持此观点；蒋秋明、朱庆葆：《中国禁毒历程》引述罗运炎的材料同样坚持认为，英国政府在议会辩论之后立即给中国一个照会，影响中国的禁烟决策。

③ 这一点，在禁烟政策史和基督教传教士等问题的著述中尤为明显，于恩德所撰《中国禁烟法令变迁史》更具代表性。

论,以往之研究著述,已大体勾画了禁政决策前后的历史脉络,惟重要故实之认定与辨误确为必要,兹循序考证如下。

（一）唐绍仪作用的认定

如前所论,单独认定唐绍仪对清廷禁烟决策产生直接影响的学者主要来自西方国家。1991年美国学者托马斯·D.莱因斯在《近代亚洲研究》（Modern Asian Studies）第25期上发表《改革、民族主义与国际主义:1900—1908年中国的禁烟运动与英美的影响》一文,其中有如下断语：

清廷禁绝鸦片的决定显然是1905年9月以后才作出的,而且以唐绍仪的报告和请求为依据。1905年,唐绍仪在印度调查荣赫鹏西藏探险队的影响时,了解到英国可能同意停止其对华鸦片贸易。1905年9月16日,唐绍仪从加尔各答回国,向慈禧报告了英国对半个世纪以来的旧鸦片政策的惊人改变。但他同时指出,英国这个政策的转变将以中国停止种植和吸食鸦片的证据为前提。①

无庸讳言,该结论基本上是清末英国驻华公使朱尔典看法的翻版,②相对于禁烟上谕的发布,朱尔典来华任职的时间较为短促,且

---

① 译文见中国社会科学院近代史研究所：《国外中国近代史研究》,第25辑。这是其博士论文《1900—1937年中国与国际的鸦片政策：改革、税收和不平等条约的影响》（未刊,克莱尔蒙特研究院,1981年）中的一部分。
② 1906年9月20日清廷发布禁烟上谕,10天之后朱尔典就上谕问题向英国外务大臣葛雷作了第二次汇报,认定"此次宣播谕旨,实为侍郎绍仪所提议,唐在印度得闻鸦片详情,彼与印度财政员柏嘉及印度政府各员……印度部大臣马黎,近在下议院演说,足见其有意于此,意谓华人既求助于英,亟欲禁烟,而愿停运印度洋药也",见《驻英英使朱尔典致英外部大臣葛雷公文》（1906年9月30日自北京发,11月17日到）,《外交报》第223期,1908年10月9日。

一直与外务部侍郎唐绍仪交往，关系自来密切，①其他影响因素的消长互动为其忽略实属自然，仅在这一点上朱尔典的看法也不无偏至。

唐绍仪在1905年后关注鸦片问题，实与梁士诒有关。1904年10月清政府组成以唐绍仪为首的处理西藏问题的谈判班底，其中即有翰林院编修梁士诒。12月份梁士诒赴印度途经广东三水冈头乡里省视亲人，其弟梁士欣嘱其"今赴印度，想在印地有长时间耽搁。夫印度之为患我国者，厥为鸦片烟，望我兄驱除之，以救国人，此不世功业也"②。在印度谈判间隙，梁士诒"日感于五弟士欣临别赠言"，犹急谋驱绝鸦片之计，在唐绍仪的支持下，梁氏派人调查与鸦片有关的一切信息，"凡种烟地点、时期、割胶、制土、税则等，皆作成详细报告"，"先生既明内容，乃计划交涉，筹拟种种方略，以备回国后施行"，在返回国内途中及其以后一段时间，梁氏即与唐绍仪磋商，唐担心两点：一为对英交涉之难，一为枢臣之阻挠。梁即申论：

> 第一点，英国以印度烟土祸害中国，不惜在广州开战；此皆怡和、太古（Butter field&Swire）两洋行之中外人助成之，为英国政治上留永久污点。英国有识之士至今犹以为耻。然印度政府每年收入烟税不过四千万卢比。倘中英会议，能筹出一笔款项，以抵此款，外交上当无问题。至第二点，枢臣之是否赞助，不过因疆吏所管关税之收入，主张慎重。查自烟台修约后，印度烟土每

---

① 赵淑雍：《人往风微录》中认为"（唐绍仪）复去高丽，随袁世凯主持交涉，因与英使朱尔典为莫逆交"，见《古今》（半月刊）第19期，1943年3月。
② 岑学吕：《三水梁燕孙（士诒）先生年谱》（上）（以下称《年谱》），台湾文海出版社，第46页。

六百颗为一箱，每箱征税银一百一十两。为数亦属有限。只需有力者提倡而坚持耳。①

唐绍仪一时无法决断，即将希望寄予袁世凯②，回国以后游说于袁，袁即表示："事故应为，但恐朝贵以为得罪外人，不肯为耳。今仗子三寸不烂之舌，先从外交上着手，予当与燕孙商定，分函各朝贵，力促成之。"③在袁授意下，梁士诒"四处运动，事机渐熟"。在国内筹划期间，由于朝中百事乖弛，度支窘困，梁氏原来的思路在与枢臣结纳运动中随世俱变，原来"中英合议，筹出一笔款项，以抵此款"的计划渐为"鸦片官方专卖"计划所替代。按鸦片专卖的构想实导源于1901年《江楚会奏变法三折》，其第三折"采用西法十一条"中即主鸦片官局专卖。这一专卖计划在提出以后几年并未实行④，却以唐绍仪赴印度谈判为契机，大张旗鼓地推

---

① 《年谱》，第56页。
② 长期以来唐与袁的关系至为密切，关于两者之结纳情况，夏敬观研究后认为，"绍仪初游朝鲜，值袁世凯充商务督办兼理交涉事宜，一见契合"，"绍仪留美久，特娴习国际情势，赖袁世凯援引，一跃而位登卿贰，私恩最深"，见夏敬观：《唐绍仪传》，《国史馆馆刊》第1卷第2号，1948年3月；李恩涵先生也持同样的观点，见李恩涵：《唐绍仪与晚清外交》，"中研院"近代史研究所：《近代史研究所集刊》1973年第4期。
③ 《年谱》，第56页。
④ 刘坤一、张之洞：《江楚会奏变法三折》，《近代中国史料辑刊续编》第471号，台湾文海出版社，第175—181页。尽管1902年7月，法国和德国商人提出"请不论洋药、土药，概由商人熬膏发卖，获利均分"的诱人计划，且"谓每年中国可得两千余万，足敷赔款"，但张之洞以"虑其深入腹地扰民滋事"为由，未加允准；在此期间，日本驻上海总领事小田切万寿之助亦建言张之洞："官熬烟膏，可筹巨饷"，张同样未作首肯。可见，"官局烟膏专卖"自"江楚会奏"之后，中外朝野人士均甚看重，但亦仅限于思想和言论层次，并无见诸行动。见许同莘：《张文襄公年谱》，（上海）商务印书馆1946年，第156页。

展开来,尤以1906年1月份以袁世凯领衔,各省总督联名电请外务部,要求与英谈判,以扫除鸦片专卖的外部障碍这一事情为标志,这是当时坚拒鸦片的梁士诒折冲樽俎、"四处运动"的唯一结果,其背后的政策底蕴已暗暗改观,《大公报》和《万国公报》的报道即判然有别。《大公报》1906年2月1日在《中英议商烟土办法》的标题下作了如下报道:

> 闻各省总督联名电请外务部,拟于中国各省举办洋药专卖权,请即与英使开议,一面渐渐减少印度烟土进口之数目,一面限止本国种烟,仿日人在台湾举行之法,务使中国人吸烟之害于三十年内断绝。英国与中国睦谊既深,谅亦乐助中国以扫除此弊也。

《万国公报》的报道较晚一些,但与《大公报》的门径不尽一致,1906年4月份(第207册),该刊以《论鸦片为中国之大害》为论说标题,对该行动作了说明并作了切中肯綮的评论:

> 近闻北洋大臣袁慰帅联名呈请外务部,拟商诸英国,减少由印度进口鸦片。英国公使答以俟中国确有禁烟之凭证,如各处自种之土实已减少,则英国政府必可照办云云。可见外人疑中国之行此新章者(指鸦片专卖计划——引者),乃贸利之主义,非禁烟之主义也……今英国公使之为此言,正中国禁烟之绝大机会,此次之宗旨果出于利己之心与?抑出于爱民之心与?诚万国所同注目者也。

河山依然，门巷如故，鸦片专卖之策依然风行于枢廷上层，户部、商部、直隶、广东、江苏等中央、外省大员陆续筹谋鸦片专卖事宜，从而导致英国公使、各地领事与中方的外交纠纷，抗议照会往来不绝，迭见报端。①至于唐绍仪的作用问题，在1906年12月之前主要是主持和参与了几项重要的外事谈判，②并大获声誉，令政界侧目。梁氏在"四处运动"中，或许得到唐之鼎助，但恃外交襄助其后，从而解除枢廷禁政的困境。唐绍仪介入鸦片问题的正式谈判，应该不早于1906年10月份。媒介报道即为旁证，《申报》对唐绍仪的行踪就有所关注，其1906年12月25日的报道称：

> 署外部侍郎唐绍仪赴营口新民厅，与日本官员商议铁路各

---

① 此类纠纷和英国的抗议主要见诸各种媒介的报道，例如：《（户部）奏请开办官膏》，《大公报》1906年1月5日；《中英参酌洋药专卖章程》，《大公报》1906年3月15日；《实行洋药专卖之先声》，《大公报》1906年3月18日；《某国干预膏捐之纠葛》，《大公报》1906年3月19日；《电覆岑督膏牌费事》《（商部）咨查各省鸦片》，《大公报》1906年3月27日；《商务汇志》《外务部覆江督言鸦片专卖事》，《外交报》第136期，1906年3月25日等。时至1906年11月份《泰晤士报》仍对中国的鸦片专卖事宜耿耿于怀，见《西报对于中国禁烟之评论》，《申报》1906年11月25日。

② 唐绍仪署外务部侍郎（1905年11月16日）之后，毕力从事的外交谈判主要有：参与中日东三省善后会议谈判，约至12月29日前后；与俄使璞科第谈判东北善后问题，1906年1月23日开始，约至1907年8月；同时与英使萨道义谈判西藏问题，1906年4月初4日签约画押；2月25日至6月20日与法使谈判南昌教案问题；另外，1905冬与英使朱尔典、濮兰德议沪宁路管理权问题，至1907年3月时仍无具体协议；1906年7—9月与中英公司谈判广九铁路借款合同。如上谈判事项，见李恩涵前揭文。这些谈判，诚使其获誉非少，出使英国的汪大燮即至为佩服，"唐少川实当今外交最高等之人，有心思，有手段，不多见也"，见上海图书馆编：《汪康年师友书札》，（上海）上海古籍出版社1986年，第842页。另据近人刘彦在其《中国近时外交史》中认为，袁世凯以增大中央财源为主义，致使中英鸦片问题谈判失败。此为一说，史料不足，存疑。

事，已于本月十二号回京。不日将与英使开议减少印度鸦片进口，以及限制各省种植土药之法。①

台湾李恩涵先生在研究了唐绍仪与晚清外交问题后，也得出了类似的结论。②据如上考证可以认定，1905年9月16日自印度回国后，至1906年9月20日禁烟上谕发布，唐绍仪对上谕的影响并非是决定性和直接的。当然，近两个月以后，会议政务处拟定的禁烟章程则是唐氏直接参与和影响的结果，此后的对英鸦片问题谈判也赖其力甚大。

（二）汪大燮六月初奏折讨论

中外学术界对清末禁烟的原因均有所讨论，国内学者多强调汪大燮奏折的直接性影响，另有部分国内外学者则突出5月30日英议会辩论所导致的英国给中国发去的照会产生的影响，也有两种因素杂糅一处，含混表述者，未加厘清之判断在在皆有。恰好在禁烟上谕发布近一个月后，《申报》曾就上谕发布的原因专门作过报道：

> 朝廷前闻英国志士创议禁止鸦片烟，深嘉其用意之仁厚；驻

---

① 《申报》1906年11月18日在《美教士入都提倡禁烟善举》一文中，隐约也提到此事："外部侍郎唐绍仪拟派人赴各省普劝众人戒烟，并云，以后数年中国办理禁烟一事亟需有人设法相助也。"

② 李文认为："同年（指1906年——引者）九月廿一日，唐氏虽然转任为邮传部左侍郎，主管铁路与邮政等事，但仍兼署外务部右侍郎及会办税务大臣；并实际主持清廷禁绝鸦片流毒的计划"，"同时期内唐绍仪也极力敦促政府采取有效地禁绝鸦片流毒的措施。光绪卅二年十月十五日，上谕颁布唐氏草拟的禁烟章程十条，定期十年完成禁烟；先一日，外务部并以节略递交英使，请其合作。此后唐氏又奉命全权办理此事"，见李恩涵前揭文，第82、103—104页。

英汪使亦有电奏，力陈英之舆论均以禁烟为请，英政府亦甚韪其议。我国宜乘此时机，下诏禁烟，使多年痼疾一旦捐除，实为切要之图等语，故而特降上谕，严禁鸦片烟，并以十年为限云。①

此处有几点疑问，首先是该报道未提到意味着鸦片政策松动的英国政府照会——此照会被后来者广为引用，以证明它对禁烟上谕产生了影响；其次，报道尽管突出了汪大燮奏折的作用，但汪折所论同样未对英国政府的态度作出明确的说明（该报道中"政府亦甚韪其议"一语，意思显然，但未必是指英政府已经改弦更张，缘议会之讨论结果与政府之政策更迭当有距离），考虑到这一外交难题尚未解决，而它对清廷决策又具有决定性影响，这篇报道恰恰未对此作出说明。解释这些疑问，不得不集中在对汪大燮奏折的理解和枢臣对它的处理这一关键性问题上。

就国内信息的来源而言，与5月30日英国下议院鸦片问题辩论有关的不仅仅是汪大燮奏折一个渠道，在汪折尚未到达国内以前，在中文媒介中，与枢廷保持密切联系的《外交报》于7月中旬就率先透露了这一信息：

闰四月初十日《字林西报》云：英议员条议请禁止鸦片贸易，议院深然其议。印度部大臣摩利谓：中国如能禁止吸烟，印

---

① 《纪奉谕限期禁烟原因》，《申报》1906年10月19日。按此文中"电奏"用语不确，事实大误，汪折并未以电报形式传递，奏折拟毕后仅凭国际邮政途径达于朝廷，历时月余。上海图书馆编的《汪康年师友书札》中，汪大燮对中英间信函传递所需时间屡屡提及。

度自当废止鸦片贸易，虽损一己之利在所不恤。记者窃谓此议今竟出自英议院，诚中国禁止吸烟之绝好机会也。[①]

此后，《外交报》仍围绕英国下议院的辩论刊发译论，且着加"按语"警示上层："按：鸦片贸易，英人亦自知其非理，况印人亦以迫于政府严命而始植之乎。我国当局，正宜乘此时机，与之熟商禁烟之策也"，"按：英下议院此议，所关至大，我政府当事，其亦急起直追，善谋其后，以挽回国运于万一也"。[②]对这些信息，朝廷并未立即作出明确的反映，解释的原因似乎只有一个，即在此之前，朝廷对《外交报》的报道质量颇有微词，继而不加信任，并有收归官办的意图；此时的外务部尚因循乖弛，部员疲沓不振，汪大燮即说"使署自近年久不译报寄部，部中亦从无人看。敝处近日译一二段自看之，无关本国者不译也"[③]，这可以算是解释枢廷未作反应的理由之一，且未必准确。在这期间，《泰晤士报》驻北京记者莫理循也关注到这一信息，并将其面告唐绍仪，但罔有

---

① 《论禁烟与外交之关系》，《外交报》第147期，1906年7月6日。
② 征引按语见《论鸦片贸易》《记鸦片贸易问答》，《外交报》第152期，1906年8月24日。朝廷认为《外交报》报道的信息错误率较多，未可遽信，且准备收归官办，见《〈外交报〉拟归官办》，《大公报》1906月4月22日。
③ 上海图书馆编：《汪康年师友书札》（一）（下文称《书札》），上海古籍出版社1986年，第861页。

回应。①这是我们理解枢廷对汪大燮奏折处理的基本背景。

汪大燮拟折上奏的原因，论者多主英国下院鸦片问题的辩论为其机缘，此仅一个方面，犹不完整。揆诸汪与其弟汪穰卿的函札往返，汪使之意，在此之前的国外禁烟舆论和迹象对其触感亦深。在具折之后，他曾言及此事，约略有两点：

其一，有感于新加坡对鸦片问题的处理。新加坡是英属殖民地，华人居多，鸦片流毒极严重，尽管新加坡当局赖鸦片税收为饷源大宗，庆幸的是坡督有祛除鸦片意向，稍加外力影响，可能会收大效。汪使有鉴于此，曾致函中国驻新加坡领事，劝谕禁烟。如果付诸实行，清除流毒，振兴华人则是我方收益之一；另外，藉此行动也可侦测英国政府的对华鸦片贸易政策的底线，其时英国下院尚未就鸦片问题辩论，政策走向终未明朗，英国国内舆论与政府所奉行政策间有距离，汪大燮预计此事可兼收两益。从实际情况看，该项谋画的实施确实振奋人心，汪氏在来函中说：

> 兄前嘱坡领劝人戒烟，孙铭仲请英坡督相助。盖坡埠所收土税亦不少故也。英督慨允，毫无异言。英医生且视为义务，不收钱而为之戒。今商人已集有成数为戒烟会之用，且已租定房一所，可望有效，亦可以卜英人之意见，决不因此要求也。②

---

① 莫氏于1906年9月8日写信给瓦·姬乐尔，信中称"鸦片问题毫无进展。莫莱的令人赞叹的演讲和《泰晤士报》上的同样令人赞叹的社论都已经由外务部一位姓杨的人译成了中文（我已经把它们拿给唐绍仪看了），现在已为中国人所熟知。但是中国人对于这一质问感到非常难办，他们目前无意限制他们的鸦片税收"，骆惠敏编：《清末民初政情内幕》（上），（上海）知识出版社1986年，第464页。
② 《书札》，第858—859页。

此事足以证明，英国极力维护的鸦片利益并非坚冰不可消融，其对汪氏之影响可知。中国的禁政较此复杂，因循守旧，虚应故事的积习和依赖毒品税厘的财政窘况远非新加坡可比，但朝廷推行新政，朝野风气稍有改观则是一大契机，具折上奏虽属冒险，但尚有部分把握。①

其二，英国国内禁烟迹象之促动。汪折中论及英国人心目中的华人形象，概略言之就是嗜烟、聚赌和缠足，三种恶习被世人诟病，英国知识界中多人知之且多引以为憾，尤其嗜食鸦片积习的养成与英国政府有关，撇开商务和宗教利益不论，仅从道德、风俗层面，英人即愤慨有加，遂迁怒于其政府的浅薄政策。远溯鸦片战争之前，近迄20世纪初年，英国禁烟舆论和组织即绵延不绝。更使英人羞辱的是后起的日本和美国走在了他们的前面，日本在台湾禁烟，美国则在菲律宾禁烟，美国在1904年尚有联日促英禁烟的外交意向，此间媒体曾给予关注：

> 近日美国改正党特致函于日本公使，略云，方今日俄战事必有一日之议和，而议和时关系最大者即为中国之一大问题也。故本会之意，日本于此际当与美国同心，且合词以请于英国，禁止在中国贩售鸦片一事……所望今日有志竟成，径出而劝英国，此乃美人之公见，而亦即世界各文明国之公见。吾知为海约翰（时任美国国务卿——引者）者固无庸胆怯，以有亿万人在其后，而

---

① 1906年11月前后，汪大燮即道出自己的担心：" 兄自上折请禁烟时，即筹至此不敢遽，恐有阻力也。万一办不到如此，则兄亦可告无罪于天下矣"，《书札》，第892—893页。

所与除去者，实又为英国最羞辱之一端，以合乎凡从基督教国之本意也。彼俄于满洲犹不准其人民吸烟，英国则行吸烟之法于中国本部，其为名誉何如？①

所以，英议会辩论鸦片问题之前，反鸦片言论日益兴起，且时时给驻英华施以道义上的压力，促其对朝廷施加压力，转过来又极力在媒介和议会中扩张影响。汪使日日为此所浸染，发回国内的信函中极有感触："至此间学界、议员中人，兄能鼓动之使我助，断无别项要求，至多不过请其一饭而已。缘本有多人为兄言，允相助也。"②考虑到英国议会中两党对华政策的差异，汪使认为议会之新党（指自由党）于我有利，设若其政府更迭，不肯放弃鸦片利益，禁政之发动便孤掌难鸣，故应抓住此一机会，况我国前途始终与此问题相因应，"此事为我国一线转机，其作用不仅在戒烟已也"。适逢5月30日英国议会辩论，禁与不禁，倾向明了，尽管英政府尚未付诸行动，但印度部大臣摩莱的表态却是政策转轨之信号，加之此间媒介推波助澜，故拟折上奏朝廷实属必然。

仔细研究汪大燮奏折的内容，可以发现他所传递给枢廷的信息与光绪中期的禁烟奏折并无实质之不同，折中甚至连5月30日的议会辩论结果都未提及，英国政府的鸦片政策是否转变更未加明确之言语。而这些问题恰巧是军机处讨论制定禁烟政策所不可绕过的，

---

① 《中国除烟之希望》，《万国公报》第192册，1905年1月。按美国在此以后承当了发起东亚鸦片问题调查和上海万国禁烟会议的重任，"意外地"走在英国之前。
② 《书札》，第859页。

以往的禁政皆因投鼠忌器，都未能彻底实行。1905年中，唐绍仪的担心之一即是此外交难题，况且，1906年9月禁烟上谕颁布之前，中英之间因鸦片专卖屡起龃龉，单方面制定禁烟政策谈何容易。

事实上，汪大燮奏折的出现，仍有大吏表示怀疑，只有军机大臣兼署外务部尚书瞿鸿禨为砥柱，坚信汪折所言，瞿乃成为这项决策中的关键。因此，单由奏折本身入手难以解释全部原因。汪大燮在折子发走以后，对其建议是否能被采纳尚抱有疑虑，尽管他认为自己的计划完美无缺，"自谓章程颇详密，和平易办。如果肯行，必可办到，英亦必无他言。如不欲禁，但欲加税，反恐有要求也"①。汪此时的忧虑主要不在于英国之阻力，而是对朝廷内部百事乖弛，不尚进取之积习抱有担心，"惟我国向来局于小就，言大则骇听，为可虑耳"。基于此项考虑，汪在此后即给其弟汪康年和瞿鸿禨分别致函，着加解释，特别恳请汪康年在穆公左右暗中策应，襄助善化。②

谜结看来只有从瞿鸿禨与汪氏兄弟波谲云诡的结纳中得以解开。虽然瞿氏遗留的该段史料付诸阙如，难以两面为证，但汪氏兄弟往来密函，却大量地涉及他们与瞿氏的密切交往，视自己为瞿师之"切言扛帮"，瞿氏由汪大燮处获得了大量外交机密，汪也通过

---

① 《书札》，第858页。
② 汪于6月25日拟就两函，一通专致善化帅（汪称瞿师），函内语气，表面为与其弟言事，实则道与瞿鸿禨听，涉及英、法与日本关于威海卫、广州湾事、滇缅界务事、英人出游实为外交事、波斯立宪事和禁鸦片事等。前四事属信息上达，惟有第四事迫在眉睫，信中明言："此折（指禁烟奏折——引者）七月内必到，请代求师主持"；另一通虽同时拟就，却独立成篇，言及他事，但信首即道明其原委，"前信所以另纸者，备弟携往呈师阅看，既省多说，且更易明白，更易记得，亦可留下也"，《书札》，第858—859页。

其弟向瞿密荐人才，评点枢臣，不遗余力，为瞿广为结纳，虚与委蛇。从1905年底汪初使英国至1906年9月20日上谕发布之前，在致汪康年的信中，屡屡密商此类事项，汪大燮对瞿的私恩和评价也时时提及，略举数证：

  1. 瞿师所荐之人，兄岂有不遵者，且瞿师必不荐无用之人，其人又在香帅幕中，更无疑义。前出京时，本欲与瞿师言，求弗放差，但彼时毫无影响。放差一事人且以为美谈，乌知必轮到我，是以嗫嚅未言，不意今竟及此，然彼时所虑者奥、义、比也。然与其来英，不若义、比多矣。惟奥则与此同，因奥之物价亦昂，而酬应亦大也。【按：此为汪初至英国，于1905年12月29日给其弟信中所言。其时朝廷的外交人员中，以英国为出使的首善之区，汪未加运动即获致此缺，殊感意外。】

  2. 比见报章，欣悉善化师相荣协揆，喜慰无似。当朝明白事体，胸中有为国之见存者，曾无几人。瞿、徐两枢不可谓一时之杰，居然联翩直上，时局尚有可望，不特私淑之虚慕已也。想师相渥承优眷，其胆气必加壮，吾弟在穆公之侧，能极力赞助为盼……兹有上师相一函，乞饬呈。此函请弟一阅，阅后封送，见师相时，但言未见信内所言语，不必说明也。【按：私下臧否人物，连枢臣亦不放过是汪大燮与汪穰卿信函往返中的一个内容，但如此推重瞿，实属罕见；致瞿函，却有意途经汪穰卿，为其在左右建言瞿鸿禨构筑了空间】

  3. 瞿师意新而行甚稳，实今政府必要之人，弟在左右，能尽力匡扶为妙，此非特我辈恩私之见也……尊言瞿无肩膀，无手段,诚然,吾辈仍不能不望之。比瞿明白而自好者,更无人也。惟有切言扛帮之而已。否则奈何!① 【按:清末廷臣之间,风云际合,宗派营生,瞿在上层结好肃王、春煊,为慈圣侧目,而与庆、袁为敌,中下层则援门生为营垒,广其结纳,上与下均桴鼓相应,汪氏兄弟、曾广铨等实为中介,"切言扛帮"何能卸责!】

汪大燮奏折到达军机处。②枢廷大臣得以讨论。前述5月30日英国议会辩论之结果,6月1日即由上海的《字林西报》作了简短的

---

① 三段引文均见《书札》,第835—842、873页。刘禺生撰《世载堂杂忆》,曾述及瞿子玖开缺始末,要因即与汪康年有关。1907年,御史赵启霖奏参庆王及段芝贵献杨翠喜于振贝子各案。庆王恶名在外,对慈禧有碍,人皆以为瞿所报复。慈禧乃面谕瞿,要其在军机处多担责任。瞿闻命下,以为肃王将取代庆王,遂忘记谨慎,语及夫人。汪康年夫人、曾广铨夫人在瞿府斗牌,瞿夫人将庆王即将例禋之事言及汪、曾两夫人,汪康年与曾广铨分别从夫人处得知此信息,汪将其刊于自己在北京的小报;曾为《泰晤士报》访事员,亦将此电告《泰晤士报》。汪之小报影响稍狭,曾广铨却为此惹下大祸。见刘禺生:《世载堂杂忆》,中华书局1960年,第92页。据刘宗向:《瞿鸿禨传》记叙,汪康年为瞿氏门人,假瞿之力,设《京报》抨弹时政。庆邸佯欲乞休,瞿因密奏载沣可继,而家人泻其语于康年,康年泻其语于《泰晤士报》访员,某公使妻入见孝钦询之,孝钦惊,遂怒瞿,故被参暗通报馆,授意言官,阴结外援,分布党羽。参见刘宗向文,载《辛亥人物碑传集》第13卷。此事表面虽夫人外交,然却足证瞿与汪之密切关系。另据朱启钤撰《姨母瞿傅太夫人行述》中说"文慎最为金邪所恶者,惟主持舆论一事。汪君康年之在沪办《中外日报》也,远在庚子以前;汪君,文慎门下士之凤邀赏拔者也。不惟汪君,其时吴越两省名流以言论系时望者,类皆瞿弟子籍,有知遇感也",此转见苏同炳:《中国近代史上的关键人物(下)》,百花文艺出版社2000年,第798页。

② 汪折到达的时间,论者多主阴历八月初三日到。是根据《德宗实录》关于1906年8月3日的记载。但汪大燮信中对折子到达的时间却做了极有把握的估计,认为此折七月份必到。此前的信函往返时间,他曾多次计算过,故有此肯定的估计。奏折到达当日即有上谕似乎不可能。当时英中之间信函、文件往返的时间为30—45日(此据汪氏信函大量的记载所推算),汪折于六月初发出,最迟为七月下旬到达,距离上谕发布还有一段时间。这段时间里,汪使于六月二十五日写给瞿鸿禨和汪康年的两封信可以到达,瞿可以充分考虑汪氏兄弟的意见,然后对禁烟决策施加影响。由于档案阅读的限制,如上分析仅属推测。

英文报道，《外交报》先后以不同形式三次报道该消息，7月份的《万国公报》也间接言及英国政府人员摩莱在议会上的表态，越洋呈递的汪折由于也涉及同一问题，才使枢臣重视此折。但由于尚未得到英国的正式照会，①群臣多有疑虑，担心英国政府从中作梗阻拦，瞿鸿禨本不谙熟外交及国际情势，②但汪氏兄弟的言论非他人可比，对瞿来说，其可信度更高于他人，多种信源均与英国5月30日议会辩论结果有关，故可力释群疑，独当一面，故近人刘彦称：
"军机大臣瞿鸿禨以汪（大燮）驻伦敦，主张禁烟必有把握，议遂

---

① 民国时期罗运炎著《中国烟禁问题》和马丁·布斯所著《鸦片史》，两书均认为英议会结束后，英外交部立即给中国发去照会，英国愿意与中国就鸦片问题谈判。后来研究者也据此引述。笔者查阅有关档案，仔细翻检当时主要的报纸报道，均未发现有如此照会，倒是有几则报道可旁证此事之有疑问。首先是《万国公报》在1906年7月（第210册）《鸦片毒之源流》一文中说"英国善士则不愿久待，故于新议院集议时，特提此款（即要求政府禁烟——引者），不欲再留此遗憾。而政府则谓：必俟中国实有与人民除害之心，而后可允"。其次，《申报》于1906年12月25日的第3—4版，分别报道了两则禁烟消息，兹录如下：【1】《英外部对于中国禁烟之评论》初七日（即西历12月22日——引者）伦敦电云：英外部爱华德·格雷伯爵在下议院宣言，英国已通告中国，谓若有拟定鸦片进口及抽税之办法，则英国当表同情，预备商议；且自发照会后，已接到中国所拟之办法矣。译自《字林西报》。【2】《西报访员报告京津禁烟情形》西十二月北京访函云：日前驻京英公使朱尔典到外务部会晤庆亲王，告以中国如实欲在其境内禁止鸦片烟，则英政府愿助中国办理。政务处拟定之章程十条，已于两日前送交英公使，电达英政府矣。另外，据《申报》1907年4月17日对禁烟条约签字一事的报道称，"当庆邸未病之初，曾偕那、瞿两中堂往英公使府会议鸦片烟进口递年减数一节，当时英使朱尔典适接印督来文，于我国禁烟一事颇为反对，故英使未遽允诺，彼此往返磋商数次，渐有端倪，而庆邸已请病假，此事遂从缓办理矣"。查《英国蓝皮书·为中国禁烟事》所载外交函件，1906年10月17日发自伦敦的《英外部大臣致驻美英使达兰公文》也称：美要求英国协同调查远东鸦片事宜及禁运鸦片等事，"本大臣谓须商之于印度部，乃可答复"，见《外交报》第223期，1908年10月9日。

② 李恩涵前揭文，第84页。

决。"①9月20日的禁烟上谕因而面世。

（三）传教士杜布西联合请愿书讨论

1907年8月30日的《字林星期周刊》根据杜布西（H.C.Dubose）事后的解释，作了一篇报道，文中援引杜布西的话说：中国的禁烟法令可以说是1906年8月21日近1400位传教士向皇帝提交请愿书的复印副本；1910年《教会年鉴》对杜布西此行作了肯定的记载。据此，民国时期于恩德在《中国禁烟法令变迁史》一文中确认其"与政府之禁烟谕旨甚有直接关系"，其后的绝大部分著述均沿袭此论。②此事实看来亦大误，当时媒介报道的外务部对此事的处理情况可大体证明杜布西联合请愿书并未影响9月20日禁烟上谕的制定和发布，缘其在时间上有误差，上谕发布在先，请愿书到京在后。

---

① 刘彦：《中国近时外交史》，第506页，此转引自陈志奇：《中国近代外交史》（下），台湾天南书局1993年，第1160页。
② 仅有一个例外，王宏斌先生在其《禁烟史鉴》一书中，认定杜布西等人的联合请愿"对于当时清政府将要发动的全国性禁烟运动应当产生了一定的影响"，此论出语谨慎，未对它是否影响禁烟上谕的制定作出判断。该文怀疑请愿书是否递达清廷，或留中不发，但未确论，这是目前所见到的对杜布西上书问题较为深入的探讨。按清制，奏疏"留中"有两种性质，"一为重视其事，因办法未定，暂不发出；二为认为无价值，置之不理……又留中办法亦有两种：一留于宫中，二留于军机处，如封奏之件而又留于宫中，则军机大臣亦无从寓目矣"（岑学吕：《三水梁燕孙先生年谱》，第61页），杜布西联络1333人上书，事非寻常，但送达枢廷迟迟，禁烟谕旨颁下，遂可发抄，无留中之理。深入发掘，亦可从《大公报》有关内折是否发抄的报道情况来推论，"向来内阁每月收到之折片，惟外折发抄，内折悉秘不宣。凡各省督抚、将军之折为外折，京中各衙门之折为内折。今年因有人向军机王大臣建议，谓内折有关系政治者甚多，除应秘密外，余应宣布以供考求。然近来于内折连日所奉朱批，虽一律发抄，而奏折则仍多秘密，甚至与外交毫无关涉之事亦不宣布，或谓如吏部之补缺、礼部之分，户部之报销等事，多有不可使外人得知者，且军机章京，即六部中人，如一律宣示于本衙门，同事多有不便，故仍设法搁起云"，见该报1906年1月4日。据此报道来看，如果属于正常情况，外折无不发之理，端方之咨文以及杜布西之上书请求一事应该公诸于众，故《申报》后来才可以报道。

此据有关报道试作梳理分析。

1906年8月19日杜布西呈递两江总督衙门的联合请愿书的特征有二：一为签名者之众，计有1333人；二为理由申诉，情词恳切，约略内容如下：鸦片本为药品，用以疗病，无病之人食则受害，敬求严谕禁止，俾百姓去其数百年之痼病。教士等来远方，受尘贵国历有年所，凡有益于中国者，理当效野芹之责，故不揣冒昧，敬抒愚见，谨请代奏等。此请愿书递达两江总督衙门的时间较为特别，恰逢前总督周馥与继任总督兼南洋通商人臣端方之间进行职位交接，且多有耽搁，端午桥（端方）对是否代奏犹豫不决，不得已以南洋通商人臣名义札开准外务部咨文，连同请愿书送交北京。杜布西请愿书到达外务部的准确时间是禁烟上谕发布后的第六天，即光绪三十二年八月九日（农历）。由于上谕已经下达，外务部认为勿庸再奏，故专文通知南洋通商大臣端方：

> 查该教士等本力劝人为善之，诚存除恶务尽之意，应否据情代奏之处祈核明酌办等因，前来。查鸦片流毒中国，为害甚多，该教士等呈请严禁，情词恳切，深堪嘉尚，惟此事已奉谕旨，限十年以内将洋土药之害一律革除，并由政务处妥议禁烟章程在案。该教士第所呈自册庸再行代奏，相应咨复贵大臣查照转知该教士。①

---

① 《苏州关道致杜教士函（为禁止鸦片事）》，《申报》1906年12月15日，该报道首先称："前奉南洋商宪札开准外务部咨：八月初九日接准咨称，据美国教士杜布西暨英、德等国教士等呈称，鸦片本为药品……"此可确证，外务部于8月9日方接到杜布西等拟定的请愿书及南洋大臣端方请示上奏的公文。1906年8月，端方继任两江总督兼南洋大臣，参见【美】慕恒义：《清代名人传略》（下），青海人民出版社1995年，第516页。

两江总督兼南洋大臣端方接到外务部的咨文后，查知杜布西等寓居苏州养育苍教堂，即饬苏州关道专函告知杜布西等人。这就是朝廷对美国传教士杜布西等人联合请愿一事的处理。

实际上，杜布西专门就鸦片问题的上书有两次，1906年8月19日呈请严禁鸦片烟是第一次上书，由于时间误差，这次上书并未影响到皇上和军机处的禁烟决策；9月20日上谕下达后，会议政务处拟定禁烟章程历时较长，为了对枢臣制定具体的禁烟政策有所影响，1906年11月，他又就各地禁烟情形和禁政中的税收抵补问题专程赴京与外务部交涉，并递交税厘短收弥补之策的书面建议。但这次赴京，并非"联合请愿"，与首次有别。关于该善举，《申报》亦有报道：

> 美国教士杜布西博士因提倡禁烟事，亲赴北京报告禁烟踊跃情形。驻京美使柔克义、参赞柯立基、卫廉明皆竭力赞助。杜博士曾向外务部请谒日久，始得与各堂官会见，颇为满意……杜教士撰有禁烟后税厘短收如何弥补之策，由美使署代为分送外务部及各督抚。夫泰西友人之所以与中国爱国之士同力合作者，亦只盼此亿兆黎民脱离烟害耳。①

清末鸦片问题，既涉本土，又与英国统治的中国香港、澳门地区及印度有关系，清政府就鸦片问题讨论期间，传教士不仅以上书形式对中国政府施加影响，且于该年的11月份分别上书请愿港英政

---

① 《美教士入都提倡禁烟善举》，《申报》1906年11月18日。

府和英国政府，①在英国及其各殖民地政府改变鸦片政策方而，形成了一个强大的压力集团，并且屡屡波及英议会和政府，从而产生多方影响。

出使英国期间，汪大燮筹划禁烟的背后原因甚多，关注鸦片社会问题、抓住外交良机来实行禁政仅是其中的原因之一。除此之外，他尚有更宏观的计划，禁烟仅是这些计划中的一个环节。

据汪氏观察，中国当务之急有两件事，一是财政难题的解决，财源足则新政兴；二是海军问题的解决，海军立则杜日本窥测。②两者均与内政、外交有至为密切的关系。财政难题的解决途径较为繁杂，筹款大策中的鸦片专卖是其他办法不可替代的，其成效不可限量。汪大燮通过鸦片专卖来实现筹款的计划是：

> 筹款非空言所能济，而因此厚敛又增民怨，然则惟于洋土药中筹之。禁烟事已定，计实行交涉，想不甚难办。今洋药岁约六万担，土药倍之，共约十八万担之谱。即少算，亦必在十五万担之上，若归官收买发卖，只筹本千五百万金可资周转。盖一

---

① "中国中省、北省、西省、山东及香港英教会各主教具禀英国干德堡大主教，其意欲请转达英政府核议中称，鸦片与政府之种种关系，因鸦片为害剧烈，致华人均怨恨英国及各教会云云……"《主教禀请英政府禁止鸦片出口》，《盛京时报》1906年11月13日。该报道并且记叙了香港英主教霍亚等人向港督递交联合请愿书的事情，该"禀词"除了霍亚签字以外，尚有多数教士具名，"所称各国现均拒敌鸦片，香港亦应就认捐、专卖之例悉行除去……故望政府勿以区区之税致受人轻视而遭毁谤"。该报17日在题为《英教士请禁鸦片贸易》的报道中，对来国内的传教士集体上书的影响问题作了说明，"（英国）康大教士将此函转交外部，请禁英商贩运鸦片至中国，乃外务大臣援印度总督之言以答之曰：'清国上谕严禁吸烟并欲专卖鸦片等事，政府知之而未接照会，故难奈何云云"。

② 上海图书馆编：《汪康年师友书札》（一），上海古籍出版社1986年，第968页。

面收一面发,不过过手而已,且尚可将货抵押银行,故须本并不甚多也。倘定计官收官发,于禁烟亦有把握,每担加价二百金实不为多,十五万担可得三千万金,岁减一成,十年可得百六十兆金,连税厘约得二百兆金,计将近三百兆元矣。即筹足三百万元亦有把握也。①

由鸦片专卖来筹款,并非纯为财政补苴及化解禁政带来的财政风险,更直接关系到海军经费的来源问题。据汪氏看来,海军兴复的关键在于经费之筹措,筹措的主要途径就是鸦片专卖之款,"海军既需如此巨款,非借贷所能为功。即使借贷,亦必须准备偿还,是筹款为要矣","兄思惟有洋土药加价一事所得颇多,而不扰民。已具节略呈师矣"。②如此观之,以鸦片专卖实行禁烟、解决财政难题以及筹划海军经费,三者之间,既互为犄角,又相互交融,不可孤立视之。汪大燮进一步认为,"中国现在第一件是财政,第二件是海军。两事有眉目,乃能立于不亡之地。故上年具奏焚烟(内有财政问题),又条陈金币,又具海军计划于政府。海军计划与禁烟有相关处,因禁烟后约可由烟中筹三万万金也。有表上之政府"。③

表面上看,三件事虽然不太相干,实际上却是三位一体,加之英国对华鸦片政策的松动,奏请政府禁烟实属必然。反映在汪大

---

① 上海图书馆编:《汪康年师友书札》(一),上海古籍出版社1986年,第890页。
② 同上书,第890、903页。
③ 《汪康年师友书札》(一),第968页。

燮禁烟奏折中,即有关于鸦片专卖的建议:"故无论为征为禁,必当先之以稽查,继之以限种。稽查必须得人,限种便于专卖。既有稽查之人,又有限种专卖之法,则戒瘾给照,亦可一气相承。"①可见,在汪氏入奏之前,有两个举动颇引人注目,一是将国内鸦片专卖的巨大收益拟为"节略",并选择禁烟奏折到京前后这一关键时间,将此"节略"上达军机大臣兼外务部尚书瞿鸿禨,以助其参考;具奏禁烟之后,特将鸦片专卖的细节和三万万金的收益以及海军筹款问题,一并拟具说帖上达清廷。这两个举动,对化解内廷在禁烟问题上的优柔寡断应会产生相当影响。

新政时期,禁政观念中,驰禁言论渐入颓唐,而禁绝主张日渐兴起;中央与各省的整顿办法,历经联省合办统捐、中央势力介入及专卖之风的兴盛,疆臣关于禁政的看法亦随之改变;户部与汪大燮处心积虑的筹划,均属推动禁政决断的基本因素。自此以后,新政与禁政同处一个时代,两大运动契合与冲突的矛盾仍未消匿,发展的样态更趋复杂。

---

① 《出使英国大臣汪奏革除烟祸折》,《盛京时报》1906年11月7日。

第二章　禁政名义下的专卖与统税

　　禁政期间，鸦片专卖与鸦片统税成效不同，引发的纠纷也各有区别。专卖制度在全国范围内并未实行，仅在部分区域内，或作为筹款，或作为禁政手段零散地付诸实施。户部（度支部）对专卖的态度由积极转向消极，并极力阻止，各省则是屡有建言，积极筹备。清廷最终否决专卖决策，导致各省督抚与枢臣对立起来，矛盾日趋复杂。鸦片统税的成效相对显著，外省对鸦片统税的争夺，以及中央对统税的控制，反映了清末新政时期中央与地方在政治经济方面的疏离倾向。缩期禁种、禁运邻土、裁局撤卡显示出清廷与各省对鸦片问题的处理大不相同，禁政与财政的对峙以及中央与地方的纠纷更显得淋漓尽致。本章从鸦片专卖和鸦片统税两个层面展开，深入剖析清末中央与地方围绕着禁政与财政矛盾所引发的一系列争执，意在说明鸦片禁政对上下矛盾的刺激和催化作用，并间接说明禁政对地方新政财源的严重冲击。

第一节　鸦片专卖的筹计与展开

鸦片专卖是禁政时期清廷与各省筹划较多的一个问题。户部（度支部）、民政部、商部、外务部、禁烟大臣甚至后来的摄政王载沣均曾介于此事，军机大臣在会议政务处也屡有讨论，态度和立场各有区别。度支部继续实行中央财政集权，以土药统税制度排斥各省推行专卖的要求，京中大员对此看法不一，使这一问题变得扑朔迷离。各省对鸦片专卖的兴致始终不减，具体利益或有区别，但态度却不无趋同。1909年初，端方作为清廷钦派大臣，在出席万国禁烟会期间，极欲在全国举办专卖，代表的却是地方省份的财政利益，他与京师有关部门的经画交涉，更能体现清廷内部处理该问题的不同立场。

一、京师专卖：兴致之低昂

国家对特种商品实行专卖，久已有之。清末朝野对专卖并不陌生，况且清廷实行的食盐运销政策即类似于专卖。有人称，食盐和鸦片专卖均是筹款的极端做法，但食盐专卖仅仅是间接专卖品，只有鸦片是直接专卖品。[①]鸦片专卖作为外来经验，涉及对英交涉，处理棘手。但此项专卖兼有双重效益，既可禁烟，又可筹款，是为数不多的筹款大项，颇具诱惑力。1906年9月禁烟决断之前，各省与中央部门已有取法外洋之举，谋划历时既久。直隶省在袁世凯的授意下，甚至已开始步入具体操作阶段，其他省份亦不甘落后，纷

[①] 蒯光典著：《金粟斋遗集》，《丛刊》正编，第304号，第302页。

纷筹款募员，以求早图大利。在各省积极运作的同时，京师各部纷纷介入此事，态度较为积极。1907年底之前清廷并未全面规划，各个部门的举措并不统一，部与部之间也较少沟通。京师介入鸦片专卖事宜的部门主要有商部、民政部、户部（后期为度支部）、外务部、禁烟大臣、钦派万国禁烟会首席大臣等。其中，度支部对此事影响最大，在很大程度上控制了专卖事态的发展。

（一）商部、户部与民政部的专卖筹议

商部介入此事是在1905年底至1906年初，时间较短。1905年底商部向各省部署专卖问题，要求各省筹备款项准备购买进口洋药，并按市价收购土药，分年递减。① 直隶省率先进入筹备阶段，定购制膏机器已经提上议事日程。江苏巡抚得悉商部咨文后，比照直隶举措，决定先在全省预作宣传，"此事现在直隶先行开办，以北省民情较南省强悍，如能贴服成效，则南省即当仿行，因令先行晓谕，谆切告诫，俾届时无所窒碍云"②。各省接到商部的咨文后多有筹划。商部介入此事时间虽早，但也仅仅是向各省发出专卖的指令，并未发现有下一步的动作。后因清廷进行官制改革，改商部为农工商部，职责变动较多，禁烟并非该部专责，因而未再插手鸦片专卖。

户部一向直接经管鸦片税厘的征收，专卖也是其积极筹备的事项。该部准备从机构调整开始，将各省膏捐的推广与鸦片专卖的筹备相联系，初步确定北方省份的筹办中心放在京师，设立京师总

---

① 《商部为鸦片专卖事致各督抚电》，《申报》1906年2月11日。
② 《南省鸦片官卖先声》，《申报》1906年2月1日。

局，南方省份则以宜昌为枢纽，计划将来由土膏统捐的原班人马承办专卖事宜，这是户部与柯逢时协商的结果。①随后户部尚书铁良专管税务处和陆军部事务，户部改为度支部，溥颋继任尚书，他对专卖事宜并不热心。河南道监察御史赵启霖的有关奏折涉及设立禁烟总局、鸦片专卖等事宜，度支部与民政部分头审议，度支部的主张是"（禁烟属于）地方行政之事，稽查一切又关巡警，应由民政部妥定章程，奏明办理"②。审议之后，两部采取的行动截然相反，度支部对专卖问题不太积极，没有将鸦片专卖视为实行禁烟的主要途径，在1907年7月份之前，该部重视的是土药统税问题，对鸦片专卖事宜则较少介入。

各方酝酿和筹备之际，9月20日禁烟上谕颁下。以此为契机，京师各方对专卖一事更加重视，朝野条陈此事者越来越多。汪大燮在奏请禁烟时提出鸦片专卖的思路，各种条陈对汪氏的专卖方法提出补充，有的甚至另起炉灶，年限和做法也超过了汪大燮奏折原定的界限。有人主张"由明年起，中国各省禁种鸦片，凡今年所收及旧存之土均由国家设局买尽，重价出售；并由官局向英国订购若干，均于明年输入，以后即不再订购。预算此项，仅供十年之需，使人咸知不速戒烟，十年后中国绝无此物"③，这种依靠专卖实施禁烟的建议提出后，在督办政务处会议上得到多数军机大臣的赞同，但却没有定论。法国商人在广州湾跃跃欲试，准备开设洋药

---

① 《户部预筹鸦片专卖法》，《申报》1906年4月23日；《政府拟改膏捐大臣》，《大公报》1906年2月4日。
② 《光绪朝东华录》，第5623页。
③ 《禁止鸦片问题》，《时报》（上海）消息，《华字汇报》第471号，1906年10月25日。

公司进行专卖，法国驻广州领事且照会两广总督周馥，要招华商参股，①此事促使清廷不得不重视鸦片专卖问题。但专卖制度与单纯的禁烟仍有不同，专卖经常被人看作是筹款之策，而禁烟则属社会改革，清廷在宣布禁烟上谕之后，时常游移于两端之间，或主张专卖，或侧重禁政，长期议论不决。膏捐大臣的改名问题就可反映出朝臣矛盾之心态，有建议改为专卖大臣者，也有主张改为禁烟大臣者，更有建议改为稽查土膏大臣者，②纷议迭见。

御史赵启霖奏折中提出了鸦片归官专卖的问题，各省对此又兴致极高，民政部尚书徐世昌以及后任尚书善耆秉承了袁世凯的意图积极提倡，较多地介入此事。1906年12月中旬，京师鸦片专卖事宜列入民政部考虑的范围之内，决定按照台湾专卖的基本原则确定京师专卖细则，并征求各个巡警分厅的意见，饬令其条陈专卖良策，③以备采择。并且，民政部尚书徐世昌与税务处铁良、唐绍仪共同商度后认为，台湾专卖方法是禁烟必须采用的办法。④因之在京师设立鸦片专卖局，开始调查烟店和销膏数量，并着手筹备款项，预作专卖准备。舆论对此举反映良好，称专卖一策在京师实行，是"拔本塞源之计""雷厉风行之举"。⑤民政部亦电令各督抚一律试办。⑥该部对京师地区的专卖事宜尤加关注，专门制定了

---

① 《禁烟纪闻》，《外交报》第165期，1906年12月30日。
② 《政府拟改膏捐大臣》，《大公报》1906年2月4日；《拟改膏捐大臣之名称》，《大公报》1907年2月20日。
③ 《警厅对于禁烟办法》，《申报》1907年1月12日。
④ 《拟仿行烟膏专卖法》，《申报》1907年1月28日。
⑤ 《筹设鸦片官卖局》，《大公报》1907年7月29日。
⑥ 《通饬开办鸦片专卖局》，《申报》1907年7月23日；《议拟试办鸦片官卖法》，《大公报》1907年8月5日。

鸦片专卖法，共计七节："一、设总局于京师；二、严禁私运烟土；三、商明提署，外城门均交提署稽查；四、火车到时，崇文门监督稽查；五、京师城内外归内外总厅稽查；六、凡洋药局之洋药由总烟膏专卖局收回；七、凡吸烟者均发给凭照注册。"①

尽管民政部已经制定京师鸦片专卖章程，但却迟迟没有实行，原因之一是巨款难筹，"营业司核算此项收买股本，即京师一隅至少亦须百五十万，方能敷用，一时筹款无着，故迟延至今"，并且英国加以干预阻梗。②一年之后，民政部仍不放弃所定办法，决定在1908年7月28日开始举办，但时限过后，还是决定推延一个月。这次推迟的原因是"烟膏在北京每日销售之数以及吸烟户口均未查明"③。实际上，三个多月后，民政部计划设立的"北京官膏专卖局"也未开张，巨额的开办费迫使该部无可奈何，④只得缓设此局，从此民政部较少过问鸦片专卖的事情。宣统年间出于禁烟和筹款的需要，民政部制定"禁烟章程"，其主要手段仍是实行鸦片专卖，该项章程共计3章36条，主要是针对京师地区的禁烟事宜。禁烟章程的架构全部以鸦片专卖总局、分局的运作为中心；关于筹措开办经费，它规定"开办经费，暂由官筹二成用资提倡，不敷之款先尽土商认股，或竟以工作抵，再或不足，续招他商，抑另拨官款，统俟临时酌定"⑤，其实，这一筹款设想亦属空悬标的，极难

---

① 《拟定烟膏专卖办法》，《大公报》1907年8月7日；《鸦片专卖定章》，载《申报》1908年6月17日。
② 《京师鸦片专卖》，《申报》1907年9月12日。
③ 《官膏专卖局之改期》，《大公报》1908年8月5日。
④ 《官膏尚难专卖》，《大公报》1908年10月20日。此时专卖开办费预算金额，民政部有关人士测算，光京师一地的开办费就需一千余万。
⑤ 《民政部所拟禁烟章程》，一档馆：禁烟总局档案。

实现。

　　民政部对专卖问题抱有如此大的兴趣，介入时间较久但却无果而终，这不仅仅是赵启霖所讲的禁政职责所关，更深刻的缘由在于藉此解决部务经费之紧张。民政部属于新近设立并且与新政息息相关的部门，警政建设是该部经管的新政要项，需费浩繁，仅此一项已使该部经费捉襟见肘，"闻民政部经费异常支绌，今年将内外城警官巡丁裁去几及四成，仍属入不敷出，预算款项至八月底已库空如洗矣"①，这是该部介入专卖事宜的一个重要背景。此前，向清廷申请拨解警政经费时，民政部早已看到鸦片税收的巨大潜力，"警政之修举与否，全视款项之赢绌，现在警饷待用之急如此，臣部款项之绌如此，是不特未办者难于扩充，且恐已办者将行废坠"，"臣部前经奏准，有膏捐二成一款，上年十二月准度支部咨，膏捐溢收银一百七十万两，论二成全数应有三十余万两，虽拨臣部银十五万，核计仅及二成之半项。又查八月间督办土药统税大臣柯逢时等奏称：一年届满，溢收解部银三百七十万两，是较度支部原咨数目又溢二百万之多，前拨十五万之数尚不及二成之什二"②。土药统税溢收款项之巨大，无疑对该部有极大的吸引力。禁烟上谕尽管给民政部主持专卖事宜造就一个绝好的机会和借口，可以顺理成章地通过专卖来实施禁烟，无奈筹划经年，却因需款过巨而不得不暂缓举措。

　　民政部举办专卖的阻力不但与经费困难有关，而且与度支部

---

① 《民政部财政困难之原因》，《申报》1908年9月13日。
② 《民政部奏为外城添募巡警经费无著指拨专款折》1907年10月7日具奏，一档馆：会议政务处全宗，档案号为：61—89。

的态度有密切关系。镇国公载泽官拜度支部尚书后，对专卖事宜日趋重视并排斥民政部。日俄战争后，载泽权势益隆，钦派出洋考察宪政事宜，归国后承眷特隆。自1906年11月8日至1907年5月18日短短的半年时间内执掌武备院，5月18后即擢为度支部尚书，一直到清朝灭亡，中央的财政、盐政多由其把持，①权贵揽权莫此为甚。载泽主政度支部后，鸦片专卖主管权的重心开始由民政部转向度支部，两部对鸦片专卖经管权的争夺自此开始，一直到1908年8月尚有争议。

  鸦片专卖是一个与禁烟、筹款均有关系的大问题，会议政务处对鸦片专卖经管部门的确定也进行了多次讨论。1907年12月会议政务处筹议由度支部主持设立官膏局，妥筹专卖章程，切实办理，官膏局由膏捐大臣柯逢时任总办，程仪洛副之。②度支部的设想是明年实行鸦片专卖，台湾的专卖办法成绩卓著，极可取法，所以部内各堂宪研究后向清廷提出自己的建议：准备派遣土药统税大臣柯逢时赴台湾调查专卖办法，调查结束后即开局办理专卖事宜，并推荐柯氏担任该局总办。③会议政务处对专卖主管部门并未作出决断，尽管度支部暂占上风，但仍有军机大臣从禁烟角度主张由民政部主持办理专卖事宜，"以专卖烟膏系为注重禁烟，并非是整顿洋药税，似不必两部合办，应专归民政部办理，以一事权"④。因此，

---

① 胡思敬著：《退庐全集：笺牍·奏疏》，第851—856页，《丛刊》正编，第444号；胡思敬著：《退庐全集：驴背集·审国病书·大盗窃国记·丙午厘定官制刍议》，第1290页，《丛刊》正编，第445号。
② 《决定官膏局由度支部筹办》，《大公报》1907年12月13日。
③ 《议派柯大臣赴台调查鸦片专卖》，《盛京时报》1907年12月26日；《官卖烟膏议采日本办法》，《盛京时报》，1907年11月29日。
④ 《提议官膏专卖办法》，《正宗爱国报》第615期，1908年8月13日。

民政部仍有相当的理由可以介入专卖事宜。1907年11月有巨商张荣臣禀请民政部，计划设立"公益局"，试办土膏专卖，请求民政部核准，该部断然拒绝，理由是"烟膏专卖本非商家所得擅请"①，此时仍对本部举办专卖抱有希望。京师地区的鸦片专卖权即由其把持，所定章程中明确宣称，"本部为民事总汇，禁烟专责自无旁贷。现在开办（烟膏专卖总局——引者）之初，权限亟宜分清，拟请咨会提督衙门专司门禁，凡各种土膏来源，除东、西两车站由商税衙门稽查外，顺天府有管辖地面之责，应请将京城以外地段禁烟事项划归办理。其实行专卖、查禁各事宜，则统归本部，督饬内外两厅及各段警区分司其责"②。尽管它对京师的专卖抱有一线希望，但后来度支部态度坚决地反对各省和京师地区的专卖举措，民政部的努力仍是无果而终。

（二）度支部与鸦片专卖

清末新政期间，度支部无疑是一个推行中央集权的急先锋，诸如清理财政、盐政集权和鸦片税政集权等，均反映了该部积极渗透各省财政的意图。鸦片税政包含的范围较广，较为重要的有两项，即鸦片统税和鸦片专卖。载泽任职期间，度支部对专卖问题的态度较为复杂，前后的变化较大。这种变化与两个问题直接相关，一是保卫鸦片统税并排斥专卖制度；二是发现各省藉专卖鸦片固守已利的意图后加以抵制，以巩固中央的财政利益，尽管各省督抚与京中要员联袂坚请，但度支部仍不为浮言所动，它对鸦片专卖的影响是

---

① 《驳请试办烟膏专卖》，《顺天时报》1908年1月31日。
② 《民政部所拟禁烟章程》，一档馆：禁烟总局档案。

决定性的。

载泽就任度支部尚书后，对鸦片专卖的首次表态是1907年初，他建议继续推行鸦片统税制度，或与英国谈判增加税率，不必实行专卖制度。1906年12月初，河南道御史赵启霖奏请设立禁烟总局、实行专卖制度等四条。由于赵启霖的奏折内容既涉及民政部，又与度支部的职责有关，按照惯例，应由两部协商主稿议覆，但实际情形并非如此。民政部与度支部单独表示了对相关部分的意见。①度支部在议覆折件中，比较了增加税率与专卖制度的优劣，表示鸦片专卖难度较大，因而婉拒此议，该折比较说：

> 查东西各国，凡消费品多有由公家专卖之法，盖专卖者即加税之极端办法也。前江鄂督臣会奏变法条陈，即有官收洋药之说。特以造端宏大，急切难得办法。窃曾一再思维，专卖之法当合洋土各药调查明确，预筹收买成本，其烦难十倍于加税。闻日本烟草专卖之法，前后筹之十年，固非贸（冒）然所能从事。前办八省膏捐，嗣又改为土药统税，推行各省，正拟藉以调查，固不仅为筹款起见，近来逐加总核，始于产土行销各数略得梗概。洋药一层，现在外务部正与英使提议，自当相度情形再定办法。②

度支部一折称赵启霖的建议是"陈义甚高，于事实仍未及十

---

① 民政部的奏折见《光绪朝东华录》，第5623—5624页；度支部的奏折见《申报》1907年2月1日。
② 《度支部奏统筹禁烟事宜及土药税仍旧办理折》，《申报》1907年2月2日；《东方杂志》第4卷第2期，1907年4月7日。

分体察",对专卖建议表示消极。度支部对专卖如此消极,除该部申述的原因外,另有隐情,这就是土药统税的巨大效益已经体现出来,柯逢时每个季度的土药统税溢收款项的奏片源源不断地到达京师,解款数量越来越大,至度支部这次上奏之前,已经解到库平银270万两,溢收甚巨,远远超出原来的预期收益。①土药统税效益之高与鸦片专卖手续繁杂适成对比,度支部的态度于此可解。

但是,在这以后,度支部却受到了种种压力,对待专卖的态度不得不再度调整。

压力之一是各省要求举办专卖的呼声甚高,柯逢时对专卖的支持以及与载泽有交游关系人士的专卖陈请等,迫使度支部不得不作出新的调整。

自1906年9月20日禁烟上谕发布之后一年间,鸦片专卖由原来的讨论阶段已经发展到筹备阶段,涉及的省份越来越多,或注重香港做法,或借鉴台湾经验,或有所折衷,沸沸扬扬,大有不专卖不足以禁烟的势头。各省对中央政府亦施加影响,上下互有促动,京师地区也形成一种专卖的潮流。1907年2月,清廷电商张之洞鸦片专卖的事宜,开始酝酿专卖规则的制定问题。②7月,清廷各主要军机大臣认为,禁止鸦片事关重大,各省做法必须统一,"不然,此处专卖,彼处仍局卡林立,必至掣肘",于是分别电商张、端、袁三督抚③,征询目前应该实行专卖还是维持统税制度。张之洞、

---

① 柯逢时1906年3月31日、7月28日、12月20日奏片,一档馆:军机处录副,"光绪朝·财政类·财政杂税",第490、491卷。
② 《电商专卖鸦片规则》,《大公报》1907年2月23日。
③ 《鸦片专卖事宜续闻》,《申报》1907年8月4日。

端方、袁世凯实是鸦片专卖的主要倡导者,其建议内容已可想见。8、9两月,各省督抚对英国阻挠专卖一事,纷纷要求外务部据理力争。①膏捐大臣柯逢时在张之洞影响下,也转而支持专卖,呼吁外务部向英国力争鸦片专卖权,他甚至提醒外务部,"此事为我内政,外人不能藉词干预,如某国执强,不妨邀请相宜之第二、第三国出而评议"②。这类事情与度支部虽无直接的关联,但度支部必有所闻。特别是有两件事直接影响了载泽本人和该部的态度。

1907年7月,奉天农工商局长熊希龄致函载泽,对整顿清廷财政提出一系列建议,其中就有整理专卖事业一条,着重就食盐和鸦片专卖提出自己的建议。关于鸦片专卖,他献策说,土税统捐制度偏重征税,对禁烟作用不大,而日本的专卖制度则兼及财政与禁烟,较有成效,"是宜筹措巨资,仿日本章程,无论洋土药,概由国家收买制膏,售之于民,虽近繁难,而无此巨款,然即贷借外债,似亦比他项易于归还……钧部倘能择而行之,则中央所得必赢,不必再求于地方税矣"③。熊氏对鸦片专卖的财政前景极为看

---

① 端方:《光绪三十三年七月二十一日致外务部电》,一档馆:端方档案全宗,专34号"禁烟去电";《江督力争实行官膏专卖》,《申报》1907年9月9日;张之洞:《复外务部》,《张之洞全集》,第10322—10324页;《续志英使要求停卖官膏事》,《盛京时报》1907年9月21日。

② 《条陈力争鸦片专卖》,《大公报》1907年10月13日。

③ 《上泽公论财政书》,熊希龄著:《熊希龄先生遗稿》,"电稿",第4031—4032页;《熊观察希龄上泽公论财政书》,《盛京时报》1907年8月31日。熊氏申论说:"近时禁烟之政,雷厉风行,薄海人民莫不震服。然职犹有过虑者,窃以我之禁烟方法,监督机关尚未完备,而立法过严,操之过急,人民或有暴动,外人必藉以为词,是反益我禁令之阻力矣。查日本于台湾行专卖条例,一由政府筹款收买烟土,制为烟膏;二由地方调查吸烟人口,分为三等,注之册籍;三由政府限制人民吸食多寡,及其年度;四由制膏局掺合药料,既医痼疾,又获厚利。其定法也完密,故其收效也神速。今我虽设由膏捐大臣,然近于抽收统捐,于专卖禁烟之法尚未合也。"

好，建议度支部仿照日本办法实行鸦片专卖。他所献策的内容较多，从后来载泽对各省采取的财政集权措施来看，这些建议对载泽的影响相当大。鸦片专卖的建议对其当有一定的影响，迫使其不得不对原来的消极态度有所反思。

柯逢时的举动也引人注目。作为中央派出的统捐大臣，柯逢时对湖北省的鸦片专卖筹划极为支持。张之洞与柯逢时协商制定了湖北省鸦片专卖的详细章程，计总纲十五条，细目百余条；[①]而且张、柯商定，从土药统税存积项下借款20万两，[②]又从善后局拨款12万两作为专卖局的开办经费。[③]此一时期，将鸦片统税放归各省自办的呼声越来越高，连八省统捐的倡议者铁良也坚请放权给地方，令其积极筹办专卖事宜；[④]张之洞对裁撤统捐局卡态度也很坚决。[⑤]裁局撤卡，放权各省，一时成为京内京外争执的焦点。[⑥]在这种形势下，柯逢时与程仪洛商度后，于1907年9月12日郑重上奏清廷，要求裁撤土税部局，改办专卖，建议度支部早作决断。[⑦]此事在京师内外凡响较大。

柯折请求裁撤统税局卡的理由，主要是土药税收陷入困境，

---

① 《鄂省鸦片专卖章程入奏》，《申报》1907年8月1日。
② 《湖北将实行烟膏官卖之计划》，《大公报》1907年8月13日。
③ 《鄂省官膏专卖局开办确闻》，《申报》9月13日。
④ 《膏捐大臣年终裁撤》，《申报》1907年6月18日。
⑤ 《开议裁撤统捐》，《大公报》1907年9月23日。
⑥ 《奏裁土药统捐局》，《大公报》1907年9月22日；《开议裁撤统捐》，《大公报》1907年9月23日；《议准裁撤膏税部局》，《大公报》1907年9月28日；《膏捐局暂不裁撤》，《大公报》1907年10月23日；《议决裁撤土膏大臣》，《大公报》1907年11月3日等。
⑦ 《咨订官膏章程》，《盛京时报》1907年9月25日；《咨商鸦片专卖章程》，《申报》1907年9月25日；《咨订官膏章程》，《大公报》1907年9月20日。

"各省实行禁烟,土商停运,不独溢收全无,即应拨各省额款,已难依期应付。岁需经费百余万,更无从征收。再四思维,部臣既不允派监督,拟仍归各省自办,或由部设法统筹,庶办理既无牵制,款项较有着落",不管是归各省自办还是由度支部统筹,总之要举办鸦片专卖,柯折说,"各省办理官膏,应由部妥定划一章程,咨行各省照办,商人有所适从,不致各怀疑阻,亦可稍资补救"①。柯逢时此奏,以及他建议外务部据理与英国交涉鸦片专卖问题,使得他的所作所为必能对度支部产生较大的影响。

压力之二是清廷对专卖的积极态度。在京师内外影响下,清廷已经认识到鸦片专卖的必要性和紧迫性,1907年10月11日谕旨直截了当地令度支部筹备鸦片专卖的事宜:"谕军机大臣等:官膏专卖自是禁烟扼要办法,惟须调查详细方有把握。所有洋药进口、土药出产及行销数目,均应考求详确。著度支部遴派明干得力司员,逐项分别确切调查。此事期在速行。著予限六个月,至迟亦不得逾一年,务须依限查明,妥拟办法,请旨施行。"②

度支部只得遵旨筹备,10月26日后度支部派出十位大员赴各省调查。③11月中旬,内阁学士文海呈递封章,力陈官膏专卖是禁烟的要策,应饬令各省制定切实章程,迅速实行。京师内外对长时间调查洋土药情况,颇觉难以等待。1908年4月初,由于京中和各省

---

① 《柯逢时等奏请土税由各省自办或由部设法统筹折》,《光绪朝东华录》,第5734—5735页。
② 《德宗实录》卷579,第6页;《光绪朝东华录》,第5746页。
③ 《度支部奏遵旨派员调查各省洋土药片》,《政治官报》第11号,1907年11月5日。这十位大员是度支部郎中刘煦照、员外郎铨秀、主事李维熙、王应堂、袁绪钦、宋美瑛、赵鋡俊、饶之麟、顾燮光、谢桂声等。另见《派员调查洋土药数目》,《大公报》1907年11月15日。

对专卖的急切企盼，度支部又不得不电令调查员抓紧调查，并向朝廷汇报了调查的难度。①柯逢时关于统税局卡经费极度困绌，甚至要动用统税正款的咨报，更使得鸦片专卖成为紧迫的事情。②

在这种情况下，度支部已经意识到专卖烟膏是大势所趋，并把专卖视为本部的职责，应该有所举动。力争全国专卖烟膏的主管权是该部首先考虑的问题。这一问题十分复杂，禁烟上谕发布之前，户部和商部已经介入；其后民政部又力图控制此项权限，并已进入筹备阶段；各省的情形更为棘手，多将鸦片专卖视为统税局卡撤销以后本省处理鸦片问题的替代措施，以固守本省财源。度支部却认为，土膏统税已经由国家经营一年有余，各省撤卡以后，对其税务整顿应仍归中央来经画，度支部专职司农，自然有权接管此事。争夺专卖主管权的矛盾在1907年下半年以后开始显露，1908年1月度支部尚书载泽提出，全国专卖应归本部管理，由部派专员赴各省督饬，部署一切，如此可纲举目张，但这一看法却遭到某些军机大臣的反对③，看来各省自办专卖在中央上层也有不少人予以支持。但是，度支部却拥有自己的尚方宝剑，这就是调查各省洋土药问题的"上谕"，其中明确规定由度支部来"妥筹办法"，专卖主管权归度支部就这样确定下来。

藉答复柯逢时裁卡办理专卖建议之机，度支部对鸦片专卖作了

---

① 《度支部抄咨电催各员上紧调查洋土药出产行销数目片》，一档馆：会议政务处全宗，第143—777号；《度支部奏遵旨调查洋土药电催各该员上紧调查片》，《政治官报》第166号，1908年4月15日；《电催赶紧调查土药》，《正宗爱国报》第587期，1908年7月16日。
② 《又奏各局经费不敷暂动正税片》，《政治官报》第260号，1908年7月18日。
③ 《专卖烟膏之意见》，《大公报》1908年1月18日。

第二次正式表态。前述柯逢时建议裁撤局卡举办专卖奏折到京的时间是1907年9月12日，度支部的议覆却经历了近三个月，直到12月8日才提出。这次表态自然受到上述诸种因素的影响。与两年之前答复赵启霖奏折时相比，该部的观点有较大调整，但仍未立即同意专卖的建议，对各省积极筹办鸦片专卖也未一口回绝，态度复杂。这里有几个值得关注的问题。

一是将各省积极举办专卖的原因归结为各省自顾其利，恐怕统税继续实行，中央拨款不足。奏折称："自奉诏禁烟，各省恐拨款之未必足额，皆思自顾其利，至创为商土官熬、官膏商卖之法。"①由此可以读出两种信息，其一，鸦片专卖是禁烟的一种有效手段，各省积极倡导专卖，背后却在于发掘其筹款功效，筹款与禁烟侧重点的不同，结果自然有别；其二，八省土膏统捐推行后，延续下来的地方与中央的财政关系，对峙依然，互有戒备，原来财政处所称各省存在"异视之心"的状态仍未改观。因此度支部对鸦片专卖的实施就不能不抱有戒心。

二是度支部将土膏统税收入锐减的原因归结于各省专卖的恶劣影响。该部声称，各省的做法导致土商观望囤积，税款收入自然下降，它援引柯逢时的电奏说："该督办电称，汉赣沪帮土商相率停运，宜昌、徐州收数不及往年三分之一等因，是各省官膏办法不见信于商人，确有明证。"言外之意，若专卖之风不起，统税入款当会大增，至少不会下降，所以该部实际上是倾向于维持土膏统税制度。针对各省贸然举办专卖、惧怕统税的现状，该部仍强调各省在

---

① 《度支部奏覆土药税绌请裁部局折》，《申报》1907年12月27日。

统税拨款上不会有亏,"所有各省关拨款项,仍遵统税定章,按额拨还,不及递减。如此,则各省原饷无甚出入,而办理亦不致为难矣"。抵制和反对各省专卖之意即暗含其中。

三是对举办鸦片专卖一事的表态。度支部虽然没有像以前那样拒绝,但明显可以看出,在揣测内意后,该部虽然奉旨表示同意,但能否举办,如何举办尚未定论,警告各省不得擅自举办,"现臣部钦遵谕旨,遴派司员分投各省,调查洋药进口、土药出产及行销数目,俟考求详确后,再行体察情形奏明办理。现在无论何省不得奏请自办,以杜纷岐"。可见,该部对专卖问题尽管有所调整,但仍未断然决定举办,为下次表态预留了回旋的空间。

推行鸦片专卖制度,日本在台湾的专卖经验较有参考价值,内地欲行此策,必须首先筹备巨款以购买洋土药。如何在短期内筹措巨额款项关系重大。媒介报道称,度支部态度游移于专卖与统税之间的原因与巨款难筹有关。1908年5月下旬,载泽等人在两宫召对时,即对筹款问题犯难,试看有关报道:

> 听内廷人说,二十五那天,□□召见度支部尚书泽公、绍侍郎英,□□两宫垂询专卖烟膏及画一币制事宜,对以专卖烟膏一事将来势在必行,惟资本过重,一时巨款难筹,况此时各省种地及洋药进口确数尚未查清,碍难刻即兴筹,应请暂从缓议。①

度支部在两宫面前对筹款问题的担心,看来纯系藉口。专卖方

---

① 《泽公等召对述闻》,《正宗爱国报》第538期,1908年5月27日。

法不同，资本的筹措也就随之不同，譬如香港，政府不必投放巨资就可实行专卖，而且效益显著。各省此前已经对中国香港、台湾地区的专卖方法作过调查，度支部不可能毫无所知；即便不知域外方法，国内屡屡提出的专卖良策亦应有所知晓。

朝野关注鸦片专卖已久。甲午以后鸦片专卖的建议较多，名称虽有不同，但多属变相专卖，各类专卖方案中资金的筹措反而并不棘手。1898年4月，户部曾讨论过由黑龙江副都统景祺提出的"膏引"之法，即仿照清廷对食盐专卖盐引政策，将土药和熟膏划分引地，由部发给官帖，州县划为繁盛、次盛、简僻三等，派定数额进行销售。景祺估计，全国照此法实行后，每年收入不下（银）千万两。①庚子年之后，广东补用道许珏在办理粤省筹饷事宜中，借鉴景祺的"膏引"之法，略加改进，在广东实行"就土计膏"，洋药在洋关税厘并征之后，由公司发给"膏引"作为纳捐凭证；土药则在局卡领取膏引，收入颇丰。②后来由于多种原因，此法未能推行下去。这些做法，当时的户部均能知悉。

两宫召见载泽之前，有两人曾向度支部等条陈专卖的具体办法，筹款问题是两项条陈的主要内容。1908年4月初，广东典史郑嘉谟条陈鸦片专卖事宜，报界说深得载泽的嘉奖，称其"审度周详，调查详确"，饬令箎榷司存档备查。③媒介报道与度支部有关档案的批示颇不相同，郑嘉谟的鸦片专卖条陈，同时禀呈度支部和

---

① 《户部议覆请征铺税药牙折》，《集成报》第30册，1898年4月5日。
② 许珏撰：《復庵遗集》，清末民初史料丛书第49种，成文出版社1970年影印，第304—318页；"许珏札"，杜春和等编：《荣禄存札》，齐鲁书社1986年，第331—332页。
③ 《泽公嘉纳条陈阿片专卖章程》，《大公报》1908年4月10日。

民政部。从批示来看，两部的态度有较大差别，民政部对此评价极高，而且态度积极。两部批示用语亦可琢磨。

民政部的批示：

> 据禀及章程俱悉。采用日本办有效果之成规，斟酌内地创兴之办法，分别部属，调理井秩，足见留心时务，深堪嘉尚。章程存部备采。此批。

度支部的批示：

> 据呈已悉。本部业已遴派司员，分赴各省调查洋土药产销数目，应俟调查员回京，察看再行核议。原呈请折存案备查可也。①

按：郑氏对条陈缘起的说明，重点是就鸦片专卖中最困难的筹款问题进行筹议，"专卖局设，而后禁烟可以实行，当轴诸公谅筹之熟矣。故迟迟不举者，虑创办无款耳"②。针对筹款维艰，郑氏专门拟定了两种不同的专卖、筹款方案。

首先是针对土药专卖的"批发零卖法"。郑氏认为，全国吸食鸦片者不下2000万人，年费约计6亿元，以人口5万人设批发人1人统计，统计全国批发人可至8000人，欲充批发人者，可令缴纳保证银1000元，政府可先收保证银800万元；以人口4000人设零卖人1人

---

① 郑嘉谟撰：《鸦片专卖条陈》，北京大学图书馆藏1908年铅印本。
② 《郑嘉谟按》，见《鸦片专卖条陈》。

统计之，统计全国零卖人可充至10万人，欲充零卖人者，可先令缴纳保证银200元，政府可先收保证银2000万元。二者合计，政府可先收保证银2800万元，这项收入可以弥补专卖局开办经费；由批发人岁入坐贾捐统计，可收入176万余元；由零卖人岁入之坐贾捐统计，可收入1200万元；官膏专卖的利润，以卖价6亿元增加二成利益银统计，岁入之款当有1亿3千余万元。①土药专卖所需资金问题轻易解决，而且利益不菲。

其次是针对洋药专卖的"洋药包办保证金法"。这就是动员国内巨商大贾出资购买或者由私人向国外募集资金解决，因鸦片专卖而募集外债并不可怕，"特近年吾国人目外资为洪水猛兽，谈之色变。本国富商诚如三井氏者，出而肩此巨款，则不至骇人听闻而大生阻力。策之尤者，苟无其人，权宜之计亦不能不行专卖局，以民法上私人之资格，向外人募集社债，勿动国际交涉，他日按期清还，何后患之有！"②

除了郑嘉谟的条陈以外，就在载泽等人被两宫召见之前半个多月，代理江西按察使庆宽也就鸦片专卖问题作了条陈，上谕要求度支部议奏③，该部应知此事。庆宽上奏的时间大约是1908年5月初。其条陈缘由与郑嘉谟如出一辙，也是针对鸦片专卖中的资金筹措问题进行筹划，庆折说："查洋药进口岁至五万三千箱，成本至四千余万；土药更逾此数，姑以一万万计之，至少亦须有二成的款始能

---

① 《禀稿》，见《鸦片专卖条陈》。
② 《郑嘉谟按》，见《鸦片专卖条陈》。
③ 上谕要求度支部议奏的时间是5月5日，"四月初六日奉朱批度支部议奏，单并发。钦此"，见《代理江西按察使庆宽奏条陈官膏办法折》，《申报》1908年5月14日。

周转收买，益以制膏及设局各费大抵须筹二千万金，方能开办。故议者以款巨难筹，今尚延搁"①，关于筹款问题，庆折断言自己提出的做法妙不可言，有利无弊，"可不须借贷而取之不穷，可不烦劝募而自然乐就，且举洋债亏耗、国债烦忧之弊悉扫而空之，则举行膏票是已"。关于"膏票"的具体做法，庆折说，"按照每一盒贮膏若干数定价值若干，即定膏票若干种定例。凡行店烟户购买官膏，无论多寡，限定必用此票；凡购票至若干元以上，分别予以回扣，使凡作此项生理者，非以现银购票则无由得膏，其力能多购者，且可因票为利，自然不待招徕，行用普遍。官膏有数千万之出，膏票即有数千万之入，藉膏行票，即藉票得银购土，辗转交易，自可循环不穷"②。此法提出后，经传媒推介，流传甚广。尽管有言论颇不谓然，③但若结合郑折与庆折的做法，可不失为专卖之良策。

如上两法，操作虽有区别，但均不必筹措巨款即可推行专卖。既然民政部与度支部两者均以为可行无误，而度支部仍在筹款问题上对两宫欺饰蒙混，则是别有隐衷，所称待调查员回京后再议，实其藉词拖延之术。

1908年8月下旬，赴各省调查洋土药的度支部司员先后回京销

---

① 《代理江西按察使庆宽奏条陈官膏办法折》，《申报》1908年5月14日。
② 《代理江西按察使庆宽奏条陈官膏办法折》，《申报》1908年5月14日。庆宽称膏票办法是受外国"销货票"的启发而来的，他说，"查各国有大公司，每自制一种销货票，使人预购存之，随时照票购货，既足取便往来，亦实隐助资本，市肆乐其利便，故销行极广。今以除害之大政，握专卖之利权，人民信从，必较公司为易，似可仿其货票之意制出膏票"。
③ 有人说，此法的问题是"不能有信用也，即使有信用，洋药土药岂能收买尽绝耶？可谓想入非非矣"，见《禁烟问题》，《政论》第5号，1908年7月8日。

差。各省能否实行专卖已经到了关键的时候,有关各方对京城动态极为关注,各种传媒也多有探访,有利的消息不断传向民间。有一则报道即称,度支部已经决定在全国举办专卖,咨告各省督抚早作筹备。①此前,尚有多种报道也说明度支部有意举办专卖。②

调查员返京一个多月后,10月4日度支部丞参厅突然拟稿上奏,坚决请求清廷不可实行专卖。这是度支部对鸦片专卖问题的第三次正式表态。

该部反对鸦片专卖的理由有三:其一,外人已经放弃租界的鸦片税收,中国若行专卖,迹近争利,必会招致外人反对;其二,度支部调查结果显示,吸食鸦片者数量已经锐减,按约收买洋药,必致浪费,无从销售;其三,国内警政并不完备,若行专卖,富家必有贮存,巡丁搜查必定多滋纷忧。③度支部警告说,"若一经专卖,专滋缪辖,且十年之限亦不能缩短,于禁烟本旨反形松懈,似不如乘此业经见效之时,力为扫除,其成功自必较速"。度支部的建议比较含混,折曰:

> 为今之计,为民除害而不为民累,惟有隐师专买之意,按照政务处奏定章程,凡贩烟之店、吸烟之人分给凭照、牌照,其不领照而私贩私吸者,从重惩罚,并将凭照、牌照各费按照臣部会

---

① 《禁烟问题汇志》,《盛京时报》1908年8月27日。
② 《帮办大臣拟不简放》,《大公报》1908年2月12日;《度支部不准各省自办官膏》,《盛京时报》1908年6月13日;等。
③ 《丞参厅九月初十日具奏覆奏查明各省洋药进口、土药出产及行销数目酌拟办法折》,一档馆:会议政务处档案全宗,"财政"67—89;《光绪朝东华录》,第6001—6003页;《度支部奏洋土药产销数目及办法折》,《盛京时报》1908年11月6日。

同民政部奏定之数，酌量加重，一面分年分省全行禁种，以期缩短禁烟年限……并不于禁烟一事稍存筹款之意。①

光明正大的言论之背后，度支部已经保住了鸦片统税。后来该部为了继续征收统税，反对各省合理的禁烟主张，尤其是在反对禁运邻土和裁撤税卡问题上的顽固表现，即可证明上述言论远非其本意。

作出反对鸦片专卖的决定，度支部将自己置于各省的对立面，各省督抚对其极为不满，清廷内部，尤其是禁烟大臣对这种决断颇有看法，对度支部的主张抨击最力。围绕着鸦片专卖问题，度支部与主张专卖的督抚、大员纷争不断，对立明显。

山东巡抚袁树勋在10月提出官收洋药政府专卖的建议，②电奏清廷应将专卖从速办理，"不惟大利可图，且可使烟患早绝"③。在政务处讨论该项建议时，多数人赞同实施，但仍有人认为各省情形有别，应征询各省意见，庆亲王奕劻即命政务处提调电令各省研究，两个月之内提出意见。④其间，度支部认为若举办专卖，光京师一地需款即达一千万，难以筹措，于是极力阻止专卖主张。⑤会议政务处受度支部的影响，便拟折准备缓办专卖，并计划于10月

---

① 《丞参厅九月初十日具奏覆奏查明各省洋药进口、土药出产及行销数目酌拟办法折》，一档馆：会议政务处档案全宗，"财政"67—89；《光绪朝东华录》，第6001—6003页；《度支部奏洋土药产销数目及办法折》，《盛京时报》1908年11月6日。
② 《禁烟问题汇志》，《申报》1908年10月6日。
③ 《催办鸦片专卖》，《大公报》1908年10月22日。
④ 《京师近事》，《申报》1908年10月14日。
⑤ 《官膏尚难专卖》，《大公报》1908年10月20日。

24日入奏。但军机大臣袁世凯、鹿传霖各从不同的角度加以驳斥，尤其鹿传霖以禁烟大臣的身份加以反对，迫使会议政务处大臣不得不推迟入奏。①专卖纷争可谓复杂多变。随后端方在万国禁烟会期间，极力主张举办专卖，运筹帷幄，函电交驰，代表的却是地方财政利益。京师各部的表现颇不一致，概见清廷内部态度之纷乱，度支部对此事的影响是决定性的。

万国禁烟会期间（1909年2月1日至2月26日），清廷钦派万国禁烟会首席大臣端方力主实行鸦片专卖，与京师各部函电交涉，活动频繁。会议之前，端方即搜求有关专卖问题的材料，主张按照日本在台湾专卖办法办理，②并准备在禁烟会议上提出。会议开幕时，端方致词的主调即是建议以鸦片专卖来解决中国的禁烟问题。③端方演说后，他所提出的以专卖手段处理禁烟的主张，并未遭到各国会员的反对，端方因而深受鼓舞，所以他建议清廷应对此密切关注，并应拟具说略，以备会议讨论。他甚至有把握地说，"现派出与议各员，皆一时之选，细心料理，必可有成"④。在端方的授意下，蔡乃煌、瑞澂、刘玉麟等在上海参与会议的成员积极致电京师各部，极力游说，结果阻力重重，呼应不畅。度支部的反

---

① 《政务处议复禁烟折件之波折》，《申报》1908年11月1日。此折最终议覆的结果是拒绝该省督抚的建议，且看原文的措词："至包买、专卖，迹近争利，窒碍甚多，度支部奏牍可稽，与臣等意见相同，应请无庸再议。"
② 《光绪三十四年十二月初十日致东京胡钦差电》，一档馆：端方档案全宗，专34"禁烟去电"。
③ 李振华辑：《近代中国国内外大事记》，第568—569页，《丛刊》续编，第67辑。
④ 《宣统元年正月二十一日致北京禁烟大臣、外务部、度支部电》，一档馆：端方档案全宗。

对态度尤为坚决,这从外务部的一系列来电中即可看出,"专卖必先包买,如归官办,度支部既不谓然;如归商办,恐不能担任,设有巨亏,仍为官累,究竟有何善策,务先妥筹请示酌核"①。1909年2月14日度支部且专门致电端方"上年本部奏调查洋土药销数,力言官膏专卖、包销洋药之不可行,业经奉旨允准,知照在案。此事应始终遵照奏(明)办理,万不可另生枝节,转滋轇轕,至要",坚决反对端方的专卖计划。②

三天后上海方面给端方来电,对度支部阻挠专卖的原因揣测说,"度支复电不以专卖为然,想系以财政困难,且虑包销洋药致受巨亏起见,不知实行之法寓禁于征断难见效"③。交涉之中,外务部见度支部反对坚决,也就撒手不管,将决策权交给度支部,向端方郑重声明:"专卖各节自为禁烟扼要办法,惟此事关乎财政,应由度支部主持,本部已咨该部统筹核复……官膏专卖事已由度支部迳复。"④万国禁烟会结束前夕,端方等人计划国内禁绝土药后,应仿照台湾专卖办法,仅对洋药实行专卖。⑤度支部对此颇感不悦,便在2月23、24日郑重向端方提出若干质询,语气之严厉超乎寻常:

---

① 《宣统元年正月二十二日上海来电》,一档馆:端方档案全宗。
② 《宣统元年正月二十四日度支部来电》,一档馆:端方档案全宗,专33号"禁烟事来电"。
③ 《宣统元年正月二十七日上海来电》,一档馆:端方档案全宗。
④ 《宣统元年正月二十五日外务部来电》,《宣统元年正月二十六日外务部来电》,一档馆:端方档案全宗。
⑤ 《宣统元年正月二十九日上海来电》,一档馆:端方档案全宗;仿照台湾专卖办法问题,早在1908年下半年时,载泽就已经宣称:日本在台湾专卖官膏是针对殖民地的办法,与中国内地的情形不合宜。见《大公报》1908年11月11日。

若全禁土药，专卖洋药，有数问题：

1. 洋土药味之厚薄、瘾之轻重迥不相同，东南各省虽吸洋药者多，而吸土药者亦不少，若不概令其改吸洋药，使（便）是洋药瘾愈添愈多，何苦为之！

2. 现在各省禁种罂粟，洋药价已奇涨，若议专卖洋烟，其价必更有增无减；

3. 洋药不仅来自印度，若他国有私运，将何法以处之？

4. 西北各省向无洋药输入，现第专卖，专为东南各省计，既西北各省可以骤断吸食，岂东南各省独不可骤断吸食乎⋯⋯若认真禁止吸食，则吸食之人必锐减，按照现定洋药之数包买，所剩必多，作何办理⋯⋯应亟亟以禁吸为先务，至于专卖窒碍甚多！①

直到上海万国禁烟会结束，端方等人的专卖交涉也未成功，度支部的梗阻影响最大，此后不久，度支部就咨行各省、外务部、民政部等："（官膏专卖）窒碍甚多，易滋流弊，决议毋庸举办。"②

万国禁烟会结束以后，两江总督端方、江苏巡抚陈启泰、吉林巡抚陈昭常等人再度吁请举办专卖。此事的缘起是1909年3月清廷再度申禁鸦片，谕令各省如有抵补良策，应奏上备采。借着这个机

---

① 《宣统元年二月初四、初五日度支部来电》，一档馆：端方档案全宗。
② 《阻止官膏专卖》，《大公报》1909年3月8日。

会，端方与陈其泰联袂奏请将洋药实行专卖。他们建议在京师或通商便利之区设立总公司，各省设立分公司，钦派烟膏专卖大臣督理其事，以各省督抚为帮办大臣，由此提出了颇具体系的专卖计划，并制定了详细的专卖规则。①折上，摄政王载沣的态度是"甚以为然，当批该衙门妥议具奏"②。阅看此折的部门有度支部、外务部和禁烟大臣，三方协商时间较久，历时一个月，6月13日才拟折入奏，仍以度支部的意见为主。所列反对专卖的理由与度支部2月23、24日的质询电内容基本相同。③看来，度支部已将鸦片专卖列为最不认可的问题之一。④吉林巡抚陈昭常随后也提出专卖"先行试办，俟有成效再行推及各省"的建议，同样没有得到度支部的赞同，⑤各省督抚对专卖问题的影响力日渐式微。

度支部从禁吸入手，反对洋药专卖的主张被媒介刊发后，引来一片声讨。有言论称度支部的主张为"莠言乱政"、居心叵测，并对该部所列的五个反对专卖的理由，逐一驳斥，⑥对度支部的举措极不满意。

在专卖问题上，禁烟大臣的态度很重要。禁政改革包括禁运、

---

① 《遵办禁烟情形折》，《端忠敏公奏稿》卷14，第1688—1701页，《丛刊》正编，第94号。
② 《续志江督奏陈烟膏专卖办法》，《申报》1909年5月2日。
③ 《度支部会奏议覆江督奏遵办禁烟各节并筹拟情形折》，《申报》1909年6月30日。如有不同，仅仅是所列问题的序号由原来的四个问题变为五个，将最后一句话列为第五个问题。
④ 《泽贝子不认可之三事》，《盛京时报》1909年3月18日。载泽决定不准各省举办三事：一、开办实官捐；二、举办官膏专卖；三、轻易举借洋债。咨行各省不得以此为请。
⑤ 《官膏专卖之难行》，《大公报》1909年4月3日。
⑥ 《论度支部议驳烟膏专卖事》，《申报》1909年6月28日。

禁吸和禁种，三位一体，缺一不可。各省督抚提出专卖建议时也多以禁烟相标榜。度支部对各省的专卖主张一再反对和议驳，最终引起京师禁烟大臣的不满。该大臣欲将禁烟与专卖结合起来的主张也被度支部所阻遏，两者的冲突不可避免。尽管各省力争鸦片专卖有强调筹款的倾向，①但专卖制度对禁烟事业确实有效，1909年7月下旬禁烟大臣溥伟在其衙门的禁烟例会上表示，禁售和查吸"非由官膏专卖办起无以挈其纲要，因与度支部商定办法，实行试办，以促禁烟之进步"②，但次年2月中旬时，此事仍不能解决，该大臣不断催促度支部必须考虑实行专卖计划。③度支部的态度可想而知。1910年7月，正当中英双方对洋药进口问题进行谈判时，国内的禁烟成效屡遭人们指责，钦派禁烟大臣面临着巨大的压力。恭亲王溥伟极力主持官膏专卖及强迫禁烟，但却遭到载泽的阻拦，载泽强调从禁吸入手，反对禁运，致使禁烟大臣不得不对其质询，④矛盾十分尖锐。

1909年后鸦片专卖或作为筹款之术，或侧重禁烟，只有少数地区得以贯彻实施，⑤全国范围内终因度支部阻挠，未能举办。载泽等新兴权贵擅权专控，影响越来越大；各省与中央部分督抚、要员

---

① 《今日财政困乏之评决》，《时报》1909年6月21日。
② 《主张官膏专卖》，《大公报》1909年7月21日。
③ 《拟催办烟膏官卖》，《大公报》1910年1月15日。
④ 《鸦片烟之命运》，《大公报》1910年7月9日。
⑤ 就各省情形来说，四川省在禁烟后期实行了鸦片专卖，促进了禁烟的有效实施；其他省份的个别地区有所实行，例如奉天之营口、吉林、山东部分地区等；另外，官膏专卖的替代形式则有多种多样，例如，土药公行制度就在较多地区获得实行。洋药情况相对特殊，真正的专卖制度未见实行，替代性的措施也引致了中外鸦片商人和英国使领人员的干预，较为曲折。

虽然处心积虑，但最终被迫放弃。其间双方矛盾的复杂化、尖锐化趋势非常明显。后期鸦片统税问题上的纷争，其矛盾类型亦可由此演变和衍生，局面之繁杂，矛盾之深刻，实在不是清廷决断禁烟时所能预料的。

二、外省专卖：命运之跌宕

地方专卖的情形与京师大不相同，各省督抚希望藉此暗中抵制清廷主办的鸦片统税。京师地区受控于度支部，运作空间较狭，难以有所伸展。而各省则凭藉禁政旗号，或侧重筹款，或注重禁烟，或兼涉两端，规划的形式多种多样，运作的高潮时期是在1907年至1908年。正当各省纷纷规划实施之际，英国驻华公使、领事横加干预，度支部再三阻挠，各省经画不得不偃旗息鼓，只有个别地区得以实施。

根据目前掌握的资料，进行鸦片专卖筹备或部分实施的省份有江苏（苏、宁两属）、广东、四川、山东、奉天、浙江、吉林、福建、湖北、贵州、黑龙江、湖南、江西、安徽、直隶等15个。①各省在筹备中互有联络，专卖方式各有千秋，英人干预的力度、筹备或实施的方式也不相同，成效自然大相径庭。此仅将部分省份的专卖情形略作考察，以求管中窥豹。

本文选择省份的依据，首先是根据鸦片专卖筹备、实施、结局和阻力等各种主要因素的综合作用来划分类型，而不以传统的区域

---

① 依据的史料主要是当时出版的报刊，媒介对各省关于鸦片专卖的报道较多，本书统计各省情况多依据这类报道，毋庸讳言，这种统计方法不算科学，遗漏必然较多，但在没有直接有效的史料前，选择这种方法应属合理可行。

划分为依据；其次，限于史料，对被选省份的分析详略有别，惟求将主要的特征作大略分析；再次，鉴于有关省份目前研究的实际情况，本书采取不同的对待办法，以求详人所略。

根据上述设想，本书着重分析江苏、福建和山东省三个省份。江苏省鸦片专卖筹备时间较早，呼声最高，苏、宁两属情形各有不同，并各自具有较广的代表性，多数省份受其影响。两属在专卖阻力和模式上各有差异，不妨看作是两个省份的问题；福建省属于洋药消费的主要省份之一，在专卖问题上，该省的做法与他省有较大的区别，商人介入的情形较多，且受英人的干预，成效较少；山东省则洋土药兼有消费，以土药为主，在北方省份中，专卖形式和暴露的问题较为明显，具有一定的区域代表性。从专卖的规模和成效来看，较有特色的省份是广东和四川两省，前者系洋药消费大省，毗邻香港，尤为英国政府所关注，外交纠纷较各省为多；四川省作为全国鸦片的主产区，在禁政后期，也采取专卖方式，在各省中惟有该省实行得最为彻底，对禁政推动较大，在出产鸦片的省份中颇有代表性，但两省专卖问题已有学者作过相关研究，此不展论。①

（一）江苏

江苏省包括苏属和宁属两部分，江苏巡抚衙门设在苏州，两江总督衙门则设在江宁，形成两个不同的行政区域，两者在很多方面差别较大。就鸦片专卖来说，尽管两属互有联系，但由于种种原

---

① 关于广东省专卖问题，较有代表性的研究是王宏斌：《清末广东禁烟运动与中英外交风波》，载氏编：《毒品问题与近代中国》，当代中国出版社2001年版；关于四川省专卖问题，秦和平所著：《四川鸦片问题与禁烟运动》也有所涉及，四川民族出版社2001年。

因，双方还是实行了不同的政策。

在各省中，江苏省的鸦片专卖筹备较早。1905年5月，两江总督周馥就曾派郑世璜等人赴印度考察鸦片专卖事宜，11月份周馥向清廷奏请专卖鸦片。[①]当直隶省开始进行专卖的具体筹备时，江苏也有开始进入宣传筹备阶段。[②]1906年2月上旬，舒继芬向江督提出专卖筹款的方案，要言之，就是采取"款由商集，权自我操"的办法，并申明这一方案的优势在于"既易稽查，又便周转，不筹本而利自厚"。[③]但该省较长时间内专卖筹备并无进展。端方督两江后，在接受日本大阪的访事员采访时对鸦片专卖颇感兴趣，认为"山西、陕西地方童稚且有嗜好，骤行禁绝实不容易，拟仿贵国治台湾之法，一归政府专卖"[④]。于是，江苏两属分别在各自的区域内，探讨鸦片专卖的不同做法。

1907年2月初，江苏巡抚陈启泰出于禁烟需要，决定在省城设立官膏局（负责稽征官膏事宜），委派卢懋善为该局提调，进入实际筹备阶段。[⑤]苏抚对香港专卖做法极为重视，迭次电令沪道调查香港专卖的有关章程，[⑥]以求对本省的稽征官膏做法加以完善。

---

① 政务处档案，此档无名称，形成时间大约是1905年12月份。一档馆：政务处第2794号档案；《江督咨户商两部请将鸦片归官专卖》，《申报》1905年12月4日。
② 《南省鸦片官卖先声》，《申报》1906年2月1日。
③ 《舒继芬观察条陈江督拟官收洋药筹备资本办法》，《申报》1906年2月11日。
④ 《最近要政之真相》，《华字汇报》第469号，1906年10月23日。
⑤ 《苏抚派员设立官膏局》，《申报》1907年2月6日。苏省设立的官膏局，在有关报道中有时被称为"稽征官膏总公所"，该所兼管禁烟事宜。
⑥ 《调查香港、台湾禁烟章程》，《申报》1907年2月27日；《电催香港禁烟章程》，《申报》1907年4月13日。

1907年4月9日，苏省禁烟总局在苏州发出告示，对原办膏捐的征收进行改革，纳入官府控制，并增加捐款数量，每膏一两收捐钱50文。①但此令一出，土商立即酿出风潮，广帮土商带头坚决反对，迫使捐价减收十文，并免去卢懋善的提调职务，风潮始息。②苏属地区的专卖由此大受影响。7月初，苏省接到端方札文，希望苏属要按照宁属专卖办法，设立官膏局，以机器熬制烟膏专卖。③但由于筹款困难，专卖烟膏事宜迟迟未决。9月中旬，六位绅士联合起来，筹巨款希图在省垣设立总局，专门办理长、元、吴三县以及太湖厅四属的官膏专卖事宜，并许诺每年向官府报效（银）10万两，④此事长期议论不决。11月初，英国驻上海总领事阻止苏属专卖鸦片，虽经交涉，英人仍执约不允，加之广帮土商暗中阻挠，与洋人串通一气，导致中英双方争执不休。无奈之下，1908年2月下旬，苏省决定仍实行烟膏加捐的做法，并移交商办，实行包税制办法。⑤苏属实行逐步减销加捐的做法，更能与以往的税政相衔接，并带有"为禁烟而加捐"的气息。苏属在推行包税制的过程中曲折颇多，包税商唯利是图，致使膏捐征收弊窦丛生，土商哄闹，风潮

---

① 《禁烟示谕》，《申报》1907年4月11日。
② 《烟馆大集会议之余闻》，《申报》1907年4月16日；《议通烟膏加价办法》，《申报》1907年4月17日；《烟馆聚众风潮已平》，《申报》1907年4月18日。
③ 《江督札饬设立官膏局》，《申报》1907年7月6日。
④ 《苏省专卖官膏已有成议》，《申报》1907年9月13日。
⑤ 《英领诘问专卖官膏》，《申报》1907年11月12日；《英领又请停办官膏》，《申报》1907年12月29日；《催办官卖公膏公司》，《申报》1908年2月5日；《膏捐移交商办》，《申报》1908年2月23日。

迭起；①加之候选道许珏向清廷条陈说苏属膏捐由商办理，贻误地方禁烟，所以，6月29日以后不得不收归官办。②苏属对官办膏捐进行改革，"决议自本年起，每年减售烟膏一成，每两再加捐钱十文"，即在原来四十文的基础上加收至五十文。③这种加捐方法实行了两个半月后，禁烟公所官员认为膏捐增加十文，不足以达到禁烟的效果，于是决定从11月9日起，每年减销二成，膏捐加至二倍，计每两共征捐钱100文，④均由吸食者负担。这种变相的专卖办法一直延续下来，变化较少。

江苏宁属地区的专卖事宜直接在两江总督端方的规划下进行。与苏属相比，专卖筹备的路径颇不相同。端方饬令江宁府对本区的土药、土膏店经营情形详加了解，官府传集该商开会，预计专卖经费至少亦需100万两。经与商人讨论，确定由土商承担三分之二。关于专卖机构，两江总督决定在省城设立总公司，各府县镇设立分公司，各土商设立子店，由土商子店向总公司或分公司批发，然后零售给吸食者。⑤如上业务均由新成立的江宁官膏局管辖经营。该局制定了江宁专卖章程，仿照日本在台湾的专卖规章，注重招商承办，土药和土膏虽由官专卖，但限于资本，只得征求"资本较充、众望素孚者"出款承办，由官府发给营业牌照，征取牌照费和营业

---

① 《各帮烟店反对包办膏捐》，《申报》1908年3月25日；《拒烟会请撤膏捐董事》，《申报》1908年4月1日。
② 《苏省膏捐收归官办》，《申报》1908年7月2日。
③ 《苏省准加膏捐》，《申报》1908年7月16日。
④ 《禁烟公所加征膏捐》，《申报》1908年11月2日。
⑤ 《议行专卖烟膏政策》，《盛京时报》1907年5月4日。江宁官膏局的全称是"江南戒烟筹办专卖官膏局"，负责收购鸦片、售卖烟膏和戒烟事务。见《江督示谕官膏专卖章程》，《申报》1907年8月23日。

税。①这一办法仅限于在江宁府试行。不久，端方批准在徐州设立官府所办的烟店土行，并设立戒烟专卖官膏分局，委派翁德棻为该局坐办，截留徐州土药税款3万两作为开办经费，使土药生产区也可以推广专卖办法，②另外在镇江也批准设立官膏局，对烟膏进行专卖。③江宁官膏局开办经费的筹措是专卖问题必须解决的首要问题。端方决定先从裕宁官银钱局筹备官本银50万两，④又在筹赈局赈余项下拨借钱4万串，⑤此外，尚从江宁运库借盐税款项10万两，"分六月初、七月初两次交清，俾官膏局可以立时开办，以应急需"，筹款进展顺利。⑥

正当筹款事项正在紧张进行时，扬州府属清江等处却违背专卖归官经理的原则，电请招商承办，被端方加以制止。⑦8月初，江宁土商老德记等十余家计划申请成立土药公司，由他们购进土药，供给官膏局使用，并建议照本加收7厘后双方交易，端方鉴于官膏局专卖利润受损，对其建议和章程立予驳斥⑧，拒绝了这些土商的要求。通州禁烟会作为民间组织也曾计划办理"官膏"，同样被端方

---

① 《江宁官膏专卖章程十条》，《申报》1907年4月29、30日。
② 《批准设立官办烟店土行》，《申报》1907年5月12日；《截留膏捐以充官膏分局经费》，《申报》1907年8月16日。
③ 《批准设立官膏局》，《申报》1907年5月23日。
④ 《江督示谕官膏专卖章程》，《申报》1907年8月23日。
⑤ 端方札知藩司，首次先借钱12000串，陆续拨借4万串为止。《饬拨官膏经费》，载《申报》1907年7月23日。
⑥ 《光绪卅三年五月二十日复扬州赵运台电》，《光绪三十三年五月二十日给汉口督销局范道台电》，一档馆：端方档案全宗，专34号"禁烟去电"。
⑦ 《光绪三十三年五月二十四日给清江杨道台电》，《卅三年五月二十四日给苏州陈抚台电》，一档馆：端方档案全宗。
⑧ 《批驳开办土药总公司之章程》，《申报》1907年8月7日。

驳回。①江宁经营专卖事宜，得罪了不少绅商，阻挡了他们赚钱的途径，因此向度支部和民政部控告。度支部迭次电询，均经端方解释，或阴相抵制，或坚持原案，②度支部此后也未再电询。上海宝山县罗店镇绅士潘鸿鼎本想设立官膏公所，被苏省藩司拒绝，故上告民政部。该部追查后，端方指责说，该绅"实不知命意所在"，"未免误会，不足置辩"③。江宁方面基本扫清了国内各方势力的阻碍，专卖事业准备就绪。

恰在此时，祸从天降，英国使领人员认为官府举办专卖对洋药贸易构成侵害，横加阻拦，酿成中英外交事件。事情缘起，系上海、江宁的洋药商人中势力较大的潮帮、广帮对专卖一事耿耿于怀，勾结老沙逊、新沙逊洋行，向英国驻上海领事饶舌鼓噪，试图借英国官方力量干预专卖事宜。并私下达成协议，决不向江宁官膏局售运洋药。④上海老沙逊洋行更是对中国推行鸦片专卖怀恨在心，他们不但饶舌英国驻上海总领事，而且禀控英国政府，之后又奔走串联于各个土行，呼风唤雨，在发给各个土行的传单中，老沙逊洋行声称，驻华英使决不让中国人的鸦片专卖得逞，"常马雷君已有信给本行爱德华·沙逊君，云渠已与伦敦外务部合办鸦片之问题，于专卖之事自当更加仔细留意，断不能使其设立也"⑤。

事情发生后，中英双方各执一词，各据条约据理力争。英方

---

① 《光绪三十三年六月二十九日给通州恩直牧电》，一档馆：端方档案全宗。
② 《光绪三十三年五月初四日电度支部》，《光绪三十三年五月二十七日给度支部电》，《光绪三十三年六月初二日给北京度支部电》，《光绪三十三年五月二十七日给柯逢时电》，一档馆：端方档案全宗。
③ 《光绪三十三年七月二日给北京民政部电》，一档馆：端方档案全宗。
④ 《光绪三十三年七月廿一日致外务部电》，一档馆：端方档案全宗。
⑤ 《英商对于中国专卖鸦片之函牍》，《申报》1907年8月28日。

意见在英国驻华参赞黎枝（斯蒂芬·利奇）所作《中国禁烟事宜说帖》一文中有所反映，该文援引《南京条约》和1858年的《中法条约》说，"凡英国商民在粤贸易，向例全归额设行商亦称公行者承办，今大皇帝准其嗣后不必仍照向例，凡有英商等赴各该口贸易者，勿论与何商交易均听其便"，"将来中国不可另有别人联情结行、包揽贸易，倘有违例，领事官知会中国设法驱除，中国官宜先行禁止，免败任便往来交易之谊"，根据上述约章，英方认为，中国举办鸦片专卖"固非尽力禁烟，殆欲藉以谋己利耳"，声称："中国若未得有约各国之承诺，断不能使洋药付之官卖。"①英国驻华公使朱尔典亲自到外务部官署，称中国方面实行专卖系违约之举，这一点英国政府决不承认，"前有答复洋药十年减尽之办法，于贵国禁烟之举足有把握。倘两国尚未商定，南京即于八月初一日开办专卖，系贵国自行破坏，所有以前答复各节概须另议，务电嘱南京停缓办理"②。

中国外务部与英国驻华公使多次交涉，并致函端方了解有关情况。端方此前尚有侥幸，因为英国驻宁领事已经阅看江宁专卖章程，并无提出异议。③岂知事情并未完了，端方接到外务部咨文后，方知事态严重。1907年8月29日专门给致电外务部，也据有关

---

① 《驻华英使朱尔典致英外部大臣葛雷公文》（附：使馆参赞黎枝："报告中国禁烟事宜说帖"），1907年11月27日由中国北京发，《英国蓝皮书（为中国禁烟事）》，《外交报汇编》第29册，广文书局1964年，第49—51页。
② 《光绪三十三年七月二十七日外务部来电》，一档馆：端方档案全宗，专字31号"禁烟事来电"。
③ 《光绪三十三年六月二十九日给上海瑞道台电》，一档馆：端方档案全宗，专34号"禁烟去电"。

条约驳斥英人的要求，端方援引《中英善后条约》的第五款说"洋药准其进口，惟该商止准在口销卖，一经离口即属中国货物，只准华商运入内地外国商人不得护送"，《天津条约》第九条中所说的英民持照前往内地通商以及二十八条所载内地关税之例也与洋药无涉；端方说，《烟台条约》第三条也规定："洋药一宗准为另定办法，与他项洋货有别，令英商于贩运洋货入口时，由新关派人稽查，封存栈房或趸船，俟售卖时，洋商照则完税，并令买客一并在新关输纳厘税，以免偷漏"；制定较晚的《烟台条约续增专条》第三节明确规定：在完纳正税、厘金之后，货主可在海关将洋药拆改包装，如果此时请领运货凭单，海关即当照给，这类运货凭单只准华民持用，而洋人牟利于此项洋药者，不许持用凭单运寄洋药，不许押送洋药同入内地。端方驳斥说，洋药向来自有专门规定，与他项洋货不能并论。英使所引《江宁条约》第五款、《法约》第十四款皆系指各项洋货而言，与洋药无涉，具体到江宁的专卖，端方称：江宁专卖官膏局规定，各土商凡是自行贩运药土者，应一律准其承办官膏用土，由局给予营业牌照，不收照费，以后所运之土专由官膏局向其收买，门市不准擅售，这一规定目的在于配合禁烟，"江宁现在办法实与条约无悖，英使所称不无误会。求钧部将以上所陈婉商英使，乞其赞成，以敦睦谊，中国幸甚"①。

---

① 《光绪三十三年七月廿一日致外务部电》，一档馆：端方档案全宗；《照覆官膏办法无碍土商》，《顺天时报》1907年9月13日；《江督力争实行官膏专卖》，《顺天时报》1907年9月15日。端方派官膏局总办孙词臣赴汉口与张之洞议商此事，张之洞也认为"此事并无违约，不容外人干涉，尽可先由江宁试办，无庸过虑"。

但清廷外交疲软无力，仰人鼻息，①惮惧英人，又怕英国毁约，只好阻止江宁方面暂停专卖，端方也就只得暂时放弃，静待外务部与英人谈判。②此后端方对外务部不无微词，一年之后，他对人说："外务部电以专卖烟膏一事正拟与英使妥商，现当未定办法之际，江南专卖之举务希缓办等语，因此停办。驻沪英领曾有照会来询，取设局章程，尚无明阻之语，徒因部电不允施行，因而作罢。"③言辞之中，不无惋惜。

中英议商专卖一事渺无期限，度支部又对各省专卖加以阻拦，江宁只能借鉴苏属办法，以税捐增浮来筹措款项，并达到禁烟目的。1908年5月江宁财政、官膏、自治三局协商后决定："每售烟膏一两，酌定捐钱三十文，按旬收缴，解交财政局，充作戒烟及省垣要政之用，系为寓禁于征、藉资稽考起见。"④为了进一步对鸦片吸户、土膏经营者控制，后来宁属又发放牌照，增加监控力度。1909年7月底8月初，英方对这种限制性的禁烟措施提出抗议，蛮横声称这是"有意抑勒"、"难昭平允，并有违条约"、"应请贵部院转饬该管局，明白晓谕军民人等，此项新章不过仅为中国土膏而设，与印度鸦片决不相干，以保例准通商之自由"。⑤英人这次抗

---

① 《申报》专门刊文痛斥外务部对英交涉之无力，见《综论中国之外交》，《申报》1908年3月21日；1908年4月份，有人讽刺清廷的外交家有八个秘诀：磋磨、退让、推诿、欺饰、趋避、仰承、应酬、诏媚，见《论中国外交家有八诀》，载《盛京时报》，1908年4月8日；清末甚至有人称中国衰弱很大因素系由于外务部"媚夷"："考世变者，当知中国之不弱于甲申、甲午、庚子之失败，而弱于总理衙门外务部之媚夷，可叹也"！见胡思敬：《国闻备乘》卷2，"教案"，上海书店出版社1997年。
② 《光绪三十三年七月二十一日致外务部电》，一档馆：端方档案全宗。
③ 《光绪三十四年九月四日致广州张制台电》，一档馆：端方档案全宗。
④ 《江督批定各州县膏店收捐办法》，《申报》1908年5月5日。
⑤ 《驻沪英领干涉禁烟执照》，《申报》1908年8月3日。

议的对象虽针对苏属地区，由于江宁实行同样的控制办法，自然也遭到英方的干预。

鸦片专卖江苏呼声很高，最终未能实行。究其原因，国内因素以度支部、外务部的阻拦为要因，英国政府刻意保护印度鸦片利益则是关键，国内鸦片商帮（以广帮、潮帮为最甚）与英国鸦片商人相勾结，英国驻华使领官员受其唆使，力为保护，专卖之举最终放弃。江苏省的专卖起因、阻力和结局，在各省中较有代表性，成为东部地区洋药消费省份的一个缩影。

（二）福建省

福建省基本上属于非鸦片主产区，大部分依靠进口外来鸦片，其中洋药的数量较为庞大。根据度支部1905、1906、1907三年的调查统计来看，本省出产的鸦片分别有1500、1514、1324担，在各省产量中份额相当少，土药消费主要来自外省，三年期间洋土药销售量对比如下（洋药销量／土药销量）：6600／6000；7007／6324；7064／5334，①洋药消费数量较大。由此看来，福建省若要跟随全国兴起的鸦片专卖潮流，洋药问题仍是一个敏感的问题，其面临的风险仅次于广东和江苏两省。②

1907年8月份前后，各省遵照清廷谕令先后禁闭本省的烟馆，

---

① 《（度支部）丞参厅九月初十日具奏覆奏查明各省洋药进口、土药出产及行销数目酌拟办法折》，一档馆：会议政务处档案，档案号：61/89。
② 1911年初许珏根据洋药消费量多少，对有关省份进行了一个排序，"查向来洋药销数，广东与江苏为最多，闽浙次之，沿江赣皖各省又次之"，见许珏：《上督院禀交卸禁烟局差并请赴江苏将牌照捐联络开办》，《復庵遗集》影印本，第486页。专卖鸦片的风险是一个模糊不清的概念，从大的方面来看，清廷、本省的政策风险、本省洋土药商人的反对或支持的力度、外人介入反对的程度、禁烟风险的程度等，此处判断考虑了上述因素的综合作用，系相对而言，资料所限，无法进行量化比较。

如何对烟膏和土药的销售进行控制？多数省份提出用专卖来加强控制。福建省在这种情况下开始酝酿鸦片专卖问题。

该省专卖的重要特点是官府处于被动状态，巨绅富商则积极主动，极愿包揽，多次参与专卖事宜。5月份，福建禁闭烟馆事项基本完成。①闽省商人认为官府虽欲行专卖，但资金不足，所以"善营利者均挥其敏腕运动官场，以冀博得专卖之利益"，随后本省时有商人招股承办的传闻。厦门某巨绅提出，愿出巨资包办全省的烟膏专卖，许诺每年向政府交款30万元，以取得对专卖的控制权。②几经奔兢和磋商，最终成为泡影。10月份，又有厦门某富绅计划集资50万元，包办漳州、泉州二府的烟膏，成立烟膏专卖局。并且对官膏的等级也有所计划，"局价分为上、中、下三等，上等一两二元，中等一元六角，下等一元二角，烟灰仍由官局收回，每两约计三、四角，无论华洋人等均不得私煮私卖"③，这一计划准备提请福建巡抚批示，但却未见下文。

1907年冬季，福建省财政局决定仿照苏省办法，对售卖烟膏的业主加收膏捐，每位业主每天缴纳膏捐银六角，计划于1908年2月7日起实行，并刊发传单广为宣传。该项计划实施后，绅商巨贾见有利可图，积极运动其中。某巨富准备募集巨款承包烟膏官局，许诺的条件是"每年所得息银以五成充铁路经费，三成分充学堂及去毒社之用，二成为该局用费"④，要求财政局刊给谕文，禀文报

---

① 《闽督奏报禁烟成绩》，《申报》1909年5月28日。
② 《闽商愿缴巨款包办烟膏专卖》，《申报》1907年8月31日。
③ 《包办专卖官膏之办法》，《申报》1907年10月24日。
④ 《禀请包办清膏官局》，《申报》1908年2月15日。

到财政局处批示，却不见结果。7月份，又有泉州人李秉仪等五人联合起来运动于官府，要求包办本省的鸦片专卖，并获得该省藩司的准许。在筹资计划中，日本三井洋行积极提供资金支持，"随时垫付，议定额限五十万至一百万，以洋药作抵，九八折收银，四十日内不计利息，逾期则按日计息"①。章程确定鸦片专卖的方针是"官督绅协商办"，并将专卖机构命名为"福建全省洋药专卖公司"。正当举办之际，李秉仪却因假冒商号名义到处招股筹款，被福建省商会查处，三井洋行也借端收回投资，②该专卖计划又不得不夭折。

  福建省的禁烟成绩在各省中颇具卓著，官设戒烟局与民间去毒社互为支持是一个主要的原因。各地广设戒烟局，每县多有去毒分社，雷厉风行，颇有成效。但经费问题时常困扰该组织的活动开展。尽管去毒社的经费多由官府筹款补助，③但时有困绌之虞。这也是某些州县筹议专卖鸦片的主要背景。福安县的专卖筹划就是其中的代表。1909年3月初，该县采取绅商集资承包的方式办理烟膏专卖，由在城殷商富户四家集股，首先在县城设立专卖局，然后在各乡设立分局，原有的清膏店1909年2月后一律闭歇，售卖烟膏的业务由专卖局统一经营，"阖邑烟户须持所给购烟牌照，逐日赴官膏局，按数填买。每两官膏定加售价制钱二百文。除开销局用，并原有之膏捐照额批解外，所得盈余，以七成充去毒社、戒烟局各经

---

① 《鸦片专卖之怪现状》，《申报》1908年7月6日。
② 同上。
③ 《闽督奏报禁烟成绩》，《申报》1909年5月28日。

费，以三成酬劳股东及办事人等"①。限于史料，此项专卖实行的结果不详。

由于整个福建省属于洋药消费大省，不管以何种方式举办专卖，英人反对甚多，所以，折中的办法是仿照苏省办法，烟膏经营由官府加以控制，并增加膏捐价格。就全省来看，这一做法各地实行的时间不同，福州办理较早，厦门较晚才实行此项烟膏加价，每年的收入约计千元，数量不大。即便如此，英国驻厦门领事仍对此项措施耿耿于怀，1910年12月底，该领事照会厦门官府，指责有关措施违背《烟台条约》，要求撤销此项膏捐。主管官员郭月楼在答复英领的公文中说"福州已抽膏捐多年，且所抽在膏已成熟之后，并不背约"，严词拒绝英人的无理要求。英国领事仍照会道辕，反对甚力②，估计此项膏捐也化为泡影。福建省的鸦片专卖事务，绅商虽然积极介入，但各地官府并未允准，推测其原因，一系官方受控于中央的禁令，不敢轻易举办；二是英国驻该省的领事极为反对，不但是江宁模式的专卖不能举办，即便是采取专卖替代性的监控措施，例如仿照苏省加捐方法也屡屡引发交涉。

（三）山东省

山东省系鸦片产区，在北方省份中，产量居于前列。从行销比例来看，土药与洋药相差悬殊。根据度支部对1905—1907年三年各省鸦片行销状况的调查，山东省这三年的洋土药之比分别是：440／5217，627／6319，375／2489，洋药约占土药的十分之一。

---

① 《试办专卖清膏官局》，《申报》1909年3月9日。
② 《英领事续请撤销膏捐》，《申报》1910年12月31日。

该省筹备和设立专卖鸦片机构始于1907年9月。为了控制烟膏销售的数量，省垣首先成立土膏专卖局，按照巡抚衙门的统一部署，各地州县也派遣委员会同地方官逐步开办，烟膏销售由官膏局控制，土药销售则由各地分设官营土行来管理。原来的土莊或承办官土，或承销官膏，分别纳入官方控制的范围之内。在筹备过程中，官土行照费多寡是一个难以解决的问题，官府希望增加照费数额，而土商则希冀费用节省，双方相持不下，甚至有抗不遵办者①，后来不得不变通处理。

官膏局属于专卖鸦片的专门机构，京师和其他省份多将其隶属于禁烟总局之下，以配合禁烟稽查的实施，但鲁省的官膏局多数以盈利为目的，"官膏局之设立，不过以寓禁于征之善名藉筹巨款，于杜绝烟害绝未注意"，"惟恐吸烟者之日少而巨款难筹，乃为掩耳盗铃之计"②。该省以专卖为盈利的做法，主要表在以下几个方面：

其一，烟馆改为官膏店，换汤不换药。省城济南在禁闭烟馆之前，全城有烟馆五六百家，闭歇之后多数改为官膏店，名义上是推行鸦片专卖，实际上则是以筹款为目的，私人烟商藉此继续营业，私吸私贩的现象司空见惯。

其二，禁烟总局与官膏局互相配合，为盈利大开方便之门。专卖开始时期，禁烟总局将吸食牌照分为四等，上等纳洋银十元，然后依次是八元、六元、二元，希图对烟膏吸食量加以限制，但后来却因碍于官膏销量，此项收费额度不得不调低，以迎合筹款需要。

---

① 《土膏官卖尚难就绪》，《盛京时报》1907年9月10日。
② 《山东（禁烟要闻汇志）》，《盛京时报》1907年10月16日。

其三，官膏店与官营土行章程形同具文。该省的官膏店章程规定，每店每年缴照费五两，后来恐怕领取牌照者太少，影响官膏销路，就改为几个人合领一个牌照；官府虽有稽查之责，但莱州府属的官膏分局并不稽查，官膏店与烟馆无异。官土行章程规定，售烟一两，缴制钱二百四十文，比江宁多三倍，土商并不积极参与其事。后来加以变通，改为每县每日缴制钱五十千。按照此数来计算，全省每年可得二百万串巨款。①这种暗中取利的专卖办法遭到世人诟病，媒介大加痛斥，开办不足一年，恰逢度支部勒令各省停办，②该省的专卖事业亦随之停办。

停办官膏之后，山东省的财政大受影响，巡抚袁树勋在1908年9月下旬上奏清廷，要求在各省实行包买洋药、专卖官膏，"于禁烟之中仍寓筹款之意"。该折比较详细地论述了两种专卖做法。关于包买洋药，折中分析说，这一办法前驻墨参赞梁询曾论及此，③现在洋药进口已经定额，每年包买经费约需银二千余万两，若担心经费困难，"或由国家举行公债票，仿照北洋办法，令官商一律认购；或暂借洋款，按年认真分期归偿"；举借外债后若担心偿款困难，"则洋药年减一成，本自日轻一日。况包买洋药在禁烟第三年内举行，如初次须银二千一百万，次年递减一成，即可抽银二百六十余万还本，按年递抽，约八年即可归楚包买之约"。④关

---

① 《山东（禁烟要闻汇志）》，《盛京时报》1907年10月16日。
② 《阻止官膏专卖》，《大公报》1909年3月8日。
③ 见《申报》于1905年12月28日刊发的《商部咨各省督抚文（为晓谕赴墨华工及官卖鸦片事）》，中国驻墨西哥参赞梁询提议官膏专卖中，有包买洋药之说，商部的意见是基本同意，要求各省督抚讨论研究。
④ 《山东巡抚袁树勋电奏禁种罂粟包买洋药专卖官膏折》，一档馆：会议政务处档案全宗，"民政"155。

于专卖官膏的做法和效益，该折更有深入的分析，"国家在上海或汉口设立专卖官膏总局，用外洋机器熬膏，装箱分发各省，设所专卖，酌定价值，递年加增。售膏须参商法，多用司事，少用委员，以免浪费。购烟之人必须领牌报明吸数，方准卖给"，"土药既绝，洋药又复由官包收，舍官膏无可购吸，而又递昂其值，不独贫民无力吸食，穷乡僻壤无从购买，即殷实之户亦必力难持久，计必日少一日，将不及十年，而吸烟之户不禁自绝，倘恐十年限满，销售不完，即以余土留配药料，化无用为有用"，"烟膏专卖余利必巨，不但可以弥补借款利息，且可稍补洋土药税厘之阙"。①9月25日，会议政务处与度支部研究后，作出答复："至包买、专卖，迹近争利，窒碍甚多，度支部奏牍可稽，与臣等意见相同，应请无庸再议。"②

此事京师内外皆有不同的看法，禁烟大臣从其职责出发，甚愿各省专卖，此且不论，即便各省亦啧有烦言，藉口稽查难周，硬性举办专卖者大有其人，山东巡抚袁树勋即是其一。1908年11月下旬，该省禁烟总局与筹款总局秉承袁树勋的旨意，共同研究新的土药专卖规章，决定省城内外共保留土荘十一家，官为控制，城内八家，每家各缴底税银1200两，城外三家，每家各缴800两白银，共

---

① 《山东巡抚袁树勋电奏禁种罂粟包买洋药专卖官膏折》。又见《袁中丞奏称禁烟政见》，《盛京时报》1908年10月11日；《禁烟问题汇志》，《申报》1908年10月6日。
② 同上。按：这种答复系官样文章，实际上，会议政务处多数大臣较为赞同袁树勋的看法，但度支部反对甚力，不得不如此；袁世凯和鹿传霖的介入，更使得事情复杂化，会议政务处各大臣本将折件拟就，袁、鹿大加驳斥后，诸臣六神无主，不得不延缓上奏，后因度支部坚持原议，不可动摇，袁树勋的建议最终被否决。见《政务处议复禁烟折件之波折》，《申报》1908年11月1日。

计12000两白银。吸烟者必须购办执照，三个月一换新，购烟膏必须登记，并逐步递减。专卖的初步计划是试办一年。[①]并准备向各州县推广。在扩大这一专卖的实施范围时，也有的州县不准备实行专卖，而采取对土店一律关闭的政策。但袁树勋的批示反对这种激进的政策，他解释说，这次专卖与以前不同，"并不以销数多寡为各牧令考成，业经札饬筹款局通饬遵办在案。仰仍分饬所属，善体此意，分别情形斟酌办理，毋得但图省事为要"[②]，所以各地州县很快即开始举办。

这次专卖与初办专卖时并不一样，各州县设立官膏店，由原来的官土店改成，允许商人设立经营，只准卖膏，不准卖土。全省在省城济南、青岛和烟台三处设立公行，"藉公行以为总汇，而后外土、本土皆有归束，不能私行买卖"[③]。这种设立土药公行的做法，与江宁所定专卖规章相吻合，该规章即有土药公行的相关规定。[④]并且，山东所推行的官膏专卖做法，也与民政部在1908年所确定的针对各省的禁烟方法有关，在这些禁烟方法中，实行专卖官膏是一个最重要的政策。[⑤]

在上述所列的三个省份中，山东省的情形较为特殊，作为土

---

① 《实行禁烟之新政策》，《盛京时报》1908年11月28日。
② 《官膏开办之先声》，《申报》1909年4月10日。
③ 《山东巡抚孙宝琦奏山东禁烟成绩暨办理土药营业凭照情形折》，《清朝续文献通考》（一）卷52，"征榷"24，浙江古籍出版社1988年，第8072页。
④ 《江南变通禁烟章程》，《东方杂志》第5年第11期，1908年12月18日。
⑤ 《各直省禁烟办法大纲》，一档馆：禁烟总局档案。

药消费大省,受控于英人较少;①但因近靠京师,不能不受度支部的影响,专卖举措动辄为清廷所知,难有隐瞒。袁树勋对专卖极为热心,积极擘画,该省的专卖才时断时续,较之前述两省的专卖历程,风波较少,但最终为度支部所阻遏。其他省份的专卖情况,与此三省间或有所不同,但大致情形类似,此处特别就三省专卖进行描述,意在以点窥面,约略能够反映出各地固守本省利益,以对抗中央统税控制的政策,中央控制与各省疏离的特征较为明显。

第二节　土药统税

为了筹措巨额练兵经费,1905年清廷以铁良南下为契机,强力控制各省的鸦片税厘收入,推行备受各省反对的八省土膏统捐,次年又将八省范围扩大到全国主要省份,并将"统捐"更名为"统税",以求名实相符。②1908年6月后,清廷确定了边远省份的土药统税税率,这些省份也被纳入全国土药统税体系。③总体上看,土药统税为中央提供了数量庞大的税款,成效巨大。在财困背景下,

---

① 外人干预专卖事宜,山东较少,但也有例外。1907年底,烟台设立售烟公所被法国公使所干预,据英人叙述,"凡入口之洋药、土药均归公所办理,而公所且设有堆栈,为之存货,若欲提出销售,必得公所允许而后可。久之,以此等办法之有违一千八百五十八年中法条约第十四款,法使出而结(诘)问,公所章程于是重加修改,申明洋药不在此例,是年三月公所亦闭",《外交报汇编》第29册,第95页。
② 《膏捐经费改称统税》,《大公报》1906年6月28日。
③ 《咨复边省土税办法》,《申报》1908年6月6日。

各省为了筹措练兵和新政经费，十分重视土药税厘的整顿，反对清廷对地方土药税款的控制。禁政期间各地出现的归省自办、争拨税款问题，反映了中央与地方财政利益的对峙，强化了清末中央与地方财政关系恶变的趋势。

一、部办和省办的争执

"部办"即度支部掌控土药统税的征管权力，全面控制税款拨解；"省办"即归省自办，系指外省要求清廷将土药统税的征管权放归各省，由各省独自经办，藉此获得税款收益。土药统税归省自办出现的背景，首先是中央与各省纷纷酝酿和筹备鸦片专卖的影响，各省极欲自办专卖事宜，统税征管由中央下放给各省即是必然的要求；另外，全国统税税率的确定，使得各省有能力自己处理鸦片统税，并不需要中央设置有关机构凌驾各省之上，徒费周折，虚糜巨款。归省自办的呼声尽管在八省土膏统捐酝酿时期就已开始，高潮却出现在禁烟谕令发布之后。各省的呼声虽然强烈，度支部却始终控制了土药统税的征管权，[①]上下争夺鸦片税源的纠纷相当激烈。

归省自办是许多省份共同的呼声，1905年八省统捐出台后各省反映强烈，极力要求放归各省自办；1906年春天清廷强力将八省统

---

① 两广合办土药统税与川滇土药统税划出自办是两个特例，尽管度支部有驾控意图，但因为有特别难以解决的困难，最终不得不如此。

捐推向各省，除了湖北、四川反对以外，①明确向清廷表示反对的意见尚不多见，原因可能与上层许诺只试行一年有关。随着禁烟上谕的颁布，鸦片专卖的趋势已定，各省声应气求，准备以举办专卖来取代统税，暗中排斥度支部对土药税收的控制，在这一背景下，各省自办的要求越来越强烈。

　　1907年5月，度支部内部对各地兴起的土药统税归省自办热潮有不同的认识，两位侍郎主张土药统税改章之后，各省自办并不难操作，中央再设立督办大臣其实是徒拥虚名，建议裁撤土药统税大臣，放归各省自办，度支部尚书溥颋一时未定。②鸦片主产省份之一的甘肃认为土药统税新章实行后，对本省赔款的筹措影响极大，因而要求中央增加土药税的拨还数量，言下之意，归本省自办便不存在这一困难。③督办土药统税大臣柯逢时的态度较为关键，湖广总督张之洞对其影响不可忽视。1906年春天柯逢时在关于土药统税

---

① 《财政处户部奏议复四川总督锡电奏筹议川省土药统税新章情形分别准驳折》，《东方杂志》第3年第11期，1906年12月10日；重庆海关税务司谭安（C.E.Tanant）在1908年3月所作的海关报告中说，"我的前任，在他1906年的报告中，已清楚地预见到一旦新税（即每担115海关两的税）实征之日将会发生的事情。新税于2月14日开征，由于种植者和吸食者都与本税有利害关系，更不用说另一项筹建铁路而征的税了，本省老百姓开始骚动不安，并逐渐拒交这些杂税……署理总督赵尔丰意识到这些问题，因而敦促政府废除统税。到6月10日重新恢复了每担20海关两的出口税"，周勇、刘景修译编：《重庆近代经济与社会发展：1876—1949》，四川大学出版社1987年，第296页；关于鸦片商人抵制土药统税的情况，见《外交报汇编》第29册，第66—67页；1906年时，办理四川土药税收的蔡乃煌曾上书户部尚书赵尔巽，要求将云贵川三省的土药统税划开单独办理，对柯逢时的征税主张深表不满，见一档馆：赵尔巽档案全宗，《蔡乃煌致赵尔巽函》；湖北省的情形，见《鄂督请改膏捐章程》，《大公报》1906年6月11日；《条陈改良膏捐办法》，《大公报》1906年6月22日。
② 《议裁膏捐大臣》，《大公报》1907年5月14日。
③ 《（陕甘总督升允）奏将土药统税拨还赔款折》，《顺天时报》1907年7月4日。

推广各省的奏折中,就裁撤土药局卡曾作过相应的说明,建议将土药统税推广到各省的试行期确定为一年,然后即归各省自办,户部仅仅是派遣监督协助各省举办。①1907年5月初,一年届满,这一问题再度提出,柯逢时具折上奏说"此项土税专为练兵经费之需,而拨还各省额款岁及千万,关系极为紧要,此时虽稍有溢收,深虑难于持久,且地方辽润(阔),耳目实苦难周,主客异宜措置,殊形竭蹶,设有贻误咎奚能辞?仰恳天恩,饬部查照臣逢时上年原奏,由部派员作为监督,并将武昌总局裁撤,以省虚糜;抑或仿照铜币厂办法,每省各派司员管理一切,庶几事权归一,必有实效可观"②,折中"主客异宜措置,殊行竭蹶"一句颇可琢磨,连度支部对这一说法也颇有体谅之意,各省对中央介入土药统税的反感由此可见。度支部在研究后对柯逢时提出的派员监督一事仍予否决,建议他与各省督抚和衷共济,协商办理。

1907年8月底,柯逢时再度具折上奏,请求清廷裁撤部局,归各省自办,这次具折的直接原因是产土省份本销难以整顿,总局拨款穷于应付,赔累超过二百万两,统税制度势已难支,裁撤部局,归各省自办势所必然。柯折申述说"各省财政同一困难,未便拘泥定章,致有滞碍。第税章较前酌减,而拨款较前加多,此赢彼绌势所必至",综计一年届满,征收正税不过银900余万两,其中解部银370万两,各省拨款达560余万两,"函电交催,无从挹注;复值各省实行禁烟,土商停运,不独溢收全无,即应拨各省额款已难依

---

① 《度支部为议覆柯大臣奏各省土药统税试办届期恳饬部派员办理折》,一档馆:宪政编查馆档案全宗。
② 《度支部为议覆柯大臣奏各省土药统税试办届期恳饬部派员办理折》。

期应付，岁需经费百余万，更无从征收"①。长期亏累无赢的局面亟应改观，柯逢时对前一奏折的建议未被采纳深感遗憾，这份奏折中又再度专门提出裁局卡，归各省自办的问题，"部臣即不允派员监督，拟仍归各省自办，或由部设法统筹，庶办理既无牵制，款项较有着落。即于本年九月，将总局及各省分局一律裁撤，督饬迅速销册，以免糜费巨款"②。

京中讨论此折时，意见分歧，莫衷一是。陆军部、度支部以及军机处各员多有不同意见。陆军部尚书铁良在召见部员讨论时，认为膏捐大臣和云贵分局等应先行裁撤。但度支部却认为，此举对中央库储大有妨碍。还有大臣担心土药统税推广到各省方有端倪，现在遽行裁撤，恐有纷扰。③与此事关系极为密切的湖北省的表现尤为引人注目。6月份张之洞即电奏清廷说，"各省款绌已极，新政均无从举办。前自刚毅、铁良南下已搜括无遗，今既派柯逢时督办膏捐于前，又派陈璧考察铜圆于后，各省财源全失其所恃，倘有变故，何堪设想"④；这一电奏旁敲侧击，使清廷在研究柯折时不能不顾及各省的态度。9月份，军机处征求张之洞对土药统税归各省自办的意见，张之洞即主张应立即裁撤土药统税局，归各省自己办理。⑤前述度支部内就有两位侍郎主张裁撤膏捐大臣，这一时期，度支部也游移不定，曾一度主张按照柯逢时的

---

① 《（会议政务处）抄咨会议土税大臣奏土药税收日绌请裁撤部局归各省自办折》，一档馆：会议政务处档案全宗，档案号：91/313。
② 同上。
③ 《膏捐大臣年终裁撤》，《申报》1907年6月18日。
④ 《张香帅电陈财政情形》，《大公报》1907年6月22日。
⑤ 《开议裁撤统捐》，《大公报》1907年9月23日。

建议办理,而且准备具折入奏,已有裁撤部局的意图。①军机处与两江总督端方等议商此事,端方等人提出两个方案供政府考虑,一是烟膏专卖是一至善办法,但要筹措巨款以资周转;另一个是从禁烟角度看,应与英使协商,看能否变通缩短洋药入口的时间。10月份,外务部与度支部研究此事,认为后一个办法难度较大,且易惹英人藉口滋事,所以便倾向于筹款专卖办法。②京中一时议论纷纷,迟迟不能作出决断。

中央是否将土药统税下放给各省经办,决定因素甚多,比较重要的是统税成效大小以及度支部对各省土药产销量所作的调查和评估,这是清廷决定归省自办时两个主要依据。兹就这两个方面略作分析。

(一) 土药统税的成效

如何评估土药统税的成效,税收规模能否对中央财政和练兵新政提供较有力的支持是中央是否放权的依据之一。下面根据督办土药统税大臣给军机处的奏报,并结合有关材料,对八省统捐开办以来至1909年第一季度为止,土药统捐、统税的成效试作分析。

督办土药统捐大臣柯逢时向军机处等部门的各种汇报,将八省土膏统捐的溢收银两与1906年6月以后的各省土药统税溢收银两分别奏报,报解的次数也分别单算。从奏报时限看,八省土膏统捐大致自1905年6月至1906年5月,适届一年。虽然柯逢时对溢收税款的奏报较为详细,但全部收入数字却无法计算,主要原因是他将

---

① 《议准裁撤膏税部局》,《大公报》1907年9月28日。
② 《会商专卖烟膏事宜》,《大公报》1907年10月6日。

两湖、两广留归本省的数字未包括在内,除了这四省以外,"总共收正项库平银二百七十五万六千七百余两",溢收银两达到207万8800余两,已经超出柯逢时原来的预计数字。①两湖、两广截留税款数字在各省中算是较多的,如果将此计算在内,数字当会有较多的增长。这些解款的去向,主要是练兵处、财政处、户部和巡警部等四个部门,因而可知此项税款的大致用途。

  1906年6月以后由总局经管的各省统税溢收款项比较复杂,在本书统计期限内,共有55次解款,这些解款主要是解往中央部门的"溢收款项"(指改章之后比原来收入增加的税款),度支部与陆军部分别使用此款之一部分。此外拨还各省的税款远大于此数。严格来说,中央与各省具体的分配数字比较模糊,中间有无变化,在有关奏折中并无明确的反映,尤其是四川、云南和贵州三省,中央允许留归自用和由中央拨还的数字必然相当庞大;另外,湖北省的情形也有一些变化,奏折中亦无详细的反映。这些收入并不包括边远省份的收入。现将土药统税溢收款项中解往中央部门的次数和数量列表如下:

---

① 《光绪三十二年三月初七日柯逢时奏》《光绪三十二年六月初八日柯逢时奏》《光绪三十三年四月初七日柯逢时、程仪洛奏》,一档馆:军机处录副,"光绪朝·财政类"第7册,"财政杂税",第490卷。按照柯逢时的奏报,八省土膏统捐共向中央解过11次,每次数目不等;《督办、帮办各省土药统税大臣柯、程会奏税银截数报解折》,《东方杂志》第4年第12期,1908年2月23日。除此之外,尚有一些零星收款,也有10000余两,后来并且对1906年春季的尾数收款也汇解清楚,共计193500余两。

表2-1 1906年6月至1909年4月土药统税解款次数表

单位：库平两

拨解次数	解款局所	解款数量	备注
第1次	江苏徐州局	40万	汇费3600两，衡丰商号解往京师义善源商号
第2次	湖北宜昌局	40万	汇费6400两，由户部银行汉口分行领解。
第3至16次		290万	未见原折，系后来奏报时提及。
第17次	陕西分局	20万	1907年10月，汇费在外。
第18次	徐州分局	20万	同上。
第19次	山东分局	20万	同上。
第20次	河南分局	10万	同上。
第21次	武昌总局	20万	同上。
第22次	武昌总局	20万	1907年12月，汇费在外。
第23次	甘肃分局	20万	同上。
第24次	陕西分局	20万	1908年1月，汇费在外。
第25次	山西分局	10万	1908年2月。
第26次	武昌总局	30万	同上。
第27次	武昌总局	30万	1908年3月。
第28、29次	甘肃局去年两次解抵山西协银	50万	1908年3月份甘肃局解抵山西协银6万，另列次数。
第30次	武昌总局	40万	1908年4月。
第31次	陕西分局	20万	同上。
第32次	武昌总局	10万	1908年6月。
第33次	武昌总局	10万	同上，去年，贵州分局册报，黔省借拨银17万两；总局解京城戒烟所经费共9万两；解还川省垫解滇饷银206000两。至1908年7月止，已解过银7226000两，内有526000两未列次数。此外，苏皖两局正在筹解江北练饷30万两。

续表

拨解次数	解款局所	解款数量	备注
第34次	武昌总局	40万	1908年8月。
第35次	山东分局	20万	同上。
第36次	陕西分局	40万	同上。
第37次		526000	原来未列次数的解款（甘肃分局解抵山西协饷银6万两除外）。
第38次		9655余	遵部电，划拨云南省银。
第39次		1800	山西、甘肃调查员川资。
第40次		137700	由部借拨陕西省银。
第41次		5万	拨解湖北兵工、钢药两厂经费银。
第42次	武昌总局	40万	1908年11月。
第43、44次	武昌总局	25万（两次划拨）	两次划拨给云南省编练新军常年经费。
第45次	陕西分局	40万	时间同上。
第46次	河南分局	10万	同上。
第47次	山西分局	10万	同上。
第48次	山西分局	10万	同上。
第49次	武昌总局	80万	1909年1月。
第50次	甘肃分局	30万	同上。
第51次	武昌总局	5万	系拨解湖北兵工、钢药两厂经费银。
第52次	甘肃分局	6万	甘肃分局解抵山西协饷银。
第53次	武昌总局	40万	1909年3月。
第54次	甘肃分局	10万	系甘肃分局划抵山西协饷银。
第55次	陕西分局	40万	时间同上。
合计	55次	解款总数	1182.5万余两，此外，尚有奉拨江北练饷30万两，由苏皖两局正在筹解。

资料来源：《光绪三十二年十一月初五日柯逢时奏》《光绪三十三年十二月二十日柯逢时等奏》，中国第一历史档案馆（以下简称"一

档馆")藏:军机处录副,"光绪朝·财政类"第7册,"财政杂税"第491卷;《柯逢时报土税溢收数目等》,光绪三十四年六月奏,一档馆:"朱批奏折财政类"第四分册,《经费、货币金融》,缩微卷号53-002319;《督办土药统税大臣柯逢时奏报各省土税溢收银两片》,《政治官报》第99号,1908年2月8日;《又奏本年提解土税溢收项下银数片》,《政治官报》第260号,1908年7月18日;《又奏解各局溢收税款等片》,《政治官报》第427号,1909年1月1日;《督办土药统税大臣柯逢时奏土税溢收解部次数片》,《政治官报》第514号,1909年4月5日;《柯督办奏解土药税情形》,《申报》1909年1月9日。

如上所列仅为柯逢时上解中央各部门的收入数量,各省从土药统税中受益的数量,限于史料,目前无法作出具体的统计。1908年4月份解给中央的税款已经达到680万两,而柯逢时此时称各省已拨解1000余万;①至12月底时,总共解给中央的款项约为980万两,柯逢时在另外一个奏折中则称"查开办土税两年以来,征银至二千余万两,拨还各省居其大半",中央与地方的占有比例可见一斑。②1909年春天,当度支部要求各省筹议对鸦片税的损失进行抵

① 《新授浙江巡抚兼办土税事宜(柯)致军机处请代奏电》,《政治官报》第177号,1908年4月26日。
② 《督办土药统税事务柯逢时等奏遵解湖北土税拨款并陈明以后照章办理折》,《政治官报》第427号,1909年1月1日。王金香计算说,"以1906年为例,当年行销土药约13.6万担,以每担(100斤)收税厘115两计,可得税银1564万两;行销洋药5.4万担,可得税600万两,洋土药税厘合计约2164万两",洋土药税与当年的海关货物税收入之比为3:5。见王金香:《清末鸦片税收述论》,《山西师大学报》第27卷第4期,2000年。这一计算方法只能是理论上的,实际数字恐不会如此简单,这项统计也忽略了其他鸦片税种的收入。

补时，又透露了国内土药统税全年的税收总数为2800余万两。①

由于清廷拨还给各省税款数目的史料并不完整，总税收数字还无法作出完整的统计。早在19世纪90年代，何启和胡礼垣估计说，"今中国所急者财用，而厘税之入，以鸦片为大宗。洋药进口厘税六百万两，土药厘税名虽二百二十余万两，而实则二千余万两。是合洋药土药而计，每年值二千六百余万两"②，90年代的税率并不见得有后来那样高，而且土药产量并达到后来的规模，土药税厘被估计为2000万两，各地上报给中央的数字仅仅占十分之一。1915年有人对1907年前后的清廷鸦片岁入也作过估计，认为"政府统共收入之鸦片税，连印度鸦片之进口税在内，约计自三千万金元至四千万金元"③，若抛除海关洋药税厘"七百数十万两"外，④大约也有2200—3200万两。1907年11月末，英国驻华使馆参赞黎枝悉心搜罗有关的情报，对中国土药统税的收入有个说法，他认为，"据政界之谙练者言，则谓征收土药之税，岁可获英金六百五十万镑，而输入中央政府者仅一百七十五万镑，余归各省自用"⑤，按照1907年1英镑约合7.5库平两的货币比

---

① 《咨请各省筹补药税》，《大公报》1909年4月3日。
② 何启、胡礼垣：《新政真诠·劝学篇书后·去毒篇辩》第五编，上海格致新报馆1901年铅印本，第30页，转见赵丰田撰：《晚清五十年经济思想史》，崇文书店1967年，第215页。
③ 陈庭锐：《鸦片问题之结束》（译美国《评论之评论》杂志），《大中华》第2卷第12期，1915年12月20日。
④ 此系外务部的计算结果。《外务部具奏覆陈筹议禁烟与各国商定办法折附奏药税抵借洋款现议禁烟应另筹备抵补片》，一档馆：宪政编查馆档案全宗；《又请饬度支部筹款抵补洋土药税片》，《政治官报》第146号，1908年3月26日。
⑤ 《驻华英使朱尔典致英外务部大臣葛雷公文（附：报告中国禁烟事宜说略）》，《外交报汇编》，第48页。

率，①650万镑约合库平银4875万两。这一说法应该是包括了各省自己征收的其他土药、土膏税种，例如牌照捐、凭照捐、土药亩税等，或者也包括西南省份自己在其境内征收的土药税厘等。按照度支部的说法，洋土药税厘每年收入总量为2000万两白银，②则是仅指由中央控制分配的税款数量。最初两年多的时间内，中央就从各省手中搜罗1000余万两白银，各省被拨还的数额当远远大于此数。英国人的估计大致可信。

清廷对税收成效的评价是关系到中央能否让各省自办的关键问题。度支部对这项税收的成效是基本满意的。1907年12月该部在议覆柯逢时请求土药统税归各省自办的建议时，曾有如下褒评："各省土药税厘自改归统税大臣设局征收后，一年之内，计解部溢收银三百余万两，练兵经费赖以接济，督办已有成效。兹据该大臣奏称，开办以后，税章较前酌减，而拨款较前加多……综观目前情形，销数并未大减"，"此项土税为练饷大宗，近来各省认解练兵经费之数多未照解，尤恃此统税溢收之项源源接济"，"若将各省本销一律切实整理，则岁入奚止倍蓰"。③由于柯逢时督办全国土药统税出力较多，劳怨不辞，陆军部和度支部认为应该对其加以奖

---

① 许毅主编：《从百年屈辱到民族复兴——清代外债与洋务运动》，"清代货币折算一览表"，经济科学出版社2002年，第546页。
② 《度支部谨奏为财用窘绌举办新政宜力求搏节以维大局折》，1909年；《度支部清理财政处档案（下册）》，第56页，铅印本，印制年代不详，中国社科院近代史所图书馆藏件。
③ 《（会议政务处）抄咨会议土税大臣奏土药收税日绌请裁撤部局归各省自办折》，一档馆：会议政务处档案全宗，编号：91-313；《度支部奏复土药税绌请裁部局折》，《申报》1907年12月27日。按：两者实际上是一份奏折，但奏折原件与发表在报刊上的内容，在用词、说法上稍有区别。

赏，经奏报清廷后，于1908年3月5日赏给柯逢时尚书衔，①以表示对这项税收的重视。1908年4月，度支部奏明正月部库存款的基本情形，所列的主要款目中，土药统税专款数量雄居前列，土药统税专款库存407万余，占库存总数1200万两白银的34%，②所列"练兵专款"258万两白银也多是由土药统税项下拨解，如再加上这一部分，比例当会更大。既然此项税款潜力巨大，又与清廷练兵经费密切相关，裁撤部局就显得"轻率"了。

（二）土药产销量的调查

能否下放土药统税的经管权，还应对各省禁烟背景下土药出产和销售总量作一调查，以便能以"确凿的证据"拒绝各省的要求。因此度支部处理柯逢时的建议时比较慎重，采取两个措施，一是在议覆柯折时，对柯逢时的裁局卡建议给予否决，而要求对各省的本销加以整顿；③二是鉴于各方兴起的专卖鸦片呼声日高，对各省的土药产量和贸易数量应加以细致的调查，以确定中央是否放弃这项税收，"窃以洋药进口各数，每岁海关册报虽略有统计可稽，自奉严旨禁烟，影响所及，其销数实难预定；土药一层，近来办理统税，惟大宗商贩略可计算，至产土省份办理本销久未就绪，而自种自吸为数益繁，自非切实调查无由知其确数"④。由此可见，1907年8月开始的这项大规模的调查，真正的目的有两个，一个是为应

---

① 《德宗实录》卷五八七，第2页。
② 《度支部库存款目清单》，《顺天时报》1908年4月18日。
③ 《（会议政务处）抄咨会议土税大臣奏土药收税日细请裁撤部局归各省自办折》，一档馆：会议政务处档案全宗，编号：91-313；度支部本不愿裁撤局卡，1908年2月下旬，部内官员对柯逢时一再提出撤废统税局卡的建议极为不悦，见《度支部不以裁撤统税为然》，《大公报》1908年2月22日。
④ 《度支部奏遵旨派员调查各省洋土药片》，《政治官报》1907年9月30日。

付中央和各省专卖的要求,这是正面的理由;另一个则与度支部是否放弃这项税收归各省自办间有密切的关系,两种意图一明一暗,相通不悖。

从这项历时一年的调查看,各省土药出产和贸易量下降甚快。度支部丞参厅对调查数据进行汇总的结果如下:

表2-2 1905—1908年度支部调查全国土药出产行销略表统计

单位:担

年度	出产数量	丞参厅结论	行销数量	承参厅结论
1905年	142698	互相比较,计(光绪)三十三年分出产土药,比(光绪)三十一、三十二年两年均减二成。	141525	互相比较,计(光绪)三十三年分行销土药,比(光绪)三十一、三十二两年约减二三成。
1906年	148103		135693	
1907年	119983		97738	

资料来源:《(度支部)丞参厅九月初十日具奏覆奏查明各省洋药进口、土药出产及行销数目酌拟办法折》,一档馆:会议政务处档案全宗,"财政",编号:67-89。

度支部据此声称,禁烟步伐明显加快,土药税收不可能有大的增长。相对而言,时人与后来者对此调查结果的看法颇不相同。日本学者认为1905—1907年,每年土药的生产总量约在33万担,仅四川一省的产量就在20—25万担,一省产量即为印度鸦片输入总量的四、五倍。①当时,唐绍仪对1906年的鸦片产量曾有一个估计,认为该年度全国鸦片的产量总数达到50余万担。②英国驻华公使朱尔

---

① 新村蓉子:《清代四川鸦片の商品生产》,《东洋学报》1979年3月。
② 《北华捷报》1906年9月14日。

典对该年度的鸦片产量也有一个估计,他估计能达到325270担。①国际鸦片调查委员会对1906年度全国鸦片产量的调查结果是584800担。②早在度支部调查结果公布之前,1908年6月份,具有日本背景的中文媒介就公布了中国国内鸦片产量的调查数字,这项调查结果认为,"亚洲鸦片出产,中国、印度、波斯三国每年共达四千万基罗,中国有二千万至二千二百万基罗,波斯有一千二百万基罗,印度有五百至六百万基罗","输入中国者,共有二千五百万基罗"。③日语"基罗"系"公斤"之意,按照这项调查结果,中国国内的鸦片产量换算为"担",按每担100斤计算,④约为40万至44万担。对于度支部的调查数字,各方人士皆不抱信任,估计数字超出度支部奏报规模的三倍以上。由于度支部调查期间,各省缩期禁种罂粟的计划并未付诸实施,万国禁烟会尚未召开,吸食和种植总量的变化并不明显,1908年土药出产和行销的总量与1906年相比,缩减的总量相当有限。看来,这次调查的质量似有重大缺陷。

各省督抚对此项调查结果也很难相信。1908年10月度支部的调查结果公布后,12月21日宁夏将军台布等人即对此数字大加嘲讽,称其为"官面文字",他举例说,度支部调查员对宁夏的调查就是敷衍了事:"查甘省者至八月半方到宁夏,彼时烟花早已收割净尽,

---

① 《北华捷报》1908年7月18日。
② "Report of the Internationnal Opium Commission",1909VolII,P.57,转见李文治编:《中国近代农业史资料》第1辑,三联书店1957年,第457页。
③ 《亚洲鸦片出产调查》,《顺天时报》1908年6月19日。
④ 时人在计算鸦片重量时,一般有几种重量单位,例如"担""箱"和"驮"等,以"担"为计量单位时,各地的重量有所不同,在官方公文中,"担"一般相当于100斤,但也有地方高于此数,例如云南,每担约为1600两,见秦和平:《云南鸦片问题与禁烟运动》,第75页。

无从清查，不过凭州县册报，并各税局征收捐税数目万不足凭。只宁夏满城，每年即非二十万两烟土不敷吸食，四十五担只七万二千两，并区区一满城尚不足，而谓全省本销止此，将谁欺乎？"度支部就是根据这项敷衍了事的调查就断言"吸食之人业经锐减"，"数年之内当可尽祛沈痼"；台布又列举江西省的情形说，调查员根据德化县册报岁出土浆六百六十两，也就是说德化一县只有三、四亩地种烟。"质诸路人，其谁信之！"台布进而推论说"甘省与江西如此，他省之敷衍可知"①。此奏证明度支部的调查结果大可怀疑。

台布等人的奏折上达清廷，其影响之深自不待言。清廷与地方的隔阂已非一日，如此瞒报数字，度支部堂官决不会信以为真，该部决策的依据也不会是根据这一敷衍了事、漏洞百出的调查结果，而是另有所本、别有企图。中央与地方财政运作的游戏，该部知之甚深，驾轻就熟，在积极推行中央集权的背景下，面对如此庞大的土药出产和贸易量，度支部作何决断不问即知。所以在该部入奏的折片中，既否决柯逢时归省自办、举办专卖的建议，又有所藉口，凭借长达一年之久的鸦片产销量调查，该部巧妙地化解了各省对此项税款染指的企图。

二、税款回拨的龃龉

各地专卖鸦片的要求被度支部阻遏以后，禁政从1908年下半年起发展速度加快，统税款项的缩减速度也随之加快。按照统税制度的规定，度支部必须按照相应的比例，将部分税款拨还各

---

① 《宁夏将军台布等奏戒烟办法》，1908年12月21日，李振华辑：《近代中国国内外大事记》，《丛刊》续编，第67辑，第446—447页。

省使用。禁烟进程加快后，中央拨还地方的款项越来越少，直接影响了各省赔款缴纳、军工建设及练兵整军的开展，清廷与外省的矛盾再度紧张。围绕税款拨解问题，多数省份以各种理由要求清廷允许他们截留税款，或增加拨款的力度，函电交驰，争执不绝。较为突出的省份主要有湖北、云南、山西①、直隶②、浙江③、甘肃等。④其中云南和湖北争款最为突出，但两省情形差别较大。云南系因本省缩期禁种，境内土药税款缺失严重，其行销外省的土药税款，大部分仍须由中央解还。在全国禁政背景下，度支部的拨款亦受影响，滇省与部臣矛盾即围绕着统税税款的拨解留存而展开；湖北省系土膏统捐创办省份，赔款与兵工厂经费均赖土药统税支持，后期因禁政加速推行，两者在税款拨解问题上的矛盾不断激化，酿成清廷与外省地方的激烈冲突。下面着重以云南和湖北为例，就拨款问题所引发的上下冲突略加考证，以探讨两者关系在禁政加快背景下的恶变趋势。

（一）云南省

云南省的情形较为特殊，作为边疆省份，练兵和善后事宜久为清廷所重视，长期以来一直被列为受协省份，每遇重要需款，一般会得到上层的关照；作为土药主产省份，本省财政幸赖鸦片税为支

---

① 《山西巡抚奏筹办禁烟善后事宜请截留土药税项折》，一档馆：会议政务处档案全宗，档案号：278/2211；《度支部议覆晋抚截留土税折》，会议政务处档案全宗，档案号：319/2321。
② 《征收土药税之新章》，《华字汇报》1906年10月23日。
③ 《财政处、户部议覆浙省土药改归统税折》，《华字汇报》1906年9月28、29日。
④ 1907年6月下旬，清廷据陕甘总督升允奏，甘省赔款无著，请将土药税拨还。《德宗实录》卷574，第1—2页；《奏将土药统税拨还赔款折》，《顺天时报》1907年7月4日。

柱，"滇省商务大半依靠本省输出土药与外省交易百货……云南全省厘金收入在光绪年间大约在300000两上下，而中以土药税收占其大半。据1906年4月《谕折汇存》所载光绪三十年滇省土药厘金收入共银216834两，约占全部厘金收入三分之二"①。禁烟令下，该省民情惊异，据外人记述，"云南因禁烟，众皆慌恐，以鸦片一禁则商业必衰，而人必有被其所累者"②，云贵总督锡良对禁烟一事甚为认真，雷厉风行，坚决推行缩期禁烟政策，于1908年底就开始实行彻底禁种，在全国所有省份中遥遥领先。

  关于统税税款的使用，云南省享受着较为优惠的政策。禁政前期，云南曾一度加入全国土药统税体系，因本销整顿久不见成效，后被划出独自经管，省内税率实行单独的低税政策。因该省地处边疆，加之经济发展水平相对落后，清廷允准其可以将部分内销的土药税款截留自用。禁政推行的第一年，滇省就采取截留政策，将应解部的土药税款留归本省。1906年度，该省境内土药税共征至266395两，除去派款加税76112两、报部候拨104655两、赔款38056两、局用开支3792两四部分后，余款为43777两，云南省的请求是"照案留滇备用，仍照部议于各省欠解协饷项下照数划拨解部"③，因之，留归本省使用的税款占总数的比例为16%左右。1907年该省仍实行这一政策，留归本省的税款为28777两④，占总数

---

① 罗玉东：《中国厘金史》，第424—425、428页。
② 《云南烟害宜除》，《申报》1907年4月4日。
③ 《云贵总督锡良奏请留用滇省土药厘金仍于各省欠解协饷内划拨解部折》，一档馆：朱批奏折，"财政类"，缩微胶卷53，档案号：1081/071。
④ 《护理云贵总督沈秉堃奏请将土药厘金银两留用仍由各省划拨归部折》，一档馆：朱批奏折，"财政类"，缩微胶卷53，档案号：1089/061。

的17%，这一比例一直变化不大，至1908年时仍是如此。云南享受的土药税数量，除了这一部分外，尚有行销外省的土药统税拨还、本省境内土药税收应留归外销部分以及土膏捐、烟馆捐等。1908年6月，为了解决云南的善后事宜，清廷又决定将该省的捐纳虚衔、翎枝等延长一年，允准省辖境内的土药和烟膏厘捐照原来办法加征一、二成。①因而该省的财政尚未因禁政而竭蹶不振。

土药缩期禁种之后，云南将土药税坚决停征，锡良在停征土药税的奏折中说"据云南厘金总局司道核明，请自光绪三十五年正月初一日起，通省局卡均一律停收土药厘税"，对这项决断的后果及解决方法，该折预计说，"惟是滇省著名边瘠，常年内外开支各款均恃土药厘税为大宗，计数在四五十万两，现既按限禁烟停收厘税，而一切用款若仅恃盐斤加价以资抵补，所绌尚多，应候饬由该司局通盘筹画，另行详办"②。实际上，该省所采取的财政抵补措施在初期很难见效。盐斤加价收入有限，一度想增加盐课中的"马脚银"（每百斤加马脚银五钱），而滇省咨议局议员坚决反对，督抚与议员争执不下，酿成咨议局的盐政议案风潮，

---

① 《筹议滇省善后需款之办法》，《盛京时报》1908年6月14日。
② 《云贵总督锡良奏缩限禁烟停收土税片》，《政治官报》第417号，1908年12月22日。收入中国科学院历史研究所第三所主编：《锡良遗稿》卷6。"奏稿"，中华书局1959年，第840页。锡良对缩期禁烟必然导致的滇省民生和财政困难有所担心，他在给中央请求缩期禁烟的奏折中说："滇为贫瘠省份，常年所收土药税厘恒四五十万两，各用于焉取资，禁绝则款从何出？而民间亦素罕出产，持烟为输入巨资，非亟为别开利源无以抵补，此又戒烟而善其后之难"，见《滇督再请改缩禁烟期限》，《申报》1908年9月27日。

呈请资政院裁决，资政院支持该省咨议局的意见，①督抚奏请清廷决断，后为度支部驳回；②欲开采矿藏增加收入，筹议举办滇矿公债，请求归度支部承担，度支部又加以劝阻和拒绝；③滇矿公债未能举办，该省又请求由清廷拨款支持，奏折转至农工商部，该部认为此举甚佳④，对该省提出派遣矿业专门人才的请求，农工商部只答应"随时物色考验，实能胜任，即行遣派赴滇"⑤，但农工商部无款可拨，在会商度支部后，按照该部的意见答复说，"臣部（指度支部——引者）因该省改炼京铜，添拨铜本，业经实力提倡；个旧锡矿既得公司承办，暂无庸公家拨款，所请提拨巨款之处，应从缓议"⑥，开采个旧锡矿也因款绌而困难重重；此前尚有开办田房税契之策，准备于1910年2月开始举办，⑦但因收入较少，远远不足抵补土药税款的流失之数；清廷勒令各省举办牌照捐，该省禁政较

---

① 《资政院奏核议云南盐斤加价请旨裁夺折》，《盛京时报》1910年12月6日；《滇咨议局续呈盐斤加价之害》，《申报》1910年11月17日；《滇省官民又因盐斤加价争执》，《申报》1910年11月18日。

② 《盐政大臣查明云南盐斤碍难加价并办理此案原委折》，一档馆：会议政务处档案全宗，档案号：922/8254。

③ 《度支部议驳云贵总督奏试办滇矿公债由部全认折》，一档馆：会议政务处档案全宗，档案号：798/7055。

④ 《农工商部议覆滇督奏禁烟情形并筹办矿务折》，一档馆：会议政务处档案全宗，档案号：460/3824。

⑤ 《农工商部会奏议覆云贵总督奏滇省禁烟情形并恳筹办矿务以资抵补折》，《政治官报》第616号，1909年7月16日。

⑥ 同上。该折系由农工商部主稿，度支部参与意见，因而系"会奏议覆"。云南采运京铜之投资和运费多由本省之土药税厘支持，见全廉等校勘：《度支部通阜司奏案辑要》（全一函）卷1，第5页，京师精华印书局铅印本，印刷年代不详，原件藏中国社科院近代史所图书馆。

⑦ 《护理云贵总督沈秉堃奏开办田房税契折》，《政治官报》1909年12月14日；《滇督定期开办田房税契》，《申报》1909年12月21日。

为彻底，因而无法举办，①与他省相比，收入又少了一个财源。看来，滇省财政困难的挑战是相当严峻的。

缩期禁烟之后，云南省多方筹措和抵补，仍不见成效。其土药税款流失甚巨，百业凋敝，因禁烟而导致的毁灭性灾害即将到来，《字林西报》的评论说：

> 先前种罂粟的地方现在看到在种豆子。它们的价值与鸦片价值无法相比，而且不能列为输出产品……鸦片没有了，云南不得不支付现金购买输入物品。可是该省的现金数量非常少，使可怕的经济危机不可避免，其后果至少是有人知道的。中国政府确实想通过分发蚕茧来鼓励丝绸工业，现在又传说设法种植棉花。但是这些措施得在多年以后，才会产生结果。当前，禁止鸦片贸易无论如何会给云南带来整个的毁灭。②

土药税厘大量流失，导致本省财政几至坍塌，新政与练兵均受严重影响。滇省练兵经费的数额，上交中央部分每年20万两，并确定由烟酒税提10万两，中饱提10万两来筹措。后来本省只认解12万两，筹款措施有四项，其中土药加税占58%，③这仅仅是上交中央的部分。编练新军经费是该省最主要的财政支出，这笔经费主要由

---

① 《云南吸烟者竟已戒绝》，《盛京时报》1909年12月10日。
② 《云南禁烟》，《字林西报》1909年2月10日。转见《清末民初的禁烟运动和万国禁烟会》，第150—151页。
③ 《练兵经费表》，《政艺丛书》，"光绪乙巳·政治图表"，卷3，第2页；《练兵处筹款清单》，《政艺丛书》，"光绪丙午·政治图表"，卷2，第4页。

本省土药税款以及度支部拨解的土药统税等款项来解决。现在禁政加速推行，税款流失巨大，不但影响清廷练兵经费专项的上交，更严重的是本省练兵经费缺口太大，向清廷邀款自不可免。滇省请款的时间比较集中，多在1909至1911年间，主要的有五次，下面依次考察。

1. 1909年2月底请款

练兵系各省要政，云南省自不例外。按照陆军部的计划，该省应编练一镇，以固西南门户。根据云贵总督锡良与陆军部的协商，云南编练一镇的需费情况，初步预计共需要240余万两。这一预算并未将工程、辎重、医院等项计入，后来通算，开办费共需银370万两，常年经费共约140万余两。陆军部、度支部与云南省协商确定，开办经费中有130万两、常年经费中有26万两系由该两部直接筹拨。1909年4月，护理云贵总督沈秉堃上奏清廷，请求将这一款项拨给云南。清廷对此尤为关注，谕旨谕令度支部特别给予支持，"云南地方边务重要，著该部妥议具奏"①。新授云贵总督李经羲暂时在京，尚未赴任，在沈折奏上不久，也就近请求中央拨解练兵经费。②本来，度支部对各省的请款限制极为严格，动辄议驳，各省啧有烦言。滇省这次请款，度支部对两位总督的答复却较为爽快，5月14日所定的拨解办法中，滇省新军开办经费由大清银行官息余利、云南抵补药税四文盐斤加价应解部库一半银、四川抵补药

---

① 护理云贵总督沈秉堃：《奏为云南添练陆军成镇原拨经费不敷请饬部加拨折》，朱批，档案号：04-01-01-1098-045，宣统元年二月初八日；《护滇督奏请添拨陆军经费》，《申报》1909年4月20日；又见《滇护督请拨陆军经费》，《盛京时报》1909年3月19日。

② 《度支部筹拨滇省款项详数》，《盛京时报》1909年6月4日。

税四文盐斤加价应解部库一半银、宜昌局溢收土税等多方筹措拨给，共计120万两；新军常年经费则指定镇江等8个海关筹措26万两拨给；该省防营经费指定由四川盐务、广东盐务溢收、长沙等4个海关洋税凑足30万两拨给，度支部在议覆奏折中还说"如果前项拨款实有不敷，再由该督将详细陈奏，臣部仍当设法筹措，以资接济"①，看来该部对云南练兵确实倍加照顾。

　　度支、陆军两部给云南爽快积极的拨款举动，外界反应颇为复杂，既对两部的拨款举动颇感到吃惊、愤愤不平，但又无可奈何，自叹弗如。立足于东三省的《盛京时报》对这一现象颇为注意，刊发短评认为，李经羲邀款能够顺利达到目的，与其受到内廷眷顾的背景有关，"其所注意者，在圣眷之优隆否，权势之煊赫否。圣眷苟隆，权势苟赫，则百万罗掘以供给之，否则，推诿复推诿，且坐视其呼号溃败而不以援手。且所浸假而任此事者之升沉，异势位更，则部中之所以对付之者亦变"②。这篇"杂感"确实是有感而发，颇具针对性，意在对比云南和吉林请款的不同结果。此前，东三省总督徐世昌、吉林巡抚陈昭常两次请求度支部筹拨吉林边防经费，第一次奏入，度支部藉口曾经在东海等关洋税药厘项下拨过一次，对这次请款则消极应付，称"部库支绌，无款可筹，议令就地筹措，奉旨允准"③；吉林第二次请求拨款，度支部在答复中，删削挑剔，本来请款四十七万两，最后该部筹拨不足四十万两，④算

---

① 《度支部筹拨滇省款项详数》，《盛京时报》1909年6月4日。
② 《杂感二》，《盛京时报》1909年6月8日。
③ 《度支部奏议覆东督等奏请分筹吉林边务经费折》，《盛京时报》1909年6月12日。
④ 同上。

是交差。《盛京时报》这一"杂感",即对比此事之不同结果,坦言同是边疆省份,均为需款孔亟,朝中态度却冷暖有别:

> 所异者,同为防边之用,而有应有不应耳。其应也,非以其事之不能不办,款之待用孔殷也;其不应也,非以其事之可以缓办,款之犹可支持也……某不敢谓滇防可以不需款,某特因滇防而念及他处之边防,某且忆及他处边防费之责令自行筹措也,不以事之轻重缓急为衡,而以任其事者之有势力与否为衡,是非视国事如儿戏,断不至此。①

这一论者的地域背景亦可显见,所谓抱不平者原为泄"私愤"也,估计其代表性也不仅是东北一隅,两江、四川和浙江等省也曾有类似的经历。这一指责性议论还是刚刚开始,滇省以后的请款屡遭朝野驳难,舆论指责更是屡有发生。

2. 1909年4月底再度请款

护理云贵总督沈秉堃藉汇报云南禁烟情况之机,再次请款。云南停收土药税的政策刚实行不久,滇省深虑财政缺口太大,故有此请。附片申述说:"本年停收土药税,骤减银四十余万两。向来外省商民以百货来易土药往去,岁货厘因此短收亦在二十万两以外。而奉文抵补之盐斤加价一款,留滇者仅只八万余两……岁实短银一百三十余万两,细核用款,非关军需即属要政,不仅难丝毫

---

① 《杂感二》,《盛京时报》1909年6月8日。

撙节，并无一可缓须臾，罗掘殆尽"①；与前次请款相似，尚在京师的新任云贵总督李经羲也就近上奏清廷，请求拨解新政经费。②李折申述说："（滇省）防军岁饷，向恃药税、货厘以为常年的款，今则药税停收，货厘锐减，饷源顿涸，暨交涉要需，每年短银一百万两。恳请再拨五六十万两，先救危机。"③看来，沈秉堃与李经羲已事先有所协商，拨解款额也经过细心斟酌后提出。

度支部的议覆奏折主要是针对着李经羲的请求而相应作出反应。针对云南省土药税短缺和财政困难，度支部首先要求该省加意抵补，并认为货厘锐减是暂时的困难，由于两折的请求非常急切，度支部决定部分满足李经羲的请求，"惟既据迭次声请，需款急迫，自应提前酌拨，以济要需。拟由土药统税项下再行拨银五十万两，如蒙俞允，即由臣部电知督办统税大臣，迅行解滇，以期无误"④，这就是说原折请求中央先拨解五十万两的目的已经实现；对于另外亏短五十万两的请款，度支部答复说，"所有该省防饷及交涉筹款，仍应俟该督到任以后，体查情形，究能酌减若干、实需若干，再行奏明办理"，余款的拨解看来也有希望。

按照有关规定，土药统税的使用和拨解十分严格，1906年制定的土药税款使用制度就规定说："溢收之数另储候解，专作练兵经费的款，不得挪移，自应遵旨办理，若听其咨商通融，恐将来漫

---

① 《（护理云贵总督沈秉堃）又奏滇省税厘锐减艰窘万状恳饬部拨济片》，《政治官报》第542号，1909年5月3日。
② 《度支部拨款之忙碌》，《申报》1909年6月13日。李经羲奏折的称谓是"奏滇省缺款太巨缓拨难济急需折"。
③ 同上。
④ 同上。

无限制，应请嗣后各省如有军务急需，准各督抚引广西成案，专折奏请，由臣部查核酌拨，其别项用款概不准援例率请挪移，以定限制"①；1907年2月份，度支部重申土药统税之溢收款项必须解部，专作练兵经费，不得挪移，②事关军饷部分，则绝不能含混。③1908年3月，陆军部还有将各省土药税厘全部解作练兵经费的要求。④在这种情况下，云南两次请款所涉及的项目，大部分为练兵，但也有其他新政事项，度支、陆军两部网开一面，较为通融，在别省来看的确是出乎意料之外，因而深怀嫉妒和不满。

  媒介的评论即反映此类"官意"。前述《盛京时报》的言论倾向于指责度支部的拨款不分轻重缓急，对第二次云南请款的反应，《申报》的言论没有将批评的矛头指向清廷，而是对李经羲的行为大加揶揄："前滇督锡良督滇数年，事事以节俭为本，今锡督往矣。而告急乞款之奏已迫切上陈，李未往也，而缓不济急之折已悚惶入告，足既未入乎滇境，款已筹及。诸未来何事当兴，何事当革，何事有利，何事有弊，何款有余，何款不足，何项可撙，何项当减，既未能一一了然，而曰一百万、一百万，是何所见之明也"，"顾滇处万里之外，既未到任，则其地方之财政及兴革利弊必有所未知，何至迫不及待，乃于未到任之前，先行奏请。既准拨矣，又嫌不足而至再请。当此司农仰屋、罗掘俱穷之际，既不为大局计，又不为一省计，而辄曰：拨款，拨款，

---

① 《财政处、户部会奏议覆各省膏捐办法折片》，《东方杂志》第3年第7期，1906年8月14日。
② 《统税盈余不准挪移》，《大公报》1907年3月2日。
③ 《泽公注重军饷》，《岭东日报》1907年6月20日。
④ 《陆军部拟请拨款》，《大公报》1908年3月13日。

试思有何款之可拨也"!①此一"论说"又讽刺李经羲"抱着金盆要饭吃",文中说云南省地大物博,矿产可以开采,荒地可以开垦,铁路可以兴筑,森林可以垦殖,滇省可以从试办一个方面开始,徐图推进,始有成效。联系到后来度支部的态度,这一篇论说似乎是由该部的属僚加以操纵,或是为其捉刀,绝非一般清议性社论可比。

3. 1910年春季请款

云贵总督李经羲鉴于中央所辖的土税局卡即将撤销,因担心土税拨解不足而再度请求拨解练兵经费。

洋款就是海关税款,由各省海关税务司经收;应解中央的练兵经费则是派令各省上交的款项,两类均由中央控制收支,地方不准截留。度支部在1909年12月,又重申洋款关系紧要,各省不准截留。土药统税日渐缩减的情况下,陆军部与度支部也曾飞催各省迫令将应解练兵经费解部,不得拖延。云南省洋款数额每年约计47000两,上交练兵经费12万两,李经羲恰恰是要求截留这两部分款项归本省使用。度支部在研究李折后,仅允许该省截留练兵经费,而对洋款留省的要求则未加允准。②

此后,全国土药统税形势日渐萎缩。1910年1月督办土药统税大臣柯逢时上奏清廷,建议裁撤部分土税局卡,江苏、安徽、山东、山西、浙江以及福建等省分局均已裁撤或侧重查验,税款因而

---

① 《论新滇督奏请拨款以济急需事》,《申报》1909年6月11日。
② 《度支部议覆云贵总督奏滇边饷项支绌情形折》,一档馆:会议政务处档案全宗,档案号:832/7484。

大减。①因此，柯逢时向度支部声明，上一年拨解云南的50万两白土药统税已经解清，此后已无款再解。滇省闻知土药税局裁撤后税款大减，本省财政受到严重威胁，因而再度电请中央筹拨经费80万两，原来确定的土药统税50万两应继续拨解滇省，并在附片中重申截留洋款。②度支部虽有不满，但仍旧允准云南截留洋款，并电商柯逢时本年的土药税款50万两仍旧设法续拨。对80万两经费的请求，度支部则没有答应。

李经羲屡次请求拨款，或电奏，或专折，或附片，多以滇省军饷支绌为名，有时则以各省海关解款不到位为由，款项用途中新军编练经费占主要部分，但有时也声明是为开发滇省矿产筹集资金。③所以有人对云南藉开发实业名义行邀款之实的做法颇表不满，专门撰文加以驳斥，④指责其请款兴办实业纯系借口，言论倾向与度支部的看法如出一辙，疑为其同调捉刀。

4. 1910年9月请款

禁烟与练兵使云南财力困绌非常严重系这次请款的主要原因。云南因练兵新政用款猛增，土药税款日见其少，⑤据报界探访，该

---

① 《柯大臣奏请裁撤土税各分局》，《申报》1910年2月22日。
② 同上。
③ 云贵总督李经羲：《奏请借拨部款兴办滇省实业折》，朱批，档案号：04-01-36-0115-030；《奏为筹拟滇矿改良扩充及经营办法大概情形片》，朱批，档案号：04-01-36-0115-029。
④ 《滇督李经羲电奏请款大兴实业感言》，《申报》1910年2月18日。
⑤ 李折强调说："（锡良督滇时）所拟新军开办费亦未估足，其时库帑尚有积存，土税犹未全停，货厘未甚减色，盐款欠收亦当无几，今则情见势绌，挪无可挪，较之旧惜困难何啻倍蓰。臣钧稽溥领，咨询僚属，滇省财政急切无可补救，实以新军重耗、禁烟缩限为近年最大原因"，见《奏为滇省本年款缺势危待协孔亟恳恩饬部迅拨的款解济以期勉维边局折》，一档馆：宫中朱批奏折，"财政类"，缩微胶卷54，第000515号。

省电奏中声明本省请款的缘由和要求是:"滇省贫瘠远逾他省,又承禁烟之后厘金锐减,民力艰难,宪政进行更增用项,军政一项更占岁出大宗,铁路、巡警、开矿、防营亦需巨款。今岁不敷之八十万两实属无可筹抵,拟请再敕部分认五十万两,其余三十万两则暂借商款应付;至明年军需饷项,请援照北洋姜桂题军饷例,概由部筹拨。此外要政需款勉由滇设法筹补。"①

度支部对滇省接二连三地请款行为十分不满,仅答应在土药统税项下拨给50万两,"近日财政艰难,臣部实穷应付,惟朝廷眷念边疆,该督情词又实形迫切,自不能不于无可设法之中为暂顾目前之计,拟请仍由现存土药税项下照数拨给银五十万两,以资应用"②。在度支部要求各省清理财政的背景下,该部的议覆奏折着重要求云南着手进行清理财政,不必动辄乱喊入不敷出。对李经羲的屡次请款已有厌烦之意,"查该督抵任以来,前后未满一年,臣部协拨之款已多至数百万两,此不独近来各省之所无,亦该省从前之未有",对于度支部要求的清理财政事宜:"该督不此之务,而日以飞章告急,但使臣部果堪设筹,则出内帑以赡边军,何一非臣部所应为之事。属以财源窘竭,岌岌堪虞,而予取予求,几欲以一隅而牵动全局,臣等所为极虑焦思,正不知其所届也。该督世受国恩,素有精核之名,似不应除请款之外别无擘画!"③

李经羲敢于屡次请款,言行举措有别于他省督抚,盖有原因可

---

① 《国家果忍弃滇乎》,《申报》1910年9月13日。
② 《度支部议覆云贵总督奏滇边饷支绌情形折》,一档馆:会议政务处档案,档案号:832/7484。
③ 同上。

稽。李在京时，被简为云贵总督，迟迟未能赴任，原因甚多。滇省本属边远穷瘠之区，此职实非优缺，谁人肯去？所以在赴滇之前，军机处答应拨银二百万两练兵经费给滇省，度支部亦知此意，初步答应每年拨解50万两，李才抵任。①这次请求拨款，李经羲气势悲壮，大有与度支部决一雌雄之势，"电达度支部，力请拨款，词极愤激，谓滇省财政拮据万分，无米为炊，巧妇所难。并云，官即不做，命即不要，亦须请大部设法拨款，以应急需"②；要求将滇省拨款之奏"请特开御前会议听候处断，钦遵云云。闻有旨交度支部议奏，仲帅又恐度支部仍主驳议，特于日昨再行电奏，略谓滇省今年行政经费无论如何撙节，出入两抵尚不敷银八十余万，此八十万之亏短，实减无可再减，节亦无可再节。如果部臣不以为然，即请先将臣革职调京面质，内中如查有一丝一毫之冒滥，当此财政支绌，疆臣不知公忠体国，无故虚縻巨费，不论处臣以何等之罪，皆所甘心"③。度支部尚书载泽也不示弱，媒介报道说，"泽尚书接电后，知其惶急，笑谓：彼既能拼官拼命敢来请款，我又何尝不可拼官拼命筹款，但实在无款可筹，亦徒唤奈何而已"④，部臣与疆吏之争愈演愈烈。

5. 1911年1月请款

这是见诸报道的最后一次请款。这次请求拨款的缘由系与1909年4月初的请款目标未能实现有关。当时确定由部分省份的海关按

---

① 《滇督李经羲电奏请款大兴实业感言》，《申报》1910年2月18日。
② 《滇督电请拨款之惶急》，《申报》1910年9月9日。
③ 《滇督争款之倔强》，《国风报》第1年第22期，1910年8月11日。
④ 《滇督电请拨款之惶急》，《申报》1910年9月9日。

确定数额拨解，事后许多海关并未向云南照数解款，致使该省练兵经费中的常年经费久无着落，度支部虽电催各关如数拨解，却罔有回应。李经羲奏折透露，各关欠解情形如下：芜湖关1909年欠解2万两；镇江关1910年欠解3万两；芜湖关、九江关、金陵关1910年分文未解。各关未能协解的原因，折中说，九江关道已由赣抚奏明免解；安徽巡抚则说，芜湖关遵照部电应先尽京饷和洋款拨解，有余再向滇省协解。如此办理后，芜湖海关6万两、九江海关4万两均不能向云南拨解。柯逢时也电称，1911年的土药统税因撤销局卡，滇饷无可再拨。如此看来，财政亏损必然影响该省军费支出，"事关计授，全军恃为的饷，非他项指拨可比"，所以李折强调云南目前的困难，声称本年亏款即达80万两，明年预算案内亏款更巨，"年关逼近，苦无大宗现银可以挪借；明年的饷若再虑悬无著，军心动摇，边局难支"①，由于形势危迫，李经羲要求清廷敕令度支部，选择款项较充裕的部分海关承担云南练兵常年的款，并饬令各海关将尚未解完的余款解足，以固戎政。

1月11日，度支部向清廷提出答复意见，拒绝再为该省选择入款较多的海关来提供练兵经费，"年来库储奇绌，各省亦自顾不遑，土药溢收本以供中央练饷，前后拨给该省药税巨款，其别无他项闲款足供指拨，不问可知"②。对李折中所说的九江海关、芜湖海关欠款一事，度支部表示将再度协商，不能使该项拨款落空。对

---

① 《度支部不允滇省再拨缺款》，《申报》1911年2月7日。
② 同上。中央拨解给云南的款项尽管有洋款税收部分，但大部分却是土药税，在度支部看来，此项税款比洋款更能够解决问题，海关税此时大多用于赔款支出，只有土药税可以挹注，但1910年时此税收入已经式微，导致度支部对云南的拨解也颇受掣肘，故有此语。着重号系笔者所加。

李经羲屡屡请求中央拨款的举动，度支部极不满意，答复意见中的语气已显示出督抚与部臣之间情绪的严重对立："窃维该督自抵任以来不过年余，以编练新军，前后由部拨给并准予截留各款，约计四五百万两，部中已不遗余力，该省则仍然觖望臣部总揽盈虚，实未便专顾一隅，致碍全局！现在预算将次定案，其应增应减各款由该督另行估计。"①

土药统税缩减趋势愈发明显，尽管度支部仍旧重视这一税源，电咨各省将土药税收编入本省的预算统计册中②，但在整体上，它已经不是清廷控制各省的主要财源。该税对云南财政的支持日渐式微，别项税款或缓不济急，或不可动拨，部臣与云南疆吏之间的财政纠葛已发展到另外一个阶段，即双方在清理财政和盐政方面的对峙纠葛。云贵总督李经羲对度支部揽权专擅以及朝中乖蹇不悟、固执己见的形势已洞见透彻，1910年8月意图联合各省督抚"将各省情形以及所办新旧各政，究竟财力如何，能否办到，通盘筹划，切实上奏，请朝廷速筹办法"③，这是李氏在邀款绝望之余，对朝政糜烂局面的一次重要干预，但其影响力度亦可想见，朝政崩塌趋势，如何能够阻遏？

（二）湖北省

湖北省与云南省的情形有所区别，尽管两省与清廷枢臣发生的

---

① 《度支部议覆滇督奏军饷无著请部拨常年的款折》，一档馆：会议政务处档案全宗档案，编号：967-8790；也见《度支部不允滇省再拨缺款》，《申报》1911年2月7日。
② 《度支部咨（札）行各省督抚（监理官）土药税由各省征收编入预算统计文》，《内阁官报》1911年9月9日。
③ 《滇督通电各省筹商要政》，《国风报》第1年第22期，1910年8月11日。

纠纷性质相同,时间也大致相同,但两省在争款用途、争论内容和后果方面却相差较大,云南系鸦片主产区之一,本省的禁种对其财政影响至深;而湖北省的土药产量较少,只有西南地区总体禁种时才会对其产生较大的影响。就后果来说,土药统税的锐减,滇省主要是影响练兵问题,而湖北则会对赔款、兵工企业等产生较大的影响。当然,两省督抚对抗部臣的力度和方式也有所区别。下面就湖北省与度支部在土药统税的拨解方面产生的层层纠葛试作申论。

湖北省土药统税的拨解比较特殊,有两个因素影响较大。首先,就土预征膏捐制度系该省的首创,联省合办土膏统捐亦由该省首先发起。1905年八省土膏统捐筹备时期,湖广总督张之洞遵照内廷的旨意,参与筹备和政策制定,由于土膏统捐一直与湖北省筹措庚子赔款密切相关,八省土膏统捐的税款分配政策规定:"此项土膏统捐创始于鄂,本为鄂省摊派赔款之用,间有盈余,亦俱拨作兵工厂常年经费,出入皆有定数。所有湖北本省拟收之数应请概予免提,以重武备而示区别。"[①]由八省土膏统捐推广到全国以后,这一拨款的特殊优惠政策并未作大的改变,财政处和户部在"支报条款"中规定,"惟湖北系创办土膏统捐省分,且有专款待支,应准照其本省销数,每担按一百两正款全数拨还"[②];根据后来度支部的解释,鄂省的土药统税拨解定章如下,"财政处会同臣部奏定土药统税章程,以鄂系创办膏捐省分,该省拨款按照行销担数,将每

---

① 《钦差大臣铁奏请试办八省土膏统捐并派员经理情形折》,《政艺通报》,光绪乙巳,"政书通辑",第1卷,第4页。
② 《财政处户部会奏议覆各省膏捐办法折》,《东方杂志》第3年第7期,1906年8月14日。

担正税一百两全数归鄂，嗣该省请岁拨银一百二十万，经财政处咨明，如果销至一万二千担应准照拨，不及递减。局费等项由所拨款内扣除，此鄂省拨款定章也"①，尽管这一解释将湖北省土药统税拨款的优惠程度有所降低，但在各省中，湖北省的特殊性仍不容置疑。

其次，湖北一省区位优势明显，西南鸦片产区与东部、华南等鸦片销售区域的主要贸易通道就是湖北省境，尤其是宜昌、汉口的交通地位非常重要。宜昌是长江货运的枢纽，而汉口则是鸦片贸易的集散地之一，1906年有人曾撰文说：

> 汉口为内地绝大市场，其位置在扬子江中流，当汉水汇合之处，故上至四川、云南、贵州，下至江苏、安徽、江西各省，莫不以汉口为通衢，且南至湖南可以达两广，北溯汉水可以出河南以达于陕西、甘肃，故四方货物之自东而西或自西而东者，莫不以汉口为东西之冲。由是观之，则虽以汉口为十八省货物之集中点，为十八省货物之仓库亦无不可。固不独九省之会而已，然则汉口之于商业犹心脏之于动物也，即名为商业机关之心脏，谁曰不宜？②

该文列举了在武汉活动的十二个商帮，其中大多数商帮的业

---

① 《度支部议覆湖北土药拨款折》，一档馆：会议政务处档案全宗，档案号：356/2514。
② 杨荫杭：《汉口商帮之大势》，《商务官报》第20期，1906年11月1日。

务均与土药贸易有密切关系。①基于此种原因，清廷所设立的土药统税总局就在武昌，全国最大的土药税收机构就是宜昌土税局，其本身下辖的湖北土药稽征税卡有老河口、应山、均州、平善坝、黄麻、来凤、武穴、安陆等十处。②这些税卡系宜昌局完成土药征税稽查的主要保障机构，确保了该局实施土药统税稽征目标的实施。

庚子以后，中央摊派给湖北省的赔款总数为每年120万两，筹款措施包括10项。③1904年9月以后，由于湖北省与湖南省联合举办土膏统捐，收入大增，张之洞适时决定将筹措赔款的各种杂捐一并蠲除，仅以土膏捐、铜圆余利、签捐三种收入用于赔款支出，张之洞很有信心地说："查土膏捐一项，近年来收数尚旺，又有铸造铜币一项颇有盈余，签捐一项尚足取信远迩，合计此三项必可筹出一百二十万两抵补通省赔款，既别有筹款之法，即不忍以此重累吾民，特此飞札通饬，自本年八月为始，所有各州县赔款捐均予免解省城，以苏民困。"④此后，清廷在各省推行土药统税制度，湖北岁失巨款，但因度支部拨还土药税款比较及时，1908年上半年前，本省赔款的支付尚未受到严重影响。1908年下半年以后，各地关闭烟馆，严格执行鸦片禁种计划，土药统税的收入开始下降，拨回地

---

① 这十二个商帮依次是四川帮、云贵帮、陕西帮、山西帮、河南帮、汉帮（亦称湖北帮）、湖南帮、江西福建帮、徽州太平帮、江南帮及宁波帮、山东帮及迤北一带商人、潮帮广帮及香港帮等。
② 《湖北通志》卷50，《经政志八·权税》，第1385页。
③ 《各省奉摊赔款表》，《政艺通报》，"光绪乙巳·政治图表"，卷2，第9页；各项措施的说明见《试办签捐票片》，《规复丁漕减征并加提平余酌抽契税凑解赔款折》，《开办房捐、铺捐、膏捐片》，张之洞：《张文襄公（之洞）全集》，卷55，第3853—3862页。
④ 《札各属免解赔款留办学堂》，《张文襄公（之洞）全集》卷105，第7477页。

方的税款数量不断被压缩。这是湖北与中央在税款拨还问题上争执不断的背景。总括来说，双方争执的焦点，一是每年拨还的税款数量和拨还时间，二是湖北兵工、钢药两厂的经费保障问题。有四方人员介入此事，他们分别是湖广总督陈夔龙、督办土药统税大臣柯逢时、度支部尚书载泽以及陆军部官员等。

1. 兵工厂经费争执

湖北省财政支绌局面自1906年以后趋向严重，有两件事情使湖北财政形势发生恶变，一是膏捐改章，清廷提走大量膏税，不到一年户部与练兵处就提走鸦片税款400余万两，[①]湖北虽享受较为优惠的拨款政策，但比以前减少许多；二是铜圆余利渐入颓唐，铸额锐减，利润已不如前。张之洞曾就此致函练兵处说："鄂省自铜圆减铸后，本省指拨要需，皆苦无从应付。加以膏捐改章，鄂省进项骤失巨款，更有何法可以筹抵？本年鄂军因照练兵处章制改变，已岁增六十万两；调汴秋操，需款约八十万，又系新增巨费，现欠悬欠挪借，丝毫尚无着落。统计本年入不敷出者二百万两，年内正不知如何支持。"[②]张之洞此言因系对付练兵处的搜刮，所论自然夸张，但亦显示土药税改章和铜圆余利渐失对该省的不利影响。1907年3月，度支部催湖北省速解甘饷，张之洞电陈本省支绌情形说，军饷岁增60余万两，调汴赴操约需80余万两，加以萍醴剿匪需用更巨，况铜圆减铸，膏捐改章，大宗来源骤短300万，年终仅恃息借

[①] 武汉大学历史系中国近代史教研室编：《辛亥革命在湖北史料选辑》，湖北人民出版社1981年版，第240页。
[②] 《致练兵处》，《张之洞全集》，第9526—9527页。

商款,①窘困局面无以应对。

胡思敬后来称,张之洞亏淮北官帑1300万两,②媒介后来的报道也说,湖北因财政支绌,屡借洋商款项为行政经费,"历年所欠洋款逐一调查,为数约二千万,惟恃后湖地皮变价偿还,难资弥补"③,亦可旁证湖北财政之窘困。

这一亏累局面导致湖北兵工厂经费严重不足。该厂常年经费的构成,1900年之前包括六项,诸如:宜昌土药税、川淮盐局江防加价盐厘、江汉、宜昌二关洋税、郎中刘国柱捐款、湖北藩库火器新捐、铁政局缴还官本、湖北土药过境税等。④八省统捐举办之前,按照湖广总督陈夔龙的介绍,该厂常年经费相对较足,财源构成亦有所变化:"惟查该两厂经费由历年奏准动拨者,本有宜昌土药正税银二十万两,川淮盐江防加价银约十六万两,江汉关洋税银十万两,宜昌关洋税银五万两;由本省就地自筹者,又有土药过境银每年约十余万至二十余万两不等,米谷厘金银每年约十余万至二十余万不等。统计常年款项将及百万。"⑤

京中部门介入土药税收之后,土药过境税被清廷勒令停收,米谷厘金时多时少,该厂的经费就出现严重不足,1907年4月媒介报

---

① 《湖北财政困难》,《大公报》1907年3月13日。
② 胡思敬:《退庐全集:驴背集・审国病书・大盗窃国记・丙午厘定官制刍议》,《丛刊》正编,第445号,第1289页。
③ 《鄂省地方债息借洋款之巨》,《国风报》1910年第35号。
④ 《度支部抄咨核复湖北兵工厂收支各款折》,1909年3月29日,一档馆:会议政务处档案全宗,档案号:409/3042。该折系度支部审核湖北兵工厂1898年第二案和1899年第三案有关经费的收支情况。
⑤ 《兵工、钢药两厂请拨款接济折》,陈夔龙:《庸菴尚书奏议》(三),948页,《丛刊》正编,第507号,第948页。

道说，"现在土税已拨归度支部，故该厂进款已减三分之二，财政支绌情形于此可见"①。这一报道大致可信，根据后来度支部审核该厂（含钢药厂）自1901年至1907年经费使用的情况看，各年度经费数量均不相同，1905年土膏改章以后，该厂经费数额呈现下降趋势。兹列表如下：

表2-3　1901—1907年湖北兵工、钢药厂入款简表

单位：库平两

入款年代	入款数量
1901年	848685
1902年	980142
1903年	1640565
1904年	1682004
1905年	1479624
1906年	1225774
1907年	772588

资料来源：《度支部核复湖北兵工等厂收支经费各款折》，一档馆：会议政务处档案全宗，编号：776-7477。按：此案共报销库平银919万余，归陆军部审核报销的有637万余，归度支部审核报销的有281万余。

常年经费多数用于薪金发放等，生产、购料等费用随着入款缩减而捉襟见肘，停工待费的情形恐怕时有发生。1908年已势难支撑下去，甚至面临中辍局面，"有著之收款仅有川淮盐加价、汉宜两

---

① 《兵工厂裁减经费续闻》，《申报》1907年4月5日。这项报道中的数字仅指兵工厂的常年经费数字。

关洋税、米谷厘金,全年约收不过四十万两","若不绸缪未雨,瞬将停工待款,坐隳已就之全功"。1908年7月陈夔龙力请朝廷拨款支持,"准予饬下陆军部、度支部筹拨常年大宗的款,俾得源源制造,以免辍废"①。折上,清廷令陆军部与度支部会商湖广总督,协商的结果,确定由湖北土药税项下拨给20万两,江汉、宜昌两关各拨洋税10万两以资接济。②这20万两土药税系由土药统税总局直接拨给,并不占有中央拨给湖北省的土药税款,这笔土药税按季分拨给兵工厂,以资接济。

这一拨款暂时缓解了兵工厂经费支绌局面,但并未从根本上解决困难。即便如此,20万两土药税只拨解一年便无法支撑下去。1909年10月,统税大臣柯逢时专门给度支部发去咨文,申诉土药税款拨解困难,"现在禁烟日严,土税锐减,各处局卡已经分别裁并,所有向日认解之各处经费实已无法筹认"③,特请度支部和陆军部设法将兵工厂收归部办,另款支付。与此同时,柯逢时将此咨文告知湖广总督陈夔龙。随后陈夔龙即具折请求陆军部和度支部另拨款项支持兵工、钢药两厂,折中说:收到柯逢时咨文,"不胜焦虑。伏查此案系经部臣奏定奉旨岁拨之款,鄂厂待用孔殷,岂能遽归无著……现在极力核实尚苦难资应付,若短此二十万两之协款,不独无望扩充,且将立形窘迫","惟是目下两厂经费万分艰

---

① 《兵工、钢药两厂请拨款接济折》,陈夔龙:《庸盦尚书奏议》(三),第949—950页。
② 《德宗实录》卷594,第5页;也见《光绪朝东华录》,第5956页。
③ 《咨请兵工厂改归部办》,《大公报》1909年10月15日。

窘，惟有仰恳天恩饬部切实筹商，另行指拨的款，以济要需"。①度支部对这项请求极费琢磨，收归中央办理自然不行，因而倾向于仍由湖北省财政来解决。度支部认为，湖北省的财力尚有潜力可以发掘，特别是该省1904年定造舰炮等款系分年偿付，至1910年可以付清，这笔款项多达52万两，②腾出的款项自然可以派上用场。所以，度支部与陆军部协商后提出，鄂厂经费目前的确困难，暂时仍由土药统税拨解，以渡过难关，然后由湖北自筹款项继续举办，度支部主稿的奏折说："然当此库储匮竭之秋，另拨一层实属无从设法。现在鄂省财政该督正在极力整理，将来必可腾出的款以济要需，惟目前该两厂待用方殷，不得不暂为筹集，拟咨明督办土药统税大臣即在应解部库土税项下拨银二十万两，分批解交该两厂应用，以解足一年为度，以后应由鄂省勉力自行筹措。"③

这一决定对湖北兵工、钢药两厂来说，仍旧不是彻底的解决方案，1910年以后，鄂省财政更趋艰窘，这一军工企业最终没有摆脱挣扎残喘的命运。外人的研究也证实，土药税收短缺导致兵工厂生产经营上的巨大牺牲："1895至1905年，张之洞的湖北枪炮厂每年平均30%的收入来自鸦片税。禁烟法令颁布之后，枪炮厂的鸦片收入降至预算的13%以下，其后果是中国近代枪炮生产停滞不前，而

---

① 《湖广总督陈夔龙奏兵工、钢药厂加拨土税无著恳由部另行指拨折》，《政治官报》第733号，1909年11月10日；另见《度支部等奏湖北兵工、钢药厂加拨土税款项无著另指拨的款折》，一档馆：会议政务处档案全宗，档案号：593/4992。
② 《度支部核定湖北土税拨款另筹抵补折》，一档馆：会议政务处档案全宗，档案号：279/2027。
③ 《度支部等奏湖北兵工、钢药厂加拨土税款项无著另指拨的款折》，一档馆：会议政务处档案全宗，档案号：593/4992。

该厂本可以生产出世界最新式的枪炮。"①湖北与中央的交涉最后也没有挽救兵工厂的困境。

2. 统税拨款之争

湖北省督辕、督办土药统税大臣以及度支部三方，在土药统税拨还数额及拨款时间方面发生激烈争执。这是与兵工厂经费纠纷同时发生、规模更大的纷争事件。矛盾纠纷涉及拨还土药税款的数额和拨款时间的确定两个方面。以下分别考论。

（1）拨还数额争执

由湖北省摊派赔款而引起的土药统税拨解纠纷始于1908年9月。督办土药统税大臣柯逢时等电知湖广总督陈夔龙说，自各省举办土药统税以来，拨还鄂省的土药税款已经超出80余万，此后不得不缓拨此款。此时正值该省筹备10月份赔款，突接此电，督辕颇感意外，双方交涉无果，湖北只得暂时息借商款垫汇上海。10月10日，鄂省电奏清廷，要求"饬下督办土药统税大臣，将八月以后应解鄂省药税仍按每月十万两筹解足额，俾免偿款无著"②。10月12日，柯逢时接度支部的咨询电后，就湖北拨款问题进行解释，认为土药统税溢收款项越来越少，由度支部、陆军部所担负的云南款项、江北练兵饷项、湖北兵工厂经费每年均需120余万两白银，概

---

① 托马斯・L.肯尼迪（Thomas L.Kennedy）：《毛瑟枪与鸦片贸易：1895—1911年的湖北枪炮厂》，载乔舒亚・A.福格尔（Joshua A.Fogel）与罗威廉（William T.Rowe）合编《展望变革的中国：韦慕庭教授退休纪念文集》（Perpectives on a Changing China:Essays in Honor of Professor G.Martin Wilbur on the Occasion of His Retirement），西景出版社1979年。
② 《度支部核定湖北土税拨款另筹抵补折》，一档馆：会议政务处档案全宗，档案号：279/2027；《柯大臣为解款事请军机代奏电》，《盛京时报》1908年11月19日。

由土药税款承担，文电交催，土税总局无法周转。湖北土药税款的拨还，既然原来已经逾额多达80余万两白银，所以从本年9月起请求扣除，暂停拨解。

柯逢时所称多拨给湖北省80余万两白银这一结果的计算是一个关键问题，柯氏与鄂省的矛盾与此有关。按照土药统税大臣的计算方法，自1906年6月份起，迄1908年10月份，共计28个月，行销湖北的土药共有21812担余，以每担正税银100两计算，应拨还218万余两，但实际拨还的数字却达280万两，由此看来，多拨给该省的数额已经超出61万余两；此外，按照新税章和财政处、户部的规定，鄂省统税局卡的经费也要计算在拨款正额之内，因而柯逢时说，局费已达33万余两，"以上二款共溢解银九十余万两，为数太巨，且应扣除本年九月以后薪费，即一年不解尚属有赢，此皆各处挪移，无可延宕"①。

鄂省督辕坚决反对柯逢时的计算方法，并不认为已经多拨八九十万两。1909年初，度支部根据柯逢时的意见，将有关决定电知湖北后，陈夔龙也根据湖北布政使李岷琛与善后局官员的讨论结果，向度支部声称：土膏改办统税，原来认定湖北系创办省份，酌定每年拨银120万两，按月拨局，专解赔款之用。在有案可查的28个月内，拨还的税款数额，按每年120万两计算，应该达到280万

---

① 《督办土药统税事务柯逢时等奏遵解湖北土税拨款并陈明以后照章办理折》，《政治官报》第427号，1909年1月1日。柯逢时不无讥讽地说："惟征税与禁烟决无两全之策，近日论禁烟则咸称为盛举，论拨款则咸指为要需，申禁将近两年，停办已经数省，而斤斤计较，仍以原额相绳，各局若能取盈，则禁烟更复何望？"这段话明显是讽刺湖北省的。见《度支部议覆湖北土药拨款折》，一档馆：会议政务处档案全宗，档案号：356/2514。

两,实际拨解的税款数额也就是此数,并未逾额。①张之洞创办两湖土膏统捐或湘鄂赣皖四省统捐时,湖北岁入140余万两,现今则减为120万两,已属有减无增,鄂省亏累巨大自不待言。②如果按照销售土药的担数来确定拨款的数量,湖北省认为调查本省的销售数量极为繁杂,不易操作,陈夔龙强调说,每年拨款120万两"历经奏明,并咨度支部有案",湖北省过去即是执行这一办法。③

矛盾症结在于双方所持的计算方法大相径庭。这个问题的成因较为复杂,扼要言之,有两个方面。八省土膏统捐筹办时期,张之洞遵旨参与筹办,极力维护本省利益,在与户部、柯逢时讨论筹划的过程中,柯逢时提出每年包认拨解鄂省税款120万两,张之洞虽然觉得湖北省吃亏不少,为了顾全大局还是勉强同意,但却提出一个条件,即不论各省土药统税征收盈绌多寡,对湖北省拨解数额每年不变,不能减少。④前述八省统捐税章中已有载明,执行一年之后,改为推广各省土药统税,新的税章中仍沿用旧例,张之洞且为此专电中央,申述膏捐改章对鄂省的不利影响。⑤因此,"土药统税"税款的拨还,仍旧是按照120万两的标准拨还湖北省,并不是

---

① 《土税溢拨各款恳准就款开除折》,《庸菴尚书奏议》(三),第1033—1034页。
② 同上。媒介报道说,张之洞创办膏捐,岁入190万两,除去土药过境税30万两,再除去局用费20万两,尚有140万两。见《鄂督与柯大臣之恶感情》,《盛京时报》1908年11月3日。
③ 《土税溢拨各款恳准就款开除折》,《庸菴尚书奏议》(三),第1033—1034页。
④ 《鄂督与柯大臣之恶感情》,《盛京时报》1908年11月3日。
⑤ 《鄂督请改膏捐章程》,《大公报》1906年6月11日;《条陈改良膏捐办法》,《大公报》1906年6月22日;《鄂督力争疆吏财政权》,《岭东日报》1907年6月20日。

柯逢时目前所称根据湖北省境内土药销量，每担拨还100两正税的标准。柯氏现在所持的观点，表明他已经改变了与张之洞达成的协议。① 另外一个背景，系张之洞已入朝拜相，鄂省利益随后难得保障，柯逢时尽管是武昌府籍人士，但权力运作的游戏变幻无常，张之洞入京后，柯逢时决定以度支部尚书载泽为奥援，所以他必须迎合中央的财政利益；加之张之洞离鄂后，继任督抚陈夔龙对上下左右调护乏术，官界经略手段与影响能力均逊一筹。②

度支部奏折倾向于柯逢时的说法而反对湖北省的观点，认为陈夔龙所说"统税减拨即请赔款无著，似不尽然。该省岁收签捐为数甚巨，铜圆虽已减铸，上年留省六成盈余，尚得银二十七万九千余两"③，并且，鄂省即便是没有土药税款的拨解，赔款照样能够完成，度支部"启发"陈夔龙说"自实行禁烟以后，土税骤形短绌，前经臣部奏以盐斤加价抵补，现又另折奏明推广牌照捐，核计鄂省两项所入岁约可得银四十万两，加以拨给土税银八十四万两，共一百二十四万两，核与赔款一百二十万两之数，已属有余，而签捐及铜币盈余尚不在内"④，尚不止此，该部又列出湖北省1904年订

---

① 《鄂督与柯大臣之恶感情》，《盛京时报》1908年11月3日。
② 陈夔龙自述说："辛丑简任漕督，移抚汴吴，升督护湖广，遂领北洋，前后十年。时抱慄慄之懼，而不愿居赫赫之名。所可以自慰者，厥有三端：一不联络新学家，二不敷衍留学生，三不延纳假名士。衙斋以内，案无积牍，门少杂宾，幕府清秋，依然书生本色。连坫僚友，有讥余太旧者，有笑余徒自苦者，甚有为以上诸流人作介绍者，均一笑置之，宁守吾素而已。"见陈夔龙著：《梦蕉亭杂记》，第2页。揣摩此言，与当时官场奔竞之风适成反例，即与张之洞比，亦不可同日而语。
③ 《度支部核定湖北土税拨款另筹抵补折》，一档馆：会议政务处档案全宗，档案号：279/2027。
④ 同上。

购舰炮的偿款问题，此款至1910年完全可以偿付完毕，这笔偿款的数额多达52万两，包括盐道库川淮盐练饷正杂款银23万两，官钱局盈余银29万两，一旦此款偿清，也可用于支付赔款。所以，该部赞同柯逢时的看法，在以后拨给湖北省的土税款额中，应扣除多拨的部分，按照每月7万两的标准进行拨付，如此计算，该省以后每年土药税的收入将减少36万两。

湖北省对度支部做法立即作出反应，极力维护现有的拨款利益。关于度支部提到抵补土药税的盐斤加价问题，该省强调"（此款）业经划归舰艇经费，既属无可拨抵；牌照捐能否收有成数尚无把握。每年骤短三十六万两，已苦乏术腾挪"。既然盐斤加价和牌照捐已经不可能用于赔款支付，而度支部又倾向于扣除原来所谓多拨的部分，所以，湖北省的策略只能是保住现有的拨款数目，尽量减少损失。度支部认为，拨给湖北省的土药税款中应包含局卡经费，此外还超（银）60余万两，这两部分多拨的税款应在以后拨款中扣除。陈夔龙请求将此项业务经费从拨款中扣出，而由专门的"一五经费"税款来支付，[①]并且也应将过去多拨的部分开除，其奏折说"惟有恳请奏咨，所有土税溢解及开办局卡员弁薪费，二共银九十五万余两，准在溢收应解部饷及随征一五经费内，分别就款开除，以后仍照部议，自本年九月起明年八月止按月提前拨解银七万

[①] 1906年以后的土药统税税率为每百斤土药征收正税银100两，并随收（银）15两作为局卡经费开支，称作"一五经费"。按度支部的说法，中央拨给湖北省的税款中，应包含湖北省境内所有局卡经费的开支数目。陈夔龙的意图是将这笔局卡经费以及所谓多拨的税款，从已经拨给的款项中扣出，由正税之外的"一五经费"来承担，即将这项负担转嫁给中央。

两，以一年解足八十四万两为度，藉资挹注而免贻误"①。陈折奏上，度支部勉为其难，1909年1月18日的答复中基本同意了湖北省的请求，但却对每月7万两的拨款标准能否长期实行，不敢保证，转而要求湖北督辕与柯逢时就近商酌，"总期练饷、赔款两无贻误"②。如此，三方即确定了鄂省拨款的基本办法，约定自1908年10月至1909年9月一年之内，柯逢时应向湖北省拨款84万两，每月拨解7万两。

不料，1909年7月份，湖北督辕意外地接到柯逢时的咨文，告知土税总局拨解鄂省土药税款不得不截止到本年5月份，余下6、7、8、9四个月无法再拨还，提醒湖北省方面另筹款项。陈夔龙立即与之交涉。柯逢时解释说"现在局势，鄂中偿款似须设法另筹，决非土税所能挹注，敝局早晚亦必裁撤，万难久支"③。无奈之下，督辕只得电请度支部支持，鄂电说：

> 以贵部准拨之款忽归无著，殊出意料之外。惟西九月份赔款，本月二十日（指七月二十日——引者注）即须汇解，为期已迫，稍有衍误，谁任其咎？惟有电请大部迅电柯大臣，将五月份应拨之七万两即日续解凑济，其余未拨之二十一万两亦希设法腾挪，按月拨解。现值鄂省水灾，赶办急振（赈），罗掘已空，柯大臣目击窘状，当能勉图共济。倘仍不允，瞬届赔款之期，事关紧要，只得在司、关各库，无论何款先其所急，暂行提解，俟有

---

① 《土税溢拨各款恳准就款开除折》，《庸菴尚书奏议》（三），第1033—1034页。
② 《度支部议覆湖北土药拨款折》，一档馆：会议政务处档案全宗，档案号：356/2514。
③ 《鄂督电部请将土税归鄂自办》，《申报》1909年9月9日。

税收再行归还。至柯函有早晚亦必裁撤之说，似此有意为难，不如早归鄂省自办，尚可挹注。迫切待命，鹄候示覆。①

此电所言，极带要挟之意，司、关之款多为度支部直接控制，该部曾严令各省不准动支，鄂省情急之下，欲不顾禁令，使用此款，自然给该部以极大的压力，使其意识到问题的严重性，此法当属今人常说的"揭房顶战术"②。度支部接到鄂省急电后，立即给土税总局去电征询，要求柯逢时仍旧按原议拨款方案，拨足84万两税款后，再议改变。③柯逢时来电中，对此十分为难，"自鄂局开办牌照捐，土商益少，收数短绌为从来所未有，往年收不敷拨，尚有他省溢收可以挪解，现已停办八九省，均改为查验局。既无收数，每月津贴经费甚巨，近又拨解滇饷一百二十四万，存款一空"，柯氏的解释言辞恳切，"况居父母之邦，彼此相系相维，尤宜竭力筹措，无如收少解多，力有不足，长期敷衍岂有了期？只得俟宜局将五月后销数报明，扣除溢拨及各月开支，再行尽数拨解。

---

① 《鄂督电部请将土税归鄂自办》，《申报》1909年9月9日。着重号系笔者所加。
② 欲进窗户，主人不许，威胁要揭去房顶，主人无奈，许进窗户。1909年12月份，度支部接连向各省申明不准随便动支部款，首先是12月8日，度支部尚书载泽面奉谕旨："各省应解款项，如京协各饷及各项洋款关系紧要，无论何项用款，均不得任便挪移，嗣后凡动拨款项，应统由度支部奏咨核定"，见《度支部抄奏遵旨电饬各省凡动拨款项统由本部核定片》，一档馆：会议政务处档案全宗，档案号：608/5064；随后，度支部又奏请清廷，严令各省不准动支和截留洋税款项，即便原来已经答应截留的广西、云南、四川等省，亦严定期限，不许延长。见《度支部奏镑价奇昂洋款紧要将各省截留洋款仍应照解折》，一档馆：会议政务处档案全宗，档案号：608/5069。
③ 《鄂督与柯大臣争拨土税》，《申报》1909年9月20日。

鄂中偿款应请大部另行设法，以免为难"①。

柯电内容鄂省迅即知悉，陈夔龙仍电请度支部主持拨款，并对柯逢时违抗度支部之意，极为不满，"既准部电允拨，何至靳而不予，谅非柯大臣夙昔之本心。近日收数衰旺，本督无从过问，亦未便与闻，仍恳转商设法筹拨济用，以免贻误"。②三方函电交驰，久未商妥，至11月下旬仍未达成协议。度支部建议每月拨给6万两，不敷款项由鄂省土膏牌照捐和举办印花税来加以抵补。③湖北方面疑虑重重，经藩司与善后局等官员研究，决定赔款款项由土药税、牌照捐和印花税三部分构成，印花税甫经举办，收入难以预定，暂时先在藩盐关库借支款项，一旦印花税收入较多，再拨还补足。④其中土药税的拨解数额，本省并无决定权，仍得协商度支部和柯逢时。揆诸鄂省财政说明书，三方再度交涉仍无结果，自1909年10月后，每月拨给该省的土药税款仅仅为一二万两，1910年夏秋之后，分文未解。⑤该省筹措赔款"系在汉关道、签捐局等处合力凑济"⑥。唯一的例外是此前4月份，湘省发生抢米风潮，柯逢时遵照度支部的要求，曾拨给湖北20万两土药税，⑦以作为湘省的善后经费，但这已经与鄂省的赔款无关。

（2）拨解时间纠纷

---

① 《鄂督与柯大臣争拨土税》，《申报》1909年9月20日。
② 同上。
③ 《筹议抵补赔款之计划》，《申报》1909年11月19日。
④ 同上。亦见《印花税与赔款之关系》，《盛京时报》1909年11月16日；《湖北司局会详鄂督文》，《东方杂志》第6年第3期，1909年4月15日。
⑤ 《湖北全省财政说明书》，"岁入部·土药税"。
⑥ 《京津时报》1910年8月18日。
⑦ 《湘乱善后近事纪》，《申报》1910年5月7日。

这一问题虽然不如前一问题重要，但由于涉及到赔款筹措，湖北省仍然主张每月拨解一次。按：庚子赔款的偿付办法规定，中国应每月按照确定数额将赔款汇往上海交付，各省也遵循每月汇款的办法，将认解赔款数额提前汇给上海道，再由该道兑交各国。①湖北省每月支付的赔款金额为10万两，当时财政窘困，筹措这笔款项的确非常棘手，每月赔款的筹措不能不算是本省的重要事项。土药税款能否每月拨还到位，自然是该省关注的问题。

八省土膏统捐时期，根据张之洞的建议，柯逢时执行每个季度拨款一次的做法。后来湖北省的财政窘况愈来愈严重，按季度拨款已不敷周转，陈夔龙与柯逢时商定提前拨款。此法执行不久，即因禁烟进程加快，税款周转不灵，"即如八月之款，分局须十一月始能解省"，拨款时间因此受到影响，款项不能按时到位，双方矛盾随之激化，"鄂中未经查明，遽以相责"。所以柯氏向度支部声明："惟嗣后收数益少，应付为难，必须三月后方能照拨。"②这一办法提出后，湖北断然不可接受，双方协商多次，柯逢时才勉为采纳，但此时的土药税款数量已经日趋式微，重要性大大降低。

如上纷争均围绕土药统税的拨还问题展开。清廷相关机构与湖北省在兵工、钢药两厂经费和赔款问题上屡经交涉，争论不为不激烈，最终仍无善果。究其原因，约有数端，鸦片禁政必然导致税款

---

① 《美国驻华代办柯立芝致美国国务卿函——与中国会谈之经过》，《美国外交文件，1905年》，第146—149页；《外务部致外交使团照会——同意庚子赔款按金偿付》，《北洋政府财政部公债司档，赔洋款总卷》，此转见中国人民银行参事室编著：《中国清代外债史资料》，中国金融出版社1991年，第938—939、944页。

② 《度支部议覆湖北土药拨款折》，一档馆：会议政务处档案全宗，档案号：356/2514。

流失，清廷推行的禁烟大计确实要经受财政、民食等经济和社会利益方面的考验；在土药税款大幅度缩减的背景下，清政府始终推行财政集权，各省的利益俱受损害，湖北省尤为突出；柯逢时作为钦派督办土药税大臣，介于湖北与北京之间，其态度急剧偏移，倾向于巩固中央财政利益，深刻影响了地方与中央争执的结果，在土药统税纷争中，也算是一个关键的人物，上下纠纷，输攻墨守，均有其影响和制约，不应小视。

第三节　财政与禁政的对峙

清末禁政大致以禁种、禁吸和禁运为要端，三者密不可分。各省提出缩期禁种、停收税厘、禁运外省土药以及速裁统税局卡等要求，度支部则奉行土药税厘至上主义，或驳议，或拖延，置各省呼吁于不顾，我行我素。民间对此种税厘至上、财政为先的主张隐为抵制，屡有物议。清廷与各省在鸦片禁政问题上政见分途，甚至对立的态势日趋明显。

一、缩期禁种

1906年9月20日清廷发布禁烟上谕，明确宣示十年之内禁绝鸦片，[①]11月30日会议政务处拟定禁烟章程，对禁种土药事项作出规定："现定以十年禁绝吸食，自当先限栽种，庶吸食可期禁绝……其业经栽种者，给予凭照，令业户递年减种九成之一"，"其凭照

---

① 《光绪朝东华录》，第5570页。

一年一换,统限九年内尽绝根株,违者即将原地充公。如未满十年之限,能将辖境内种烟地亩勒禁,全行改种他粮,查明属实,准将地方官分别奏奖"。①按照此项规定,各省必须于1915年之前全部禁绝罂粟种植。此一规定甫经出台,有人即对这一期限提出疑问,认为时间愈久,愈难禁绝,因而主张缩限禁种。1908年3月中旬,云贵总督锡良专折奏请清廷,将云南于本年年底前彻底禁种的主张剀切入告,并建议全国应在1909年之前全部实行禁种。锡良对此解释说:"访诸舆论,皆以限期过宽,反形棘手。拟请趁此人心激发之日,改缩期限。"②缩期禁种主张一经刊布,舆论反应极佳,有人称"滇督锡良之疏最中肯綮"③。其实,早在19世纪80年代,张之洞在山西实施禁烟时,锡良就是一位热衷于禁烟的官员,出力尤多④,这次所提缩期禁种实各省缩禁之嚆矢。4月20日翰林院侍读周爱诹亦奏请清廷,饬令各省督抚,凡种鸦片烟之地限两年一律禁绝。⑤越来越多的人主张缩限禁种。

会议政务处对云南缩期禁种的主张深表赞同,"滇省即称踊跃禁烟,自不必拘定十年之限"。此后滇督锡良又有奏陈,请求各省应一体动作,缩期禁种才可有效。⑥云南省因有锡良主持禁政,雷厉风行,至1908年底基本实现土药禁种的计划。自云南提出缩期禁

---

① 《光绪朝东华录》,第5593—5594页。
② 《政务处奏议覆滇督锡良奏实行禁烟改缩期限折》,《盛京时报》1908年5月29日;《政务处议覆云贵总督奏禁烟改缩期限折》,《申报》1908年5月30日。
③ 《禁烟问题》,《政论》第5号,1908年7月8日。
④ 《张文襄公全集》,奏议(光绪八年十二月至十二年二月),第778页。
⑤ 《德宗实录》卷588,第15页。
⑥ 《滇督再请改缩期限》,《申报》1908年9月27日。

种后，1908年9月黑龙江亦提出缩期禁种的计划；①10月山西省咨议局谈论本省禁烟方案时，各区主张立时禁种者占十分之九，而主张分年递减者仅占十分之一，遂决定自明年起一律禁种土药。②其他如山东③、贵州④、四川⑤、直隶⑥、江苏⑦等省均提出缩期禁种要求，其他各省亦有大致的要求⑧。

各省提出缩期禁种的方案不能不涉及征税问题，这一问题由度支部审核。该部对缩期禁种的主张颇不谓然，在讨论锡良和袁树勋缩期禁种的奏折时，载泽表示，"立法贵乎能行，为期过近，恐徒减税厘，与事毫无实际"⑨，建议各省体察本省实际，再行定夺。当各省纷纷提议缩期禁种时，度支部极欲阻拦，认为禁吸优于禁种，⑩载泽申明说，"禁烟之期限以十年，各省于斯十年中果能断绝根株，固足征信于各国，倘轻易缩减，未能实践其行，恐各国又启轻视之，渐转于信用上自失价值"⑪。1909年9月，该部针对各省缩期禁种呼声较高，郑重地向禁烟大臣提出自己的意见，认为各

---

① 《徐督等奏江省种烟地亩请缩短期限折》，《盛京时报》1908年9月17日。
② 《咨议局禁烟议案》，《盛京时报》1908年10月4；《烟禁之严厉》，《盛京时报》10月22日。
③ 《袁中丞奏陈禁烟政见》，《盛京时报》1908年10月11日。
④ 《清朝续文献通考》，（一）卷52，"征榷"24，第8070页。
⑤ 《川督奏请川省禁烟缩期禁种等折》，《政治官报》第447号，1909年1月21日。
⑥ 《直督等筹办禁烟请自明年一律禁种折》，《政治官报》，第447号，1909年1月21日。
⑦ 《商议缩短禁烟期限情形》，《盛京时报》1908年10月9日。
⑧ 《十九省禁种罂粟期限》，《申报》1908年11月5日。
⑨ 《商议缩短禁烟期限情形》，《盛京时报》1908年10月9日。
⑩ 《度支部禁烟之意见》，《大公报》1909年5月5日。
⑪ 《泽贝子对于禁烟之意》，《大公报》1909年5月31日。

省的主张有害无益,"殊不知土药已禁而洋药仍来,吸户求土药而不得,势必购取洋药,是于禁烟要政毫无裨益,而专使财政利权添一绝大漏卮。因拟申明办法,通饬各省仍于查禁吸户一事,切实举办,以期轻重成宜,克收效果"①。看来,在清廷内部,度支部是缩期禁种主张的主要阻力。

1909年8月上旬,护理云贵总督沈秉堃具折请求清廷饬令贵州、四川、陕西、甘肃和山西五省必须于本年内实现禁种,以配合云南省的缩期禁种计划;此后,东三省总督锡良亦有类似请求。度支部遵旨对这两份奏折进行了并案答复,基本上否决了两位总督的请求,答复中仍断言缩期禁种有害财政税收,"惟以禁种为第一要著,似尚非探本穷源之论","禁吸一层视禁种尤关紧要。今各省于禁种一层既已不遗余力,期限必不致延长,但恐种者虽净而吸者未断,土药虽经绝迹,洋药更可居奇,十年期限为日方长,沈痼不除,漏卮转巨,此臣等兼权熟计,不能不鳃鳃过虑者也"②,对各省缩期禁种的言行加以阻拦。

1908年下半年后提出缩期禁种土药的奏折连续不断,会议政务处在讨论时意见纷歧明显,度支部尚书载泽尤为反对,迫使庆亲王奕劻不得不妥协,再度征询各省对这一问题的看法。稍后,会议政务处提调决定折衷办理,"缩短年限须体察各省情形,禁种土药亦须由宽而严,以免纷扰",这一措词遭到袁世凯和鹿传霖反对,谓

---

① 《申明禁烟办法》,《盛京时报》1909年9月11日。
② 《度支部会奏并案议覆滇督东督奏请将鸦片烟缩期禁种折》,《盛京时报》1909年9月14日。

之不伦不类，没有针对性，遂至于搁置不论。①直到1909年初，清廷才根据会议政务处的意见作出决断，全国各省可以根据情形划区分期禁种，这一方案实际上是以度支部的意见为蓝本，该部于1908年10月初曾就各省调查的情况提出本部意见，要言之，即是分省分期禁种，②反对各省统一缩禁计划，也就能够保证度支部对土药税厘的尽量征收。外人对清廷以禁烟为名榨取税厘的做法极不赞成，万国禁烟会在上海召开时，美国禁烟会代表丁义华向中国官方坦言说，"中国欲禁绝烟毒以救国民，则有绝大之问题应须解决，盖必全弃其鸦片入税始能有战胜之日也，政府失此巨帑，必求所以补救之道"③，度支部因中央财政窘迫，极难做到道义与财政两相兼顾，实行起来必然是偏顾一端。所以，万国禁烟会尚在进行之中，该部就提出"各省土药税照原价加增十分之二，以裕国库而示限制"④，尽管这一提议未能付诸实施，但财政至上的做法显而易见。

1909年底，贵州巡抚庞鸿书提出要仿照云南办法，在年底前坚决停收本省的土药税，以斩断烟农的观望心态，促其体察政府禁烟的决心，推动禁政切实有效地进行。庞鸿书奏称："惟是利之所在，终难尽绝根株，并以厘税照常征收，民间每昧为以征为禁之意，误会公家藉此筹款，遂视禁令为具文，相率观望"，"为今之计，惟有将土厘一项先行停止，使民晓然于禁令之必行，而后能收其效"，"现拟仿照云南办法，截至本年底止，即将厘税停收，

---

① 《政务处议复禁烟折件之波折》，《申报》1908年11月1日。
② 《（度支部）丞参厅九月初十日具奏覆奏查明各省洋药进口、土药出产及行销数目酌拟办法折》，一档馆：会议政务处档案全宗，档案号：67/89。
③ 《美代表禁烟之卓论》，《申报》1909年1月29日。
④ 《决议加征土药税》，《大公报》1909年2月20日。

所有存土限期出境，过期由厘卡查获，即报明总局，全行焚毁……明知财政窘迫，区区土厘未尝不恃以应急，然除毒务尽，稍一踌躇既无以示信于民间，即难望收效于日后"。① 有人曾研究贵州鸦片税对该省的重要作用问题，认为它"在相当长的时期里，补偿了贵州财政收入的不足，并在某种程度上活跃了市场，促进了商品的流通，繁荣了经济，抵补了贸易上收支严重的财政赤字"②，既然土药税对贵州一省"功勋卓著"，而庞鸿书却主张停收鸦片税厘，可见黔抚立意之高，决心之大。折上后，事关财政，清廷交由度支部审核，该部断然否决了贵州的这一请求，反对该省照搬云南的办法，责令土药税厘应继续征收，牌照捐等亦应着力实施，度支部的依据主要还是"以征为禁"理论："若全省种烟地亩尚未全行勒禁，遽将厘税停收，是适为种烟者轻其成本，不特小民贪利，偷种之情弊难防，恐烟价日低，吸户之查禁匪易"，"请饬下该督抚所属，仍将土药厘税照常征收，并将吸户牌照捐，妥定稽查章程，俾收征禁并施之效"。③

同相的理论不但约束贵州禁政，甘肃省亦遭到同样的待遇。该省请求停收鸦片亩税，陕甘总督对度支部动辄以征收鸦片税厘为准绳，裁量各省禁政措施的倾向也表示反对。所以，度支部在核复甘肃的请求时，不得不为自己辩解，"自实行禁烟以来，各省禁吸、

---

① 《黔省禁烟仿照云南办法》，《申报》1910年2月17日。
② 吴敦俊：《近代贵州经济的支柱——烟税》，《贵州文史丛刊》1986年第4期。
③ 《度支部议覆贵州巡抚庞鸿书奏筹议禁烟定期停收土药税办法折》，一档馆：会议政务处档案全宗，档案号：626/5299；也见《清朝续文献通考》（一），卷52，"征榷"24，第8070页。

禁种无不为之申明赏罚,惩劝兼施。即各省土税分局,亦经次第裁撤,从不以税项稍存瞻顾"①,然后对甘督此奏大加反对,答复中嘲讽揶揄:"该督既以甘省产土,不欲流毒他省,而忍听甘省之民自种自吸,以沉湎于鸠毒乎?该督既知近年土价陡涨,收买愈多,偷种愈广,又岂知亩税一停,局卡一撤,则无税之土获利愈厚,私种私贩日益加多,可徒恃文告以禁绝之乎?"②后来刊布的《清朝续文献通考》一书撰者刘锦藻亦注意到度支部此奏,特加按语评论说:"部臣此奏可谓辩言乱政矣。陕甘为产土之区,禁种自当严于禁吸,但贩应并禁,贩与种相表里也。不禁贩而禁种,其弊与不禁等。前此,河南请止外土入境,竟遭部驳,今陕甘复以为言,可见事之当行,不谋而合。乃部意且以不谅,责该省督臣。其言不谅者令人百思而不得其解。岂以烟禁为筹款之变相?寓禁于征者特其名,寓征于禁者乃其实欤!"③

"税厘至上主义"明显表现在1911年4月度支部将各省土药统税局卡一律裁撤后,载泽具折向清廷声明,本部对禁烟已经没有责任。媒介引述载泽的观点报道说"该部对于禁种一事并无直接之权限,碍难参与,应请饬下民政部及各省督抚切实办理,嗣后如有种种情弊,度支部概不负责"④,此项报道虽是道听途说,但揆诸该部往常表现,此事尚足凭信,不似游戏怪诞之论。

---

① 《度支部奏议覆甘督电奏禁烟情形等折》,《政治官报》,第869号,1910年2月23日;《清朝续文献通考》(一)卷52,"征榷"24,第8071页。
② 《度支部奏议覆甘督电奏禁烟情形等折》,《政治官报》,第869号。
③ 《清朝续文献通考》(一),卷52,"征榷"24,第8071页。
④ 《度支部卸却禁烟责任》,《大公报》1911年4月19日。

二、禁运外土风波

"外土"系一相对概念，并非指洋药，而是外省所运来的土产鸦片。禁运外土与缩期禁种有密切关系，否则，此处禁种而彼处仍运销倒灌，缩期禁种必成徒劳之举。揆诸清末禁政事实，禁运外土的成因较为复杂，扼要言之，约有数端，一为各省土药生产的多寡、禁令之宽严不同、地方政府的应对方法等各不相同，导致土药生产的数量和种植时间长短不同，随处可以运销，此省之土可进彼省，并可辗转运销数省。缩期禁种一经实行，必须对此加以约束，故有禁运外土之说；二是出于自我保护，本省财源不容他省侵越，肥水不流外人田。这一类型的省份较少，并不占主流；三则是暗中对抗度支部的统税利益，在拨还各省土药税愈来愈少的情况下，各省不能不无动于衷，隐瞒土药产量、税收造假等均系惯用的对抗手法。1909年11月，度支部根据举报，发现江西、安徽两省"藉减种土药为词，暗中有隐瞒土药税款情事，于税课大有妨碍，拟即由部简员，分赴该两省严密查访，以免朦混"①，所以，禁运外土的复杂情态不能一言道尽。

禁运外土风波，始于1909年底，迄于1910年底。谓其"风波"，自然意味着上下纠纷复杂而又激烈。卷入此次风波的省份主要有福建、山东和河南三省。度支部坚决反对各省禁运外土的要求，面对各省屡次坚请，毫不动摇，且敢于冒舆论谴责之风险。度支部在议覆各省禁烟奏折时，经常使用"拔本塞源"一词，该词的确切含义，按照度支部的解释是禁吸为先，禁止吸食鸦片是解决禁政问题的不

---

① 《拟密查赣皖土税》，《大公报》1909年11月9日。

二法门,其他禁种、禁运仅仅是辅助,不可过分强调。该部以司农为己任,深知三个环节均可产生财政效益,尤其是不能过分强调禁运土药,只要统税政策未被取消,土药运销即会巩固中央财源。看来,该部政策倾向于对土药运销加以保护,实属"分内之事"。

福建省是提出禁运外土动议较早的省份。该省鸦片禁政颇具特色,民间禁种、禁吸进展较快,"去毒社"组织遍于全省,1910年4月份,该省士绅极力催促闽督松涛向清廷提出禁止外省土药入境的请求。松涛一折奏上后,清廷允准。此后,闽省海关不断抓获偷运土商,鸦片商极力向度支部和督办土药统税大臣告状饶舌,度支部为解决此事,即电知闽督松涛放行,其第一电中说:"现查各省完税土商尚多贩运,如入闽境销售时,希饬各关卡一律准其通行,以符定章。"①

闽督接电后,对度支部维护土药税则,而不管本省禁政颇表不满,迅即去电,再度请求禁运邻土,②强调本省禁政正有起色,省内官绅极力要求禁止外土输入,以保证闽省禁吸禁种实行。度支部对该省接二连三请求禁运外土,十分不悦,仍旧强调"拔本塞源"旧调,其第二电中对此作了解释,称"惟禁烟扼要办法首在严禁吸食,吸者无人,则种者、贩者自不禁而绝。若禁吸尚无把握,徒从

---

① 《中国时事汇录·记福建拒土会原始》,《东方杂志》第7年第8期,1910年9月28日;林万里:《论闽省邻土入境事》,《申报》1910年8月9日;《度支部何坚为土上作护符耶?》,《申报》1910年8月26日。度支部给闽省的第一封电报中说,部中已电令闽海关税务司,对完税土药应放行,看来该海关并未执行这一命令。电文称"本年四月间,贵督奏请禁止各省土药入境,当经本部咨闽,遇有完税之土运销闽境,应仍查定章准其放行。嗣接土税大臣来电,据土商禀,闽海关禁止土药进口,复经本部片行税务处转饬司遵章放行"。
② 《闽督复度支部电》,《东方杂志》第7年第8期。

事于禁运，恐禁令虽严，于事实上终难期收效，致为洋药驱除，种户藉口又不待论"，根据这一套理论，度支部说"对于各省禁烟，凡有主张禁种、禁吸者，无不极力赞成，独于禁运，则以为必待禁吸收效之后，始可议及。是以近年陕、甘、黔、豫、鲁、湘等省倡议禁运，均经先后分咨议驳，令专就禁吸、禁种两端切实办理"，对福建省的一再请求，该部强调说"闽省目前禁种即可净绝，禁吸亦日形起色，自应由贵督饬属推行，必收烟害廓清之效。至禁运一层，仍希查照本部前次咨电办理，以免纷扰"。①该省民众对度支部违背清廷旨意，意图税厘，偏重财政的倾向极为愤懑，抗议之电往纷纷涌向京师，特别是咨议局、绅士代表、各界社会人士分别致电度支部、军机处等，②申述本省禁政成效，对度支部抗旨不遵进行严厉谴责，并针对"旨准部驳，行政两歧"的情状表示疑惑不解，民情震骇的程度可以想见。

有撰稿者评论说，度支部此举纯为财政之计，若各省对度支部的意图隐为抵制，坚拒外土，则该省将来向清廷请款，度支部自然拒拨有辞。只禁吸食不禁贩运，舆论称之为"不啻割势以止奸淫，断手以防偷盗"，称度支部的主张直为鸦片商人之护符。③极有意味的是闽省禁运外土请求，已经获得清廷的允准，而度支部仍旧阻拦，意欲畅销完税土药，实为抗旨不遵。这一矛盾现象极为复杂，殆至晚清，权贵擅权，载泽权势正隆，监国摄政王载沣不能驾驭全

---

① 《度支部复闽督电》，《东方杂志》第7年第8期。
② 《闽咨议局致度支部电》《福州各社会上军机处等电》《闽省绅士致度支部电》，均见《东方杂志》第7年第8期。
③ 林万里：《论闽省邻土入境事》，《申报》1910年8月9日。

局,据传,隆裕太后优隆载泽,系挟制监国摄政王载沣,"宣统初,载泽、溥伦皆缘妻宠出而任事。载则尤横,以其夫人与隆裕为同胞姐妹,时往来宫中,私传隆裕言语以挟制监国也",其朝政之糜烂以及亲贵专政情弊,后人曾有洞见,[①]评论颇中肯綮,此可解释谕旨与部文互为矛盾的原因。社会人士对度支部所谓的"拔本塞源"言论最是反感,舆论视之为"司马昭之心":"度支部之意,不过以为禁吸禁种本为题中应有之文章,而禁运一层,有碍于本部眼前之生意。前电之一则曰完税之土,再则曰完税土商,盖已明示用意之所在矣。夫欲保一部有限之税厘,而不惜遗全省无穷之烟害。果其此税应保,则禁烟之举不已太多事乎?"[②]

由于土商继续将外省土药运销入闽,对该省禁政威胁太大,1910年8月19日闽省再度请求禁运外土,松涛奏折主要陈述了必须禁运外土的三个理由:

第一,目前正临近秋季,罂粟即将播种,如果任听邻省土药入境,"是同一禁种,此省遵禁,顿失厚利,而他省转得畅销。小民重利必生觊觎之心";第二,旨准而部驳,政令两歧,难以服众,"闽

---

① 胡思敬:《一门两皇后两福晋三夫人》,见《国闻备乘》卷2;沈云龙说"晚清政局,自载沣以帝父摄政,操持国柄,演成亲贵争权之势,而亲贵之间,复分列门户,相互倾轧,驯致党中有派、派中有系,彼此勇于私斗,卒为颠覆宗社之主因。其始也,载沣之弟贝勒载洵、载涛,于宣统元年五月,一则筹办海军,一则管理军谘府(等于参谋本部)事务,且先后于是年九月及次年二月份赴欧美考察,冀挟海、陆军权以自重;而隆裕太后之妹夫镇国公载泽,职司度支,颇事苛敛,下而与督抚争利,专以集中各省财权为亟务;至若奕劻、那桐等辈,则广纳苞苴,贿赂公行,恬不知耻,并结疆吏,互为声援,遂致形成上行下效之贪黩政风,终于鱼烂土崩而不可收拾",见氏著:《徐世昌评传》(传记文学丛刊之52),传记文学出版社1979年,第123—124页。
② 林万里:《论闽省邻土入境事》,《申报》1910年8月9日。

省禁止邻土入境系奏明奉旨在前，闽人固习闻之，今忽放行，必疑长官禁令两歧，将来或犯种烟，惩劝几穷于术"；第三，本省土商已经具结不贩外土，不应办法两歧，无法操纵禁政，"近日闽中各地方筹议抵制邻土，众情固结，福州土商公帮联具禀结：自愿永远不贩邻省土药，以息浮言，若一旦放行，民心浮动，隐患何穷"！①

度支部的议覆奏折藉口闽省尚有土药种植、土药贩运，因而仍坚持原来的意见，且口气愈来愈强硬，议覆折称，"该省禁种禁吸并未实力奉行，专欲先禁邻土，徒累商户，于禁烟亦未必实有裨益；且国家既收统税，断无各省自分畛域之理。应请旨饬下闽浙总督遵照奏定土药统税章程，将已完统税之商土准其放行，倘该省地方滋生事端，该督亦不能辞其咎也"②。开导与威胁并施，驳回了闽省的请求。这次请求被度支部驳回，影响极为恶劣，导致福建省的土药种植又有反弹，1911年2月份，福建省某些州县的土药种植较往年为多，主要的原因是土药价格陡升，洋药价格也持续飙升，利润丰厚，所以民人相与偷种，③这对闽省禁政构成沉重的压力。

山东省与度支部禁运外土的纠纷也是一个明显的事例。1910年6月，山东巡抚孙宝琦援引福建等省成案，要求禁止外土入境，孙

---

① 《闽省请禁土药入境仍未邀准》，《申报》1910年10月8日。福州元济堂土商公帮联合向闽浙总督具禀具结，声称永远不贩邻省土药，并请将奏禁以前进口邻土，由官检查，以便一律销售。见《闽督照会去毒社文》，《时报》1910年9月9日。

② 《闽省请禁土药入境仍未邀准》，《申报》1910年10月8日。福州元济堂土商公帮联合向闽浙总督具禀具结，声称永远不贩邻省土药，并请将奏禁以前进口邻土，由官检查，以便一律销售。见《闽督照会去毒社文》，《时报》1910年9月9日。

③ 《禁烟近事片片》，《申报》1911年3月5日。

折称，"所虑者，内地存土日少，土价日昂，万一外土蜂拥而至，贻害殊无底止。近年东、胶两海关土药进口之数业已年增一年，漏卮不塞，后患何穷？再四思维，禁吃须先禁运，拟请援照晋、闽各省办法，自本年秋季起，一律禁止外省土药入境"①，清廷谕令度支部研究此事，该部强调禁吸为先，"扼要办法尤在禁吸，盖吸者禁除，种者、贩者无利可图，自不禁而止"；山东吸食者并未减少，"若因销场畅旺，徒以禁运为挽救之策，恐外土虽经禁绝，而吸者未已，种户贪利偷种，为害无穷，防维不易"，无人吸食则外土自然不来，在土药统税尚未废止之前，不可禁运外土。度支部咨请该省巡抚着力解决吸食问题，而不仅仅是对外来土药实施禁运，对该省提出禁运外土的请求依旧议驳。②前述该部议驳闽省禁运外土的请求，已不洽舆论；现在又对山东的请求再度拒绝，报界人士特撰文予以谴责，《申报》"时评"专栏曾刊文说：

> 禁种、禁吸、禁贩三者均为禁烟扼要之图，顾禁吸、禁种其势散漫而难为力；独至禁贩，则一省隘口有限，稽查易密而收效亦较速而且巨，此理固昭然而为国人所共喻者也。
>
> 异哉！度支部之驳鲁省请禁运外土入境也。曰：吸者禁除，贩者无利可图自不禁而止。不知禁烟最终之目的不过在禁绝吸食者，吸者既已禁除，则禁烟事已告成，复何待于禁贩？所以，欲

---

① （山东巡抚孙宝琦）又奏请禁运销外土入境片，《政治官报》第960号，1910年7月2日；《山东亦将禁止外土入境》，《申报》1910年7月7日。
② 该部的议驳奏折载《政治官报》第1007号，1910年7月14日。《度支部坚不以禁运外土为然》，《申报》1910年8月23日。

禁贩者正为吸者一时未易禁除,故将藉以绝吸者之望,而为禁吸之后盾耳。且也禁吸虽严,而外土之来既一日不绝,则何处不可得烟?……大部职在度支,苟可增国家之岁入,其他利害所不必问,计臣之知足国固有足自夸者,虽然其如全局何?①

河南省因请求禁运外土也与度支部纠纷不断。在各省中,山西、云南、福建三省缩期禁种进展极速,成效之大令英人亦不得不叹服,各省争相援引效仿②,河南省就是其中之一。1909年12月,河南省巡抚吴重熹上奏清廷,提出为顺利实现缩期禁种,必须禁止邻省土药的倒灌,即便是纳税后的土药,违背本省的禁运之令,亦须被视为私土而予没收。其主要依据是烟农意存侥幸,偷种不绝,地方官无法施以禁种之令,即便严词申禁,亦无济于事。军机处饬令度支部对此折研究答复。度支部仍以其"拔本塞源"之论,对豫抚奏折进行驳议,"若徒以禁止外土输入为主,实非拔本塞源之道","现在西北各省所运土药尚未能骤时杜绝,统税势不能不照常征收,倘不问原土完税与否,概令扣留充公,是不惟不足以示信于商人,抑且与统税以征为禁之意殊属未合,该抚所奏禁止外土输入之处应请毋庸置议"。③

1910年5月19日,该省鉴于缩期禁种的最大阻力,仍是邻近省

---

① 《时评·其一》,《申报》1910年8月23日。
② 《英政府赞美晋省抚藩》,《正宗爱国报》10月4日。山西省的禁烟成效闻名于外,英人初不相信,英国驻华公使朱尔典派遣人员密往晋省暗访,结果该省禁种成效的确明显,特撰文报告英国政府,称山西巡抚和藩司办事认真而且迅速,实可佩服。
③ 《度支部奏核覆豫省禁种土药并禁止外土输入折》,《政治官报》第802号,1909年12月8日。

份的土药倒灌，民间偷贩偷植鸦片的情形屡禁不止，开缺豫抚吴重熹不得不再度请求清廷对禁运邻省土药加以约束，度支部依旧给予议驳。①该部对禁运邻土的处理，引起民间人士的极大反感，有人在报刊上发表时评，对此提出批评，②各地因禁种土药导致的民变层出不穷，尽管具体原因各有差别，而邻土禁运不顺，烟民贪利，官府强行铲烟不能不是一个重要的原因。③

此一时期，清廷有两个部门最受民间舆论指责，一为度支部，其反对禁运外土的政策备受诟病；二是外务部，与英人谈判鸦片废约问题毫无进展，妥协退让，极受攻击。相比之下，度支部较外务部处境更坏，既有各省督抚的指责，更有民间舆论的谴责，并且因清理财政，专擅揽权，清廷各部也颇有微词，互为龃龉。该部尚书载泽沦为孤家寡人，树敌尤多。各省提出的禁运外土奏折犹如雪片，联翩而至，载泽穷于应付，辞职的传闻亦屡见报端。④清末禁政时期，禁运外省土药是土药税政引致纠纷较多的一个问题，与土药税款拨解之争、八省统捐等问题稍有区别，禁运邻土风波不仅将度支部置于各省督抚的对立面，而且也为禁烟组织、民间绅士尤其是知识界所诟病，处处不得人心。下述统税局卡裁撤问题亦为该部所导控，更可见矛盾运作之情态。

---

① 《度支部奏议覆开缺豫抚奏禁烟渐著成效仍请禁止邻土输入折》，《政治官报》第950号，1910年6月22日。
② 《时评•不可解》，《申报》1911年1月7日。
③ 《再论烟约不废禁烟万无收效之理》，《申报》1911年4月12日。
④ 《泽尚书辞职述闻》，《大公报》1910年8月15日；《泽尚书决计乞退矣》，《申报》1910年8月27日。

三、裁局撤卡纠纷

土药统税局卡是土药统税制度的执行机构，清廷在武昌设立土药统税总局，在各省设立分局，每省境内设有或多或少的关卡，构成一个垂直统辖体系。研究禁政时期的土药统税局卡，涉及的问题较多，如总局与分局以及各个关卡的工作程序，税收数量的造报与变动等，目前此类史料还较为零散，无法进行深入的研究，容待以后加以注意。此处仅关注各省局卡设立和人员变动、局卡经费缩减趋势、度支部对裁撤局卡的意见倾向以及裁撤以后的税政处理、纷争等。

各省统税局卡设立的时间先后有别，1906年11月16日督办土药统税大臣柯逢时向清廷奏报了各省设立分局的情况。截至奏报时为止，由清廷直辖的统税总局在武昌设立，全国主要省份，如湖北、江苏、安徽、江西、湖南、直隶、山东、河南、山西、陕西、甘肃、浙江、福建、广东、广西、云南等省也已经设立统税征收机构，四川、贵州正在设立的过程中，但东三省和新疆尚未设立，柯逢时正派人前往考察。①统税总局管理各省土药统税的征收、造报和拨解税款，由土药统税大臣全盘经画，总局内部设立坐办、总文案、帮办及提调等职。总局坐办设立于1906年10月，由柯逢时向军机处保举降谪山西按察使候选道程仪洛充任；②总文案一职，八

---

① 《德宗实录》卷565，第2页。
② 《八省膏捐大臣咨会电奏保用程仪洛充总局坐办电稿》，一档馆：巡警部档案全宗，第306号。1906年10月3日柯逢时向军机处推荐说："查有降谪山西按察使候选道程仪洛廉明缜密，公而忘私，勘以派令坐办土药统税总局，吁恳天恩赏予对品京秩，俾得专心驻局考成"，寻据奏，程仪洛加恩著赏给四品京堂官秩。

省土膏统捐时期系由湖北武昌人吕承瀚充任，①至各省推广土药统税后，估计仍由该员充任。总局帮办一职开始并未设立，至1908年7月，由于总局事务繁重，柯逢时又请求增加此职，保举江苏补用道原山西分局正办方硕辅充任此职，另外总局尚设有提调数员，以资襄助经理。②各省分局正办、帮办以及提调等员均由柯逢时遴委选派，各省督抚亦协同办理。总局、分局人员或因丁忧，或调任他处，人员构成多有变动。③西南三省由于产土较多，民众自种自吸，散漫难稽，本销整顿久不见效，后来划出独自办理，各该省份的统税分局亦相应撤销，此处所称裁撤局卡不包括这三省的问题。

1907年夏天柯逢时提出裁撤土药统税局卡问题，起因是各省纷纷筹备鸦片专卖，裁局势所必然；并且因各省酝酿专卖，土商相率观望，土药贸易量大受影响，各分局开始出现收不抵支的情形。随着各省推行缩期禁种，土药来源已经日渐减少，裁局问题再度提上议事日程，这次拟议裁局的原因是总局、分局经费支出庞大，收入减少。1908年7月，柯逢时向清廷汇报各局经费竭蹶情形时说，"上年土税骤绌，支用不敷，经臣饬令将局用一律删减，以免虚縻。惟部定章程本极核实，量加裁并，为数无多"，"现在实行禁烟，收数益少，而税局不能遽撤，则经费实苦难支。浙、闽两局向由总局赔垫，汴局不敷之款已在正税挪用；直隶一局上年拨给十万

---

① 《派吕承瀚为八省膏捐总文案》，《申报》1905年8月31日。总文案一职十分重要，不但总局内部文案各受其节制，即便是各分局查办、坐办官员亦受其控制，直接经手税日常业务，事权颇重。
② 《督办土药统税大臣柯逢时奏派员接办山西等省土税分局折》，《政治官报》1908年7月18日。
③ 同上。

金,尚须随时接济,此外各分局本无盈余","本年三月以来,土商渐多改业,私贩绕越偷漏防不胜防,几于无款可解。查定章,各局开支只准动用经费,不许擅挪税款。惟此后按年递减,则需用者无可取盈,已挪者更难弥补,惟有仰恳天恩,俯准暂挪正税以济目前"。①在这种情况下,柯逢时对裁局撤卡一事开始重视起来,在与军机处、度支部的来往函电中屡屡提到此事。1908年11月中旬,他在给军机处的电文中称"禁烟与收税万难两全,屡请通饬各省设法筹抵,近又缩短期限,本年即须停撤多局,大半征无可征"②,柯氏本人与度支部就裁撤局卡问题有所讨论,但未形成一致的看法,该部对裁撤局卡非常慎重;而柯逢时则较为积极,从1908年下半年起,由于局卡经费收支不敷甚为严重,曾就局卡撤废问题多次向清廷奏报,清廷基于有关省份开始实行缩期禁种计划,责令度支部重视研究柯逢时的建议。

局卡裁撤之说也有外国因素介乎其中,尤其是各国对清廷依赖鸦片税提出警告,当土药统税政策刚刚实行时,怀疑中国藉土药统税挽救财政的观点在外人中颇有市场,美国驻华使馆工作人员的看法颇具代表性,其发往国内的电文说"随着统一征收鸦片税的实施,其他所有鸦片税均被废止。各省也在严厉惩罚下被绝对禁止收税。甚至种植罂粟的田赋也被取消,而种植粮食的田赋反而保留下来,这种做法令人费解。这些事实使得人们认为:政府并不注意从根本上去抑制鸦片贸易,并不希望在短时期内以重税扼杀政策把

---

① 《又奏各局经费不敷暂动正税片》,《政治官报》第260号,1908年7月18日。
② 《柯大臣为解款事请军机代奏电》,《盛京时报》1908年11月19日。

国家从鸦片世界中解救出来"①。这一担心自有道理，统税政策取代重税扼杀政策，偏重财政而忽视禁政是外人得出的主要结论，他们对鸦片统税政策的初步反应，往往认为实行统一税收政策肯定会带来巨额的财政收入。②所以，英国对中国禁烟总抱有一种不信任感，这直接影响到中英双方对印度鸦片减少进口的谈判，况且英人对中国实行的土膏统捐也颇有意见，并导致双方的交涉。③上海万国禁烟会召开期间，美国也以各种方式提醒中国放弃鸦片税收④，这是土药局卡裁撤的国际背景。

1908年底因各省开始缩期禁烟，统税收入总量开始大幅度减少，裁撤局卡一事显得更加紧迫。度支部虽不愿裁局，但因税款日渐短少，不得不关注此事，1908年12月下旬，载泽开始饬令有关官员着手筹划如何裁撤以及如何兼并的事项，以备与柯逢时协商。⑤清廷这一动向，很快即被各省侦知，于是有的省份已经开始注意裁局以后的税项去留问题。早在11月份山西省建议将裁撤局卡以后的土药税收归本省支配，用于缩期禁烟以后的善后事项。晋抚宝棻的奏折说"今统税即拟撤卡，应即援照四川、云贵、东三省办法，由本省接办，责成印委各员照章征收；至土药地亩来年即拟禁种，税项已成弩末……相应仰恳天恩，俯念晋省为难情形迥非他省可比，

---

① 《美国外交文件》第1部分，1906年，华盛顿特区政府出版局1909年，第357—359页。
② 《美国外交文件》第1部分；这一看法也见《字林星期周刊》1909年9月14日；斯蒂芬·R.麦金农的论文：《北洋军阀、袁世凯与中国近代军阀主义的兴起》，《亚洲研究杂志》第32号，1973年5月。
③ 《膏税交涉》，《申报》1905年3月5日。
④ 《美代表禁烟之卓论》，《申报》1909年1月29日。
⑤ 《拟裁土药捐局》，《大公报》1909年1月1日。

准将此后征收土药税款均由晋省截留，专备禁烟善后之需"①。度支部在研究晋省的要求后认为，该省土药局卡是否需要裁撤，目前还难以确定，并要对其禁烟成效调查详确后，方可决定是否裁撤。

对各省缩期禁烟成效进行调查，原本由禁烟大臣和民政部负责实施，但实际情况是由度支部决定并负责执行的，这是一件微妙的事情。此事机缘，一是柯逢时建议裁撤局卡。早在1908年7月柯氏就同度支部就裁局一事交换过意见，1909年2月他在向清廷请病假的片奏中又提及此事，"方今烟禁森严，各疆臣亦切实整顿，岁收无几，似应将各局一律通裁，以免藉口；如一时未能遽撤，伏乞圣慈俯准派员接替"②，对裁局一事甚为企盼。度支部则认为至少要作实地调查后，才可确定是否裁局，该部曾于1909年2月3日专折解释此事，认为"各局裁撤迟速之期，应以各该省禁种之有无成效为断。江南、安徽、河南、山东、山西五省定议于明年禁种，则于本年冬季、明年春初，凡种烟之田即不准再行布种，惟恐小民贪利私贩禁令，必于明年三四月间烟苗发生之时，周历调查始能得其实在，届时拟由臣部奏派专员前往，切实查勘……至各该省统税分局应否裁撤，一俟臣部奏派之员查勘报明后，再行分别办理"③，该部已经将查勘之权收归己有，其他部门已不便插手此事；二是禁烟大臣促成此事。报界对此事曾有报道，且报道的时间早于官方出

---

① 《山西巡抚奏筹办禁烟善后事宜请截留土药税项折》，一档馆：会议政务处档案全宗，档案号：278/2211；又见《山西巡抚宝棻奏请截留土药税筹办禁烟善后事宜折》，《盛京时报》1908年11月17日。
② 《摄政王不允柯逢时开去差使》，《申报》1909年3月6日。
③ 《又奏各省土税分局应俟派员查勘再行裁撤片》，《政治官报》1909年1月3日。

版的《政治官报》，其消息来源是由禁烟大臣周边的人所提供的。这项报道说，禁烟大臣在研究禁烟事宜时，认为各省种烟地亩，如果仅靠各省的奏报，不管是面积减种，还是收浆数量，均不足据，"决定会同度支部，于明春选派正直官员，按季分赴各州县，亲历调查所种地亩及收浆数目，俾得核实递减，以免朦蔽而绝根源"①，从查勘动机来看，禁烟大臣与度支部有较大的距离，禁烟大臣强调禁烟成效，而度支部则是为是否裁局作实地侦测，因度支部首先包揽，故后来派员查勘均由该部一手经理。

1909年3月，查勘行动进入实施阶段。度支部简派方硕辅带队，由武昌总局前往江苏、安徽和山东三省实地查勘，福建、云南和黑龙江等省则由本省统税分局协同地方官查勘。②方硕辅在赴江苏等省前，专门就查勘的事项电知有关省份督抚，请其预先令各州县官员将本地查烟的结果册报本地统税局卡，以备检查。报界在报道此事时，注意到方氏所开的复查项目，并未列有种烟户名、罂粟种植亩数等，所以访事者评论度支部查勘禁烟的真正目的与土药统税有关，"盖度支部此举注意于土药统税也"③。

这次查勘行动历时三个月，至6月份一律结束。上述五省对这次查勘结果抱有较大的希望，等待度支部尽快就裁局问题提出方案。但该部并不急于奏报，事隔三个月后，才不得不向清廷汇报调查结果。度支部在总结中说，"总计以上五省于禁种土药均已

---

① 《拟派员详查种烟地亩》，《盛京时报》1908年12月25日。
② 《又奏请派员前往江南等省查勘禁种土药情形等片》，《政治官报》1909年3月7日；《度支部奏请派员查勘禁烟情形》，《盛京时报》1909年3月19日。
③ 《查勘禁种土药办法》，《盛京时报》1909年4月4日。

实行，必能遵照限期悉行禁绝……至此次查勘五省禁种土药情形，原以各省禁种之虚实关系土税分局之去留，今禁种既已实行，则土税之来源日绌，所有各省分局应如何分别酌裁，业经该帮办详报督办土药统税大臣查核，应俟该大臣酌量情形，咨明臣部，另案办理①。这一"另案办理"的结果，就是尽量拖延时间，不放过一丝征税的希望。对浙江省土药局卡裁撤之后的统税安排，足以显示该部对土税的重视，它要求浙江省对已经完税的土药"仍应按照统税定章办理，不得再行征取分毫"，对未经土药局卡征税者，"自应准由该省自行委员稽征，每担共收税费百十五两"。②如此"关照"浙江省的土药税政，背后正显示出部臣与疆吏之间的隔阂。

　　柯逢时如何处理五省的土药局卡去留也是一个令疆臣关心的问题。柯氏对裁局一事的抉择，时时受到度支部的约束，其处理结果也并非如柯氏原来设想的一律裁撤，而是采取保留、裁撤、变相征税等形式，完成了对五省土药统税局卡的"裁撤"。土药总局的处理意见，迟至1910年1月中旬才奏报到清廷，从处理情况看，度支部的影响较大，奏报称：江苏等五省"禁种殆尽，无土可征，该五省所设土税分局本可同时停办，惟西北各省所运土药尚未尽绝，河南为南北要冲，铁轨四达，上海、芜湖等埠轮运利便，私销私贩不可不防"③，这实际上是为变相保留预作铺陈，对五省处理的具体结果如下：

---

① 《度支部奏派员查明江南等省禁种土药及办理牌照捐情形折》，《政治官报》1909年9月3日。
② 《度支部对于土药税之慎重》，《申报》1909年12月16日。
③ 《督办土药统税大臣柯逢时奏裁撤土税各分局情形折》，《政治官报》1910年1月30日。

江苏：11月份裁撤本省分局，上海分卡改为查验缉私分局，委派湖北试用道刘定荣驻沪办理，每月经费200两；

安徽：本省分局专管查验，原办道员童祥熊声明不领薪费办理此事，留下安庆、芜湖、庐州三卡，每月经费500两；1910年3月初，芜湖、庐州两分局因税源日绌而裁撤，剩余的征税和查验事宜交给省垣劝业道经管①；

河南：不必裁撤，但办理人员有所调整，原分局道员胡翔林调农工商部，以该局提调分省试用道周锡纶接办，各卡留存较多；

山西：10月份停办；

山东：虽于10月份停办，但巡抚孙宝琦要求将土药印花交给本省筹款局代办。

另外，还裁撤了浙江和福建两省分局，柯逢时特意强调，对未经原分局征税的土药，该两省仍需经征，按统税章程办理，并不准征收过境税、落地税等，也不得留难需索。②这一处理结果，度支部自然比较满意，但它也特别嘱托柯逢时说，山东分局虽名义上裁撤，但实际上仍与不撤无异，以后再征收土药统税时，该省必须严格按照统税章程征收，并重申已经纳过统税的土药无论销往何处，均按照原来的办法办理，不得另行征取。③

如上土药统税分局的裁撤仅涉及七个省份，若不计东三省、

---

① 《裁撤土税局之先声》，《申报》1910年3月6日。
② 《督办土药统税大臣柯逢时奏裁撤土税各分局情形折》，《政治官报》1910年1月30日；《柯大臣奏请裁撤土税各分局》，《申报》1910年2月22日。
③ 《度支部奏遵核各省裁撤土税分局情形等折》，《政治官报》1910年4月1日；《度支部核议各省裁撤土税分局情形》，《申报》1910年4月7日。

新疆以及西南三省，尚有较多的土药统税分局未经裁撤，各该省份非常不满，税项财政所关，这些省当然要求尽速去之或改归自办。1910年4月上旬，甘肃省与度支部的冲突就是一例。3月19日，陕甘总督长庚电奏清廷，申明甘肃禁烟应从禁贩入手，请求裁撤甘肃分局，并要求停征亩税，①电奏中对度支部驳议河南省禁运邻土要求，以及对该部依赖土药统税的倾向提出指责，称之为"图广招徕"，土商手持度支部所发土药印花和税单到处倾销害人，甘督称之为"执持护符"，对土药统税大加诟病。电奏达京，当日即由军机处交部议覆。载泽阅看后，极为愤慨，立即拟折驳议，对疆臣的指责一一辩解，"满腹委屈"，语甚愤激：

> 上年驳议河南禁止外土入境，原以西北各省土药尚未净绝，土税既未便停征，贩运又势难骤禁，案经奏定税局刊单晓谕，何得谓之"图广招来"？土已纳税，商贩遵章行运，何得谓之"执持护符"？事理昭彰，无庸深辩。今该督筹议禁烟，不先以禁吸、禁种计，而徒以土药统税为诟病，且归咎于度支部议驳河南禁土入境一案，抑何不相谅之甚！②

对甘督提出的撤局卡、停亩税的要求，度支部当然要加以痛驳，折中说，甘督"岂知罂粟亩税一停，土税局卡一撤，则无税之

---

① 《泽公与甘督意见之冲突》，《申报》1910年4月9日（该报目标时间为"庚戌二月三十日"）。
② 《泽公与甘督意见之冲突》，《申报》1910年4月9日（该报目标时间为"庚戌二月三十日"）。

土获利愈厚，将私种私贩日益加多，可徒恃文告以禁绝之乎"？度支部在驳议时的逻辑荒唐之极，"禁烟必以禁吸、禁种为正当办法，吸者既绝，种者改业，罂粟亩税自立时可停；种者既净，贩者绝迹，土税局卡又不撤何恃"？①度支部自我辩解以及对甘肃省要求的议驳，无法澄清该部对土药统税的追逐和倚重，某些省份的土药分局明目张胆的张贴文告，劝令人们多种罂粟，以扩饷源，②却未闻该部予以严查，舆论所称的"司马昭之心"已不待言。

7月份柯逢时又专折具奏，请求将其他各分局一并裁撤，这已是距离五省裁9个月以后的事。土药统税总局经过调查后认为，剩余的土药统税分局中，只有湖北、湖南、陕西、甘肃以及两广等6个省份的分局收入大于支出，其余分局，如直隶、安徽、河南、江西、上海五个分局则专管查验，虽经极力裁并，而经费仍需60余万；两年来国内银根趋紧，土商大多歇业，土药贸易经常处于停滞状态；根据湖北宜昌分局、甘肃兰州分局和湖南洪江分局5月和6月份电报来看，这些分局的税收尚不到往年收入的一成，入不敷出更为严重。总局建议，在收入愈少糜费愈多的情况下，"自应将各省分局一律定期裁撤"，余土如果已经纳税，准其行销，如未纳税，则由地方官查拿焚毁。③此折到达京师的时间是7月份，8月6日奉旨交度支部议覆。度支部对这份建议显然十分慎重，表示应否裁撤土

---

① 《清朝续文献通考》（一），卷52，"征榷"24，第8071页。
② 1907年4月直隶土药统税局颁发文告，劝令人们多种罂粟，以图扩充税项，此事发生在京畿地区，度支部却不知晓，也算是别有意味。见《驻华英使朱尔典致英外部大臣葛雷公文（附件：报告中国禁烟事宜说帖）》，载《英国蓝皮书（为中国禁烟事）》，《外交报》第228期，1908年11月28日。
③ 《奏覆土药税局未便即议全裁》，《申报》1910年8月26日。

药税局,只有一个标准,那就是"税局之应否裁撤必以有无税项为断,而统税之应否停征必以有无产土为衡"①;度支部称,本部正奉上谕调查各省禁烟成效,应该等到这次调查结束后,再行讨论裁撤局卡的问题。

度支部再次调查各省禁烟成效以及清廷所颁谕旨两事值得注意。两个问题均与10月份将在荷兰海牙召开的万国禁烟会有关。为了筹备这次会议,荷兰政府请中国政府派员参加,外务部敦促清廷应充分注意这一会议,特别是各省禁烟的成效均要事先调查,以备与会人员向荷兰禁烟会提交;②另外,与国内掀起的废除中英鸦片条约运动有关。③所以才会有查验各省禁烟成效的谕旨,1910年4月19日上谕:各省禁种究竟有无成效?奏报一律禁种,各省果否属实?著度支部详查具奏。④10月份这项调查告竣,从度支部对此调查结果的奏报来看,各省禁种、禁吸等均有不尽不实之处,谓各省督抚"行不践言",因之大为光火,奏章中颇有嘲讽之语,关于各省禁种的具体情形,该部称,"各省严行禁绝无私种者实为直隶、山东两省;若奉天、山西、湖北、广东诸省,禁种非无明效,然均有一、二处烟苗之发现,虽系乡民私种,究不得谓已收全功;黑龙江、江苏、安徽广西、福建诸省,亦各有二、三县仍复栽种;若河南、浙江、江西、湖南诸省竟至有数府十数州县烟苗均未尽拔者;至若吉林、新疆、云南三省名为禁绝,而种者仍复不少;他若缩限

---

① 《清朝续文献通考》(一),卷52,"征榷"24,第8073页。
② 《电饬各省查报禁烟情形》,《申报》1910年8月26日。
③ 《中国国民禁烟总会拟呈外务部稿》,《申报》12月23日。
④ 《奏覆土药税局未便即议全裁》,《申报》1910年8月26日。

禁种之陕西、甘肃、四川、贵州诸省，惟四川禁令较严，可期渐净，余则尚无速效之可言"①。

既然各省禁种如此欺瞒，种植尚复不少，土药统税就有征收的必要。具体到度支部关心的土药产量，该部也有统计，此数字足以证明度支部的观点：土药税局不应骤然裁撤。兹将重要的统计数据列简表如下：

表2-4 1910年各省土药产量和消费数额调查表统计

单位：担

省别	土药产量	土药消费量
直隶	3437	6130
江苏	9857	11034
安徽	4534	4417
山东	6040	5768
山西	11620	11880
河南	3962	2760
陕西	10779	4650
甘肃	6403	45
新疆	166	166
福建	15007	6162
浙江	4220	5211
江西	78	9082
湖北	2547	10951
湖南	139	3249
四川	54299	25817

① 《各省禁种土药之真相》，《申报》1910年10月6日；"度支部奏报查明各省禁种土药情形清单"，《申报》1910年10月8、9日；李文治编：《中国近代农业史资料》第一辑，三联书店1957年，第905—907页。

续表

省别	土药产量	土药消费量
广东	83	8075
广西	1	4062
云南	7351	9744
贵州	12241	3672
奉天	3371	3371
吉林	595	600
黑龙江	1775	1775
合计	158505	138621

资料来源及说明：此表系根据刘锦藻所列土药调查表编制，各省土药产量一般包括旧年存土。原表见《清朝续文献通考》（一），卷55，"征榷"27，浙江古籍出版社1988年，第8104页；原表尚有洋药调查数据，因与土税局卡裁撤问题关系不大，故未录。

若按统税章程规定的税率计算，15万余担土药的税款数量约合库平银1822万两，数额仍十分巨大，土税局卡只得暂时保留，各省欺饰清廷，不但是为邀功请赏，重要的是与本省的财政考虑有关，而清廷暂不放权，各省只能再度掀起禁烟运动，此后的税款数量节节下降，在度支部制定的1911年财政预算案中，土药统税的溢收款额是384万余两，[①]这一数字并不包括拨还各省的税款。

1911年3月份度支部才彻底考虑全国土药统税局卡的裁撤问题。督办土药统税大臣柯逢时在这一问题上力主裁局，多次与度支部协商，在各省强烈要求裁局的压力下，度支部不得不考虑禁烟

---

① 《度支部宣统三年预算案撮要》，《申报》1911年1月20日。

的需要，态度发生扭转。这一扭转的契机与甘肃省再次请求撤销土税局卡一事有关。2月中旬，陕甘总督长庚电奏清廷，提出"禁烟不先禁运，民情不顺，请仍将甘肃土药统税局裁撤，以免匪徒藉口"①。长庚此奏的确与甘省民众抗拒禁烟有关，尤其与土药税的征收有直接关系，例如1908年10月份时，该省武威县农民数千人涌进县城，要求豁免鸦片税，攻打警岗，并捣毁总警绅房屋。②甘肃官员对土药统税的征收承受了巨大的压力，所以陕甘总督长庚才接连电奏请求撤废局卡。度支部在研究后，初步决定于3月底各省土税局一律裁撤，"督办膏捐大臣柯逢时因连日与度支部电商，以禁烟缩短期限，土药税收数无多，不必另设专局，以节糜费。闻度支部已经议准，所有土药统税各局于二月底一律裁撤"，"其裁撤后，应办事宜由各督抚饬司担负责任"。③对撤局之后的土药征税，度支部认为应由各省督抚接收后，交由地方官经办，但需奏明朝廷后实行征税。各省对撤局以后的征税机构规划各有区别。例如江西省境内，有的由百货统税局经管，有的由保商局承办，办法不一。④撤局后的土药税款由各省经收，度支部对这项税款仍十分重视，要求各省将税款数量上报，并必须列入各省预算，该部发给各省督抚和财政监理官的公文说："查土药统税向由总局统征，故宣统三年预算另造专册，不编入各省预算册内。现在总局既经裁撤，改归各省经征，自应将征收之数按照宣统三年预算实行，简章第四

---

① 《宣统政纪》卷48，华文书局1970年影印本，第29页。
② 政协甘肃省委员会文史资料研究委员会编：《甘肃文史资料选辑》第10辑，甘肃人民出版社1981年，第22页。
③ 《裁撤土药统税局》，《盛京时报》1911年3月31日。
④ 《裁撤土药卡业已大定》，《申报》1911年6月5日。

条：按月报明清理财政局，由局按季编入简明报告册内，统行报部。其编制次第，应于正杂各税类下添列'土药税'一项，将来一并决算，以昭核实。"①

裁局撤卡意味着度支部将不能直接控制这项税款，对该部来说，自然是"无可奈何"的财政损失。至裁局撤卡时，该部统计近年土药税款的结果，"宣统元年税额实有三百四十二万三千九百九十三元之谱，而去年只有二百四十万九千二百六十九元之谱，较之前年减一百零一万九千二百六十九元之谱"②，尽管缩减幅度较大，但仍有为数可观的一笔税款，按照度支部一贯的思路，实在是不应撤局。称其"无可奈何"，系有深刻的背景使然，各报纷纷推测该部允准撤局的原因，约有数端：

（一）各省屡请裁撤，察其情形，若该局一日不裁，则禁烟之举一日无效，故亟须裁尽，以免贻人口实；（二）现在废约之议已经绅民呈请举办，该局裁撤后，更足以征本部对于禁烟一事实力赞成，免致受人激刺，且使外部有所藉口；（三）禁烟要举已印入绅民脑筋，本年资政院开院，必有种种之提议，该局既裁之后，本部对于禁烟各事已无直接办理之责任，免致各议员多

---

① 《度支部咨（札）行各省督抚（监理官）土药税由各省征收编入预算统计文》，《内阁官报》1911年9月9日，台湾文海出版社影印，第49册，第179—180页。
② 《中国禁烟实效之证明》，《盛京时报》1911年9月26日。

有质问。①

从这份报道来看，除鸦片税源减少这一主要原因外，裁局撤卡还是全国禁烟形势高涨与宪政进程加快的结果。此后，中英新的禁烟条款签订，洋药税率提高到每担350两，土药税率亦随之加至每担230两。②新旧税章交替、鸦片杂税（主要是指洋药方面）勒令停征以及裁局撤卡等，使得各省土药税收一度出现混乱。③而且部分省份又发起争取截留更多税款的风潮，④度支部也随之陷入穷于应付、财政频临崩溃的窘困局面。

---

① 《土税局赶速裁撤之原因》，《大公报》1911年4月20日，三天后，《盛京时报》也以同样的标题予以报道，其他媒介亦有所介绍。所列三种原因中，第三种原因恐怕是非常直接的，因为1910年11月份召开的资政院会议对禁烟议案进行了审议，并对禁烟章程予以修正，该章程修正案第三条即规定"贩运土药限至宣统三年六月底一律禁止，其各省土药统税，限至宣统三年六月底一律停止征收，所有税局同时一并裁撤"，见《资政院审查禁烟案之结果（附禁烟章程修正案）》，《国风报》第1年第32期，1910年11月21日。
② 王彦威、王亮：《清宣统朝外交史料》卷20，转见中国人民大学清史研究所编：《清史编年》第12卷，中国人民大学出版社2000年，第576页。
③ 《外度两部对于洋土药征税之意见》，《申报》1911年6月30日；《宜昌土局委员违章苛税》，《申报》1911年7月9日；《镇郡土药加捐案致酿交涉》，《申报》1911年7月29日；《派员调查土税》，《申报》1911年8月10日等。
④ 《粤省筹抵赔饷仍无的款》，《申报》1911年6月18日；《度支部议定粤省应得土税分数》，《申报》1911年7月9日；《浙省停止土膏杂税之手续》，《申报》1911年6月18日。

第三章　财政抵补筹策及其困境

鸦片税厘包括土药和洋药两部分，土药所带来的财政收入除了土药税厘和膏捐之外，尚有各种名目的捐税，诸如鸦片亩税、灯捐、烟馆捐等；洋药收入主要是由海关进行的税厘并征，个别地区尚有其他项目的捐税，但不占重要地位。禁政深入推行必然要求对鸦片税厘进行抵补。外务部1908年3月提出每年抵补80万两的说法被大部分著作征引，认为禁政时期全国鸦片税厘的抵补数额只有这些，这一说法尚欠周全，如上数字仅是外务部针对鸦片税厘用于偿付庚子赔款部分而言，并非全部抵补目标，需要抵补的实际数字远远要大于外务部提出的款额。

鸦片税厘的财政抵补措施，清廷确定的措施主要包括印花税、盐斤加价、牌照捐、田房税契等；各省的抵补措施各不相同，五花八门，确具实效的抵补措施并不多见。由于清廷和外省实行的抵补措施见效不多，税厘收入缩减甚巨，清廷与各省的财政运行均受到严重制约，各种财政矛盾与政治矛盾交互影响，愈演愈烈。

第一节　筹办印花税

印花税是国家对因商事行为、产权转移或社会关系确认所书立或使用的凭证进行征收的税种，基本做法是在有关凭证上粘贴印花税票，故有其名。①此税起源，各有不同的说法。清末人士对这一税种认识较早，认为起源于西国者居多数，②亦有认定其创始于中国者。③有关言论均认为此税为财政大税，对国家度支极有裨益。中法战争以后，清廷与各省财政均进入扩张时期，印花税的重要性一再被提及。④概而言之，随着晚清朝政的演变，朝臣疆吏将印花税赋予了四种功能：1901年前后清廷筹措庚子赔款，此税曾作为重

---

① 此一定义转见李玉：《晚清印花税创行源流考》，《湖湘论坛》1998年第2期。
② 例如较早提及此事的李鸿章，1889年9月23日在其《拟试行印花税》条陈中，认为此税系"东西洋印花税"，吴汝纶编：《李文忠公（鸿章）全集》，"海卷函稿"3，《丛刊》续编，第696号，第3466页；亦可参见《光绪十五年十一月十六日臣奕劻等奏》，《题本·中央财政》（1）第265号，中国社科院经济研究所藏，第111—113页；1896年御史陈璧《请仿行印花税折》，亦认为该税系"创自荷兰，盛于英吉利"，《万国政治艺学全书》，"政治丛考"66，税政考之一"税则奏议章程"，第1页；1898年伍廷芳的看法与此相同，见《请仿行各国印花税折》，丁贤俊、喻作凤编：《伍廷芳集》上册，中华书局1993年，第55页；等。
③ 盛宣怀即认为"印花税之法始于中国"，中国早先实行的税契"即为外国印花税之祖"，见盛宣怀：《愚斋存稿》卷3，"奏疏"3，第54页。
④ 奕劻：《奏请饬下总理各国事务衙门妥议仿照外国筹征印花税专办海军折》（光绪十五年九月二十五日），录副，编号：03-9394-063；奕劻：《奏为遵旨议复印花税就目前而论似难遽议施行折》（光绪十五年十一月十六日），录副，编号：03-9379-013；等。

要的开源措施提出,承当赔款功用;1902年中英加税裁厘的谈判期间,为筹补厘金裁撤后的税源空缺,一度对印花税给予极大期望,此谓裁厘加税抵补功能;1903年后清廷在袁世凯的促动下,加意筹款练兵,该税又被提及,且进入具体的筹备阶段,此为该税筹措兵饷功能;1907年以后则是鸦片税厘抵补功能,四种功能均关度支大项。从实施情况看,多数情况属于议论和酝酿,间或付诸实施,亦因阻力重重,未具实效。在印花税筹议的四个阶段中,清末禁政时期,印花税操作的时间最长,商界、政界风潮也最具影响力,涉及的政治、财税和社会矛盾亦最为深刻。

一、印花税创办之筹议

印花税的筹议时间较久,前后历经18年有余(1889年9月至1907年12月)①。其间,倡议者多,实施者少,原因颇为复杂,即便1907年12月份有关章程规则批准实施,亦属仓促决断。本文对该过程略为剖论,以证明在禁政时期,虽然并不具备举办印花税的条件,但由于洋土药税缩减太巨,不得不被迫出台的情形。

第一阶段,系自中法战争至庚子筹款时期。

较早提出举办印花税的是直隶总督兼北洋大臣李鸿章。1889年清廷重整海军,需款浩繁,各省分摊甚巨,再令其出款已极其困难,"近年农部极意搜括,各省无不报之款,亦即无盈余之数,即

---

① 此一时间确定系大概估测,起止时间分别见于李鸿章1889年9月23日提出的《拟实行印花税》,1907年12月18日《度支部奏定研究印花税办法酌拟税则章程折》,一档馆:会议政务处档案全宗,铅印本,档案号:93/322。

使照议饬行，恐不过以一纸空文回覆，必无实济"①，这是李鸿章筹议印花税的财政背景。他对该税虽有筹议，却忧虑重重，恐阻力太大无法实施，奏章措词也显得底气不足："不得已，拟仿东西洋印花税一项，令各口试行，或可渐集成数。但事关创举，闻者以为烦扰，推行或有窒碍，只可姑存是说"，"仍声明恐与中国政体不合，如不谓然，即请删去"。尽管如此，李鸿章还是拟具细则，以备采择。由于朝野阻力太大，此事果不见行。19世纪后期，印花税问题仍有余议。甲午战后，清廷需款孔亟，作为开源之策，印花税举办方案迭见奏呈，1896年御史陈璧专折奏请清廷，建议在各省省城普遍设置督销局，并确定以"所取至微，而罚则至重"为原则，陈璧估计此税推行后，每年收入可达数千万两。②同一时期江苏补用道程仪洛也向督抚建议，他称印花税为"暗税"，"最便于民而所收至广"，"纵初行之始，风气未开，微有窒碍，但使持有大

---

① 李鸿章前揭文，第3466页。亦可参考总理海军事务王大臣奕劻：《奏请饬下总理各国事务衙门妥议仿照外国筹征印花税专办海军事》，录副，档号：03-9394-063，光绪十五年九月二十五日；总理海军事务王大臣奕劻：《奏为遵旨议复印花税就目前而论似难遽议施行事》，录副，编号：03-9379-013，光绪十五年十一月十六日；等。

② 《饷需孔亟请仿行印花税之法以集巨款而济时艰折》，陈璧著：《望嵒堂奏稿》卷1，《丛刊》正编，第93号，第61—64页。收入此折的《望嵒堂奏稿》对中国每年推行印花税的收入数字估计为数千万两，但此折被收入《万国政治艺学全书》时的估计数字与此大相径庭，"约计每岁所集当不下一万万"，这一数字与该折被收入《光绪政要》一书的数字正好相同，见《光绪政要》卷22，第24页。另外，近人罗玉东所著《光绪朝补救财政之方策》（载《中国近代经济史研究集刊》第1卷第2期）称陈璧此奏的时间为光绪二十一年，与《望嵒堂奏稿》一书记载不同，后面所说的总署复奏的时间亦不相同，罗氏此说似误，今人王树槐《庚子赔款》一书转引自罗玉东此文，自然亦有不慎之嫌。

信,久之必可相安,以视抽厘之弊不可同年而语矣"。①

陈璧一折奏上以后,清廷批示由总理衙门议奏,该衙门也认为印花税利国便民,宜可仿办,于是分饬出使各国的使臣结合所在国家情形,迅即条陈印花税章程和具体做法。驻外使臣遵旨搜罗筹备,陆续寄达国内。②目前所见,仅伍廷芳叙论精详,较有特色,伍氏参考外邦理财之书,撰就《请仿行各国印花税折》,特意就该税的优越性详作说明,概括为"十便",极力推重。他深知此税推行的阻力,建议从宽办理:"如骤拟普行,犹恐纷扰。则请饬令总税务司各关监督,于通商口岸先行试办。推崇简易,不尚烦苛,于筹款之中,仍寓便民之意。"③民间留心时务者对举办印花税也抱有积极的态度,尤其是曾经游历、经商海外者,对国外商务运作见解较深,将实行印花税作为自强之道,极力主张在国内实行,"今能仿此法附邮政而行之,一年小效,三年大效,其入款必有过于厘税者,其利孰甚。可惜当代之主持其事者,不能急其所急,为可慨也"④。官方、民间虽然多有提议,适值戊戌政局突变,此议终不果行。

---

① 席裕福、沈师徐辑:《皇朝政典类纂》卷95,"征榷"13,"杂税",第336—337页,《丛刊》续编,第882号。
② 罗玉东:《光绪朝补救财政之方策》,载《中国近代经济史研究集刊》第1卷第2期。多数论著仅提到伍廷芳一折,实际上,清廷驻外使臣中尚有驻英、法、德、俄、日钦使均亦抄送总署,张之洞曾函托各使,将拟就的印花税章程各自寄鄂省一份,见"致西安行在军机处",《张文襄公全集》第173卷,"电牍"52,第12419页。
③ 《请仿行各国印花税折》,丁贤俊、喻作凤编:《伍廷芳集》上册,第57页。时伍廷芳奉命出使美国、西班牙、秘鲁三国,但常驻美国,此折作于1898年7月19日。
④ 上海图书馆编:《汪康年师友书札》第1册,"吴桐林致汪康年函",上海古籍出版社1986年,第353—354页。

庚子之后清廷须赔付外人巨额外债,在筹划偿款时又想到举办印花税问题,政界与民间皆有将印花税列入筹款计划者。①1901年4月19日徐寿朋建议先在通商口岸试办印花税,赫德等人估计印花税推行后,每县每月收入180余两。②江西巡抚李兴锐也电奏军机处说:"印花税若各省一律举行,不难骤盈千万巨款。"③张之洞本人对军机处的决断颇有影响,他对印花税的巨大效益已有了解,但为本省利益自保之计,主张淡化清廷对印花税的希望,函电二则可资证明:

1901年5月27日对军机处说:

印税若行,即须酌免厘金、常税,除抵厘外,所赢不能甚多,但省留难,且中饱或略少耳……中国商贫民苦,则抽税微矣。此事颇繁密,初办亦甚烦扰,隐匿胶葛,一二年内断不能多,十年以后当可较旺。此等事仍须从画城镇乡村细图、查户口、设警察起,若细图成,户口清,警察设,则印税可行。④

粗看此电,张之洞似主举办,是为军机处精细筹划。琢磨之

---

① 松冈忠美:《论清国财政》,《国民报》第1期,"外论类",1910年6月10日发行。
② 《赫德函》,《庚辛议约稿·赔款办法》,见《外交清档》1901年4月19日,此转见王树槐:《庚子赔款》,"中研院"近代史所专刊(31)1974年,第124页。
③ 《江西巡抚李兴锐致军机处电——赣省财匮赔款不能遽定请办印花税》,《西巡大事记》第8卷,第3页,转见中国人民银行总行参事室编:《中国清代外债史资料:1853—1911》,中国金融出版社1991年,第951页。
④ 《致西安行在军机处》,《张文襄公全集》第173卷,"电牍"52,第12419页。

余,实不尽然,张之本意和手法系"以后论否决前言",关于城镇乡村图示之操作难度且不具论,即查户口、设警察两项,就将军机处的热情浇凉,查户口与设警察系当时尚未举办的两项新政大事,实行犹难,韬晦和老谋之术于此可见。1901年8月27日张氏对刘坤一说:"至印花税,此电内断不宜提。若提及此,部中将指此为有著巨款,责令即日开办,则亩捐、房捐等事皆将沽名不办,是外省自窘之道也。只可先赶筹目前必得之款,再催定议速办印税"。①张之洞的意图基本实现。1901年9月5日,张之洞在西安的眼线即密示:"政务处谓江鄂会奏,印税、邮局两事虽可筹款,缓不济急,仍须筹速得巨款"②。印花税议论至此告一段落。1902年直隶候补道陆树藩又上书外务部,请求代奏印花税事宜;同年,金陵厘捐局、苏州牙厘局、江宁布政使江南派办处、江苏布政使江苏派办处以及苏州派办处官员等研究刘坤一交议的印花税章程,③均对该税的实施有所筹划,着眼于筹措赔款,而最终未能实行。

第二阶段,系自中英裁厘加税谈判至鸦片禁政之前。

1902年前后中英谈判裁厘加税,中方商约大臣和会办大臣亦将印花税视为裁撤厘金后的抵补大策。1902年5月吕海寰、盛宣怀认为,中国岁入厘金大约为1700万两,若推行印花税、营业税、铺户税等,每年收入"数百万以至数千万,似不难得此"④;一个多

---

① 《致江宁刘制台》,《张文襄公全集》第174卷,"电牍"53,第12500—12501页。
② 同上书,第12512页。
③ 席裕福、沈师徐辑:《皇朝政典类纂》卷95,"征榷"13,"杂税",第338—353页,《丛刊》续编,第882号。
④ 《吕大臣盛大臣来电》,《张文襄公全集》卷84,"电奏"12,第5775—5776页。

月后，两位大臣又说，"土货自销另收内地税，洋人除租界外亦收印花税，似此可得三千万，抵厘有余"①。中英双方的谈判久不见成效②，印花税问题也就仅限于议论。况且，疆臣中亦有人反对举办，河南巡抚锡良即是其一。1902年8月，锡良致函荣禄说："至于印花税，外国税务尽数包罗，别无征取，故可畅行。中国契税、货税、房捐、亩捐，种种搜括，无微不至，再加印花重征迭索，民力不支。各报纷纷议论，未知究竟有无其事？"③民间对此税的筹议更有看法，谓之"知泰西之枝节，而不知泰西之本原"，"尤为窒碍难行"。④论者对国内欲行印花税持否定态度，要因在于国内条件尚不具备，害处太多，"窃恐其害甚于房捐，其弊甚于厘卡，骚扰将遍于阎闾，而曾无裨益于国家也"，"而印税条款则政府与疆臣主之，于民间之愿否亦悍不顾也；而任事之员复多贪黩，则中饱侵渔之弊更易于厘卡也；警察不行，而任胥吏差役为查察，则□□□敲索平民，鸡犬将不宁也。况开办之始，隐匿必多，不得不为税轻罚重、惩一儆百计，则商人买客随时随地无不有究罚之虑；使意存宽厚，则一二年后成为具文，将如邮政之折阅，而无补于国家之度支，不如其已也"。同一时期，民间反对举办印花税者大有其人，有人对陈璧和程仪洛曾经条陈印花税一事评论称，外洋印花税并不

---

① 《吕大臣盛大臣来电》，《张文襄公全集》卷181，"电牍"59，第12941页。
② 有人断言，英人与中国谈判加税问题实系骗局，英人在中国的商务利益太大，难以答应中国加税的要求，裁厘加税谈判本身很难有好的结果。见周家禄著：《寿恺堂集》，《丛刊》正编，第83号，第647—648页。
③ 《锡良札》，杜春和等编：《荣禄存札》，齐鲁书社1986年，第168页。
④ 《论中国仿行印花税利弊》，《文言报》第11号，1902年10月16日，广州文言报社编。

适合中国，对两项条陈中提出的举办理由逐一反驳，①颇有影响。

民间反对的呼声并不弱小，但朝臣与疆吏中乐此不疲者仍大有其人。袁世凯即是其中的一位，1903年1月遵照清廷印花税先从沿海省份开办的旨意，作为唯一的试点省份，直隶率先筹划准备，由于事属初创，规章不宜过细，条令不可过严，该省确立了"大要以轻而易举、简而易行为宗旨"，将商埠地区与内陆腹地加以区别，制定了印花税的试办章程。该章程包括规章八条、罚例十条，商埠地区的税种定为28种，腹地征税范围稍有缩减，暂定15种，袁世凯亲自审定印花税票的样式，确定了六种面值的票样。②2月初，据日本媒体报道，日本国家印刷局接到了直隶定制印花税票的任务，具体的票值种类和数量有：值银钱二厘者9000万张，一分者2000万张，五分者400万张，一角者300万张，半圆者200万张，一圆者100万张，共有1.2亿张。这项印刷业务初步于1902年12月中旬确定，直隶要求日本分期交付，首期于1903年4月交付1600张，以作试办之用。③这一报道大致不错，但与事实稍有不同。印花税票样不是六种，而是四种，日本印制首期票样后的交付时间，不是4月份而是3月中旬。头批印花票纸由日本交还后，袁世凯即向外务部等提出了咨文，以作说明。④但此税甫经实行，商民拼力抵制，迫使清

---

① 《外洋印花税中国能否仿行议》，杨凤藻编：《皇朝经世文新编续集》（二），《丛刊》正编，第781号，第944—948页。
② 《北洋大臣酌拟印花税试办章程》，《申报》1903年1月22、23日。
③ 《创制印花》，系转载日本媒介的报道，《申报》1903年2月7日。
④ 《直隶总督袁世凯为呈送印花票样事致外务部咨呈》，1903年3月22日，见中国第一历史档案馆：《清代两次试办印花税史料》，载《历史档案》1997年第4期。咨文中袁世凯所衔的头衔有如下几个：钦差大臣、太子少保、参预政务大臣、督办商务大臣、电政大臣、铁路大臣、兵部尚书、都察院右都御史、办理北洋通商事宜以及直隶总督。

廷于4月11日谕令暂行取消这一试行办法：印花税恐滋扰累，著从缓办理，其余苛细杂捐，即行停止，"如有不肖官吏，藉端科派，巧立名目，勒罚侵渔，一经发觉，著即请旨就地正法"①。

日俄战争爆发，清廷加意筹款练兵，印花税再度受到关注。袁世凯以练兵筹款而权倾一时，对外省财源亟欲搜求，1903年12月下旬，他不但注意到对土药熟膏税进行整顿②，而且又重提印花税。印花税虽经懿旨明令禁止，但筹款紧迫，主事王伊试探性地提出举办"商捐"，政务处在研究时认为，商捐应视同印花税，是否举办尚未确定；顺天府伊沈瑜庆也有类似的条陈。③袁世凯与奕劻计划练兵数十万，军费筹划方法包括印花税等五个方法，由此每年可筹款数千万两。④两人的条陈称印花税系各国人士首举的税政大项，"推为最便最良之法，中外诸臣条陈举办者甚多"，"现值筹饷綦难，急苦燃眉，亟宜请明降谕旨，饬令各省仍行举办"。⑤

户部在议覆此折时，态度复杂。按其本意，不准备举办此税，它对中外情形作了对比，阐述了不可举办的四个原因："惟各国上下情通，中无□隔；警察胥有学问，有稽查而无扰累。中国警察尚

---

① 《光绪政要》卷29，第10页。
② 袁世凯与奕劻奏请清廷，征收熟膏税为筹款大宗，请招致南洋华商，定章试办。清廷批令督办商务大臣袁世凯本人妥筹办理，见《德宗实录》卷523，第7页。
③ 《政务处议覆筹款办法折》，《东方杂志》第1年第1期，该期是创刊号，出版时间为1904年3月11日，但会议政务处议覆时间应大大的早于此时间。
④ 《户部奏各省盐斤加价情形请饬催从速奏报片》，《东方杂志》第1年第1期。这五个方法包括：提官员中饱、举办印花税、增加烟酒税、指拨海关加税、仿办膏捐。
⑤ 《户部议覆筹款练兵事宜折》，1904年1月16日，一档馆：练兵处档案全宗。袁世凯等人的奏折系1903年12月24日由军机处批令户部讨论的，见《德宗实录》卷523，第7页。

未普办,其举行之处亦多以捕兵、巡役改充,警学尚未精深,稽核恐难得力;兼以人情浮动,谣诼易兴。今春直隶甫议举办,即不免远近惶惑,幸蒙懿旨从缓办理,是现在民情尚未大顺,拟请仍遵三月十四日懿旨将印花税从缓办理,一俟各省警察办成之时,即由沿江沿海各督抚……妥定章程奏明试办"①。户部此意已甚明确,但这份交议折件非同一般,练兵筹款所关,军国重大,所以,该部在最后又模糊表示说:"正核议间,复奉谕旨,以练兵需项,责成臣部统筹妥拟,就公家固有之利严杜中饱,除弊节流等因,事体重大,头绪纷烦,拟由臣等悉心筹议,详细另陈,总期款集而民不扰。"值得注意的是,练兵处所存的这份档案与媒体发表出来的相比,内容和标题均不甚相同,发表时的标题被改为"户部奏议复加税不能指拨印花税不能即办折",在内容上,发表时已经删去后面一段文字,而这段文字正好表明该部犹豫不决的立场和态度。这一变化的原因,只能是说明户部在后来对印花税已经作出不可举办的决断,并且发表的时间较晚,才有这种变化。②

户部反对举办印花税的原因,折中已有说明。实际上尚不止这些,比较重要的原因与当时练兵经费的构成和来源有关。适有一件事与此有关,颇可注意。1904年3月总税务司赫德条陈整顿全国地丁钱粮,每年可得收入四亿两,但各省讨论时多不认可,内意虽觉可以试办,但因阻力太大,终未实行。这份"筹饷节略"当时引起

---

① 《户部议覆筹款练兵事宜折》,1904年1月16日,一档馆:练兵处档案全宗。袁世凯等人的奏折系1903年12月24日由军机处批令户部讨论的,见《德宗实录》卷523,第7页。
② 《户部奏议复加税不能指拨印花税不能即办折》,《东方杂志》第1年第7期,1904年9月4日。

的争论相当大。十年之后，中华民国税务处督办梁士诒决定重印这份档案，并加按语说："检阅管卷内，有前清光绪三十年总税务司赫德筹饷节略一件，稽其内容，以整顿地丁钱粮为唯一之宗旨，其时适日俄启衅，正如今日欧战情事相同，内省反观，尚觉赫德所陈不为无见，今付印以备采择。"①赫德所陈办法尽管多数人觉得空想，不切实际，但它却有一定的合理性。未能付诸实施的原因甚为复杂，朝臣疆吏反对是一个主要的原因，背后的原因尚须发掘，这就是当时各省缴纳给中央的练兵经费中，尚有铜圆余利一项，各省对土药税的整顿正开始见效，镑价尚未亏累，所以清廷虽然觉得赫德所陈不为无见，由于有上述经费来源，已不再坚持己见。这也是印花税屡屡提出，而户部和疆省热情均不高涨的重要背景。

此后筹款练兵与新政事项愈来愈繁密紧迫，大臣中甚至有人提出至为荒唐的筹款办法，欲以社会堕落为筹款途径。②印花税问题也一再被提及。1905年初，由数位疆臣联名呈请新政事宜，所拟办法中，即有"严禁贪墨，仿行印花新税"一说，建议印花税举办所得之款，可部分用于津贴官吏之资。③津镇主要的媒介《大公报》且发表推动印花税举办的专论，与北洋官界的主张相配合，该论对印花税财政利益的计算颇值一提，"姑以每一方里之产业可纳印花税小洋一角计算，则十方里可纳一元，推广至一兆方里即可纳十万

---

① 《重印总税务司赫德条陈筹饷节略》，1914年铅印单行本，原件存于中国社科院近代史所图书馆。
② 内务府候补郎中某大臣提出筹款六策，请本衙门堂官代为呈奏，六策包括：开禁小押、开放戏院、开禁赌博、开禁娼寮妓院、开禁鸦片烟馆、开禁烟酒饭庄等，一律实行征税管理，可收巨款。见《筹款六策》，《申报》1904年9月21日。
③ 《疆臣请行新政》，《大公报》1905年1月29日。

元，共计可得有一百六十三万元；人口以四分一计之，每人每年纳印花税一元，亦即有一万万余元"，于是该文对印花税理财方法推崇备至，"分之则其数甚微，合之则成款甚巨，理财之法孰有过于是者耶"？①该文对印花税效益的计算，已经远远地超过了陈璧所作的预期收益，也大大地超过了梁启超、何其与胡礼垣等人所作的预计。②此时户部的注意力已经转移到土药税的整顿问题，对鸦片专卖与八省统捐问题着力筹划，印花税问题反而不太重要了，直至1907年国内鸦片税开始下降时，方被提上议事日程。

第三阶段系自鸦片禁政开始至度支部出台印花税章程。

在鸦片税厘缩减之前，某些开辟财源的计划不能实施，而铜圆减铸和镑亏又使中央、地方财政颇受影响，这是印花税出台的重要背景。土药税收整顿是诸多人士着意筹划的一个问题，土药与洋药的税负颇不一致，洋药加税成为外务部、税务大臣对外交涉的一个重要问题。但此事交涉极有难度，英使与美使均予以拒绝。③接下来就是铜圆余利渐失，江苏宁属、浙江和湖南等省首先因铜圆铸数减少，铜圆余利日渐式微，对本省的练兵与新政均构成影响。例如浙江省的铜圆余利有一部分要交给巡警部作经费，至1906年初，此

---

① 《论印花税亟宜仿行》，《大公报》1905年11月1日。
② 梁启超认为印花税可以立时举办，其效益每年可得200万两；何启与胡礼垣则认为，印花税若实行，每年可得1800万两。均见赵丰田撰：《晚清五十年经济思想史》，第273、275页。
③ 《英使萨照会外务部文（为纸卷烟征税事）》，《美使康覆外务部函（为纸卷烟征税事）》，《申报》1905年3月10日。英国不但不允加烟税，后来还对中国民间推行的禁吸纸烟活动加以干预，福建省的学堂生徒禁吸纸烟活动即受到驻闽英国领事的干涉，闽督松涛严词拒绝。见《英领干涉劝戒纸烟》，《时敏新报》1909年6月。

项利润已不足敷用；①1906年3月中旬，该省又因铜圆失利，导致清廷摊派的练兵经费也无法认解。②江苏宁属的铜圆余利也日渐减少，如何抵补成为该属官府的重大事项。③湖南铜圆局铸数减少更快，本省的练兵经费与浚浦款项均受到越来越大的影响，至1906年11月时，湘省巡抚岑春蓂就请求停解这两类款项。④与此同时，赔偿外人债款中的镑亏问题越来越严重。1905年2月17日外务部就向清廷提出了镑亏的严重性，"至本年三月届满，亏欠数仍一律以四厘计息，算至三十九年之后，将又积成数万万之巨款，不如设法补苴，以期年清年款"。户部无法挪解，因而只能向汇丰银行借英金100万镑，其他再由户部腾挪弥补。⑤这笔拨补镑亏的借款还款期限定为20年；1905年7月，外务部议定赔款办法，指明每年必须腾出300万两弥补镑价之用。⑥至度支部制定印花税章程时，海关奏报称，镑价呈现飞涨的态势，还款受亏极为严重。⑦故镑亏问题也是清廷财政产生亏短的重要原因。

印花税出台最重要的原因是鸦片禁政实施后，税厘渐失，收入缩减。尤其是1907年6月份前后，各省遵照清廷的指令，将各地鸦

---

① 《浙抚覆警部经费难筹电》，《申报》1906年2月7日。
② 《浙江巡抚张曾敭奏陈停铸铜圆原认余利项下练兵经费无可筹解折》、《浙江巡抚张曾敭奏报停铸铜圆无法筹解练兵经费折》，一档馆：朱批奏折，"财政类"，档案号：1377/049、1378/005。
③ 《移商预筹抵解练兵处经费》，《申报》1906年2月7日。
④ 《湖南巡抚岑春蓂奏报停铸铜圆请停解练兵经费及黄浦工款银两折》，一档馆：朱批奏折，财政类，档案号：1377/066。
⑤ 《外务部、户部折——息借洋款备偿镑亏》，《户部奏档抄本》，光绪三十一年，上卷，"会奏"，此转见《中国清代外债史资料》，第772页。
⑥ 《户部折——还镑亏借款由沪酌量匀拨折》，《户部奏档抄本》，光绪三十一年，下卷，此转见《中国清代外债史资料》，第773页。
⑦ 孙宝瑄著：《忘山庐日记》下册，第1101页。

片烟馆一律封禁，土商贸易因之顿绌，税款来源渐渐减少。这是威胁清廷财政中最严重的事项。

　　清廷本来于1906年9月20日确定了禁止鸦片的政策，而对税款抵补问题并未专门筹议。外人反而颇感担心。禁烟上谕发布后第十天，英国驻华公使朱尔典就此事向英国外交大臣葛雷汇报说，"中国禁烟一事吾国自宜与表同情，夫欲严定法律，改革民习固自为难，今且置此不论，而财政问题亦与此大有关系，此亦为华人之所重视，无异于西国政府也"，中国每年从洋药中的收入"计五百七十一万一千七百十一两（合英金八十五万九千一百三十六镑），土药则十倍之。是以所征之税约有四千五百万两（合英金六百七十六万八千七百五十镑）"。这些税款的用途，朱尔典称："数年以来，中政府欲搜此以归中央，盖或为朝廷所用，或为地方要需（如修浚上海浦江之类），或还各省所举之债。现今中国国帑既已如此，则一旦实行禁烟，必至财力不济，较之印度政府之弃其饷源，实有过之。况山陕川滇四省固以盛植罂粟为农业，一旦禁之，有不异常掣肘耶？"①11月份朱尔典仍未看见中国注意此事，于是又说："惟尚有一大憾在焉，盖中政府所失鸦片之饷为数甚巨，而亦未尝设法弥补，或者他日无鸦片之中国，其财政之充裕远胜于今，亦未可知。所虑者，未经改革以前，办理财政必愈棘手，是以财政事宜亦须先为研究也。"②1907年很长时间内，清廷对此

---

① 《驻华英使朱尔典致英外部大臣葛雷公文》，1906年9月30日由中国北京发，《外交报》第223期，1906年11月1日。
② 《驻华英使朱尔典致英外部大臣葛雷公文》，1906年11月22日由中国北京发，《外交报》第223期，1906年11月1日。

事仍未采取有效的措施，负责调查中国禁烟事宜的英国驻华公使馆参赞黎枝的报告对此疑惑不解，"至其饷源虽失，中央政府亦不甚注意，且又未订章程以为补偿之地，各省以饷源支绌、财政损失，而禁烟之举遂未免因循敷衍，难期进步矣"①。不但英人对清廷的举动不可思议，日本人也提醒中国应注意鸦片税的抵补问题，大阪《朝日新闻》撰文说："依中国今日之烟税计之，仅彼印度鸦片输入之一项，每岁已有八百三十万元，当此国库支绌之际，中国亦决不能轻视。自后当以何款相抵，十年之内必先预计。"②

内阁学士兼礼部侍郎吴郁生最先提出以印花税收入来抵补鸦片税收短少的建议。1906年底，他具折上奏清廷应注意鸦片税的抵补问题。吴郁生对土药税厘及各省的铺捐、灯捐收入估计为数百万两，鸦片渐禁烟税渐失，此项收入"大部既视为正款，外省亦资以办公，度支所关岂可无备。若禁减种植，而岁入之计又确然有所抵补，则中外皆知此事之决无反顾而一意遵行"③，因而他建议清廷举办印花税，作为鸦片税短少抵补的对策，"窃思印花税一法，行于东西各国，凡户婚田土、商民交易之事，皆以此为纳税之总机关，前经奉旨停止，无非体恤民艰，将来加税免厘，似收税之法仍以印花为便。拟请饬下部臣、疆臣，考察各国新章，或择要先行试办，以为抵补土膏税厘之地，抑别筹良法抵补"。度支部在答

---

① 《驻华英使朱尔典致英外部大臣葛雷公文》，1907年11月27日由中国北京发，《外交报》第228期，1907年12月9日。
② 《禁止吸烟问题》（译大阪《朝日新闻》），《华字汇报》第455号，1906年10月9日。
③ 《度支部奏议复内阁学士兼礼部侍郎衔吴通筹禁烟办法折》，《东方杂志》第4年第3期，1907年5月7日。

复吴郁生奏折时,认为可以实行印花税,但要慢慢研究、协商,没有视之为迫切之举,"惟查各国举办此税,亦有屡经作缀(辍)而后成者……今者禁烟之意期于逐渐递减,则印花税之行亦宜期于徐议举办。应由臣部与各省考察各国章程,体察本国情形,届时奏明办理"①。这一结果,报界在报道时,干脆称之为"印花税暂缓实行",暂缓举办的原因,度支部称"实行印花税须待警章妥定,实业发达之后乃能就绪"②。此时土药统税入款并无明显的缩减,缩期禁烟之议也未提出,因而度支部并不觉得急切难耐。该部在答复吴郁生时主要是提醒各省对土药税款的使用,应做到撙节核实,不能滥冒虚支,"即如土药统税一项,除拨练兵经费外,各省所用诚如谕旨所谓浮收滥废之处当亦不少。应请饬下各疆臣,务皆撙节核实,但期目下少一分滥费即将来少一分抵补,是亦别筹抵补之一端也"③。

土药统税大臣柯逢时不断奏报土药税厘短少、局卡经费收不敷支后,度支部才感到税厘抵补的紧迫性。1907年9月度支部郑重提出要研究印花税举办问题,"臣部现设财政研究所,拟将此项印花税办法详加研究,以期无滋流弊,再行妥慎订章,奏请举办"④,该折特别之处,一是没有强调中国户口没有调查、警察未备、产业

---

① 《度支部奏议复内阁学士兼礼部侍郎衔吴通筹禁烟办法折》,《东方杂志》第4年第3期,1907年5月7日。
② 《印花税暂缓实行》,《大公报》1907年3月4日;《盛京时报》1907年3月7日也以同样的标题予以报道。
③ 《度支部奏议复内阁学士兼礼部侍郎衔吴通筹禁烟办法折》,《东方杂志》第4年第3期。
④ 《度支部为议覆请行印花税折》,一档馆:会议政务处档案全宗,档案号:275/121。

不发达等不利因素,也未特别强调鸦片税厘短缺甚巨、亟待抵补的情形;二是暗示研究和举办印花税的原因与新政立宪事业有关,"方今屡奉明诏,预备立宪,百度维新。凡有益于民而利于国之事,莫不次第设施,以立富强之根本。臣部职备度支,值此庶政繁兴之际,自应从事裕课之方"①。这一奏章仅仅是提出研究考察的必要性,并未立即决定举办。

度支部财政研究所关于印花税研究的结果,体现在该部于1907年12月8日上奏的《度支部为遵旨研究印花税办法并酌拟税则章程折》中。此折未具奏之前,清廷曾经于10月11日谕度支部:"国家岁入洋土两药税厘为数甚巨,均关要需,现既严行禁断,自应预筹的款,以资抵补。前据度支部具奏,研究印花税办法,当经允准。惟烟害必宜速禁,的款必宜速筹,著度支部详细调查东西各国成法,迅速研究,渐次推广,期于可行。限两个月内条例办法章程,奏明办理,勿得稍涉延宕。"②朝旨已经明确地提到以印花税收入来抵补鸦片税。奉旨以后近两个月,度支部加意研究,终于在限定的期限之前,提出本部对印花税问题的看法。自9月份注意对印花税的研究,至12月8日提出具体意见,其间经历了3个月。谕旨的发布当然起了推动的作用。③所以该部不得不强调印花税系专

---

① 《度支部为仿行各国印花税预为研究办法奏折奉旨允准事致会议政务处咨呈(附件:度支部为拟请仿行各国印花税预为研究办法事奏折)》,中国第一历史档案馆:《清代两次试办印花税史料》,《历史档案》1997年第4期。
② 《奏定研究印花税办法酌拟税则章程折》,一档馆:会议政务处档案全宗,档案号:93/322。
③ 一般来说,这份谕旨的产生,与度支部的活动有关,但也不排除有关御史和翰林院等官员,甚至外人的督促提醒。

为鸦片税之抵补这一目的，"至此次办理印花税，系为筹补洋土药税厘起见，将来收有成数，在当由臣部分别酌量拨给各省，以资弥补"①。

关于税则和章程，度支部在奏折的两个附件中，分别制定了"印花税则十五条清单"和"印花税办事章程"十二条，前一文件规定了印花税具体的实施办法细则，确定票据种类有三种，"一赭色，二十文；二绿色，一百文；三红色，一千文"。规定度支部系制定印花税票的唯一机构，各省实施的期限是奉到部文三个月之后开始实施。后一文件，对印花税实施的机构、管理、发售、费用等详作规定，决定在度支部设立印花税局专门经理此事。②至此，印花税的筹备已基本结束，开始进入筹划和部署阶段。

二、督催推行与极力抵制之间

印花税出台之前，清廷财政已经匮乏；各省因鸦片税厘减收甚巨，财政状况更趋窘绌，看来印花税作为抵补手段应尽早实施。1908年3月中旬，由于鸦片税与洋款赔偿有关，外务部提醒朝廷必须注意预作抵补，奏片说：

> 各新关每年征收税数内，洋药一项系税厘并征，计共征银

---

① 《奏定研究印花税办法酌拟税则章程折》，一档馆：会议政务处档案全宗，档案号：93/322。
② 《度支部为仿行各国印花税预为研究办法奏折奉旨允准事致会议政务处咨呈（附件：度支部为拟请仿行各国印花税预为研究办法事奏折）》，中国第一历史档案馆：《清代两次试办印花税史料》，《历史档案》1997年第4期。

六百余万两；土药一项，未归土药统捐以前，其由税务司经征者，多收年分计银一百二十万两，统计洋土药税共银七百数十万两。此项税银本来抵借洋款，现在筹议禁烟，洋土药已定有年减一成之办法，切实施行，则所有税项自必因之逐年递减，事关抵款，不能不预先筹备，以免应付为难。查此项税收，即以每岁八百万两计，分作十年筹备，依次递加，逐年设法增添之数不过八十万两计。①

外务部一折所称每年80万两的抵补任务被今人有关著作广为征引，多数著作认为中央鸦片税抵补的全部任务只有这些，似乎并不沉重。实际上外务部所提到的鸦片税收入仅仅是与洋款抵押和偿还有关的由海关所征收的鸦片税，包括洋药税厘并征和土药经过海关部分的税收，它在整个鸦片税收结构中并不占主体，大量的是经由各地土药统税局征收的鸦片税，这个数目十分庞大，仅土药统税一项每年可达二千万两以上，其余各省的鸦片亩税（部分省份征收此税）、与鸦片相关的凭照捐、牌照捐等，尽管预定十年递减，但数目亦十分可观。由此可知，整个鸦片税的抵补任务十分艰巨。不管如何，外务部此折提醒中央加以重视，说明印花税必将承当重任，办理也更趋迫切。

但是，印花税章程和办事规则公布以后，朝野纷议顿起，围绕着应否实行、如何实行以及印花税用途等问题，朝中大臣、各省督

---

① 《外务部具奏覆陈筹议禁烟与各国商定办法折附奏药税抵借洋款现议禁烟应另筹备抵补片》，一档馆：宪政编查馆档案全宗；又见《外部奏查新关土药税款数目片》，《大公报》1908年3月26日。

抚、各地商会以及知识界等均有不同表现。度支部作为主管部门，力主实施，鼓吹督催不遗余力，但该税的实行却一波三折，度支部由此成为众矢之的和矛盾焦点。随着鸦片税厘收入越来越少，财政抵补的任务愈发艰巨，而印花税的实行却渺无头绪，后期度支部与陆军部、海军部等矛盾严重激化与财政抵补乏策关系匪浅。

（一）各方疑阻

印花税章出台之后，遭遇到前所未有的各种抵制，提出不同主张的朝野势力，既有京中言官、军机大臣甚至摄政王载沣，也包括外省督抚；在野力量主要有商人组织、各省咨议局以及知识界的反对言论等。

京师言官是反对印花税举办的重要力量。首先发难的是都察院御史。1908年初当印花税章刚刚出台后，该院某御史联合同道对印花税之举加以反对，认为目前银价不定，民生困苦，勉强实行有导致民乱之虞，决定公举两位御史联袂奏上，将民生困苦之情形剀切入告，加以阻止。①面对言官阻力，载泽在慈禧面前，强调必须实行印花税，"至印花税一事，亦审慎再三，但求简易可行，决无窒碍，若再以人言中止，则将无实行之日，请宸衷独断，决计开办，以裕财政"②。除了都察院御史首先发起的反击以外，京师言官中至少还有数人单独拟折上奏，主张停办或修改印花税章。翰林院学士恽毓鼎等人要求对印花税章程进行修改，以恤民艰，反对印花税由官府经手，"一经假手胥吏，无不公费浩繁，甚至差役勒买

---

① 《台谏拟请缓办印花税》，《申报》1908年1月13日。
② 《度支部决行印花税》，《申报》1908年1月16日。

加费，希图中饱，弊将不可胜言"，对胥吏之弊尤为痛恨，并反对征收当票印花。①载泽阅看此折后深感焦灼，表示目前所奏印花税章较之国外已经甚轻，该税甫经开办，"实难预断其毫无窒碍，然所有应行酌量改订之处，亦须俟实行之后，揆厥办理情形，详酌损益，此时仍令各省按照原章试办，无庸预为更张，致使耽延时限，转无实行之日"②。5月初，御史俾富芝也奏请缓行印花税，认为京师物价飞涨，百物腾贵，各省民情困苦，要求变通印花税章，或暂缓实行。度支部议论此折时，多数人主张缓办③，载泽却没有同意。1908年下半年，御史石敬潢要求缓办印花税，理由有三：一系本年粤、鄂、湘、皖、闽水灾泛滥，而直、鲁、滇、黔、甘、川等省水旱灾害亦颇严重，民生困苦；二是新政以来，地方官只知征税筹款，杂捐丛出，但却罔顾民隐；三为厘金苛政，层层朘削。他建议清廷，"饬下度支部将印花税暂缓举办，俟数年后烟税截止，厘金裁撤，再议实行"④。这一份奏折由军机处批转给度支部，该部在研究时颇感棘手，既难对原折加以推翻，又觉不能不办，特请各省于明年正月起试办三个月。载泽矛盾心理反映到媒介的报道上，便出现了截然相反的消息，驻北京访事员只好将载泽两种不同的主

---

① 《度支部奏遵议印花税办法拟请仍照奏定章程试办折》，《申报》1908年5月1日；对胥吏扰民问题有人专门加以阐论，见鲁一同著：《通甫类稿》（一），"胥吏论"，第一至第五篇，《丛刊》正编，第368号。
② 《印花税则仍按原章办理》，《大公报》1908年4月12日；《印花税之焦灼》，《盛京时报》1908年4月5日；《泽尚书对于印花税之意见》，《盛京时报》1908年4月20日。
③ 《实行印花税之困难》，《大公报》1908年5月4日；《印花税多主缓行》，《盛京时报》1908年11月8日。
④ 《御史石敬潢奏印花税恐多窒碍请饬部缓行折》，《政治官报》第373号，1908年11月8日；《御史请缓行印花税》，《申报》1908年11月13日。

张编发为一条消息予以报道。①11月份,某御史干脆具折参劾度支部尚书载泽,称其不恤民隐,固执成见。折上后,留中未发。访员推测此事与印花税有关。②同一时期,以石敬潢反对举办印花税为契机,都察院各科道也交章论谏,认为印花税事关全国生计,必欲阻止实施。③后来又有御史建议,将各省杂捐滥税停征后,才可实行印花税,"惟查各省杂捐种类甚多,若再加以印花税,则小民之困苦益觉不堪,殊非体恤民情之道","请先将各项杂捐分别停止,然后再行举办印花税,庶民间之担负稍轻,皇上之恩施愈厚",否则必将民不聊生。④

军机处官员对印花税的举办颇有分歧。度支部对印花税的规划和筹备,在政界引起不少的争论。军机处大臣中,袁世凯力主举办,并建议先从直隶省办起,然后加以推广;而张之洞甚为担忧,分歧已见端倪。⑤张之洞系军机处反对印花税最力的官员之一,1908年5月份,内廷研究印花税问题时,张之洞即表态说,此税骤然举办,恐怕民心积怨,"况南省匪踪不靖,倘假此煽惑,印花税恐不能推广,反生阻力,必俟各省督抚认可,咸无异议之后再行举

---

① 《试行印花税消息》(北京),《申报》1908年11月6日。
② 《泽公被参姑志》,《大公报》1908年11月15日。
③ 《都察院反对印花税》,《大公报》1908年11月12日。
④ 《免杂捐以行印花税》,《盛京时报》1909年10月22日;《大公报》1909年10月19日相同标题报道。
⑤ 《某中堂慎重印花税》,《正宗爱国报》1908年2月3日;《印花税拟先从直隶试办》,《大公报》1907年12月19日;《印花税须议防弊章程》,《大公报》1908年1月22日;1907年8月份以后,军机处大臣中,袁与张因国事互生意见,早已不是秘密,外界屡有传言,见《忘山庐日记(下)》,第1110页。

办"①。庆亲王奕劻态度已发生微妙的变化，原先曾襄同袁世凯提出举办印花税的主张，这次讨论时，他却赞同张之洞缓办主张；度支部尚书载泽与直隶总督杨士骧则主张立时举办。关于抵补土药税的筹款方法，张之洞立场鲜明："现在京外各衙门遵旨筹报抵补土药税款，其中所筹之办法不一，将来必须由枢垣及度支部决定唯一之方针，惟本阁现已决定：凡有害于民生，如增加日用必需之物税课等项，决不承认。"②由于各省力主缓办，朝中各大老对印花税已不抱急切态度，建议等到各省清理财政之后，再作筹议。③军机大臣中，世续反对在天灾频仍情况下强行举办印花税，否则民乱堪忧。④徐世昌入枢后，对印花税问题也有自己的看法，1911年8月份的内阁会议上，他认为不可轻易举办，理由有三：一是各省偏灾，民力难纾；二是各省杂捐未停，负担过重；三是各省地方多故，恐易酿成风潮。⑤徐世昌历数他在东三省时遇到的种种困难，载泽不得不对此表示理解。柯逢时将裁局撤卡逐步实行后，税款的收入更趋式微，度支部官员因抵补乏策，印花税问题一再成为朝中大臣讨论的热点，载泽因抵补困难、库款支绌，数次提出辞职。1909年8月12日，摄政王召见度支部官员，该部有关人士倾诉本部难处，声称"各部如不量入为出，请拨款项漫无限制，应请另简贤员继斯巨

① 《印花税之未举办》，《顺天时报》1908年5月24日；《印花税之争议》，《大公报》1908年7月20日；《花税之争议》，《盛京时报》1908年7月23日。
② 《张相国筹款之方针》，《大公报》1909年6月12日。
③ 《印花税之争议》，《大公报》1909年2月25日。
④ 《世中堂仍请缓行印花税》，《申报》1909年9月11日。
⑤ 《徐协理对于印花税之公言》，《盛京时报》1911年8月4日。

任,臣等当同时辞职"。①清廷财政已陷入夹缝之中,度支部的压力越来越大。

皇太后以及摄政王本人对印花税的态度极为复杂。早在1908年下半年,醇亲王载沣在与载泽讨论时就认为,"大事方定,人心初安,此项税课应暂缓实行,如果巨款难筹,不妨极力节省靡费,以期弥补"②。但该部尚书载泽坚持认为,此税系专为土药税亏累而设,实在是万不得已,务请于明年照章先行试办,"若经停办,则亏累无从抵补"。载沣对此实无良策,意犹踌躇,不能决断。③1909年3月份,摄政王担心立时举办印花税事宜恐遭民乱,即有缓办之意,但度支部提出将各省情形调查后,再作决断。不得已,载沣只得要求该部"先将印花税草章覆发各省,编成粗浅文字,遍贴城乡市镇,以释疑阻"④。清廷内部实际上形成以摄政王为主,反对举办印花税的主要力量。5月下旬,清廷决定将印花税款提出四成作海军经费,一旦该税收有成效,即行提拨。为此,摄政王特意嘱咐载泽说,"兴复海军本为保民,而印花税终嫌累民,万不可因保民反累民,亟宜改办统捐而免口实"⑤,这样统捐

---

① 《国家财政困难》,《盛京时报》1908年6月25日;《交议度支部奏请撙节财用办法》,《申报》1909年8月22日;《泽尚书决计乞休再志》,《申报》1910年9月9日;《泽尚书辞职述闻》,《大公报》1910年8月15日。
② 《印花税殆将缓办》,《大公报》1908年12月1日;《印花税将归缓办》,《盛京时报》1908年12月4日。
③ 《印花税势难停止》,《大公报》1908年12月17日;《印花税仍须试办》,《大公报》1909年12月29日;《摄政王踌躇印花税》,《盛京时报》1909年1月16日。
④ 《饬催考察印花税情形》,《正宗爱国报》1909年3月5日;《摄政王对于印花税之慎重》,《盛京时报》1909年4月15日。
⑤ 《实行加税记》,马鸿谟编:《民呼、民吁、民立报选辑(一)》河南人民出版社1982年。

又成为替代印花税的一种方式,但它仅在部分省份得到实施,大部分地区仍未实行。隆裕皇太后对朝中议论不决的印花税问题也较为关心,1909年10月特召见摄政王专门了解印花税问题,表示对印花税应采取慎重态度,不可贸然举办。①实际上,载泽对朝中大臣的反对意见并不以为然,对摄政王的劝谕也持阳奉阴违态度,隆裕皇太后优隆于载泽,所以载泽贯彻中央集权时亦有恃无恐,摄政王之柄政颇受其掣肘,自然对度支部的主张限制较少。②资政院开院之后,对印花税问题也没有太大的约束力,只能给有关争论提供一个论坛。1910年9月份,河南省关于印花税的争议就摆在资政院的议事会议上,钦选议员与互选议员争论激烈,态度和主张分歧明显,"河南咨呈之印花税案,汴抚主执行,汴局(指河南咨议局——引者)主缓行。当报告时,度支部特派员忽越席发言。互选议员援议事细则,谓其无发言权利,斥之。当时有钦选议员力为之辩护者,彼此舌战,不肯稍让"。③

在清廷官员中,地方督抚大部分持消极抵制态度,要求缓办或修改税章者居多数。首先公开提出异议的是安徽巡抚冯煦,他主张缓办印花税的理由有厘税未裁、宪政未行、警察未普、实业未兴四个方面,此外皖省尚有特别的财政困难,他主张"迟之数年,俟警章完善、实业振兴、人人知有国家义务,乃可缓议施行"。④

---

① 《皇太后垂询印花税举办情形》,《申报》1909年10月23日。
② 摄政王受各方掣肘的情形,见陈治先、陈冷汰译:《清室外纪》,《丛刊》正编,第722号,第198—199页。
③ 《资政院议事摘要》,《国风报》第1年第26期,1910年9月21日。
④ 《安徽巡抚冯煦奏印花税骤难举办折》,《申报》1908年8月21日;《皖抚请停印花税》,《大公报》1908年8月17日。

度支部对冯折与御史石敬潢一折基本上采取冷处理态度，时隔半年多后，该部才并案议覆，却未提出极有说服力的观点，抱有不屑一顾、不值辩驳的意味，"该抚原奏称，现定部章所税，专在证据，故为避重就轻之计，将来渐密，百货之外加印花者又当接踵而起等语，似为过虑。该御史（指石敬潢——引者）原奏称，长江运货须税十余次，再加印花税，恐多重复之弊等语，似尚未悉印花办法及臣部奏定章程，均应毋庸置议。总之，徒法不能自行，得人方可办理"①。

1908年9月份广西巡抚张鸣岐电奏清廷，恳请本省缓行办理印花税，强调桂省作为边疆省份，民情困苦，无法增加此项税收，该抚为民请命的姿态和奏词婉转的情形，在请求缓办印花税的督抚中别具一格。②1909年7月份，东三省总督锡良具折沥陈财政困绌情形，而本区捐税尤重，力请缓办印花税。③半年之后，四川总督赵尔巽也请求缓办，极力强调民气未开，川省的电文说："川省印花税前展至三月开办，当即剀切遍谕。兹据商帮禀，川省风气未开，虽再三切实开导，民情依然震骇，刻如举办，势必疑沮偾事，事关重大，不得不加意审慎，拟求再准展缓数月开办，以期万全，而免隐患。"④度支部本于1909年6月中旬电咨川省来京领取印花

---

① 《又奏议覆前皖抚等奏印花税骤难举行请勿庸置议片》，《政治官报》1909年5月5日。
② 《桂抚请缓印花税》，《大公报》1908年9月8日。
③ 《核议东省印花税之缓急》，《大公报》1909年7月7日；《缓行印花税之省份》，《大公报》1909年7月8日。
④ 《督宪致度支部电文》，《四川官报》第6册，"要电类"，第2页。

税票，①6月20日该省虽然派人领回印花税票，但并不主张立即实行。度支部的答复也无可奈何，"本部奏定印花税章程，立法宽简苑（"苑"疑衍字），逐渐试办，当无疑阻之事，原章具在，无难覆按。兹为加意审慎起见，自应略再展缓，仍希设法推行，以开风气"②。度支部深知，允许各省展缓，实际上就是停止办理此税，所以在给各省的回电中，仍是尽量要求选择时间先行试办，并未轻易允许停办，强调除非迫不得已，不准请缓。③

各省商会和咨议局对印花税的反对最力。南方省份的商会认为，印花税本为抵补洋土药税而设，但目前洋土药税仍未停止，应该抵补多少，余款用途如何，办有成效后，杂捐苛税能否蠲除，这是众多商会关心的问题。常州商务分会给苏州总商会会长的质询函中说"夫土税膏捐有用之于中央政府者，有用之于各省政府者，其为何种用款，及每岁所收之捐税以抵支出之用，赢绌者何？此主权操之于政府，民间均不深悉。此次印花税发行，其始固未必骤能踊跃，行之久而所入之税，必能有余于昔日之土税膏捐，可断言也"。那么该商会提出的问题就是"窃谓印花税办成，而土税膏捐仍不裁撤将若何？印花税办成，而较从前之土税膏捐为有余，则此有余之款将若何？"，商会担心"印花税虽实行抵代土膏捐税，而有余之款不为撙节，则以吾民膏血徒挥霍于无何有之乡"，于是常州商会警告说：

---

① 《度支部来电（宣统元年四月三十日）》，一档馆：赵尔巽档案全宗，档案号：81/418。
② 《度支部来电（未见时间）》，一档馆：赵尔巽档案全宗，档案号：81/418。
③ 《印花税之敦促》，《大公报》1909年10月31日。

警告各团体必与政府约：印花税不能移作他用，要求各团体调查以前之土税膏捐年有若干，并调查此后之印花税年得若干，一俟印花税足以抵数，则土税膏捐立时停止；一俟印花税较已前之土税膏捐为有余，则以之预定兴办何种要政。①

杭州商务总会则认为印花税犯有重征之弊，主张废除厘金之后方可实行，目前只能选择"事较简易、无碍民商者"酌量试办，度支部的奏定章程不可能在大范围内普遍实行，否则，扰累将无休止。②

北方省份的民意组织关注的重心稍有不同，缘其鸦片税收的依赖程度较轻，所提问题自然不同。天津议事会认为，"直隶一省药税数较其余各省皆轻，若实行印花为数当逾十百倍；况印花只以一纸为凭，且经外人制造，其流弊所及更不免假票充斥之虑；即应贴印花之十五项，种类名目既多且繁，当此绅民雕敝之余，益恐无所措手，似宜将印花税停止，于民间庶较便益"③。山西省的印花税票是1909年夏季从度支部领回的，但因事属创举，没有贸然实行，

---

① 《常州商会为印花税款用途质疑来函》，华中师大历史研究所、苏州市档案馆合编：《苏州商会档案丛编》第1辑，华中师范大学出版社1991年，第1127—1128页。按该书断定此档形成的时间是"约宣统元年七八月（1909年）"，实误，应为光绪三十四年二月下旬至三月初（1908年3月底4月初），见《常州商务分会致各团体函》，《申报》1908年4月4日第三张第四版所载，该报道系将此质询函之一部分予以刊报，未将全函刊出。另外，该期的要闻报道《商会研究印花税问题》亦有对此事的报道；其次，该节标点有不妥之处，此处引文已作更正。

② 《商务总会查复印花税之难行》，《申报》1908年7月10日。

③ 《记天津议事会请缓行印花税》，《东方杂志》第6年第11期，1909年12月7日；吴兆莘：《中国税制史》（下册），第119—120页。

而是观望直隶和湖北。在调查直、鄂两省的动态后，10月份咨议局开会讨论本省印花税问题，总的主张是建议缓办，"印花税为弥补洋土药税而设，在今似需用为亟，然值本省商民交困之时，各种厘卡税率、典卖田房税契又叠次新增，兼营并取，恐民力不堪负担。直隶财力较晋素优，犹请缓办；山西在昔仅一中省，近更负累重重，安能方驾各省增进财赋？请予暂行缓办，俟民力稍舒，各省办理渐有次第，再行试办"①。各省上至督抚、藩司，下到咨议局、商会，对印花税多采取观望、攀比的做法，督抚之间函电往返，互有联络，以至于相互影响，晋省如此，其他省份也是如此，被观望、模仿、攀比的省份，北方为直隶省，南方多是江苏、湖北和广东。②度支部深知各省普遍存在观望倾向，也曾对个别省份提出指责，如山东省在所定的印花税实施规则第八条中说，"俟京师、天津实行以后，即由省城办起，次第推广省外大县、大埠各地方"，度支部则认为，奏定印花税章程已经宽大，决不至有所窒碍，"似无彼此互相观望之理"。③

民间舆论对印花税的态度也十分复杂。印花税开征的主要目的是为了抵补洋土药税的短缺，洋土药税厘的短缺系由禁烟而引起，舆论既然全力支持政府禁烟，按理说印花税的举办也应获得舆论的支持。实际的情形却与此相反，原因甚为复杂。有人将其看作是官民之隔阂，"近岁以财政奇绌，试办印花税以期补救，而群相疑

---

① 《山西全省财政沿革利弊说明书》（上册），"缓办印花税之意见"，第48页。
② 赵尔巽档案全宗第81卷中，各省督抚对于印花税态度之类的函电较多，兹不一一列举。
③ 《鲁省试办印花税近状》，《申报》1910年3月17日。

沮，民力固有未赡，而民信亦苦不孚"①，这种说法仅仅揭示出一部分原因。另外尚有言论认为，印花税作为一种良税从西方传入，但中国却未具备推行的条件，勉强实行则有可能变成稗政。度支部将印花税票发给各省后第三天，有人评论说，"今中国将行印花税矣，取于民无伤，利于国甚大，谁谓其不当行者？然试问：以我国今日之官吏及其属下之胥役，能保其不扰民乎？以各省民智之未尽开，与夫民力之方绌，能使其不怨上乎？杜其流弊，酌其缓急，吾知经始之当事诸公必有以处此"②。报界关注印花税问题的报道非常多，个别报道中还加入了自己的批注和评论，诸如对度支部推行印花税的理由，访员所加的批注却不以为然，反映了知识界对度支部运作此事的一种抵触情感：

> 监国摄政王以印花税一事于民生财用大有关系，本拟从缓，度支部因财政困难，统筹全局力请开办。惟各省情形不同，前已电致各省督抚，详查地方情形，斟酌损益，总以财可聚而民不扰（没那么漂亮事）方为妥善，迄今多未查覆……③

在商言商，从政论政，知识界关注的角度与其他阶层稍有不同，他们往往凭藉当时流行的宪政观念对印花税加以评骘，有人称："惟观各国仿办此税，大都在颁行宪法之后，国家各种财政

---

① 《论中国财政支绌之原因宜亟筹补救之策》，载阎毓善著：《龙沙鳞爪》，《近代中国史料丛编》正编，第907号，第61页。
② 《时评一》，《时报》1909年4月7日。
③ 《饬催考察印花税情形》，《正宗爱国报》1909年3月5日。

机关早已清理苛政、悉捐，地方税与国家税截然分清，无丝毫紊乱之状，故颁行印花税，既免繁复之弊，亦无暴虐之讥。今我国财政尚未清理，各省杂捐□税名目繁多，商民因无力担负，而闹捐滋事者已屡见不鲜"，"在度支匮乏、百务待举之时，部臣筹划全局，其不得已之苦心固人民所当共谅，然民力之盈绌，担负之轻重亦应计及者也"①，也就是说，中国尚未具备举办的条件。对各省纷纷抵制一事，报人基本上持谅解态度，例如有社论称，"我国政府徒知仿效东西之新法，而不知革除我国之旧法，新旧并用，徒取纷扰"②，论者对政府推行印花税，怨恨苛政与企盼革新的复杂情感已可概见。

（二）催办与抵制

日本人讽刺中国举办新政的惯用手法有四种："曰调查、曰考察、曰会议、曰订章程"，或有另一种说法，"曰开会，曰打电报"③。这是对官场人士虚应故事做法的讽刺，可谓入木三分。国内也有人对政府"雷声"与"雨点"的现实颇有感慨："今日当轴诸公之有权者，无实心任天下事则已，其果有实心也，吾赠以两言：一曰实行，一曰改良。盖非实行，不知办事之难；又非时时改良，不能获进步之益也"④；舆论界经过数年的观察，对清廷敷衍拖沓的官场习惯，干脆讥之以"会议政治"的称谓。⑤就印花税本身来说，度支部倒不是推行"会议政治"，而是与各省函电交驰，

---

① 《读印花税议案感言》，《申报》1909年10月23日。
② 《论中国今日之内情外势》，《申报》1909年11月14日。
③ 《寸铁》，《时报》1910年9月16日。
④ 孙宝瑄著：《忘山庐日记》（下册），第898页。
⑤ 《时评》，《申报》1910年7月12日。

急如星火，但各省却屡催罔应或敷衍塞责，其中别有隐情。

印花税虽系专为抵补鸦片税厘而设，但它与中央财政集权的背景有密切关系。印花税章奏定以后，度支部库储支绌程度已趋向严重，甚至到了无法周转的地步。1909年4月各省土药缩期禁种已见成效，税厘短缺更加严重，"度支部各堂宪近因库款异常支绌，即以闰月及三月两月而论，非有五百万两不敷应用，刻下颇为焦急，故连日进署筹划财政，并电催各省速将撙节经费数目详细报部，以凭核办"，载泽称，清理财政最重要的就是举办印花税。①既知库款支绌严重，又将希望寄托于举办印花税，可见其财政集权之用心。有京官对度支部的集权意图忧虑不已："今日政府持中央集权主义，渐欲以部臣干涉地方要政而削督抚之柄，幸部员犹未如前之纷纷四出也。设一旦复有此等事，吾见各行省之骚然不靖，殆有甚于今日者矣。噫！"②概而言之，印花税推行的政治环境不容乐观，中央控制与地方抵制的因子已经潜伏其中。由于袁世凯积极主张由直隶先行试办，所以清廷首先确定直隶省为试点省份。1908年初直隶省开始试办。③其间，津埠与保定商人极力抵制④，试办印花税不得不陷入停滞。

此后清廷财政危迫情形越来越严重，印花税政推行已不容延

---

① 《泽尚书清理财政之宗旨》，《申报》1909年4月5日。
② 孙宝瑄著：《忘山庐日记》（下册），第1200页。
③ 《天津商会档案汇编：1903—1911》（下册），天津人民出版社1989年版，第1681页。
④ 同上书，第1688—1695页；《民呼、民吁、民立报选辑》，第277—278、297页；吴兆莘：《中国税制史》（下册），第119—122页；1908年11月份，保定十一行要求商务总会反对印花税，并请商务总会上请督抚核夺的情形，见《公请停止印花税》，《大公报》1908年11月20日。

宕。1909年6月，税票向各省发行标志着印花税政已步入全面实施阶段。6月17日，度支部向各省督抚发出咨电，要求各省派员来部领票："印花票已经装箱封固，因系有价纸票，未便迳交驿递，除另将票数咨达外，希先由贵省派员到部承领，以期妥速"[①]，度支部此刻的急切心理可用其自己的说法，就是"飞咨各直省将军、督抚一体钦遵办理。"[②]由于贫富不同和经济发展水平的差异，所以各省分配承领的税票数目亦不相同。从4月4日承政厅初步对各省区分配的税票数目来看，江苏一省遥居榜首，而察哈尔则位居最末，全国计划实施的省区有二十六个，度支部将其分为十类标准，按照数量多寡依次是：

1. 江苏：共计860万枚，合制钱181万余千文；
2. 直隶、湖北、广东、四川：共计750万枚，合制钱157万余千文；
3. 浙江：共计550万枚，合制钱118万余千文；
4. 福建、江西：共计520万枚，合制钱112万余千文；
5. 湖南、河南、奉天：共计500万枚，合制钱107万余千文；
6. 山东、山西、安徽：共计320万枚，合制钱68万余千文；
7. 吉林、云南、陕西、广西：每省共计220万枚，合制钱47万余千文；
8. 甘肃、贵州、黑龙江、新疆：每省共计150万枚，合制钱30

[①] 《度支部来电》（宣统元年（1909年）四月三十日），一档馆：赵尔巽档案全宗，档案号：81/418。
[②] 《度支部承政厅等为印花税票制成请颁各省试用等事奏折奉旨准行事致堂上呈文》，中国第一历史档案馆：《清代两次试办印花税史料》，《历史档案》1997年第4期。

万余千文；

  9. 顺天：共计180万枚，合制钱38万余千文；

  10. 库伦、热河：每处共计50万枚，合制钱10万余千文；

  11. 察哈尔：共计30万枚，合制钱6万余千文。

  以上共颁发印花票9700万枚，合制钱2061万余千文，部存300万枚，合制钱60万余千文。两部分共计1亿枚，合制钱2122万千文。①度支部首次在美国定制的印花税票有120箱，上述各省的分派数量系一初步计划，后来又有所调整，6月上旬，度支部将分派数目重新排定，江苏最多，广东次之，直隶和四川居第三，湖北和山东居第四，其余各省厘定不均，但无太大区别。②度支部担心各省对印花税缺乏重视，特意请求朝廷颁下谕旨，要求各省必须切实举办，《申报》派驻北京的访员记述说："近日又奉谕旨：筹款抵补洋土药税，自应多方筹集，迅速举行，该部堂宪乃一再筹商，以为自庚子赔款加以新练陆军，各省款项业经竭蹶不遑，此时再事搜罗，实恐难以凑齐。惟印花税一事前奏章程先从宽简入手，但使经理得法，逐渐推行，诚为有利无弊，自应及时试办，以资抵补"，"洋土两药税厘向皆分拨各省济用，各该督抚亦应遵旨力筹抵补良策，庶不至展顾进款，稍涉因循"。③

  各省领回印花票后，举措不一，基本上是持观望态度。遭灾

---

① 《度支部承政厅等为印花税票制成请颁各省试用等事奏折奉旨准行事致堂上呈文》，中国第一历史档案馆：《清代两次试办印花税史料》，《历史档案》1997年第4期，《附件：各种印花税票清单》。

② 《京师近事》，《申报》1909年6月14日。

③ 《度支部请颁印花票》，《申报》1909年7月7日；《度支部奏印花票制成请颁发各省试办折》，《政治官报》第592号，1909年6月22日。

省份和边疆省份率先请求缓办,计有甘肃、吉林、新疆、贵州等省被允准缓办。①各方请求停办或缓办的呼声甚高,指责印花税有重征之弊,认为它必定会加重地方税捐。度支部为实施印花税,与各省交涉不遗余力。第一个回合就是与各省督抚协商蠲除各种杂捐杂税,为实行印花税创造条件。

这一建议出自度支部。早在印花税票颁发之前,载泽就有此意,不过他向各省督抚所提的要求是先将印花税办起来,然后裁撤杂捐。②都察院御史赞同这一主张,10月份谏垣具奏清廷,也建议将各省杂捐一概蠲除,为印花税开办铺路。③10月底会议政务处各大臣与度支部尚书协商,初步确定由该部出面,咨请各省督抚,将一切杂税酌量裁免,然后印花税可以举办无忧。④此时祛除恶税以行良税的舆论呼声愈发高涨,各类媒介纷纷刊布此类言论,有社论称,"各省之反对印花税,非不知印花税为文明国最轻税则,施行又无中饱之弊。第以中国一切苛细病民之恶税则未除,而徒增此以加重人民之负担也。苟在上者有实心整理税法之意,欲以良税则代从前之恶税则,而先有以取信于民,则人民将欢迎此印花税于不暇,又何反对之有"?"朝廷果欲以此良税则易去种种恶税则地步,则宜先裁去一切恶税则之意见,手续公表于世,而定期实行

---

① 《缓行印花税之旨允》,《盛京时报》1909年7月13日;《印花税有变通展缓之说》,《盛京时报》1909年11月19日;《京师近事》,《申报》1909年7月19日;杜岩双:《我国印花税制史之研究》,《直接税月报》,第1卷第4期,转见周育民:《晚清财政与社会变迁》,第434页。
② 《部咨酌裁各项细捐名目》,《申报》1909年5月4日。
③ 《免杂捐以行印花税》,《盛京时报》1909年10月22日;《外省筹办印花税之困难》,《申报》1909年10月22日。
④ 《电咨各省再议印花税办法》,《申报》1909年11月2日。

之，则印花税之施行自无窒碍。"①报人议政，隔靴搔痒，并未涉及杂税杂捐问题的根本所在，一厢情愿而已。

各省苛捐杂税多如牛毛，已是不争的事实，度支部由此作为突破口正中要害。1909年年初，该部就警告各省严禁私征滥捐，计划将每省应征税则及征税数目一一登报声明，"使人民知国税有限，不准再有隐匿私征事情"②，但各省在向度支部的咨文中均强调本省并无苛捐杂税。度支部的初步计划是以各省商会作为依靠，对各地的杂捐作一个调查，以观事情之真相。③事实上，该部深知地方督抚的隐情，载泽揭露说，"此项税课系抵补亏款之大宗，而各省督抚各怀观望，盖此税一行，则一切杂摊苛派之陋规必悉数豁除，若果如此办法，彼商民亦何乐而不为？所苦者惟地方之官吏耳。故现在督抚中反对此举者，大半出于私心。应仍奏请实行，以重度支而除苛税"④，言外之意，各省财政中，以杂捐杂税为入款大宗，办理地方新政以及官员津贴甚至官场奔竞、中饱之风盛行的经费，均以该项税款挹注，地方政府必然坚守。军机处大臣要求度支部再度与各省协商，蠲除各项杂捐苛税，⑤外界对此颇有担心，认为各省必定不能照办，"惟各州县入款多不敷办公"，令其删减杂税，而却无经费保障，有人提议说，应该仿照奉天、广西、四川三省加

---

① 《评事·反对印花税之研究》，《申报》1909年11月17日。
② 《严防私征杂税》，《大公报》1909年1月17日。
③ 《究竟有无苛税》，《大公报》1909年2月26日。
④ 《泽贝子论印花税》，《大公报》1909年2月28日。
⑤ 《果能实行减征耶》，《大公报》1909年11月1日；《伤议酌减杂捐》，《大公报》1909年11月4日。

给州县津贴的办法,使各地在祛除杂税之后,免致亏累。①度支部为使印花税尽快付诸实施,也多次要求各省仿办奉天式的统捐②,而各省多不见行。地方省份的杂捐杂税与诸多事项相关,教育经费、警政建设,甚至赎回铁路借款之抵押等。就最后一项来说,1908年10月,邮传部为了赎回京汉铁路,多方筹措资金,其中就有向英国汇丰、法国东方汇理两银行办理"振兴实业借款"一项,其抵押措施中规定有"指定直隶、湖北、江苏、浙江各省杂捐进款为头次抵押……先经臣部电商各该省督抚,臣拟以杂捐进款作为抵押,接准复电,均允赞成"③,此项规定虽是虚作抵押,但亦概见此项收入之重要。

各省抵制的原因,除了坚守地方财政利益外,更重要的是印花税收入不是拨还地方,而是较多地用于海军兴复之用。在印花税章程制定之前,军界就已盯上了这一筹款办法,要求将印花税款收入全部用于海军军费,朝中有人也赞同此意。④1909年6月中旬,

---

① 《果能办到耶?》,《大公报》1909年11月7日。
② 《度支部决意实行各省统捐》,《大公报》1909年11月20日;《泽尚书议实行各省统捐》,《大公报》1910年8月5日。
③ 岑学吕编:《三水梁燕孙(士诒)先生年谱》,《丛刊》正编,第75辑,第77—79页。
④ 《拟以印花税筹办海军》,《大公报》1907年12月4日。

诸大老再次确定印花税收入的四成拨解给海军使用。①除了海军经费以外，各省咨议局还有意争夺此项税款，1908年10月份某侍御专折建议："近来各省筹设咨议局，需款孔多，虽准作正开销，而外省库储支绌，应付维艰，又以咨议局为宪政基础，士商乐于观成，劝输较易……应请饬下度支部，通饬各省切实试办，所收税项全数拨充各该省咨议局之用，无论何项要政不得挪移，以地方之款办地方之事。"②然而，各省督抚对本省咨议局建设并未置于特别重要的地位，督垣与咨议局的冲突时有发生③，尽管清廷要求各省须设立宪政机构，但从自身考虑来看，这一事项远远不是最重要的；况且，度支部也不会赞同将印花税款用之于地方宪政建设，该部后来

---

① 在1909年4月份时，政界对印花税的用途问题就有所酝酿，载泽等人计划将印花税款预计收入的1500万两全部用于海军建设，见《印花税之用途》，《盛京时报》1909年4月14日，也见《印花税之用途》，《大公报》1909年4月11日。至6月份时，这一税款的用途虽与海军经费相关，但并不是全部拨解为海军经费，见《提印花税充海军经费》，《时报》1909年6月21日；《京师近事》，《申报》1909年6月21日。《盛京时报》的报道说，筹划海军大臣认为，"朝廷以五年期限将海军规模筹画大备，其经费一节尤为筹划之先著。闻该大臣已筹有四项的款以充经费，其一系度支部印花税将来实行后，即将此项税款提出四成拨归海军经费。该议各王大臣皆为赞成，故已咨行度支部核办"，《提印花税充海军经费》，《盛京时报》1909年6月15日。至8月份时，载泽在奏陈将来财政困难的折片中，仍旧认为印花税的收入将用于海军建设，折上后留中，见《奏陈将来财政困难》，《大公报》1909年8月16日。
② 《请办印花税充咨议局经费》，《申报》1908年10月10日。
③ 《资政院决议桂省禁烟争议事件》，《国风报》第1年第24期，1910年9月1日。广西巡抚与广西咨议局就禁烟问题发生争执，矛盾上交到资政院处理，结果咨议局的主张获得通过。该报第26期称，资政院开过七次会议中，这一问题的解决是最有效力的。另外，河南省印花税的举办，在该省咨议局与巡抚之间产生尖锐矛盾，这一矛盾在资政院也争执激烈，见《资政院议事摘要》，《国风报》第1年第26期，1910年9月21日。

干脆将印花税划为国家税,①按照该部规定,国家税不能用于地方性事业。1909年万国禁烟会结束以后,度支部通盘核计,土药税收入每年达到2800余万两,适逢各省缩期禁种鸦片高潮时期,收入递减的速度更快,而印花税的举办迄无眉目,所以载泽对此事极为焦急。②电催各省筹办印花税的消息迭见报端。③度支部于是准备对印花税作一妥协性修改,饬令先由各海关实施,"闻其推行之法,系拟先行试办于海关,如无阻力再行推之各省商埠,并预计一年之后即可通行全国矣"④。其实这一办法也未能贯彻下去。

度支部与各省交涉的第二个回合,就是自动妥协退让,令各省就难以贯彻的印花税条款加以变通,选择能够实施的条款予以实行,并出台一些优惠和鼓励政策。

1907年印花税章奏定后,度支部当时还是较有信心的,侍读学

---

① 1910年4月,载泽说,印花税举办系抵补土膏税厘的大宗入款,该税为本部所奏办,应该定为国家税,见《申明印花税之性质》,《大公报》1910年5月1日;5月底他又表示,印花税款应该是将来行政经费的重要组成部分,应将其划为国家税,见《印花将定为国家税》,《盛京时报》1910年6月1日。这一税种的性质,资政院中的各省代表有不同的看法,对度支部的主张提出质询,见《印花税究竟是何性质》,《盛京时报》1910年10月27日。后来各省编制的财政说明书中,均将此税定为国家税。
② 《咨请各省筹补土药税》,《大公报》1909年4月3日。
③ 以《大公报》为例,此类报道非常之多,重要者如:《印花税势难停止》《印花税仍须试办》《印花税之争议》《印花税之近闻》《监理官兼办印花税》《印花税之白话示谕》《印花税实行日期》《请派印花税专官》,《催办印花税》《印花税限期通办》《印花税分别缓急》《议定印花税入手办法》《议再统饬慎重实行印花税》《电催各省实行印花税》《议颁布印花税之详章》《印花税之敦促》等等,均见《大公报》1908年12月17日、12月29日、1909年2月25日、3月22日、4月8日、4月13日、4月21日、4月24日、5月22日、6月12日、7月18日、9月4日、10月21日、10月30日、10月31日等。
④ 《印花税实行之次序》,《大公报》1909年6月15日。

士恽毓鼎奏请变通印花税章时，度支部在答复中坚不允准。①其后各省久不见实行，反而纷纷请求缓办或停办，不得已，军机处只好特设奖励办法，"如各省中有首先开办并无风潮者，则将督抚以下承办官一律奏请奖叙，以示优异"②。即便如此各省仍不抱热情。经过会议讨论，1908年8月份度支部决定对印花税章的实施进行变通处理，要求各省首先"择各商场民间一般最要事项暂行筹计，试办俟有成效，商民均属相安，再力谋大加推广"③，"其原定条款内，如有碍难照办之处，准其逐款声明，分别缓办，仍择其可行之条款，一律实行"④。各省讨论后，仍无从下手，申述印花税窒碍难行的函电仍源源不断的传到京师。由于请求缓办或停办的省份较多，言官又交章弹奏，1909年5月清廷不得不将各种要求修改印花税的奏章和请求缓办的函电、说帖集中研究，以检讨问题的症结，⑤直到1910年4月份，度支部并未拿出切实可行的变通措施。

按清廷规定，印花税票发行系由商人承办，度支部为了促进各省印花税的开办，声称"如有总承领售商人备价领取印花在二千元以上者，应准通融半年缴款一次，以利推行"⑥。由于印花税与田

----

① 《印花税则仍按原章办理》，《大公报》1908年4月12日。
② 《实行印花税之苦心》，《大公报》1908年9月4日。
③ 《咨商变通试办印花税》，《盛京时报》1908年8月8日。
④ 《度支部仍拟实行印花税》，《盛京时报》1908年8月25日。
⑤ 《拟检查各省缓办印花税公牍》，《正宗爱国报》1909年5月10日。
⑥ 《印花税更无缓行之望》，《申报》1910年4月13日；《度支部电咨印花税办法》，《盛京时报》1910年4月14日。

房税契两种税则极易混淆，①各省就印花税的操作难度多次向中央提出，御史奏章也称印花税与田房税契相互冲突，实犯有"重征之弊"，度支部因而多次向有关省份了解具体困难，并指责有关疆吏说："该督抚等并未声明何种难行，殊非郑重国课之要"，但又不得不表示要求"将本省难办情形，皆系何种不适宜于本地民情，当详细开列，咨报到部，以凭查核而期改良"②。1910年5月份该部建议各省在筹议实行印花税时，应采取慎重妥善的态度，将原定税章中所列的惩罚性条款减半实施，以求变通，免遭民乱。③尽管变通幅度较大，在民变蜂起的背景下，各省更不可能轻易实施。

尽管清廷压力加大，将印花税付诸实施的省份仍然较少。湖北省是较有实际举措的省份之一，该省将官府内部作为试点，并希望藉此推动民间实行，推行"由官及民"的策略。湖广总督瑞澂向四川总督赵尔巽介绍说："鄂印花税于上年八月望日开办，由武汉三镇入手，一切均遵部章，先由官学军界贴用，以为之倡，现逐渐推行各属，据报开办尚占多数。"④至1910年底该省正好实行一年，所报印花税收入中，官府、学界和军界所缴印花税制钱2万余串，

---

① 契税与印花税当时极易混淆，但两者之间仍有差别，契税只在财产转让或典押时征取，而印花税的范围不单包括契据，也包括其他文件，如汇票、当票、合约和提单等；其次，契税征收率高于印花税，在大多数省份，典押契税是按千分之三的比率征收，而转让契税征收率，则为百分之三至六。印花税是按千分之二的比例征收；再次，印花票由度支部发行，而契尾及户管则由地方发行。参见《清朝续文献通考》，第8020—8023页。
② 《查办印花税之难行条款》，《盛京时报》1910年4月20日。
③ 《变通印花税章只此》，《大公报》1910年5月23日。
④ 《致瑞澂电》（宣统二年三月四日），一档馆：赵尔巽档案全宗，档案号：81/418。

汉口和武昌商民所缴税款只有制钱1千余串。①该省后来将印花税实行的范围又加以推广，②估计收入不会太多。湖南省的情形大致相似。宣统四年的财政预算中，仅列有93187两收入。③其余各省情形各异，或有举办者，成效大概也不会显著。

各省抵制印花税推行使中央的财源越来越少，地方财政也因鸦片税厘的拨还减少而捉襟见肘，请求动支正项税款的函电也越来越多。度支部为迫使各省注意土药税厘的抵补，推动印花税的落实，决定对地方用款作出限制，强令各省不准随便将公款用于拓展地方实业和办理宪政。1909年5月份该部的一份咨文说，"各直省所属州县因地方筹款维艰，难期实行，或者动拨公款举办各要政，若不严行限制，将来各该省份州县均以畏难苟安，纷纷禀请动拨公款举办新政，将必不可收拾等因，当即转饬所属：嗣后举办一切新政，该州县务于万难筹划之中，妥慎设法筹款举办，不得擅挪公款，以示限制"④。责令地方筹款办理新政，却不准动用正项税款，这必然导致该部与各省矛盾更加尖锐。这一遏制地方财政的政策，不但没有使地方重视印花税的开办，反而促进了双方顶牛的态势。有论者在探讨印花税未能在各省获得推广的原因时，单纯强调各地

---

① 《印花税实行推广之计划》，《申报》1910年12月22日。
② 《湖北通志》卷50，《经政志八·权税》，第1349页，此转见《辛亥革命在湖北史料选辑》，第241—242页。其余各省的情形，若从其编制的财政说明书中列举的税政情形来看，绝大多数并未实行，当然，各省的财政说明书形成于1910年的占多数，其后的举办情况并不能反映出来。翻检各种报刊也未能发现其他省份举办的实际效益。
③ 《湖南全省财政说明书》，"岁入部·正杂各税类"，第16页；周棠：《中国财政论》，第270页；贾士毅：《民国财政史》第2编，第619页。均转见周育民：《晚清财政与社会变迁》，第434页。
④ 《公款不准移办新政》，《时敏新报》1909年6月12日。

苛捐杂税的负面影响，以及清政府的横征暴敛，印花税系税上加税，"纯属巧立名目"①，故此未获实效。若从商人角度看，此言不谬。但地方财政与官员利益与杂捐杂税收入密切相关，清廷试图予以蠲除，各省岂容干预？印花税款与土药统税入款的分配并不一样，地方财政并不沾惠，各省的积极性如何能调动起来？

无论是清廷还是外省官员，印花税作为抵补洋土药税的重要措施，双方均应实力奉行，但时局波诡云谲，上下矛盾已因清廷推行财政集权而日趋激化，印花税政遂堕入颓废不振之境地，难以峰回路转。时人对清朝覆亡原因曾有断论，亦揭示了问题的一个方面："清之亡，亡在皇纲不振，威柄下移，君主不能专制，而政出多门，人人皆得自专耳。"②"人人自专"当指两个方面，一系朝中权贵擅权，妄侵地方之权；一系督抚专权，暗中对峙于清廷。形成这种局面非一日之功，既已形成，则影响甚广，印花税作为鸦片税厘抵补的首策，无果而终，原因虽多，但上述矛盾运作演化，实不应忽视。

第二节　盐斤再度加价

盐斤加价是清廷筹补鸦片税厘的第二个措施，系在各省食盐原

---

① 李玉：《晚清印花税创行源流考》，《湖湘论坛》1998年第2期。
② 胡思敬：《退庐全集·审国病书》，《丛刊》正编，第445号，第1310页。满汉大臣在清朝开国之初与光宣以来皆有不同的表现，清朝覆亡之原因皆有所本，见黄濬著：《花随人圣庵摭忆》，上海书店出版社1998年，第55页。

有价格的基础上,每斤再加四文予以销售。①鸦片禁政加速推行的直接后果,就是财政收入愈发萎缩,要政拓展受到较大影响。印花税虽然已经进入实施阶段,但阻力重重,成效莫可预计,盐斤加价因而推出。此策出台之后,朝野纷议顿起,督抚飞章反对,各地抵制不断,加价一策愈行棘手。度支部加意推行盐政集权,更导致督抚联盟一体,奋起反击,盐斤加价也随即陷入招惹风潮,渐入颓唐的地步。

一、失之烟者收于盐

1907年10月,英、德、法、荷、日、美各国驻华公使照会外务部,拟派人至沿海和内地省份调查禁烟情形,并责令各商埠领事就本地鸦片税的抵补措施进行调查,有关公文说,中国"各项要需均恃土税拨付,华官商请禁烟,已否筹有备抵之法,电饬各领事调查覆夺"②。此时,清廷已经确定了以印花税为抵补大策,不料朝野非议极多,各地隐加抵制。制定新的抵补措施来替代印花税,增加入款的途径,势在必行。

外务部提醒朝廷注意鸦片税厘抵补一折系盐斤加价出台的直接诱因。清廷饬令度支部加意讲求,具奏妥善办法。1908年6月23日该部郑重奏请实行盐斤加价,关于这一政策的筹划缘起与设想,度支部奏折申明说:

---

① 李文治:《中国近代农业史资料》第1辑,三联书店1957年,第355—356页。
② 《禁烟纪闻》,《外交报》第189期,1907年10月2日。

现查药税指抵各款，以练兵经费及各省额款为大宗，今实行禁烟，税项日减，向时指抵各款亟应另筹抵补，以备应付。虽印花税一项前经奏明办理，现在甫议开办，恐未必骤收成效。臣等日夜筹思，际此财力奇窘，苦无长策。必不得已，惟有酌加盐价，尚可集成巨款。议者谓：东西各邦通例，凡为国家必要之需，无不由国民共其担荷，就盐摊派，天下无不食盐之人，即无不同尽义务之人。其说颇中肯綮。兹拟按照向来加价之数，酌中核议，无论何省，通行每斤暂加四文，实属轻而易举。倘使各省实力疏销，每年当可得银四五百万两，以一半解部，抵补练兵经费，以一半划归产盐、销盐省份，匀拨济用，虽于练兵经费及各省额款未能全数抵补，亦可暂济目前之急。①

国家必需的经费由国民"共其担荷"，这是度支部制定此策的依据。按"共其担荷"的形式前后是有区别的。鸦片战争以来，军兴筹款、外债及赔款筹措均与食盐税捐增加有关。"共其担荷"早先的形式多为盐商报效捐输，光绪初年，盐商报效数目多寡不同，每次捐输之数介于60万两至100万两之间。②甲午之后，筹款维艰，食盐加价更是朝臣瞩目的对象，③所行之策已不是盐商报效，而是采用盐斤加价这一强迫性"共其担荷"的政策。加价之多，次数之

---

① 《光绪朝东华录》，第5930页；亦可参见一档馆：赵尔巽档案全宗，第505卷。
② 刘隽：《道光朝两淮废引改票始末》，《中国近代经济史研究集刊》第1卷，第162页。
③ 罗玉东：《光绪朝补救财政之方策》，《中国近代经济史研究集刊》第2卷，第189—270页。

众，为向来所罕见。度支部所称"由国民共其担荷"，系一概略说法，远远没有将此策之"优势"阐述透彻，倒是1902年湖南巡抚俞廉三的解释颇为详尽，盐斤加价"有总纲可揽，只就原设局卡代征，随课分解，既无骚扰，亦免侵渔，其善一；盐为日用所需，以日食三钱计之，每斤加钱八文，每人月捐不及五文，取之至纤，集之至巨，其善二；食力佣工授餐，主者所捐，无庸自纳，贫富调剂无形，土著、旅居一律捐纳，其善三；商本不致亏折，而食户出于自然，其善四"。①此法之善有斯四端，难怪度支部首先即想到这一办法。

但是，盐斤加价的弊端日加明显，产盐地区与销售区域均不愿增加成本，否则，私盐盛行，税课颇受影响。②在缉私制度不能有效加强的情况下，盐斤加价即无优势可言。况且，各省统一加价，殊不公平。各地盐价历来就有差别，负担最重者为云南省，其次为两淮食盐销售区域，③据1907年6月份度支部奏称，各省盐税多寡不一，淮南盐课盐税每担高达3两，四川则是1.25两，广东为0.83两，福建仅有0.22两。④王树槐评论清末盐斤加价最不公允，"各省盐斤加价，固不公平，但尚属轻微，而最大之不公允，则为贫富不分，几按同一税率征收。富人虽然用盐较多，但究属有限。就社会正义原则而言，国家开支，应按个人收入比例负担。若以近代的公平原则，更应按收入累进比例负担。而盐斤加价，以食用多少为

---

① 《谕折汇存》，1902年8月22日，"俞廉三奏"。
② 《谕折汇存》，1902年3月6日，第699页。
③ 王树槐：《庚子赔款》，第173页。
④ 《东华续录》卷206，第12页。

准，距比例的原则已很远，距累进的比例更远"。①

度支部制定盐斤加价政策，部内官员也有不同的看法。有人向载泽条陈说，应该重征洋土药税，并增加烟和酒的税率，对日用必需品则需要减轻课税，以恤民艰。载泽也同意此策，在会商两位侍郎后，令丞参厅加以研究。②随后的事实却打破了该部的幻想。一周之后，御史常徽奏请加税纸烟以抵补洋药税，"洋药税为岁入大宗，现在逐渐除尽，必须有大宗进款方足以抵税而裕度支。纸烟一项从前所销无多，今则无人不吸，以每人每日一匣均匀计算，日可销四百兆匣，以每匣加税实钱二文计之，每日可得实钱八百兆文，合计岁入甚巨，足以抵洋药税而有余，请饬度支部、税务大臣会同议妥章程，以维正课而资抵拨"③。就当时来看，纸烟销售价值银约计700万两以上，其来源有两部分，一为本国所产，一系外洋输入。本国所产包括民族企业与外商生产，税则变化较大，外人据约干预，外务部不敌压力，改为洋人所产与民族企业的税率相同，出口每百斤征正税4钱5分，若复进他口，则征进口半税，入内地改由厘卡课税；由外洋输入者，向来作免税看待。辛丑以后，中外议改约章，计算方法是每千根价值4两5钱以上者，收税5钱，不足则税收9分。税务大臣对常折的按匣征税方法予以批评，建议还是实行印花税和盐斤加价，其议覆奏折说："且洋药税所亏之款，前已由度支部奏办印花税，并酌将各省盐斤加价四文，当可稍资弥补，此

---

① 王树槐前揭文。
② 《条陈增减税课》，《正宗爱国报》1908年9月3日。
③ 《税务大臣会奏议复常徽奏请纸烟加税缓办折》，一档馆：会议政务处档案全宗，档案号：216/1677。

项纸烟加税应请从缓筹办。"①看来盐斤加价非实行不可。度支部对盐斤加价收入估计为五百万两，距离洋土药税收入2000余万两尚差甚远，仅为应抵补数字的五分之一。②

度支部将这一电文咨请各省执行时，受到各方官员的反对和抵制，这是该部始料未及的。各省应对的方式各不相同，有申请再度加价者，有反对加价者，不一而足。③

清廷盐斤加价政策出台之前，有的省份就已奏请食盐加价以筹措款项。如安徽省在1906年初，为筹措铁路矿务经费奏请盐斤加价，谕旨准自1906年1月10日起所有皖岸食盐一律加价四文。④1908年6月该省京官又领衔奏请皖省再度加价。⑤1908年初河南省也以筹措铁路经费的名义奏请盐斤加价，"豫民购盐无论官运商运，每斤均抽捐款四文，虽一时不免自食贵盐，而积少成多，有裨路政"，折上以后，奉旨允准。⑥6月份湖北省奏请盐斤加价四文，用于军舰饷费，"庶几款集而民不扰，于财政军务均有裨益"，这一请求很快得到清廷的允准。⑦7月中旬，山东巡抚袁树勋奏请盐斤加价，这是在度支部奏请加价四文之后提出的申请，其所持主要理由，就是抵补药税的盐斤加价税款拨还本省的数目较少，而本省的财政需款

---

① 《税务大臣会奏议复常徽奏请纸烟加税缓办折》，一档馆：会议政务处档案全宗，档案号：216/1677。
② 《度支部奏为财用窘绌举办新政宜力求撙节以维大局折》，《度支部清理财政处档案》，第56页。
③ 《盐斤加价问题》，《大公报》1908年8月29日。
④ 《安省开办盐斤加价以充矿路经费》，《申报》1906年1月5日。
⑤ 《盐斤加价充作路股》，《盛京时报》1908年7月7日。
⑥ 《豫省自办铁路酌加盐捐折》，《闽县林侍郎（绍年）奏稿（二）》，《丛刊》正编，第301号，第721—724页。
⑦ 《加抽盐价以应要需折》，《庸庵尚书奏议》卷9，第939—942页。

又极为孔亟，"与其另筹他款，不如专注盐斤，与其日后续加，不如归并一次，且他项筹捐皆不如盐斤事溥而无弊"，因而请求加价二文，也奉旨允准。①此前，两江总督曾请求加价二文，并得到批准。②广西对早先请求增加盐斤价格却被度支部议驳一事，极为不满，10月份再度提出盐斤加价要求，声称即便再增加二文之收入，仅仅占土药税收入的五分之一，不敷甚巨，所以仍要求增加此项捐税。③12月份为筹措津浦铁路经费，都察院山东籍官员致函袁树勋，建议鲁省再度增加食盐价格，但袁树勋恐怕盐价太高而未能同意。④

这些省份以不同的名义要求实行盐斤加价，实际上是给度支部的加价政策出难题。在山东奏请增加盐价得到批准后，御史王履康具折反对各省援山东成案，加以攀比，致使蓝政败坏。⑤度支部也以此为藉口，议驳个别省份的请求；在全国实行加价四文之前，度支部曾称，各省无论何项要政，均不得以食盐加价来作为筹款手段。⑥山东等省的申请能够得以批准，系清廷按照"特例"来审批的。其实，遏制个别省份申请盐斤加价的要求似乎不难，棘手的是如何应付多数省份反对盐斤加价政策。

直隶省首先反对盐斤加价政策。直隶总督杨士骧与袁世凯会

---

① 《光绪朝东华录》，第5944—5945页。
② 同上。
③ 《桂抚再请抽收米谷盐练兵经费》，《申报》1908年11月11日。
④ 《山东京官致鲁抚电》，《鲁抚复电》，《申报》1908年12月1日。
⑤ 《协理辽沈道监察御史王履康奏山东增加盐斤他省不得援以为例折》，载《政治官报》第288号，1908年8月15日。
⑥ 《议禁盐斤加价》，《大公报》1908年6月18日。

商以后，认为直隶盐商反对加价的呼声甚高，困商之策不可实行，"加税之举殆作罢论矣"①。8月份，两江总督端方、直隶总督杨士骧、湖南巡抚岑春蓂等纷纷致电度支部，请求缓办盐斤加价，岑春蓂的复电说，"本省盐税于发贼扰乱时已课加价三文，较他省以（已）昂，今再加价四文，商民困苦不堪设想"；端方电奏说，"食盐关系民命，每斤加价，细民困苦直不忍见，拟请另设法筹款"②。四川省属于土药税抵补任务较重的省份，总督赵尔巽接到泸州方面的来电，要求不能突然增加盐价，"惟川计，不减无以敌私，即无以保边……查此一文为产盐省份应占之数，可否暂仍邀免，俟开办数月后，查酌情形，或俟下纲起一律加收，办理较为画一"③，该省其他州府也电请免予执行，于是赵尔巽电咨度支部说，"川省情形与两淮不同，归丁州县甚多，壤地犬牙相错，引票并行，最易充塞，加以各属井灶林立，处处产盐，私售私熬，随地浸灌，禁不胜禁，防无可防，且引贵票贱，官滞私多，腹地官盐早受影响，上纲之盐必待下纲始能运竣，可为明证。若再按斤加价，成本愈昂，私贩愈炽，势必滞销，课税短绌。明为加收，实则暗折，非特有妨鹾务，抑且有碍饷源，更于川省商情大有关系"。除了盐价甚高以外，盐斤挑贩聚众滋闹也是该省头疼的问题，赵尔巽称"票厘取之挑贩，资本既微，获利有限，人数最多，半皆强悍，厘金过重无利可图，保不聚众滋闹。上年屡办加厘，每次至多

---

① 《会商盐斤加价》，《大公报》1908年8月21日。
② 《盐税加价之请缓办》，《盛京时报》1908年8月15日。
③ 《泸州来电》（光绪三十四年六月二十四日），一档馆：赵尔巽档案全宗，档案号：81/427。

不过三文，不免毁局，几酿重案。骤加四文，数较历届最多，恐难唯唯听命。大局攸关，势有不得不办而又不敢期其必行者也"。加价公文送达的时间太紧也是一个现实问题，"况瞬届七月初一，为期过于迫促，川省各局有远至一二十站者，刊票、行文万赶不及，更不能不通融办理，以期两全"①。度支部复电咨询该省应如何办理，赵尔巽即请求减少一文征收，而且要求从八月一日起实行，迫切希望度支部支持该省的请求。②部接此电，只得允许该省暂加价三文。③直隶总督杨士骧奏请对盐斤加价变通处理，对银圆与制钱的兑换进行调适，按照1903年的银钱比例进行征收，或留省，或交部，均按此一比例处理。若如此办理，度支部自然受亏④，但也无可奈何。12月份，山西巡抚宝棻奏请截留蒙盐销晋部分的额款，极力争夺度支部拨还的税款。⑤

此类函电对度支部原订计划形成冲击，载泽屡接此电，自然着急莫名，于是将此类问题提交至会议政务处召开的朗润园会议上解决。会上张之洞反对实行盐斤加价，他认为，食盐自汉代起即由政府专卖，关系民生要需，此次加价虽然迫不得已，但仍需有再加慎重研究之必要⑥，其他政界要角亦赞同此议。随后，度支部只得设

---

① 《致度支部电》，一档馆：赵尔巽档案全宗，档案号：82/427。
② 《附呈遵拟二次复电》，一档馆：赵尔巽档案全宗，档案号：82/427。
③ 同上。
④ 《直隶总督杨士骧奏盐斤加价援案变通按引呈交折》，《政治官报》1908年12月28日。
⑤ 《山西巡抚宝棻奏行销晋省蒙盐加价请照部章办理折》，《政治官报》1908年12月30日。
⑥ 同上。

想以增加酒税来取代盐斤加价,①由于部分省份灾害严重,度支部亦体谅分省办理的意见。②盐斤加价政策处于摇摆不定状态。

与此同时,各地盐帮纷纷抗议盐斤加价,表示无法实行。福建省的盐帮说,加价并不难办,只是官府必须将缉私问题解决,如任凭官盐加价,而私盐畅销,不啻为渊驱鱼。③两广盐业巨商温肇祺直接上书度支部筦榷司,禀请允许粤商每年报效30万两,然后取消这次盐斤加价政策在两广的实施。④浙江省盐商对这次加价也深表不满,迭次向盐运道提出抗议,迫使该省将以前推行的练军加价取消。⑤其实该省私盐畅销仍如从前,盐枭横行无忌,屡酿风潮,"势甚猖獗,往往千百成群,志在私立卡局"⑥,浙省不得不派兵堵剿。

各种压力一齐汇集到度支部,载泽意犹踌躇,一再向各省督抚表示说,这次加价实为抵补药厘,既然实施禁烟,不得不预为抵补;此后不管何项要政决不再从盐斤加价上着想,⑦以打消地方督抚的顾虑。后来他又声称,只要清理财政顺利实行,各省盐斤加价之举必将豁免。⑧针对部分省份撇开部定章程,乱加盐价的倾向,度支部建议清廷应密为查察,严加惩处,该部所设的盐政处专门提

---

① 《盐税改为酒税之风闻》,《盛京时报》1908年8月16日。
② 《盐斤加价有分省办理之说》,《大公报》1908年7月18日;《盐政最近消息》,《盛京时报》1908年8月8日。
③ 《请免盐斤加价之意见》,《盛京时报》1908年9月5日。
④ 《关于盐斤加价事宜两志》,《盛京时报》1908年10月1日。
⑤ 《浙盐停止练军加价》,《申报》1908年11月2日。
⑥ 《盐斤加价之恶果》,《大公报》1909年1月28日。
⑦ 《盐斤加价之续闻》,《大公报》1908年9月5日。
⑧ 《盐斤减价之提议》,《大公报》1909年6月6日。

出研究意见，由盐务大臣领衔入奏，责令各省不得在部议加价之外滥行加价，①以加强对加价政策的监控。

实际上，各省的加价还是处于失控状态，部分省份有加至一二十文不等。江西省加价尤多，本省是淮盐销售区域，自甲午至1908年共加价八次，官价每引由21两涨至28两余。②湖南省除了部议加价4文之外，尚有铁路经费口捐加价4文，统限于1908年7月底实施，盐商早得此消息，囤积居奇，每斤加至106文之多，③该省不得不从山东紧急调运食盐来湘，以求补救。江苏苏属除遵行药税抵补加价4文之外，1908年底又实行兴学练兵加价2文，用于苏省学务经费。④广西一省的盐税名目多达八项，即西税、盐税、浔州北河护商经费、长安勇饷捐、广雅经费、旧案盐斤加价、新案盐斤加价、盐斤练兵经费等。⑤两浙盐区在历次全国省加价之外，尚有本地的外销盐斤加价、外销偿款加价、外销浙饷加价、外销抵税加价等。⑥这就必然出现清廷只知加价4文，而地方则加至数十文之多的情形。⑦各地如此加价的结果，导致盐价剧烈上涨，如天津芦盐加价是正课的19倍以上，淮南四岸加价则为正课的13至16倍，四川边

① 《度支部限制盐斤加价》，《盛京时报》1910年2月4日。
② 《盐斤加价之余闻》，《大公报》1908年11月6日；何汉威：《从清末刚毅、铁良南巡中央与地方的财政关系》，第59页。
③ 《呜呼！盐斤加价》，《盛京时报》1908年8月28日；《湖南财政说明书》卷4；陈子剑：《湖南之财政》第1章，转见胡汉生著：《四川近代史事三考》，重庆出版社1988年，第140页。
④ 《苏属财政说明书》，"省预算·甲编·苏属省预算说明书"，第2—3页。
⑤ 《广西财政沿革利弊说明书》卷1，"总论"，第5页。
⑥ 《清盐法志》卷177，《两浙·征榷门》。
⑦ 《己酉大政记》卷2，转见李文治：《中国近代农业史资料》第1辑，第356页。

计各岸由10余倍涨至20余倍不等。①

盐斤加价之策的目的在于对鸦片税厘加以抵补，各省由此项加价所获得的收益，是否能够抵补所失也是一个值得探讨的问题。按部章规定，盐斤加价拨还给各省的数目仅为加价部分的四分之一（解部2文，产盐省份1文，销盐省份1文），换言之，各省从这项加价行动中，仅仅获得每斤一文的收效。清廷和各省对这项收入能否抵补鸦片税各有所评。

1908年11月份度支部判断：直隶、山东、河南、安徽、福建、浙江6省足敷额拨，且属有余，不必再由土税总局拨款；其余省份，如湖北、江南、江西、湖南、两广均不敷额拨，且差距甚大；四川、贵州、陕西、甘肃、山西等省，问题严重，定然不敷额拨。②1909年3月份清廷上谕中认为：洋土药税厘关系军饷大宗，惟盐斤加价合计不过四五百万两，不敷尚多。③梳理相关文献后，可以发现，各有关省份推行盐斤加价的抵补成效差异明显，虽可有裨本省财政，但基本上不敌鸦片税收益。

安徽省：该省巡抚1909年说，"所有宣统元年应解前项银两（民政部摊派经费——引者），因值禁种罂粟，土税停办，款无所出……现于无可设法之中，在盐斤加价项下动拨库平银一万

---

① 《中国近代盐务史资料选辑》第1卷，丁长清主编：《民国盐务史稿》，人民出版社1990年，第17页。加价倍数计算，以芦盐销售区为例，天津芦盐正课为0.21两，加价则为4.05两，故曰加价为正税的19倍；直隶省芦盐销售正课0.63两，而加价则达4.05两，故曰加价为正税的6倍。
② 《度支部具奏土药税收不敷酌拟推广牌照捐以资拨补折》，一档馆：会议政务处档案全宗，档案号：279/2028。
③ 《度支部奏整顿田房税契抵补洋土药税厘折》，一档馆：会议政务处档案全宗，档案号：505/3843；"谕旨"，《中国国民禁烟总会杂志》，宣统元年三月号。

两"①；本省财政说明书对此作了一个说明，全省统税之前的大宗解款和用款多在土药税厘项下支报，每年多达13万两，改办土药统税后，收入大幅度减少，每年约为5万两，影响了本省的解协各款运作，盐斤加价"岁得多寡无定数，据各处先后具报，约略核计，不过九万两之谱"②。

四川省：本省土药统税时期，部定拨还的标准是96万余两。后统税停征，全省征收土药税数目为104万两，"合计盐道票厘计岸加价之数，每年川省摊留四十万两，以之抵补土药税项，岁约不敷银六十余万两"③。

云南省：1908年底锡良估计说，"常年内外开支各款，均恃土药厘税为大宗，计数在四五十万两，现既按限禁烟，停收税厘，而一切用款若反恃盐斤加价以资抵补，所绌尚多"④；1910年因官府议加盐价，咨议局群起反对，致资政院的电文说"滇省盐政敝坏、盐价昂贵均为各省所无"，抚宪迫于财政困绌，极欲加捐，⑤双方几乎酿成滇省政潮。

湖南省：1909年6月份湖南巡抚岑春蓂估计说，"惟抵补一事苦无良策，窃计盐斤加价约可抵补五六百万两（疑为印刷错误，当为五六十万两），不敷尚巨"⑥。

---

① 《安徽巡抚奏筹解民政部经费银两片》，一档馆：会议政务处档案全宗，档案号：666/5726。
② 《安徽全省财政说明书》，"岁入部·盐课税厘"，第36页。
③ 《附呈遵拟二次夏电》，一档馆：赵尔巽档案全宗，档案号：82/427。
④ 《云贵总督锡良奏缩限禁烟停收土税片》，《政治官报》第417号，1908年12月22日；
⑤ 《滇咨议局续呈盐斤加价之害》，《申报》1910年11月17日。
⑥ 《湘抚奏报禁烟情形及筹议抵补办法折》，《申报》1909年6月18日。

贵州省：1909年7月份媒介报道说，"惟该省岁入厘税亏短实多，抵补不易"，"盐斤加价，他省可资挹注，黔中则仰给四川，所获几微，无济于事"。①

湖北省：1910年7月份报界分析说，湖广总督瑞澂论及湖北省财政困难时说，"鄂省原有岁入一千五六百万，不为不多。然近来大宗进款不可恃者，如土税膏捐"，"拨补盐厘一项，无著甚多，蒂欠尤巨"。②

总括来看，各省从盐斤加价中所获得的收益，一般而言应该不会超过土药税厘的收入，所差者仅仅程度不同而已。产土较多的省份，例如西南三省、甘肃以及山西等省，盐斤加价的收益仅是其鸦片税入的较少部分，一般不会达到一半；两湖地区等行销土药的省份以及广东、江苏等洋药销量较多的省份，盐斤加价收益与药税药厘及膏捐加价相比，亦仅占少数。只有极其个别的省份，由盐斤加价所获取的收益能够达到度支部拨还本省的土药税款，即便如此，该省也不可能实现对土药税厘的完全抵补，所差尚多。

二、除一害与增一害

柯逢时办理膏捐，深知抵补药税的重要性，他曾提出加征地丁钱粮的建议，江西抚臣也请求加征丁漕，这些建议均被御史上书力阻。③无可奈何之中，盐斤加价政策被迫出台。在朝臣看来，禁烟作为一种良政，系为民除害之举，为保障禁烟政策顺利实施，增加盐

---

① 《黔省办理禁烟情形》，《申报》1909年7月11日。
② 《鄂省预算岁出入不敷之巨》，《申报》1910年7月19日。
③ 孙宝瑄著：《忘山庐日记》（下册），第1130—1132页。

税应该不会有人反对，这是度支部制定这一政策的逻辑。不料，民间舆论却谓之"除一害，却增一害"，批评的声音一浪高过一浪。

度支部盐斤加价主张甫经宣布，舆论大哗。不但各省疆吏抵制，报界反对的言论也甚激昂，穷人与富人问题，敛财集权问题，救穷与速穷问题，鸦片烟害与盐斤加价之害问题均成为舆论关注的热点。

度支部入奏盐斤加价之初，有人就抵补药税问题专门撰文评论，认为清廷禁烟需要十年，鸦片税的递减每年仅占十分之一，如要筹划抵补之策，也要与此相对应。部议食盐加价每斤四文，实际上是超前超量抵补，政府因禁烟而收获意外之财，国民却因此受亏巨大。①洋土药为毒品，加重税赋亦不为虐，报人对此皆有同感，《正宗爱国报》在报道有关加征土药税的新闻时，特加按语表达此类看法，试看该消息原文样式：

度支部泽公日前与绍、陈两侍郎会议筹款事宜，拟将土药税再行加抽，提作办理新政之用，并决定按年递加一倍，以示寓禁于征之意（越加重税越好，嫌贵的别抽，抽不起自然就断了）。②

舆论对盐斤加价的反应正好相反，由于食盐是生活必需品，增昂盐价政策是南其辕而北其辙，实属"不权轻重，不审缓急"之

---

① 《论加盐价以抵药税事》，《申报》1908年7月8日。
② 《拟加收土药税》，《正宗爱国报》第854期，1909年4月21日。括号部分为访员所加按语，原文无着重号。

策,舆论讽刺说这是"为民除一害,却反增一害","禁烟之所以为美政者,无他,为其除民害耳。然烟土之害固甚剧烈,而为所害者,究不过十之四五,未尝延及于全国人民也,乃害之未及于全国人民者,政府尚欲扫而去之;害之普及于全国人民者,政府乃竟忍而行之,去一害而又增一害,已不足为实心为民。况烟土之害并未扫除,而盐斤加价之害已及于全国乎"?①论者认为,政府抵补鸦片税的方法只能实行寓禁于征,重征膏捐,加增洋土药税以求弥补,一举两得。

鸦片税厘是否已经真的短绌?报界密切关注海关报告册等文件,认为度支部出台盐斤加价时,洋药税已经短收31767两,但土药税却较之去年春天增加39621两,两者相权,鸦片税厘并未减少。所有数字彰彰在目,论者断言,"彼不过藉口于药税短绌,以行其敛财之谋,而非药税之果已短绌也"②,讽刺朝臣此策为愚民之举。在所有税捐中,有人称盐斤加价是"最无度用""最无节制"的秕政,食盐迭次加价,对富人尚无大碍,但对穷人却窒其生存,"概行加价,则贫民之负担无殊于富民。而自富民出之则甚裕,自贫民出之则甚苦,社会之富民少而贫民多,则害之所中,不在少数之富民,而在多数之贫民",舆论从税源涵养角度讥讽清廷盐斤加价政策是"贪目前之小利,不计将来之大难"③。更有京中御史谏阻此策,认为各省普遍加征盐税,立时引致数患迸发,耽

---

① 《论盐斤加价以抵药税事》,《申报》1908年7月8日。
② 同上。
③ 《论盐斤加价》,《申报》1908年7月14、15日;相同的观点亦见《论筹款不当专注意于盐税》,《申报》1909年3月21日。

误税课，困顿商人，迫令民困，滋生盗贼等连锁反应，一举而数患生，"所害未有甚于此者也"；屡屡以食盐为筹款对象，计臣尚在自鸣得意，视为筹款善策，救穷良策，该御史反其道而言曰：盐斤加价是"速穷之弊政"①。度支部藉浙江盐商要求改用洋码之契机，抑勒铜圆，暗中取利，此举激起更大的民愤，辩驳、讽刺的言论迭见报端②，这是因盐斤加价，舆论界及商人团体对政府发起的又一次烈度更大的反击。

揆诸民间盐价上涨情形，亦可略见历次盐斤加价对民生影响之深刻。清末民间对盐斤价格上涨情形多有感慨，揆举数例如下。

两淮盐区的个案：

> 予家世居两淮泰属之伍佑场，本场居泰属十一场之首，从前产盐最旺，售价低廉，二文钱一斤，即如今之铜圆一枚可买盐五斤，有时三文钱可买二斤……嗣予由外假归，盐价逐渐加增，已较前多至四十倍。客岁又假归，见商店已附带售官盐，每斤须价二百六十文，且系市称，产盐之区较前已增至百二三十倍之多，讵不骇人听闻？米价增至二十余倍。此两物为民间日用所必须，乃竟贵至百数十倍，贫苦小民其何以堪？据此以观，是近数十年

---

① 《御史三要折节录·详陈盐斤加价之弊》，载《申报》，1908年10月10日。
② 洋码系因铜圆贬值甚烈，盐商诡称亏累太巨，唆使度支部改用银币计价，该部见此有利可图，随即改为以银币计价，可以用制钱缴纳，但要折价，洋码对财政的益处就在于折价的计算上。舆论集中对此批评的情形，以《申报》为例，"时评"、"论说"等栏目，在1910年上半年针对度支部改洋码之举大加挞伐，重要者如"盐政问题"、"论盐斤陡改洋码之影响"、"盐政处之妄言"、"苏商会再争盐斤加价之病民"、"论盐政处坚持盐斤改售洋码之非计"、"论盐斤增价之害"等，见该报1910年1月30日、6月1日、6月18日、6月26日、7月5日、8月17日等。

来，一乡一邑之间，一邦一国之内，其变化更可推知。再历数十年后，其迁流尚不知其何极也！①

芦盐销售区情形：

……其后加价日多，杂款亦繁。例如摊还外债谓之赔款加价（说明性文字此略，下同），抵补药税谓之通行加价，筹办铁路谓之铁路加价；其豫省加价各款又有豫引加价及一文复价之目，皆加价之名色也。至于杂款各项，曰初次平价，曰二次平价，曰卤硝税，曰鱼盐课，曰轮驳运脚，曰津武报效，曰岁修官道，曰公柜余利，曰官运余利，曰豫省归公，此又杂款之名色也。杂款之外，又有商捐商用各款，若缉费、若巡费、若汛费，皆系咸同时相沿旧例；若平价缉私、若滩盐公所经费则系光绪时所定新例，凡此之类总曰商捐，商捐一曰杂捐，盖即杂款之附属也。由此成本日重，盐价愈贵，较之咸同年间情形又异矣……及宣统季年，长芦正杂各款岁入五百二十三万六千八百余两，较之光绪前增加数倍。②

区区长芦盐区销售税课即达到520余万两，约为光绪后期全国

---

① 蔡云万著：《蛰存斋笔记》，上海书店出版社1997年，第121页。
② 盐务署编：《中国盐政沿革史（长芦）》，《丛刊》正编，第636—637号，第51—53、60各页。

盐税总收入的三分之一,①有关册籍将此显效称为"整理之效",毋宁说是加价之效。清末民变因盐斤加价而揭竿者比例较大,不为无因。抵补药税加价(通行加价)系光绪朝末年全国仅有的全局性盐斤加价,此前的盐斤价位已极高,再行增加税负,各省督抚即纷纷反对,遑论民间舆论?

三、督抚共谋抵制盐政集权

19世纪洛雪尔(Wilhelm Georg Friedrieh Roscher)与瓦格纳(Adolph Wagner)提出了"公共支出膨胀原则"(The Law of Increasing Public Expenditure),认为一般政府支出有普遍增加的趋势,这种情况不单是限于战时,承平年代亦然,证之古今中外,很难发现例外。②新政时期,由于练兵和各种宪政改革事业的推进,财政支出规模愈发庞大,加剧了这一膨胀的趋势。1904年以后,练兵经费是清廷支出的大项,当时清廷支出多以铜圆余利来挹注,但

---

① 1901年4月19日中国官员徐寿朋、那桐和周馥一同到德国驻华使馆晤见法使、德使、英使、日使,讨论庚子赔款事宜,应法国使臣询及中国盐款的收入,徐寿朋答曰每年盐款盐厘收入共计1300万两,见《会议赔偿事宜述略》,《西巡回銮始末记》第4卷,第277页;1901年5月13日英国驻华公使萨道义根据英国驻上海总领事杰美森、海关税务司职员美人希比斯雷的估计,对中国的盐税收入作过推算,"大家公认最易提取的是盐税。杰美森把此项估计为13659000两(他的报告第53页)而希比斯雷则估计只有12000000两。众所周知,此项税收是有可能提供较大数额的,即按最低估计,也可提高百分之五十,即16000000两(注:疑误,提高百分之五十应为18000000两——引者)但从另外两个互不相关的消息来看,好像如果有一个正直无私的管理机构,多收12000000两,是同样可以预计的",见《萨道义关于赔款的备忘录》,《美国外交文件》(1901年,《附刊》),第113—116页。以上两条材料均转见《中国清代外债史资料》,第857、890页。
② 周玉津:《财政学新编》第4章,第70—80页,此转见何烈:《清咸、同时期的财政》,中华丛书编审委员会1981年编印,第287页。

此项收入渐趋式微，1905年后随着八省土膏统捐的实行，土药统税入款大增，取代了铜圆余利的地位，成为中央练兵经费支出的主要支柱。①鸦片禁政加速推进，这项收入也呈萎缩状态。清廷欲行印花税筹措款项，这项新税计划收入1500万两，藉以弥补土药税款缩减，但各省与民间加以抵制，该政策极难贯彻下去。食盐加价是清廷推行的第二个抵补政策，这项政策阻力重重，成效之低已如上述。1908年当土药统税拨款给各省的份额并未有大额减少时，多数省份的财政已有不支之势，总计江苏、直隶、湖北等十几个省份岁亏款额达1400余万两，其中江苏苏属亏款最多，达448万两，②而各省应办事项繁杂庞大，新政能否举办全赖财政是否充盈，地方财政对新政的重要性屡屡被时人论及。③盐税整顿不但清廷关注，各省也莫不瞩目。上下矛盾日渐激化，督抚联袂反对中央盐政集权就在此种背景下展开。

  盐政集权思路有一个发展过程，鸦片税收短少是一个关键的促动因素，清廷内部开源与节流的讨论持续升温，集权财政的声音再度出现。1908年底御史齐忠甲奏请将中央与各省的财政收入与支出统归度支部掌握监控，④为了筹措抵补药税的款项，1909年春天，有人甚至以行钞新法来实行财政节流："常年所入之款以库平为法则，其内外支发之款以二两平为准则，至所余六分减平，通盘量计积数重巨。惟岁出者不得无所区别，除钦工、内帑以及购船、

---

① 吴廷燮：《清财政考略》，第22—24页。
② 阎毓善著：《龙沙鳞爪》，第56—57页。
③ 《汪康年师友书札》（一），第243—244页。
④ 《御史齐忠甲奏财政困难亟宜开源节流以裕国帑折》，一档馆：会议政务处档案全宗，档案号：253。

制械、洋债、赔款并银币各局照常动支外,一切支发,无论内外文武官兵、旗、绿、练营、边协……一律通行二两平,以归划一。设仍不敷应用,或由二两平中,每两划扣三分,积少成多,无伤政体。"①这一献策并非新近发明,咸同战争时期曾有实施,19世纪80年代中法战争期间也有人专门建议此事,②时下此策过于冒险,无人敢接受,始终没有实行。现在有人居然饥不择食,朝臣谁敢采纳?印花税作为中央最重要的开源政策推出后,朝野均予抵制,久不奏效,这对清廷打击甚大。开源以充裕财政的思路受挫,倾向于节流政策者开始居多数。与此同时,外人也有此类言论,主张对旧有的入款途径进行整顿,必见大效,《纽约时报》的社论称:"海关总税务司赫德先生估计,大清国如果对其财政管理制度进行改革,那么,在不增加课税的情况下整个财政收入可以提高到6亿美元。其他一些专家已经计算出,在不加重税收的情况下,大清国能保证一年有10亿美元的财政收入。有了这样一笔财政收入,再加上节俭的行政管理模式,大清国的财政状况将好于大多数国家。"③

度支部被迫注重节流政策。1909年8月度支部官员忧心忡忡地向清廷汇报了近年财政竭蹶的几个原因,诸如边省用款大增、军费支出增大、新政规模铺张、镑价跌落甚速、亏款太多、土药税款渐趋弩末、铜圆余利大不如前等,对印花税和盐斤加价,度支部说,"查禁烟命下,臣部即设法预筹抵补,于是有仿办印花税及盐斤加

---

① 《荆州副都统抄奏禁烟要政筹款维艰敬陈管见折》,一档馆:会议政务处档案全宗,档案号:428/3202。
② 《行钞法以济饷需论》,邵之棠编:《皇朝经世文统编》卷84,"经武部"15,"军饷",第3395—3396页,《丛刊》续编,第718号。
③ 《沉重负荷下的帝国财政》,《纽约时报》1908年7月5日。

价之奏。印花税当创办之始,立法尽从宽简。现各省始将印花税票陆续领去,将来能否集款未可预期;盐斤加价一项虽约略可以预计,然以每岁洋土药税并计二千万,以区区加价抵补,仅得五分之一,而近日如江南兴筑要塞、四川、云南等处练兵,业经先后提拨凑用"①,言下之意,单纯的盐斤加价并不能从根本上解决财政困难,一边紧缩财政,一边对盐税进行大刀阔斧地整顿就是必然的选择。

1909年都察院代递分部郎中朱有濂的奏陈,更加剧了度支部对食盐税务进行整顿和垄断的决心。朱折鉴于鸦片专卖没有实行,而禁烟又使烟税递减,提醒朝廷加意抵补,所提出的七个开源节流政策中,第一个就是食盐专卖之策。②郑孝胥对清廷大员也有所建言,倡议度支部实行盐政集权,他说,"度支部宜总揽盐政,先于部中设盐法局,以张季直为局长,调查报告,再定办法,奏明施行,诚整理财政最巨最速之良策也。不过三年,可增岁入二万万矣"③。此前他已经向端方等人建议过鸦片专卖的问题④,惜清廷不能实行,

---

① 《度支部咨奏财用窘绌举办新政宜力求撙节折》,一档馆:会议政务处档案全宗,档案号:523/4107。
② 刘锦藻:《清朝续文献通考》卷55,"征榷"27,第8094页。
③ 中国历史博物馆编,劳祖德整理:《郑孝胥日记》(第3册),中华书局1993年,第1219页。同一时期,日本人根岸氏也对中国的盐务整顿屡有建言,在舆论界曾有佳评,见《论治盐政策》,《申报》1910年2月3日;《中国盐专卖之概观》,《申报》1910年4月18日。
④ 至禁烟上谕发布的前一个月,郑孝胥犹向端方进言鸦片专卖之策,"余为午桥言制械之急,可议官包进口洋药,而加抽土药税,既为禁吸烟之预备,十年之内,所得足资制械之用矣。申言其理致,举座皆然之",中国历史博物馆编,劳祖德整理:《郑孝胥日记》(第2册),第1051页。1909年2月的上海万国禁烟会上,郑孝胥为中国首席会议代表端方拟定的演说词,又将鸦片专卖问题视为会议讨论的主要议题,"然禁烟而不专卖,则人数无可调查,即政令权力无可设施",《中国代表端午帅演说词》,《申报》1909年2月2日。

这次又建言盐政集权及其巨大成效，却被度支部相中。藉盐税筹款的主张，民意舆论反对甚力，但清廷内部有人认为民意舆论系"低等人"制造出来的产物，不应被其牵制，①因而决意实行此策，终于导致清廷与外省盐政矛盾纠纷的爆发，而矛盾纠纷始于盐政新章程的制定。

新章程的制定与度支部派晏安澜等人赴各省调查盐务积弊直接相关。晏安澜1909年3月充宪政编查馆参议官，不久署右参议，官四品。他上书度支部载泽建议盐法改良，分别阐述食盐官卖、就场征税以及官运商销等三种方法，条分缕析，指陈利弊得失，甚有道理，他建议说"以上三法关系重大，其中有无窒碍，亦非切实调查不可"②。有人对此项条陈评价说，"是书洞明古今中外大势，提纲挈领，经纬万端，吾国盐政几几致统一之效者，实以是书为发轫"③。载泽接受了晏安澜的建议，首先派他率员调查各省盐政中存在的问题。④这次调查项目包括盐务积弊、盐课滞销原因、盐引销数之比较、盐官应否裁并、盐质应如何改良以及晒盐法之改善等。⑤其间度支部尚有再次增加盐价的想法，但各省纷纷力阻，加

---

① 早在1908年7月，舆论对食盐专卖极不赞成，见《论政府与民争利之非计》，《申报》1908年7月4日。对舆论的态度，有的京官颇不在意："今之所谓舆论，乃最不可恃之一物也，皆社会中极浅之知识所制造而成。何也？天下普通人占多数，其所知大抵肤浅，故惟最粗最浅之说，弥足动听。而一唱百和，遂成牢不可破之舆论，可以横行于社会上，其力甚大，虽有贤智，心知不然，莫敢非之……苟非当局者沈毅独断，百折不回，将误国祸民，伊于何底！"，见孙宝瑄：《忘山庐日记》，第1132—1133页。
② 金兆丰撰：《镇安晏海澄（安澜）先生年谱》，《丛刊》正编，第491号，第173—180页。
③ 同上书，第180页。这是年谱撰者金兆丰对条陈意义的评语。
④ 《国家专卖盐之先声》，《盛京时报》1909年7月21日。
⑤ 《考察盐务办法大纲》，《盛京时报》1909年7月27日。

价之策作罢。①这更加促使该部决心实行盐务垄断。

晏氏盐务调查时间是1909年7月至11月份，历时近半年，调查范围主要集中在江苏、浙江、河南、安徽、江西、湖南、湖北七个省份。载泽对这次调查极为重视，9月份专门致函晏安澜，阐述盐务整顿的必要性以及为实行盐政集权寻求岑春煊支持的意图，"盐务有扫地之虞，淮北尤迫切整顿，必不容缓。惟一切组织办法尚望会同仲清□生诸位统筹全局，悉心擘画，免致顾此失彼，滞碍滋多，是为至要……此举更张得人为难，闻抵沪，顺拜西林，藉观动作，其人究竟可用不可用，肯出不肯出于此事，相宜不相宜，均望留意，预为密告为盼"②。12月份调查成员全部返京，将调查结果报告度支部，阐明了盐政改革的基本思路。报告核心部分主张盐务整顿不应"规目前之小效"，而当"务根本之远图"，将用人和行政实权控于中央：

> 今为整顿盐务计，而徒于淮浙一隅画地为理财，尔疆我界，仍有灌注之虞，此盈彼亏，公家又乏酌剂之术，政令既涉纷歧，办法亦多牵掣，自非总持全局、统一事权不足以肃醝纲而齐榷政。应请将各省盐务用人、行政事宜厚集中央，以资整饬。③

---

① 《盐斤无加价之举》，《盛京时报》1909年10月3日。
② 金兆丰撰：《镇海晏海澄（安澜）先生年谱》，第189—190页。
③ 同上书，第197—199页。晏安澜在盐务考察情形报告中，对各省盐政积弊概括为六个方面：盐官之弊、盐商之弊、盐斤加价之弊、盐价不一之弊、盐引滞销之弊以及私枭充斥之弊等，见"晏参议条陈盐务六弊"，《盛京时报》1909年12月15日。

度支部尚书载泽遂其意，剀切入告，于是有督办盐政处之设。1909年12月度支部奏请整理盐政，根据晏安澜等人的建议，向朝廷奏报说，"各省盐务，纠葛纷纭，疲敝日甚，非统一事权，修明法令，无以提挈大纲，维持全局"，建议设立督办盐政大臣，"凡盐务一切事宜，统归该督办大臣管理，以专责成"。旨下，命度支部尚书载泽为督办盐政大臣，产盐省份各督抚授以会办盐政大臣，行销食盐省份的督抚为兼会办盐政大臣衔①，就近考核疏销和缉私。晏安澜因考察、建议有功，擢为督办盐政处提调，载泽十分倚重晏氏，凡章奏公文多为其捉刀。②这一机构设立之后，载泽向各省督抚申明说，"今为改革盐政，实系以盐务而填补鸦片税之项，且筹练兵经费及复兴海军费，并为其他之新政费等皆取诸其中也"③。按照度支部的预测和计算，1910年中央经费缺款大约为3000余万两④，载泽即忧虑万端地说，"近来款项甚形支绌，出款日多，如应筹海军、禁卫、添练新军、出洋考察等款，关系紧要。自戒烟后，土税减少，以上用款难以筹拨，先尽各省盐务加意整顿，核计增近（进）之数可抵十分之三四"⑤，可见，盐务整顿承担着鸦片税厘缺失后抵补亏空的任务，系抵补鸦片税收的重要决断。督办盐政处的设立，以及新的盐政改革措施出台，揭开了清廷与各省在盐政问题上的矛盾纠纷。

---

① 《宣统政纪》卷26，第482页。
② 《镇海晏海澄（安澜）先生年谱》，第199页，晏安澜力助载泽成就盐政集权，载泽亦保举其为清理财政处总办，这预示着他必然会卷入朝臣与疆吏的政争漩涡之中。
③ 《整顿盐务之宗旨》，《盛京时报》1910年2月1日。
④ 《度支部之筹款》，《盛京时报》1910年2月1日。
⑤ 《度支部之筹款办法》，《盛京时报》1910年3月30日。

督办盐政处设立后的第一项措施，就是首先强调盐斤加价的审核奏报纪律，坚决杜绝各省随便增加盐价，地方新政筹款决不能在食盐销售上做文章，如有地方官员与盐商串通一气，舞弊造端，盐政处将严厉处罚。①为了约束和纠正各地盐政中的混乱，督办盐政处着手起草制定整顿盐政办事章程。该部称，"臣部执掌盐法，本系责无旁贷，现在积弊至此，更不能不实力整顿，拟请将各省盐务用人、行政一切事宜悉归臣部直接管理……如蒙俞允，即由臣部通盘筹画，酌拟章程，请旨办理"②。章程制定系度支部尚书载泽和督办盐政处提调晏安澜协议的结果，共计三十余条，基本上包括行政用人和税款使用两个大的方面。在这两个方面，清廷与相关省份均形成严重的对立。各省督抚发起反击，表面上是针对盐务整顿办事章程表示不满，根因却在于度支部对各食盐出产、行销省份的加紧控制。

当时出产和销售食盐的重要地区和省份，主要有长芦、两淮、山东、闽浙、粤东、四川、山西等。度支部调查人员发现了这些地区匿报收入现象非常严重，度支部发给这些省份的电报说，"各省盐场积弊甚深，凡各盐田、盐灶、盐井、盐栅，缴纳正税之外尚有多数规费，归于公者十之三四，归于私者十之五六；而走漏盐私之弊即由各场贪利私规而起。两淮、五河、山东以及直省海口、江省十二墟、广东六门等皆为漏私要道。以故各处盐场厘局，有每岁出息至数万、十数万者，而缉私之弊尤不可究诘"③。走私之弊仅仅是

---

① 《度支部限制盐斤加价》，《盛京时报》1910年2月4日。
② 《度支部请将各省盐务归部管理》，《申报》1910年1月12日。
③ 《度支部整顿盐政记》，《申报》1910年2月29日。

该部瞄准各省规费的借口，下一步则是介入各产盐、销盐省份的重要官员选拔任命上，力图从组织上先将税款的流失趋势加以遏制。①各省暗中截留盐税，隐匿收入的情形，因晏安澜赴广东调查盐税商包问题而予以暴露，隐匿程度之深、数额之巨令度支部深为震惊，②于是责令各省督抚剔除陋规，严查本省私匿情形，据实上报。③

度支部筹议对各省盐务积弊进行整顿时，各省督抚也函电往返，密为联络，形成暂时的"督抚联盟"，筹商对付度支部的条陈。领衔者为东三省总督锡良，奏折由其主稿，参与督抚联盟的有：东三省总督锡良、直隶总督陈夔龙、两广总督袁树勋、云贵总督李经羲、两江总督张人骏、四川总督赵尔巽、山东巡抚孙宝琦、山西巡抚丁宝铨、黑龙江巡抚周树模、浙江巡抚增韫等十员。④督抚联盟函电筹商的情形，此仅择两个电报略作说明。

其一，系锡良致赵尔巽电，针对度支部起草的整顿盐务办事章程，研究如何批驳，怎样拟稿：

> 原稿"用人权限"一条内，拟改为：除盐官补缺应仍按班次外，一切委署委差概由督抚主持；又"奏事"一条，拟添入一曰"奏事权限"一句，以清眉目；而另添"拨款权限"一条，文

---

① 《度支部整顿盐政记》，《申报》1910年2月29日。
② 《镇海晏海澄（安澜）先生年谱》，第202—224页。
③ 晏安澜在结束广东之行后，建议度支部说，"拟恳附奏请旨饬下袁督（指两广总督袁树勋——引者），将盐务各项规费，上自督署，下至场官，旁及于各府州县各官暨绅士、书差，凡私行取给于盐商之款，未经提归公项造报开支者，切实逐款查明，和盘托出，详细造报，以凭考核"，见《镇海晏海澄（安澜）先生年谱》，第225页。
④ 《督抚反对盐政》，《盛京时报》1910年4月23日；《各督抚反对盐政处详闻》，《申报》1910年4月9日。

曰:"盐务正杂各款照章固不得擅动,然遇有紧急要需,亦实难过于拘泥,应请准由督抚奏明指拨,分咨查核;又度支部前经奏明外销款项果系实安(在)应用,用(应)予划留;现在外销均经报部,一省之大,巨细用款几乎无日不渐,若概须咨准始得动用,必至诸事束手,以后凡实在应用之款,应请准在报部外销盐款内随时支用,切册汇咨查核,如督办拨用各省款,亦知照各省备案"等语。祁照酌。良。漾。①

其二,系张人骏致赵尔巽电,答复赵尔巽询问,表明自己的态度:

漾电悉。来电言简意赅,敬佩无似。清帅养电尊处想已接到,弟已覆请会同电达盐政处矣。骏。敬。②

联衔上奏的主要目的就是反对中央盐政集权,折内认为,"若仅集权中央,而揆诸吾国历史及地方各种关系,以求适应,恐新章颁布后,督抚之命令既有所不行,督办之考察又有所不及,机关窒滞,庶务因循,将成一痿痹不仁、涣散无绝之盐务。理辞益纷,其害盖有不可胜言者"。对锡良等人联名力争奏折的反应,摄政王批饬督办盐政大臣载泽与各省有关督抚共同研究,详细筹划。根据御史胡思敬的叙述,实际情况是"该尚书并不会商,坚持初议,将原

---

① 《锡良来电》,一档馆:赵尔巽档案全宗,第82卷。
② 《张人骏来电》,一档馆:赵尔巽档案全宗,第82卷。

奏议驳，迳行复奏，且不准各督抚单衔条陈盐务利弊，阻遏封疆建言之路，乃知该尚书凭藉宗支违旨专擅，寖露骄蹇之能，较各部把持为尤甚也"①。观览双方往来电报，胡思敬此言不虚。3月24日军机处交出锡良原奏，载泽并未与督抚们虚心商酌，即将原奏各节，进行辩驳，奏上交差。度支部议复折件对如下问题进行了辩驳：1. 派署运司盐道即派充盐局总办问题，度支部强调先由督抚保举，再由本部核定任命，不可能贻误日期，指责有关督抚过虑；2. 盐官补缺问题，督抚要求由本省查核人员，然后可以补缺，度支部议驳；3. 拨款问题，度支部强调督抚若动用盐款，必须飞电相商，否则不予批准。②

度支部执意拒绝督抚的请求，惹致了规模更大的纠纷，督抚专擅与部臣擅权相互冲突的报道迭见报端。③除了督抚联盟向度支部发起挑战外，御史言官也加盟其中。言官挑战以胡思敬为主将，4月20日胡思敬参劾度支部尚书载泽，指责其专擅揽权，为督抚立场争辩，关于盐官的任免权，胡氏认为度支部的做法是将疆臣逐一架空，以便独揽其权，"将盐运使以下各官归其任用，夫一省之大，至重要者只此数事，而皆划界分疆，一任部臣包揽而去，督抚孤居于上，已成赘疣，迟之又久，将上无一可申之令，下无一可使之员，四方铤险，好乱之民伺隙而动，一朝有变，欲以疆事责之一人，呼应不灵，束手待尽，盖不能不为前途虑矣"，盐政中央集权

---

① 《各省督抚为盐政新章请军机处代奏电》，《国风报》第1年第10号；《退庐全集·笺牍·奏疏》，《丛刊》正编，第444号，第851—852页。
② 此电无标题，一档馆：赵尔巽档案全宗，档案号：81/418。
③ 《时评·其一》，载《申报》1910年4月9日；《督抚反对盐政》，《盛京时报》1910年4月23日；《一网打尽政策》，《申报》1910年3月16日等。

徒令疆臣袖手，萧墙之患甚可忧虑，"任疆寄者谁不解体"，因而他责难载泽独断专行，要求慎重研究督抚之奏，"奉旨会商之件，竟一人独断独行，殊非人臣恪恭之道，可否将锡良等电奏，另交政务处覆议，并将该尚书载泽照例议处"①。胡思敬一折奏上，立时引起轩然大波，督办盐政大臣载泽面临的压力极大，声言要辞去督办大臣兼差，"另简贤员接替，以避嫌怨"，晏安澜也有辞职之说。②有军机处大臣认为，盐政与别项要政不同，并非中央集权所可奏效，督办盐政处制定的章程有欠妥善，无怪乎各省督抚不予承认。③

由于载泽对锡良等人的质询并未认真加以解决，督抚联盟不得不发起第二次反击。这次领衔电奏者是两江总督张人骏，此电对盐政章程的弊端条分缕析，指陈要害，认为载泽对外省的情形仅知十分之一，因而要求将督抚们的奏章以及盐政章程一起交给会议政务处研究决定。但摄政王仍将此折批饬督办盐政大臣与各省督抚会同商量。④度支部亦一时不可能更改原章，双方僵持不下。舆论对此莫衷一是，朝臣似乎有操纵舆论的嫌疑，有些媒介评论明显是受度支部的影响。⑤但支持督抚的观点占居多数，谴责度支部居上控

---

① 《劾度支部尚书载泽把持盐政折》，此折留中不发，见胡思敬：《退庐全集·笺牍·奏疏》，第849—857页。
② 《泽尚书拟辞督办盐政》，《大公报》1910年4月15日。
③ 《枢臣对于盐务处章程之抗议》，《大公报》1910年4月17日。
④ 《各督抚又联衔奏抗盐政章程》，《申报》1910年5月1日。摄政王对督抚迭次反对盐政集权甚为震惊，曾下令传旨申斥，见《宣统政纪》卷40，第9—11页。
⑤ 与度支部同调者在媒介上刊发支持中央集权言论的现象十分明显，例如在《申报》上即有相应的言论，见《中国中央集权问题》，认为过去规定督抚的权限太大，极力主张中央集权，为度支部辩护的倾向十分明显，见该报1910年10月15日。

下，不明实情，"度支部所定盐政章程，督抚争之，部臣持之，而督抚又争之。争之者是耶？持之者是耶？非记者所敢言矣。然而部臣居京师，仅恃部员之条陈、报告以定议，终不若各督抚之于本省情形较为亲切也。窃愿泽尚书勿胶执成见"①。

舆论责之，谏垣铮之，疆吏亦不能容忍，度支部载泽极力贯彻聚敛主义，置自己于四面楚歌之中，树敌越来越多。疆臣中早有人感慨此事，"历朝之季，无不因国用不足，重取于民，当其时亦万不得已而行之，而国已莫保。所以圣人垂训必曰：与其有聚敛之臣，宁有盗臣，盖盗臣不过蠹国，所损犹轻；聚敛无不病民，所失至巨也"②，将矛头直指度支部等清廷部臣。

1910年5月中旬，督抚联盟第三次致电京师，这次是应度支部的咨询而发，电奏衔名的督抚有锡良、陈夔龙、张人骏、赵尔巽、袁树勋、李经羲、丁宝铨及增韫等八员。该电着重从五个方面直指盐政章程的核心弊端。

其一，章程第一、二两章中规定，督办大臣管辖全国盐务官吏，总理全国盐务事宜；凡盐务用人、行政事宜均由督办主持。督抚们的理解就是全国盐务"固已专属于督办一人矣"，督抚为会办大臣，仅仅有会办之名，并无会办之实，虽然章程中规定督抚的责任是疏销和缉私，但它与用人、行政不可分割，否则督抚职责就是纸上空谈。电文中说，"尊旨既为中央集权起见，不知督抚之权皆系中央之权，未有可专制自为者，若至督抚无权，恐中央亦将无所

---

① 《时评·其二》，《申报》1910年5月3日。
② 《闽县林侍郎（绍年）奏稿》，第804页。

措手"①;这一说法,体现出双方对"集权"理解的差异,更将督抚视为"中央"同调而非"中央"之对立面。

其二,用人权限。督抚电中要求对盐局总办一职的遴委派任,不必经由督办盐政大臣奏派;其余大小盐官的任命、升格,京中督办大臣并不了解具体情形,仍由督抚主持派任,报盐政处备案。

其三,行政权限。督抚们要求说,当关系规划全局事宜或变更涉及数省利益的问题时,督抚应该有绝对的参与权,督办大臣不能独断专行。

其四,奏事权限。重大事项允许督抚单衔奏请,或联衔具奏,均无不可,以求内外相维之道。

其五,用款权限。电文力争督抚有灵活用款的权利,外省入不敷出的情形已很严重,新政与练兵在在需款,事无巨细,不可能事事奏请以后方可动支,否则掣肘甚大,无以应付紧急需求。

这一时期上下纷争中,大概以盐政之争为冠,政界风潮之烈,参与人数之众,舆论反映之广,时间之集中,均属清末罕见的现象。报界诸多栏目辟有专栏以表达民间政见,虽有官界人士操纵其间,但也的确反映出知识界的一些倾向。对第三次督抚抗争,有人称,"顾盐政处自设立已(以)来,除研究、调查二者外,惟以集权闻。权不可以一朝集也,则挟中枢以自重,而各省始怨咨矣"②,言论之倾向性显而易见。载泽初任度支部尚书时,亦想改

---

① 《各省督抚反对盐政处第三次电》,《申报》1910年5月17日。
② 《时评·其一》,《申报》1910年6月20日。

善朝臣与各省的关系，①但鸦片大税渐失，弥补维艰，上下需款迫切，藉此度支艰窘之际，遂致冲突，又是其所不可预料的变局。

第三节　抵补陷入困境

1910年上海同文书院院长日本人根岸佶在《支那财政整理论》一文中认为，在中国新旧各项税目中，"将来最可厚望者惟烟、酒、印花三种，自不得论"，关于印花税，文中说，"印花税虽稍逊于烟酒，然东西各国亦尝倚为重镇。中国自拳乱后，颇有建议行此税者，以反对者多，未能实行。至禁止鸦片后，岁入骤减，遂决意举行印花税以补其缺。然究因太不顺于民情，督抚不敢兴办，故今之收入未有可观者。若将来措施得宜，纵令不能以之代鸦片税，千万内外可坐致也"。②这时正是禁政推行的高潮时期，清廷抵补之策已有多端，可惜根岸氏预计得过于乐观，不但印花税不具成效，即令随后出台的盐斤加价也纷争迭起，难以达到清廷预期的抵补目标。1908年下半年以后，又相继出台鸦片牌照捐和田房税契的整顿措施，两者阻力颇不相同，成效也各有千秋，但概未达到清廷预期成效。各省抵补政策纷纭不一，或微有成效，或流于形式，徒致纷扰。枢廷要臣及各部大员纷纷提议各种对策，付诸实施的却不

---

① 《泽公之经济学》，《岭东日报》1907年6月19日。该消息说，"泽公因各省财政废弛，必使各省联络直接，方能渐渐改良，不仅改革部制，即谓得其要领，曾于日前在度支部提议"，部臣与疆臣之争，以度支部为最，这恐怕不是载泽事先能料到的事情。
② 《日人论中国整理财政策》，《国风报》第2年第3号，1911年3月1日。

多见,禁政带来的税厘抵补终于跌入困境。

一、推行牌照捐

牌照捐是一种向鸦片消费者征收的捐税,它不是直接向鸦片消费者征收,而是由鸦片熟膏店和土膏店在吸食者购买烟膏或烟土时代替政府加以征收,并定期汇总上交官府的一种税课。清廷推行牌照捐政策的缘起,一是禁政加速推行后,土药统税拨款数量不得不减少;二是盐斤加价实施后,各省情形差别较大,多数省份的入款并不能抵补土药税款的减拨幅度。各省财政差额巨大,必须设法寻求其他抵补办法。

1908年10月末度支部借鉴江苏省的牌照捐办法,建议清廷令各省加以推广。关于办理牌照捐和各省拨款的办法,该部奏章说:

> 苏省定章自明年起,每膏一两捐钱六十文。[1]现拟定为无论膏土各店,凡来购者均须验明牌照,每土一两向购者捐钱四十文,每膏一两向购者捐钱六十文,作为牌照捐。现当各省禁种罂粟,土价飞涨,加收牌照捐,即为严禁吸食地步。
>
> 此外,各地方官不得再有别项征收名目。其膏土各店凭照费仍照民政部会同臣部奏定数目办理,亦不得再行加征。倘有故违定章,查出从严参办。

---

[1] 据许珏称,广东禁烟总局遣人前往江苏,将该省牌照捐章程抄录,发现苏省实行的是"销数递减,膏捐递加"的政策,自1909年12月份起,每膏一两加抽至300文,并奏咨有案,1910年6月还要递加;宁属则是将牌照捐责成土市公行在销售时,按数代收。见许珏:《復庵遺集》卷11,"禁烟存牍"5,影印本,第408页。

每届年底,核明该省缴回蓝执照,所有填土数目,以各省应得盐斤加价、牌照捐及补收土税尽数作抵;如核与该省原征科则除拨抵外尚有不足,仍由统税总局核明,照数拨补。惟各省运销土药,须遵照臣部调查洋土药奏案,照光绪三十三年销土之数,递年减销二分以上,如不遵章递减,即按蓝执照所填担数减拨一半。①

由于牌照捐系向消费者征收,东部省份因产土较少,牌照捐的管理尚不犯难,西南和西北各省属于鸦片产区,民人自种自吸,散漫难稽,牌照捐不大可能在这些省份得到实施,度支部只得规定这些省份的督抚严定稽查章程,实行征禁并施之策。

面向鸦片吸食者的牌照捐与针对土膏店的凭照捐是互为依托、相辅相成的。在牌照捐政策出台之前,民政部在禁烟稽核章程中规定,各省禁烟公所应在土店和膏店中推行营业凭照捐,"各省应印制鸦片营业凭照,由各地方官发给膏土各店收执,每年更换一次。其未领凭照私行开设者,一律查禁。□膏土各店于承领营业凭照时,应按照成本分上、中、下三则,成本一万元以上者为上则,每年缴照费六元;成本不及万元及五千元以上者为中则,每年缴照费四元;成本不及五千元者为下则,每年缴照费二元"②。牌照捐与凭照捐共同构成鸦片营业的主要税种,就收入规模来看,牌照捐显然是其中收入的大项。

---

① 《度支部具奏土药税收不敷酌拟推广牌照捐以资拨补折》,一档馆:会议政务处档案全宗,档案号:279/2028;《度支部奏陈土税办法》,《申报》1908年11月15日。
② 《民政部等奏酌拟禁烟稽核章程严定考成办法折(附清单)》,《东方杂志》第5卷第7期,1908年8月21日。

牌照捐政策出台之后，各省的实施并不均衡，最具成效的省份是广东和江苏两省，其余各省或因鸦片销售规模较小，或被土商风潮所阻隔，致使该项政策实施困难重重。牌照捐导致的土商风潮各地均有发生，其中安徽省首先惹致土商风潮。该省巡警道厘定新的牌照捐收款办法，超出度支部所规定的收捐数额，规定每膏一两捐钱100文，每土一两捐钱50文，并且对各土商膏店的账簿稽查极为严密，各土膏店均不愿承担，相率罢市，共同厘订协议，概不出售①，导致鸦片吸食者骚动不安，对官府的政策极为不满，酿成牌照捐政策出台后较早的土商风潮。接下来湖北省又爆发了规模更大的土商风潮，对该省牌照捐的实行影响较大。

湖北省的土药税款已经递年减拨，牌照捐的实行恰好为本省解困创造了条件。湖广总督陈夔龙在有关奏章中称，"查推广牌照捐，业经度支部指定抵补土税不敷之款，而土膏营业凭照收费屈指可计，为数实亦无多，自应照民政部原奏，拨为鄂省禁烟经费等项之用；如牌照捐抵补土税仍有不敷，则先尽偿款拨补"②，这是湖北省解除土药统税危机的一个良机，官府倍加重视。湖北禁烟公所制定了严密的凭照和牌照章程，对查验税章的规定尤为严格，诸如"各店代收牌照捐，须令按日汇缴，如有藉词拖欠情事，报明本公所，照章议罚"，再如"武汉三镇膏土各店一律发给循环印薄，饬令按旬更换，缴由本公所查核。各警察局应每夜分派员司，携带本日所发各项凭照单存根，赴各店稽核，以杜弊混。稽核之法以循环

---

① 《皖省膏土抽捐之风潮》，《申报》1908年12月29日。
② 《开办土膏营业凭照捐及购烟牌照捐折》，《庸庵尚书奏议（三）》，第1031页。

薄与该店流水薄并存根互相校对为紧要关键，如查有彼此不符，即系舞弊，应即报明本公所，分别照章议罚。各市镇及各州县均应仿照办理"①。这一周密严格的规定正是武汉三镇土商风潮爆发的主要原因。武汉三镇禁闭烟馆以后，土店生意明显火爆，各类鸦片吸食者纷纷到土店挑膏吸食，②致使土膏价格节节上涨。汉口土膏店数量众多，大小膏店110余家，数日之间就有9万余两膏土成交，③并且价格迭次上涨；武昌则出于招徕顾客的考虑，迟迟不予提价。但因汉口方面迭次涨价，武昌土商也转变策略，争取在政府采取限制性行动以前，尽量赚取较高的利润，于是，省城的各类土商共同议决将鸦片价格每两增加100文。④可惜这一生意良机仅仅持续了三个多月，湖北督辕就要令其按照既定规则代收牌照捐。土商各帮对这一规则颇有怨言，"商人因章程内有代收捐款，每家给循环薄，逐日清查存货售货数目，盘算出入帐据各条，与商情不便，一再恳求删改，均未奉允"⑤，土商对抗官府牌照捐的风潮就在官民交涉过程中孕育产生。

武昌城土膏牌照捐自1909年3月10日开办，当日到禁烟公所领取牌照者寥寥无几，即便有少数人持牌照前往土膏店购买，各店均不允售，无牌照者前往购买，则被警察阻滞。⑥土商各店在领取凭照一

---

① 《湖北禁烟公所发给凭牌照章程》，《东方杂志》第6年第3期，1909年4月15日。
② 《烟膏畅销》，《汉口见闻录》1908年9月17日。
③ 《汉市土膏营业之发达》，《申报》1909年2月11日。
④ 《膏铺公涨议价》，《汉口见闻录》1908年9月17日。
⑤ 《记汉口土膏店滋扰事》，《东方杂志》第6年第3期。
⑥ 《土膏牌照风潮》，《汉口见闻录》1909年2月28日。

事上并不一致,规模较大、资本雄厚的土店多遵章及时领取,而中小型土店则拒不领照,且广发传单相约罢市,对大店遵章开业极为不满,纠集多人前往滋扰,以抗议牌照捐规章严格限制。①汉口海关道建议鄂督陈夔龙,举办官膏专卖可避免此种居奇挟制的弊端,陈督甚韪此议。②官膏专卖的建议对各类土商震动很大,湖北督辕采取派兵巡查,并对遵章开业者予以保护的措施较为得力,这一风潮始趋于平息。③晚些时候,湖北沔阳州仙桃镇也发生土商抗拒牌照捐的风潮,④只是由于规模不大,很快就由督辕派人查办平息。这次土商抗拒牌照捐风潮过后,湖北省对原来征收牌照捐的做法作了一些改进,在汉口、沙市、宜昌各大埠设立土市公栈,作为"稽核土商缴捐总汇之区",未设立专局者,则由各州县代收,1910年开始在武汉三镇设立查缉局,专门稽查武汉地区的凭照捐和牌照捐事宜,并将牌照捐的征收标准增加一倍,声称"以征为禁",实际上是对广东牌照捐的大量收入极为羡慕,"闻粤省试办膏牌捐,岁收有二百万之多,而鄂省预算尚不及二十分之一"⑤,所以对仿照广东办法征收牌照捐非常热心,后因广东方面的做法导致英人干涉,湖北试图通过牌照捐实现增收巨款的计划亦不得不作罢。

---

① 《土膏商罢市风潮详纪》,《申报》1909年3月3日。
② 《记汉口土膏店滋扰事》,《东方杂志》第6年第3期;《土膏罢市风潮续志》,《申报》1909年3月5日。
③ 《盛京时报》的报道对这次土商风潮的成因有不同的说法,虽然该报也论及土商对牌照捐的不满,但却认为风潮发生的一个重要原因是"太守挨户开导,并将挺抗之户所有土膏概行拿出,以致大动公愤,相邀一律停贸。兼之厅弁袁盛祥从中恐吓,藉兹渔利"等,这是该报与其他媒介报道有别的地方。见《武汉反对土膏捐》,《盛京时报》1909年3月12日。
④ 《委查仙桃镇土商罢市风潮》,《申报》1909年4月19日。
⑤ 《湖北全省财政说明书》,"岁入部·土药税",第13—14页。

广东省在度支部出台牌照捐之前实行的是"膏牌费",征收对象是已经售出的熟鸦片膏,征收办法和标准是由政府确定的承包商根据鸦片烟膏的销售所得,每售银一两,征收膏牌费四分,在中央推行牌照捐之前的1908年一年中,这项膏牌费共收入19万余两。① 这项制度的弱点是"烟土价值随时涨落,则膏价亦无一定,是以商人包饷,委员承办,均随时以意增减","商人承办志在牟利,多半不实;委员又敷衍了事,弊端难免"。②度支部制定牌照捐政策后,广东省并未立即执行,而是仍在实行膏牌费政策,为期一年之久。按照度支部规定的牌照捐征收标准,广东每年可以收入223万余两,之所以未能举办,原因较为复杂。有学者认为,这项制度的实行"有赖于严密的牌照制度,由于吸烟牌照发售繁琐,变化较大,查验不易,所报又多不实,自然难于有效征收"③,若按照广东禁烟总局会办许珏的观察来看,情况又稍有不同。主管广东膏牌费事宜的是善后局,该局对推行膏牌费制度情有独钟,尽管收入水平不及牌照捐收入的零头,但仍不思改进,"部催开办牌照捐,稽延已及一年,倘因区区二十万元之膏牌,致生瞻顾,于禁烟固多阻力,于筹款复甚悬殊,揆诸舆论,则易起群疑,证之大局,则尤为失算"④,看来善后局有人可能从这项膏牌费中获益匪浅。

摆在广东面前的有两种改进办法,一种是度支部提出的牌照捐

---

① 《禀督院详陈烟膏加价并无流弊》,许珏:《復庵遗集》,"禁烟存牍"四,影印本,第386页。
② 同上。
③ 王宏斌:《清末广东禁烟运动与中英外交风波》,载《毒品问题与近代中国》,当代中国出版社2002年版。
④ 《禀督院详陈烟膏加价并无流弊》,许珏:《復庵遗集》,"禁烟存牍"四,影印本,第385页。

制度，另一种是许珏等人提出的烟膏加价办法。许珏认为，度支部的牌照捐制度在广东省实施有一些问题，筹备工作较为缓慢，"查广东各厅州县吸烟领牌人数至今未册报者尚有二十一属；其册报土店间数、禀请本局给照者仅有三十三属，若待一律册报齐全尚需时日，且所报亦多不实不尽"，既然有此种种困难，他认为若要遵照度支部的办法举办牌照捐，只能是将部定办法和程序变通处理，可以仿照落地捐的方式进行征收，即便收不足额，每年至少也可入款160万两（合洋元222万余元）。①当然，许珏等禁烟总局官员倾向于采取烟膏加价办法，也就是按照江苏苏属加价的办法来执行，这是响应香港方面的建议，令广东与香港的烟膏价格持平，防止走私偷漏。②加价的计划包括三个步骤，初步的加价是每烟膏一两收取价加银三钱六分，这样加价以后，该省每年从这项税款上获得的收入，至少可达432万两（合洋元600万元）。③许珏等人之所以对烟膏加价的做法较有信心，也是受江苏宁属与苏属办法不同结局的启发：苏属采用加价办法，外人并未横加干涉，且目前每两已经加价至300文，势头良好；而宁属采用官膏专卖的办法，却受到英人的刁难和外务部的制止，④因此烟膏加价之法的确可行。禁烟总局为推行烟膏加价与善后局屡有交锋，争论相当激烈，督院最后倾向于实行度支部的牌照捐制度，即在禁烟总局与善后局之间取折中态

---

① 《禀督院详陈烟膏加价并无流弊》，第388页。
② 《禀督院请招商设立稽征公司》，《復庵遗集》，"禁烟存牍"四，影印本，第383页。
③ 《禀督院详陈烟膏加价并无流弊》，《復庵遗集》，"禁烟存牍"四，影印本，第388页。
④ 《上督院禀另拟烟膏加价章程》，《復庵遗集》，"禁烟存牍"四，影印本，第397页。

度。粤省牌照捐章程拟定以后,正准备于1910年5月上旬开办,英国驻广州总领事就挑起事端,酿成了牌照捐制度推行过程中最大的一起中英外交争执事件,影响之大实难以估量,这次外交斗争与1911年的中英禁烟条约的签订有直接关系。关于这一问题已有学者作过相关研究,①此不展论。

其他省份的牌照捐情形暂因资料缺如,不可详论。但大体可以说,云南省由于缩期禁种较为彻底,牌照捐已不可能推行。②四川省因种植和吸食的数量均超出一般省份,川省禁烟总局建议采取官膏专卖的办法,③征禁并施,但其收入规模受较多因素的限制,诸如土药出产数量的递减,官方投入的资本总量限制等。即从后者来看,四川省官膏专卖的资金运作经常受到其他因素的制约,周询给赵尔巽的电报说明了官膏局经费被挤占挪用的情形,"价贵销疲,缴本迟滞,停运不得,少购不能。前开运本二百六十余万,再三覆核,实难短少。前、去两年,每值关期,尚须息借,情形可想。抵药一项收仅及半,即须陆续拨解,不能恃作运本,各项预垫又有月份可以查算,实不为宽。倘余款提拨过多,势难周转……顷接藩函,详提练军置械四十万,又拨边务廿万,似此巨款如何腾挪,务恳酌裁"④。

川省专卖入款相当于举办牌照捐的收入,对这项收入应加以注意。根据秦和平的研究,川省官膏专卖的盈利并不像想象的那

---

① 王宏斌:《清末广东禁烟运动与中英外交风波》,"毒品问题与近代中国学术研讨会"论文,收入氏编:《毒品问题与近代中国》,当代中国出版社2002年,第1—29页。
② 《云南吸烟者竟已戒绝》,《盛京时报》1909年12月10日。
③ 四川省巴县档案,"1907年7月7日戒烟总局拟定官膏专卖章程详稿",转见秦和平:《四川鸦片问题与禁烟运动》,第122页。
④ 《周养庵观察来电》,一档馆:赵尔巽档案全宗,档案号:74/375。

样巨大，巴县作为较为重要的官膏专卖基地，1907年半年期间，盈利7300余两；①重庆官膏局也是该省重要的专卖经营机构，该局自1907年9月至1908年3月半年期间，盈利9300余两；省城的官膏总局在1908年至1910年期间运作的情形有较大的差别，初始时期鸦片价格较低，销售数量并不大，从1908年9月份至12月份，每月剩余利润介于617—1209两之间，而官府每月所垫付的资本是18万两；②随着禁烟形势的加紧，鸦片价格越来越高，民间的存土也逐渐减少，导致官膏局的销售量节节上升，利润增速加快，至1909年10月份时，有关统计的数字猛增，计"收入九七库平银111424两7钱零，支出九七库平银25368两零，存九七库平银86056两零，外存土存膏值银42317两零"③，看来每月毛收入也达到十几万两。另外，除了该省官膏专卖的利润以外，尚有各地官府开设烟土公行经营的利润，这部分收入也可划抵牌照捐收入一类。该省大员极力要求对本省土药税进行官方垄断，④督院派办处曾建议四川总督赵尔巽设立烟土公行，主要目的是禁烟与盈利两相兼顾，"其目的须注重禁绝一面，不言利而利在其中"⑤，这项利润的数目究有多少，目前尚未得知，不过，根据禁烟形势的发展情形和专卖经营的有关数据来

---

① 四川省巴县档案，"1908年4月重庆府重庆警察局：巴县遵札会衔禀请划拨官膏局所赚息银案"，转见秦和平前揭书，第127页。
② 《光绪三十四年八月分省城官膏总局官膏调查表》《光绪三十四年九月分省城官膏总局官膏调查表》《光绪三十四年十一月分省城官膏总局官膏调查表》，一档馆：赵尔巽档案全宗，档案号：62/316。
③ 《四川省城官膏总局出入银数月表·宣统元年九月分》，一档馆：赵尔巽档案全宗，档案号：62/316。
④ 《整顿土药旁议》，一档馆：赵尔巽档案全宗，档案号：62/316。
⑤ 《川省派办处呈赵尔巽节略》，一档馆：赵尔巽档案全宗，档案号：62/316。

推算，这项收入应不会太多。作为生产鸦片的大省，四川这两项收入的总数，当不会超过广东省的牌照捐收入。

贵州省是西南地区的鸦片主产区之一，在缩期禁烟问题上，该省仿照云南省办法，执行尽速尽快禁绝的政策，至度支部制定牌照捐政策时，鸦片种植亦大为减少。1909年护理云贵总督沈秉堃向清廷申述说，本省无法举办牌照捐，"毒苗既绝出产，毫无趸售之商，零贩之店靡不依限歇业，实无买卖烟膏、烟土之人，牌照捐无凭开办"①。这一说法受到度支部的责难，贪恋税厘的倾向使得该部对地方省份的禁政决策横加干预，所持理由亦荒唐无理，"至牌照捐系稽查吸户扼要办法。该省民人，烟癖素深，办理尤关紧要，岂可以筹办为难，一再延缓。臣等公同商酌，该抚所请于禁种之先停收土药税厘及吸户牌照捐难以实行各节，揆诸目前情势，均有窒碍"，要求贵州省加强对牌照捐的征收②。清廷内部有人对度支部的这一无理做法颇不谓然，认为云南和贵州等省执行缩期禁种的政策行之有效，为配合禁种，要求取消牌照捐有其合理性，"国家对于鸦片，果实心禁之耶？抑观望迁延，冀捐税之不无小补也。不捐牌照，私贩私吸者尚凛然于功令之未可违抗，否则，明目张胆死灰复燃矣。秉堃毅然拒之，固犹愈于希风承指者"③。尽管度支部苛责，黔省对牌照捐的整顿并无起色，远远不能与广东等省相比拟。黔抚与度支部对牌照捐问题的不同处理，说明禁毒改革的逻辑遇到了财政困顿的挑战，禁政之策与财经扩张显然难以调适。

① 《清朝续文献通考》（一），卷52，"征榷"24，第8070页。
② 同上。
③ 《清朝续文献通考》（一），卷52，"征榷"24，第8070页。

其他省份因警政办理滞后以及禁烟进程加快等原因，收入并无明显增加。湖南在1910年下半年财政亏款弥补的六项计划中，有两项涉及牌照捐的整顿，但不敢保证收入的数量，包括牌照捐、印花税在内所有六项收入，也仅仅是希望达到140万两，①牌照捐一项的收入之少已可想见；随后，湖南藩司估计，如尽最大力气对牌照捐加强稽征，每年可达30万两。②这也仅仅是希望而已，并未见诸事实。该省实际推行牌照捐的时间是1910年12月份，确定的征收标准是每膏一两征洋银三角，烟土的征收标准同烟膏相同，只是这项收入的数量很难预料。③安徽省的牌照捐开办于1909年6月18日，取法江宁，依靠土市公行来稽征该税，在安庆、芜湖和庐州分设有关机构，收入税款用于办理禁政、巡警和劝业等新政事项，估计此项收入不会显著。该省对依靠牌照捐来开拓财源的做法不以为然，而是建议实行鸦片专卖，既可有裨禁政，又可增加税款，益处极大。④山东举办牌照捐的收入1908年仅仅为963两。⑤清廷欲依靠举办牌照捐来抵补鸦片税厘的计划，看来并未显效。

---

① 《湘财政之各面观》，《民呼、民吁、民立报选辑》1910年11月13日。
② 《湘省之最近大事》，《民呼、民吁、民立报选辑》1910年11月18日。
③ 《湖南全省财政说明书》，"岁入部·杂捐类"，第8页。
④ 《安徽全省财政说明书》，"岁入部·土膏牌照捐"，第41—43页。对于鸦片专卖之利益，安徽省认为至少有四个方面：即减少社会吸食量、减少输入量和防止漏税、抑制商人垄断之弊、禁烟效果明显。
⑤ 《山东清理财政局编订全省财政说明书》第4册，"岁入部·土药税"，第3页；对牌照捐的抵补效益，舆论早就认为成效不可能明显，有人曾作短评说，"各处所办土膏照，领照者寥寥，而挑膏运土者未必寥寥也。此事之结果概可见也：始则人民视为具文，终则官吏缘为利薮，严既足以闹事，宽亦适以滋弊，吾不知何以善其后也"，见《说土膏照》，《时报》1909年6月24日。

二、提高田房税契税率

全国性鸦片税厘抵补的政策中，出台最晚的是田房税契整顿政策。进入1909年后中国财政愈显不稳，内债无法举办，外债筹议又受到外人的怀疑和责难，①会议政务处与度支部大臣均感棘手，除了印花税以外，度支部各堂宪对各省的厘金收入也颇欲染指，"拟先调查各直省历年奏报厘金收数后，再行稽核常、洋各关额征税课正款"。这一举措缓不济急，清廷不得不再度要求各省注意鸦片税的抵补问题。

1909年3月15日内阁奉上谕：洋土药税厘关系军饷大宗，近据度支部奏请酌加各省盐价以为抵补之策，当经允行。惟盐斤加价合计不过四五百万两，不敷尚多，其抵补税厘一事责之度支部悉心擘画，此时筹款诚艰，要当权其利害轻重，多方筹集，迅速举行。各省如有抵补良策，亦著奏陈备采。②上谕下达后，度支部仰屋兴叹，计无所出，不得不向各省征询抵补良策，并催促各省迅速奏报抵补的措施。③会议政务处大臣甚至奉旨通知各省，特意要求将各省对鸦片税厘抵补的具体办法列表呈送，各省对此多数视若罔闻，庆亲王奕劻不得不再度要求各省限期两个月咨报到京。④从各省咨报的情形来看，能够真正起到抵补实效的政策并不多见，兹将部分省的抵补措施列表如下：

---

① 《外人论中国财政紊乱情形》，《申报》1909年1月13日。
② 《宣统政纪》卷8，第31—33页。
③ 《筹补土药税良策》，《大公报》1909年3月23；《咨请各省筹补药税》，《大公报》1909年4月3日。
④ 《整顿税厘汇闻》，《申报》1909年2月6日。

表 3-1 部分省份筹抵鸦片税厘计划措施简表

省份	抵补措施或设想	资料来源
甘肃	该省的奏报未言及抵补办法。	《升督奏陈甘省禁烟情形》，《申报》1909年2月30日。
贵州	设立红葡萄糖公司，仿照西方办法生产；盐斤加价微不足道，计划创设矿务总公司，开采朱砂、水银和锑矿以作抵补。	《禁种阿片之抵补品》，《申报》1909年4月4日；《黔省办理禁烟情形》，《申报》1909年7月11日。
山西	盐斤加价、旱烟糖酒加捐。	《晋抚奏陈办理禁种土药情形》，《申报》1909年4月23日。
湖北	无妥善之法。	《奏报鄂省禁烟情形》，《申报》1909年4月25日。
云南	兴办锡矿。	《滇督抵补土税之计划》，《申报》1909年5月8日。
江苏	无抵补大策。	《苏抚奏陈办理禁烟情形》，《申报》1909年5月12日。
广西	仿照四川设立经征总局办法，接管和整顿原来由藩司经管的各项杂税，并对各州县原征"牛判"加以整顿。	《桂抚奏报禁烟办法》，《申报》1909年5月13日。
安徽	未言及抵补。	《奏报皖省禁烟情形》，《申报》1909年5月16日。
福建	盐斤加价无数不多，等待中央拨款。	《闽督奏报禁烟成绩》，《申报》1909年5月28日。
陕西	植棉、发展桑蚕、开采石油以及中央确定的盐斤加价、举办牌照捐。	《奏报陕省禁烟情形》，《申报》1909年6月6日。
山东	认为中央确定的盐斤加价、印花税足资抵补，未列有他项措施。	《鲁抚奏报禁烟成绩》，《申报》1909年6月10日。

续表

省份	抵补措施或设想	资料来源
湖南	盐斤加价不敷甚多，牌照捐难以凭恃，建议清廷仿照土膏凭照捐办法办理工商各业凭照捐，以集巨款。	《湘抚奏报禁烟情形及筹议抵补办法折》，《申报》1909年6月18日。
江西	盐斤加价与牌照捐收入，不敷尚多，拟加征出口米税、谷税，整顿田房税契，加征典税。	《赣抚续陈禁烟办法》，《申报》1909年9月3日。

上述各省提出的措施，或因部驳不准，或因经费、技术不足，多未见成效。倒是广西和四川设立经征局整顿田房税契的办法直接而有效。四川最先设立此局，经营成效明显，入款大增，"截算上年冬季，税契收数已达五十万两有奇，以之拨给公费、提补额款、续增新加三项，税契尚足敷用"①。赵尔巽对川省整顿这项税收抱有较大的期望，认为抵补税款短缺的措施中，田房税契的整顿是一个有效的选择，②1909年的收入激增至239万余两，成效卓著。③湖北省鉴于四川省税契收入剧增，也援引成案试图整顿本省的田房税契，度支部此时虽未向各省推广这一办法，但显然注意到这一做法的重要性，在研究湖北省的请求时态度积极，认为这一税种优势明显，"惟前项契捐，究系取之有力之家，尚与贫民生计无碍，如果办理得宜，则凡能置产者生心疑阻，自可准其试办"，表示该部正

---

① 《川督奏陈经征局变通办理情形》，《申报》1909年5月10日；军机处档，第177133号。
② 《政治官报》第359号，1908年10月25日；军机处档，第166767号。
③ 军机处档，第187650号。

在研究各省的田房税契办法，一旦理出头绪，即可入奏。①随后，广东省尚有本省因办理契税显著，保举部分官员奏请奖叙一事，②这更加坚定了度支部出台新的田房税契办法作为抵补大策，而且财政集权倾向使度支部对各项开源节流之策均十分关注，③田房税契整顿政策出台意味着新一轮对各省财源搜刮的开始。

度支部虽然已经注意到此税，而未能立即奏办的原因，主要是各省田房税契的征收比例极不统一，如何酌量一个被各省所接受的税率十分麻烦。根据何汉威的研究，各省对这一税种的经营时间久暂不一，税率多寡不同，且屡有改变。在度支部提出统一税率之前，各省契税税率情形如下：

表3-2　1909年新契税税率出台之前各省情形表

税率：%

省别	年度	转让税率	抵押税率
安徽	1904年确定	6.6	
奉天	1906年确定	5.3	
福建	1909年前	3.0	3.0
甘肃	1909年前	3.0	
广东	1904年确定	6.0	3.0
广西	1907年确定	4.5	4.5
黑龙江	1904年确定	6.6	

---

① 《度支部议准鄂督请加契捐》，《申报》1909年5月15日。
② 《粤省整顿税契之奖章》，《申报》1909年5月31日。
③ 何汉威著有专文探讨度支部对财政集权的经营情况，涉及多种税款的整顿和提拨，见 "A Final Attempt at Financial Centralizationinthe Late QingPeriod, 1909—1911," *Paperson Far Eastern History*（Department of Far Eastern History, AustralianNationalUniversity），32（Sept.1985）．

续表

省别	年度	转让税率	抵押税率
河南	1904年确定	6.0	3.0
湖北	1904年确定	6.0	3.0
湖南	1904年确定	5.0	5.0
江苏	1904年确定	6.6	
江西	1905年确定	6.5	
吉林	1908年确定	6.0	3.0
陕西	1909年前	3.0	
山东	1907年前	3.6	1.8
山西	1909年前	3.0	
四川	1909年前	9.0	
浙江	1909年前	3.0	
直隶	1904年确定	4.95	2.45
云南	1909年前	4.5	
全国	1909年7月度支部确定	9.0	6.0

资料来源：根据何汉威：《清末赋税基准的扩大及其局限——以杂税中的烟酒税和契税为例》（《"中研院"近代史研究所集刊》第17期下册，1988年12月，第96—97页）一文所列表格整理。

随后，度支部对各省田房税契的税率进行研究，认为各省的税率不一，办法纷岐，亟须整顿，"现当清理财政之时，税契一项未便任令各省自为风气，此其亟须整顿者也；且此项税收，究系取之多财有力之家，与贫民生计无碍，不妨酌量加多，定为通行之税则"，7月15日该部建议以田房税契的整顿收入作为鸦片税厘抵补措施。①前述各省契税税率不一，现在度支部统一厘定为买契征税九分，典契征税银六分，税款分配的方针是"其前由此项税收内支用之款，应即如数划还各省，并准于加收项下扣提一成以为办公经费，此外尽数存储，听候部拨，专为抵补洋土药税厘之用"②。该部奏章为了打消各省的顾虑，证明此税并不累民，专门解释说，"议者谓事属加征，恐系害多利少，殊不知力能典买产业者必不吝此区区之费，且无典买之事官吏即无从过问，是与舆情为不扰。各省若实力奉行，办理得宜，亦可集成巨款，是于公帑为有益"。

这一看法与真相相去甚远，来自下面行省的说法是"社会之害莫此为甚"，"税契一项取之有力之家，稍有增加原不为过。惟典当田房，纳税虽系富民，而负税实在贫民，且自典当税契之法行，富户因惮于手续繁琐，不愿典当，贫民不得已，卖绝产业以救燃眉者，往往而有坐使富者益富、贫者益贫。社会之害莫甚于此"③。是否累民成为判断税种好坏的重要标准，行省与清廷的观点大相径庭。但税源减少，财政亟待扩张，是否真正累民已无暇顾及。度支部很快制定了田房契税试办章程，共计二十条，下发各省参照执行。④看来，田房税契的收入中，各省能够使用的款项是增加税率以前的税款，而增加的部分则由度支部提拨使用。对这项规定，该

---

① 《度支部整顿各省田房税契抵补洋、土药税厘折》，一档馆：会议政务处档案全宗，档案号：505/3843。
② 同上。
③ 《直隶清理财政局说明书》第6编，"杂税杂捐"，第2页。
④ 《度支部奏定酌加各省田房契税试办章程二十条》，《申报》1909年7月28、29日。

部多次向各省重申强调。①

各省对部颁税章的反应不一，由于部定税率系取各省中的最高值，原来实行低税率的省份对此颇有意见。江苏咨议局在审议本省田房税契税率时说，"部颁试办新章税则系照四川、湖广奏案，从其多数推行各省，但各省情形不同，江苏田房价昂，耕种、居住、营业不易，极费较量，故四川、湖广旧则最重之契税不能施之江苏，犹江苏最重之田赋不能施之四川、湖广……部颁新章收税重，则隐匿取巧之弊必更甚于前"②，因而反对过高的契税税率。直隶省认为，度支部所确定的契税率比日本的同一税率还高出许多，极易导致隐匿之弊。③多数省份对契税税率之高感到难以接受，纷纷以有害于民生为由电请清廷降低征税比率，但度支部不为所动，一再强调此税系取之有力之家，与贫民实无妨碍，"应仍遵照实行，勿再藉端干请"④。

四个月后，多数省份的态度发生扭转。随着各项新政铺陈拓展，各省需款浩繁，原来的反对态度不得不收敛。江苏省甚至计划再度加征六成，用于新政事业的举办经费，"现据咨议局员绅议决案，议将苏属税契正税大加整顿，一律拟照部章加征六成。是以此项正税银两截留一半储库，抵作本省新政经费，又以三成拨充地方公益之用。其余如上海等处道契加征三成，及苏、沪船埠等项概行

---

① 《田房税契归作正款》，《盛京时报》8月19日；《度支部奏遵议湘抚奏历年整顿厘金并催提田房税契折》，一档馆：会议政务处档案全宗，档案号：665/5906；另见《申报》1910年4月10日的有关报道。
② 《江苏咨议局议决抚台交议整顿税契办法案》，《申报》1909年11月26日。
③ 《直隶清理财政局说明书》第6编，"杂税杂捐"，第1—2页。
④ 《部驳各省请缓加契税》，《大公报》1909年10月8日。

加收税契银两,系为筹划新政的款,业经该局咨会苏抚,通饬苏、沪各属,剋日赶速造册详报"①。不但江苏如此,浙江省部分地区也搭车收费,在部颁新章实行后,随收警、学各费,办理新政事项。②这类趁机变相增加税负的做法愈演愈烈,迫使度支部不得不迭次向各省强调声明,新章税则既定,超出这一标准之外"丝毫不准多收取,恐不肖官吏阳奉阴违,致有浮收扰累商民情事,应即重申禁令,以防流弊而重定章"③。

各省实行部定新章后,收入情形较难估计。有学者对四川等16个省份的收入数据进行统计后,认为1909年以后每年的收入约为1100余万两④,较之盐斤加价入款多出一倍有余,在各种抵补方策中,实为入款大宗。细心核对即可发现,这一入款实际上包括了各省原有的收入,按部章规定,这些税款中应允许各省截留一部分归本省使用,归中央支配的部分并不充足,所存缺口仍十分巨大,抵补意图远远没有实现。如此搜括,民众负担必然非常沉重,若加上各地搭车收费,田房税契已成为仅次于厘金的第二大稗税,与其他苛捐杂税一起构成清末财政中最招人诟病的税种。鸦片禁政本为善政,而抵补税厘却使它变为清廷扩张财政的一种借口,各地民变迭起,与此类苛政不无关系。

三、纸上谈兵

禁政期间,关注鸦片税厘抵补者多是清廷重臣,各省疆吏

---

① 《苏省加征税契银两议充新政经费》,《时报》(上海)1910年4月2日。
② 《税契带收警学经费》,《申报》1910年6月13日。
③ 《重申田房税契之定章》,《大公报》1910年4月27日。
④ 何汉威前揭文,第94页。

虽然在清廷一再催促下拟具各类抵补措施，此后罕有再条陈者。上下内外的立场和表现迥不相同，令人深思。禁政初期，舆论界曾有人注意到鸦片税的抵补问题，提出通过土膏价格逐年提高的途径来加以补偿，他所提出的对策直接而又简单，对抵补大事信心百倍："以官膏之加价补土捐之损失。本法之最简便者，土捐逐年减则膏价逐年加，待至十年之后，土捐膏价虽已两无所收，而民间骤少此四五千万之花销，则金融之机关必灵，金融之机关既灵，则工商业必骤形发达，而国家之进款自裕，此乃计学之公理，即吾国民足、君足之说也。"①态度乐观，前途光明，有人干脆简洁直言地概括说"实行禁烟就可以富强了"②，可见时人对鸦片税厘抵补的心态。

乐观的心态不久就被事态发展所顿挫。英国人对中国加征洋药税厘极力反对，声称如此办理"有碍公益"③。对中方提出洋药需要加征一倍税厘的建议，印度当局认为，"此等办法实于禁烟无效，且印度不能使在华鸦片价值陡涨也"，"盖中国政府虽已声称，增税之举非欲多获饷源，然中国政府拟将洋药重征税厘，期与土药相等，则亦未尝无因。是以中国政府增税之议，驻华英使不宜轻允也"④。中英双方关于增加鸦片税厘的谈判持久但却无果而终。

尽管如此，清廷内部仍对鸦片加税计划兴趣盎然。1907年4月

---

① 《论禁烟之前途》，《申报》1907年2月21日。
② 《汉口见闻录》1908年10月16日。
③ 《英大臣覆答鸦片问题》，《顺天时报》1907年3月10日。
④ 《英印度部致英外部说略》，《外交报汇编》影印本，第25—26页。

初税务处拟实行鸦片税厘加征计划，曾拟具章程，并起草奏章准备入奏，认为鸦片税厘必须按年加征，既可以寓禁于征，又可以补助财政，度支部对这一举动也表示支持。①该建议久无成果，估计是遭到英人的反对。7月份有人对鸦片亩税的加征表示支持，要求度支部与各省督抚协商，"嗣后种烟地亩即按现在税则，一年加二倍，二年加三倍，逐渐递加，以业户不愿种烟为度"，政府内部还对加征亩税计划中派员稽查以及考核办法等问题有所筹划。②但各省亩税的情形较为复杂，土药统税实行后，多数省份并未征收此项税课，而且罂粟种植税的征收难度非常之大，此议不得不作罢。1908年5月禁烟大臣鹿传霖与恭亲王溥伟协商后认为，上年议定递年加征罂粟亩税的办法对禁烟有利，准备咨请度支部支持举办。③度支部却认为，这一加税计划与土药统税章程冲突，此议作罢。

1908年8月后各省土药统税局卡已经酝酿裁撤，税款不可依赖势成定局。度支部对抵补一事开始重视起来。印花税久无成效，盐斤加价没有完全抵补的把握。载泽向清廷提议，不足之额可以将烟酒糖茶税率酌量增加，并计划在各省谘议局和资政院议员中开征所得税，据说所得税举办章程也列入度支部的议事日程。④稍后度支部司员中有人建议载泽说，应该对洋药和土药税同时加征，奢侈性消费品如烟酒类的税负也应该增加，这一建议得到多数人的同

---

① 《议拟加征鸦片税额》，《大公报》1907年4月4日。
② 《度支部通饬加征烟税》，《申报》1907年7月10日；《盛京时报》1907年7月19日同名报道。
③ 《重征种烟地亩之计划》，《盛京时报》1908年5月31日。
④ 《度支部筹款新法》，《盛京时报》1908年8月5日；《度支部筹抵土药》，《大公报》1908年8月12日。

意。①税务大臣鉴于洋土药税越来越少,也提出加征奢侈品税负的建议,认为可以仿照日本关于"奢华品税则"办理,凡是贵重品、奢华品等进出口税负均应提高。②这一时期,类似于加税之类的建议不胜枚举,见诸报道的奏章纷然杂陈,但真正实行的并不多见,雷声大与雨点小的现象早已被舆论所诟病,以至于有人讥之为"会议政治":

> 今日之政治仅"会议之政治"也。一事之兴,一议之创,诸大老相通告曰:某日在会议政务处会议矣,某日开御前会议矣;外间亦交相传曰:某事果将于某日会议矣,某事且将于某日决议矣,乃迟至某日以某军机未到,故会而不议,改某日。至日又以某尚书未到,故议而不决,又改某日。盖改期三数次,而所议之事即可视为了毕矣。③

这些议而不决的建议所涉及问题颇不相同,但性质类似,均属开源一类的对策,随着鸦片税厘越来越少,相同或者相似的条陈、要求陆陆续续提了出来,根据报界的有关报道,兹将1908年下半年以后各类鸦片税厘抵补的建议分类统计如下。

---

① 《条陈增减税课》,《正宗爱国报》1908年9月3日。
② 《拟加重奢华品赋税》,《盛京时报》1908年9月18日。
③ 《时评·其一》,《申报》1910年7月12日。

表3-3　土药税厘加征类建议简表

建议者	建议时间	建议内容	资料来源
李参议	1908年8月	逐年加倍征收鸦片出产税，每年仅本销一项可收入2000万两，土药溢收税款不在其内。	《李参议请筹禁种土药》，《申报》1908年9月4日
徐世昌	1908年10月	东三省境内销售的土药准备加倍征收土药印花税，开办吸烟有偿牌照，挪作办公经费。	《土药税加倍征收》，《大公报》1908年10月25日。
禁烟大臣	1909年1月	要求度支部议定土药税加征章程，本年加征十分之一二，有裨禁政。	《土税加征之风说》，《大公报》1909年1月29日。
度支部堂宪	1909年2月	今年拟将土药税照原价加征十分之二，以裕国库而示限制。	《决议加征土药税》，《大公报》1909年2月20日。
禁烟大臣与度支部	1909年4月	禁烟大臣的加征建议度支部初步接受，确定要加征烟土烟膏，各省划一增加税率，作为抵补各省土税缺额。	《咨行加抽烟土烟膏数目》，《时报》（上海）1909年4月18日。
载泽与绍陈两侍郎	1909年4月	拟将土药税再行加抽，提作办理新政之用，决定按年递加一倍。	《拟加收土药税》，《正宗爱国报》1909年4月21日。
载泽与各堂宪	1909年4月	每年将土药税厘按三倍递加，如此，一切烟酒等税可暂缓加税。	《土膏加税之近闻》，《大公报》1909年4月17日。
禁烟大臣	1909年6月	嗣后鸦片税每年增长一倍，禁烟之令一年加严一等，相互配合。	《鸦片增价之一说》，《大公报》1909年7月3日。

这些土药税厘加征建议或要求，多数处于酝酿和筹划阶段。未能付诸实施的原因甚多，各省土药统税局卡的稽征力量相对薄弱是一个重要的原因，走私偷漏的问题不可能有效地解决；各地土商对加税的抵制不遗余力，风潮迭见，也是阻碍加税行动不可忽视的原

因；关键的一个原因与督办土药统税大臣柯逢时本人的倾向有关，1906年春天，当土药统税章程酝酿制定之时，每担100两正税，并随征经费银15两的主意就是柯逢时力主决定的，曾经办理四川土药统税稽征事项的蔡乃煌曾透露说，鸦片商人中行商盈利最多，万金之本即可盈利六千金，此类商贩百般运动，希望达到减税的目的，而柯逢时顺其吁请，不愿多加税厘；①另外一个原因是各省督抚的态度，加征罂粟亩税的做法只有山西、山东等少数省份始终执行，但也是地区性的政府行为，与中央的意图并无太大的关系，其他大部分省份则认为，种植税的稽征不易操作，阻力也大，所以尽管中央部门议论较多，而各省却杳无回应。

表3-4　烟酒奢侈品加税类建议简表

建议者	建议时间	建议内容	资料来源
度支部司员	1908年9月	应对烟酒税加征，核减日用品税负，以恤民艰。	《条陈增减税课》，《正宗爱国报》1908年9月3日。
度支部	1908年8月	办理印花税和盐斤加价阻力太大，拟以加征烟酒税来补苴鸦片税厘的短缺。	《度支部筹抵土药》，《大公报》1908年8月12日。
税务大臣	1908年9月	仿照日本的奢华品税率，无论上下官民均一律增加征税，使捐税倾向于富人，免除穷人重负。	《拟加重奢华品赋税》，《盛京时报》1908年9月18日。
陆军部王廷桢	1908年9月	建议举办奢侈税，以筹措军政经费，条陈奢侈税举办章程八条。	《王主政请办奢侈税补助军费条陈》，《申报》1908年10月6日。

① 《蔡乃煌致赵尔巽函》，一档馆：赵尔巽档案全宗，档案号：81/418。

续表

建议者	建议时间	建议内容	资料来源
度支部	1908年9月	盐斤加价抵补药税,不敷太多,拟加征酒税,以补不足。	《拟请酌加酒税》,《大公报》1908年10月1日。
政府与度支部协商提出	1908年10月	土税日少,印花税未办,奢侈品一律重税加征,日用必需品一概免征,以恤贫民。	《拟加奢侈品税》,《大公报》1908年11月2日。
税务大臣	1908年12月	鸦片税课日形亏短,拟议将一切奢华物品加重税课,以补亏短。	《决议加重奢华品税》,《盛京时报》1908年12月25日。
载泽	1909年3月	载泽与世续协商增加烟草、糖、酒各捐以作药税抵补之用,世续担心外交上难以交涉。	《抵补土药税之计划》,《大公报》1909年3月18日。
有人条陈	1909年3月	将茶叶和烟草两项税厘再行加重,以补药税亏累;张之洞认为属于累商之举,反对。	《张相国体恤商艰》,《大公报》1909年3月26日。
外务部与度支部	1909年3月	内廷要求度支部筹抵药税已见明谕,载泽提议加征烟卷和酒税,军机大臣中有人赞成此举。	《度支部筹抵禁烟款项》,《盛京时报》1909年3月27日。
那桐	1909年5月	纸烟加税的交涉极不顺利,外人皆不认可,现在只能先调查各国现行的纸烟关税细则,再作交涉。	《纸烟加税之续议》,《大公报》1909年5月6日。
载泽	1909年8月	缮具整顿全国常洋各关税课一折,着力整顿各关税厘,可增收两倍,足补禁烟土药税的短缺部分。	《京师近事》,《申报》1909年8月20日。

续表

建议者	建议时间	建议内容	资料来源
那桐	1909年9月	由于加税裁厘难以实行，载泽要求先将烟酒及各种奢华用品增加税厘，以补助洋药税的亏累，即将与税务大臣协商办法。	《会议实行加税之办法》，《盛京时报》1909年10月2日。
税务大臣	1909年12月	那桐与各国驻京公使协商加征烟酒税率，力争各国关税一律公允公平，以求增加税课，有裨于中国禁政。	《加征纸烟税之近闻》，《大公报》1909年12月22日。
税务处与度支部协商	1909年12月	税务大臣那桐与内廷决定实行加征奢华品税率，要求总税务司妥议办法，再与各国公使交涉。	《加征华奢品税之将决》，《大公报》1910年1月1日。
度支部、外务部、税务大臣	1910年1月	烟、酒两项均系奢华品，加征不算过分，计划于1910年实行加征一倍。	《烟酒税之再加一倍》，《盛京时报》1910年1月14日；《大公报》1910年1月12日同名报道。
度支部	1910年2月	筹办海军缺款甚多，必须加征烟、酒两项税课，但洋烟和洋酒也要一律加征。	《烟酒税课仍拟增加》，《大公报》1910年2月23日。
度支部	1910年3月	自戒烟后，土税日减，练兵等款关系紧要，该部各堂宪建议由洋酒糖茶和洋货等项加增二倍征收税课，方可抵补。	《度支部之筹款办法》，《盛京时报》1910年3月30日。
那桐、载泽	1910年8月	各国公使皆反对清廷增加烟卷税率，载泽催促税务大臣和外务部继续设法与各国谈判，希望达到加税目的。	《烟卷加税之抗议》，《大公报》1910年8月8日。

续表

建议者	建议时间	建议内容	资料来源
度支部	1910年9月	载泽多次要求税务大臣那桐与外人谈判纸烟加税问题，那桐表示此事外人皆不同意，必等到裁厘加税谈判完成后，方可实行，此时再谈，必无成效。	《那相对于纸烟加税之政见》，《大公报》1910年12月4日。
度支部	1910年9月	宣统三年预算案中，亏款五千四百余万两；磋商之后，确定三项抵补措施：增征酒税、开办营业税、举办所得税。	《度部增税弥补亏款详闻》，《申报》1910年10月14日。
江苏巡抚程德全	1910年10月	其奏陈整理财政一折中提出整理财政六策：仿行所得税、确立国库制度、举办公债、整顿税制、振兴官业以及烟草专卖等。	《度部奏覆整理财政方法》，《申报》1910年12月13日。

对烟卷、酒类和其他奢侈品增加课税，是清末外务部及税务处长期谋求解决的问题。禁政推行以后，该部门更加密切紧迫地关注此事，藉以补偿税厘短缺，这一愿望最终没有获得解决，主因在于外国列强对此强力阻挠；另外国内厘金关卡鳞次栉比，税章混乱不堪，裁厘加税的谈判长期没有结果，致使清廷从加税中获取补偿的希望破灭了。清廷内部，尤其是掌管财政的度支部极力推动有关谈判，但外人阻力太大，不易成功。报界报道此事连篇累牍，上表所列仅是部分事实，遗漏必多。报道出来的事情多半不会扑风捉影，而是多有所本。有人对报纸言论有所评价，认为"虽不尽可据，然

必有可据者存焉。久之，必能辨别"①，联系到洋土药税厘递减的严酷现实，这一类报道可信度较大。其实问题并不在是否可信，而在于其所报道内容的完整性如何，这是研究有关问题时不得不加以注意的。

纸上谈兵，终非现实。增税计划无果而终，度支部执掌司农，压力和紧张可以想见，迫使其到处征询抵补良策，迭次电催各省筹备抵补，随后压缩各部院经费开支，致使该部与各部门关系极为紧张，载泽甚至以辞职相威胁。②迫不得已之下只能铤而走险，该部在1910年下半年，酝酿提出许多不切实际的危险计划，例如，六七月份该部欲从改革币制中获取补偿，市面通用的银圆本来可兑换铜圆130枚，酝酿中的新币制规定，每元仅兑换100枚，其折扣率"不啻扣一七五折矣"，这一计划若能实施，每年的余利为100万元；③1910年9月，度支部又试图从全国官吏收入中征收所得税；④与此同时，该部试图突破祖宗成法，作加赋之举，载泽命承参厅与田赋司等研究增加全国的地丁税则方案，准备专折入奏，请旨施行。⑤诸如此类，概可显示财政困顿的严重程度。清廷各部本不愿纸上谈兵，但时势使然，亦不得不如是，奈何！

---

① 孙宝瑄《忘山庐日记》（下册），第917页。
② 《筹补土药税良策》，《大公报》1909年3月23日；《咨请各省筹补药税》，《大公报》1909年4月3日；《度部何伸于外省而屈于各部耶》，《申报》1910年8月22日；《度支大臣因节费丛怨》，《申报》1911年6月12日；等。
③ 《度支部暗行扣成发款之计划》，《盛京时报》1910年7月30日；《度支部之胜算》，《盛京时报》8月20日。这一计划若要实施，必致肇乱，对军饷影响之大极难预计，致使该部不敢轻易实行。
④ 《度支部发现新税源》，《盛京时报》1910年9月9日。
⑤ 《度部竟作加赋之计划》，《申报》1910年9月9日。

第四章 禁政与新政的牴牾

清末禁政与新政改革相伴推行,两者瓜葛相连,交互影响。新政涉及的范围较广,核心改革主要有练兵、警政、教育、财政清理和宪政等几个方面。每一改革均需要有可靠充足的财源做保障,这是改革能否成功的决定性因素。晚清以来的练兵、新政经费与鸦片税厘密切相关,1905年实行的八省土膏统捐及此后举办全国土药统税的收入成为练兵经费的主要构成部分;各省包括练兵、兴学、警政在内的各项新政也较多地倚赖鸦片税厘收入。鸦片禁政,特别是缩期禁种罂粟所带来的税收短绌,对上述新政事业影响甚巨,部臣与疆吏、中央各部之间由此形成严重的矛盾和冲突,制约了新政改革的进程。本章侧重分析与鸦片税厘相关的整军经武、警政、教育以及围绕经济发展和整军经武孰先孰后、孰轻孰重等问题所产生的层层纠葛和矛盾,充分揭示清末禁政对新政改革的财政制约。

第一节　禁政时期的整军经武

英国《泰晤士报》驻华记者莫理循曾经转述过严复对清末新政的一个评价：

> 十多年前，先有普鲁士亨利亲王，后有一名日本军官向满族王公们建议，中华帝国的当务之急和首要任务是要拥有一支现代化的军队；其次，将权力完全集中于皇室中央政府。满族王公们努力照此行事十二年，除此之外无所作为。谁能说这些建议是错误的？……他们恰好将一件锋利的武器给小孩玩耍，或拿一块马钱子碱当补药给婴儿吮吸。①

民国时期的学人沈金鉴研究清末编练新军经费问题时，也有一个发人深思的观点：

> 军事滔滔（指辛亥革命时期南北军队作战——引者），由发内帑而至于变卖瓷器，真不难想象国家财政是到了个什么地步，不必革命军以武力克服满清，财政的走上绝路已是自倾覆而有余了。因拯救危局而练新军，因练新军而增加财政上的极大负担，

---

① 《清末民初政情内幕》（上册），第781页；苏同炳：《中国近代史上的关键人物》（下册），第562页。其实，建议清廷大练新军的不仅有日本军官，国内人士也有亟亟以练兵为要者，例如维新言论家汪康年即大声疾呼"明诏天下，自今以后惟武是事"，将军备视为内政第一位应注意的问题。见汪康年：《论宜令全国讲求武事》，《时务报》1898年8月8日。

却招来了新军的叛变与自身的覆亡,更是意想不到的结果……①

上述两人对清朝覆亡的原因均有所论,皆将练兵与清朝覆灭密切联系,实非偶然。练兵求强是新政改革的重要目标,军费膨胀势所必然,但军费根基却因鸦片禁政而缓慢坍塌;重兴海军的经费筹措本来计划以鸦片专卖收入为大宗来源,1908年后因缩期禁种罂粟,海军经费的筹集遭受重挫。部臣之间因军费问题冲突频仍,禁政对军事的冲击不但是财政性的,而且已经影响到政治层面。

一、鸦片税厘短绌与练兵经费

编练陆军是清末新政最重要的事项之一,日俄战争是扩张新军的重要机缘。日俄开衅之前,为防不测,清廷能够应付东北局势的只有北洋三万兵力,防局岌岌可危,"防之不力,守局立隳,而两强构兵,逼处堂奥,变幻叵测,则今日所处之势尤难。如欲慎固封守,非十数万人不克周密,又须声势联络,互相策应,方免疏虞"②。军力不支,清廷颇感忧虑,认为练兵实当今急务,不容缓议。袁世凯献策中央集权也是一个重要机缘,袁密示枢臣:以编练新军而收兵权和财权。《时报》评论此事说:

夫练兵一事,其主动之力似不在政府,而在政府以外之人。

---

① 沈金鉴:《辛亥革命前夕我国之陆军及其军费》,《社会科学》第2卷第2期,国立清华大学1937年。
② 《容菴弟子记》卷3,转见罗尔纲:《晚清兵志》第4卷,"陆军志",中华书局1997年,第193页。

而此人者，其权势、魄力转足以驱使政府；又所建之策极契上意，故悍然以令天下而不疑。所谋之事与主谋之人，皆俨然与政府不相属矣。与政府不相属，而其所谋之事又必假政府之手，以令天下，则政府之失位可想而知，其事既终不能与政府相离，而关系之巨，头绪之繁，又终不能不与谙此道者谋，递演递推，因果相生，而朝局之波澜必起矣。①

揆诸后来事实，这一预测相当到位。该报所言"此人"当指袁世凯，"所建之策"应是实行中央集权。王士珍"行状"中亦有类似的说法："二十九年，袁公倡中央集权，收天下兵编为数十镇"，即指此事②。练兵国策因袁氏献策而确立，有关机构次第设立后，余下最要紧的事项就是筹措巨款练天下之兵，以固中央集权。在筹款计划中，最具显效的措施莫过于鸦片税厘的整顿和经画。

鸦片税厘用于军事开支起源较早，鸦片贸易合法化之前就有地方政府率先私自征收洋药税捐，用于军事项目。③鸦片贸易合法化，特别是洋药税厘并征之后，税款收入大增，海防经费中较多地使用这一税款，各省创办的机器局、船政局也大量地使用洋药税

---

① 《论朝局将有变动》，《时报》1904年10月21日。
② 尚秉和：《德威上将军正定王公行状》，《碑传集补》卷末，转见罗尔纲前揭书，第197页。
③ 于恩德：《中国禁烟法令变迁史》，第90—91页。

款①。直至清末禁政期间，洋药税款虽然主要用于支付各种赔款和外债，但仍有部分收入用于各类军事项目，兹举数例列表如下：

表4-1 部分海关洋药税厘用于军事项目支出简表

时间	海关	军事项目	文献来源
1907年10月1日至12月31日 1908年4月1日至6月30日 10月1日至12月1日 1909年4月1日至6月30日	镇江海关	支付上海机器局三厂常费、移建江南制造新厂经费以及海军经费等。	《江苏巡抚抄奏镇海关一百八十九结期内征收洋药税厘银两缮具清单折》，一档馆：会议政务处档案，编号179/1310；《江苏巡抚抄奏镇海关一百九十一结收支华洋税钞又该关是结期内洋药税厘收支各数折》，编号514/4040；《江苏巡抚抄奏镇海关一百九十三结收支华洋税钞又该关是结期内洋药税厘收支各数折》，编号：603/5054；《江苏巡抚抄奏镇海关一百九十三结收支华洋税钞一案又该关是结期内洋药税厘收支各数折》，编号790/7025。

---

① 罗尔纲：《晚清兵志》第6卷，《兵工厂志》中有关的介绍；庞百腾：《沈葆桢评传》，第307—308、321各页；张侠等合编：《清末海军史料》，第635—638、第660—661、684各页，海洋出版社1982年版；李恩涵：《曾纪泽的外交》，第255、290各页；丁日昌撰，范汉泉、刘治安点校：《丁禹生政书》，第567—568页，丁新豹出版社1987年；《集成报》第1册，影印本，第21—22页；《张文襄公（之洞）全集》，第2254—2256、第2862—2869、第3381—3383、第4328—4334各页；《李文忠公（鸿章）全集》，第784、第1279—1281、1474、1674、1760—1761、1784、1791、2049各页；林崇墉：《沈葆桢与福州船政》，第410—420页，台湾联经出版事业公司1983年；魏允恭编：《江南制造局记》，第503—505、520各页，《丛刊》正编，第404号。

续表

时间	海关	军事项目	文献来源
1908年1月1日至3月31日	芜湖海关	汇解奉天、吉林边防经费	《安徽巡抚奏芜湖关洋药税厘第一百九十结收支数目折》，一档馆，会议政务处档案全宗，编号255/1626。
1907年	江海关	洋务发审各局经费、文武职月课奖赏以及善后局经费等。	《江苏巡抚抄咨酌提洋厘办理善后三十三年收支款目折》，一档馆：会议政务处档案全宗，编号273/1992。
1908年10月1日至12月31日	江海关	解北洋海防支应局，奉拨天津机器局经费（改充北洋各军饷）、东北边防经费等。	《江苏巡抚抄奏江海关百九十三结加征洋药厘捐数目报销折》，编号736/6422。
1904年	江海关	武卫军月饷等	《两江总督札谕苏松太道袁树勋提拨江海关三十年药厘银二十六万两分行查照折》，一档馆：练兵处档案全宗。
1899至1902年	闽海关	船政经费	《户部为议奏福建司案呈本部议复福州将军兼船政大臣崇奏闽厂接造轮船光绪二十五、六、七、八等年收支各款折》，政务处档案全宗，第3101号。
1909年前三季度	东海关	山东海防军饷、缉私经费等	一档馆：山东巡抚衙门档案全宗。

上述洋药税厘用于军事项目的开支并非是大量的，1904年以后练兵经费来源中，洋药税厘所占比重较少，各省土药税厘收入则占主体。练兵处摊派给各省上缴中央的练兵经费总数有846万两，各

省认解的总数为613万余两。①在认解这项经费时,尽管各省提出的筹款措施多未将土药税列入其中,②但在实际筹措时,大部分省份却将土药税厘加意整顿,税收成效开始显著,因而这项收入对筹款练兵影响巨大。

八省统捐时期清廷确定了土药统捐溢收款项专作练兵经费的方针。1906年又将八省统捐推广至各省,税款使用方针依然未改,至各省缩期禁种土药高潮的1909年之前,土药统税(统捐)收入提供给中央的练兵经费达千万两以上,拨还各省的土药税款更远远超过此数,练兵经费方可藉此挹注。关于土药统税收入对练兵经费的重要作用,早在1907年底度支部就比较满意地总结说:"各省土药税厘□改归统税大臣设局征收后,一年之内,计解部溢收银三百余万两,练兵经费赖以接济,督办已有成效……

---

① 《练兵经费表》,载《政艺通报》,光绪乙巳,"政治图表",卷3,第2—3页。
② 《练兵处筹款清单》,载《政艺通报》,光绪丙午,"政治图表",卷1,第1—4页。中央练兵经费的筹措,户部原来的办法主要是通过两种途径,即加派和整顿烟酒税共计640万两,优缺优差浮收酌提归公、整顿田房税契共计(银)320万两(《清朝续文献通考》卷71,第8277页),各省后来实际的筹款措施,周育民在其《晚清财政与社会变迁》一书中注意到有所变化,例如,河南是靠司库挪凑、陕西是通过盐斤加价、酌提中饱、官吏脚效,江西省是通过整顿烟酒税、丁漕钱价、漕粮脚耗、巡抚司道报效等办法筹措,山西是靠零星拼凑,湖南是靠铜圆余利等等(见周育民:《晚清财政与社会变迁》,第394—396页),周氏依据的材料主要是1905年4月至10月份的督抚奏报。实际上,1905年对练兵经费的来源来说是一个转折性的年份,此后铜圆余利的减少速度极快,代之而起的是推广各省的土药统税收入,这项收入已如前论,解赴中央的部分达到数千万两,主要用于京畿六镇的练兵支出以及江北练饷等,各省名义上虽认解数百万两,但多数并未筹解,中央主要是依靠这笔土药统税溢收款项来挹注,度支部在有关奏折中已有明确的说明,1905年冬季以后编练完成的第五和第六两镇,其经费中就有八省土膏统捐的税收溢款;江北一镇和云南练兵经费中,亦使用较多的土药统税税款。

此项土税为练饷大宗，近来各省认解练兵经费之数多未照解，尤恃此统税溢收之项源源接济。"①练兵处、财政处、户部刻意筹办的土药统税厥功甚伟，使清廷财政于危难处得以救衩，清廷瞩目的京畿六镇练兵经费中大量的使用鸦片税，此外，清廷特别支持的军事项目等也得益于土药统税的拨解，如江北练饷、湖北兵工厂、东三省移驻军队、延吉边务、川滇边务、藏卫要需、云南河口军务、广西、云南、四川、热河、察哈尔编练新军、筹练禁卫军等等。②非军事性的项目，如中央各部经费、赈灾、赔款、出使经费、吉长开埠经费等也大量地使用这一税款。拨还各省的税款以及本省对土药税的各种整顿收入，同样也是各该省练兵经费和其他军事项目的重要保障。

按照练兵处编练三十六镇的计划，③每一镇的常年需款数量至少为183万两左右，④开办费需款亦不会少于此数。在各省庶政待举、赔款和外债沉重的情况下，这项支出的确庞大，实难咄咄立办。此外，中央练兵款项由各省负担，中央警政和教育事项等亦同

---

① 《抄咨会议土税大臣奏土药收税日绌请裁撤部局归各省自办折》，一档馆：会议政务处档案全宗，档案号：91/313。
② 《度支部咨奏财用窘绌举办新政宜力求撙节折》，一档馆：会议政务处档案全宗，档案号：523/4107。
③ 三十六镇可分为四个等级：一等，近畿四镇；二等，四川三镇；三等，直隶、山东、江苏、湖北、广东、云南、甘肃7个省份分别编练两镇；四等，江北、安徽、江西、河南、湖南、浙江、福建、广西、贵州、山西、陕西、新疆、热河、奉天、吉林、黑龙江16个省份各编练一镇，以上共编练三十六镇。见陆军部：《奏定陆军三十六镇按省分配限年编练章程》，见《光绪新法令》，第八类，"军政"。
④ 这项数据的计算系根据1904年9月12日总理练兵事务庆亲王奕劻、会办练兵大臣直隶总督袁世凯、襄办练兵事务兵部左侍郎铁良会同兵部尚书裕德等奏定的营制饷章的有关规定，对第三类杂支活款并未计算进去。

样由各省共荷担负；各省除了练兵新政以外，尚有其他新政事项亦不容缓，自督抚至州县官员的考绩升黜均与此有关，各省自不敢怠慢。支撑这种局面，非有源源财力绝难铺陈。在清廷严令督催下，各省对练兵一事均视为急务。土药税款在禁政高潮之前尚称丰盈，或解缴中央，或用于地方，不可或缺。从现存档案材料来看，各省将土药税款用于拨解中央练兵经费的事例较多，兹择取数例，列简表介绍如下：

表4-2 外省土药税收拨解中央练兵经费简表

省份	拨解时间	军事用项	文献来源
山西省	1899—1900年 1905—1906年 1908年	动拨旗兵加饷、董军行饷、武备学堂经费、军装局用项等；动支武备学堂经费银、陆军小学堂经费银；晋省征收土药亩税，六成收入解缴中央作练兵经费。	《晋抚奏报光绪二十五年抽收药税药厘银数核实报销折》，一档馆：朱批奏折财政类，第53卷，编号：001287；《张人骏奏光绪二十六年山西省抽收药税药厘银数及核销折》，编号001294；《山西巡抚张人骏奏为查明光绪二十六年分山西省抽收药税药厘银数核实报销折》，编号：001299；《山西巡抚奏为查明光绪三十一年分山西省抽收药税药厘银数核实报销折》，一档馆：会议政务处档案全宗，编号：587/5305；《山西巡抚查明晋省抽收药税药厘银数核实报销折》，编号：644/5890；《度支部抄咨议覆晋抚截留土税折》，一档馆：会议政务处档案全宗，编号：319/2321。

续表

省份	拨解时间	军事用项	文献来源
广东省	1905年 1907年	认解中央练兵经费	《练兵处奏为议覆两广总督岑春煊奏于土药统税项下认解练兵经费折》，一档馆：练兵处档案全宗；一档馆：朱批奏折财政类，货币金融部分，编号002083。
山东省	1903年6月—1904年5月 1906—1907年	解付武卫右军先锋队月饷银；统税开办前，东海关征收土药关税，解缴中央练兵经费和缉私经费。	《鲁抚奏报光绪二十年五月至三十年四月山东省土药税厘收支银数折》，一档馆：朱批奏折财政类，编号002671；一档馆：朱批奏折财政类，货币金融部分，编号：000271。
四川省	1910年3月—1910年4月	解缴中央练兵经费	一档馆：朱批奏折财政类，货币金融部分，编号：000357。
江西省	1904年1月—1904年2月	协解广西军饷	一档馆：朱批奏折财政类，货币金融部分，编号：000306、00432两件.
江苏省	1905—1906年 1908年	徐州加征膏捐解缴江北练饷；解付江北练饷	《江北提督刘永庆咨收到淮安管练兵经费银两数目日期转咨查照咨文》，《江北提督刘咨徐州膏捐局解缴练兵新饷数目日期转咨查照咨文》，《江北提督呈徐州膏捐局解到三十一年分两次加捐尾款银两日期咨文》，均见一档馆：总理练兵处档案全宗；《度支部等抄咨议覆奏江北提督奏饷短请拨的款折》，一档馆：会议政务处档案全宗，编号：195/1097。

续表

省份	拨解时间	军事用项	文献来源
湖北省	1898—1899年	宜昌土药税解付湖北兵工厂经费	《度支部抄咨核复湖北兵工厂收支各款折》，一档馆：会议政务处档案，编号：409/3042。
直隶省	1905—1907年	支解陆军第二镇饷银、常备军第一镇饷银、练兵处及陆军部经费	《度支部奏为核覆直隶筹款局光绪三十一、二、三等年分收支药酒等税银两数目折》，一档馆：会议政务处档案全宗，编号：562/4667。
热河	1903—1905年	设立求治局，征收罂粟等税，六成作练兵饷械、强盛军划拨饷银之用	《奏为热河造报光绪二十九年至三十一年十二月十四日止练军兵饷第一案报销折》，一档馆：练兵处档案全宗，军政司财务档。

上表（限于史料，其他省份未列）所示，这几个省份筹措摊派的练兵经费，较多地从土药税款中拨解出一部分汇解。其实每省土药税支出的事项较多，清廷练兵经费仅是其中的一项，各省练兵经费也与这笔税款密切相关。这种情形在鸦片利益较多的省份更加明显。

1907年之前，各省支付练兵经费的财源除了鸦片税以外，尚有铜圆余利一项，这是20世纪初年各省财政进项中较大的一个部分。1906年9月份禁政推行之前，铸造铜币的省份多达十六个，有的省份铸造铜币局多至二三个。①至考查铜币大臣陈璧1906年底南下巡

---

① 《考察各省铜币事竣恭覆恩命折》，陈璧：《望嵩堂奏稿》卷六，第491页。

查整顿时，这项收益已渐趋式微。铜圆余利逐步丧失后，各省财政颇受影响，这是清廷练兵经费所遭受的第一个打击。由于铜圆余利拨解练兵经费多在1906年之前，与本文关系不大，此不展论。此后，各省能够筹措中央和地方练兵经费渠道不得不主要集中到土药税厘的经营上。度支部也有将各省所有土膏税款"自本年起一律解交本部，归库存储，用作练兵经费"之类的想法。①载泽还表示，练兵是当务之急，各省动拨款项严令禁止在军饷项下指拨，"如有擅自动用者，准其指名开参，以重军需"②。但是，接下来的打击却是鸦片税厘入款大减，这是对中央和各省练兵新政更为严重的打击。

禁政与练兵的矛盾在1908年6月以后开始激化。因鸦片税款减少，广东省最先请求放缓练兵步伐，两广总督认为，"目今实行递减土药之际，收税自必日短，不敷必定更巨"③，迭次征询陆军部，要求减少练兵经费的拨解数量，但未获允准。陆军部的咨文说："粤省向称饶富，仅练二镇新军，实系极从少数，区区饷额谅亦不难设筹。无论如何情形，务请将应练新军按期编足，即在年内外编足一镇新军，所余一镇即接续开征编练，万不可再涉迟延，致防备久形空虚。"④粤省练兵压力开始增大。其他省份也因土药税款的不足越来越严重，致使本省的练兵新政延搁下来，或者干脆截留解缴中央的练兵经费。陆军部尽管对各省严词督催，而各省督抚

---

① 《度支部拟提土膏税款》，《大公报》1907年3月18日。
② 《电饬慎重饷项》，《大公报》1907年6月1日。
③ 《核明练兵费不敷数目》，《申报》1908年6月10日。
④ 《咨请筹款赶练新军》，《申报》1908年5月29日。

"有上折奏驳者,亦有始终不覆一字者"①,由于经费不支,多数省份不得不采取拖延一术。面对各省纷纷停解或缓解中央练兵经费,陆军部十分着急,早在1908年3月份时,该部就计划控制各省土药税款的全部收入,"请自本年春季起,将各省土药税厘悉数截留解部存储,留为扩充陆军之用"②,这一意图因各省反对甚力,最终未能实现。清廷责令度支部在指拨各省要需时,概不准在军饷项下动支,确保练兵经费不被侵蚀③。

针对各省拖延练兵计划,陆军部尚书铁良重新确定了全国练兵成镇的时限,督催各省严格执行,④稍后又将这一时限大大提前,自1908年起全部缩短至二年内编练完成,然后腾出财力兴复海军。⑤支持陆军部练兵计划的御史也呈递封奏,认为东西各国为了编练精兵所费巨万也在所不惜,中国应尽全力将各省的新军迅速编练成镇,清廷纳其意,寄谕各省督抚,迅速筹办。⑥但经费来源日狭,愿望与现实适成矛盾。本来,土药税是较少可以凭恃的财源之一,数量庞大,然而禁政进程在1908年下半年突然加快,税款收入已风光不再,早先推出的印花税措施迟迟不见实效,盐斤加价的收入不抵鸦片税的五分之一,经费危机开始加深。为确保练兵国策能够实施,陆军部有人提议开征奢侈税,并拟定开办的八条章程,要

---

① 《陆军部严催编练新军》,《申报》1908年4月11日。
② 《陆军部拟请拨款》,《大公报》1908年3月13日。
③ 《不准指拨军饷》,《大公报》1908年6月23日。
④ 《陆部谕饬拟定各省编练新军年限》,《盛京时报》1908年6月14日。
⑤ 《缩短练兵期限》,《大公报》1908年9月12日;《决议缩短练兵期限》,《盛京时报》1908年9月17日。
⑥ 《寄谕各省速练陆军》,《申报》1908年10月30日。

求国民共策推行。①铁良甚至建议将铁路部门的盈利拨给陆军部，以济燃眉之急。②度支部屡屡接到各地请求拨解练兵经费的咨文，无米之炊岂能应对自如？载泽行愁坐叹，只能向内廷表示，"嗣后各省陆军经费应由本省自行筹画，万一有不敷之时，再由本部设法拨助"③。

这一时期，练兵新政给各省造成较大的压力，有两种类型的省份尤为严重，一是铜圆余利较为丰厚的省份，如湖北省、江苏宁属等。就江宁来说，铜圆停铸后，练兵与兴学等新政事项无一不陷入停滞，请求截留关税的奏折被度支部议驳，④请款者仍纷纷相逼，藩司莲畦惶惶不可终日，于是决定辞职，在请求端方代奏折件中说，"不独弹劾在所不计，即遭戍查抄亦有所弗顾"⑤，窘困之状概可想见。另一类是洋土药税厘利益较大的省份，如云南、贵州、四川、湖北、浙江、福建、广东、广西、山西、甘肃等省份，或因赔款无著，或因练兵乏款，新政待款等，均对度支部诟病不少。要求各省自为筹措练兵经费的咨文传到这些省份后，地方筹款的办法五花八门。浙江省为保证与本省利益相关的盐斤加价能够顺利实施，不惜将原来的练军盐斤加价停征⑥；广西省因土税短缺明显，练兵经费无以为继，桂抚张鸣岐称，"部章加抽盐价，虽云抵补药

---

① 《王主政请办奢侈税补助军费条陈》，《申报》1908年10月6日。
② 《筹拨练兵经费》，《大公报》1908年10月7日。
③ 《筹画陆军经费》，《大公报》1908年10月18日。
④ 《江苏巡抚抄奏学务经费窘迫恳拨关税折》，一档馆：会议政务处档案全宗，档案号：179/1314；《度支部奏为江宁学务用款无著银两碍难准其作正开销折》，一档馆：会议政务处档案全宗，档案号：195/1098。
⑤ 《江宁财政之恐慌》，《盛京时报》1908年7月15日。
⑥ 《浙省停止练军盐斤加价》，《申报》1908年11月2日。

税,然桂省所得之销价一文……约计通年所入不过五万两左右","以视原有药税不逮五分之一",接连两次请求加征米谷盐练兵经费。①贵州省在给清廷的奏折中慨叹因禁烟而导致练兵经费的紧张情形,各省协饷已欠至一千余万两,屡催罔应,钱粮每年入款仅仅20万两,土药税款40余万两已不可凭恃,新军开办费与常年经费200余万两尚无着落,请求允准截留本省应支付的庚子赔款银两。事实上,这笔赔款原本不是出自贵州省,多年以来一直是由四川协饷来支付,黔省的意图就是藉此要求川省将这笔款项拨给本省,作练兵经费之用②。四川也是缩期禁种土药的省份之一,自顾不暇,哪有余款协解?按照练兵处的部署,川省应练足三镇之兵,需款自然浩繁,至1909年3月份时,该省仅练足一协兵力,赵尔巽只得请求将认解中央练兵经费的80万两和改拨北洋军需银10万两予以截留。③估计度支部未予批准。清理财政时期,川省预算短缺每年达到300余万两,陆军部和军谘处认为,四川"系处边陲,较之内地尤急,不敷之款断不能尽将军费核减抵补,应准贵省预算册所列军事预备金二百一十三万暂行移作编练新镇之用,嗣后再行筹措预备之款",川督赵尔巽予以严辞拒绝。④不顾财政危局,朝贵热衷整军经武,越来越被朝野所诟病。

1909年下半年之后,缩期禁烟的进程加快,财政方面的负面影响已非常明显。湖北、四川、云南等鸦片利益巨大的省份自不

---

① 《桂抚再请抽收米谷盐练兵经费》,《申报》1908年11月11日。
② 《黔省练兵经费之竭蹶》,《申报》1909年2月15日。
③ 《节录川督经画财政军政之奏牍》,《申报》1909年3月1日。
④ 一档馆:赵尔巽档案全宗,档案号:74/375。

必说，即连边疆地区的热河省也深受鸦片税厘短缺的影响。在清廷看来，热河是"内屏畿辅，外控蒙藩，兵事、边疆悉关紧要"的地区，在土药税厘渐失之后，热河都统廷杰迭次请拨练兵经费，度支部与陆军部在议覆折件中表示十分为难，"无如年来练兵经费各省均多欠解；禁烟令行，土药税又成弩末，近畿各镇军储已虞不给"，两部所拟定的办法除了答应给8万余两外，仍是催促直隶省将欠解的协款解足，此外别无良策。①同一时期，度支部在议覆云贵总督请求拨解练兵经费的折件中，称本部处境极其艰难，面对各省的请款折件，部臣"夙夜彷徨"，无以为继。度支部本掌管司农，但铜圆停铸及土药税减收甚巨，负责筹拨中央练兵经费的差事颇难应付，"以计口授食之需，成朝不谋夕之势"，面对窘困，该部能够做的就是提醒各省"舍入款设法加增，出款极力节缩，此外别无办法"②。福建省的财政窘况亦因缩期禁种而严重，军谘处经费等成为该省沉重的负担，总督松涛提醒清廷对练兵一事应尽快反思，确保财政不因练兵而坍塌，倡言"治国之要理财为先，中外古今固同一辙"，要求会议政务处作统筹全局打算，"或将应解各项量予通融，或将新政所需酌分缓急，俾得稍纾财力"③。陕甘总督升允亦有类似看法。④

---

① 《度支部议驳热河添练新军饷无著另筹的款折》，一档馆：会议政务处档案全宗，档案号：783/195；《热河练兵经费无著》，《申报》1910年1月17日。
② 《度支部议覆云贵总督奏滇边饷支绌情形折》，一档馆：会议政务处档案全宗，档案号：832/7484。
③ 《闽浙总督具奏闽省预算案成立并沥陈财政艰窘情形折》，一档馆：会议政务处档案全宗，档案号：860/8076。
④ 《升允之末路》，《时敏新报》1909年6月12日。

这种反对声音对清廷影响十分微弱，练兵国策岂可随意动摇？言官中随和陆军部者甚多，清谈练兵强国的言论左右了内廷的视线，有御史甚至提出陆军部应派遣大员分赴各省督催练兵事宜，以防拖延塞责。①海军兴复与陆军编练同时并举的呼声也很强烈，两个部门彼此争款，纠纷尤多。民间对此重戎政而轻视民食的倾向颇有微词，报界在讨论新政成效时，认为各项新政中最具成效的就是筹措军饷。《时报》的消息报道中有时夹杂着一些绝妙的评论，对禁政以后的民食生计极为关注，而对清廷专注于整军经武则愤懑不已，试看一例：

陆军部昨电各边省速行练兵，万勿后于海军。窃有一言，更推此议，为在上者告曰：速为我民谋生计，万勿后于海陆军！②

为了练兵，民食生计倒在其次，这是陆军部和军谘府的一致看法，不但不收缩，还要再度扩张。1909年底，载涛和毓朗两贝勒定计于闱幄之中，倡言要将全国练兵的计划增至五十镇，"方足以资攻守，且均须于宣统八年一律成立"③。后因筹款极难，改为扩至四十八镇，仍在宣统八年一律练成。④配合这一扩军计划，度支部再次请旨饬令各省筹解练兵经费。原来土药统税盈余较多时，

① 《又一搜括财政之法》，《盛京时报》1909年10月16日。
② 《时评一·海军陆军与生计》，《时报》1909年3月28日，着重号系笔者所加；《时评·其一》，《申报》1910年8月11日。
③ 《增练全国陆军之计划》，《盛京时报》1909年12月18日；《大公报》1909年12月14日同名报道。
④ 《添练陆军之新计划》，《盛京时报》1910年4月30日。

该部对各省认解的练兵经费欠解一般很少专折督催，①现在不得不郑重其事，所拟折件系陆军部与度支部共同衔名，由度支部主稿具奏，奏折称："臣部亦知各省库储匮乏，拨款为难，近复新增海军经费，负担愈重，筹措愈难。然海、陆两军同关紧要，此项练兵经费既经各省认筹在先，已练之兵岂能一日无饷？"②在其后议覆浙江巡抚增韫请求免除该省州县平余一事时，度支部对练兵经费欠解一事更抱担忧："中央练饷究为计口授食之资，近日禁烟令行，药税溢收已成弩末，所有近畿各镇全恃各省原认经费以为转输，若再事纷更，万一稍有贻误，为患何堪设想？"③军食所关，度支部不得不牺牲浙江省利益，以求中央练兵计划的实现。此前，度支部历数财政艰窘的主要原因时，列有两大主因，其一为铜圆失利，每年300万进款已经停收；其二为鸦片税厘抵补的措施成效不大，印花税集款"未可预期"，盐斤加价虽微可预计，但"以每岁洋土药税并计二千万，以区区加价抵补，仅得五分之一。而近日如江南兴筑要塞、四川、云南等处练兵，业经先后提拨凑用"，其他抵补措施无效者甚多。土药税递减的情形愈来愈趋向严重，致使练兵经费缺额更多，无奈之下度支部再次提出印花税的举办问题，准备于1911

---

① 度支部在1909年8月份时说，中央各项要款的拨解或提拨关税，"或动支练兵经费及土药统税，或迳由部库拨给其各项工程，先后由部拨给者为数亦复不少，皆未敢强派各省。正以各省当悉索之后，元气久伤，但使稍可支持，亦思与各省暂谋苏息"，这是沥陈财政窘迫时该部的自我表白，虽觉露骨，但与事实尚不离大谱。见《度支部咨奏财用窘绌举办新政宜力求搏节折》，一档馆：会议政务处档案全宗，档案号：523/4107号。
② 《度支部会奏请旨通饬各省认真筹解练兵经费折》，一档馆：会议政务处档案全宗，档案号：391/5227。
③ 《度支部奏议覆浙抚奏练兵经费另筹抵补请免各州县平余等款折》，《申报》1910年8月1日。

年春天开始举办,绝不能再行拖延。①事实上这一愿望并未实现。眼下陆军部和军谘府又决定增扩陆军,申明各省立即解缴练兵经费势所必然。其实,申明归申明,各省自顾不遑,哪有余力再向中央拨解?

鸦片税入款大减,引发了朝中部臣之间早已潜伏的矛盾,纠纷冲突不断升级,演成朝代末年政坛纷争之一景。

1909年8月度支部单独向朝廷密奏财政窘迫情形,对推行新政同时并举的现象隐加诟病,暗批练兵计划无限制扩张,该部警告说"窃恐九年之预备未成,而府库之财用已竭,有碍于立宪前途者实非浅鲜"②,这已经预示着部臣矛盾已趋于激化。媒介认为度支部与陆军部矛盾的焦点是载泽坚持节俭主义,而荫昌则力主军备扩张。关于两部的矛盾纠葛,《申报》"要闻"栏有一个相当到位的报道:

> 度支大臣泽公向持节省经费主义,因之与陆军大臣荫昌颇有意见。闻军事上各项费用近来颇有不能应手之处,近畿各镇有历两月之久,而度支部应拨之饷项犹未拨发者,虽经陆军部迭次催拨,度支部均以无款应之;即预算案规定之款亦未能照数拨解。端阳节前,陆军部因无款开发部中薪费,特向某官银行借银三万,利息至三分之巨,闻度支部于此项利息有决不承认之说;或谓本年秋操需款一百余万,将来提拨时,不知又当费几许纠葛

---

① 《京师近事》,《申报》1911年2月9日。
② 《度支部咨奏财用窘绌举办新政宜力求撙节折》,一档馆:会议政务处档案全宗,档案号:523/4107号。

也。于此可见,泽荫两大臣意见之深矣。①

度支部反击陆军部较早的一个举措,就是阻止滇闽粤川四省陆军会操行动,这次行动将耗费二百余万。会议政务处讨论陆军部的这一决定时,反对者十居八九,载泽支持世续的主张,极力反对陆军部的糜费举动,四省会操之举不得不作罢。②其后各省财政监理官向度支部申诉说,各省军政经费之巨令人乍舌,地方财政无法承受如此重负,"甚至广西、贵州小省亦须二三百万,若不及早设法,将来日加扩充,将何以支给"③。建议载泽尚书与军谘处协商解决。军谘大臣毓朗不但不注意军费膨胀问题,会议政务处讨论时,他反而提出尚有18镇新军未能编练,军费缺额六七千万,要求度支部承担,载泽断然拒绝,态度极为冷淡。④清理各省和各部财政,度支部负有专责,压缩经费预算,削减开支是必须经过的步骤,军政经费也在压缩之列。但陆军部和军谘处蔑视度支部的屡次声明,直接向各省通电声称,军费万不可压缩削减,陆军部的电令称,"现值时艰日迫,急应扩张军备,贵督抚、提督、将军、都统夙矢公忠,当能力顾大局,各任其难。查各省报部预算案内,于按年编练镇数诸多未符,曾经本部电请追加在案;至所有已经编练之新旧各军经费,贵督抚、提督、将军、都统,无论如何为难,未便轻易核减。本处部即按照业经报部册籍为贵省军事经费,本处部有

---

① 《度支大臣因节费丛怨》,《申报》1910年6月22日。
② 《中国财政影响于军政》,《大公报》1910年6月4日。
③ 《陆军费负担之重》,《盛京时报》1910年7月19日。
④ 《会议练兵问题》,《盛京时报》1910年8月4日;《七千万金之练兵费》,《盛京时报》1910年8月19日。

国防专责，理应统筹，希冀查照办理"①。这一电文与度支部削减财政预算的精神针锋相对，陆军机关与度支大臣的矛盾暴露无遗。各省督抚对此矛盾现象无所措置，深感为难踌躇②。其后，陆军部尚书荫昌甚至提议，"必须以全国收入十分之五六专供扩充陆军之用"，在军谘大臣毓朗官邸，载泽与荫昌争执不下，"荫争之甚力，并谓现在列强对华情形及吾国现处地位若何危急，非竭全国之力整顿陆海军决不足以救亡而图存，语语沈痛"③。载泽若不答应，荫昌亦决不上任陆军部尚书，矛盾之尖锐由此可见。

度支部为巩固岌岌可危的财政不得不厉行财政保守主义，对各省预算一再压缩，对军政拨款趋向悭吝，前后节省开支1亿两，④于是招致内外物议，"各项新政人员欲拨款创办某政者，必非许多周折，甚至有费周折而终不能拨一款者，因此内而各部院堂司，外而将军、督抚、都统以及各处办事大臣，以泽尚书为不然者几十有八九，而军机大臣某某、军政大臣某某，平日对于国家志趣远大，因泽尚书坚守消极主义，尤不满意"⑤，该部上下成为政界众矢之的，载泽几度向摄政王提出辞呈，概见政争之激烈。

对于军费支出的庞大规模，舆论界非议不少，有人曾专门计算一省之内财政支出的结构比例，如果以1000万两为计算基数，各项支出数字分别是：摊赔外债300万两，供给军费300万两，京

---

① 《各省军事经费不得核减》，《盛京时报》1910年8月25日。
② 《各省督抚之为难》，《盛京时报》1910年9月6日；《度支部与陆军部》，《盛京时报》1910年9月9日。
③ 《会议扩充军费之述略》，《盛京时报》1910年9月8日。
④ 杨寿枏：《觉花寮杂记》，转见苏同炳：《中国近代史上的关键人物》（下册），第859页。
⑤ 《泽尚书决计乞休再志》，《盛京时报》1910年9月9日。

饷100万两，协饷100万两，余款200万两。①若从1911年全国预算的比例来看，陆军经费占到全国总支出的35%，在扩张军备的国家中比例并不算是最高的。②荫昌等人常常以此为根据，认为中国的军费还可以再行扩大，岂知中国的财政环境已因赔款罗掘和鸦片禁政而大为竭蹶，尚有其他新政事项亟待筹办。除了对各国军费加以比较外，荫昌和其他权贵还有一个想法，这就是即将召开的保和会（裁兵大会）上，中国大练新军的成效如何，直接关系到国家的地位，按照荫昌本人的看法，保和会就是各国比赛兵力强弱的大会，因之中国必须整军经武，否则将会沦为二流国家。③荫昌之陆军部，载洵之海军部，载涛之军谘处均持同样的看法，鼎力奉行整军经武主义。在匮乏财政状态下，财政与军政之矛盾遂不可消弭。

鸦片税厘短绌直接诱发清理财政之举，而清理财政这一筹备宪政的举措则必然导致新政事业经费的缩减，这与整军经武主义适成对立，由此逐步酿成京师主要派系的分化和对峙。关于清廷内部派系林立的情况，江庸所撰《趋庭随笔》记述说，"醇亲王摄政季年，凡分三派：载洵、载涛两贝勒分领海军部军谘府为一派，载泽

---

① 《中国财政之为难情形》，《盛京时报》1910年9月29日。
② 材料显示，当时俄国军费比例为44%，英国为38%，德国为34%，法国为31%，日本26%，看来中国陆军费用的支出总量处于中上等水平，见《山西陆军财政说明书》第三篇。
③ 《此为保和会之真相》，《盛京时报》1911年4月11日。

管度支为一派,庆亲王奕劻、那桐、徐世昌任总协理为一派"①。载洵与载涛是摄政王的亲弟,载泽乃惠端亲王绵愉之后,降袭镇国公,其妻乃隆裕皇太后之胞妹,"宣统中,泽公以贵胄为尚书,权威最重。其人刚直廉政,不受请托,亲贵如洵、涛,枢臣如庆、那亦慑其威棱"②,三权贵均系皇族,位重显赫,且权欲强烈,利益分域,政争自不可免。丁未之前,奕劻一派活跃于内廷,政争纷纭与该派瓜葛密连;而宣统元年后,军政派与度支派适成暗潮,摄政王虽调和其中而不能左右,追根溯源,禁政年代的诸多财政因素恰好促成了两派政争的表面化,政局发展赖其影响至深。

二、兴复海军

(一)洋土药税收与海军经费之关系

同光之际海防骤兴,海军经费与鸦片税收密切相关。鸦片贸易合法化后,各海关对洋药税按照划一税率进行征收,合法化后1860年10月1日至次年6月21日的9个月中,海关就为清廷征至30万两,

---

① 江庸撰:《趋庭随笔》,转见苏同炳:《中国近代史上的关键人物》(下册),第867页。与江庸所述不同的是胡思敬著《国闻备乘》,胡认为,宣统初年朝中分为七派甚至更多,"洵贝勒总持海军,兼办陵工,与毓朗合为一党。涛贝勒统军谘府,侵夺陆军部权,收用良弼等为一党。肃亲王好结纳,勾通报馆,据民政部,领天下禁政为一党。溥伦为宣宗长曾孙,同治初本有青宫之望,阴结议员为一党。隆裕以母后之尊,宠任太监张德为一党。泽公于隆裕为姻亲(按,载泽之妻乃隆裕太后之妹),又曾经出洋,握财政全权,创设财政监理官盐务处为一党。监国福晋雅有才能,颇通贿赂,联络母族为一党……而庆邸别树一帜,又在七党之外",见氏著:《国闻备乘》,转见苏同炳前揭书,第563页。

② 杨寿楠:《觉花寮杂记》,转见苏同炳:《中国近代史上的关键人物》(下册),第859页。载泽于宣统间有计划要推倒庆内阁,收拾糜烂的局势,重整人心,一展其救国之抱负,上书见858页。

1866年时这一数字增至200万两，直到1884年，洋药税仍占全部进口税的一半以上。①李鸿章经营天津等地海防事业经费，大量地使用洋药关税。②其他各种与海防事业相关的制造、修理等开支也较多地从海关洋药税中指拨挹注。③1887年海关开始对洋药实行税厘并征，至甲午战争前，海关征收的鸦片厘金总数（不含鸦片税）达到4576万海关两。④其中，1885年至1888年，按印度输华鸦片每年77800箱计算，中国税收每年即可增加620余万两之巨。⑤清廷对此甚为满意，谕云"税司由我而设，洋税自我而收，现在海关税入增至一千五百余万，业已明效可观"，⑥海关总税务司赫德因而能够运用该款之一部，向英国增购海关巡船三艘，分别命名为"开办号""厘金号"和"专条号"，以资志念。⑦各省海关中，洋药

---

① 郭卫东：《不平等条约与鸦片输华合法化》，《历史档案》1998年第2期。
② 《截留洋税折》（同治十二年十月十二日），《海防经费报销折》（光绪九年十二月十九日），《洋药税厘拨还洋息折》（光绪十三年四月初七日），《李文忠公（鸿章）全集》，第784、1474、1760—1761等页；庞百腾：《沈葆桢评传》，第307—308、321各页。
③ 林崇墉：《沈葆桢与福州船政》，第410—420页；刘伟：《晚清"就地筹款"的演变与影响》，《华中师范大学学报》第39卷第2期，2000年3月；罗尔纲：《晚清兵志》，第六卷《兵工厂志》，第222页；丁日昌撰，范汉泉、刘治安点校：《丁禹生政书》，第567页，丁新豹出版社，1987年版；《袁世凯奏议》，第42页；庄吉发：《同光年间的地方财政与自强经费的来源》，第1078、1080、1082、1089、1098、1100、1102、1108各页，"中研院"近代史研究所：《清末自强运动研讨会论文集》，1988年；魏允恭：《江南制造局记》，503—505页；崔运武：《中国早期现代化中的地方督抚》，中国社会科学出版社1998年，第76、84—85页；庞百腾：《维持福州海军船厂：财政与中国早期的近代国防工业1860—1875》，《现代亚洲研究》1987年第2期。
④ 《海关贸易统计年报》，1864、1894年；戴一峰：《近代中国海关与中国财政》，厦门大学出版社1993年，第40、158页。
⑤ 薛福成：《滇缅分界通商事宜疏》，《庸盦全集》，《海外文编》卷1。
⑥ 《清末外交史料》卷68，此转见戴一峰前揭书，第158页。
⑦ 《清末外交史料》卷64，第13页。

税厘或土药税均有拨解为海军经费者①,但数目不算大。海军衙门成立之初,经费困难甚多,对海军举办身负重任的李鸿章尤感头痛,他称"事繁力惫,屡辞不获,虽得两邸(醇亲王奕譞与庆郡王奕劻——引者注)主持,而仍不名一钱,不得一将,茫茫大海,望洋悚惧"②,"法事平后,各省须还洋债近二千万,海军无可恃之饷,尚未能多购巨舰"③,经费支绌情形概可想见。此时中英双方正在谈判鸦片加税问题,曾纪泽建议李鸿章,应该运用加税之后增收的鸦片税款办理南北洋海军之用。④后因郑工需款浩繁,加之内务府大建颐和园工程,洋药税款增加的部分被挪用甚多,海军虽需

---

① 《安徽巡抚奏为凤阳关一年期满征收土药税银考核数目折》,一档馆:会议政务处档案全宗,档案号:84/379;《户部为议奏福建司案呈本部议复福州将军兼船政大臣崧奏闽厂接造轮船光绪二十五、六、七、八等年收支各款折》,一档馆:政务处档案全宗,"船政类",第3101号。
② 李鸿章:《复曾沅甫宫保》,《李文忠公(鸿章)全集》,"函稿",卷20,第60页。
③ 李鸿章:《复曾颉刚袭侯》,《李文忠公(鸿章)全集》,"函稿",卷20,第63页。
④ 《醇邸来函》,《李文忠公(鸿章)全集》,"海军函稿",卷2,第24—25页。

款孔亟，然亦无可如何。①

1895年威海卫海军熸师以后，海军兴复仍不时被人提及。关于海军经费筹措，有关言论建议加重鸦片税率，用于海军重兴。陈炽称此法一举两得，既可禁烟又可办理海防，"事由渐开，当以渐禁。渐禁之法，非重征其税不可。集成巨款，既可以筹海防，逆计将来，复可以消除隐患"，重税之法，五年倍征，三十年加至六倍，以其款办海军之用。②这种思路在90年代后期的士大夫中颇有影响，主张以鸦片税厘办理海军的呼声甚高。《福报》的报道称："中朝创建海军经费不赀，每年饷糈需四百万两之多。中东一役悉付东流，现海军虽撤，不日仍须复举。故各省饷银仍按期运解，粤海关约每岁征银三十万两，统粤海、潮、琼、北海四关洋药税银三十万两，九龙、拱北两关洋药税银三十万两有截留本省者，有拨

---

① 1889年7月8日奕劻等及8月1日总管内务府大臣福锟等奏，《洋务运动》第3册，第117—119页；天台野叟：《大清见闻录》（上卷，中州古籍出版社2000年，第129页）曾称，"颐和园经费多出自海军经费，闻约计三千万两。其修理费则出土药税，土药税每年有一百四十余万，归户部拨款者才三十余万，余均归颐和园"；《清宫遗闻》也称："修颐和园款多出之海军经费，闻约计三千万两，其修理费，则出土药税"，见苏同炳著：《中国近代史上的关键人物》（上册），第276—277页；另外，如下文章亦谈及此事：戚其章：《颐和园工程与北洋海军》，《社会科学战线》1989年第4期；叶志如、唐益年：《光绪朝的三海工程与北洋海军——兼论颐和园工程挪用北洋海军经费问题》，中国第一历史档案馆编：《明清档案与历史研究——中国第一历史档案馆六十周年纪念论文集》，中华书局1988年；吴相湘：《清末园苑建筑与海军经费》，载氏著：《近代史事论丛》（第1册）"传记文学丛书"之八十二，1978年再版；罗尔纲：《海军经费移筑颐和园考》，载氏著：《晚清兵志》第2卷，《海军志》，第27—38页；姜鸣著：《龙旗飘扬的舰队——中国近代海军兴衰史》，三联书店2002年，第225—235页。
② 赵树贵、曾丽雅编：《陈炽集》，中华书局1997年，第68页。刘光第亦有类似的想法，见刘光第：《论〈校邠庐抗议〉》，载氏著：《刘光第集》，第15页；赵丰田：《晚清五十年经济思想史》，第210页。

留南北洋兵饷者,其余均分批解还户部云"①,户部将各关洋药税厘征集起来,该言论推测是与兴复海军有关,但偿款数额巨大,海军事宜迟迟不见举措。薛福成所撰《出使英法义比四国日记》刊行后,柬埔寨等处官膏专卖的做法引起国内人士的关注,②这一做法传开后,国内有人建议对洋药税收进行整顿,以备海军兴复之用,"洋药之税既无可加,而亦无庸加,则惟有俟其熬膏后,再议抽厘税,土则其权在人,抽膏则其权在我。宜照新嘉坡、西贡港例,设官膏局于通商口岸,招商承充,认定缴饷之数,准其将生土熬成熟膏,分运各处销售。凡吸者只准实熟膏吸食,不许购生土自煎,其又私自熬膏者,一经查出,律以私铸之重罪,则洋土可全数归公,私土并无处可买,而中国土浆亦照此办理,岁赢银钱何下数百万"③。

辛丑赔局,举国震惊。言练兵者不绝如缕,日俄战事更促国人发愤变法。在清廷一意经理陆军编练时,亦有权贵对海军兴复问题提了出来。1904年12月30日,贝子溥伦提出应对洋土药税厘进行整顿,所得税款一律拨解中央,作为办理海军之需。④折上,引起慈禧太后的注意,在召见军机大臣时,慈禧强调海军兴复之紧迫,派令溥伦前往各国考察海军制度,意甚赞同举办海军。⑤自此以后,

---

① 转见《海军筹费》(录《福报》),《集成报》1897年5月6日,影印本,第21—22页。
② 薛福成:《出使日记续刻》,载氏著:《出使英法义比四国日记》,岳麓书社1985年,第404页。
③ 《中国各省裁兵减厘议》,《万国政治艺学全书》,"政治丛考",卷66,"税则奏议章程",第5页。
④ 《贝子溥奏敬陈管见上备采择折》,一档馆:总理练兵处档案全宗。
⑤ 《兴复海军之消息》,《大公报》1906年2月8日。

朝臣与疆吏，甚至民间舆论对海军之兴复问题倍加关注，筹款对策迭见刊报。

清廷驻英使臣汪大燮对海军兴复一事甚为关注，关于海军兴复经费，他认为日本投入海军的经费约为"三百兆元至四百兆元之谱"，我方海军的投资花费应不低于300兆元。① 300兆元不是一个小数目，因中央财政困绌，这笔庞大的开支很难筹措。汪大燮通过汪康年转告瞿鸿禨、那桐等人，关于筹款的办法，他的建议就是藉禁烟行动以整顿洋药和土药税收，将鸦片税收入作为举债抵押，致汪康年函曰：

> 海军既需如此巨款，非借贷所能为功。即使借贷，亦必须准备偿还。是筹款为要矣。筹款非空言所能济，而因此厚敛又增民怨，然则惟于洋土药中筹之。禁烟事已定，计实行交涉，想不甚难办。今洋药岁约六万担，土药倍之，共约十八万担之谱。即少算，亦必在十五万担之上，若归官收买发卖，只筹本一千五百万金可资周转。盖一面收一面发，不过过手而已，且尚可将货抵押银行，故须本并不甚多也。倘定计官收官发，于禁烟亦有把握，每担加价二百金实不为多，十五万担可得三千万金，岁减一成，十年可得百六十兆金，连税厘约得二百兆金，计将近三百兆元矣。即筹足三百万元亦有把握也……兄思惟有洋土药加价一事所得颇多，而不扰民。已具节略呈师矣。②

---

① 《汪康年师友书札（一）》，第890页。
② 同上书，第890、903页。

"节略呈师"一语,自然是托汪康年呈交瞿鸿禨等人,瞿系军机处重臣,甚得慈禧眷顾,建言海军事宜,瞿氏堪可倚重。从时局看来,海军重兴是紧要急迫的事情,日本亟亟以谋取东北三省为目标,我若迟缓,必致颓唐不可堪言,汪大燮认为这是仅次于财政的第二个重要问题,"蒙以为中国现在第一件是财政,第二件是海军。两事有眉目,乃能立于不亡之地。故上年具奏焚烟(内有财政问题),又条陈金币,又具海军计划于政府。海军计划与禁烟有相关处,因禁烟后约可由烟中筹三万万金也。有表上之政府"①。

　　国内要员的运作与使臣建言不同。袁世凯注意到中国留日学生实行"海军捐"做法,非常推崇,拟与张之洞、周馥等人协商,仿照国民捐办法,在国内推行海军捐,以募集海军学堂经费。②陆军部尚书铁良也提议开办海军捐,他的办法是"只捐翎枝虚衔,不捐实官,即将所得捐款概行充作海军经费,以资挹注"。③这一建议却受到度支部尚书载泽的梗阻,该部由于已经奏请停止开办实官捐,上意答应不可再行开办,确保仕宦澄清,人品纯正。④其后,萨镇冰又提议开采各省矿藏,开矿余利拨作海军常年经费。⑤但这项计划过于遥远,难保实效。至于鸦片专卖的经画,进展甚缓,洋药税款多用于筹还赔款,土药税虽然已实行统税制度,入款亦大增,但大部分挹注于陆军编练,万难腾出余款用于海军。拟议中的海军捐成效未料,难有展布。1907年8月份前,重兴海军实际上未

---

① 《汪康年师友书札(一)》,第968页。
② 《拟筹海军捐款》,《申报》1906年7月5日。
③ 《铁尚书议办海军捐》,《申报》1907年5月2日。
④ 《度支部决定不开实官捐》,《申报》1907年6月8日。
⑤ 《萨军门筹措海军经费之政策》,《大公报》1907年7月5日。

有实际进展。

（二）缓急之间：禁政时期的财政制约

威海燀师以后，海军衙门被撤，十几年来中央并无统辖海军的专门机构。1907年7月份，日本驻华公使建议庆亲王奕劻，中国应该速兴海军，"若再因循，不但内乱蜂起可虑，恐列国亦将生心，请速实行整顿，以壮贵国声威"。①日使此言对朝臣影响甚大。于是，中央开始设立海军处，暂隶陆军部。②一年后清廷又诏令兴复海军，重兴海军由言论阶段过渡到了实际操作阶段。

清廷在鸦片税厘急速缩减的背景下，不顾财政困绌，执意诏令重兴海军，这与袁世凯有密切关系。袁授意其亲信——直隶总督、北洋大臣杨士骧，向朝廷沥陈必须重兴海军。③杨士骧文采最庸，托侯官严复捉笔，经吴汝纶润色后奏入，④报界推测说，"此折到京交议时，必可议准实行"，可见袁在朝中影响之大。1908年8月，严复替杨士骧代拟此折，吁请内廷重视海军兴复。严复折中提出的筹款对策有两个，一是分摊给各省，"则省各百十万金而

---

① 《日使忠告政府速兴海军》，《申报》1907年8月1日。
② 罗尔纲：《晚清兵志》第2卷，《海军志》，第119页。
③ 杨士骧为袁世凯密保，继北洋任，"与之约，有过相护，有急难相援。士骧奉命唯谨，虽例行小事必请命而行"，见胡思敬：《国闻备乘》，卷4，"三杨"条。杨士骧被袁世凯利用挑头奏请兴办海军，清廷却要首先从直隶省开始准备，导致杨士骧非常被动，自吃哑巴亏。不得已，只得举借外债；外债没有借成，替代的筹款手段只有印花税，但印花税最终未能举办，杨士骧不得不心灰意冷，几度想开缺现职。见《规复海军拟借外债之详情》，《盛京时报》1908年9月27日；《直督借债办海军之详情》，《盛京时报》1908年10月1日；《陈督请开缺之慰留》，《盛京时报》1910年4月3日。
④ 吴闿生撰：《杨士骧行状》，《碑传集补》卷15；王栻编：《严复集》第2册，"诗文卷"（下），第256页注释部分。

已", 其次为举债, "苟为生利御侮计者, 虽举债不必病也"①。此折拟就, "奏入未几, 则有筹办海军之诏"②。袁世凯的意图是借规复海军, 以达其揽权驾控目的。此事曲径纷繁, 不拟详论。

　　清廷明诏重兴海军恰逢鸦片缩期禁政时期, 洋土药税厘短缺始露端倪, 抵补成效难以预计, 因而朝野对海军兴办一事冷热有别, 根因均与财政问题相关。严复提出的举债对策, 在当时财政困绌和民众情绪制约下, 风险颇大, 实难骤然铺陈。稍后清廷财政因禁政加速而捉襟见肘, 虽然邮传部左参议李稷勋奏请放缓禁烟的步伐, 主张递年减种, 并倍增鸦片税率, 所得收入挹注于海军, 但禁政大势已成, 碍难再行退缩。③其间朝野筹措海军经费的对策迭见奏闻或报刊, 五花八门, 不切实际者居多。根据报界披露的材料, 兹将1907年设立海军处至1911年为止, 朝野筹议海军经费的对策列表如下:

表4-3　海军经费筹措对策简表

对策提供者	时间	措施内容	资料出处
政府	1907年11月	开办费由两宫允准拨内帑（银）500万两, 各省摊派（银）1000万两, 不敷再由度支部设法筹拨; 常年经费由印花税收入和火车票加价解决。	《兴复海军之决议》,《申报》1907年11月22日。

---

① 王栻编:《严复集》第2册, "诗文卷"（下）, 中华书局1986年, 第264—265页。
② 《碑传集补》卷15。
③ 《德宗实录》卷594, 第19页。

续表

对策提供者	时间	措施内容	资料出处
陆军部与政府	同上	度支部开办印花税后,将该税所有入款均提出作为海军专款使用。	《拟以印花税筹办海军》,《大公报》1907年12月4日
政府	同上	火车票加价为邮传部所反对,决计实行印花税,以此款办理海军。	《筹议海军经费》,《盛京时报》1907年12月8日。
铁良	1907年12月	印花税收入、火车票价加二成,并举借外债,度支部议驳。	《筹措海军经费》,《盛京时报》1907年12月20日。
政府	同上	仍以火车票价加办理海军。	《决议由火车票加价筹办海军》,《大公报》1907年12月23日。
四川、云南	同上	除开办实官捐之外别无良策。	《川滇二省对于海军经费之意见》,《大公报》1908年1月2日。
军机处大臣	同上	裁撤各省绿营实缺,所节省的俸饷归海军经费。	《拟裁绿营武员归海军经费》,《盛京时报》1908年2月11日。
政府中少数人	1908年1月	举借外债,多数人不同意。	《海军经费仍未决定》,《大公报》1908年1月7日。
军机处大臣	1908年2月	决议饬令各省按照甲午战争前解缴中央的海军经费数目筹摊。	《兴复海军之计划》,《申报》1908年2月10日。
陆军部与度支部	同上	各省及各海关均须认解海军经费。	《会议筹措海军经费》,《大公报》1908年2月17日。
报人	1908年3月	赞同开办实官捐,但要改良办法。	《论开实捐以兴海军》,《盛京时报》1908年3月28日。

续表

对策提供者	时间	措施内容	资料出处
军机大臣	1908年6月	美国退还庚款作海军经费。	《筹定海军经费》,《大公报》1908年6月10日。
两位尚书	同上	一尚书提出,举公债作开办经费,盐和茶加征税课作为常年经费;另一尚书则干脆提议:先举外债用以开办经费,然后以公债与盐、茶加征税课来按期偿还。	《筹办海军经费之两说》,《盛京时报》1908年6月14日。
陆军部	1908年7月	常年经费由陆军部承担,开办费1500万两由度支部设法筹措。	《会议陆军部奏筹购舰经费》,《申报》1908年7月15日。
摄政王	1909年2月	拟面奏隆裕皇太后,将颐和园常年经费和内廷各项经费撙节,用于海军建设。	《摄政王宽筹海军费》,《大公报》1909年2月28日。
善耆	1909年3月	不必另立名目,只将各省中饱之款搜出,即可得巨款,禅补海军。	《海军筹款之一法》,《大公报》1909年3月28日。
台谏条陈	同上	裁减学务经费、停发外官养廉银,用于拨充海军经费。	《筹办海军最近消息》,《申报》1909年3月20日。
载泽与善耆	1909年4月	印花税预计每年收入1500万两,全部用于海军经费。	《印花税之用途》,《盛京时报》1909年4月14日。
萨镇冰、御史石长信	同上	仿照农工商部奖励勋爵章程凡报效海军巨款者应酌加一切虚衔,以示鼓励。	《海军捐尚难开办》,《大公报》1909年4月4日;《议准海军请奖折》,《大公报》1909年4月22日。
某大员	1909年7月	为鼓励报效海军捐款,奖励办法分为三类分别奖励:官员、商人和华侨。	《报效海军捐之条陈》,《盛京时报》1909年7月10日。

续表

对策提供者	时间	措施内容	资料出处
善耆	1909年8月	开办丁捐，每年可得三四千万两，较之他法合算。	《丁捐万难举办》，《盛京时报》1909年8月22日。
载泽与奕劻	同上	海军经费：十之四由各省认解，十之三由各省大宗定款中指拨，十之三由各省人民和华侨捐助。	《筹办海军最近之计划》，《申报》1909年8月15日。
海军大臣	同上	加征地租、茶、酒、房税。	《指驳海军筹款办法》，《大公报》1909年8月17日。
政府	同上	海军开办费1800万由各省分四年认解，常年经费200万由各省每年摊认。	《各省每年摊认海军经费纪闻》，《申报》1909年8月26日。
载泽与会议政务处大臣	同上	度支部从盐款和田房税契中筹措五成，邮传部从内河航船中征收航捐。	《会筹海军需款之政策》，《盛京时报》1909年8月24日。
军机大臣与载泽	同上	度支部只认解50万两军港建设费，余款未定。	《海军的款归部筹措之确数》，《盛京时报》1909年8月29日。
某大臣	1909年9月	募集国债，增加捐税	《海军储才筹款之不易》，《盛京时报》1909年9月4日。
政府	同上	举办公债为最后之办法。	《海军筹款最后办法》，《盛京时报》1909年9月10日。
摄政王	1909年11月	倡议举办海军捐，首先由摄政王开始认捐。	《海军捐议自摄政王始》，《盛京时报》1909年11月11日。
外人	同上	举办国民捐；希望内廷将更多的积蓄拿出来，即可举办海军。	《西报论中国复兴海军》，《盛京时报》1909年12月22日。

续表

对策提供者	时间	措施内容	资料出处
安徽高等学堂、安庆商务总会	1909年12月	发起募集海军捐。	《海军捐之发起》，《申报》1909年12月8日；《皖商学界发起国民海军捐》《申报》1909年12月22日。
某侍御	同上	调查过去海军衙门的款项去向，仍提出来办理海军；举办国民捐；严查各营佇虚糜滥冒款项。	《某侍御条陈海军筹款法》，《大公报》1909年12月7日。
海军处	1910年7月	秘密派员赴南洋募捐。	《劝募海军巨款之述闻》，《盛京时报》1910年7月15日。
摄政王	同上	将内府广储司内帑拟提出二分之一作海军经费。	《内款准提二分之一》，《盛京时报》1910年7月28日。
报人	1910年8月	上策为召开国会，中策为强行勒派，下策为让富家捐款。	《振兴海军感言》，《申报》1910年8月12日。
政府	1910年12月	海军常年经费的筹措办法：京内外各大臣薪水项下扣取三成；进出口各货物税加征二成。	《海军筹款两项办法》，《大公报》1910年12月28日。
度支部与邮传部	1911年3月	邮传部借日金款额中，交还原借度支部的500万两，度支部将此款作海军经费。	《间接借款兴办海军之办法》，《盛京时报》1911年3月31日；《论中国外债及财政之前途》，《东方杂志》第7年第9期，1910年10月27日；《度支部筹拨海军经费》，《申报》1909年10月23日。

续表

对策提供者	时间	措施内容	资料出处
载洵	同上	提倡海军义捐。	《海军部最近之筹划》，《大公报》1911年4月2日。

上述对策多系空言，无裨实际。虽然鸦片税的抵补成效难以预计，部臣却仍将印花税等收入寄予厚望；或者寄希望于地方摊派，在洋土药收入大减的情况下，各省争款尚且不及，遑论摊派，海军经费的筹措势必甚难。于是，反对举办海军的呼声高涨起来。较早反对重兴海军的言论出现在鸦片禁政高潮的1908年下半年。有人提出，"惟兴办海军以经费为第一要义，而经费将孰从而求之？则无非曰创海军捐也，曰加征茶盐税也，曰饬各省摊派也，曰出公债票也，曰借外债也。政府所能筹划经费之策无出尔尔"，"缓一年举办海军，即国民缓一日征求敲剥之祸；缓一日海军成立，即缓一日国民补疮剜肉之灾"，论者甚至警告政府说，"国家积弱之患虽属可忧，而民穷思乱之源更不可不虑"，"政府其亦忍闻此乎"。① 戎政与内治适成矛盾，如何摆正，立场差别甚大。还有言论切中要害，揭露外人诱惑清廷加意军政的阴险意图，在于控制中国的财政，以外债来左右中国的税政，"若借债练乌合之兵，直速其亡耳"②。

各省鸦片禁政正酣，抵补难有成效，对中央摊派海军经费一事有意对抗，敷衍塞责者居多数。山东、湖北等省认为"奏派各款

① 《论政府集议举办海军之期限》，《申报》1908年6月19日。
② 《释公债》，《盛京时报》1909年6月1日。

为数甚巨，若再加此款，深恐无以应付，反滋贻误"，咨复陆军部的电文中采取消极拖延的态度。①浙江省厘饷局官员对抚宪交议拨解海军经费十分为难，在给巡抚增韫的禀文中说："伏查局库频年以来以收抵放不敷甚巨，如部拨专款之酒、膏各款均已挪垫一空，实无的款可指。"②广西本为贫瘠省份，洋土药税厘缩减甚巨，度支部要其勉为筹解，该省虽认解五十万两开办费，但却没有明确款项可供指拨，"惟有极力撙节，设法腾挪"③。甘肃被灾严重，陕甘总督只得要求缓解这项派款。④广东是各省中为数不多的富庶省份，但鸦片牌照捐的实施颇不顺利，筹款乏策，该省要求动用关税解付海军经费，却遭到度支部的反对，因之无款可解。⑤各省认解的海军经费总数仅仅500万两，⑥距离开办费1800万两尚差太远，不敷甚巨。陆军部和海军处不得不函电督催，咨请各省迅即将认解款项解拨。⑦

京中官员中有人对海军开办也颇有意见。大学堂监督刘廷琛在摄政王召见时，力言不可将海军视为急务。⑧汤寿潜向清廷密陈存亡大计时，认为应先将赔款问题解决，以防止外人监督中国财政，

---

① 《海军经费之难筹》，《大公报》1909年4月3日。
② 《浙省认筹海军经费之为难》，《申报》1909年9月21日。
③ 《桂省认筹海军经费之竭蹶》，《申报》1909年10月7日。
④ 《甘省筹认海军经费之为难》，《申报》1909年10月1日。
⑤ 《粤省海军经费不准动用关税》，《申报》1910年3月2日。
⑥ 《各省认解海军经费数目》，《大公报》1908年7月23日。
⑦ 《饬筹海军经费》，《大公报》1909年9月9日；《会商催解海军经费》，《大公报》1910年5月19日；《部饬分筹海军经费》，《盛京时报》1909年9月9日；《电催各省认筹海军经费数目》，《盛京时报》1909年9月22日等。
⑧ 《刘廷琛奏请缓办海军》，《申报》1909年9月5日。

海军不可不办，但不可骤然举办。①有御史也密陈己见，认为编练陆军优先于海军之兴复。②京师大员对各省和清廷财政困境并不是一开始就非常清楚的，有人说"自赵侍御（指赵炳麟——引者）条陈预算决议起，度支部始将国家历年经费出入之内容，和盘托出。盖数十年来，各省销费未报部者，有四百余起之多。无论民不知，即朝廷亦不知也。财政之紊乱，一至于此"③。权贵纨绔汲汲于整军经武，对中央与各省的度支进项和财政困绌并不十分在行，加之摄政王载沣对重兴海军十分热心，对条陈缓办者称之为"因噎废食之计"，认为海军系军国经脉，决不可缓。④清廷在会议政务处集会和内阁讨论时，多次研究筹款问题，始终未能有大的进展，且问题很多。⑤

海军兴复的关键主要是财政支持能力，度支部作为财政枢要机构，它的倾向就是一个不可忽视的问题。因新军编练需款太巨，鸦片禁

① 《汤寿潜奏陈存亡大计》，《申报》1910年3月19日。
② 《请缓办海军专办陆军》，《盛京时报》1910年4月19日。
③ 孙宝瑄：《忘山庐日记》（下册），第994页。
④ 《摄政王不愿缓办海军》，《大公报》1909年9月2日；《监国筹办海军之定见》，《盛京时报》1909年9月21日。
⑤ 池仲佑撰：《海军大事记》称1910年下半年以后，载洵、萨镇冰前往欧美各国考察，先后购置英国军舰应瑞、肇和号，德国军舰建康、豫章、同安、江鲲、江犀号，日本军舰永丰、永翔等舰，国内亦有制造，"一时海军颇有蒸蒸日上的希望"（罗尔纲引此文时的用语，见《晚清兵志》第2卷，《海军志》，第121—122页。罗氏直引其文，惜其未作考辨，似欠慎重），此论看来是夸大其词。实际上，这次欧美考察购舰，问题太多，莫理循在1911年3月从国外返回北京，认为中国的新政事业蒸蒸日上，只有一样不好，那就是中国的海军建设，莫理循的说法是："除庆亲王外，北京高级官员中，最贪污的要算海军大臣载洵了。他按照他欧洲之行中所受各国招待的程度而向各国分购军舰，以作报答。以致一舰一式，各各不同。零件不能互换。有人把中国海军譬作海军博物馆"。转见刘渭平：《早年澳洲籍中国政府顾问之一：莫理循的生平及其对华的影响》，《传记文学》第29卷第1期，第84页。

政又丧失大宗入款，度支部对海军兴复的态度基本上是敷衍和抵制。

（三）度支部与海军处的争执

1908年秋季后各省为迎接外人在上海召开万国禁烟大会，纷纷奏请缩期禁烟，成效已开始显著，土药税款短缺的趋势愈发明显，拨解中央的土药税收因部分省份的局卡裁撤而逐步减少，地方土药税款的拨还也受到严重影响，频频出台的抵补措施鲜有大效，上下矛盾随之激化。此时兴办海军，困难之大自不待论。度支部尚书载泽1909年2月份时表示，目前正在进行清理财政，一旦清理完毕，即举行加税免厘，预计每年岁入可增加三千余万两，那时办理海军自当裕如，目前办理必定捉襟见肘。①海军大臣提议举借外债筹措海军经费，载泽极力反对，认为海军并非生利事业，与路矿各政性质不同，海军经费"无论如何拮据，决不能有一毫外债掺入，纵有摄政王之严谕勒令借债，本部堂亦必力争"，报人称载泽在这一问题上是积极而正确的，抱之以赞赏的态度。②铁良意欲整顿盐政，所得款项用之于海军经费，但度支部侍郎绍英坚决反对，极力梗阻。③海军的筹款问题顿时陷入僵局。

自从1908年8月13日清廷明降谕旨振兴海军以来，度支部始终对此不抱信心。报界透露说，由于抵补鸦片税的印花税举办不见显效，载泽曾经要求清廷收回重兴海军成命，④并对摄政王的海军兴复计划暗中抵制。报界对载泽与海军处的关系以及载泽本人的态度

---

① 《泽贝子财政之计划》，《大公报》1909年3月1日。
② 《力驳海军外债》，《盛京时报》1909年3月12日。
③ 《绍侍郎反对以盐款办理海军》，《盛京时报》1909年3月24日；《申报》1909年3月16日同名报道。
④ 《论重兴海军之方法》，《申报》1909年2月24日。

分析说：

> 惟摄政王原拟派肃邸、铁尚书、萨军门三人协力筹办，谕中所派泽公系庆邸所保，非必欲其协同筹画也，因此事经费最巨，非度支部统筹兼顾不能为功，此次又恐度支部意存畛域，盖前年铁尚书曾奏请开办巡艘，约须开办经费一千五百万两，请由度支部筹拨，其常年经费则归陆军部自筹，当时奉旨交度支部议奏，迄已两年，未见议覆。铁尚书并商允枢臣，面催数次，泽公每以尚未筹有的款为辞。庆邸有鉴于此，因请添简泽公。泽公亦颇知其意，故于已经谢恩后，忽又恳请收回成命，现虽降谕挽留，恐泽公终以筹款不易，难免观望耳。①

载泽权欲强烈，海军协办不可谓闲职，但其采取漠然处之的态度，亦可见财政之窘困程度。1909年2月21日载泽终于借故提出辞呈，"（清理财政）头绪万端，急需综理。以奴才绵薄，膺此艰巨已觉万分竭蹶，昕夕靡遑。至筹备海军事属兵谋，既未尝习战昆池，顾何敢预论横海；况造端伊始，尤为重要，抚躬循省殊未能堪。伏乞圣明体念下情，准予收回成命，俾奴才得专力财政，藉图报称"②。摄政王对此忧心忡忡，海军经画非度支部配合不能推进，所以他义无反顾降旨挽留载泽。载泽辞职未成，只得敷衍应付。在陆军部的官署内，两次议论海军事宜，经费筹划仍是最重要

---

① 《商议筹办海军情形》，《申报》1909年3月1日。
② 《奏请收回筹划海军基础之成命》，《申报》1909年3月2日。

的事端,"铁尚书则不置一词,泽公更不甚过问"①。度支部在7月份密奏财政窘迫情形时,对海军兴复一事隐隐批评,谓其不分缓急轻重,势必冲击中央财政。②9月底度支部就海军经费筹拨问题专折奏闻清廷,极力申言财政困绌,"近岁库储奇绌,国用殷繁,消耗之最巨者以洋款、军饷为大宗,此外各项新政为用弥广,无一事不关紧要,无一款可议减裁。仅就本年新增款而言,如崇陵工程经费、禁卫军饷加拨、云南饷需、吉长开埠经费,综计已达一千二百数十万两,已岌岌有入不敷出之忧,更无余力再筹巨款"③。在这种情况下,办法只有两个,一是将邮传部原借度支部的500万两赌路经费作为海军经费,一旦邮传部归还,应立即拨给陆军部;二是督催各省派认海军经费,除云南、贵州、甘肃、新疆四省无力认解外,其余均令承担。从各省督抚回电的情况来看,除了湖南、河南两省指定的款外,其余均系设法腾挪或稍宽期限,海关税收关系要需,万不能令其认解。④海军经费筹措迟迟不见成效,民间人士对此颇有感慨。回顾鸦片耗银之巨,而海军经费却如此难以筹措,有人演说时叹息连连:"鸦片之害,每年以耗费五千万两计之,六七十年实耗去三千余兆两,毁人偾事不算,将来的大罚款不算……我们兴复海军,开办费仅一千八百万元,常年费只五十万元,就为难得无处设法。"⑤

---

① 《筹办海军之为难》,《申报》1909年3月9日。
② 《度支部咨奏财用窘绌举办新政宜力求撙节折》,一档馆:会议政务处档案全宗,档案号:523/4107。
③ 《度支部奏筹拨海军经费折》,《盛京时报》1909年10月24日。
④ 同上。
⑤ 竹园:《演说·中国八大隐忧说》,《正宗爱国报》第1017号,1909年10月4日。

海军处对这一困境亦无可如何，只得与枢府协商，将海军兴办问题交给资政院作为开院时的正式议案，并由宪政编查馆通饬各省咨议局，定为各局的长期性议案，随时筹划。①一度沸沸扬扬的海军捐和海军公债在海军大臣等人的推动下，跃跃欲试，但却为载泽和摄政王阻止，海军经费引发的矛盾开始隐现。②度支部执掌司农，与海军处丛怨甚深，两者的纠纷开始产生。

清理财政中，各省各部均应裁汰冗费，海军经费经过度支部核算后，开办经费达到2000万两，载泽坚请海军大臣必须核减三分之一或四分之一。③1910年5月份海军处由于定购军舰和建筑军港，需款迫切，要求度支部将各省认解款项和该部认解经费垫付海军处，载泽声称，已经垫过1000万两，现在无款可垫，载洵与其理论多次，几至发生冲突，载洵且欲以上命来逼迫载泽就范，矛盾激化加深。④对开办经费的需款数量，萨镇冰的计算达数千万两，而载泽的预计则相差甚大，两人观点相去甚远，抵牾纠纷在所不免。摄政王虽有拨内帑之意，但动用家底究属大事，一时骤难决断。⑤海军大臣载洵屡屡赴欧美考察海军，挥霍巨资，每次皆需数十万两，而且经费均由度支部拨付，载泽对这一事十分不悦，表示拒绝支付此项经费。⑥海军处要求度支部拨款900万两，而载泽由于土药统税局

---

① 《议颁海军筹款之议案》，《大公报》1910年3月5日。
② 《政府不赞成海军公债之举》，《大公报》1910年4月20日；《海军捐决不举办》，《大公报》1910年4月27；《盛京时报》1910年4月30日同名报道。
③ 《议核减海军开办经费》，《大公报》1910年5月24日。
④ 《海军处迫令度部垫款》，《盛京时报》1910年6月1日。
⑤ 《拨用内帑筹办海军原因》，《申报》1910年7月17日。
⑥ 《度支部难为无米之炊》，《盛京时报》1910年8月9日。

卡几乎全部裁撤，入款大减，故只答应拨给100万两。

　　财政与军政矛盾难以调处，致使载泽辞职意愿颇坚，摄政王及各要臣虽极力融合此事，但载泽去意犹见不改，可见矛盾至深。①外有各省督抚之责难，内有军谘处、陆军部及海军处大臣之对抗，度支部陷入孤家寡人的境地，实难见容于内外。②以财政拨款的纷争为契机，清廷内部暗潮迭起。海军经费自始至终并未得到多少，政争虽急，但度支部并未如数拨款，该部前后认解的巨额款项大概只有邮传部赔路经费500万两，③各省认解的绝对数额虽然不少，但实际解到的款项却少之又少，海军兴复的七年计划辉煌宏大，最终不得不成无米之炊，断难有所作为。

　　鸦片禁政本属良政，但新政与禁政相连，因缘相结，牵一发全身俱动。清廷财政一毁于甲午对日赔款；二毁于庚子之役，国用大窘，坍塌之局隐然铸成；三受制于鸦片禁政，数千万金土药税厘化为乌有，不分轻重缓急的整军经武更导致财用窘绌。载沣柄政之后，形势如石走坡，糜烂不堪，督抚保权抗争，朝臣内讧加剧，载泽虽识见明敏，颇欲一展抱负，但掣肘太多，徒陷内耗之中，当政

---

① 《泽尚书辞职述闻》，《盛京时报》1910年8月18日；《泽尚书有退志之续闻》，《盛京时报》1910年8月27日；《军处请度支部拨款》，《盛京时报》1910年8月18日；《中央政界之二人物》，《盛京时报》1910年11月1日。
② 《财政难之一斑》，《盛京时报》，1910年10月1日。外省督抚对海军经费数目庞大颇有意见，各省行政经费在度支部清理财政过程中，均删减过多，要政无法开展，而海军兴复事业却占据大量的资金未被度支部删减，各省纷纷致电清廷，对度支部的重内轻外方针攻击颇力，该部处境极难。见《核减海军经费问题》，《申报》1910年10月10日。
③ 罗尔纲：《晚清兵志》第2卷，《海军志》，第122页。

期间财政上虽有建树,①然而隳局已成,即有大力也无法挽回了。

第二节　兴学与警政

宪政筹备事无巨细,大要者,如官制改革、厘定法律、广兴教育、清理财政、整顿武备和普设巡警等多项要政。各项宪政无一不需费浩繁,整军经武已如上述,且始终占据了清廷与外省财政支出的半壁江山。兴学与警政属宪政要项,亦需费不赀。洋土药税用于新兴学堂和警政建设方面的情况在在皆有,自洋务兴起至清代末年,鸦片税款挹注于各类学堂、学务、巡警等方面的经费虽不可具体统计,但绝对不可谓零星少数。鸦片禁政在1908年下半年以后进程加快,这对各地的兴学与警政构成不可忽视的负面影响,探讨清末新政问题时,这一变局不可弃置不论。

一、禁政与兴学新政

兴学新政是指创办新式学堂,培养近代新式人才,它以洋务运动时期的新式语言学堂和技术学堂为权舆,1905年废除科举后始成热潮,学堂的门类和层次也大为扩张,兴学新政成为一种潮流。②

---

① 辛亥鼎革之后,清末之清理财政犹有影响,杨寿楠撰《觉花寮杂记》云:"鼎革以后,整理内外财政,犹以宣四预算为蓝本。袁项城置诸案头,手自批注。尝语余曰:'前清预备立宪,惟度支部最有成绩,余皆敷衍耳。'时部中司员以兼清理处差事为荣,公牍皆自办,不假手吏胥,故非才不得入选。民国以来,居财政要职者,半为清理处旧僚也",转见苏同炳:《中国近代史上的关键人物》(下册),第859页。
② 桑兵:《晚清学堂学生与社会变迁》,学林出版社1995年,第66—68页。

兴学的经费筹措也呈现多样化，公款、官款、私款以及收费成为各种学堂赖以创办、发展的动力，学堂之消长与经费之多寡适成正比。预备立宪上谕发布之前，有言论已经注意到筹款对兴学新政的重要性，"支那今日非不知优等教育之不可须臾缓也，鸠资建学实繁有徒。所可议者，知有目前而不知计久长，知兴学校而不知筹长款"，论者认为目前的弊端是"（学堂）开办之初，校舍美备，教员噂沓无远近，莫不耳其名。而一年之后，影消响寂，渐就倾颓"，江苏兴学较多使用铜圆余利，论者对此颇有担心，认为这项收入盈绌无常，不可作为长久之策。①新式学堂经费多属"就地筹款"，各省差别较大，经费多寡无定，这一筹措制度，自洋务运动迄于清亡，陈陈相因，绝少有所变化。

新兴学堂的经费筹措与洋土药税厘密不可分，自洋务期间创办语言学堂和技术学堂开始，兴学新政就大量地使用各种名目的鸦片税。1862年总理衙门创办京师同文馆，总署奏称，近年部库支绌，无款动支，惟于南北各海口外国所纳船钞项下酌提三成，用于同文馆经费。②船钞是海关税务司按船舶吨位征收的关税，③19世纪60年代，正是印度鸦片进口到中国各关的高峰时期，鸦片趸船缴纳

---

① 《论优等教育之经费》，《东吴月报》1906年7月。
② 朱有瓛主编：《中国近代学制史料》第1辑（上册），华东师范大学出版社1983年。
③ 《中英五口通商章程》规定，150吨以上的船舶，每吨征银五钱，150吨以下的每吨征银一钱，1858年《天津条约》时又有所降低，根据条约规定，这项税款用于望楼、塔表、浮桩等项的修建费用，至1868年时十分之七的船钞作税务司经费，其余十分之三用于同文馆经费。见汤象龙：《中国近代海关税收与分配统计》，中华书局1992年，第17—18页。

的这项税款应为数不少，①划出三成作为同文馆经费，其中必有洋药趸船交税的成分。随后的上海同文馆、广州同文馆亦仿此成案办理。②专业技术学堂兴起于60年代末期，福州船政学堂、江南制造局的操炮学堂等，均使用关税作为经费，洋药税占关税收入的大部分③，因而兴学经费中当然有洋药税的成分。90年代张之洞在南京设立南京陆军学堂，并附设铁路学堂。两个学堂的常年经费每年共需6万两，其中的47000两由江海关和镇海关关税中认解，其余的缺额则由土药捐输和土膏劝捐收入来解决。④船钞和关税当时虽属国家经费，但它是咸同之后新增的税种，经管权不属于户部，"稽关市之税，酌其入以制用"为总理衙门的职内之事，使用时虽咨行户部，户部亦仅仅是备案而已，⑤使用的阻力较少。至于土药捐输收

---

① 汤象龙对船钞入款未作专门的统计，他所统计的1862年中国所收入的船钞总额为库平银137775两，估计其中鸦片趸船的缴纳份额应该不会占少数。见汤象龙前揭书105页。
② 朱有瓛前揭书，第215、220、259各页。
③ 汤象龙认为，"由于鸦片贸易合法化，鸦片无限制地大量输入，洋药税便成为海关一项十分重要的税收，从1861到1886年每年征收的数目仅次于进口税而居于第二位，到1887年实行洋药税厘并征，两者合计所占各年税收的比重就更大了"，见汤象龙前揭书，第15页。严中平也有类似的统计，认为1884年以前的鸦片税占进口税的一半左右，1860年甚至占三分之二，见严中平等：《中国近代经济史统计资料选辑》第2辑，科学出版社1957年。
④ 转见商丽浩：《政府与社会——近代公共教育经费配置研究》，河北教育出版社2001年，第89—90页。江苏省的学堂经费也大量的使用铜圆余利，该省铜圆铸造的起因与筹措练兵经费、学堂经费密切相关，见《饬解学堂经费片》，《端忠敏公奏稿》，第1210—1213页；江宁的银元局铸造铜圆的盈利专门拨给三江师范学堂作为兴学经费，见《创建三江师范学堂折》，《张文襄公全集》卷58，第15—18页，此转见苏云峰著《三（两）江师范学堂：南京大学的前身，1903—1911》，南京大学出版社2002年，第129页。
⑤ 《光绪会典》卷九九，转见张德泽：《清代国家机关考略》，中国人民大学出版社1981年，第53页。

入，属地方外销款项，使用较为自由，与户部控制的内销款项区别较大。这是新式学堂使用鸦片税的开端时期。

庚子年以后，各省极力整顿土药税厘，成效渐显，用途趋广，新式学堂越来越多地使用土膏税捐。刘坤一督两江时，创办江南省高等学堂及江宁府上江两县小学堂的经费筹划即瞩目于膏捐收入。①1904年张之洞督鄂时，推行鄂湘赣皖四省合办土膏统捐，成效大著，专门将其挹注于兴学，张氏门生胡钧称："赔款摊捐一百二十万两，为湖北民间巨累，至是乃以土膏捐、铜币盈余、签捐抵补，自八月起尽免各县认解赔款，留于地方为兴学之用，定名为赔款改学堂捐，由地方官督正绅经管，免除省城小户房捐。"②不但土药统捐腾出的款项用于办理兴学，湖北省还将烟馆灯捐加以整顿用于兴办新式学堂，"汉口通镇烟馆共九百余家，所收灯捐每月有一千数百串之多"，"此项捐款按月拨交善后局领收，备充各学堂经费"③。该省学务处的经费也从1906年起大量使用本省的土膏平余银两。④江苏、安徽、浙江三省旅居鄂省的学务组织因经费不敷甚多，湖北学务处出面与膏捐大臣柯逢时协商，在江南膏捐项下每年拨助1000两用于支付这笔开销。⑤安徽省亦有将罂粟亩捐用于学堂经费的记录。⑥奉天省开源县兴学告示中有如下规定："各村烟馆即由该学董等按照城内一样收捐，添补学费，如有私收肥

---

① 《潘学祖札》，《荣禄存札》，第205页。
② 胡钧撰：《张文襄公（之洞）年谱》，第225页。
③ 《膏捐兴学》，《申报》1905年3月25日。
④ 《膏捐申平解助学务处经费》，《申报》1906年2月5日。
⑤ 《请拨膏捐补助学费》，《申报》1907年5月26日。
⑥ 《准提亩捐充作学费》，《申报》1907年5月26日。

己，加个罚款充作学堂经费"，"每村定于每月初十日以内，须将前一月所收各项地捐、烟馆捐进款开列详折，禀报劝学所，以便存案稽查"。①推其意，城内与乡村均将罂粟亩捐之类的收入用于学堂经费的开支。营口地区拟设立四所烟膏官卖局，着眼点不仅出于禁烟，而且"股东有红利可分，即学堂亦有提款之补充云"②。山海关副都统则将禁烟经费用于开办学堂，在给清廷的奏报中说：

> 查此款系由税项八分经费内筹拨，并非大宗正款，若以之移作学堂经费，则一转移间，在山海关道库不过照常接拨纤微之项，而高等小学可立图兴办。惟有仰恳天恩，俯念驻防初等各学童无处提升，高等小学立待正办，准将此项禁烟经费俟一年查验事竣，仍照旧按月支领，移作高等小学常年之款。③

度支部在议覆奏折中同意了这项请求，准其"暂行动拨，拟令自查验一年届满之日起，每月仍由该关八分经费项下提银一百两，以为办理该处高等小学之费，每届年终造册报销，以重款项"④。四川是土药生产的大省，其鸦片税款用途无论是内销还是外销，均十分广泛。内销款项中专门列有京师大学堂经费一项，解往京师的"一成公费银"中，也包含了提学使司学务经费等。⑤湖南省某些

---

① 《开源县兴学告示》，《盛京时报》1906年11月28日。
② 《请设官膏局消息》，《盛京时报》1907年6月5日。
③ 《度支部议覆山海关副都统儒林奏请将禁烟经费移作学堂的款片》，一档馆：会议政务处档案全宗，档案号：612/5362。
④ 同上。
⑤ 《四川财政考》，"土税考"，第36页；《四川官报》第8册，"奏议"，第10页。

地区的劝学所也想介入官膏专卖事宜，试图以鸦片凭照费作为学堂经费。①可见各省对洋土药税厘的有效整顿后，学堂的创办和常年经费亦可藉此挹注。各省鸦片税厘的收入和支出部分的材料较为分散，目前所见多是零零散散的消息报道，甚不完整。但可以大体确断，各地的各类学堂经费中，或多或少地使用过洋土药税厘款项。

将鸦片税收用于地方兴学新政与清廷"就地筹款"办理新政方针并不相违。关于"就地筹款"办理兴学事宜的方针，度支部认为，"学堂经费为培植个人要需，诚不能稍有靳惜。顾国家财力有限，而应办各项要政又复不止一端，势不能不力求撙节，以免顾此失彼。考东西各国教育行政，学堂虽多，惟有官立学堂由公家筹款经理，此外公立学堂如果成效昭著，间有因经费不济由官资助者，其私立学堂悉由民间筹款自办，官不给费，此各国之通例也"②，而且度支部制定的《清理财政章程》中，有更明确的解释，"国家行政经费系指俸饷、军饷、解京各款及洋款、协饷等项，地方行政经费系指教育、警察、实业等项"③。鉴于清廷"就地筹款兴学"的规定，学部也确定了各级学堂在各级政府辖境内筹措的方针，"嗣后各省推广学务，凡省城所立师范及高等各学堂所需经费应于省城筹措；各府所立之中学及师范各学堂所需经费应由该府所属各厅、州、县分别筹措；其各厅、州、县所立之小学堂应需经费统由

---

① 《劝学所筹议设立戒烟局》，《申报》1907年6月7日。
② 《度支部为议覆江宁学务用款无著银两碍难准其作正开销折》，一档馆：会议政务处档案全宗，档案号：195/1098。
③ 《度支部奏妥酌清理财政章程缮单呈览折（附清单）》，故宫博物院明清档案部编：《清末预备立宪档案史料》（下册），中华书局1979年，第1031页。

地方筹措，庶层级分明，不致以经费难筹致阻学务之进步云"[①]，该项方针将"就地筹款"办理兴学的原则具体化，这项方针使各地的筹款途径更趋复杂。

就地筹款兴学制度隐含了一个清廷和地方难以克服的矛盾，在中央注重整军经武的国策下，中央和地方的机动款项必然首先押注于练兵新政，前有铜圆余利，后有土药统税，大部分用于中央或各省的陆军编练，兴学等新政事项多为各省设法筹措，路径五花八门，土药税厘的使用仅仅是其中一部分，当筹款形势大变时，地方性的新政事业不得不受到重大冲击。

所谓筹款形势大变，比较重要且带有全局性的事件有两个，前期是铜圆余利的丧失，后期是鸦片禁政的加速推进。1908年下半年后鸦片禁政进程加快，导致练兵与兴学的矛盾冲突，各种新政要项均依赖盐斤加价、田房税契加价等几项筹款措施，就连鸦片税厘的抵补措施也瞄准这些税项的整顿，印花税和牌照捐等筹款措施虽然出台，却并不能达到抵补的目的，学堂经费的筹措必然会出现困境。限于史料，此仅将湖北和浙江两省的情形加以剖论，以个案分析形式，对鸦片禁政冲击各省兴学新政的窘况加以梳理，目的是管中窥豹，藉此约略反映各省在禁政背景下兴学新政的概况。

湖北省自1904年以后一直享受着巨大的鸦片利益，因禁政推行，其学务经费首先受到冲击。1908年9月湖广总督陈夔龙在与柯逢时、度支部交涉土药统税拨款问题的同时，将张之洞督鄂时确定的学务经费之一粮捐款项挪作急用，引起学界和绅界的不满，公

---

① 《议拟订定分筹学务经费章程》，《大公报》1907年11月20日。

举代表到学部控告鄂省督辕的违规做法。①张之洞此时正督理学部事宜,针对湖北等省不能保证学务经费情形,提议应速将地方税调查清晰,"饬由本省督抚转行提学司,按成提拨,储为教育经费,无论如何要需,概不准擅行动用,以重学款"②。这项提议在财政规模减缩、各项新政不得不办的情况下,③成效甚微。湖北善后局总办金峙生在向鄂督的报告中说,练兵等项需款不赀,铜圆余利渐失,"又逢递减土膏税项,致今赔款所短更巨",开源筹款阻力重重,惟有节流一策可以施行,建议推行缩减冗员的办法。④1910年土药统税递减的速度更快,直接影响到赔款和兴学新政,鄂督只好向汉口票号挪借十万金度日。舆论也颇有感慨:"似此艰窘,为从来所未有,殊可危也。"⑤

至瑞澂督鄂时,该省财政紧缩的情形更为严重,兴学经费大为缩减。督辕向清廷汇报预算案时称,"近来大宗进款不可恃者,如土税膏捐自禁烟实行后收数骤减,从前月拨十万,现仅拨银一二万两;签捐从明年起定议减销三分之一,分作三年减尽,约少余利三十万元",各种进款途径均呈现萎缩态势,于是压缩兴学经费等

---

① 《鄂绅力争学款》,《大公报》1908年9月10日。
② 《张相国力筹学款》,《大公报》1908年11月12日。
③ 中央对各省州县的新政进展比较关注,将各地举办新政的成绩记入各级官员的履历中,对本地的审判、警察、学务、自治各项事宜应力图改良,作为确定官员优劣的标准。见《通饬各州县举办要政》,《大公报》1908年9月1日。
④ 《湖北财政之危象》,《盛京时报》1908年12月15日。
⑤ 《京津时报》1910年7月14日。

就是一个不得已的选择。①鄂省曾规定，将抵补鸦片税的盐斤加价收入的一部分用于学务公所和各学堂经费，1910年7月度支部却要强行提走这项收入，根据瑞澂的说法，"学费项下原有盐政加价拨济，已奉大部电示只允支四分之一。据学司考查，骤减此数甚觉为难，第今日学费浩繁，各省同病过求完备，患同新军。又据预算表内教育各款，实较已酉增加十万余两，详加筹酌，拟饬由学司设法省并，能照大部议案，则此数应于出款减去三十余万"②，在当时财政情状下，翌年的增加只能是空头支票，现时缩减已使学务经费难以为继。

对于度支部向各省发出地方新政不准动用原有正项存款的禁令，鄂省督辕尤为反感，兴学新政待款甚急，就地筹款已陷入困境，"惟近时新政百出，在在皆须举办，需款又为数甚巨，如再由地方筹集，必至扰民酿乱，倘稍延迟不办，又坐贻误要政之罪，为督抚者既乏点金之术，何以为无米之炊"③。特别是度支部提走抵补药税盐斤加价的收入，而且代替土药税的"学堂捐"欠解甚多，这是学务经费欠缺的主要原因。④各学堂经费无著，学界人士极为愤懑，眼看8月12日就是学生入学的日子，1910年8月11日学务处人员、学堂管事者以及咨议局教育会人士在武昌奥略楼开会，研究经

---

① 陈夒龙：《庸庵尚书奏议》卷12，第16—17页；《国风报》1910年第17号；《鄂省预算岁出入不敷之巨》，《申报》1910年7月19日；《东方杂志》1910年第12期，第32—34页。
② 《鄂督核减鄂省行政经费详情》，《申报》1910年8月28日。
③ 《鄂督电争新政不得用存款之限制》，《申报》1910年7月7日。
④ 《京津时报》1910年8月18日。鄂省土药税数量至1911年4月份制定预算时已大为跌落，据藩司称，原有的11万两进款已经没有指望，学堂捐的收入也大为减少。见《鄂藩力陈实行预算之困难》，《申报》1911年4月28日。

费被减后学生入学的办法问题。这次集会人数多达200余人，争论非常激烈，持论偏激者非常多，争辩不绝。①随后各学堂纷纷向学务公所请领款项，但公所亏空已极，概无以应付。学务处因无款可拨，只得延缓学生入学时间。普通学堂因无存款，一律令学生放假。数日后，学务公所借款数万金，方得以缓解燃眉之急。这次事件后，兴学经费仍未根本解决，各学堂堂长有多人辞职，继任者亦无法承当目前的困局②，兴学新政在湖北陷入了僵局。盐斤加价和田房税契加价系鸦片税厘抵补过程中较有成效的措施，但增加部分的税收却多被清廷提走，用于编练新军或兴复海军，而对地方新政并无有效的支持措施。降至后来情形更甚，尤以各种抵补鸦片税的措施不力为要因，导致清廷对各省搜刮更是无孔不入，核减各省包括兴学经费在内的各项行政经费，就是一个明显的事例。舆论对此类缩减教育经费的做法大为诟病，激烈的指责和嘲讽性言论迭见报端。③

浙江省的情形也不容乐观。1909年初该省兴学新政经费已经竭蹶异常，有人甚至提议将官书采访局等机构裁撤，余款用以拨助学款。④该省咨议局第二届常年会议决议案中提出，朝廷为抵补鸦片税款，谕令将田房税契提高税率，浙省可将此项增加的税款

---

① 《鄂省学校乏款会议之结果》，《申报》1910年8月18日。
② 《鄂学经费支绌之现状》，《申报》1910年8月21日。
③ 《时评·其一》，讽刺新政最有成效者莫如军费之筹措，《申报》1910年8月11日；《论政府核减各省行政经费之非计》，《申报》1910年8月15日；《时评·其一》，称度支部不分轻重缓急核减教育经费的政策为搜括财政的计谋，论者为度支部的做法感到羞耻，《申报》1910年8月18日；《论国事日非之所由来》，《盛京时报》1910年8月12日；等。
④ 《请拨官款补助学费》，《申报》1909年1月23日。

用于兴学经费，由此制定并通过《动用新章加收契税推广简易识字学塾议案》。①所谓"新章加收契税"指的就是抵补鸦片税的田房税契加税，浙省学务公所经费也同样在田房税契新的征收税款中使用。②浙江鄞属地区学堂经费向来较多地使用土膏捐税，③报界分析说，"该邑学费向恃膏捐，近因禁令森严，捐款骤失，致高等、小学等校困难，势将停废"，该府大员汇报说，"鄞邑各学堂原有膏捐一旦骤失，无从取给，致学费奇绌，亦属实情"，商请将田房税契加价征收，该省藩司在核议后，准予所请，但又担心被度支部诘责。④无独有偶，该省绍兴府属嵊县兴学经费也因禁烟实行，经费断绝来源，请求在新章田房税契中提取加价款项，用以贴补该邑学费。⑤1910年下半年在度支部的严词督催下，浙江省在财政预算案中仍不得不将学务经费加以核减，⑥这样一来，浙省兴学经费将更形竭蹶。1911年中英达成禁烟协议，将洋药税厘加征至每担350两，浙省巡抚增韫鉴于赔款支付和学务经费均与鸦片税厘有密切关系，致电度支部，要求将加税以后增收的税款拨还浙江省，用于赔款、兴学和禁烟事宜。⑦6月28日，浙江

---

① 《浙江咨议局第二届常年会议议决案》，浙江图书馆古籍部藏件1909年。
② 转见商丽浩：《政府与社会——近代公共教育经费配置研究》，第209页。
③ 《宁郡学费将受膏捐影响》，《申报》1910年8月15日。
④ 同上。
⑤ 《税契带征警学经费》，《申报》1910年6月13日。
⑥ 《增抚核减浙省行政经费详情》，《申报》1910年8月29日。
⑦ 《浙省停止土膏杂捐之手续》，《申报》1911年6月18日。

省鄞县根据度支部和外务部对全国鸦片杂税杂捐征收的规定,①停止征收土膏捐税,该县学务公所下属有初等小学堂四所,简易学塾两所,教员和学生共计500余人,均受这次停收土膏捐税的冲击,原来一直使用的考试经费又被上司提走,导致兴学经费更为窘绌,学务公所官员声言只有辞职。②

实际上,不仅浙江一省的兴学新政面临停滞危险,即如号称兴学经费居全国前列的直隶一省,实际的经费筹集情况亦不容乐观。该省视学员的报告中透露说,各属劝学所"除天津县由牙行捐助及庙产公地筹有的款外,其余各处无款者十之八九",问题已很严重。其间土药税的收入被度支部划出,地方不能自行支配是一个重

---

① 外务部1911年6月份的通电,对中英续定禁烟条件中容易引起误会的条款进行解释说,第7条载明:印药大宗贸易之各项限制及征收各项税捐自应概行停撤,惟禁烟功令仍应切实进行,故末节又言明为禁绝吸烟及整顿稽查烟土零卖事宜,所颁各法令不用条款致其效力稍受阻抑,即如牌照捐专为稽查零售,取缔吸户,而各省辄责令土膏店代收代缴,或就土计膏而捐之,此即是重征商家并非取缔吸户,嗣后务须就牌照上稽查整顿,即可收禁烟之效果,自不受禁烟条件之阻抑。见《外度两部对于洋土药征税之意见》,载《申报》1911年6月30日。这个解释并未清楚地说明何税该征何捐不该征,各地实行起来仍属茫然,因之,各省在该时期对各类捐税的征收上做法不一,颇为混乱。土药税的情形与此相似,恰逢土药统税局卡裁撤,而且税章增加至每担230两,由各省分征其半,其他税捐一概停止,但在实行时,各地仍有不同的做法。
② 《劝学所自陈学费支绌之苦状》,《申报》1911年7月16日。

要的原因。①这时的民间言论便趋向冷静,很少再提"就地筹款"办理兴学新政的旧话,而是对清廷不予拨款襄助地方兴学新政产生愤慨。1910年时学部经费锐减,教育界人士即认为,实行强迫教育,国家应该实行干预政策,补助教育经费。②学部也注意到地方兴学新政中全靠"就地筹款"不可能解决强迫教育的问题,于是准备拟定由中央财政补助小学经费的章程,③但国库已经空虚异常,不可能对兴学新政产生明显的推动力。兴学新政遭受重挫,鸦片税厘短绌是一个较为直接的原因,另外,国家资金分配的不合理结构也是一个重要的原因,学界人士谴责清廷新政的重点时说:"夫教育一事较整练陆军、水师诸政关系尤重,乃练军则不惜巨资而竭力整饬,教育之费顾仅限于数十万金而不肯加多耶?所操啬而所望奢,非特不能振兴,适以阻学务之进步耳。"④

各省兴学新政经费不足,不完全起因于鸦片税厘的短缺,各

---

① 《宣统元年第三次直隶全省学务例会之记述》,《直隶教育官报》1909年4月第4期,转见关晓红著:《晚清学部研究》,广东教育出版社2000年,第291页。视学员认为,直隶各处学堂多系因陋就简,条件并不符合清廷《奏定学堂章程》的基本要求,如按规定审核,这类学堂的资格应该予以取消,其学堂数量将会减少一半。关于洋药税被中央划出,有关报道说,自办理鸦片统税后,原来由直隶筹款局经收的洋药税数量多达数十万两,其中用于学堂等教育经费有至少十万两,统捐局将此项收入化为己有,导致北洋办理新政极受影响。见《北洋财政支绌》,《申报》1907年7月22日;另见《学部奏派调查直隶学务员报告书》第4年第11期;
② 《论教育费不当裁减》,《教育杂志》第2卷第8号,1910年。
③ 《学部奏覆陈普及教育最要次要办法案》,《教育杂志》第3卷第1号,1911年。
④ 《论优等教育之经费》,《东吴月报》1906年7月第3期。

省的情形差别较大。①清廷与各省均将练兵新政作为投资的重点，鸦片税厘急剧减少后，度支部和各省纷纷从各种税源上加大筹款的力度——诸如盐斤加价、田房税契、牌照捐以及印花税等，而这些税源在禁政之前，有可能是地方兴学、自治、警政等新政事项的经费来源。随着鸦片税厘缩减，地方新政赖以发展的财源被整军经武所侵夺，兴学财源枯竭势所必然。偏重戎政而不注意庶政，太阿倒持，缓急错置，最终的窘困结局不难设想。

二、鸦片税收与警政经费

清末鸦片税厘在各地的用途十分杂乱而又广泛，往往是多种事业经费藉此挹注，而且变动无常，关税如此，厘金如此，洋土药税收亦莫不如此。例如，土药税厘与地方政府筹建铁路的经费筹集有

---

① 根据较为零散的材料可以大体上作一个判断，鸦片税厘与兴学新政相关的程度，基本上与下列两种因素有关：首先是出产和行销洋土药利益较大的省份，两者的关联程度更大一些；其次是与各省中铜圆利益的分配走向有关，铜圆余利向来多支持中央和各地的练兵和兴学事业，这方面江苏省尤为突出，1904年以后，学务经费大量使用这项收入，见《两江总督魏奏江南铜圆局增置机厂改章整理余利拨充兴学、练兵等用折》（《度支部通阜司奏案辑要》，第25—27页），1906年以后，这项收入大为减少，严重影响了兴学经费的筹集。朱家宝曾对人说，"（苏）督练公所各学堂及巡警局等费，向皆取资铜圆余利，今铜圆停铸，款均无着"（见《朱家宝致某人》，《清代名人书札》（上），北京师范大学出版社1987年版，第407—408页。但是，如果某省铜圆利益较少，有可能洋土药税中的一部分会被用于兴学事业，这是因为清末能够提供较为充足财源的税种并不多见，洋土药税是仅见的极少数大税之一，食盐税收和厘金的一部等已被用于支付外债或赔款，土药税却被保留下来。

关，①洋药税厘的使用项目也不算少，曾国荃称，上海道将洋药税厘用于洋泾浜设官会审、翻译外国新闻、浦江水利等局用、会捕、巡防、炮船、护勇、南北洋通商随员及办理关务洋务员、役人等薪饭杂支、英法租界码头巡费、刊刻约章、修理桥站、善堂经费、资遣华洋难民等。②这些项目仅仅是外销款项，内销报部的用项可能更多。清末警政是清廷推行新政的重要措施之一，警政建设进程之速缓以经费之盈绌为必要条件，警政经费的来源多种多样，洋土药税厘是其中比较重要的财源之一。禁政推行后，直接或间接对警政进程产生负面性影响。

鸦片税较早地运用于警政事业，据美国学者研究，1884年北

---

① 洛阳至甘肃的铁路经费筹集就首先想到了土药税的运用，见《光绪朝东华录》第5册，第5646页；粤汉、川汉铁路股本中就含有大量土药税的使用情况，见《遵旨议覆川省路股办法折》，《愚斋存稿》卷18、《寄武昌岑宫保、瑞制军等》，《愚斋存稿》卷85；四川省在筹集铁路经费中更长期的在征收土药税中增加铁路经费的名义，在1908年路股总额中土药税占10.9%，1909年占到11.9%，见王笛：《跨出封闭的世界——长江上游区域社会研究1644—1911》，中华书局2001年版，第441页。也参见《四川铁路筹费章程》，载《申报》1905年2月17日；中国西部的西潼铁路经费筹集中也有土药厘金的成分，《光绪朝东华录》第5册，第5542页；自太原至大同的铁路经费中就有烟户抽捐和土膏业捐，见《宣统政纪》卷8，第33—34页；等。

② 《请拨药厘疏》，萧荣爵编：《曾忠襄公（国荃）奏议》，《丛刊》正编，第436号，第2743—2745页。洋药税厘并征以后，海关税入款大增。自1887年至1894年每年洋药税厘共占同年海关总税的三分之一左右，其中1888年达到39.37%，1889、1890年也占到38%以上。1995—1904年各年占海关总税收的20—25%，1905年至1910年为13%—19%，从海关五十年税收总的情形来看，有21.66%是洋药税和洋药厘的税收，超过了总税收的五分之一。见汤象龙编著：《中国近代海关税收和分配统计》，第22页。

京办理保警时曾使用过鸦片税，①由于洋药税厘在当时使用范围较广，这一说法或许是成立的。清末新政时期，各省警政事业属于地方宪政的范围，清廷令各省自筹财源，鸦片税收入增加以后，许多省份就将这项收入的一部分用于创办警政。1904年7月江苏开办警察，因无的款可以指拨，所需经费即由烟膏局等进行筹措。②巡警部成立后，经费筹措颇不顺利，在向各省发出的筹款咨文中称："现因开办伊始，需款浩繁"，呼吁各省"酌量协济，以应急需计。"③各省向该部筹解的款项各不相同，来源也不一致。安徽省的解款就是出自土药税，该省巡抚的咨文说，此项解款系"在土药项下按年拨银二万两"，民政部成立后这项土药税仍然保证供应。④除安徽省外，可能仍有某些省份将土药税用于这项协款的情况。⑤八省土膏统捐举办以后，巡警部奏请将二成土膏税拨用，作为本部常年经费，此项要求很快获准。⑥清政府将土膏税收用于中

---

① 托马斯·D.莱因斯：《改革、民族主义与国际主义：1900年中国的禁烟运动与英美的影响》，载《国外中国近代史研究》第25辑，第6页，作者依据的材料有张仲礼、斯坦利·斯佩克特（StanleySpeector）：《19世纪中国七位要员编年史指南》（第285页）、《中国时报》（*ChineseTimes*，天津）1887年9月3日（第724页），1887年12月3日（第947页）等。
② 《警察筹款》，《申报》1904年7月14日。
③ 韩延龙等前揭书，第207页。
④ 安徽巡抚的咨文，藏于一档馆，此转见韩延龙前揭书，第207页。
⑤ 《请饬各省将原认巡警经费仍如数解部折》，《退耕堂政书》卷4，第16页。
⑥ 《巡警部筹有的款》，《申报》1905年11月13日。除了土膏统捐的税款以外，巡警部还使用大量的海关税，这部分入款虽然名义上为海关税，但亦包括洋药税的成分，在1887年洋药税厘并征以后，关税入款增加迅速，在拨解时自然将洋药税也计算在关税中，但洋药厘金除外。汤象龙在《中国近代海关税收和分配统计》一书中指出，清廷有关公文中"六成洋税"或"二成洋税"之类的说法，指的是洋商进出口税及洋药税的六成或二成，意思是海关税这一概念已经包括了洋药税的成分，见汤氏前揭书，第27页等。

央警政事业大致由此开始。

1906年官制改革后，巡警部更名为民政部，职权和范围扩大，需款更增。八省土膏统捐开办以后，成效渐显，不但对中央练兵益处甚大，警政事业也获益匪浅。京师民政部设立后，大力添募内外城巡警，经费缺额十分严重，该部认为，"警政之修举与否，全视款项之盈绌，现在警饷待用之急如此，臣部款项支绌如此，是不特未办者难于扩充，且恐已办者将行废坠"①，如此强调经费困绌，事出有因。前述八省土膏统捐创办时，有从中提拨二成作民政部巡警经费的决定，每年数目不一，初期拨解土药税款为15万两，远远不能满足警政的经费需求，京城内外两厅就地筹措的款额有限，至多也就是零敲碎打，②根本不足敷用。1907年时该部深知土膏统税的溢收数额巨大，于是专折上奏清廷，请求在土药税溢收款项中按成拨足：

> 查臣部前经奏准，有膏捐二成一款，上年十二月准度支部咨膏捐溢收银一百七十万两，论二成全数应有三十余万两，虽拨臣部银十五万，核计仅及二成之半项。又查八月间督办土药统税大臣柯逢时等奏称，一年届满，溢收解部银三百七十万两，是较度支部原咨数目又溢二百万之多。前拨十五万之数尚不及二成之什二，本应奏请该部查照原奏拨还欠解银两，但膏捐必待年终统

---

① 《民政部奏为外城添募巡警无著恳恩饬部指拨每月支数即作为膏捐拨款以济要需而维警政折》，一档馆：会议政务处档案全宗，档案号：61/89。
② "民政部奏本部款项及全年出入预算表"，《大清宣统新法令》第6册，转见韩延龙等前揭书，第207页。

计，方能核拨。而巡警事关计授，断难恳待。此次请拨外城巡警一年款数，较臣部上年应得膏捐二成之数尚少数十万两，而警款得此挹注亦免有误饷需，在度支以彼易此，系有抵之的款，非格外之添支，自无虞艰于应付。①

结果，民政部得到这笔土药同税款项10万两，②支绌局面暂时得以缓解。1909年至1910年，民政部进款项目中，就鸦片税一项来说，除了度支部拨给的土药统税和各海关解缴的海关税（含有洋药税）以外，尚有购烟牌照费和药户捐两项收入。前者系"官收各款"四项之一，约占该栏总收入的52%余；后者列为"地方捐款"三项之一，约占该栏总收入的30%余。③由此可见，民政部警政建设经费筹措中鸦片税厘的重要性。

禁政时期，各省为了办理警政，藉口寓禁于征，尽量设法追求鸦片税厘，作为巡警经费。奉天营口警政人员藉禁烟之机，对官膏专卖十分积极，意在募集巡警经费，数村间设立几处官膏局所，发放购烟执照几无限制。铁岭警察局内也准备设立官膏局，经营的利润全部充作该局经费。④1907年6月乌里雅苏台大臣请求清廷允将土

---

① 《民政部奏为外城添募巡警无著恳恩饬部指拨每月支数即作为膏捐拨款以济要需而维警政折》，一档馆：会议政务处档案全宗，档案号：61/89；《民政部请拨膏捐》，《申报》1907年10月29日。该消息将民政部的奏折截取片段予以报道，与原折相比，歧义纷出，但也可见鸦片税对民政部经费筹措的重要性。
② 《度支部奏片》，《京报》1907年11月15日。
③ 《民政部奏本部款项及全年出入预算表》，《大清宣统新法令》第6册，转见韩延龙等前揭书，第214页。
④ 《沿村各设官膏局》，《盛京时报》1907年10月5日；《详定官膏章程》，《盛京时报》1907年9月3日。

药税整顿后的收入用于本地警政经费，如此办理实在是一举两得，既可禁烟，又可筹措警政经费，他称"（开办巡警局）计一年局费、津贴等项，极少亦须一千数百金"，这项经费实难以筹措。乌城禁政"惟有仿照内地土药统捐办法，凡由古城来乌商民即责成巡警官兵认真搜查，无论带有烟土多少，每两按七分抽捐，粘贴验票方准售卖"，关于这项鸦片税收的用途，他建议说，"得捐银即为专办巡警之用，如有不敷，再由奴才随时设法筹济。如此整办，不独举办巡警藉资挹注，而一年销化土药若干，暨每月递减若干自可得有确数"①。浙江省平湖县举办巡警时并无明确款项，请求抚宪在膏捐项下拨款四成作为警政经费，②但是土膏统捐总局的答复却予以拒绝，"膏捐项下向有代收学费，酌留四成。其余四成关系各国偿款，断难再行动拨。至禁烟局经费三分，如果就地筹办禁烟事宜尚可准予拨留，原以寓禁于捐。将来禁烟实行禁绝，捐亦随尽。警察清乡为保护地方而设，自应官绅合筹，以垂久远，若概仰给膏捐，为饮酖止渴之计，殊与原定章程不合，碍难率准。仍仰该县会商绅董，另行妥筹"，看来膏捐收入的用途太多，警政问题虽亦重要，但也不能分别挹注。

江苏省的警政经费与土药税关系较大，苏省直属的长远吴三县的一部分膏捐收入就用于巡警局工食开支。1909年初该省藩司建议将膏捐征收之权划归巡警局，这样可以更多更方便地将膏捐用于警政事业，"腾出戒烟、官医二局的款悉归巡警局之用，较之原拨警

---

① 《定边左副将军为附奏整办烟捐藉练巡警折》，一档馆：宪政编查馆档案全宗；《请以土捐办理警政》，《大公报》1907年6月16日。
② 《膏捐不能为警察经费》，《申报》1908年6月15日。

费实有盈余"①。这项措施确定后，该省巡警局却不愿征收这笔税捐，估计是担心这笔税款的命运不长或收入不稳定，因而请求另行拨款。该省藩司严加申斥，称警察经费出自膏捐理所当然，"收膏捐以资经费，职司地面查察易周，正如他省警章兼收妓捐、戏捐之类，隐寓取缔，无所为难，更非如禁烟公所之禁烟捐，名义未符，有所藉口"，至于巡警局担心这项收入的数量，他解释说，"膏捐改章以后，如何支销，如何分配，本司详确稽核实在，三县膏捐就现在捐数尚可月收钱六千七八百千，除额支巡警用款及公所经费、查验所、戒烟局各费，尚余每月一千七百千之谱，虽仅就十一、十二月月报约计，而大致不致悬殊。故详复文内，请将公所经费由警局收解，戒烟局经费商准善后局拨给，总计实有盈余"，"今警局深恐膏捐之不足恃，原不妨由司竭力勉为其难，惟目下库空如洗，其公所经费若再归司库增筹，委实力不如愿。幸征收膏捐之名已归警局担任，与公所无涉，且由警局解交公所，与司库筹解无异，为公所计，但求经费有著，似不必追问款所由来"。②经此次申斥，这项税款不得不由巡警局征收，多数入款归警政经费。1911年中英禁烟条件确立后，土商以为该项捐税不再征收，相率观望，致使收入减少。苏省巡抚程德全认为，膏捐和牌照捐关系本省警政经费，待用甚急，不可或缺，于是专门电咨度支部应否继续征收，得到肯定的答复后，即派出多员干将监督各地征收办理情况，郑重其事。③

---

① 《长元吴膏捐统归警局收支》，《申报》1909年1月31日。
② 《详覆推诿经收膏捐》，《申报》1909年3月8日。后来警察局不但介入膏捐征收事宜，而且将土膏店作为筹集经费的摇钱树，引致较多的纠纷，见《巡警以膏店为鱼肉》，《申报》1910年11月9日。
③ 《派员稽查土膏捐款》，《申报》1911年6月10日。

四川系产土大省，警政经费与鸦片税关系更为密切。1909年初重庆关署理税务司阿其荪（G.Acheson）的报告中说，重庆设立官膏总局，下设四个分局，"据报每月的销售量为3万两，去年获纯利2.7万两，这部分钱交给警方"①，换言之，重庆地区警政经费中包含了鸦片专卖的利润。关于川省土药税收的用途，较常被学术界引证的是宣统年间王人文的说法：

> 开除：长胜三营勇丁月饷、备荒经费、内务府经费、汇丰银款镑价不敷、息借商款本息、北洋军需、晋省协饷、云南铁路军费、京师大学堂经费、粤西饷需帐款、北洋练兵经费、英法美各国教案赔款、专使经费、黄浦江经费及赴日本看操、赛会并赴上海会议销场等事委员川资旅费、续购修筑商场地价等项，共支银五百三十四万七千七百八十八两四钱九分七厘二毫一忽六微。②

仔细推敲上述用项的性质，可以断定这仅仅是川省土药税收支放数目中的内销款项，而且还不包括土药征税中其他税捐的收入和支出，外销部分的收入数字和支出情形相当繁杂而且问题较多，不仅川省如此，各省亦向来如此。隐匿税项、假造支出的惯习各省已经保持了多年，意在避免清廷的纠缠和干预。例如，早在19世纪60年代，曾国藩督两江时，就已创办土药捐，但在第五案的报销奏片中，只列有厘捐、盐厘等收入，却将土药捐隐匿下来，户部自然

---

① 周勇、刘景修译编：《近代重庆经济与社会发展：1876—1949》，四川大学出版社1987年，第310页。
② 《四川官报》第8册，1910年。

不知底细。①川省土药税的收入和支出，有关论者亦有专门研究，②收入的规模问题且不具论，仅就其胪列的用途事项来说，多数是内销部分的支出情况，仍然较少涉及其外销部分的用款情况。单从重庆的情形来看，警政经费与鸦片税显然已有密切的关系，其他地区（包括省城）的警政用款也与鸦片税有关。川省实行官膏专卖较为有效，警政完善是推行官膏专卖的必备条件，该省官员深知此理，"惟查籍禁私之事极繁琐，须与警察相辅而行。该县如已办警察，迅即举办官膏店；如未办警察，一面赶办警察，一面筹设官膏店。不得以未办警察，藉词推诿；亦不得以筹款维艰，因噎废食，致违典章而干咎戾"③，川省各地警政推进较快，经费来源各不相同，但部分专卖收入确实投资于各地警政的创办。④根据当时一项调查，四川省警务公所及省城警察的常年经费系由"成绵道库（现已改归藩库）、藩库、盐库、票捐局、筹饷局等处筹拨"，省城以外，各府、厅、州、县的警察经费由地方当局自行筹措，其主要来源是随粮捐、契捐、烟捐、烟馆捐、官膏红息等12项，州县以下的警察分局的经费亦系自筹经费，来源主要有戏捐、官膏捐、灯捐等8项。⑤

---

① 转见何烈：《清咸、同时期的财政》，"中华丛书"编审委员会1981年编印，第382页。
② 秦和平：《四川鸦片问题与禁烟运动》，第38—45页。
③ 四川巴县档案，1907年8月8日长寿知县高瑞禀文，转见秦和平前揭书，第126页。
④ 秦和平认为，四川警察的部分费用系从官膏收入中支付，"责任与收入同在，既减轻政府的负担，也促进警察局所的建设"，"官府的纯利润往往用于警察局所、劝工局、平民工厂和慈善场所，以及社会治安等方面"，见氏著：《四川鸦片问题与禁烟运动》，第126—127页。
⑤ 《调查川省警察行政沿习利弊报告书》，上、下篇，转见：韩延龙等前揭书，第216—217页；隗瀛涛等主编：《四川辛亥革命史料》（上册），四川人民出版社1981年，第37页。

这一调查说明该省警政事业与鸦片税的密切关系。

随着禁烟进程加快，土药税厘缩减甚多，导致警政进程放缓。前述安徽省将土药税每年二万两解交巡警部作警政经费，禁政进程加快后，这项解款已难以保障，陷入剜肉补疮的境地。1909年底皖省巡抚的奏报说："所有宣统元年应解前项银两，因值禁种罂粟，土税停办，款无所出。兹据署布政使沈曾植详称，现于无可设法之中，在盐斤加价项下动拨库平银一万两，发交安庆度支部银行及官钱局汇解上海度支部银行，转汇民政部交纳。"①安徽一省的欠解数目已经达到50%，他省情形或有差别，但均面临收入短少的问题，这对民政部警政经费的支出影响甚大。该部向清廷奏报说，宣统元年该部不敷数额就达到30余万两，不得不向清廷邀款，度支部研究后，决定动用关税，"查胶海关洋税项下原拨民政部经费银二十万两，近来该关所收税项于支解各款外稍有存余，拟再于四成洋税项下每年拨银十万两，六成洋税项下每年拨银十万两，共计二十万两，作为民政部整顿京城警务常年经费，自明年起按年筹解，以资应用"②。禁政推行后，中央警政经费支绌的局面早已出现，1907年时该部就曾督催各省解款，③但屡催罔应的情形时有发生。两江总督周馥和山西巡抚张人骏在给该部的咨文中，仅仅认筹1—3万两，榆关铁路的盈利项下，直隶总督仅仅答应给5万两，④经

---

① 《安徽巡抚奏筹解民政部经费银两片》，一档馆：会议政务处档案全宗，档案号：666/5726。
② 《度支部奏为酌拨民政部整顿京城警务经费折》，一档馆：会议政务处档案全宗，档案号：560/5404。
③ 《民政部催解警务协款》，《申报》1907年11月25日。
④ 《两江总督周馥、山西巡抚张人骏等为筹解警政经费电报》，《巡警部拟由榆关铁路余利酌拨银数折》，均见一档馆：巡警部档案全宗，第93号。

费缺额仍然巨大。不得已,该部将内外城警官、巡丁裁去近四成,依然入不敷出,至9月份时储款已经亏空。有报道分析说,这是由于民政部尚书善耆"以亲贵之躬,素来简默,与各疆臣不甚联络,而各疆臣又以本省财政支绌,致奏定摊解之款一再迟延,更无论望其扩充。坐此原因,而民政经费几有毫无着落之势"①。这一分析可能道出实情,但各省禁闭烟馆后,烟馆捐等财源损折亦是要因。

1910年在洋土药税厘大减的背景下,度支部强力推行清理财政,极力要求各省划分国家税和地方税,包括警政在内的地方新政应从地方税项下使用,不得动用国家税,②但这项决定受到民政部的指责,该部认为,目前国家税与地方税并未划分清晰,"各省警政兴办在即,限制太严,不免诸多窒碍,拟与度支部会商办法,以便通饬各省一律遵行,免致多所藉口"③。实际上各省均处于"抵补财政"时期④,对民政部警政经费的筹解很难落到实处,以至于该部怨气冲天⑤。抵补财政背景下的清理财政,将中央各部之间的矛盾凸现出来,民政与度支两部的矛盾仅仅是冰山之一角。

京师警政开支捉襟见肘,地方警政也因禁政推行后,经费来源缩减甚巨,影响了该项事业的开支。地方警政的开销,既包括巡

---

① 《民政部财政困难之原因》,《申报》1908年9月13日。
② 《警政应用地方税款》,《大公报》1910年5月16日。
③ 《关于警察经费之会商》,《大公报》1910年6月26日。
④ 前有铜币盈余渐失,导致各省从鸦片税等方面进行整顿抵补,以求不致受到严重影响;随着禁政推行,洋土药税厘也渐渐丧失,这是一次更大规模的抵补行动,前已述及,这项抵补并不十分奏效,中央与各省的财政窘困更趋严重;各省也有不同的抵补项目,例如,广东省禁赌抵补,湖北省的签捐抵补等等,因之,1906年以后的中央与各省财政实际上是处于全局性的"抵补财政"时期。
⑤ 《民政部奏本部款项及全年出入预算表》,《大清宣统新法令》第6册。

警兵员的募集、警政学堂的创设、警械添置以及各地巡警公所的建立与完善，每一项均需款不赀。刘锦藻在校勘清廷和各省警政问题的奏牍、咨文时认为，这项事业徒耗民财，反对创办警政，变换角度理解，亦可发现这项新政耗费之巨："今不察致弊之由，从根本上补救，而一概铲除旧制，尽用洋法，凭空添出许多衙署，许多官缺、许多名目，而军装、饷械、衣服、冠履等费，专就京城论，每岁增出四、五百万之多，益加小民负担，亦胡为者？"①御史赵炳麟对警政需款也有预计，巡警费小省200余万，大省也得300余万，其费用需款与练兵相比不相上下。②竭力主张立宪的端方私下也对人说："以中国地大，只求一里有两个警察，年已需五万万，以全国岁入办一警察尚复不够，何论其他？"③宣统三年的预算中，湖南警政经费列有8.75万两，④奉天一省警费多达300万两，⑤浙江省厅州县巡警经费为27.3万元。⑥各省在省城和通商大埠开办警察时，最初的经费多由裁撤的绿营军饷下动支，后来又办有警务专捐，例如房捐、铺捐之类，但这些入款自然不敷应用。洋土药税厘的挹注确实是不可或缺的，这一点在各省铜圆失利后尤为突出。⑦但各省因禁

---

① 刘锦藻：《清朝续文献通考》卷120。
② 赵炳麟：《赵柏岩集·谏垣奏事录》卷6。
③ 何刚德：《客座偶谈》卷1，第3页。
④ 湖南巡抚杨文鼎1911年1月15日奏，转见周育民：《晚清财政与社会变迁》，第398页。
⑤ 《清史稿》卷125，"食货志·会计"。
⑥ 《辛亥革命浙江史料选辑》，浙江人民出版社1981年，第201页。
⑦ 例如浙江省对巡警部催解经费的咨文处理中，就因铜圆失利无法筹解，该省巡抚张曾敫致巡警部的咨文说："京师巡警根本要图，奉饬筹款理宜竭力。奈浙省洋款累重，铜圆失利，岁短三百余万，现已息借商款，暂济眉急，度支尚难。查悉情形至为焦灼，此项警费万难措设，请大部另行筹拨。现拟整顿财政，如将来有可腾挪，再行设法。敫。佳"，见《浙抚覆警部经费难筹电》，《申报》1906年2月7日。

政加速推行后，鸦片税源减少，经费深受制约，不可能按照既定的规划进行筹备。四川省土药税收利益较大，缩期禁绝鸦片政策推行后，警政费用自然也陷入捉襟见肘的境地，该省反映说，"近来宪政催迫，日促进步。川省奉派海陆军饷及兴办各项要政经费，岁增出款数百万，经济困难，万分拮据"，"禁烟尚未净尽，民间已损失逾千万金"。①川省如此，他省何能例外？程度不同而已。

在有关宪政筹备进程的奏报中，各省督抚对本省的警政举办情形虽不得不涉及，但语多简略，实际的成效并不多见。此类定期汇报，基本上是官样公文，不足为据，但有一个方面却是无法掩饰的，那就是各折中涉及的财政经费的制约问题。②庚子之前各省财政事宜的奏报尚多虚妄和欺饰，而宣统时期，在大规模筹措战争赔款、偿还外债之后，尤其是禁政背景下，这类奏报中关于财政困绌的说法必有所本，证之各地风潮及混乱情形，奏报中关于财政困绌的说法还是可

---

① 隗瀛涛等编：《四川辛亥革命史料》，第115页；蒲殿俊：《流年之慨》，《广益丛报》第9年第5期，1911年4月8日。
② 各省督抚的奏报时间介于1909年2月28日至1911年4月12日期间，分别见《山东巡抚袁树勋奏山东第一年筹备宪政及第二年预备情形折》《贵州巡抚庞鸿书奏贵州的一年筹办宪政及现办情形折》《河南巡抚吴重熹奏河南第一届筹办宪政及第二年预备情形折》《两广总督张人骏奏广东的一年筹办宪政及第二年开办各事情形折》《湖广总督陈夔龙奏湖北第一年筹办宪政情形及第二年预备事项折》《广西巡抚张鸣岐奏广西第三届筹办县政情形折》《开缺新疆巡抚联魁奏新疆第三年第一届筹办宪政情形折》《安徽巡抚朱家宝走安徽第四届筹办宪政情形折》《湖广总督瑞澂奏湖北第四届筹办宪政情形折》《湖南巡抚杨文鼎奏湖南第四届筹办宪政情形折》《四川总督赵尔巽奏四川第四届筹办宪政情形折》《宪政编查馆大臣奕劻等奏报各省筹办宪政情形折》《云贵总督李经羲奏云南第四届筹办宪政情形折》《四川总督赵尔巽等奏四川第三年筹办宪政情形折》《直隶总督陈夔龙奏直隶第三届筹备宪政情形折》《东三省总督锡良奏奉天第三年第二届筹办宪政情形折》《顺天府奏第五届筹办宪政情形折》以及《湖广总督瑞澂奏湖北第五届筹办宪政情形折》等，均见故宫博物院明清档案部编：《清末预备立宪档案史料》（下册），第758—820页。

信的。警政深受财政制约，各地的筹备不得不敷衍了事，徒具形式，舆论对此批评甚多，①禁政与新政矛盾之复杂由此可见。

第三节 "急务"与"本源"的失调

庚子之前清廷决定"从速变计"，提出两个强国富民的方针："以筹饷练兵为急务，以恤商惠公为本源"②，所谓"急务"是指整军经武，"本源"就是振兴工商，合而言之，也就是军事与经济。一般而言两者并无抵牾，但在禁政背景下，两者却形成严重的对峙，这与鸦片税厘的用途及数量变动有密切关系。此前，人们对禁政、练兵、振兴工商三者均寄予美好的期望，"不先禁烟，即开矿亦无用也，矿之所出不敌烟之所耗，相安糜费储积仍无由基，是灌漏卮也。即练兵也无裨也。持戟之士即属吸烟之徒，一遇惊慌，遁逃惟恐不速，是张空弮也"③，意思是鸦片一禁百政必兴；即使到1909年的万国禁烟会上，唐国安等人的演说依然将鸦片视为国家振兴的最大阻力，国人也大都相信：禁政与富强息息相关。但是清廷将大部分鸦片税收入用于练兵，这项收入失去后，一系列矛盾不断孕育和激化，"急务"与"本源"的对峙就是一个突出的矛盾。

---

① 《时评·其二》，《申报》1910年9月4日；《清谈·巡警之规模粗具者若是》，《申报》1910年3月2日。
② 《光绪朝东华录》，第3637、3631页。
③ 《皇朝经世文编》卷24，第452页，《丛刊》，台湾文海出版社影印。

一、清理财政中的军备争议

（一）禁政与清理财政之关系

禁政加速推行，鸦片税收由增昂趋向缩减，在"抵补财政"并无明显成效的情况下，度支部主政的清理财政举措因之出台。[①]换言之，鸦片税量缩减，抵补措施缺乏显效，成为度支部重视财政清理的机缘和诱因。此根据清末会议政务处等现存档案，将1906年禁政开始至1909年清理财政开始进入实际运作为止，度支部参与或介入的重要奏折检列如下，藉此观览鸦片禁政进程与度支部对清理财政重视的变化之间的密切关系：

表4-4　度支部基于鸦片税厘缩减逐渐重视全国性清查财政简表

时间	文献来源	政策内容
1906年10月	《财政处户部奏酌量归并铜圆局厂折》，《申报》1906年10月15、18日。	归并后的铜圆余利提出四成作练兵经费，财权和人事归中央掌握。

---

① 许多论者对禁政在清廷清理财政成因中的地位并未论及，一般的观点多认为清理财政就是根据清廷制定的预备立宪年度要求而进行的，论者虽注意到财政紊乱和筹措练兵经费的内在原因，但却无法解释1905年就提出财政清理的任务何至于到1909年以后才大张旗鼓进行？1907年初御史赵炳麟专折奏请清理财政，而度支部真正雷厉风行地付诸实施却拖至二年以后，这是为什么？显然，并未发现问题的全部真相。此类倾向见赵学军：《清末的清理财政》，载王晓秋、尚小明主编：《戊戌维新与清末新政——晚清改革史研究》，北京大学出版社1998年版，第286—313页；民国年间的学者受时势潮流的影响，在探讨中国近代预算制度的发轫时，则是着力强调立宪国家的人民有监督政府之权，见吴贯因：《中国预算制度刍议》，北京文益印刷局1918年，第3页。近人赵丰田撰《晚清五十年经济思想史》一书也坚持这类观点，见赵氏前揭书，第293—300页。

续表

时间	文献来源	政策内容
1907年1月	赵炳麟《奏财政棼乱请饬部制定预算决算表以资整理折》,《赵柏岩集·谏垣奏事录》卷4,第16—17页;《德宗实录》卷567,第4页。	奏请制定预算决算,"以整理财政而端邦本"。
1907年1月	度支部《奏统筹禁烟事宜及土药税仍旧办理折》,《申报》1907年2月1日。	鸦片专卖太难实施,仍旧实行土药统税办法。
1907年12月	《会议土税大臣奏土药税收日绌请裁撤部局归各省自办折》,会议政务处档案全宗,编号:91/313。	统税正款将及(银两)千万,土药税对练兵经费有重大意义。
1907年12月	《奏定研究印花税办法酌拟税则章程折》,会议政务处档案全宗,编号:93/322。	禁烟导致税收渐无,应令抵补,度支部以印花税为抵补首策。
1908年6月	度支部《奏酌加盐价抵补药税折》,《申报》1908年7月10日。	继印花税之后第二个抵补措施,每年约收入(银)四五百万两,一半解归中央作练兵经费。
1908年11月	度支部《奏土药税收不敷酌拟推广牌照捐以资拨补折》,会议政务处档案全宗,编号:279/2028。	土药税涉及中央练兵经费,盐斤加价不敷太多,因之推出第三个抵补措施,即实行牌照捐政策。
1909年6月	度支部《奏整顿各省田房税契抵补洋土药税厘折》,会议政务处档案全宗,编号:505/3843。	盐斤加价仅得(银两)四五百万,印花税一时难得巨款,所以度支部决定将田房税契的税率提高,新增税收归中央,作练兵经费。
1909年12月	度支部《会奏请旨通饬各省认真筹解练兵经费折》,会议政务处档案全宗,编号:391/5227。	铜圆余利停解,土药税减收明显,不得不强调各省落实中央练兵经费的解款。

其实，清理财政的重要性早在1905年时已由外人提议，美国驻华公使曾向清廷要员建议"中国维新当自财政入手，财政理则百事举矣"，这位清廷要员甚不以为然，美使大为不解，慨叹"殊属怪事"，并向日本的大隈重信述及此事。翌年，日本大隈重信在早稻田大学向学生发表演说时提及此事，申言政府应该嘉纳善言，批评中国要员不善此道："中国今日之维新亦犹日本昔日维新也，然日本维新之初，政府枢臣于有人以嘉言进者则察纳而力行之，垂三十年始获今日之幸福，今中国之枢臣如是，可不为叹息。痛恨哉！"①当时土药统捐制度开始酝酿实行，练兵经费的筹措并不困难，朝臣不纳其议，情有可原。

禁政开始以后，赵炳麟预计中央财政将受影响，特别提议应编制预算以维邦本，但度支部并未给予足够的重视。1906年9月清廷就发布禁烟谕旨，至1907年1月时各省并未进行真正的禁绝措施，而是彼此观望，鸦片税的收入继续大幅度增长，因而中央财政部门对赵炳麟的建议并未引起重视；但是鸦片税增长的趋势在1908年下半年以后开始出现明显的回落，此后直线下降。印花税、盐斤加价、举办牌照捐、整顿田房税契等抵补政策也才接踵而至，不料这些抵补措施并不具有明显的成效，这种情况下，清理财政的重要性才显现出来。度支部1909年8月的一份奏折中可以窥见真因，该部对国用危殆的原因概括为新政出款剧增、庚子赔款镑价跌落、铜圆失利以及鸦片禁政导致的税厘短缺而抵补政策不奏效等五个原因，后两个原因距离度支部真正重视清理财政的时间最近，试看度支部

---

① 《留日学生邹吉人上赵尔巽书》，一档馆：赵尔巽档案全宗，档案号：81/418。

对这两个原因的看法：

> 土药统税本以专供练饷，开办以后溢收颇巨，自奉明诏禁烟，各省分年减种，间或先期禁绝，于是土税分局均次第议裁，此项统税又成弩末……

查禁烟命下，臣部即设法预筹抵补，于是有仿办印花税及盐斤加价之奏。印花税当创办之始，立法尽从宽简，现各省始将印花票陆续领去，将来能否集款未可预期；盐斤加价一项虽约略可以预计，然以每岁洋土药税并计二千万，以区区加价抵补，仅得五分之一；而近日如江南兴筑要塞，四川、云南等处练兵，业经先后提拨凑用。①

细心琢磨，这份奏折的用意有两层意思，其一，度支部财政困绌甚为严重，已经影响到中央练兵新政的进行；其二，这一层意思是背后的，度支部主张清理财政意在将各省隐藏的财源和盘托出，并将各省财源的使用权收归中央。当然该部在这份奏折中并无此类露骨的表白，相反它的说法光明而正大："此次清理各省财政为试办预算起见，原非望于各省有所取赢，诚以近来大省，如两江、两湖、四川、两广久已支绌异常，其他受协省份更何待论。然经一次清理之后，若盈若绌，使内外晓然于财政之艰难。或省不急之务，

---

① 《度支部奏为财用窘绌举办新政宜力求撙节以维大局折》，一档馆：会议政务处档案全宗，档案号：523/4107。

或裁无名之费，并力合谋，再图兴作。"①这一清理意图贯彻以后，各省督抚以及在野人士均对中央的做法隐相抵制，其中关于军备问题成为清理财政过程中，纠纷和议论较多的问题。

（二）清理财政之前的军备争议

突出军备是日俄战争以后清廷始终奉行的政策。整军经武被无限突出后，各省财源也就主要抱注于军事项目，练兵经费成为各省首要的支出大项，其中鸦片税收入在这项支出中举足轻重。直隶省的情况较为突出，颇具典型，根据那桐奏报，自1905至1907年，该省筹款局的收入和支出结构颇能反映这一趋势：

新收项下：新收土药税共银60余万两，烟酒税共银221万余两；

开除项下：支解陆军第二镇饷银80万两，支解常备军第一镇、陆军第二镇饷银40万两，支解练兵处及陆军部银55万两，支解还筹垫练兵处开办经费银30万两，支解抵还公债票银35万两，支解藩库凑还洋款银6万两，支解"土药税一五经费"银9万余两，支解"烟酒税一成经费"银22万余两；

实存项下：土药、烟酒税银5万余两。②

---

① 《度支部奏为财用窘绌举办新政宜力求搏节以维大局折》，极力襄助中央集权的铁良曾直言道："立宪非中央集权不可，实行中央集权非剥夺督抚兵权财权、收揽于中央政府则又不可"，这种立宪就是集权的说法在中央上层中颇有市场，见《时报》1906年9月30日，转引自侯宜杰：《二十世纪初中国政治改革风潮》，人民出版社1993年，第79页。

② 《度支部奏为核复直隶筹款局光绪三十一、二、三等年分收支药酒等税银两数目折》，一档馆：会议政务处档案全宗，档案号：562/4667。

如此算来，直隶筹款局的军费支出占总收入的比重将近73%。1907年7月份的统计说，直隶筹款局的收入每年约80万两，其中一半左右为洋土药税，军费支出的项目：陆军第一镇兵饷银40万两，海防经费为20万两，学堂经费为10万两，另外10万两作为该局的行政经费，军事支出的比例高达75%。当鸦片统税制度未及实行之前，直隶省的财政尚不致因军费庞大而困顿，但随后实行的土药统税制度却将直隶财政推向捉襟见肘的境地。清廷在直隶省设立统税局，将洋土药税收30—40万两全部从筹款局的收入中划出，不再归该省支配，督辕不得不设法另行筹划收入问题，[1]无形之中该省军费负担加重，对地方新政推行构成威胁，清廷与外省的矛盾开始突出。广东省认解中央的练兵经费系由土药税项下解付，部章规定每年85万两，1908年3月份时该省统计土药税不敷这笔解款，要求减少认解，两广总督给清廷的电文中说，"土税一项抵去年解缴之练兵费，尚不敷甚巨，且目下款项支绌，若八十五万全数解缴，实属更难为力"[2]。1908年8月江苏省宁、苏两属均奏请减解练兵经费，度支部与陆军部会商后予以拒绝。[3]浙江省对海军经费的筹措亦十分犯难，土膏捐、烟酒税等均已挪垫一空，不得已只能认解开办费5万两，常年经费则委实无法筹解。[4]与浙省情形类似的省份尚有广

---

[1]《北洋财政支绌》，《申报》1907年7月22日；《征收土药税之新章》，《华字汇报》1906年10月23日。
[2]《咨请减解练兵经费》，《申报》1908年3月27日。
[3]《江苏练兵经费请减半筹解不准》，《申报》1909年9月20日。
[4]《浙省认筹海军经费之为难》，《申报》1909年9月21日。

西、甘肃等诸多省份。四川省虽然鸦片岁入甚巨,但京协各饷占去大半,赵尔巽表示海军经费万难多认,即使勉强认筹,也无的款可以支持,②军费膨胀已经使地方财政难以支撑,反对突出军备的言论愈来愈多。

在度支部积极推行清理财政、编制各省预算之前,针对军事费用庞大所引发的反对意见已经出现。1907年3月署广西巡抚张鸣岐奏请中央注意财政困境,必须停止练兵国策,适时更张,"时危财竭,若复严督各省急练新军,恐生内讧"。练兵处等部门的意见则与其相反,"现在积弱之际,如必诸事完备,始行练兵,恐事变之来,我不能待",各省练兵仍不可稍缓,未纳张之献策。③这个时期禁政对练兵经费尚未产生明显的负面影响,清廷自然不会改弦更张。11月份当某御史奏请清廷反省新政用款问题时,军机大臣中便产生意见分歧,袁世凯主张整军经武不可放缓,"虽库藏奇绌,亦当勉力实行"④,而另一军机大臣则甚不谓然,"军者,虽有国者之不可不讲,然头等强国非尽以其兵强而能致此也。目前即使果有巨款,内政之待理者不知凡几,岂能独及军备"⑤。言者疑为张之洞,早在1901年7月份时张之洞曾有振兴工商官助资本的主张,

---

① 《桂省认解海军经费之竭蹶》,《申报》1909年10月7日;《甘省筹认海军经费之为难》,《申报》1909年10月10日;《皖省库帑空虚之真相》,《申报》1910年4月10日;《核减海军经费问题》,《申报》1910年10月10日;等。
② 《赵尔巽致海军处电》,一档馆:赵尔巽档案全宗,档案号:74/375。
③ 转见李文海主编:《清史编年》第12卷,第444页。
④ 《袁军机奏对新政之不可缓》,《盛京时报》1907年11月29日。
⑤ 《某相国不以筹款大兴军政为然》,《大公报》1907年11月30日。

军备、兴学和实业等应该并行不悖,这是张氏一贯的做法。①张之洞入枢之后,正值清廷加意讲求整军经武,以各种方式搜括各地财源,以供中央练兵新政之用,洋土药税自不必说,连盐斤加价、田房税契、印花税等,均将这类新增收入的支配权收归中央,对地方新政用款百般限制。②这种趋向引起张之洞的不快,他表示各省绿营、巡防队裁撤后的款项,至少要腾出一半用于开办实业。为了与袁世凯相区别,他甚至认为实业为国家富强之本,军务为富强之末,袁、张之争在军务与庶务问题上表现尤为激烈。练新军与办理海军均属中央财政集权的手段,这类削弱督抚财权的举措,早在1907年时清廷与外省就有函电议驳之事,世续与荣庆曾就中央集权问题与鄂督张之洞密商,张氏覆电极力反对,谓"削督抚之权,则处理地方行政窒碍必多",不加隐瞒地予以回绝。③后来权贵争夺中央财政的支配权,张氏又一次陷入朝争调停的运筹之中。④

(三)清理财政中的预算案争议

当各省因禁政加速推行渐失财源后,清廷一意练兵,借清理财政之名而收权,借编制各省预算、划分中央税与地方税手法来控制

---

① 《请专筹巨款举行要政片》,《张文襄公全集》,第3805—3806页。
② 1908年6月份,内廷饬令度支部,练兵为当前急务,饷糈尤关紧要,"嗣后无论何项要政,其应向各省指拨经费者,概不准在军饷项下拨借,以重兵食",见《不准指拨军饷》,《大公报》1908年6月23日。
③ 《世荣两相国主张中央集权》,《汉口中西报》1907年9月3日。
④ 《张相国注重实业》,《大公报》1908年11月15日;《张相国体恤商艰》,《大公报》1909年3月26日;孙宝瑄在1907年底即闻知袁张之争事,"袁、张不睦,殆以国事互生意见",见《忘山庐日记》(下册),第1110页;张文襄氏七十入枢,时常躬逢党争,不得不居间协调,其诗有言亦可为证:"门户都忘薪胆事,调停头白范纯仁",言调停之憾事,隐对朝政大计之不满。转见黄濬:《花随人圣庵摭忆》,上海书店出版社1998年,第56页。

各省财政,继续为其整军经武搜括财源,此举必然导致地方官民更大烈度的反对,矛头直接指向度支部对各省预算案编制的干预和控制,中央预算案中的军备问题也成为诟病的焦点。

闽浙总督松涛对度支部要求编制预算应大加压缩开支一事十分不满,该省在禁政推行后,"土税膏捐尤多无着,以今较昔,短收不下数十万",而出款剧增,军谘处经费、海军经费等均属新增加的支出大项,款项多达80余万,"出入相权,实难适合",该省呼吁会议政务处、宪政编查馆应该会同度支部等通盘筹画,"应将新政所需酌分缓急,俾得稍纾财力"①,这已隐讳地对急办海军一事表示反对。江西巡抚对筹解海军经费表示无能为力,该省预算册显示,每年不敷款银270余万两,经度支部和该省删减尚有100余万的亏空,所以赣省奏陈:"岁解北洋海防经费银十万两,本系海军经费改拨,现海军经费已派巨款,实无余力再解此款。"载泽对江西的理由甚不以为然,议覆中给赣省出谋划策,"该省控引江湖,交通便利,所出物产向称富厚,臣部复核预算各册,如印花税等税及官业收入之类振兴有待,遗利尚多,果能力濬财源,严杜欺隐,当不致无以自给"②,为迫令赣省认解海军经费,度支部挖空心思,不遗余力。河南巡抚宝棻力主压缩中央新政经费,缓办陆军,"方今内外臣工所日汲汲者地方自治也,审判庭也,实业也,教育、警察、新军也,而所恃以筹款者,不外增租税、行印花、盐斤加价、

---

① 《闽浙总督具奏闽省预算案成立并沥陈财政艰窘情形折》,一档馆:会议政务处档案全宗,档案号:860/8076。
② 《度支部议覆赣省奏预算出入不敷请减解北洋海防经费折》,一档馆:会议政务处档案全宗,档案号:903/7979。

募集公债。臣恐利未见而害丛生","抑臣更有请者,豫省陆军见止混成一协,明初当添练成镇,综计饷需一百八十余万,以豫省财力断难举此,似又当酌量宜缓者矣"。①

东三省总督徐世昌、吉林巡抚陈昭常对预算案屡经删减以及向度支部邀款却遭顿挫等愤愤不平,其奏曰"昔日入款少而用足,今日入款多而用不足;昔日以吉财治吉而用足,今日若仍以吉财治吉,不仅其用不足,而贻误大局非浅鲜矣。然使吉林今日财政无异常危迫之象,犹得有所凭藉,逐渐不苴;无如病源已深,其势岌岌不可终日。凡政务之已办者,皆将有累卵之危;未办者亦徒作画饼之叹,既不能守株以待,又难于无米为炊",吉省的兴利事业非常之多,碍于财政窘绌,难于伸张铺陈。②摄政王载沣初掌国柄时,徐世昌即将东三省的危迫窘况专折奏闻于上,对地方新政规模恢宏而经费困绌的情形披沥痛陈,尤其对三省收支亏款太巨嘘唏不已。关于新政经费,徐折称:"新政之属,学堂巡警,东省最为普及,然需款大率取之于地方及各项公益捐,官所补助者仅十之二三,已苦不及。"③然而,东三省虽屡经邀款,但度支部官员甚为不悦,限制綦严,即使拨补,款项也甚少,东三省必将陷入上下交征的困境,对清廷甚有微词。

江苏等省份对度支部大幅度删减兴学和自治经费以编制预算

---

① 刘锦藻:《清朝续文献通考》(四),第11496页。刘锦藻称该折"所陈悉中肯綮,可谓铁中铮铮者矣",也对清廷搜刮行省的做法难以赞同。
② 《东三省总督徐世昌吉林巡抚陈昭常奏沥陈吉林财政困难情形折》,《东方杂志》第6年第5期,1909年6月12日。
③ 《上监国摄政王条议》,载《退耕堂政书》,此转见沈云龙著:《徐世昌评传》,第100页。

的做法深表不满。该省高等学堂的办学经费一再压缩,该校不得不首先力争,地方自治筹办处也因经费被删减太大而万难应允。①舆论对于清廷硬性压缩地方振兴实业经费、教育经费和警政经费的做法颇为反感,认为单纯裁减地方宪政经费的财政消极主义并非根本办法,军政费用的压缩才是出路。②陆军部坚决反对这种说法。度支部夹处其间,左右为难,对各省抵制预算办法极为愤慨,该部对各省的反击说,宣统三年预算案系"皆各省认为能行,并非臣部强定。今则各省于前此认定之案,又多借词翻异,试问已定预算案内不敷之款尚苦无可筹挪,若再将原认者复行翻异,又将何以应付",督抚力争行政经费的动机十分复杂,维护本省各项新政,保护本省固有利益恐怕是一个主要的动机。对此,度支部指责说:"各省近年积习,以挥霍为固然,视公帑若私物,稍为限制则百计相偿,必令破坏;偶从宽大则觊觎投隙,甘弃成言,非独有碍财权,抑亦贻误大局。"③上下顶牛之态势十分明显。

海陆军经费预算也成为朝臣、疆臣议论纷纷的焦点。根据预算,这项费用十分庞大,七年之内约需投入1亿5000万金,④在预算案中,岁出经费最多者为海陆军经费,"约占全额的三分之一,其次则赔款,亦有五千一百万两之多。至于一切行政费用不及费额之

---

① 《苏省裁减行政经费续闻》,《豫省预算收支不敷之一斑》,《浙省岁出入预算不敷之筹商》,《申报》1910年8月9日;
② 《论政府核减各省行政经费之非计》,《申报》1910年8月16日;《书各省督抚议覆行政经费折后》,《申报》1910年10月22日。
③ 《度支部奏为陈明维持预算实行办法折》,《度支部奏维持预算实行办法折稿(附预算案实行简章)》,集成图书公司印刷,原件存中国社科院近代史所图书馆。
④ 《振兴海军之大计划》,《国风报》第1年第35期。

半",舆论愤懑不平:"呜呼!由此预算案推之,国家一半岁入,大半消耗于不生产的事业,其用于吾民者不及其半。呜呼!吾民生气尽矣!"①闻知度支部预算表中海陆军经费数目之庞大,江苏金匮县拔贡生杨忠钰直接上书资政院,禀陈缩减军事规模,提醒朝廷注意整军经武的严重后果:

> 值此民穷财尽之秋,而扩张军备,万一饷项不继,则脱巾哗噪,兵变堪虞;如再剥民以奉军,则生计愈艰,民□可畏。今各省陆军不足三十镇,海军尚未成立,然饷源涸竭,罗掘俱穷(穷)。放饷之期偶愆旬日,则全军哗然,刻□滋事……今米珠薪桂数倍从前,月饷四两余尚不敷用,零星赊贷,待哺嗷嗷。故月饷万难悬欠,军无的饷,虽孙关不能约束。若再扩张海陆军,而给饷不时,危险可想,此兵变之可虑也。②

兵变可虑,民变可畏,杨忠钰的禀请着眼于整军经武的严重后果,语皆沉痛。山东谘议局议员尚庆翰则力请清廷缓筹经费,藉纾民困③汤寿潜密陈清廷说,海军不可急办,宜力求兼顾民艰。④御史王乃征、赵炳麟奏闻清廷,主张停办海军,办理新政也应量力而

---

① 《预算案之内容》,《盛京时报》1910年11月22日;《度支部宣统三年预算撮要》,《申报》1911年1月24日。
② 《资政院咨送江苏拔贡生杨忠钰陈请提议暂缓扩张海陆军以纾民困说帖》,一档馆:会议政务处档案全宗,档案号:877/8329。
③ 《资政院咨送山东谘议局议员尚庆翰陈请书所陈七事》,一档馆:会议政务处档案全宗,档案号:877/8330。
④ 《汤寿潜奏陈存亡大计》,《申报》1910年3月19日。

行。① 胡思敬早先有移海军经费专办陆军的议论，② 后来干脆力请罢斥新政，谓兴复海军系国家速贫之策，应全面对新政改革进行检讨。③ 开缺陕甘总督升允痛诋新政虚妄，对大练新军的成效提出质询，主张以振兴实业为当务之急。④ 资政院议员中对海军兴复一事持反对主张者不乏其人，认为当前应注重海军学堂的创办，以培养人才为急务，主张循序渐进，而不是倾注匮乏的国力来创建并无实效的海军。⑤

划分国家税与地方税是清末财政颇有争议的一个问题，各方的立场相距甚远，态度也相当复杂。督抚大员认定清廷的意图系欲以此策攫取地方财力，因而暗中抵制。张之洞早先曾表示"断宜划分酌留，不致竭泽而渔，庶教养诸政可以实行"⑥，这是对中央窥伺地方财政的一个警告。两广总督周馥对类似设专门机构侵夺地方财权的意图也反对甚力，"如今日兴学练兵颇急，而群向藩司索款，几无以应。然犹勉强图维者，以藩司为一省领袖，督抚得以通盘筹计，移缓就急。若另立财政司，直隶度支部，则督抚省事，藩司更不过问，欲兴新政，其道无由"⑦。当鸦片税已经无可凭恃时，地方必然固守一己之利。

---

① 《汤寿潜奏陈存亡大计》，《申报》1910年3月19日。
② 胡思敬：《审国病书》，收入《退庐全集》，第1293页。
③ 《御史胡思敬请罢新政折》，《盛京时报》1911年3月9日。
④ 《补录开缺甘督升允痛诋新政折》，《盛京时报》1909年8月10日。
⑤ 《资政院对于重兴海军之异议》，《大公报》1910年11月5日。《对于重兴海军之异议》，《盛京时报》1910年11月8日。
⑥ 《致军机处厘定官制大臣》，《张之洞全集》第11册，第9560—9562页。
⑦ 《两广总督来电》，《清末督抚答复厘定地方官制电稿》，《近代史资料》（总76号），第73页。

1910年清廷拨还各省的鸦片统税已经微不足道，铜币盈余早已化为乌有，各类抵补措施成效颇不一致。在这种情况下，各省究竟财力如何，能否继续办理新政，军政与民生如何兼顾，大局如何扭转，这是各省要员面临的现实问题。江苏巡抚程德全对此类大政方针颇有惊人伟论，他断言"今日百姓困穷非担负过重之故，乃生利无术之由"，对于宪政编查馆要求各省督抚每半年将宪政办理成绩胪列奏闻一事愤然抨击，他称："内外臣工明知竭蹶应付，如限奏报，精神全非，实效安在？"他甚至警告说，"将来财政日窘一日，政务日紊一日，臣恐不待九年而国事之溃决已不可闻矣"，这份奏折被报界誉为"各督抚封奏中罕见之伟论也"。①督抚中除江苏巡抚程德全提出振聋发聩的创见外，更有人提出联合各省督抚将各省实情剀切入告，敦促清廷改弦更张，阻止有名无实的新政继续敷衍下去，此人就是云贵总督李经羲。1910年夏天，为了请拨土药税款，与度支部屡屡交锋之后，李督愤然通电各省督抚，呼吁联袂入奏，以"规步伟画"来惊醒内廷，这份电文大约是新政晚期督抚对清廷敲响的"警世钟"，意图十分明显，就是希冀力挽狂澜于既倒，阻止清廷的衰败下滑。电文称：

> 近日旧政轮廓难存，新政支离日甚，其大病则在无人，无人之病在于欲速而不图根本。世风之糜，人心之幻，因而中之。于是强事就人，强人就事，无人即先办事，无事即先用人，种种枝蔓相因而起。守旧时之酿衅，维新后之造作，诸症如一。故

---

① 《程中丞之伟论》，《盛京时报》1910年9月28日。

欲求人才，人才欲不出。其大难在无主脑，诸部各自为谋，而无审国情、量国力，联合主新之人，徒委编查馆为细碎调停。改革不从简单入手，故文法愈密，措理愈难。坐此二病，智愚同困，其妨碍维新阻力甚大，即有一二枝节眉目何补大局？及至财尽民散，事已无救，今幸以款绌见端，正可进求病本，义深虑时不我与，驯至外人干预，群沸交腾，本藉宪政以固人心，转因宪政以速国祸。①

文中"无人"系指权贵揽政而见解平庸，即便是"中流砥柱者"，如度支部尚书载泽也因不谙省情，擘画方略多与地方冲突，其余揽权之徒更不甚高明。②"欲速而不图根本"则指因军政、宪政而误国祸民，不计财政不达民隐，孤军冒进，即时人所言"以练兵、宪政而亡国"之意。李经羲的期望虽高，但"惊醒内廷"的目标很难实现。其提议并无多少督抚回应，清廷败局已无多少挽回的余地。民国年间胡思敬评论政局坍塌的情形时说，"至其所行宪政，若新军，若学堂，若新刑律，若警察，固人人皆知其有害无利，各督抚奉令，惟谨卒隐忍不发一词者，保持禄位之心过重，患得患失，而不虞辛亥变起，内外大小官员同时并罢也"③，这种说辞基本若合符节，虽有慷慨陈词者，如程德全、李经羲等督抚，但

---

① 《滇督通电各省筹商要政》，《国风报》第1年第22期，1910年8月11日。
② 1911年4月份赵尔巽蒙监国摄政王召见于三所，载沣垂询财政问题，赵督所对政策与载泽不同，他评价载泽时认为，虽然该尚书纯为国家计，但他并无外任之阅历，不谙各省情势，所以所提政策多与督抚政见不合，龃龉之处甚多。见《赵制军对于整顿财政之异议》，《盛京时报》1911年4月2日。
③ 胡思敬：《审国病书》，见氏著：《退庐全集》，第1283页。

声势甚微，无裨于朝政转圜。

二、养其一指，失其肩背

与整军经武相关的一个问题是振兴工商、发展实业，这是鸦片禁政后期财政困顿背景下舆论甚为关注的问题。整军经武与振兴实业在清廷的实际行动中互为矛盾，在财政安排上，军备冲击实业非常严重，实业和民生陷入衰败，阻力重重，这也是鸦片税厘抵补政策无法显效的重要原因；抵补鸦片税收的税政措施不是扶植实业发展，而是赤裸裸的搜括和阻遏，时人赠一言曰："养其一指，失其肩背。"①该词的确切含义是指清廷对军事与经济措置失当，或者说是以军事冲击振兴实业的矛盾。论者大多是在报章杂志撰述意见的趋新人士，有关言论多刊发在报纸的"时评""杂论""社说"等栏目上，言辞犀利而痛切，直砭时弊。

1910年夏天《申报》就刊发了两个"时评"，乍看似乎洞见不同，实有相通之处，持论者均认为清廷的新政有一些最具成效的表现，兹转录于下：

（《时评·其二》）
中国近年举行之新政不得不以禁烟为强人意。革官吏也，禁播种也，虽不能谓其有十分之成效，而大员中有以戒烟致疾者，

---

① 论者称："子舆氏有云：养其一指，而失其肩背。今之所见何以异是？是故识时之彦，恒戚然忧之，以为循是以往，军政未必能修，财政必将日窘，箎度支者支柱未能，则谢事以去耳"，见《论国事日非之所由来》，《盛京时报》1910年8月12日。

各州县有以铲除烟苗起风潮者,则是其事已明明举办,固非筹备宪政涂饰耳目者比也……①

(《时评·其一》)

近日朝廷预备立宪,百度维新,清理财政也,变通旗制也,申严禁烟也,通达民情也。涣汗之颁布者皇皇,奏牍之覆陈者鉴鉴,就表面言之,宜若完美富有者然。虽然清理财政,则廑额咨嗟矣;变通旗制,则无声无臭矣;申严烟禁,则泄泄沓沓矣;通达民情,则民变四起矣。然则今日之筹备,其成绩果以何者为最优乎?曰:雪来柳往之星轺,东抽西提之军饷。②

两个"时评"对新政成效的认识判然有别,前者认为最具成效者是鸦片禁政,后者认为朝臣赴各国考察宪政和筹措练兵经费两个方面最具成效。细品此意,论者的手法颇为高明,揶揄口吻是也。禁政与练兵经费的筹集两者均具成效,大致不错,禁政有效的后果是鸦片税厘的财政意义丧失;练兵经费筹措有效的后果,则意味着在鸦片税厘短绌后,清廷必然加大对民生日用必需品的搜括力度,各种商品的税率一再提高,捐税丛出,苛虐不绝。练兵与保商本不矛盾,两项新政均关求强与求富,构成新政的两个主轴。在禁政背景下,两者对峙的潜因已蕴含其间,清廷"恤商惠工"的表态实际上已被现实的税政举措所否定,戎政必然冲击庶政。

---

① 《时评·其二》,《申报》1910年6月29日。
② 《时评·其一》,《申报》1910年8月11日。

日俄战争期间，慈禧极力关注练兵，内外臣工为冀动圣听，呈送各种练兵方案，贡献数目不等的练兵经费，以邀圣眷优隆。外务部、户部等中央部门均有数量不同的练兵经费报效。就连甫经成立的商部1904年3月也拟具一份奏折，跟随外务部、户部之后意图报效，奏折的草稿与成稿之间有一些细微的差别，兹将成稿的关键部分转录于下：

> 立国之要以练兵为先，而练兵尤以筹饷为主。上年钦奉设立练兵处，以立自强之基，需费浩繁，筹措不易……凡在臣工宜效涓埃之报，臣等受重，亟思勉竭棉（绵）薄，稍尽微忱。惟臣部系新设衙门，各司官当差为日无多，公费尤属有限。现拟由尚书、侍郎、左右丞参议公费项下，酌提库平银一万两，作为报效练兵处经费。明知区区之数无俾（裨）要需，实以敌忾情殷，愿作壤流之助。①

原稿草件与成稿稍有不同，前者有一个细微的内容在堂宪核批时删去不用，这句"废话"位于"筹措不易"一句之后，原文是"近闻外务部、户部先后报效练兵处经费银两，均经奉旨允准在案"，此处透示的信息颇有意味，此且不管外务部与户部贡献了多少银两给练兵处，谕旨如何批示也暂且不管，单看商部紧跟外务部、户部之后的行动本身，就可见朝政运作的一些规律。商部本系新创衙门，经费必然不裕，振兴工商同属清廷新政大策，强化尚且

---

① 《奏为拟请报效练兵处经费银两折》，一档馆：农工商部档案全宗，档案号：490，20/1。

不及，何来闲款报效练兵？

商部尚书由庆亲王奕劻之子载振出任，据台湾学人评价，载振此人乃"标准的纨绔乳臭；生平长技，只是声色犬马，而奕劻却使他出任农工商部尚书。因此他才会被袁世凯所牢笼，成为利用他来结纳奕劻的工具"①，载振职司振兴工商要政，难免被袁世凯所控驭，袁氏一心藉练兵揽权，自然不会将商部行政问题列入经略要项，对商部本身的摆布也指臂自如。极力突出练兵，有限的重要财源也就提供给军政部门使用，国家对振兴工商的投资责任无形中被淡化。

"军事与经济"命题的提出，以华人在日本创办的中文报刊《国民报》为权舆，该报有关言论并非直接针对国内问题，用意在于告诫国人免蹈覆辙。其立论对象有日本、欧洲强国和美国，三国提供的教训并不相同。关于日本，该文认为，"甲午以后，日本全国汲汲于扩张军备。政治家之所奔走经营，新闻纸与士大夫之所议论无不集的于是。垂五六年，目的渐达，而国内空虚，财政为之支绌，乃转而注意于经济。今也政治家之所奔走经营，新闻纸与士大夫之所议论，又无不集的于财政与实业上。是诚得谋国之道，知轻重之宜。故因时势而转移其施政之方针也"。日本的经验说明，军事与经济并非并立而存，必须侧重一个方面；关于美国经验，该文

---

① 苏同炳著：《中国近代史上的关键人物》（下册）"载振"图示文字。按：此处评价的依据似乎单单依据丁未政潮前后的情形而作出，似不甚完整。其一，1903年9月份设立商部时的尚书一职即是由载振拜任，1906年官制改革时，将商部改为农工商部，尚书依然是载振；其二，1903年商部设立以后，经画良多，保商之政日有起色，不可谓无效运作；练兵新政被无限突出之后，该部的作用才发挥不力，日渐式微。

认为，"列国之兵多，而美国之兵少也。现列国每岁之统计，其岁出额军事费恒多于其余行政费，甚有多至二倍三倍者，视其军备之盛则宜其财政之不振也……是无他，国之军事与国之经济不并立者也"①。这就是该文对中国朝政的警告。

这类警告愈到后来愈加尖锐，对清廷决策均未产生明显的影响。练兵被无限突出，经费筹措首先取利于铜圆，铜币盈余丧失之后，取而代之的是洋土药税收，尤其是土药统税收入成为清廷和各省筹措练兵经费的主要财源。随着鸦片禁政的加速推进，这项税收也不得不临近弩末，而清廷迭次出台的抵补措施又多不见成效，导致练兵经费不得不以压缩各部和各省的财政支出为替代手段。

关注实业是禁政期间朝野对经济问题的最初反应。在禁政决断作出前，清廷发布立宪上谕，商界人士面对宪政将兴和鸦片禁政极抱希望，认为这是实业振兴的绝好机会，特别是实业振兴的观念将有大的转变，政府保商和税负减轻将会有可能实现。②但是这一希望很快就被各地官府的练兵筹款、税捐朘削所击破。镇江牙行对官府决定骤加十倍税负举措群起抗议，商会具禀呈达农工商部，而该部迟迟未能作出处理。③上海的商会组织对烟草征税的苛细税则极表不满，上书农工商部，要求最起码按照鸦片统税的做法和税负水平来榷征，禀书对烟草运输一项在各地的苛遇据实陈述说："自兰州起运，以二百八十斤为一担，就地每担报捐税厘银四两三钱；经

---

① 《军事与经济》，"丛谈"，《国民报》第4期，1910年8月10日。
② 杨志洵：《立宪与实业之关系》，《商务官报》第16期，1906年12月20日。杨氏认为，立宪对实业有十二个好处，例如转移思想、热心国务、消除隔阂、选举资格、补助得宜、租税得当、保护周详等等。
③ 《牙行要求商部减税》，《申报》1907年12月12日。

陕西长武报捐税厘银七钱，至泾阳报捐七钱，近更加至一两四钱，是经陕西一省共完银二两一钱，经陕西商州纳税钱三百五十文，约合银二钱；经河南紫荆关纳税钱六百五十文，约合银五钱；经湖北老河口又纳统税钱四千文，并印花税，约合银二两；到沪后又落地捐银一两四钱。是每担净烟由兰到沪，共完税银十两五钱。兰州原价贵贱不等，牵算每担约银十两，加以六千余里水路舟车费用，每担共需成本三十九两。在沪发卖，除去种种折耗，约可售银三十三两六钱，实亏成本五两有奇，此西烟商号之所以日少也。"由于烟草税负綦重，商会请求按照土产鸦片的税率征收税捐，"惟查土药一项不独为消耗且为毒害品矣，前经柯大臣奏办统税，寓禁于征，大部议准每百斤征收一百五十两（原文如此，应为115两——引者），以彼时土价每百斤值银六百两核计，亦不过值百抽不及二十耳。今以每担值银十两之西烟，而累征之十两五钱，是值百且不止抽百矣！在消耗品例需重税原不足异，特以西烟与土药比较，畸重畸轻，似未允洽"①。农工商部和度支部也想整顿这类苛税和关卡，徒以事端繁杂，关乎地方利益甚多，很难整顿。尽管有人提议新政筹饷应该追求自然之利，诸如兴办矿政之类②，但因资金不足，徒托空言。厘金和杂税苛政依然未改，不但地方练兵经费的筹措出于这类苛税，其他新政筹款亦莫不搜括于此，官员和胥吏藉以致富者不在少数，即便是官报局所亦不例外。③所以1909年之前的

---

① 《沪南商务分会呈请改订西烟税则援照土药统税章程准咨度支部查照办理咨文》，一档馆：农工商部档案全宗，档案号：490，20/1。
② 邵之棠编：《皇朝经世文统编》，第3400—3402页。
③ 沈惠风著：《眉庐丛话》，第17页。

报界言论多有指陈此弊者。①

随着1909年以后鸦片税厘缩减，各地政府肆意搜括练兵经费，振兴工商的政策更流于形式，军政与经济的对立愈发严重，报章刊载指责清廷过分突出军政而不顾振兴实业的言论比例更大。不同背景的媒介批评报道的角度有不少差别，兹据江南大报《申报》和北方颇有外人背景的《盛京时报》1909年以后的有关时评，以简表形式胪陈如下。

表4-5 关于军政与实业问题报道比较简表

《申报》时评		《盛京时报》时评	
标题与报道时间	内容概述	标题与报道时间	内容概述
《论铜圆充斥之害》，1909年6月3日。	详细论述铜圆之弊对农、工、商业的严重危害。	《论重兴海军事》，1909年3月7日。	反对清廷现在就要举办海军，主张内治先于戎政，警告政府：举办海军"未睹其利，先蒙其害"。
《重兴海军与普及教育之比较》，1909年7月3日。	例证教育振兴之巨效，振兴教育尤急于举办海军，教育已有相当基础，而海军系从零做起，费资巨大，久之不能成效。	《近日之筹办海军与整顿吏治》，1909年3月16日。	对政府举办的海军捐大加挞伐，谓之为"稗政"，根本不可凭恃，主张以召开国会来作为解决问题的最佳办法。

---

① 例如，《论政府与民争利之非计》，《申报》1908年7月4日；《论今日工商生计》，《申报》1908年12月24日；《论奉省之十可十不可》，《盛京时报》1907年10月27日等。

续表

《申报》时评		《盛京时报》时评	
标题与报道时间	内容概述	标题与报道时间	内容概述
《论地方自治第一次经费之难筹》，1909年8月4日。	对宪政编查馆明令地方自治经费不能动支国家正款的有关规定深表反感，对其章程中的经费筹措条例逐一驳斥。	《近日之筹办海军》，1909年3月26日。	反对糜费巨款办理并无实效的海军，呼吁将此项经费用于实业振兴和创办教育，注重内功修练；印花税的收入并不能满足复兴海军的需求，提醒清廷应放弃这项毫无把握的计划。
《中国今日之内情外势》，1909年11月13日、14日。	工业不发达与商业之凋敝已经形成恶性循环，加之近年各省灾害频仍，民生日益困难，其中主要的原因与实业之不振、铜圆之充斥有密切关系；清廷与各省推行印花税等筹款举措，但因征税的环境已经恶劣，民众仇视国家税政的心理极为严重，这就是国内新政面临的困境。	《论加丁赋以开办海军事》，1909年5月7日。	反对以重兴海军为急务，主张将教育、事业、法律作为最紧迫的事项对待；警告政府：海军未立而民心已失，这一结果关乎国家前途。
《中国之所谓新政》，1910年1月5日。	国内新政面临的困境。清廷与各省的诸类新政举措雷声大而雨点小，其主要原因在于需款甚巨或"尚多窒碍"。	《释公债》，1909年5月29日，1930日，6月1日。	批评清廷只讲节流而不注重开源，举借公债用于生产性事业则可，若用于非生产性事业（例如海军）则不可，埃及亡国于外债之教训应该谨记；强调投资实业的重要性，坚决反对举债练兵。

续表

《申报》时评		《盛京时报》时评	
标题与报道时间	内容概述	标题与报道时间	内容概述
《劝业会与立宪》，1910年1月9日。	振兴实业具有成效之后，才可以藏富于民，政府的各项新政方可顺利推行。	《论练兵与保商》，1909年6月24日。	各省清理和整顿财政所筹集的经费决不能用于练兵事业，必须用于教育、实业和警政等新政事项，对振兴实业中的虚假言论和做法加以批驳。
《中国之政府》，1910年2月3日。	揭露政府最关注海军捐、国债捐、印花税和盐斤加价；政府不想急办者为开国会、普及教育等；政府不管不问者为主权丧失、贫民生计、厘卡之苛等。	《论保商政策》，1909年9月17日。	国内工商业不发达的主因在于税负之重，强调政府的保护责任。
《论生计恐慌之原因》，1910年4月13日。	建议政府理财以开源为主，应厚裕民力，加强其生利能力，生利能力来源于全国商业发达、物流迅速和实业振兴。	《论学部议实行强迫教育事》，1909年12月10日。	在中央财力困绌下，强迫教育的计划仅仅是徒托空言。
《论今日变乱之源及其补救之方》，1910年5月13日、16日。	国家有责任保护和提倡实业振兴，铲除贪官污吏，发展教育以开民智，并要防止外债对国内的侵害。	《论轻减出口税之迨无成议》，1909年12月15日。	分析工商税收增加和减轻至为矛盾，减之可振兴工商，增之可裕国用，主张国家将振兴实业放到首要地位，这是国家的根本。

续表

	《申报》时评		《盛京时报》时评	
标题与报道时间	内容概述	标题与报道时间	内容概述	
《论今日提倡实业之必要》，1910年7月6日、7日。	振兴实业国家应担负一切经费，即使财政困绌，也应留出财力用于实业之振兴。	《论谕令部臣注意开源事》，1910年1月14日。	呼吁振兴实业之迫切，对政府的两面性政策进行批评。	
《理财上之矛盾政策》，1910年8月16日。	度支部推行清理财政之前，各省新政经费尚可支持；清理之后，各省出入不敷甚巨。	《海军筹款问题之评判》，1910年3月20日。	民间未把海军视为急务，而以国会之召开为重要。	
《实业问题》，1911年2月28日。	国内实业发展缓慢的原因是缺少资本，没有振兴实业的信心，有的省份的铁路也对实业加以摧残。	《论兴复海军之近情》，1910年6月4日。	海军处争款激烈，各项要政被迫迟滞，度支部与海军处几成冲突，再论海军不必遽办之箴言。	
		《论振兴实业之不可缓》，1910年6月15日。	振兴实业的好处有三：利己，利人（可泯灭革命风潮），利国。	
		《敬告当世之理财家》，1910年8月10日。	对政府专注于军事而荒废教育一事痛驳无遗。	
		《论国事日非之所由来》，1910年8月12日。	政府对军事问题与教育问题处置不当，养其一指，失其肩背。	

续表

《申报》时评		《盛京时报》时评	
标题与报道时间	内容概述	标题与报道时间	内容概述
		《论倾向于军事方面不足以图存》，1910年9月11日。	整顿海陆军为治国之末，而举办教育与振兴实业是当务之急。

由上表比较可见，具有外人背景的媒介对清廷批评的力度更大一些，所评论的问题也更尖锐，问题的类型更有相当的差别。《申报》的立论较为平和，批评性论题较少，所论问题具有在商言商的意味，某些论题动辄与召开国会问题相联系，尤其是在筹集军政经费方面，认为只要召开国会就可以巨款立筹，认为国会是万能的。①《盛京时报》的报道多集中在军事与经济的对立和矛盾上，对编练新军、重兴海军冲击实业振兴问题关注尤多，且抨击甚力，具有国内一般性媒介所没有的超然和对立色彩。

《盛京时报》不断刊登专访外人的文章，更能对清廷单纯追求军事利益的倾向施加压力，这是《申报》等国内报纸所不可比拟的。1910年9月底该报专访日本名流大隈重信，就特赦康梁、推广

---

① 反对将召开国会视为灵丹妙药的言论被舆论认为是不趋时事、不思进取、甚至是保守的。其实对召开国会投反对票的人不一定毫无洞见，1909年时汪康年认为，即使现在就召开国会，也不可能一揽子解决中国的所有危机，国会万能的言论是天真的，没有看到中国蕴含的根本矛盾。但是这种声音实在是太微弱了。见汪诒年编：《汪穰卿先生传记七卷遗文三种》，《自传》，1909年，杭州汪氏1938年铸版。转见廖梅著：《汪康年：从民权论到文化保守主义》，上海古籍出版社2001年，第351页。

军备以及中国振兴等问题进行评论。关于"推广军备问题",该报借用大隈重信的言论批评清廷说,"近闻中国锐意推广陆军、再兴海军,如果信然,则可谓缓其所急、急其所缓也。不知实力充足而后国防乃可完备。中国现在虽如何整顿武备,财力有限,岂能与列强颉顽乎?倘独为弹压内乱之用,五六镇之兵力即足矣,何为须备二十镇、四十镇之多。总而论之,中国今日以统一兵权、财权为急务,苟能解决之,其余问题可迎刃而解耳"①。日本《大阪每日新闻》对中国的政局和国内形势观察甚细,屡屡报道关于中国内政的消息,1911年4月份,《盛京时报》专门将该报的一篇重要报道译成中文,全文刊布,内中就中国地位、财政、两三年之后的危险局势等问题详细剖论,颇具影响力。文章认为,就清国目前的财政现状而言,维持20个师团的兵力断非其所能堪,若要勉强维持,办法有二:一是租税加征,此法虽可,但甚为危险,且非善政;另一个是举借外债,这一数字必定十分庞大,清国外债已经不少,在民族主义的背景下,此两个措施有可能将中国倾覆。②此前,《北方日报》派员专访清廷颇具声誉的一个外交家(疑为唐绍仪),就举债练兵问题进行评述,《盛京时报》的总主笔"以其足以警世,特转载之,以备注意时事之浏览",足见此报对朝政局势的关注。《北方日报》记述说,"中央政府岁入总额二亿九千七百万两,大率由地租、关税、厘金及他种杂税而来者,而反观岁出一面,其不生产之军事费竟占总额三分之一,偿还外债利银又须五千一百万两,而

---

① 《大隈伯爵之中国谈》,《盛京时报》1910年9月28日。
② 《外交三题话》,《盛京时报》1911年4月1、2日。

他种行政费遂不及总额之半。国家财政窘迫如此，此其偏枯于不生产之事业；又如彼姑无论暂时短欠之五千三百万两不易弥缝，而三年之后，政府必遭破产之厄运"①。与《盛京时报》相类似，拥有日本背景的另一份报纸——具有更大影响力的《顺天时报》也持同样的论点，该报早在1907年9月份时就刊发"论说"，对清廷专注于练兵提出警告，"中国于治兵一事亦欲极意讲求，而于治民之道未能力为振顿，安所得强国之本乎"，"兵气日益盛，民气日益愤，至官吏知重兵不知重民，国家知有兵不知有民，则民之不聊生，难自将作矣。审是以一国之兵敌一国之民族，犹虞其不足，尚何强国之法云！然则强国之道奚恃？曰：治民者利体也，治兵者利用也"。②

  国内媒介对上述言论亦有回应，但就主要有影响力的媒介来看，能够作出这类回应的报章杂志仅见较少的几种，《东方杂志》是较早的一种。1908年该刊邀人撰著社论，就军事与经济的对峙问题发表看法，因其处于禁政早期，洋土药税厘的缩减并未出现明显的变化，所以，在涉及军事与经济的矛盾问题时，笔锋迂回而又曲折，并不显山露水，"数年以来，各省练兵不遗余力，迩者且有兴复海军之议。其识力不可谓不卓，然而商工实业遂因此而视为不急之务矣"，"吾国实业未兴，则供此重大之军费者尚无所出，而骤以有加无已之负担，强责诸民，窃恐其荒本业而丛怨窦也"。③1909年下半年禁政步伐加快，财政抵补的困境开始显现。

---

① 《某外交家之财政谈》，《盛京时报》1910年11月12日。
② 《论强国不能专恃乎兵》，《顺天时报》1907年9月11日。
③ 哈笑：《财政私议》，《东方杂志》第5年第3期，1908年4月25日。

媒介对清廷注重整军经武的倾向关注较多，以军事与经济矛盾为主题的评论趋于尖锐。① 1910年6月后不但洋土药税厘缩减大半，各类抵补措施虽纷纷出台，却不见显效。中央则权贵干政，一意经略陆海军，实业振兴更成躯壳，② 因而有关军事与经济对峙的批评更加尖锐，《国风报》的言论称：

> 修军备所以戢乱暴也，然正以修军备之故，而举国乃遍伏乱机；兴教育所以养人才也，然正以兴教育之故，而举国乃无复士大夫；奖实业所以群富源也，然正以奖实业之故，而举国乃将成饿殍。今日中国之政治现象举皆此类，一言以蔽之，则矛盾之政治现象也。
>
> 年来以练兵之故，中央政府及各省之岁入，投入此者三而居其一。夫国中则既已民穷财尽矣，而此种经费膨进无已，势不得不历取之于民，民之脂膏竭养于兵，并其仰事俯畜之资而不可得，乃不得不群聚而思乱。③

不但有舆论呼吁，上书清廷力陈危迫情形者亦大有其人，诸如

---

① 例如《大公报》1909年9月3日即有专论，以"军事与经济论"为题，分析军事冲击经济的后果。论者王景贤认为，军事与经济互为支撑，不可偏废，单独发展军事而不顾经济，则属不健康的治国之道，将会重蹈俄国式的困境。
② "本欲阜财，先必费财"，"官设学堂以为教，官创机厂以为式，官助资本以为抚持，然后农工商之利可开"，张之洞、刘坤一联袂上奏的变法三折之外有一个筹款举办要政的奏片，如上官为提倡的观点就是出自这一奏片，见《请专筹巨款举行要政片》，《张文襄公全集》，第3806页。
③ 茶圃：《矛盾之政治现象》，《国风报》第1年第15号，1910年7月7日。

山东谘议局议员尚庆翰和江苏士人杨钟玉等。①这类陈请的效果极微，如杨钟玉禀请缓办军政的说帖上达该院，资政院在这份禀文上签署的意见依然是主张扩张军备，该院主张，"窃以泰西各国率武装独立，力求均势。现在中国陆军方幼稚时代，海牙之会且以无海军为世诟病，若非及时扩张，实万难立国，已为全国所公认"，断定杨钟玉的说帖危言耸听。②陆军部尚书荫昌在资政院发表咨文时也大唱反调，"诸君仅知减轻国民负担，不知国防不备，自政府以至国民损失权利于不觉者，决不止目前核减之数。故某有一言忠告诸君：须用政治家之眼光，统筹全局，再下断语，否则沾沾于一部分，某实不敢随声附和，以期见好诸君"③。督催各省练兵的电咨依然联翩不绝，清廷仍不放弃扩张军备的计划，致使各省被拖到一个疲于应付军备而无力兼顾民生的尴尬境地。

　　辛亥大局鼎沸之际，大江南北义师蜂起，督抚中多半知国内变局不可挽回，纷纷疏请乞退，对清廷冥顽态度已失去希望。23个省份的督抚中，乞退者7人，弃城而循者7人，自称都督复为巡抚者1人，自称都督举兵反清者2人，改任都督者4人，有功于共和者1人。④原本应该裁撤的绿营和巡防队亦奏准免裁，军费预算中，这部分节省的费用又不得不成告朔之饩羊。更为严重的是巡防队不但

---

① 《资政院咨送山东谘议局议员尚庆翰陈请书所陈七事咨文》，一档馆：会议政务处档案全宗，档案号：877/8330；《资政院咨送江苏拔贡生杨钟玉陈请提议暂缓扩张海陆军以纾民困说帖》，资政院的批示见诸于该说帖之后。一档馆：会议政务处档案全宗，档案号：877/8329。
② 《资政院咨送江苏拔贡生杨钟玉陈请提议暂缓扩张海陆军以纾民困说帖》，资政院的批示见诸于该说帖之后。一档馆：会议政务处档案全宗，档案号：877/8329。
③ 《荫大臣固非肯浪费者》，《申报》1911年1月10日。
④ 乐观道人：《清末督抚佚闻》，《青鹤》第4卷第1期，1935年12月。

不裁撤，各省又添练155营，需花费银两1700万左右。①因此，无论受协还是拨解省份均处于极度困厄之中，向度支部及陆军部邀款的电文络绎不绝，两部应对乏术，暂诺而实延。清廷财政不得不全面陷入干枯亏空而且调拨不灵的窘困状态。

---

① 《宣统政纪》，第38—40卷。

第五章 禁政激变与"新政之累"

1906至1911年间鸦片禁政与新政改革相伴推行，互为影响。禁政本身导致了各种势力的抵制和反抗，此后的鸦片税厘抵补措施又引发了仇视新政的各类风潮；新政推行，需款不赀，经费筹措导致捐税层出不穷，民负加重。鸦片税厘抵补与新政筹款交织在一起，铸成了被今人所忽视的"新政之累"。无论是研究鸦片禁政，还是探求新政改革的论著，禁政激变与"新政之累"成为相关学术言说中"失语"的部分。这一问题与随后的辛亥鼎革有唇齿相连之关系，不可不察。

第一节 禁政激变

禁政系国家振兴命脉所关，数百年来鸦片始终被视为戕身耗财的毒品，不但清廷痛恨此物，即令民间亦视之为"亡国之疾病"①，其害甚于"博"和"妓"，②禁之有时。清末禁政时期，社会上有两个不同的群体，一方是主禁力量，另一方则是反禁人士，两个"世界"对待清廷禁政的态度判若霄壤。1906年9月禁政实行后，为捍卫种植和商业利益，各类人等或施以哀求，或隐相抵制，更多的是揭竿而起，酿成大大小小的禁烟风潮。禁政激变大致包括因禁种罂粟所导致的农民反抗以及因增加烟土、烟膏的各种税捐而引发的商人罢市风潮两个层面。

一、禁政中的两个世界

对待鸦片禁令有两类不同的群体，一是支持禁政改革，为禁绝鸦片鼓与呼的群体，范围较广，既有清廷当局，又有民间士绅和知识界人士，这部分群体掌握着言说的权利，此类言说赋予鸦片禁政以各种积极的作用，认定它对道义、经济、吏治、民生等均有挽救或促进功效；二是部分罂粟种植者以及部分鸦片烟土、烟膏等运销经营者，甚至包括外人在华经营鸦片的商人。国外鸦片商人尤其恶劣，他们不但以毒牟利，而且暗中鼓动国内贩售鸦片者对抗禁令，推波助澜，如新老沙逊集团之类。这一部分人群处于道义的对立面，或迫于生计，

---

① 王国维在清廷禁烟谕令发布后，曾撰文诠释禁烟的必要性及消匿鸦片之害的主要途径，文中称鸦片吸食为《亡国的疾病》，语见《去毒篇》，《东方杂志》第3年第10期，1906年11月11日。

② 薛福成评论鸦片之害甚于"博""妓"之害，语见佚名编：《清代名人书札》，《丛刊》续编，第749号，第266页。相类似的言论较多，晚清禁烟名士许珏曾称鸦片之害甚于洪水猛兽，"鸦片之祸，昔人比之洪水猛兽，然洪水之患不过一时，猛兽之害不过一方。今鸦片流毒天下，祸近百年，其视洪水猛兽固远过之，若寻常水旱疾疫更不可同日而语矣"，见氏著：《复庵遗集》，第276页。

或追求暴利，铤而走险，置禁令于不顾，兴风作浪。该群体在大众媒体世界并未掌握言说的权利，其意见、看法大多出现在官员的奏章或报刊的报道中。本书将这两个群体姑称为"禁政中的两个世界"。"两个世界"的研究，在不同时代，意义与价值大相径庭。80年代之前的有关研究中，更多的是从"政治意义"上评价，对两者的褒贬截然不同，学术误导的成分甚大。目前的禁政与新政研究中，两个群体的对立趋向在相关讨论时"意外地"陷入失语状态，淡出学人的研究视野。这是本书特意列出以备讨论的主要背景。

1906年开始的禁政改革被朝野人士赋予了较多的意义，总括来说，主要是堵塞漏卮、强健国民体质、进取有为、刷新民族形象、转弱为强等，社会期望值较高。持此观点者多见于清廷官员的各类言论、行省官员的各类奏章和咨文，以及民间人士在各类媒介上发表的言论等。这个群体尽管均认定鸦片禁绝的必要性，但在就事论事时又有区别，甚至互为矛盾。《泰晤士报》驻华记者莫理循在评价张之洞时，认为"所有总督除张之洞外都反对吸鸦片。张在理论上反对，但实际上并不反对"①。目前研究中国禁烟问题的外国学者中仍有人关注这一互相排斥的现象，认为张之洞是官方改革的主要代言人，"他曾经反对鸦片，但当他触及中国的近代化问题时，就改变了语气。他在《劝学篇》中说鸦片之害足以毁人才能，削弱

---

① 《清末民初政情内幕》，第496—497页。这类矛盾的现象比比皆是，据莫理循观察，"皇太后本人就吸鸦片，外务部尚书庆亲王是烟瘾极大的鸦片烟鬼。外务部的第二号人物、这个帝国最有权力的大官之一（很多人认为是最有权力的）——瞿鸿禨手里也攥着大烟枪。曾去参加英王加冕典礼的载振亲王也吸鸦片烟，这个放荡的年轻恶棍现在是商部尚书。但是反对鸦片烟的舆论，正像传播西方教育、发扬尚武精神和大量创办地方报纸一样引人注目"。

志气,浪费金钱。至少在1898年,他把中国吸食鸦片者归结于愚昧无知,认为发展教育是禁烟的妙方。然而3年之后,张之洞却在给皇帝的建议中说,鸦片税收可以增加国家收入,以便兴办洋务","像张之洞这种对待鸦片的矛盾心态并非独一无二。许多上层官僚和有影响的人士长时间以来一方面痛恨鸦片,一方面又承认鸦片贸易带来的税收利益",论者尚列举出类似"张之洞矛盾现象"的其他著名人物,如曾国藩、李鸿章、左宗棠、王韬等等。①晚清具有禁烟思想的郑观应甚至主张利用鸦片税,认为鸦片利厚,若将其利润用于水利、轮船、铁路、肥料投资,或兴办其他产业,如棉花等,对经济也将有所助益。②外人关注这一矛盾现象,其实蕴含着"非此即彼"的逻辑认知,对事物的复杂性作简单化处理。鸦片问题不纯粹是中国的内政,而是与英国政府有密切关系,在英人不予合作的情况下,国内禁烟目标很难达到,加之鸦片经济已经成型,难以在短时间内铲除,在这种情况下发表的言论大多是就事论事,难免有互为矛盾的言论。其实,矛盾本来就是一种集合体,这恐怕是历史本来具有的一种本相。有关媒介对这种复杂本相描述说:

> 禁烟之条本为自强第一要政,前此数十年之贻害,已悔之无及矣,然往者不可谏,来者犹可追,使但曰积重难返,猝议禁

---

① 托马斯·D. 莱因斯:《改革、民族主义与国际主义:1900-1908年中国的禁烟运动与英美的影响》,载《国外中国近代史研究》,第25辑。张之洞对鸦片问题的态度十分复杂,公开的言论多讲禁绝鸦片,指导思想之一就是"三民主义":众其民、强其民、智其民。见陈涛著:《审安斋遗稿》,《丛刊》正编,第338号,第240页。
② 郑观应:《增订盛世危言正续编》,卷8,"节流·禁烟上",第4页。

绝之，故不易为力，若果旦夕偷安，不惟民气衰颓，无所恃以振奋，种族其能永保乎？自去年人心猛然醒悟，当道者统筹计划，日以禁烟之说闻。或谓宜速绝之，或谓宜缓图之，或谓财政之所关者大，或谓生命之所系者重，或谓商之外洋，或谓自我议决，或谓习俗难移，或谓士籍混淆，尤阻挠之甚，而不易查禁，迄今盈廷聚讼，纷然莫衷一是。①

对政府禁烟上谕，无人不表赞成，如何禁绝，看法却甚不一致，这类分歧导致各省州县政令不一，缓禁与速禁并存的格局持续了近三年之久。不管对禁政如何议论，各省鸦片种植面积在不断缩小，洋土药贸易总量也在减少，这是一种大的趋势。部分省份进展较缓，并非其不愿禁烟，多数是斤斤计较于鸦片税厘的收益。②

对待禁政的态度，民间与政府的看法也不一致。禁政上谕发布的前一年，民间已经成立了少数禁烟组织，在本邑开展鸦片禁绝活动，振武宗社就是其中的一个。它完全超然于清廷之外，纯系自发的社会改良组织。该社确立的章程称："强种性、节漏卮居今其急务哉……立于兵力争存之天下，固非通国民为军国民不可，而为军国民非先强种不可，欲强种不首禁鸦片更不可。此固不待智者而后知。"③看来，振武宗社是以强健种性、养成军国民资格、堵塞漏

---

① 《论各省宜设去毒社》，《顺天时报》1908年2月21日。
② 英国人对各省禁烟的情形有所总结，认为"各省迭奉谕旨而未能悉遵者，殆以财政之关系使然"，浙江、河南等省擅立鸦片税目，征收不遗余力，概见各省对鸦片税厘的珍重，见《驻华英使朱尔典致英外部大臣葛雷公文（附：英使署参赞黎枝第二次鸦片问题说帖）》，《外交报》第232、234、235各期，此见《外交报汇编》第85、97—101页。
③ 《自禁鸦片振武宗社简章》，《申报》1905年10月28日。

厄为宗旨,符合当时趋新潮流。《万国公报》的社说也认定鸦片之害与军国民资格、尚武精神不相符合。①1906年初有人明确将禁烟与新政相联系,提出反对官场嗜好,反对吸食鸦片,以响应新政开展。②多年以来,官界、文苑中,流行吸食鸦片的时尚,文人藉鸦片烟来构腹稿甚至被视为一种文明空气,与新政改革的气氛甚不协调。③禁政高潮时期,山西省官界蔑视禁令,吸食如故的情形仍较严重。④所以,民间在谈论实行新政以振刷民族精神时,首先将官场的鸦片吸食问题提出来。时论对鸦片禁政的巨大效益甚为看重,它可以"变易全国之脑筋,而为实行新政之大机栝",关乎中国的国际声誉、国民公利以及军备建设,关于禁政所带来的经济利益,有人认为,"以十年计之,为国民保留货财当不下五六百兆,以五六百兆为各省铁路商办公司,则不特外人所办之铁路不难依次赎回,而路旁矿产亦得免外人觊觎,待至民力稍裕,余利日充,一切国债皆得清偿,又何事患贫为哉!而商业之进步不必论矣"⑤。书生论道,虽未必切近实际,但却是实实在在的一种心态,对禁政与新政的复杂影响缺少洞见,实难苛求。的确,从理论上看鸦片嗜好与民族荣衰关系极大,与民族进取精神息息相关,晚清巨患的形成

---

① 《中国除烟之希望》,《万国公报》第192册,1905年1月。
② 《论近日官场沾染嗜好之深》,《申报》1906年3月16日。对于振刷官员精神以适应新政改革的呼吁中,将鸦片问题列出来讨论的言论较多,兹不一一列举。
③ 《文人吸鸦片构腹稿》,见徐珂编:《清稗类钞》第4册,中华书局1984年,第1069页。
④ 《致江苏某中丞函(代山西戒烟会作)》,李刚己著:《李刚己遗稿》,第154—159页,《丛刊》正编,第348号。
⑤ 《禁烟后之希望》,《申报》1907年6月12日。

与鸦片问题密不可分,这是不容置疑的。①但是,禁政能否真正立竿见影地给中国带来巨大效益则难以断言。

1909年上海万国禁烟会召开前后,知识界对鸦片问题的态度与清廷官员的主张之间保持了高度的一致,均对鸦片禁政抱有积极的评价。武汉地区是我国洋土药贸易较为集中的地区,汉口重要媒介对鸦片禁政的重要性评价说:"宣统元年第一发现之要政何事乎?明日沪上开万国禁烟大会是也。禁烟实强国之本,为我国内政最重要之事,而又须各国协助,故尤为外交重要之端,今日之会实我国转弱为强之关键也。"②该报对我国吸食鸦片现状深感忧虑,亟亟以禁之为快。各地人士在该报不断刊登时论,对解决鸦片问题建言献策,尤其对吞烟自尽、戕害生命等实际问题予以关注,期望禁政能够将人们从毒害中解救出来,论者认为,"阿芙蓉者,戕身之利斧,速命之灵符也。哥萨克万排马队之白刃无以喻其威,地中海千

---

① 《黑甜乡记》,载刘铁冷、蒋著超编:《民权素》第1集,"谐数",第4页(1914年3年4月,《丛刊》续编,第551号)。清末已经有人对鸦片吸食的恶劣影响有所著论,只是这一问题的影响太大,以至于时至民国年间仍有人对鸦片巨祸对晚清社会的深刻影响颇有感慨,他著文说,"鸦片及其他毒品之为害,甚于洪水猛兽。即就我国而言,内忧外患,俱可归其祸根于鸦片,内而残害健康,堕落民德,致政治窳败,失民族生存之基;外而鸦片一战,失地赔款,促国势趋弱,启列强侵略之渐。百年以还烟毒已弥漫全国,良可愧已!",见王晓籁:《〈禁毒专刊〉发刊辞》,载上海市禁毒委员会编印:《禁毒专刊》第1期,1935年12月。并且,尚有人对鸦片吸食与国民根性的形成和强化相联系,认为,"原来我国大多数的国民是含有多量'懒惰'的特质,这种懒惰的特质,当然不是我民族原始的遗传,而是历代专制政治的赐予……因为这个原因——懒惰的国民——才会贫弱到这个地步;为了这个原因,所以一经输入,举国若靡;更为了这个原因,它只能为害于我们老大的中国而不能为害于富有朝气的欧美列强。所以说:物必自腐,而后虫生",见蔡步白:《我对于禁烟的观感》,载《禁毒专刊》第1期。

② 《宣统元年第一要政》,《汉口见闻录》1909年2月5日。

群铁舰之硝弹无以防其毒也","阿芙蓉种绝,是不但可起我已隶黑籍同胞之痼疾,并可以救我无数未隶黑籍同胞之生命","数年以后,天下失此剧毒,则匹夫匹妇之轻生以求死者或庶几可以不死乎?即死,吾决其亦未必有如斯之便且速也。呜呼!我中原之世界为此黑烟毒雾所障蔽者久已混混沌沌,在醉死梦生间矣;今而后得复见烟消雾减之日月重光之一日也"。①

知识界对鸦片问题相对"舆论一致",官员阶层的态度则较为复杂,但这并不表明他们支持鸦片利益,而是就事论事者居多数,互相矛盾的言论也不可避免。"反鸦片的世界"仅仅是一个相对的称谓,其中,纯粹立志于此项事业,如江苏禁烟名士许珏者甚为少数,即如许珏本人也不得不走弯路,许珏称:"珏两年来疏陈请加洋土药税,未敢遽言禁者,因言禁则众必以为迂图,势将置之不问;言加税则尚有裨财政,或冀采用其说;又税重则价昂,贫民无力者或可略减吸食,此不遽言禁之一端也。"②

这一言论中的"众必以为迂图",较能反映出官界对鸦片问题的心态,鸦片税厘自从与财政结缘后,依赖性便日益突出,此处所言"众"当然是指包括朝臣在内的各类官员,在鸦片税与财政联系日益紧密的背景下,兀然提出禁烟的要求,的确是令多数官员难以接受的。何启与胡礼垣曾对鸦片税与财政紧密结合给禁烟带来的难度感触甚深,"今中国所急者财用,而厘税之入,以鸦片为大宗。洋药进口厘税六百万两,土药厘税名虽二百二十余万两,而实则

---

① 镜斋:《杂说》,《汉口见闻录》1909年2月23日。
② 《许珏致赵尔巽函》,一档馆:赵尔巽档案全宗,档案号:26/160。

二千余万两。是合洋土药而计,每年值二千六百余万两。国家之利赖在此,官府之调剂在此,若设舍此项,则补救无从,此所以禁烟之举,近年缄默无言也"①。这种进退维谷的矛盾心态颇具普遍性,汪康年迟至1910年还认为,禁烟固属善政美举,但真正要实行,国家要失去大宗税收,烟商也失去生活来源,他认为应该一面禁烟,一面别求"救济之法"②。从这一角度看,在"反鸦片世界"内部,舆论态度并非单一、铁板一块,前后矛盾的情形并不少见。

反对鸦片禁令的群体是禁政中的另一个世界,内部情形更为复杂。总体上看,一切与个人鸦片利益相关的组织或个体均可归入此一"世界"。从人数上看,烟农所占据的比例较大,各地土商、烟馆营业者以及外国鸦片商人等阶层绝对人数虽多,但比例并不大。在清代经济匮乏现状下,鸦片产业全部依靠这个群体来运作推动,鸦片产品的销售效益成为这一世界藉以分润的主要来源。清廷尽管确定了十年禁绝鸦片的计划,实际上执行的却是缩期禁种、禁运和禁吸,比原定计划提前了七年有余,这一改变必然迫令这一群体以各种形式奋起反抗,土商风潮、禁种风潮愈演愈烈。

烟农遍布全国主要省份,尤以产土较多的云贵川、山西、陕西、甘肃以及东部地区的浙江、江苏、河南、安徽、山东等省占大多数。清廷实施禁政时首先从管控烟馆开始,这一举措数月之内即可完成,随后就向禁种罂粟这一最冒险的领域推进。烟农生计

---

① 胡启、胡礼垣著:《劝学篇书后·去毒篇辩》,见《新政真诠》卷5,转引自赵丰田:《晚清五十年经济思想史》,第215页。
② 汪康年:《论今日言论家须顾及国民经济》,《刍言报》1910年11月17日,转见廖梅:《汪康年:从民权论到文化保守主义》,上海古籍出版社2001年,第355—356页。

抵补是与财政抵补同样重要的事情，各省禁种罂粟政策实行后，清廷言官中有人注意到这一问题，建议提倡"种植生计为先"，否则，"贫民狃于故习，得不偿失，非但良懦者贪顾目前小利，不免有阳奉阴违之患；而强壮者必以禁种之后，势将无利可图，小则流为匪徒，大则陷于盗贼；况西北地方民情素称强悍，若再迫以饥寒，难免不遇事生风，借端滋事"。①这项提议不为无见，但短时间内实现种植抵补的目标谈何容易！多年以来，烟农已经与鸦片利益密不可分。早在19世纪90年代初，罂粟与其他农作物相比，收益巨大，高投入高产出的格局已经成型。根据重庆关税务司好博逊（H.E.Hobson）的记载，1891年时鸦片与小麦的比较效益如下②：

表5-1 鸦片与小麦种植比较效益简表

小麦		鸦片	
一担地的耕种成本	制钱1000文	同一地的耕种成本 肥料 总计	制钱7000—8000文 制钱6000—7000文 13000—15000文 （假定为14000文）
一担麦的价格	制钱7000文	鸦片旺年约产300两 枯年约200两——假定为250两 价格每两制钱80文至120文（假定为100文）	
利润	制钱6000文	一担鸦片的价格 耕种成本 利润	制钱25000文 制钱14000文 制钱11000文

---

① 《御史俾寿奏西北边疆禁种罂粟花地方宜提倡种植生计折》，一档馆：会议政务处档案全宗，档案号：155。
② 根据周勇、刘景修译编：《近代重庆经济与社会发展：1876—1949》，四川大学出版社1987年，第48—49页资料编制。

续表

小麦	鸦片
比较结论	小麦和鸦片两者利润之差（达80%以上），对小农来说是值得考虑的，然而总不够补偿稻谷收成损失的危险。（注："一担地"是四川习惯，田地不以面积计算，而以常年产量计算）。

看来鸦片的比较利益太大，即使劝令改植他物，烟农仍多方抵制，四川省的情形尤为典型，"川省因鄂加烟厘，出示劝种木棉，势颇难行。小农贪种烟之利，鄂厘虽重，商贩不因而裹足，则鸦片行销自若。若加商贩之厘，不过重累食户，无涉种户，因无所惧而改图也"[①]。这类抵触情绪事出有因，除了比较利益较高以外，它还可以用来缴纳越来越高的苛捐杂税。宣统年间川省某些州府的捐税数量高于正粮税率的十几倍，[②]涪陵地区烟农的鸦片收入除了缴纳这些捐税外，尚有剩余，用以购买生活必需品、馈赠亲友等项支出，"其一切捐纳、宾馈、薪盐零杂之需，多取给予售烟之资，故皆贪种罂粟"[③]。贵州的情形与此类同，早在19世纪80年代时贵州巡抚李用清就发现，"黔省跬步皆出，舟车不通，向来农有余粟，无处运售，自种栽鸦片以来，变为轻货，便于交易，地方较为活

---

① 杜云秋：《复周雪池》，载《黄陵书牍》卷上，转见秦和平：《四川鸦片问题与禁烟运动》，第46页，引文标点有误，此更正。
② 西川正夫著，邱远应译：《四川保路运动前夜的社会状况》，《辛亥革命史丛刊》第5辑，中华书局1983年。
③ 贺宗典、熊鸿漠：《涪州小学乡土地理》，《涪乘启新》卷1，第28课，1906年刻本，此转见秦和平前揭书，第438页。

动"①，交通困难促使该省鸦片业兴起，并逐步获得发展。宣统年间，云贵总督发现烟农与烟贩的利益结合已经十分牢密，"上游则通衢大路，以至穷乡僻壤特种烟为恒产者，几于比户皆然。是以每届收获之时，常有东南商贩集合巨资来黔，购运挑载，络绎不绝于途。民间岁获厚利，通省动以数百万计，较之他省情形有不可同日而语者"②。这位总督的另一份奏折也谈到罂粟对当地民人生活和财政的重要性，折中说："向者罂粟未禁，此物于山地颇宜，故居民趋之若鹜，而各省之贩卖为业者，岁挟巨资来相购取，来源之可资灌注者以此兹。"③

禁政之前，因种植罂粟而使得当地烟农的生活水平获得提高，这种情形在部分地区较为明显，例如四川涪州，原来种植其他作物时，"民间以玉蜀黍、红薯为食者十六七，亲寿举觞，嫁娶宴宾客，无山海之珍。席费廉，裁七八陌（百）至千钱则已丰矣"，但其后广植罂粟，比较利益剧增，烟农生活由俭入奢，地方官员和绅士等，日与酒食征逐。④经济利益之大由此可见。惟其如此，涪州知州给川督赵尔巽的汇报中极力强调禁种禁运的困难，他说，"涪州为产土最盛之区，烟商辐辏之所，每年产数甲于全省，为出口之一大宗。一州之繁富全赖烟土，绅则以种烟为致富之本，民则

---

① 李用清：《禁止黔省栽种鸦片疏》，《皇朝道咸同光奏议》第12册，第5351页。
② 《政治官报》1911年6月9日，转见林满红：《财经安稳与国民健康之间：晚清的土产鸦片论议（1833—1905）》，"中研院"近代史所社会经济史组编：《财政与近代历史》，"中研院"近代史所1999年编印。
③ 《贵州巡抚庞鸿书等奏为贵州预算成立谨将财政亏绌情形陈明折》，一档馆：宫中朱批奏折，"财政类"，胶卷编号64，第00478号档。
④ 施纪云：《涪陵县续修涪州志》，卷7，第15页，转见林满红前揭文。

以种烟为饶生之计,商则以贩烟为输运之品,几至全州皆烟,绅民鲜有一户一田不种,商界无一号一帮不囤,既经纪一项仅州城一处计有两千余人,四乡统计一万有奇。地阔烟多,查禁匪易"①。即便如此,赵尔巽仍决定推行缩期禁种政策,理由是:"以禁种既已有效,与其分年递减致启因循观望之心,何如一律全禁,根株得以净尽。即通饬各属,限宣统元年一律禁种。"②在缺少可以抵补收入良策的情况下,这一缩期禁种的决策无疑是导致烟农暴动最主要的原因。以川省简阳县为例,官府尽管提倡种棉花、麦黍等,但收入缺额仍相当大,"棉花年产十万余担,价值三百万余元,加上各种杂粮,如麦黍等,亦不逮罂粟之有利矣",抵补措施缺少足够的效益。③有人对烟农的处境颇有感慨,"数十年来,直为衣食所利赖,卒令易烟而谷,其利入不十之一,既不足以赡其身家,且农具牛种早已荡然,虽服先畴,不窬学稼,断非仓促所可资生,恐指顾间,向以种烟做活之家,将骤失生计,而辗转沟壑,流为盗贼者不知凡几。数年之中,以此故失去人户,殆将以千百计"④。云南某些州县在缩期禁种罂粟时,烟农颇有意见,知府也认为抵补措施乏力,1908年夏天的一份咨文说,"查州属自禁种洋烟后,粮价大平,大害虽去,大利亦失。民情异常困苦,市集顿形荒凉。多有归咎于知州劝禁过严者。众口沸腾,民交谪庸人无远识,可为太息。惟物力艰难,系属实情。欲急筹抵补之法,舍赶办蚕桑,别无善

---

① 《涪州知州禀赵尔巽函》,一档馆:赵尔巽档案全宗,档案号:61/315。
② 《为具报川省禁种烟苗大概情形折》,一档馆:赵尔巽档案全宗,档案号:61/315。
③ 《四川月报》第9卷第3期,转见秦和平前揭书,第445页。
④ 姚锡光:《尘牍丛钞》,卷下,第53页。

策"①,该省率先实行缩期禁种,其善后问题当较他省更为窘绌。川黔滇省如此,他省窘绌程度或有不同,但均面临抵补困难。从实际情况来看,短时期内一蹴而就的抵补目标几乎不可能实现。烟农反抗禁种罂粟势所必然。

烟商是另一个反对鸦片禁政的阶层,他们与鸦片利益更为密切。据林满红研究,介入鸦片生意的人,几乎遍及各个阶层,除了一般的商人以外,另有军人、胥吏、官吏、宗室、太监等等②,这一研究基本上是鸦片战争前后的情形。至1906年以后,加入这一领域的人群更加庞杂。光绪年间有人称,中国境内鸦片之害开启"数千年来未有之奇局"③,在这一"奇局"形成的过程中,始作俑者为英国等境外鸦片烟贩,继之则是国内形形色色的鸦片烟帮,潮州帮和广州帮与洋药贸易有至深的关系,其他各地烟帮则与土产鸦片的贸易有关。随着鸦片经济形态的形成,介入这一行当的人越来越多。

1911年有人对中国鸦片耗费的资金做过一个粗略的统计,这项统计自1860年始,迄于1910年,洋药耗财当在48亿两,土药耗财大

---

① 《广西直隶州知州育种桑秧申及劝业道批》,收入《清末云南为禁种大烟而劝办桑棉档案史料之一》,《云南档案史料》1991年第4期。
② 林满红:《银与鸦片的流通及银贵钱贱现象的区域分布(1808—1854)——世界经济对近代中国空间方面之一影响》,《"中研院"近代史研究所集刊》第22期(上),"中研院"近代史研究所1993年,第112—113页。
③ 钱恂在编制光绪元年至十三年进出货价盈绌表后认为,"惟印度所产洋药流毒中国,英擅其利而无其害,是彼倚印度为外府以饵中国,实数千年来未有之奇局,又不当以通商论,罄各国茶价不足偿此鸩毒可胜,慨哉!",见钱恂制:《光绪通商综核表》,《丛刊》续编,第48辑。

约为120亿①;还有人认为鸦片耗财远远超过19世纪以来的军兴耗财②;今人在研究此类问题时,认为晚清以来民众吸食鸦片的费用远远超过了对外赔款的总额。③不管进口和土产鸦片的精确数量有多少,土商、洋商以及烟馆商人等从中赚取利润的数目肯定是极为可观的。单就鸦片贸易商来说,有两条间接史料可以参考。张仲礼和陈曾年认为,仅在1907年至1914年短短的几年中,沙逊集团在中国贩卖鸦片中所得利润,就在2000万两以上。④1905年主管川省土药统税的蔡乃煌说,"去年行商贩土,万金之本可获六千金之利。弟督办川省土税,调查最确,贩土巨商粤人、鄂人各居其半"⑤,由此可见,鸦片贩销的暴利特征。随着禁政推行,洋土药越来越少,价格飙升的情形更甚,⑥其贸易利润可能更大。禁政决断后,烟商的心态是一个值得探究的问题,本文主要依据报章杂志上的有

---

① 《鸦片耗财之调查》,《盛京时报》1911年5月18日。
② 《復庵遗集》,第275页。值得注意的是,当时某些州县在宣讲禁烟的重要性时,经常以张贴告示的形式向民众宣示吸食鸦片之害,这类告示中有一个指标是特别提到的,那就是鸦片耗财的问题。例如,浙江省某县的告示中说,"考海关税则,以出口与入口相比较,每年银钱之输出外洋者,率三千四百余万,鸦片实居三分之一,而土药尚不预焉。我中国民脂民膏能有几何?而年年消耗如彼其巨。譬如人之一身,躯干虽在,而精力日事暗耗,殆至耗尽,势必僵仆随之。是鸦片一物不但为中国贫弱之根,舍长此安穷祸更有不忍言者",见程龢:《浙鸿爪印》,第191页。
③ 张远鹏、虞晓波:《禁烟禁毒史研究的力作——评介〈鸦片与近代中国〉》,《江海学刊》1996年第6期。
④ 蓝以琼:《揭开帝国主义在旧中国投资的黑幕》,第69页,转见张仲礼、陈曾年著:《沙逊集团在旧中国》,人民出版社1985年,第28页。
⑤ 《蔡乃煌致赵尔巽函》,一档馆:赵尔巽档案全宗,档案号:81/418。
⑥ 张仲礼等前揭书根据《北华捷报》1916年等报道,认为,"在沙逊等集团操纵之下,鸦片价格从禁烟协定前的每箱平均700两左右,到1913年上升为每箱平均5950两,1915年11月竟达9012两,达到最高峰",见前揭书,第27页。

关报道作些初步的探讨。

尽管从事鸦片经营的土商在社会上并非名誉行业，国家未明令取消之前，这个阶层仍受清廷的保护。1906年上半年，土商在受到当地官衙欺凌时，曾上书商部要求保护本身的商业利益，其借口就是国家正在振兴工商，推行的是保商政策。杭州土药公所的电禀说："土药改章土税，刘总办派委苛法扰商。二十二日委员、司巡带同兵役无赖多人，按铺非法搜捣，将全税及补税各货提去，价逾万金，并搜衣物，求还不理，尤吓封闭充公。夫寓禁于征，非仅指商而言，若土浆变本加厉，势必全销洋土，利权外溢，恐非得计。商等重赀开张，何堪凌虐，现奉振兴商务，首在保卫商民，电求严饬提还，改良幸甚。"①"保卫商民"的呼吁随后就因土药统税制度的实施而变成现实，度支部与土药统税总局成为鸦片商人的保护伞，柯逢时甚至奏请设立"保商缉私营队"以保护鸦片贩商利益。②当然，这里的保护对象主要是贩售鸦片的行商，烟土膏店的经销商仍未被官府所重视。

在禁烟实行以后，清廷采取首先禁闭烟馆的政策。各地官府与鸦片烟馆经营者的矛盾首先产生。上海烟馆业对上海道限期禁闭的饬令颇表不满，纷纷集议要求推展缓期。③江宁财政局因烟馆捐税欠缴甚多，连日派员清查，各烟馆眼看就将禁闭，拒不缴纳，

---

① 《商部收到杭州土药公所电禀》，一档馆：农工商部档案全宗，档案号：490，20/1。
② 《督办土药统税大臣等会奏土贩持械自卫流弊滋多筹设保商缉私营队折》，《政治官报》第461号，1909年2月11日。
③ 《土药业禀请展限禁烟之原因》，《申报》1906年12月28日。

并要求展缓半年后再议禁闭,聚议者多达3000余家。①苏省土商和烟馆商人更是态度强硬,针对官府既加征捐税又限期闭歇的饬令,明确表示抗议不遵,并开会聚议要挟官府。其中,广帮、潮帮土商由于有洋人作靠山,更是屡屡呈递禀书,坚请缓行加税,延长禁闭时间,而苏帮则较为帖服,未与广帮等一同抗议。②后来各地筹议官膏专卖,土商仍加阻挠,湖南省土商的理由是"官卖之法不独本省未办,即各省亦未举行,我邑何独先行举办?且土店既须缴款领照,又不准兼卖烟膏,民间亦不能私煮,则我等土店虽准卖土,直与不准无异"③,因而奋起反对该省的专卖计划。苏省广帮和潮帮土商为反对专卖,特意勾结英国驻沪总领事,干预该省专卖行动。④在土药统税征收过程中,陕西土商为了对抗统税制度,绞尽脑汁设法偷漏税款,其采取的办法十分巧妙,"将土药浓煮成膏,掺和为料,日晒极干,捻为细条,按寸截断,用□皮卷紧,复加皮纸包裹,名曰烟棒,每一烟棒约需净膏二三分,售钱十余文、二十余文不等,行销南北二山及山西蒲解等州,为数甚巨,实陕省本地销土第一大宗",土捐统捐分局胡太守对这类抵制统税的做法十分头痛,"若令此项烟棒比照净膏完纳,则该土商等藉口买土时已经完税粘花,势必抗违不遵,若任其行销各处,漫无稽查,又虑该商

---

① 《烟馆开会聚议之谬举》,《申报》1907年4月5日。
② 《烟馆大集会议之余闻》,《申报》1907年4月16日。潮帮与广帮在官府禁闭烟馆的行动中,明显不与政府合作,1911年加征鸦片税时,武汉等地屡屡掀起土商风潮,挑头的土商一般而言多是这两个鸦片商帮在作祟。
③ 《烟膏专卖之冲突》,《申报》1907年11月20日。
④ 《英领又请停办官膏》,《申报》1907年12月24日;《面谕勒闭土膏各店之抗议》,《申报》1910年5月1日;《各土店罢市要挟原来如此》,《申报》1911年3月26日;《分期禁绝鸦片之反动力》,《申报》5月5日等。

等惟利是图,广购漏税之私土,制成烟棒,减价争销,实于税收有损"①。

希图漏税是鸦片商人对抗官府的主要形式。这类对抗有些是明枪执火闯越关卡,有些则绕险越阻暗中抵制。尽管有些土药商帮定有严格的行规,其中也规定纳税的问题,②但在实际操作时,未必尽然。川省是缩期禁烟执行较为严厉的省份,1910年6月份总督赵尔巽确定将本省境内的存土一律限期运出省外,这一决断引起鸦片商人的不满和恐慌,众商滋闹扰乱,群起鼓噪,数省鸦片商联名禀请宽限时间,重庆商务分会在土商围困下,不得不电致总督、藩司和劝业道,请求宽限出境,电文称,"川土因黔进口未绝,存货过多,成本计占千万,率多贷自银行及钱票两帮,遵限出口万赶不及,群情恐慌,特乞转恳宽限","烟禁綦严,留之洵为川害,惟进口未断,存货底本甚巨,必依限出口,不特赶运不及,拥滞申、

---

① 《严查烟棒办法》,《申报》1907年2月28日。
② 云南鸦片行制定了自己的行规,对有关纳税问题规定了如下条款:"一、囤户验存浆土投行销卖时,由土行导引,买客赴卡完税。如售与采买远商,或售与成庄出口之商,均由行报明,分别须填单照,并给验单。如售与铺户、烟馆,悉是本销,则应给贴税单、印花,均照完税银。如种户售与囤户,货存本境,则仍赴局请领存票,暂不纳税。倘有私相授受,希图漏税者,照章充公充赏。
二、种户之土应由土行随时查访,如卖与囤户、乡贩,均须投行报明,囤户则须存票,乡贩则纳税银。如各种户私相买卖,经土行查出,准禀请局员究罚,惟不准土行及经纪人等擅自搜拿,致滋扰累。如有劣役刁棍藉端敲索,亦准种户指名禀名惩办。
三、完纳出口之土成庄报运时,若又添买亦须投行交易,以便稽查。
四、凡浆土无论零星大庄,本销出口,已未完纳,均应投行买卖。不入行者,以私土论。惟其价值一切应由买卖两家自行议定,该行不得从中把持",如上规则见佚名:《土行遵守规则》,转见秦和平著:《云南鸦片问题与禁烟运动》,第85页。笔者认为,上述行规似乎不是鸦片商帮确定的规则,而是官府成立的公家土行所确定的贸易规则,是对鸦片商人和烟农的约束性规范,此点存疑待考。

汉，势必大受亏折，商力何支；且夏秋水险浪掷堪虞，现又银根奇紧，市面不靖，设再因此牵动大局，何堪设想"[①]！次日，赵尔巽研究后作出答复，准予宽限三个月，此后必须出境。缩期禁烟迫使鸦片价格飙升，"渝埠土为大宗，向来每担价仅百余金，自禁种令严，迭涨至五六倍，是今所谓值千万者，昔不过二三百万耳"[②]，因而土药商人借贷巨款作孤注一掷之投机，适逢严令外运，土商叫苦不迭，得到川督宽限三个月的消息后，"商民感激，市面帖然"。实际上，土药商人届期仍未运出川境，该省只得设立烟土公行，收购后在此储藏，纳税后货主可以自由运出。由于大量收购烟土，致使该省银根严重吃紧，并且大量的白银外流严重，导致布匹资金甚为缺乏。[③]1911年是禁烟的关键时刻，土商与洋商勾结，英国驻华使领人员成为鸦片商人兴风作浪的保护伞，在英国人的支持下，又掀起更大规模的风潮，只不过清朝快要灭亡了。

总括两个"世界"的概况，可以看出，双方对待禁政的态度截然相反。官方与知识界乐观地预测了禁烟所带来的美好前景，对缩期禁政倍加支持；而与鸦片利益密切相关的烟农和烟商，则是力图保有既得的利益，绝不愿与官府合作，且屡起风潮。当然，度支部执行禁吸为先，禁种、禁运为后的政策，即使受到知识界和地方督抚措词严厉的批评，也不愿放弃鸦片税收利益，这自然另当别论。

[①] 《重庆商务总会来电（五月九日）》，一档馆：赵尔巽档案全宗，档案号：62/317。
[②] 《重庆商务总会来电（五月十三日）》，一档馆：赵尔巽档案全宗，档案号：62/317。
[③] 周勇、刘景修译编：《近代重庆经济与社会发展》，第316、322—323页。

二、肇乱情势

19世纪90年代初英国禁烟会组织与中国驻英使臣薛福成多有论议,屡屡要求中国实行禁烟政策,薛氏以此事体重大,倾向于先从加重征税开始实行,断言"惟事体关系较重,非到机缘十分凑拍,究未敢轻于发端"①,禁政决断之难可见一斑。"未敢轻于发端"一语有多种含义,最主要的恐怕是中国若自行禁烟,英国政府不予支持,导致无果而终反而被外人耻笑;因洋药税厘并征,国内鸦片税厘规模越来越巨大,且与各项要政有关,不可轻易放弃;并且禁烟真正实行后,抵补维艰,烟商和烟农极易产生阻力,如何应因颇费周折。

最后这一点被1906年以后的禁政实际情形所证明,烟商与烟农的确是阻力重重,变乱四起,风潮迭见,1910年后达到高潮。其实,1909年万国禁烟会召开前夕,美国禁烟会代表丁义华就曾提醒中国注意预筹禁政事宜,其中就包括预防烟农烟商起来反抗,他阐述说,"中国欲禁绝烟毒以救国民,则有绝大之问题应须解决,盖必全弃其鸦片入税始能有战胜之日也。政府失此巨帑,必求所以补救之道,并须预备应付栽种罂粟及售卖鸦片之小民抗拒之策及应筹集巨款,广设医院,以备国民戒烟之地"②。这三件事情中,最关紧要者为税厘抵补,其次是预备烟商和烟农的反抗,最后是设医备药用于戒烟。如何防止因禁烟而激变,的确是关心时局的中外人士均感重要的问题。日本媒介随后也提醒清廷注意烟农生活保障和种

---

① 丁凤麟、王欣之编:《薛福成选集》,上海人民出版社1987年,第440—444页。
② 《美代表禁烟之卓论》,《申报》1909年1月29日。

植抵补。①中外人士尽管对此有所预见和筹划,各地烟商烟农的抵制风潮还是连绵不绝,愈演愈烈。根据所见材料,②本书扼要探讨禁烟肇乱在1906年以后关于年代频率、地域分布、罂粟种植者与鸦片贩售者变乱比较以及变乱肇因等方面的问题。

1906年之前,由于各省对鸦片税厘进行整顿,各地纷纷增加土药、烟膏税捐,以应付练兵、兴学、警政事业等新政事宜,导致反对鸦片税捐的事件开始出现,见诸报道的重要事件有1902年2月份安徽芜湖烟馆商人罢市,反对灯膏捐;③3月份福建同安县土药捐局苛抽捐税,巡勇骚扰民众,百姓数千人捣毁捐局,被官兵镇压;④1903年1月份福建厦门抽膏牌捐,烟馆罢市;⑤4月份广东肇庆府高要县烟膏店商人罢市抗捐;⑥1904年9月河南永宁县重征膏捐,土行罢市并捣毁捐局;⑦山东潍县农民反抗烟捐,捣毁城南凤凰山及辛东社捐局等。⑧1906年以后此类因税捐加重而引发的风潮更加严重,同时随着禁种、禁吸进程的加快,烟馆商、土膏商和烟农抵

---

① 《日本人对于中国禁烟之意见》,《时报》1909年4月12日。
② 目前所见到的材料主要是张振鹤、丁原英两位先生在《近代史资料》1982年第3期和第4期发表的《清末民变年表》一文,作者根据宣统政纪、东方杂志、中外日报、时报、汇报、大公报等报刊杂志汇录了1902年至1911年关于禁烟激变的有关材料,这是本文依据的主要材料之一;另外,申报、盛京时报等清末大报也有关于禁烟激变的大量报道,并未被上述文章所关注,本文也将根据这部分材料进行分析。
③ 《中外日报》1902年2月24日,转见张振鹤、丁原英编《清末民变年表》,《近代史资料》1982年第3期,总第49号。如下几个材料亦出自该文,不另作注明。
④ 《汇报》1902年4月4日;《中外日报》1902年3月25日。
⑤ 《中外日报》1903年1月17日。
⑥ 《中外日报》1903年5月11日。
⑦ 《东方杂志》第2卷第1期,1905年2月28日。
⑧ 《中外日报》1905年2月8日。

制禁政的风潮次第增多，频率增大，在地域、年度上呈现出密度和规模逐渐增加的趋势。如将1909年作为前后两个时期的分界线，此前的风潮主要属于对抗清廷的鸦片税捐，其后爆发的风潮则大部分属于抵制禁种罂粟的行动。兹将1906年至1911年辛亥革命爆发前近六年的禁政肇乱情形作一简表，以比较前后两个时期在涵盖地域、年度频率两方面的变动特征。

表5-2　1906—1911年禁政肇乱事件简表

肇乱时间	肇乱事件	文献来源
1906年7月	江西余干县数千人反对开办白土统捐。	《时报》1906年8月3日。
1906年8月	浙江杭州土药统捐局苛扰，土行商人罢市。	《东方杂志》第3卷第8期。
1906年12月	陕西渭南县群众捣毁土药统捐分卡。	《陕西巡抚唐鸿勋奏折》（1907年3月23日）故宫档案。
1907年1月	陕西华阴县因造铁路，开办罂粟亩捐，武功等13个县农民奋起反抗，焚毁捐局。	《汇报》1907年2月26日；《申报》1907年1月21日。
1907年2月	江苏徐州、海州等地烟农反对禁种罂粟，殴差辱官。	《申报》1907年2月6日。
1907年3月	浙江余姚县饥民千余人将土药局捣毁。	《时报》1907年3月17日。
1907年4月	江苏江宁催缴烟馆捐钱，烟馆商人三千余人开会聚议，骚扰官府。	《申报》1907年4月5日。
1907年4月	安徽和州土捐局委员逼死人命，激起公愤，群众捣毁捐局。	《时报》1907年4月10、15日。

续表

肇乱时间	肇乱事件	文献来源
1907年4月	江苏常熟烟馆商人举行罢市，抗议官府禁闭烟馆。	《申报》1907年4月12日。
1907年4月	江苏苏州烟馆商人抗议禁闭烟馆和增加税捐，近2000人向督辕请愿。	《申报》1907年4月15日。
1907年4月	江苏常熟县各烟馆罢市，反对增加膏捐。	《时报》1907年4月25日；《汇报》1907年4月24日。
1907年5月	上海禁闭烟馆临近，广帮和潮帮鸦片烟馆商人聚议反对。	《申报》1907年5月30日。
1907年5月	浙江余姚县聚众二万人捣毁土膏捐局，反对土浆税和苛捐杂税，全城商民罢市。	《申报》1907年6月1日。
1907年5月	上海禁闭烟馆遭到潮州帮烟馆商人的抗议。	《申报》1907年6月5、6、8日。
1907年8月	浙江黄岩县农民聚众捣毁西门土捐分局。	《汇报》1907年9月4日。
1907年10月	四川叙州禁闭烟馆，商人不从，恫吓官府。	原载上海《文汇西报》，转见《盛京时报》1907年10月16日。
1907年10月	直隶省广平等县因办洋药统捐，大动公愤，连日罢市，局员被逐。	《盛京时报》1907年11月5日。
1908年9月	山西沁水县农民反抗烟膏统捐，殴打办捐绅士。	《汇报》1908年9月2日。
1908年10月	湖南常德统税局卡受到数万人的冲击，均系武装私运鸦片商人。	《盛京时报》1908年11月1日。
1908年12月	安徽为实行禁烟，增加膏土税捐，商人群起罢市。	《申报》1908年12月29日。

续表

肇乱时间	肇乱事件	文献来源
1909年1月	浙江黄岩县禁种罂粟,烟农希图暴动反对,聚众抵抗。	《申报》1909年1月8日、2月24日。
1909年2月	湖北开办土膏牌照捐,商民反对,纷纷罢市。	《申报》,1909年3月3日、3月5日;《盛京时报》3月12日;《大公报》1909年2月11日。
1909年4月	湖北沔阳州仙桃镇开办牌照捐,商民不从,罢市。	《申报》1909年4月19日。
1909年4月	浙江遂安县农民反对官吏借禁种烟苗敲诈勒索,聚众"哄闹"县署,释放监犯。	《汇报》1909年4月21日。
1909年7月	陕西米脂县借口禁烟,惨杀人命,农民围攻县城。	《汇报》1909年7月21日。
1909.11月	江西南昌府靖安县商民罢市,反对禁烟委员、家丁残害民命。	《时报》1909年11月13日。
1910年2月	浙江太平、仙居两县农民万余人,反抗官府查禁烟苗。	《东方杂志》第7卷第4期;《汇报》1910年3月5日。
1910年3月	浙江温州瑞安农民聚众反抗查禁烟苗。	《东方杂志》第7卷第3期;《大公报》1910年4月2日;《申报》3月14、17日。
1910年3月	山西交城、文水两县23村烟民万余人反对禁种烟苗。	《东方杂志》第7卷第3、5期;《大公报》1910年4月1日和5月3、25、26日以及6月3、4日。
1910年4月	浙江宁海县农民反抗知县铲除烟苗。	《汇报》1910年5月3日;《大公报》1910年5月4日;《申报》1910年4月28日。
1910年4月	浙江遂安县因禁种罂粟,苛派警捐、学捐,农民进城毁掉学堂和土药店。	《东方杂志》第7卷第5期;《汇报》1910年5月6、12日。

续表

肇乱时间	肇乱事件	文献来源
1910年4月	浙江台属烟民对抗官府禁烟，集合万余人持刀、枪与官军对垒。	《申报》1910年4月24、26、28日。
1910年4月	四川垫江、梁山两县交界处烟民反抗禁烟，赶跑前来镇压的清军。	《汇报》1910年5月12日。
1910年4月	江西永新县十二都地方烟民千余人反抗调查烟苗。	《汇报》1910年5月17日；《申报》5月8日。
1910年4月	江苏苏州广帮烟商抗拒缴照闭歇。	《申报》1910年5月1日。
1910年4月	浙江仙居县因官吏蛮横办理禁烟，糟蹋百姓，致起民愤，纷纷对抗禁种罂粟。	《申报》1910年5月2日。
1910年5月	河南陕州、汝州一带烟民反抗铲除烟苗。	《汇报》1910年6月3日；《申报》5月25日。
1910年5月	甘肃皋兰、金县一带烟民反抗禁种罂粟。	《东方杂志》第7卷第11期；《汇报》1910年7月22日。
1910年5月	江西广信府玉山县烟民反抗铲烟。	《时报》1910年5月11日；《汇报》1910年5月26日。
1910年5月	浙江宁海县农民反抗禁烟。	《东方杂志》第7卷第6期。
1910年6月	浙江温州官府办理禁种罂粟，勒罚苛扰，激成农民暴动。	《申报》1910年6月9日。
1910年6月	陕西扶风县农民反抗禁烟。	《东方杂志》第7卷第6期。
1910年6月	广西南丹州农民数百人反抗禁种罂粟，大闹州署。	《汇报》1910年6月21日；《申报》1910年6月9日。
1910年6月	贵州兴义县农民反抗查禁烟苗。	《时报》，1910年8月19日；《大公报》1910年7月21日；《汇报》1910年6月24日。

续表

肇乱时间	肇乱事件	文献来源
1910年7月	奉天义州巡警处理禁种罂粟不当，激成烟民义愤，一百余屯农民集合起来与警兵对抗。	《申报》1910年7月28日。
1910年7月	甘肃皋兰县官府驱令农民拔除烟苗，激成民变，兰州知府全家被杀。	《时报》1910年9月3日。
1910年7月	四川眉州农民反抗禁烟，并摧毁禁烟局。	《时报》1910年7月22日；《东方杂志》第7卷第7期。
1910年8月	四川德阳县居民反对禁烟。	《时报》1910年8月9日。
1910年8月	黑龙江大赉厅百姓反抗禁烟。	《东方杂志》第7卷第7期。
1910年9月	浙江台州太邑烟民聚众捣毁禁烟分所。	《汇报》1910年9月16日。
1910年9月	甘肃兰州府六七县烟民聚众反抗查禁烟苗。	《东方杂志》第7卷第10期。
1910年10月	浙江东阳县烟民聚众反抗禁烟。	《东方杂志》第7卷第9期。
1910年11月	云南大姚县烟民暴动，反对拔除烟苗，数千人攻占县城。	《时报》1911年1月3日；《东方杂志》第7卷第12期；《大公报》1910年12月30日和1911年1月1、2、14日；《汇报》1910年12月27日、12月30日、1911年2月3日。
1911年1月	贵州安顺县烟民反对禁种烟苗，殴伤知县。	《大公报》1911年1月26日；《时报》1910年2月25日。
1911年1月	贵州镇宁县木岗场一带烟民聚众反抗禁烟。	《大公报》1911年1月26日。
1911年1月	贵州水城厅烟民聚众反抗铲除烟苗。	《大公报》1911年1月26日。
1911年3月	浙江加倍征收土捐和膏捐，商人反对。	《申报》1911年3月7日。

续表

肇乱时间	肇乱事件	文献来源
1911年3月	江苏苏州城乡土膏店罢市,反抗禁烟公司开办加捐。	《汇报》1911年4月4日;《时报》1910年3月24日;《申报》1910年3月23、24、26日。
1911年3月	湖北襄阳设会抗阻禁种罂粟,与官军为敌。	《申报》1911年3月27日。
1911年4月	浙江温州瑞安等地民情强悍,烟民武力对抗官府禁种罂粟。	《申报》1911年4月30日。
1911年4月	浙江实行分期禁烟,仍实行牌照捐,商民不从,反抗牌照捐。	《申报》1911年5月5日。
1911年4月	甘肃甘州烟民反抗禁种罂粟。	《大公报》1911年5月1日;《宣统政纪》卷33,第26页。
1911年5月	陕西兴平县烟民聚众反抗禁烟。	《宣统政纪》卷34,第18页。
1911年5月	甘肃甘州烟民拆毁烟局。	《时报》1911年5月24日;《盛京时报》,1911年5月23日。
1911年6月	汉口土商在英国鸦片商人的鼓动下,反对牌照捐。	《申报》1911年6月13日、7月19日和8月2、4、8、15日。
1911年7月	江苏镇江实行牌照捐,土商在英人支持下,反抗官府的禁烟政策。	《申报》1911年7月28、29、31日和8月1、12日。
1911年9月	福建莆田县农民反对征收警捐,各行罢市。	《时报》1911年10月2日;《大公报》1911年10月9日。

根据各种媒介报道和官方记载，全国在1906年至1911年辛亥革命爆发前，各地发生的对抗鸦片禁政的事件共计67次。[①]其中，1906年和1908年各3次，1907年达14次，1909年6次，1910年为27次，1911年大半年时间也达到14次。1906年和1908年次数较少的原因，主要是在禁种罂粟和税政苛扰两个主要乱源方面并不明显，禁政的力度较弱，所以肇乱次数较少。1907年则是各省禁闭烟馆行动较为集中的时期，鸦片商人屡屡对抗，因而惹致的风潮较多。1909年则是由禁政低潮向高潮过渡的年份，肇乱次数明显开始上升。1910年至1911年正好处于禁政高潮时期，各地在禁种罂粟和捐税整顿上均采取或激进或"寓禁于征"的做法，故引致的变乱频率陡然攀升。

在地域分布上，涉及的省份数量明显比禁政之前增多，由于罂粟种植和鸦片贸易消费的省份大部分集中于南方，所以乱源也就主要集中在南部省份。这其间也有值得注意的问题，云贵川晋陕甘六省是当时种植罂粟最多的省份，因禁政而引致的变乱为18次，仅占禁政激变总数量的26%稍多一点，比例并不大。究其原因，主要的还在于地方禁政措施和方法相对较宜，民风民情的温顺或骠悍也是一个不可忽视的因素。比较而言，爆发变乱较多的省份主要是江浙地区，其中浙江一省肇乱次数多达19次之多，占总变乱量的28%还多；江苏一省也有8次，几占11%。这两个省份

[①] 此项统计甚不完整，即就报纸报道而言，有一些规模较小，或者是类似对抗的事件并未收入，实际发生的商民、烟民对抗官府禁烟的事件，其总量远远高于这项统计数字。另外，因鸦片禁政推行，各种禁绝措施各不相同，导致吸食者购买烟膏困难，因而这一阶层也曾有过与官府为敌的记载，该类事件亦未收入。

的情形又有不同，江苏省是鸦片消费大省，地方财政与鸦片税捐关系密切，因而土膏商抗议官府鸦片税政方面的风潮较多；而浙江省官府的禁政手段和禁政人员的禁政方式较为粗鲁，温台等处的民情强悍恐怕也是一个不可忽视的因素，①所以风潮主要表现为烟民抗拒禁种罂粟。其余各省情形颇不一致，而禁种罂粟导致的变乱在总体上占多数。

三、朝野反应

1906年禁政决断之后，朝野一般的看法系采取渐进禁绝的办法，②希望在十年之内概行禁绝，罂粟减种的幅度定于九年减尽，最后一年查勘善后，并未设想后来采取的激进方式；1907年实行的禁闭烟馆行动虽然招致了规模不等的风潮，但由于地方采取烟馆闭歇而膏店照开的过渡性措施，也就避免了城市中规模较大的禁政风潮。万国禁烟会在上海召开是禁政进程的转折点，外人的压力成为禁政加快的重要原因，有人评论说，"近时所稍有起色者惟禁烟一事，叩其所以然，则外国人实为之迫促也"③。参加上海会议的国家对中国的禁政颇为关注，英国且软硬兼施，一旦中国按照计划实现禁烟目的，英国将派出亲王来中国祝贺；若届时达不到既定的

---

① 浙省巡抚的奏折中称，温、台两府山多而民悍，有不逞之徒得贿庇种，公然与官府为敌，见《政治官报》1911年8月6日。早在1910年春天，温州有数千人，台州有数百人，处州也有乡民聚众，鸣锣放枪，架置土地炮，与官为敌。见《政治官报》1910年6月29日。
② 《会议实行禁烟办法汇志》，《申报》1906年11月1日。
③ 《时评·禁烟成绩》，《申报》1911年2月28日。

目标，英人将几年的损失加三倍由中国偿还。[①]从此之后，以云贵总督锡良要求缩期禁烟为契机，各省纷纷决定加快禁种罂粟的步伐。在种植抵补措施尚不到位的情况下，断然禁种罂粟，甚至是将已经出苗的罂粟予以铲除，断绝烟农的主要财源，双方的冲突必不可免。洋土药税厘与各项新政事业多有关系，中央和各省绝不愿放弃任何一个搜括的机会，对土药烟膏税收的整顿并未随着禁政开始而稍有减轻，各地官府将烟膏加税、凭照捐、牌照捐作为"寓禁于征"的措施实行得更为充分，由此导致烟商的对抗也越来越多，随着鸦片价格的不断攀升，官商之间对鸦片利润的争夺更趋紧张，官府的每种搜刮，时常引起鸦片商人的抗议、罢市、示威风潮，这类事件的频率越来越高，至1909年后达到一个新的高潮，官商之间的对立局面由此形成。

从上表格汇录的情形看，罂粟种植者肇乱次数至少有43次，鸦片经销者相对较少，约为21次，仅为前者的一半，余者不明。从抵抗官府的方式上，烟农反对的手段主要是以武力对抗的方式，持械荷枪，各村联合，规模多数较大，数万人反抗铲烟的行动亦不少见；地方官府的镇压力度相对较大，出动军队镇压的情形比比皆

[①] 1908年夏季，英国驻华公使照会外务部："据驻华各埠领事调查报告，洋药销路有增无减，皆由禁烟之令不严，将来印度入口洋药分年递减，转瞬十年，倘各省禁烟临时并无成效，虽现在未定罚约，必须照从前入口洋药每年最多之数，由中国按年赔偿"；代理日使也照会中国：各省禁烟不利，多半敷衍，必须重申禁令，以免十年后鸦片不能禁绝，英必索赔历年之损失，恐中国财力难以支持。禁烟大臣得知此事，决计从明年（1909）起，无论何省，一律禁止栽种罂粟，实行强迫命令，并电请端方转催驻沪各国领事，饬令租界居民报领吸烟执照。见《禁烟纪闻》，《外交报》第221期，1908年9月20日。

是，军事控制是禁种罂粟的最后手段。①鸦片经销者反抗官府的行动多集中于城镇，在与官府交涉不成后，一般选择抗议和罢市两种方式，武力对抗的情形基本上不存在。两个阶层由于采取的反抗手段不同，官方应对的手段也有区别，由此所产生的后果截然不同。烟农在风潮过后，被武力镇压者居多，较多的反抗者被枪杀或被击伤的程度较重，不但罂粟被禁止种植，人身且受到摧残，代价高昂；相对而言，烟商采用温和的对立手段，损失的一般是经济利益，生命安全不至于受到严重的伤害。

　　清廷对禁烟激变的反应和态度十分矛盾，禁政必须加快，这是一个基本的方针，但民间阻力太大，在劝谕无效的情况下，如何贯彻禁烟大计确实困难。1910年春天山西文水等县发生烟民对抗官府的风潮，军队介入后，民众死伤较多，酿成晚清禁烟史上著名的惨剧。事后，御史胡思敬参劾山西官员办理禁政不善，滥杀无辜，清廷饬令直隶总督陈夔龙确查。根据调查，清廷处理了部分地方和军队官员，并发布上谕，坚持禁政方针，谕旨中为难矛盾的心态比较明显："朝廷于禁烟一事，志在必行，此次该省酿乱，始由于地方之查察不利，而统兵官亦未能审慎办理，故予以处分。至于民间种烟，希图驰禁，胆敢聚众抗官，此等刁风断不可长，自应严加惩治。嗣后仍著各该地方官严切查禁，毋稍懈弛。"②清廷采取的策略是各打五十大板，不偏不倚。1910年5月份，禁烟大臣电致各省督抚，要求调查禁烟"贵

---

① 以军事镇压的方式执行禁种罂粟，不但在清末经常采用，即使到民国初年，军事镇压仍是禁种罂粟取得成功的关键因素。参见林满红：《财经安稳与国民健康之间：晚清的土产鸦片论议（1833—1905）》。
② 刘锦藻：《清朝续文献通考》卷55，"征榷"27，第8102页。

劝导而不贵勒逼", "近来各省多有因调查禁烟致启冲突大祸者, 此虽由于民俗之蛮野, 而其中之勒诈肆求情形知所不免。应即严饬各属所有禁烟各政, 务宜谨慎从事, 勿得再启风潮, 致干参处"①。其实, 真正有效地贯彻缩期禁种, 难度之大是清廷难以想象的, 既要实现禁烟目标, 又不许产生风潮, 更不许选择军事镇压的手段, 这不啻是给外省督抚出了一个难题。在鸦片价格猛涨、利润率加大的背景下, 禁政推行的难度可以想见。②因官方操作不当导致的禁烟激变在在皆有, 但大多数情况下, 事先劝谕, 广为宣讲这些工作, 各地官府还是较为认真地实行过, 官督绅办、官促民办等保障措施也曾在各省实行。风潮发生有其内在的因素, 诸如民众与鸦片利益结合的程度、执行禁种罂粟的具体季节和时机、地域民风民情与官府一贯的态度等等, 皆不可忽视, 这些方面的困难短时间内极难克服, 禁政激变随之而来。山东菏泽禁烟激变颇能说明问题, 过程大略如下:

> 泽州陈太守日前因奉上宪札饬禁种, 当即出示剀切晓谕, 嗣恐此间不遵, 又嘱自治公所人员下乡劝导, 示出之后, 各乡业已纷议反对。后闻自治公所干预此事, 又移怒于绅士。日前, 郡绅常某下乡演说劝勉。当时乡人麇集, 意欲杀常。常绅士见此情形, 立即飞遁。乡民遂聚众反对, 四乡共聚有一万余人, 分为四

---

① 《通饬调查禁烟之扰乱》, 《大公报》1910年5月14日。
② 《鸦片条约开始商废》, 《申报》1911年1月7日。外务部在与英使交涉减少印度鸦片进口的问题时, 认为"只禁内种而外运不禁, 则国内小民瞰于烟价日昂, 烟利甚大, 难免违禁私种, 纵或制以法典, 迫以权势, 民心终亦难甘", 在各地禁政风潮不断发生的情况下, 外务部这种态度亦可见清廷对于禁种罂粟的棘手和困境。

路，次日有乡人三千余人，手持农器，到城缴纳，不愿耕田，不完正赋，并请官为发给养赡，否则与官绅拼命云云。李太守见人众势大，不可理喻，立时召集各绅，拟令其劝谕。而各乡绅士当时本均不愿禁烟，正喜乡人之乱，亦无一人肯到。嗣后，得城守营尤为代求缓禁，乡人始散。第十日之内，各乡已将烟子全行播种，并云：官如欲拔，必大闹……①

依赖罂粟利益与民风骠悍使地方官员难于措置，这是各地选择军事手段的一个背景。浙江巡抚鉴于本省禁政阻力尤为巨大，特拟具专函称："如有莠民暴动等事，准由文道等调遣军队协力相助，并准酌带随员一二员，薪水川资核实开支；所有巡警道派往温、台各府属查禁烟苗。"温州、台州两属民情汹汹，抗拒尤烈，该巡抚特意嘱咐："温、台州府属各县合同该府及防营统带，督县切实禁绝，务期尽绝根株。"②即便实行军事手段配合禁烟，该省依然风潮连连，禁政后期充满了血雨腥风，成为各省中肇乱最多的省份。

禁烟过程中即使血雨腥风，风潮迭起，知识界仍旧呼吁清廷断不可因肇乱而放弃禁种的努力，"窃愿各省疆吏万勿以去年山西交文禁种之激变、近日浙江台州拔苗之闹事为鉴而自馁、而稍宽其期限，土药铲除净尽，斯洋药无从藉口运入，此则禁烟最要之关键也"③。对于禁政激变，知识界人士态度复杂。总体上是指责烟农阻碍禁种，巧于弥缝，迫使官府不得不搜查督催。对山西禁政激变，

---

① 《泽州反对禁烟风潮》，《申报》1911年10月27日。
② 马模贞主编：《中国禁毒史资料》，天津人民出版社1998年版，第540页。
③ 《读十一日各上谕》，《申报》1911年5月11日。

有人评论说，"报纸之所以归罪于官场者，非罪其禁烟也，乃罪其惨杀劫掠也"，留心时务者进一步指出，"迄今而犹未能戒净者，则皆罢钝无耻之尤也，百计千方以从事于弥缝之术，其术愈工害乃弥甚。于是有禁烟之责者，乃不得不从事于搜查，此即骚扰之所由来也"。①论者对地方官员鲁莽铲烟，无端需索，糟蹋百姓当然也深表不满，有人专门评论此事说："禁烟而拔罂苗不得已也。乃至脱老妇之裤，而用非刑调笑少艾（女），而肆其淫掠，如此而犹不激变者，五洲万国未之闻也。"②还有人认为禁政激乱的真正原因不在官员的操切和鲁莽，而在于地方政府"筹措苛碎之捐而酿成暴动"，这种说法似乎是针对烟商肇乱而言，而对烟民聚众抗拒禁种罂粟的问题，论者在严厉指责的同时，也表示难于处理此类困难，认定禁种罂粟过程中，有效的办法仍是严厉查禁，苛扰必不可免，"搜查取缔及铲除种苗，皆为从事禁烟者必经之手续"，否则就是敷衍了事。③知识界批评的仅是某些具体的肇乱实例，清廷鸦片禁政的大政方针却为各界人士所拥戴，这是清末少有的一个例外。

第二节　新政之累

新政之前，由于历次战争赔款和举借外债，清廷与外省财政已

---

① 《时评·其一》，《申报》1910年5月24日；《论近日禁烟之扰民》，《盛京时报》1910年8月11日。
② 《时评·其一》，《申报》1910年5月3日。
③ 《续论禁烟前途》，《盛京时报》1910年5月19日。

经陷入危机状态；新政期间，大规模编练新军，强力推行各项新政事业，耗资浩繁，幸有鸦片税厘和铜圆余利为之挹注。随后的铜圆减铸和禁绝鸦片，财源缩减，鸦片税的抵补措施虽然不少，但效果甚微，新政筹款的途径也就日趋狭窄。清廷不愿放缓新政步伐，各地只得以变本加厉的苛捐杂税来筹措经费，因而造成全国范围的工商凋敝，民不聊生。

因洋土药税厘逐步减少、清廷财政举步维艰，朝臣言官、封疆大员对清廷重军政轻实业的新政安排渐有微词，痛诋新政者颇不乏人；知识界、商界等屡屡吁请改弦更张，为民请命；下层民众仇视新政，酿成了风起云涌的民变巨潮，"新政之累"的局面最终形成。鸦片税厘的大幅度缩减是社会矛盾严重激化的重要转折点，清廷确定的印花税、盐斤加价、田房税契等抵补措施以及各地出台的捐税加征，促使社会矛盾更趋激烈。朝臣疆吏对新政的非议、中等社会的变革吁请以及下层民众激烈的变乱对抗，均在此背景下展开。

一、官界非议

国外学者对洋务运动的经费与财源供给有一些评论，均认为同光之际的改革成效与财源丰歉有密切的关系，帕金斯认为清廷存在的问题，主要是无能，无能的原因多半由于财源不足[①]；庞百腾认为，福州船政局运作成效不大的原因在于清廷不改变其财政制度，

---

① 帕金斯：《阻碍工业化的政府：19世纪中国状况》，《经济史季刊》第27卷第4期，1967年12月。

经费不足当然也是一个因素。①清末新政与上述问题相比，困难程度或有不同，但收支矛盾的性质却大致相似，甚至矛盾较前者更趋复杂。新政的支出与收入始终是呈现紧张的趋势。1906年以后中外人士从财政方面警告清廷的情形在在皆有，尤其是禁政加速推行以后，来自各个行省的奏章不约而同地谈及本省受到财政困绌的牵制，举办新政与财源短绌的矛盾颇难调处，怨言满腹，隐约之间，已对新政齐头并进的安排暗持异议。

苛捐杂税在缩期禁烟之前就已经出现，词臣言官对这些扰民举措颇有不满。1906年5月份前后，江苏等省奏请增加地丁钱粮、重征牙帖、增征税契以办理新政。御史恽毓鼎封奏反对，认为"新政之行无非为保安民生而设，臣窃见各省大吏动以举办新政为词，为竭泽而渔之计，是行政之效未见而民之害先形"，"不肖者但为收盈之计，不复为久远之谋，吏治之坏原本于斯"，对江苏等省抚臣的苛税搜括做法提出警告。②这种现象道咸以降已经产生，民间士子早有嘲讽和抨击，③只是民间变乱尚不多见，清廷并未真正重视。1907年底言官再度提醒政府注意各省苛捐杂税的严重性。给事

---

① 庞百腾：《维持福州造船厂：财政与中国早期的近代国防工业，1866—1875》，《现代亚洲研究》第21卷第1期，1987年2月。
② 《恽毓鼎学士奏参疆臣加赋病民折》，《申报》1906年8月5日。
③ 有无名氏赋得"一剪梅"词二首，讽官场吏治恶习，其一云："仕途钻刺要精工，京信常通，炭敬常丰。莫谈时事逞英雄，一味圆融，一味谦恭。大臣经济在从容。莫显奇功，莫说精忠，万般人事要朦胧。驳也无庸，议也无庸"；其二云："八方无事岁年丰，国运方隆，官运方通。大家襄赞要和衷，好也弥缝，歹也弥缝，无灾无难到三公。妻受荣封，子荫朌中，流芳身后更无穷。不谥文忠，便谥文恭"，此类情形每况愈下。见沈惠凤著：《眉庐丛话》，第2页；另见朱克敬著，杨坚点校：《瞑庵杂识》，挹秀山房丛书本，岳麓书社1983年版。附注，《眉庐丛话》与《瞑庵杂识》两书对上述"一剪梅"词的叙述有所区别。

中王金镕奏称，"近来各省兴办各项新政，用款浩繁，库储又极支绌，不得不取之于民，固朝廷万不得已之举"，但是，"新政日兴则民情日困，而承办各员对于上则曰：商民乐从；对于下曰：迫于宪檄。无非为鱼肉乡里之计"①。这份奏折虽然是针对新政事业颇有成效的直隶一省，其他省份也不乏此例。慈禧太后注意到这份奏章，随后才有减轻苛捐杂税的廷寄：著各督抚迅速查明何项捐重，何项烦苛，分别酌量减轻，以纾民困。②廷寄虽然颁下，各省却未认真履行。各地新政筹款搜刮有余，兴利举措却远远不足，"新政之累"的局面初步出现。京中词臣呈递的多份奏折已有批评新政累民的言论。兹将言官中两份有代表性的奏章胪列分析。其一是御史黄瑞麒于1908年8月份请求政府举办新政应慎重糜费，爱惜民力，折曰：

> 近年以来（办理新政），取之于民者不为不多矣，而新政之行实未见其效。以言教育则士习日见嚣陵，求一整齐切实之学堂不可得也；以言军事，则营制徒形错杂，求一勇敢镇定之兵队不可得也；以言工艺，则寻常日用之器须购自外洋，欲其备物利用不可得也；以言警察，则扰害闾间之事日见于报纸，欲其保安靖盗不可得也；其余举办各事莫不未收其效，先见其弊。③

---

① 《王给谏请减苛细杂捐之内容》，《申报》1907年12月31日。
② 《廷寄各省酌减苛捐》，《申报》1908年2月6日。
③ 《御史黄瑞麒奏请节糜费宜重名器折》，一档馆：会议政务处档案全宗，档案号：253，该档系诸御史奏请中央慎重财政的系列奏档，单件档案，未细分编号。

此奏重点,在于计臣穷于搜刮,地方新政糜费巨大而不讲实效导致新政累民的问题。其二是御史齐忠甲1908年12月下旬面对新政需款浩繁,提出开源节流对策,提醒政府注意防范"新政之害":

> 国家自庚子以后举行新政,洵自强之基础,郅治之权舆。然各省骤添此大宗之赔款已属不支,加以学堂需费、练兵需费,其他项之耗财者难更仆数。内外臣工当如何洁己奉公,力求撙节,乃不务为俭约,而专事铺张,无生利之人,尽分利之人,恐未蒙新政之益,先受新政之害矣。①

"未蒙新政之益,先受新政之害"的原因是缺少为民生利的事业,言官奏章对新政耗财过巨隐然持批评态度。上述两份奏章形成的时间均在1908年,鸦片禁政加速推行对财政的负面影响尚未充分显示出来,反对新政规模过大的声音总体上还比较微弱。

1909年以后随着缩期禁种罂粟计划的实施,地方省份痛感财政收入与新政支出严重脱节的言论开始出现。1909年11月份山西巡抚的奏章称:"本省进款,自开办统税,药厘一项骤短银二三十万,至本年禁种,更无税厘之可收。出款日增而入款转减,计三十三年已亏银七十万,三十四年将亏至百万,本年又加认海军开办经费,每年应允解银十五万,常年经费五万,本省审判庭及咨议局经费约

---

① 《御史齐忠甲奏财政困难亟宜开源节流以裕国帑折》,一档馆:会议政务处档案全宗,档案号:253,单件档案,未编号。

共十万两，截至年终计须亏银一百四十万之谱。"①这份奏章强调的是缩期禁种罂粟所带来的财政困绌，而一年之后，同样请求缓解别省协款的奏章，该省强调的却是供奉京师用款与军事建设用款之巨，本省能够机动用款的数量越来越少，地方新政倍受牵制，"上年严核经费，复将各局所、学堂大加裁并，薪资员额酌立限制，未尝稍留有余，此晋省用款无可议减，并无从另筹之实情也"，"晋省司库岁入常年不及六百万，解款、协款及军事等费已四百余万，本省留用实已无几，即使将学堂、局所全行停办，出入亦难相抵"。②山西省是鸦片利益较大的省份，禁政对其财政影响较大。英国人黎枝所作的关于中国禁烟的报告中，诬陷该省对禁种罂粟虚应故事，只注重收税。翻译这一报告的《外交报》人员留心山西一省的实际情形，随后作出更正，澄清了英国人的说法。③对晋省禁政，外人非常关注，1907年春天，美国《纽约时报》主笔密温也曾亲自实地考察，这给该省禁政推行定会造成一定的压力，④所以山西禁政不可能明目张胆徒恃税厘而置禁种罂粟于不顾，因而必然产生财源短绌的恶果，加之向京师解款和编练新军等巨大耗费，财源

---

① 《山西巡抚宝棻奏为晋省财政困难已甚拟请将甘新协饷量力拨济以纾款力而维大局折》，一档馆：宫中朱批奏折，"财政类"，第54卷，档案号：000075号。
② 《度支部议驳晋抚奏财政困难协款缓解折》，一档馆：会议政务处档案全宗，档案号：1047/9690。
③ 《外交报》的"告白"说，"昨有自晋来者，询之禁种罂粟一事，自昨年晋抚宝湘帅奏报限至本年一律禁种早已实行，今年春夏间，湘帅犹恐地方或有奉行不力，迭经密派多员四处严查，现时实已一律禁绝，至抽税增至二两四钱一说尤无其事。海外传闻易于失实，特为申明如右"，见"本馆特白"，《外交报》第245期，1909年6月22日。
④ 《纽约报主笔来晋调查禁烟事》，《顺天时报》1907年4月27日。

筹措维艰与新政规模过大已经形成矛盾。两份奏章虽然强调的侧重点有所区别，但实际上确实是该省面临的实际困难。

　　财政与鸦片税收利益密切的省份在南方较多，无论是鸦片出产还是行销省份均因速行禁政而收支脱节，某些省份尚十分严重，例如广西省①、云南省②、湖北省③等省财政深受影响。各省为抵补鸦片税而增加捐税的情形较为普遍，以维持本省的新政事业。江苏省增加契捐，在原来部章规定的基础上再加六成，此前且奏请加收膏捐；④东三省请求增加铜圆开铸，以补财政之不足；⑤四川省加大契税征收的力度，仅此一项年收入由原来的40万两增至239万两；⑥湖北省要求增加契捐税率，以供练兵新政和赔款之用；⑦江西省采取先斩后奏的办法，征收米谷出口税率，但遭到度支部的反对，只能另筹的款办理新政；⑧福建省奏请截留关税节余，以充练兵兴

---

① 《广西巡抚张鸣岐奏为沥陈广西财政艰窘情形酌拟办法请旨饬部核议以期勉力支持折》，一档馆：宫中朱批奏折，"财政类"54，档案号：000363。
② 《奏为滇省本年款缺势危待协孔亟恳恩饬部迅拨的款解济以期勉维边局折》，一档馆：宫中朱批奏折，"财政类"54，档案号：000515。
③ 《司局州县入不敷出酌加契捐折》，陈夔龙：《庸庵尚书奏议》卷10，第48—50页。
④ 《苏省加征税契银两充新政经费》，《时报》1910年4月2日；《江苏巡抚陈启泰奏加收膏捐片》，《政治官报》第394号，1908年11月29日。
⑤ 《度支部奏遵议东督奏财政困难援案请开铸铜圆折》，《政治官报》第346号，1908年10月12日。
⑥ 《四川总督赵尔巽奏查明川省经征税契数目请照章核奖折》，《政治官报》第936号，1910年6月8日。
⑦ 《度支部奏议覆鄂督奏酌加契捐折》，载《政治官报》第549号，1909年5月10日。
⑧ 《度支部奏核覆赣抚奏加收米谷田房契各税抵补土药税银两折》，《政治官报》第727号，1909年11月4日。

学经费,却被度支部驳回;①湖南省财政亏损太巨,练兵兴学各项事业经费十分紧张,几于无米下锅,该省提出以水口山铅矿的资产作抵押来举办公债。②鉴于该省甫经民众抢米风潮之后,元气大伤,各方善后需款在在孔亟,且举借内债本息已经达到139万两,均由该省偿还,③度支部也就准其试办公债,以应急需。此前由于新政经费极为紧张,该省已经率先举办各种地方性捐税,湘潭一地就开征"八音税":城中开戏,官府强令征税,谓之八音税。④江南也试图举办公债,舆论戏称其为"袁世凯式之公债",并痛诋其非。⑤这类为抵补鸦片税而出台的搜刮措施将民众负担再度加重,进一步激化了社会矛盾。

---

① 《闽浙总督松涛奏请将关税节省余款全数留作练兵兴学片》,《政治官报》,第916号;度支部反对意见见该报第958号的议覆奏折。
② 《度支部奏遵议湘抚奏湖南财力殚竭积亏过巨请援案试办公债票折》,《政治官报》第1036号,1910年8月13日。
③ 关于湖南省筹还这笔巨款的办法,湘抚杨文鼎与鄂督商定后确定,在牙厘局土药税捐项下拨银14万两,内地谷米厘金项下拨银2万两,牙帖岁捐及洋药落地捐项下共拨银2万两,厘金长收项下拨银12万两,长沙关道关税项下拨银11万两等等,每年约计匀筹40余万两。见《鄂督、湘抚致枢请代奏电》,饶怀民、藤谷浩悦编:《长沙抢米风潮资料汇编》,岳麓书社2001年,第106页。
④ 王闿运著,吴容甫点校:《湘绮楼日记》,第5卷,岳麓书社1997年,第3009页。清代很早以来就实行戏禁,1798年禁演花部诸腔的上谕说,花部诸腔"声音既属淫靡,其所扮演者非狭邪媟,即怪诞悖乱之事,于风俗人心殊有关系","嗣后除昆弋两腔仍照旧准其演唱,其外乱弹、梆子、弦索、秦腔等戏,概不准再行演唱",见《江苏省明清以来碑刻资料选集》,第295—296页,转见冯尔康、常建华著:《清人社会生活》,沈阳出版社2002年,第302页。看来湖南省在清末对演戏实行征税,实行的仍是"寓禁于征"的旧法。
⑤ 《国风报》的消息说,"自袁世凯在直隶创办公债票之后,湖北仿而行之,安徽仿而行之,本报前曾已辟其谬矣。不谓踵其谬者复有湖南,今又有江南,未始非节省政费之结果也",见《江南又拟举办袁世凯式之公债票》,《国风报》第1年第23期,1910年8月11日。

各省新政已因财源不足陷入困境，各种弊端暴露出来，欲行不可，欲罢不能。庆亲王奕劻却认为，各省新政未能整齐划一的主要原因在于缺乏"实心任事者"，他批评说，"程度未能齐一，瑕瑜不免互见。其主管各员，或有实心任事者，亦有奉行具文者，精神既殊，成效亦异"。①其实，规模未具的关键原因是经费不能到位，奕劻之说显然避重就轻，与各省奏章中一再强调的财政困难大异其趣。

　　清廷强令各省推行新政，地方督抚却虚与委蛇，敷衍应付。非议新政缺乏实效是各省督抚表达不满的一个藉口。首先发难的是陕甘总督升允，他对兴学和练兵两大新政尤表不满，关于兴学新政的弊端，他说"自停科举开学堂以来，合京师及各省算之，糜费以千万计，阅时已八九年，成效未睹，而学生嚣陵之习，挟制官长、干犯名义时有所闻，东南风气最先，弊亦最著。通西学者不过能充翻译、买办，精格致者不过可为艺士工师，其邪僻而无所长者，乃至勾结匪徒，倡言无忌，平权、革命并出其途。此教育失序重末轻本之所致也"；编练新军也是弊窦丛见，"闻成效素著之江鄂奉直等省，亦仅衣帽步伐整齐可观，居平卫生洁净自喜，此兵家之所忌非所宜也。上年安徽兵变，尽属新军，其首恶且系武备毕业学生；江南征兵亦有与巡警冲突情事，流弊至此，可为寒心"②。除了练兵和兴学两大新政以外，升允一折对数年以来清廷举办的各项新政几乎是全盘否定，痛加批驳。更重要的是该折对京中各军机大臣萋言乱政，致使新政一无成效的事实大加挞伐。折上后，京中各大老

---

① 《宪政编查馆大臣奕劻等奏报各省筹办宪政情形折》，故宫博物院明清档案部编：《清末筹备立宪档案史料》（下册），第797页。
② 《补录开缺甘督升允痛诋新政折》，《盛京时报》1909年8月10日。

第五章　禁政激变与"新政之累"　537

十分不满，升允的仕途也受到严重威胁。①由各种迹象判断，这份奏折提出的问题并未引起枢廷的严重关注。疆臣影响清廷上层的力度似乎越来越小，宣统年间皇族专制的情形更有加强的趋势，掌控清廷重要决策的人物多是权贵和皇室要员，度支部、陆军部、军谘处等对枢垣的决策很有影响，仍然不遗余力地维护整军经武的既定国策。以至于了解内情的人对内廷专制颇有感慨。②疆臣虽有烦言和抗争，但成效甚微。

由于禁政过程太快，盐斤加价、牌照捐等抵补措施短期内难见实效，多数省份的财政情形日渐危迫，对民间搜括的力度也不得不变本加厉，各行其是。朝中言官对这种秕政十分忧虑，谏垣名臣赵炳麟毅然专折奏请确定国家与各省的行政经费，痛斥地方搜括苛政，折曰，"臣恐纸片上之政治与事实上之政治全不相符。从纸片上观之，则百废具举；从事实上核之，则百举具废。官吏之巧黠者，装袭虚文，张皇门面，以欺陛下之爵禄，面剥民间之膏血"，"近年度支所入岁逾一万万两，一切练兵之经费、新政之诛求、铜圆之损失，何一非取给于民？八口之家不聊其生者比比皆是也"，"臣不仅为中国前途悲矣，国取诸民，民取诸土，今欲为国家筹经

---

① 有关报道说，升允内援尽失，原来所恃者仅鹿传霖与其有姻亲关系，时时为之代为招呼，调护得宜，而现在鹿氏因病呈请开缺，无由保护；端方本属亲谊，但因宗旨不同，久已不相水乳，也不肯相助。升允孤立无援，只得准备乞休。见《升允之末路》，《时敏新报》1909年6月12日。
② 孙宝瑄私下感叹说："我国议事，素无条规，往往名为评议，权实操诸一二人手中，其余诸人皆不得与闻。是故不开会议，不设章程，则所投意见书何殊上条陈。虽云采择群言，其果采择与否，不可知也。即偶有所撷取矣，其当理与否，又不得而问也。惟ậ聚于一室，许其尽言，则笔所不能尽者，舌可以申其意；意有不相通者，面谈可以表其情。又况有主座之人，静听两造之词，孰是孰非，有自然之判决，更无虑筑室道谋也。夫何疑何惧？"见孙宝瑄著：《忘山庐日记》（下册），第953页。

费，尤官先为民人谋生计"①。赵氏此言实际上是反映了民间强烈要求举办实业、重视民生的愿望。

直隶总督兼北洋大臣陈夔龙对新政糜烂局面和"党人"屡屡起事十分忧虑，1910年5月他从镇抚民气、挽救士风、整顿军纪、规划财政四个方面申述己见，语甚痛切。此折涉及振兴农政、兴学新政、编练新军和清理财政等主要的新政事项，对几年来各种积弊一一道破，揭露较深。②折上后，仍未见枢府的具体反应，根据目前所见资料，清廷仍然对练兵与民食两端措置失当，尤其对陈折提出应切实注意民食一事未能重视，这在很大程度上已经背离了有清一代民食为上的治国方略。③

此后，鼎力奉行四十八镇练兵计划始终处于朝政的中心事项。由于土药统税收入大幅度缩减，练兵经费难以保障，朝中僚属条陈扩张财政者仍大有人在，有人建议加强民间房捐征收力度，稽查匿税文契等以筹措更多的练兵经费；④两淮盐大使张汝功在其条陈的练兵意见中首先列有"各省应练之新军，须遵限练成，不得以财政困难而迁延时日，殊与国家大局有关"⑤，看来新政潜伏的危机尚未被所有人接受。多数督抚自保禄位，朝中重要决策往往由几个权贵或有留学背景的人所左右，秉政者无法驾驭全局，糜烂政局只

---

① 《赵御史奏请确定行政经费》，《申报》1910年6月8日。
② 《时局岌危敬陈管见以资补救折》，陈夔龙著：《庸庵尚书奏议》卷14，第1467—1474页。
③ 冯柳堂著：《中国历代民食政策史》，商务印书馆1993年影印第1版，第147—149页。
④ 《筹饷八条》，条陈者不详，一档馆：总理练兵处档案全宗，此件称作八条，其实不止八条，内容列举多达十六条，只是前八条为筹饷问题。
⑤ 《两淮盐大使张汝功条陈练兵意见禀折》，一档馆：总理练兵处档案全宗。

能一仍其旧。胡思敬事后评论说，新政亡于"三寸毛锥"，将责任推之于督抚弥缝和少年得志。①这一说法或有其事，但最终窒息清廷运脉的原因并不如此简单，新政大局殒落崩塌，自是各种因素造成。胡思敬回乡省亲之后，1910年初又毅然披沥奏陈请罢新政，在当时影响不凡，许多媒介得知后竞相刊载。

胡思敬回乡省亲的时间是1909年夏秋间，桑梓之行对其触动极大，民间的惨败景象简直触目惊心，因举办新政转促民穷财尽。②凄惨景象的成因，胡氏认为是由数年以来新政举措不当所致。这种不当举措细分开来有三类，即速贫之道、速乱之道和速亡之道，三者各有区别和联系。所谓"速贫之道"，在论者看来主要包括六项，诸如：中央新政衙门、学堂建设和地方新政机构的建设用款糜费太巨；大兴海军为速贫之道；振兴农政极不得法，虽有农工商部和各省劝业道，但举办试验场，糜费甚巨而无裨农食；新政各部的业务经费剧增，官场奔竞之风日盛，争权不断，徒为利禄挥霍而已；编练新军糜费百万，被军官私吞者占大部分，江南赛会劳民伤财，五大臣出洋考察等更是浪费惊人；办理警政费财更巨等。

除此以外，关于速乱之道和速亡之道，论者剖析精详，尤为清廷柄政者警戒。宣统以后，胡思敬反对立宪运动甚力，对新政举

---

① 胡氏透露说："当新政盛行，部牒急如星火，各督抚曲意弥缝兢兢，惟恐得罪。其实当时所定新章，皆三五少年狡狯卖弄之技，位尊者但坐啸画诺而已。大学堂章程出自黄陂人陈毅之手；丙午新官制吴延燮实总其成；宪政编查馆所颁宪法，则汪荣宝、杨度诸人意也；浙江巡抚增韫延沈延张一麟入幕，广东总督袁树勋延沈同芳入幕，一切附和新政章奏皆其所拟。天下之亡，不亡于长枪大剑，而亡于三寸毛锥，吁，可怪矣！"见胡思敬：《退庐全集·审国病书》，第1278—1279页。
② 《御史胡思敬请罢新政疏》，《盛京时报》1910年3月19日。

措和成效的评价，多持贬评，希望复古，上述言论中虽多数尽得征实，但其主要用意在于取消新政，规复旧制。这一意图在其后另外一个奏章中昭然若揭。这个奏章就是1910年10月27日所呈递的"密陈立宪隐患折"，吁请内廷速行决断以应付新政危机。他所提出的三个建议依次是"上策""中策"和"下策"，三策区别比较明显，上策显然是胡思敬推荐的最佳选择，"取消九年筹备清单，停办新政，宽一切无艺之征，下诏罪己，收回各部用人行政之权，悉由宸断，访贤才，广言路，整军政，裁冗官，杜幸进，复科举，黜陟群吏，不职者降罚，有差贪黩者杀无赦……治民情疾苦，许人民陈诉，都察院据情上闻"①。其余二策也是变相取消新政。清末新政与胡氏原来的政治意图不相凿纳，眼前的新政不但使国家速乱、速穷，而且速亡，现在不铲除更待何时？"当立宪之议初起，群以为海外奇方，不敢妄加褒贬，其稍有一隙之明者亦耻居顽固守旧之名，自外其身而袖手坐观成败，至其所行宪政，若新军，若学堂，若新刑律，若警察，固人人皆知其有害无利"，各督抚却隐忍不发一言，胡氏连上两折，自认为是在为民请命。结果清廷并未立即从一意整军经武的道路上退却。

清廷态度发生明显的变化是在辛亥年革命党人起事以后，1911年10月30日的罪己诏表明它对新政得失有所反思，谕曰：

> 朕缵承大统，于今三载，兢兢业业，期与士庶同登上理。而用人无方，施治寡术。政府多用亲贵则显戾宪章，路事朦于佥壬

---

① 《密陈立宪隐患折》，胡思敬著：《退庐全集·笺牍·奏疏》，第955—962页，《丛刊》正编，第444号。

则动违舆论。促行新治而官绅或藉为网利之图，更改旧制而权豪或只为自便之计。民财之取已多，而未办一利民之事；司法之诏屡下，而实无一守法之人。驯致积怨于下而朕不知，祸迫于前而朕不觉……①

这一罪己诏显然是迫于时势，其中违心的成分还是不少，对于新政之累的肇因显然并未认识到位，但对新政成效已不再粉饰，或遮或掩地承认了改革的失败。

二、民间怨愤

"民间"一词范围模糊，不易厘定。本文侧重考察报刊媒介的有关言论和下层民众对抗新政的种种风潮。鸦片禁政后期，随着各种抵补措施次第出台，民众负担加重，而清廷却罔顾民生，一意整军经武，民间舆论对这一举措颇表不满，有关建议甚至是警告时常见诸报端；下层民众因禁政期间官府为抵补税厘不断加捐增税，所筹款项又用于练兵、兴学、警政等不能"生利"的事项，民生维艰的现状不但不能好转，反而每况愈下，因而极力仇视各项新政事业，其中兴学、警政和户口调查等新政举措最为民众所反对，影响较大的是各地风起云涌的民变风潮。这是"新政之累"的直接后果。

（一）中等社会的怨言

揆诸报章史料，知识界对待新政和禁政的态度往往流于理想

---

① 佚名辑：《清末实录》，载《清代野史丛书·清末实录》，北京古籍出版社1999年，第15页。

化,言禁烟则主张立时禁绝,绝少考虑农政和财政抵补问题,更少关注鸦片税厘短绌对新政事业的负面影响;论新政则主张事事成效显著,不苛税不扰民,更希望新政进程加快。这种理想化的态度几乎始终左右着知识界的思维趋向。禁政时期报刊舆论对新政问题的评价,大致经历了热切期盼——建议提醒——严词抨击这样一个过程。其中,民生实业问题又是其最为关注的问题。

早在1905年民间就热切企盼新政改革富有实效,反观现实却将信将疑。有人在仔细验证新政改革的实际做法和成效时,发现官场虚应故事的情形比比皆是,尤一能得征实,因而呼吁清廷注重实效,"记者历观近来政府举行各新政,自表面上言之,事事有刷新之气象,诚足为中国前途贺;及转一念间,则所谓可贺者已变为可叹而可悲。窃愿忠告当局者,慎毋为记者过虑所中,斯则真可贺焉矣"①。也有论者明确地指出新政的缺点就是税关林立、贪官墨吏和税负沉重。②

1906年9月禁烟上谕发布,报刊舆论将禁烟与立宪新政的前途相关联,对禁政意义给予极高的评价;③四个月后,各地禁闭烟馆的进展比较缓慢,有人认为这可能与税厘抵补困难有关,论者以为这些困难并不难解决,他所提出的设想就是以官膏专卖的办法来抵补鸦片税厘,鸦片禁绝后,"民间骤少此四五千万之花销,则金融之机关必灵;金融之机关既灵,则工商业必骤形发达,则国家之进

---

① 《逆度各新政之将来》,《申报》1905年9月24。
② 《论今日新政之缺点》,《东方杂志》第2年第11期,1905年12月21日。
③ 《论戒烟与立宪之关系》,《申报》1906年10月6、7日。

款自裕，此乃计学之公理"①。实际情况却事与愿违，专卖之策并未付诸实施，而抵补之策又远不见成效，禁烟的前途不是"进款自裕"，而是财政困顿。在这种情况下，新政与禁政对立起来，报界人士指陈时事较多，对这一矛盾却罕有评论。②其后关注的对象较多地集中在新政成效和民生实业等问题。

新政实效因财源缩减不得不受影响，尤其清廷将主要财力用于练兵事业，民生实业远不受重视，报界对新政态度开始转向批评。1909年春天有人试图对1904至1909年的新政事业进行总结，并1909年至1914年的新政趋势加以预测，行文之中语多揶揄，试看这篇"中国新政之进步"一文的节略：

> （光绪三十年后）北京使馆扩界至皇城，天津城拆平，大沽炮台毁平，赔款外债如山，捐税日重，官制大改，新衙林立，运动奔竞钻营诒附之风盛行，士习浮华，民多游惰，工商困滞，闲人日多，出洋留学每年漏出资财数千万，各省学堂聘用外人为教习以及购置仪器、玩物等，岁亦数百万。衙门巍然，学堂焕然，马路坦平，电灯辉煌，马车发达，麻雀进步，富商渐少，阔官日多。
>
> （宣统元年）预备立宪，试办印花税，组织海军，选举议

---

① 《论禁烟之前途》，《申报》1907年2月21日。
② 汪康年似乎是一个少有的例外，1910年他撰文认为，鸦片禁政固然是美举要政，但真正实行，国家将失去大宗税收，烟商也失去生活来源，他认为应该一面禁烟，一面赶快别求"救济之法"，再美好的政治举动也要顾及国民生计。见《论今日言论家须顾及国民经济》，《刍言报》1910年11月17日，转见廖梅：《汪康年：从民权论到文化保守主义》，上海古籍出版社2001年，第355、356页。

绅,清理财政,严禁鸦片,官多兼差,民无恒业,商务凋敝,饿殍载道,光天化日之下可以硬占地、硬刨坟;大庭广众之中可以明贪赃明枉法,马路如砥,马车飞驰,士商钻营,民鲜廉耻,租界日辟日广,歌楼妓馆如林,男多为奴,女多学戏,内地贫民赴南斐州作苦工者约数万人,赴东三省谋食者约数万人,十室九空,饥馑相望,白面制钱一百六十文一斤,玉米面制钱九十文一斤,牛羊肉、鲜鱼制钱四百文一斤,洋布制钱一百文一尺,食盐制钱一百文一斤。官绅富商以打牌摆酒为公事,卖缺贪赃舞弊者无人敢参劾。

(宣统二年至五年)海军规模粗具,宪法章程大备,新官制皆改,新衙门增多,出洋留学之新人才皆回国,实行印花税,增加人丁税、婚姻税、葬埋税……①

上述列举的新政事项中,无一事有利于下层民众,物资匮乏导致物价攀涨,而物价飙升又将民众抛向新政改革的对立面;相反得新政实惠者全是官府中掌握权势的钻营者,高昂的花费和苛捐杂税并未对这个阶层的奢靡生活造成影响。论者预测,1909年之后更是无物不税,甚至出现婚姻税、埋葬税一类的荒唐税种。看来新政将社会一分为二,界限明显,官民对立终成定局。

1909年以后报界关注新军编练的情形较少,对民生实业问题的报道却连篇累牍,调查全国各省的资本数量,研究资本家的分布情况,振兴实业的舆论呐喊等成为各报报道、评论的重点。《盛京

---

① 演说《中国新政之进步》(竹园),《正宗爱国报》第857期,1909年4月24日。

时报》刊发的时评中,力诋清廷耽于军备而不顾民生的文章较多,在二年半的时间内多达21篇,批评清廷的言词也较其他媒介激烈;《民立报》虽受到清廷的监控和封禁,仍编发大量抨击政府新政的文章,对下层社会日益贫困的生活实况给予关注;《国风报》创刊于1910年,面对鸦片禁政后民生凋敝的现状,该报从一开始就关注实业振兴和民食问题,尤其刊登1909年国内振兴实业的调查报告,指责清廷不注重振兴实业,该文认为实业不振的原因有三项因素不可忽视,即民间资本缺乏、铜圆贬值物价日升以及银价暴跌。① 既然民间资本匮乏,而清廷明诏宣布振兴实业为新政要项,国家就应该有义务投资于实业振兴领域,但国家经费预算中大量的却是军政经费,评论者认为这是一种明显的"矛盾之政治现象","矛盾"的表现就是修军备与社会动乱、兴学与士大夫缺少、奖励实业与饿殍遍野。②《国风报》主笔梁启超据此断言,国家已经到了濒临破产的境地,新政改革走向失败的迹象已经十分明显,他分析说,"人民终岁勤动,而所得曾不足以自赡,于是弱种转于沟壑,悍者

---

① 文章对1909年国内实业界的看法是"夫观一国生计之荣悴,则于其兴业者之多寡而决之矣。生计有裕,兴业者必多,生计窘蹙,兴业者必寡,此生计学一定之原则,罔或能逃者也。然观昨年全国新设之公司,在农工商部注册者总数十七,以类别之,则为工业者五,为商业者五,为矿业者一,为航业者一,为银行及他业者二。其资本总额为银五百零六万八千八百四十两。骤视之,似觉甚多,然公司之数较光绪三十三年少者二十六,较光绪三十二年少者四十。又以资本计,自光绪三十年至光绪三十四年,五年之内所设立之各种公司,其总数一百七十二,资本总额一亿三千八百三十三万余两,一年平均所投资本实为二千七百六十六万余两,中间兴业最盛者为光绪三十二、三两年,其资本额在三四千万以上,故以昨岁为比,不过六之一,则兴业之式微足以概见,而生计之不振亦从可知矣",竹坞:《宣统元年生计界》,《国风报》第1年第3号,1910年3月11日。
② 茶圃:《矛盾之政治现象》,《国风报》第1年第15号,1910年7月7日。

铤而走险，人人不乐其生，而全社会之秩序破。中外古今之亡国者未有不徇斯道也。呜呼！今日中国之现象近之矣"①。

更有言论对清廷振兴实业政策的虚伪性提出指责和质询，尤其对商业凋敝的现实批评尤力，"商业则逐渐萧条，统计一岁之中，食用日昂，供过于求，因而亏折者几何？银根奇绌，运掉不灵，因而倒闭者几何？商律定矣，于惩治奸侩能实行者几乎？商会设矣，于维持市面有实济者几乎"②。此言大有指责清廷失职失责的架式，怨愤心态至为明显。"官府以办新政为乐事，民间以办新政为畏途"的说法也已提出，③对待新政的态度，官府与民间判然有别，民间人士把新政能否解决民生困苦作为成功与否的重要标准，而清廷的政策明显的是搜括民脂民膏以供军备之发达，两相对照，差距甚远。以至于有人干脆断言说，举全国有限财力编练数十镇兵力实际上是一个亡国的政策。④

清廷对民生问题的关注显然不够及时和迅速，创办兴利事业的呼吁也未被官方所重视。唯有一个例外，那就是1911年辛亥革命爆发时期，政府为挽回人心，作出一个关心民瘼的姿态，拨出内帑用

---

① 沧江：《国民破产之恶兆》，《国风报》第1年第14号，1910年6月27日。一项不太赞成暴力反清的梁启超在清末也曾谈及暴力冒险的问题，他认为解决清廷的腐败，挽救亡国的命运迫不得已时只有揭竿而起："故必有大刀阔斧之力，乃收筚路蓝缕之功；必有雷霆万钧之能，乃能造鸿鹄千里之势。若是者，舍冒险未由！"见梁启超：《过渡时代论》，原载《清议报》，第82期，此转见张枬、王忍之编：《辛亥革命前十年间时论选集》第1卷上册，三联书店1977年，第6页。
② 《论中国财政支绌之原因宜亟筹补救之策》，阎毓善著：《龙沙鳞爪》，第62页。
③ 《论竭比户之脂膏供同僚之贪蚀》，《盛京时报》1907年12月23日。
④ 《财政问题之根本解决》，《盛京时报》1910年9月27日。

以赈济灾民,从有关统计来看,共有三次拨内帑济灾民举动,试看有关谕旨的节录:

> 八月二十九日谕:监国摄政王面奉隆裕皇太后懿旨,近来南省迭被水灾,今年湖北又有匪党作乱,俯念饥民难民流离荡析,深为悯恻,亟宜加恩赈抚。现将孝钦显皇后所遗宫中内帑内拨银二十万两,由内务府发交袁世凯派委妥员在湖北一带核实赈济,以惠灾民。
>
> 九月初五日,隆裕皇太后懿旨:现在设立慈善救济会,著赏宫中内帑银三万两,以资拯济。
>
> 十三日懿旨:四川用兵,将及两月,各地方惨遭祸难,荡析流离,深宫实殷轸念,亟宜加恩赈抚。现将孝钦显皇后所遗宫中内帑拨银十万两,由内务府发交岑春煊派委妥员弛往核实赈济。①

这三次举动被清廷大加宣扬,其实,受灾省份不止是湖北、四川两省,清廷指定将内帑发往这两个省份的用意不问自明;再者,三次拨款的总额计33万两,这仅仅是它为支持湖北用兵而发内帑100万两的三分之一。②可惜这种临急抱佛脚的举动并未挽回其失败的命运。

---

① 佚名辑:《清末实录》,北京古籍出版社1999年,第8、10、21各页。
② 同上书,辛亥年九月初六日谕旨:现在湖北用兵,军需浩繁,著拨出宫中内帑银一百万两,由内务府发交度支部,专作军中兵饷之用。见前揭书,第13页。

（二）下层社会的激愤

报界提出的各种警告或建议从形式上看，尚属于一种温和的劝谏，至多是一种低烈度的抗拒，而下层社会此起彼伏的民变风潮却是一种激烈的对抗。新政激变是清末民变的重要组成部分，它与禁烟激变遥相呼应，在某些地区，两者又不分轩轾①，此起而彼伏，呈现犬牙交错态势。新政激变的成因从总体上看，与各省苛敛搜括有关，清廷与各省实施鸦片税厘抵补的各种加税加捐更加剧了官府对民间的搜括力度。各省实施鸦片抵补的措施中，食盐、米谷、田房税契、肉类、茶类等成为官府搜刮的主要对象，新旧捐税数目达到60余种。②新政筹款与税厘抵补交织在一起，税厘抵补使"新政之累"所造成的官民对立更趋紧张，新政激变背后的原因或多或少与鸦片禁政相关联。

税政苛敛导致民间对抗的事例出现较早，太平军兴时期，国家度支出现危机，在厘金制度推行之前，清廷亟欲征收商税，以补国库之不足，1853年3月20日当商税征收令下达时，京师商铺抵制甚力，"街市扰攘，人人惊危"，钱铺和粮店等纷纷关门，清廷不得

---

① 此仅举二例：其一，1907年5月浙江省余姚县乡民不但打毁土膏捐局，又因为土膏捐局的房屋是向当地绅士唐茂昌租赁，于是乡民又将怒气迁向唐氏，将其商店捣毁，并将余姚县学堂捣毁，各处乡民扬言说，"各处学堂须一概踏平"，"是以县城高等小学堂学生俱由家属领回，以防不测"。见《余姚乡民捣毁土膏捐局波及学堂》，《申报》1907年5月25。其二，1910年4月浙江遂安县因禁种罂粟，苛派警捐、学捐，农民进城毁学堂和土药店。见张振鹤、丁原英：《清末民变年表（下）》，《近代史资料》1982年第4期。
② 殷俊玲：《宣统元年反抗户口调查风潮》，《历史档案》1999年第3期。

不随后撤销了这项税令。①其后,厘金制度取代了商税,成为各省和中央财源进项中的大宗;农村田赋的正供变化较少,但杂捐苛敛的情形越来越普遍。庚子以后清廷与各省筹办新政,加捐加税的情形已经十分严重,民间税负的增加以巡警和学堂筹款最为普遍。②奉天省举办警政和兴学,筹款的重要途径是加征亩捐,田地每6亩征银一角、五分、八九分不等;吉林每晌地捐钱数百文至2000文不等;黑龙江每晌地征警捐300—1100文,学堂经费200—500文不等。③直隶省的学堂经费也由地丁征钱中筹措。南方省份的农民税负也十分沉重,因兴学、警政和练兵等新政筹款,迫使捐税税率愈发上涨的情形比较普遍。江西省的地丁征收在正款耗羡外,另外加征"派解""捐提"和"附加"三大类,每一类均有学堂和练兵经费。④江苏省漕米每石应征收附加税,其中也包含警政、学堂、地方自治等经费。⑤

日俄战争以后,随着清廷勒令各省整军经武政策的实行,商税与农村杂捐的增长并驾齐驱,时人颇有反感和批评。⑥殆至1910年民众税负问题成为朝野关心的大问题,报界曾专门刊发有关时

---

① 刘岳云撰:《农曹案汇·商税》,第1—3页;清代抄档:咸丰三年二月十六日左副都御史文瑞奏,吏部尚书奕湘奏,巡视东城给事中吴廷溥奏以及同日上谕;黄辅辰著:《戴经堂日钞》,咸丰三年二月十六日至十七日记事。此转见彭泽益著:《十九世纪后半期的中国财政与经济》,人民出版社1983年,第154页。
② 汪敬虞主编:《中国近代经济史:1895—1927》(中册),人民出版社2000年,第1339页。
③ 吴廷燮:《清财政考略·各省粮捐各目银数表》,第31页。
④ 朱偰:《田赋附加税之沿革》,《社会科学丛刊》第1卷第1期,(南京)国立中央大学1934年1月。
⑤ 同上。
⑥ 《论各省因捐滋事案》,《汉口日报》1905年4月16日。

论讨论国民负担的问题。①1909年以后城市和农村的生计已日趋恶化。随后各省纷纷爆发针对新政的各类风潮,其中,仇视学堂、反对警政、对抗地方自治(以反对户口调查为主要形式)等成为反新政风潮的主要组成部分。有人描述说,"中国办一新政则起一风潮:军政则征兵起风潮,警政则巡警起风潮,教育则学生起风潮、愚民起风潮,自治则调查起风潮、画区起风潮。呜呼!新政之难办如是"。②新政导致风潮的问题,报界早有人预见。1908年时民变问题尚未特别严重,有人即预言,由于清廷极力推行的练兵、警政和兴学等新政见效极慢,下层民众并未觉得它对民生有何益处,相反,生活愈发窘迫不堪的原因,恰恰是因为新政搜括不断,苛捐杂税如水银泼地,无物不税,民怨必然鹊起,论者的警告已经十分明确:"社会经济问题即为全国存亡之所系,其究也,有同归于尽而已,夫何言!"③警告归警告,柄政者依然不思悔改,新政激变就是一个必不可免的结果。

限于史料,本文仅以民间毁学风潮为中心,藉此测度各省"新政之累"的严峻形势。

筹建学堂是兴学新政的重要举措,按照清廷的部署,各省必须推行强迫教育,每个省份设立蒙学堂100处,生员额定5000名,各府县设立40处,生员额定2000名,村庄设立1处,额定40名,"凡

---

① 《论国民负担之状况》,《大公报》1910年11月25、26日;《关于生计者一》,《民立报》1910年10月25日;《关于生计者二》,《民立报》1910年10月26日;等。
② 《时评·中国之新政》,《申报》1910年4月26日。
③ 《论政府与民争利之非计》,《申报》1908年7月4日。

幼童不入学者，罪其父母。嗣后每二年由提学使考试一次"①。各省兴学经费主要由地方自筹，如果上述兴学规模变为现实，教育行政经费和学务经费的数量应该是十分庞大的。就学堂本身的经费来说，开办费和常年经费是两项最重要的支出，各省筹措的途径和数量各不相同。汇总各地反对兴学的材料，可以看出筹款途径无非是加捐增税和向学生收取额定的学费。②1909年以后，随着洋土药税厘的缩减，地方政府筹款的力度加大，无物不税的程度再度加深，至1910年时达到一个新的顶峰，例如四川省的鸦片税收利益丧失以后，该省不但对传统的税捐进行整顿，而且增加了不少新的税捐品种，新捐收入是正赋收入的685%，③该省兴学新政走在各省的前列，据学部统计，川省教员和学堂学生数量两大指标高居各省之首，④新捐收入大量用于兴学新政。每省兴学经费的筹措与鸦片税厘抵补是互相重叠的，很难清晰地加以区分。根据赵炳麟的估计，各省所承担的新政经费，每年至少有四、五百万两，"司法一项约费百万，教育一项约费百万，巡警一项大省约费三百万、小省尚需二百万。单此三项计之，各省每年平添四、五百万的开支"，这类

---

① 《学部实行强迫教育办法》，《盛京时报》1907年4月4日。
② 1907年初学部对各类学堂学生的收费办法作了统一的规定，在区别官立、公立和私立三类学堂不同的经费来源的基础上，规定了普通教育的收费标准，初小学生每月不得超过银元3角，中学生每月收取1—2元，高等学堂学生每月收取2—3元，各级实业学堂的收费水平与普通学堂基本持平，师范、女学堂等基本上不收取学费。见《定立京外各学堂收取学费章程》，《东方杂志》第3年第13期，1907年2月27日，转见关晓红著：《晚清学部研究》，第297页。
③ 唐上意：《清末民初四川州县捐税激增之一斑》，《四川师院学报》1982年第2期。
④ 桑兵：《晚清学堂学生与社会变迁》，第148页。

经费的筹集无不由下层民众承担,所谓"朝廷责之酷吏,酷吏责之有司,有司不取之百姓,将于何取之"?①

各省兴学新政经费是地方筹款的要项,民众仇学的风潮也愈演愈烈,直至提出"仇学、锄官、排外"以及"永不许若辈再办学堂巡警等事"的口号。②本书根据张振鹤、丁原英整理的清末民变史料,并结合其他材料,将1909年后民众仇学风潮的情形作一简表,以觇测1909年鸦片税厘缩减后,地方政府筹措兴学经费导致仇学风潮递增的趋势。

表5-3 1909—1911年10月各省毁学风潮简表

时间	事件	文献来源
1909年4月	江苏丹徒县农民二三千人捣毁学堂,并围困主办学堂举人王永驹住宅,将其房屋拆毁。	《汇报》1909年6月19日;《大公报》1909年5月12日、7月10日。
1909年4月	四川绵州"红灯教"起事,焚毁学堂。	《大公报》1909年4月25日。
1909年5月	江苏东台县群众二千余人拆毁学董缪某等三家房屋,各学堂均已停课。	《时报》1909年5月27日。
1909年6月	福建永定县三点会起事,以"仇学、锄官、排外"为宗旨。	《大公报》1909年6月22日。
1909年8月	江苏扬州每斤猪肉抽捐4文,以充巡警、学堂经费,肉店罢市。	《时报》1909年8月24日。
1909年9月	直隶遵化县农民数千人进城,要求撤销东三堡学堂、巡警等新政。	《时报》报道,原文时间有误,见《近代史资料》1982年第4期,第84页。

---

① 《时报》1910年6月12、13、14日。
② 《近代史资料》1982年第4期,第80、103页。

续表

时间	事件	文献来源
1909年9月	江西宜春县借办学堂为名,抽取各乡米捐,激成民变。	《时报》1909年9月29、30日,10月1、2日;等。
1909年9月	直隶丰润县办理巡警、学堂,向农民征收席捐,乡民起事,以"毁学杀绅"为号召。	《东方杂志》第6卷第11期;《时报》1909年10月23日。
1909年11月	广西桂林府阳朔县兴办学堂,抽收杂捐,激成毁学风潮。	《时报》1909年11月16日。
1910年2月	直隶遵化县农民反对新政。	《时报》1911年3月24日。
1910年2月	广西永淳县农民反抗学捐,聚众入城,折毁学堂。	《汇报》1910年4月12日;《盛京时报》1910年4月29日;等。
1910年3月	江苏宜兴县因调查户口,每户索要20文,农民毁学堂、图董住宅等数十处。	《东方杂志》第7卷第3期;《大公报》1910年3月19日;等。
1910年3月	江苏常州武进县农民反对征收学捐,捣毁学堂。	《时报》1910年3月21日。
1910年4月	浙江遂安县因禁种罂粟,苛派警捐、学捐,农民进城毁学堂、土药店。	《东方杂志》第7卷第5期;《汇报》1910年5月6、12日。
1910年4月	长沙爆发抢米风潮,农民进城焚烧铁道学堂、中路师范学堂等。	《东方杂志》第7卷第3、4、5期。
1910年4月	浙江慈溪县农民反对征收学堂捐,聚众毁学。	《东方杂志》第7卷第5期;《大公报》1910年4月29日。
1910年4月	江苏江宁县农民毁学堂,殴打绅董。	《东方杂志》第7卷第4、5期。
1910年4月	浙江上虞县农民毁学堂、统计处及劝学所。	《大公报》1910年5月6日。
1910年4月	江苏盐城农民打毁劝学所、学堂以及教育会等。	《东方杂志》第7卷第5期。
1910年4月	江苏江都县征收学捐,农民打毁学堂。	《东方杂志》第7卷第4期;《汇报》1910年5月13日。

续表

时间	事件	文献来源
1910年5月	湖南宁乡县聚众焚毁警局和学堂等多处。	《汇报》1910年5月3日。
1910年5月	江苏太仓州农民毁公立小学堂。	《东方杂志》第7卷第5、6期。
1910年5月	江苏如皋县灶民拆毁学堂。	《东方杂志》第7卷第5期；《大公报》1910年6月2日。
1910年5月	山东莱阳农民反抗官府征收亩捐、铺捐办学堂和巡警。	《帝国日报》1910年9月24日；《东方杂志》第7卷第6期；《近代史资料》1954年第2期。
1910年5月	浙江黄岩县农民捣毁小学。	《东方杂志》第7卷第6期。
1910年5月	江苏镇洋县农民捣毁和焚烧小学堂各一所。	《东方杂志》第7卷第5期；《时报》1910年6月2日。
1910年6月	浙江嵊县农民反对办学堂。	《东方杂志》第7卷第6期。
1910年6月	湖南安化县农民毁学堂。	《东方杂志》第7卷第6期。
1910年6月	江苏盐城县农民捣毁学堂。	《大公报》1910年6月17日。
1910年7月	浙江会稽县农民捣毁初等小学堂。	《东方杂志》第7卷第5期。
1910年7月	浙江绍兴府上虞县农民捣毁学堂及教育会。	《东方杂志》第7卷第5期。
1910年7月	浙江景宁县办学堂，士绅逼交捐款，农民毁学堂。	《东方杂志》第7卷第5期。
1910年7月	贵州古泥地方农民要求免征人头税，数千人烧毁学堂和自治公所。	《时报》1910年9月10日。
1910年7月	浙江余姚县农民捣毁学堂。	《东方杂志》第7卷第7期。

续表

时间	事件	文献来源
1910年7月	直隶易州办理学堂和巡警等,筹款加捐,农民四五千人毁学堂,提出"永不许若辈再办学堂巡警等事"。	《东方杂志》第7卷第8期;《时报》1910年8月9日;《汇报》1910年8月16、19日。
1910年8月	浙江长兴县农民反对查户口,打毁学堂。	《东方杂志》第7卷第7期;《汇报》1910年9月6日。
1910年9月	直隶遵化县聚众万人抗拒征收警捐、学捐。	《时报》1911年6月2日。
1910年9月	广东连州农民反抗调查户口,聚众焚毁学堂。	《东方杂志》第7卷第10、11、12期;《时报》1910年10月4、8日;等。
1910年10月	浙江平阳县农民聚众捣毁学堂。	《东方杂志》第7卷第10期。
1910年11月	浙江遂昌县农民千人暴动,捣毁学堂等。	《东方杂志》第7卷第11期;《汇报》1910年12月2日。
1910年11月	江苏如皋县农民千余人反抗调查户口,放火烧毁小学堂。	《时报》1910年11月10日。
1910年11月	云南大姚县农民暴动,反抗拔除烟苗,数千人攻占县城,捣毁学堂等。	《时报》1911年1月3、16日;《东方杂志》第7卷第12期;《大公报》1910年12月30日;等。
1911年3月	江苏南汇、川沙两县农民反对办理地方自治,焚毁学堂。	黄炎培等:《川沙县志》;《大公报》1911年3月17日;《时报》1911年3月15日。
1911年3月	江苏南汇渔户砸毁学堂。	《时报》1911年3月27日;《汇报》1911年4月4日。
1911年4月	浙江嘉善县农民数千人捣毁学堂。	《时报》1911年4月30日。
1911年7月	福建泉州数百群众捣毁学堂。	《时报》1911年7月23日。
1911年7月	江苏句容县办理垦务,农民反对,焚毁城内学堂等。	《大公报》1911年8月24、26日。

续表

时间	事件	文献来源
1911年8月	浙江镇海县农民反对征收肉捐，千余人毁学。	《时报》1911年9月2、3、6日。
1911年9月	江苏吴县农民捣毁学堂。	《时报》1911年9月7日。

上述民众毁学风潮的统计并不完整，中西部省份的毁学风潮虽然数量较少，该表却无明显的反映，统计资料较多地依据当时报章杂志报道。众所周知，广大的中西部省份在清末时期传播媒介较少，舆情民隐较少为东部媒介所了解。就上述统计而言，毁学风潮总计有49次，其中1909年有9次，1910年达33次之多，1911年10月份前有7次。1910年毁学风潮次数居各年之首，肇因复杂，其中一个重要的原因是禁种罂粟步伐在1909年以后迅速加快，造成了两个后果，第一是民众与官府的利益冲突短时间内被迅速激化，仇视官府的倾向自然会被加剧；第二是民众的罂粟收入被戛然截断，导致其支付各类新政税捐的能力减弱，官府在失去鸦片税源后，支持兴学等新政的能力也受到抑制，迫使其不得不向民众加大搜刮的力度，苛捐杂税有增无减，民众只得奋起反抗，酿成民变，时间也主要集中在1910年。

在被统计的省份中，有两个省份的毁学风潮较为突出，即江苏和浙江两省，江苏省民众毁学的次数有17次，占有限统计总次数的近35%；浙江省有14次，占总次数的近29%，两个省份共占64%左右。两省民众毁学风潮所占比例之高，原因十分复杂，试作约略推测。其一，上述所列出的大众媒介主要在上海地区，江浙两省是这些媒介记者分布较多的地区，舆情民意的变动或较能为这类媒介所侦知，并予以报道，民变次数之多可以理解；其二，江浙两省的民众税负历来较他省为重，1909年之前江苏省的兴学经费较多由铜圆余利项下支付，民间直接担负的官立和公立学堂经费并不十分沉重，但是随着铜圆收入的急剧减少，这项负担不得不由民间苛捐杂税来筹措。浙江省某些州县的兴学经费部分是由土药捐税来支付，鸦片禁政的加快发展使得这项收入成为泡影，民众负担不得不加重，两省兴学经费的来源变动是导致毁学风潮在短时间内急剧爆发的内在原因；其三，江浙地区文化教育较为发达，清末兴学新政中，该地区的学堂数量虽不是最多者，但也居于一般省份之上，以1909年为例，江苏省宁、苏两属的学堂数量达到2462所，浙江省达2165所，①在民众税负较重的情况下，维持如此众多的学堂数量实属不易。

清廷对各省毁学风潮的反应不外乎镇、抚两策，学部的态度至为关键。该部1909年10月份就告诫和提醒各省官员说，"现在各省扩广学务，所需经费恒虑不足，故于不得已之中，筹及募捐、派捐之策。惟不肖官绅或藉学捐名目抑勒乡民，致使小民仇视学堂，殊为教育普及之障碍。因拟通咨各省督抚，并札饬提学使随时调查，严防此弊，以重学务"②。军机处与会议政务处大臣对各省筹措新政经费的方法和程序也有所指示，1909年6月份清廷电致各省督抚，凡是涉及到地方筹款的事情，"应先由自治局或官立之宣

---

① 《宣统元年份教育统计图表》，转见桑兵：《晚清学堂学生与社会变迁》，第148页。
② 《学部严查学捐》，《大公报》1909年10月15日。

讲所，先将筹款之故发明，然后将筹款之办法亦须宣布，俟多数绅民乐从后，再行举办，决不能有因筹款而生事故之虑，不得稍涉苛虐，以假官威"①。这份电令发出后，各省仍有民变爆发，因筹措新政款项而激变的趋势更趋严重。军机处大臣随后严令各省"迅将现办一切捐项名目详细清查，造册送交度支部，以便核减。嗣后如再有巧立名目等情，即将该地方官参处，该督抚、司道亦能不（不能）辞咎"②。实际上，各省新政筹款几乎不受清廷的直接控制，"度支部臣除奏请各省摊解外，别无筹款良策；至各省种种出乎正规之筹款措施，中央既不愿加以干涉，亦不能加以干涉"③，并且督抚司道对州县一级官府的监控并不严密，新政绩效是上级考核下级官吏的主要指标，为了完成既定的任务，地方官不再顾及筹款的时机和方式，民变发生势所必然。

知识界对上述仇学风潮的反应比较复杂，兴学、地方自治、审判庭建设、警政事业等均属知识界赞成的新政事项，是立宪改革的基础，所以很少看到舆论反对这些改革。报界对新政激变的态度毁誉参半，既对民众的举动不甚支持，又对官府的操切和苛敛指责颇多。1909年10月份有人撰文评论各省民变问题时认为，民众毁学的心态是"积疑生忌，积忌生愤，遂不惮以数千百人之身家性命，激而为毁学杀绅之举"，论者称此举是"可嗤亦可怜"④，建议官

---

① 《各省筹款勿稍苛虐》，《盛京时报》1909年8月3日。
② 《电查各项捐款名目》，《盛京时报》1909年8月20日。
③ 彭雨新：《清末中央与各省财政关系》，《社会科学》第7卷第1期，1947年6月，转见李定一、包遵彭、吴相湘编纂：《中国近代史论丛》第2辑第5册，正中书局1979年第3版。
④ 《论近日各省纷纷暴动之原因》，《申报》1909年10月6日。

府在筹措新政经费时,应将筹款计划交由自治局等委派专员妥善宣讲,劝谕人民通晓事理,然后循序渐进,方有正果。1910年知识界面对汹涌澎湃的毁学风潮,十分震惊,各种评论迭见刊出。有人评论说,新政的各种举措在城市尚可接受,但农村则不可轻易实行,"若夫野老乡贤于一切新政,既为平素所未见未闻,一旦接触于耳目间,自不免传为异事,演成不经之说",对于毁学风潮,认为有两个要因,即"民愚居其半,民穷亦居其半"。①还有人认为,官吏扰民太甚才激起民众的反抗,应该先为民生着想,然后才能使新政筹款进展顺利。②

其实,清末财政收支制度存在诸多弊端,总体上维持着中央与地方共一财源的制度,财源统归地方征收,中央所需均由地方筹措,上下财权界限划分不清,地方隐瞒的成分占多数。其中,地丁钱粮等正项税负之外的杂捐苛税尤其成为隐瞒、侵渔的大宗,它既是地方官府财政收入的大项,又担负着本地区公私开支的重要职能,若令其不扰民,蠲免杂税苛捐实难办到。清廷虽藉新政以求富求强,却必然铸就了"新政之累"的恶果。早在日俄战争之前,这一结局曾被荣禄所预见,郭则沄撰《南屋述闻》,其中记述了荣禄的看法,"是事(指新政变革)得失,关系甚巨,行之不善适足以召乱促亡。上既决行之,吾亦不敢谏阻,异日之变,或病躯不及见耳"③,新政"召乱促亡"这一祸福吉凶的预言,证之后事,可知

---

① 《江苏宜兴县乡民焚毁学堂》,《东方杂志》1910年第4期。
② 《论今日便乱之源及其补救之方》,《申报》1910年5月7日。
③ 郭则沄:《南屋述闻》,转见苏同炳:《中国近代史上的关键人物》(下册),第705页。

荣禄所见甚为深远。实行禁政原为促进新政，推行新政本为富民强国，结局却全然相反，历史的逻辑和规律往往是不可预设也不可强求的，清末禁政与新政之间的关系由良性向恶性的转变就是一个明证。

结 语

　　1906年至1911年间鸦片禁政与清末新政共策进行，既相契合又相制约。鸦片禁政是新政改革的客观要求，两者之间呈现出一种契合、相容的关系；若从清廷财政、新政经费对鸦片税厘的需求来看，在禁政期间各种抵补措施成效不大的情况下，这种相容关系却变成排异和对立，禁政与新政改革中诸多矛盾的产生，与这种排异对立密不可分。探讨清末禁烟史的有关研究更多地强调道义和社会需求，一般将鸦片禁政视为新政改革的支持因素，较多地强调两者之间的契合、相容关系。如果细究新政事业的财政背景和鸦片税厘的广泛用途，并且考虑新政经费的变动趋势，上述良性互动的关系就走向它的反面，支持因素反而变成阻碍因素。

　　从清廷与各省对鸦片税厘的经略过程、专卖筹画、统税问题、禁种与禁运、税厘抵补以及各项新政事业的发展与阻遏等所蕴含的各种矛盾来看，清末中央与地方关系是一个关键性矛盾，它始终左右着鸦片禁政与新政改革的发展趋势。

在清末政治变动中,中央集权和督抚专权是同时存在的两个趋向,单纯强调任何一种恐怕不能反映历史的真相。民国学人研究清末的财政问题时指出,"中央与省财政关系,实即两者政治关系之一面,而所谓政治关系者,又为政治势力之表现"①,论者认为,清末"国家政权之重心,不在中央而在各省,财政实权与其谓为属于部臣,不如谓为属于疆臣",此论不为无见,但由此得出清廷权力小于疆省权力的最终结论却并不准确。清末禁政和新政时期,在中央与地方财权纷争的过程中,清廷以权势压服地方的事例较多,但另一方面,各省争权无效时,往往阳奉阴违,延宕不办,或虚与委蛇,敷衍应付。这两种现象交替出现,很难断言哪一方占据上风或更有权势。

史学家研究晚清史,常常聚焦于中央和地方权力的彼此消长,提出了一些倾向性意见,较早出现的是督抚专政说。20世纪60年代以后,这种说法不断受到质疑,有关论者认为,中央的大权并未旁

---

① 彭雨新:《清末中央与各省财政关系》,《社会科学》第7卷第1期,1947年6月,转见李定一等编:《中国近代史论丛》第2辑第5册,正中书局1979年第3版。

落，督抚也并非想象中的为所欲为。① 若从鸦片问题与新政改革的角度看，这一说法更接近实际。当时言论也可提供更有说服力的证据，1904年报刊媒介对中央集权问题关注甚多，有关言论中"中央集权"一词出现的频率较高，而且含有较多的贬义色彩。② 有人将中央和地方的权力专门作了对比，认为双方权力发挥均受到对方的制约，无所谓谁强谁弱的问题：

> 中国号为专制之国，而至今日，则大权所在，究难指责政府有权矣，而所下指令，或有不便于时者，则各省疆吏可以抗不奉

---

① 这是何汉威在《从清末刚毅、铁良南巡看中央和地方的财政关系》一文中所作的概括。何文爬梳有关论著后说，主张督抚专政一说的代表性论著，有罗尔纲《清末兵为将有的起源》（《中国社会经济史集刊》第5卷第2期，1937年6月），《湘军新志》第三章（《"中央"研究院社会科学研究所丛刊》，商务印书馆1939年）；彭雨新：《清末中央与各省财政关系》（《社会科学杂志》第9卷第1期，1947年6月）；何烈：《清咸、同时期的财政》（"中华丛书"编审委员会1981年），《厘金制度新探》（学术著作奖助委员会1972年）；罗玉东：《光绪朝补救财政之方策》（《中国近代经济史研究集刊》第1卷第2期，1933年5月）；傅宗懋：《清代督抚制度》（台北政治大学1963年）；廖全吉：《曾国藩幕府盛况与晚清地方权力之变化》（《中山学术文化集刊》第4集，1969年）。相应的，批判督抚专政说的论著，最为全面而又影响较大的著作，当推刘广京：《晚清督抚权力问题商榷》（氏著：《经世思想与新兴企业》，台湾联经出版社1990年），王尔敏：《淮军志》（学术著作奖助委员会1967年）等。何文认为，近些年来，主张督抚权力膨胀、中央集权体制瓦解论调的学者仍复不少，例如，尹福庭：《试论太平天国革命时期清政府中央和地方权力的消长及其影响》（中国人民大学清史研究所编：《清史研究集》第4集，四川人民出版社1986年）；魏光奇：《清代后期中央集权财政体制的瓦解》（《近代史研究》1986年第1期）；何瑜：《晚清中央集权体制变化原因再析》（《清史研究》1992年第1期）；林乾：《咸丰后督抚职权的膨胀与晚清政治》（《社会科学战线》1989年第1期）；茅家琦：《地方势力扩张与晚清政局》（《中国历史上的分与合学术研讨会论文集》，台北联合报系文化基金会1995年）；王雪华：《督抚与清代政治》（《武汉大学学报》1992年第1期）。

② 何汉威：《从清末刚毅、铁良南巡看中央与地方的财政关系》，第93页。

行，政府无如何也；即或迫于严切之诏旨，不敢据理力争，而其势又万不可行，则相率以阳奉阴违了事，以免政府之督催，而政府无如何也，是政府无权也，督抚有权矣。

而用一人必请命于大部，部臣驳以不合例，则不能用也；行一事亦必请命于大部，部臣如执不许，则亦不能行也；甚至其下之司道，若与督抚不洽，则亦可隐抗其意旨，而不为奉行，是疆吏亦无权也。①

外省督抚与清廷的权力消长看似矛盾，实际上是上下牵制、彼此制约。从鸦片禁政与新政改革的过程来看，上述现象也一再出现。鸦片税政经略与禁烟政策的实施就是一个例证。

最初，鸦片种植仅仅是地方性问题，征税与禁种亦具有地方性特征；太平天国运动以后，由于种种原因，清廷对地方问题的介入能力减弱，尤其是"就地筹款"办理洋务和军政事宜的财政体制逐步形成后，外省督抚客观上控制着鸦片税厘的绝大部分收入；19世纪80年代以后，在弛禁政策的主导下，土产鸦片的种植和贩销逐步由地方问题变为全国性问题，鸦片经济形态隐然形成。统税政策推行之前，各地鸦片税收政策各不相同，在征收和分配过程中，外省督抚充分利用已经僵化混乱的财政奏销制度，实行瞒报或以多报少的技巧，仍旧控制着鸦片税的大部分收入。

清廷大规模介入地方鸦片税收的整顿是在日俄战争之后，八省土膏统捐和鸦片统税政策就是中央财政集权的结果，它冒着被地方

---

① 《中央集权之流弊》，《中外日报》1904年8月12日。

督抚反对的风险推行起来，成效明显，有力地支持着中央的练兵事业。1906年清廷虽然确立了禁烟政策，但上谕发布以后较长的时间内，各省却观望不前，禁闭烟馆的举动迟至1907年7月才开始，有效禁种罂粟的举动更晚，究其原因，各省希冀鸦片税收利益是一个要因，有人推测各省观望不前的隐情时说："近日各省迟迟不办之故，殆因积年以来，筹办洋土药税，大抵皆主以征为禁之说，近岁筹备练兵经费尤恃土药统税为专款。今洋土药逐年递减，则税必不旺，即于练兵之款有碍，此或各省观望不前之隐情"。[1] 其实希图税利仅仅是督抚的动机之一，尚有更为重要的隐情。当时各省的鸦片专卖正处于紧锣密鼓的筹划阶段，欲借鸦片谋取更大的利益，过快、彻底的禁烟行动则会使专卖一事无法实施。

鸦片专卖计划受到度支部的强力阻止，1909年万国禁烟会结束后，专卖计划已经没有实现的可能。这是各省于1909年决定加快禁种罂粟步伐的重要背景。尽管度支部对各省侧重缩期禁种罂粟的做法反对甚力，但各省依然名正言顺地将这一做法实行下去。英国驻华公使朱尔典对中国的禁烟事业非常关注，他曾认为，中国禁烟面临的困难之一是"中央政府已基本上丧失了将它的意志加之于各省的能力的时候"[2]，可惜，朱尔典的话只说对了一半。各省督抚在1908年下半年以后却实行了缩期禁绝罂粟种植的激烈行动。中国禁政在1911年成效甚大，以云贵川三省为例，该地区是国内罂粟种植

---

[1] 《请严饬各省实行禁烟并筹办公债抵补洋土药税厘呈请代奏折》，许珏：《復庵遗集》，第99页。
[2] 威罗贝著，王绍坊译：《外人在华特权和利益》，三联书店1957年，第671—672页。

的重灾区，缩期禁种的最初倡议者就是云贵总督锡良，护理云贵总督沈秉堃、四川总督赵尔巽也是禁种罂粟的积极实践者。云贵两省至1910年时已因罂粟禁绝的速度较快，无法实行抵补鸦片税的牌照捐；四川禁种罂粟的进展也较快，英文媒介的记者赴四川调查禁种罂粟的真相时，遍访了传教士、各种社会人士、旅行者、漫山遍野收购商品的中国商人、基层官员、罂粟种植者等，均称禁种罂粟的彻底，使其大为惊叹。①但是在清廷上层，度支部力主禁吸为先，对禁种和禁运持反对态度，在禁运邻土、停收税厘以及撤销局卡等问题上，与地方省份争论不绝，对立倾向明显，对地方的禁政事业构成阻力。

缩期禁烟行之有效，鸦片税厘缩减的速度自然较快，由此带来的全局性问题是鸦片税厘的抵补难题，这一方面要通过度支部来协调解决，但更多的压力确实要由地方督抚来承担。清廷和各省推出的抵补政策五花八门，多以加征消费税为主，这一政策势必导致各地变本加厉的苛捐杂税。印花税是清廷全力推行的抵补要策，最终却难以付诸实施，重要的原因是各地税政混乱，民众税负沉重，商人反对甚力。度支部一再要求各省要蠲除杂税苛捐，为印花税实施扫清障碍，但各省督抚应者寥寥，隐为抵制，全力固守地方利益，印花税和盐斤加价等抵补之策难以如愿贯彻，国家财政抵补的任务

---

① 《字林西报》记者对川省禁烟成效概括有五个方面：一、地价减低四成之一；二、鸦片之价较上年涨高十成之八；三、罂粟之田改种五谷，故物多而价平；四、游于各村各镇不见烟馆之招牌；五、装土之箱多做煮炊之用。记者慨然说"此种变革可谓奇而罕见……予意如此变革，世界各国殆无一能于一年之内奏功者，仅在专制之中国可以有成耳"，见《纪川省烟近状》，《申报》1910年4月23日。

无法实现。

"抵补财政"成效不大导致清廷与外省财政捉襟见肘的情形更趋明显。为了实现中央的练兵计划和各项新政举措，清政府实行财政集权的倾向也就更加紧迫，各部纷纷推行侵夺地方财政和人事权限的政策，诸如盐政、财政、军政、司法等，均推出集权举措，揽政集权成为此后清廷政策的一个明显特征。有人专门分析清末中央集权的策略类型，认为，清廷推行集权的策略大致有两类情形：

一是"以一部分省中之事权，委任专隶于中央各部之机关或官吏，使其独立秉承中央主管部处理事务，而不受督抚之节制"①，这类分督抚之权的做法简称为中央专管机关分权方法。二是在督抚之下，设立专职机关或官吏，既受督抚节制，又受中央主管机关的考核奖惩，这种集权方案简称为"共管机关之分权"，其目的是侵蚀外省督抚对有关事务的独控权力。两类分权方案中均有财政收权的倾向，在贯彻实施时，当然会受到督抚群体的强烈反对，上下纠纷甚烈，政潮迭见。

清廷对督抚反对的声音也不能一概漠视，"无所严惮"，由于督抚权势积重，外省与清廷的利益格局很难骤然更改，②因而对地方利益不得不予以兼顾。由清廷担负的各项新政需费浩繁，而掌控财力有限，不得不仰求于督抚，露骨的中央集权倾向反不足以成事，加之倡导集权的宗室权贵本不孚众，③督抚威望极隆者可以隐

---

① 沈乃正：《清末之督抚集权、中央集权与"同署办公"》，《社会科学》第2卷第2期，（民国）国立清华大学，1937年1月。
② 沧江：《外官制私议》，《国风报》第1年第31期，1910年12月2日。
③ 长舆：《论中央地方之权限及省议会之必要与其性质》，《国风报》第1年第32期，1910年12月22日。

抗不遵，各省之间在共同的利害问题上联系紧密，互通声息，①清廷在抵补财政背景下的集权措施很难得到不折不扣地执行。新政事业的推行，也掺和了清廷与地方矛盾的因素，枢臣全力推行整军经武的方针遭到外省督抚的强力抵制，相反，外省吁请振兴实业、发展新式教育的要求，却受到国家财政机构的干预和压制，上下新政事业的推行均受到双方矛盾的制约和影响。清廷与外省的关系受双方较量和争执结果的影响，呈现出复杂的变动。这对鸦片禁政和新政的进程自始至终影响甚大。

就鸦片禁政本身来看，政治和社会意义虽然巨大，却造成清廷和各省更加严重的财政困难。从1903年以后，随着筹措庚子赔款和编练新军，清廷和各省需款陡增，鸦片税厘整顿是一个较为灵便且成效甚巨的开源之策，尤其是鸦片统捐（后推广到各省，改称统税）实行后，财政意义更加突出。根据中外人士的各类估计以及柯逢时的历次奏报，估计1906至1909年间，洋土药各类名目的税收每年至少可达库平银4000万两以上，1910年以后这一数字才迅速减

---

① 例如，1909年度支部推行清理财政，江鄂两督与各省督抚电信往返，共谋对策，有关电文节录见《各省对于清理财政之电文》，《东方杂志》第6年第3期，1909年4月15日。

少。①设若实行鸦片专卖,这一收入的数字当会更加庞大。1903年全国的财政收入为10492万两,②1905年为10292万余两③,1909年以后,由于在各省实行清理财政,各省暗款变为明款,总的收入数额增加甚快。④收入增加的原因甚多,其中洋药税厘和土药统税无疑是一个大项。庚子前洋土药税厘占清政府总收入的近8%,1905年

---

① 洋土药税不仅仅是指统捐或统税,还包括各省自己征收的鸦片烟馆营业税、牌照捐、凭照捐、吸食鸦片用具费、各类鸦片贸易罚款等等。就统税一项来看,1909年春天,当度支部要求各省筹议对鸦片税的损失进行抵补时,透露国内土药统税全年(指1908年)的税收总数为2800余万两(《咨请各省筹补药税》,《大公报》1909年4月3日),这一数字并不包括鸦片其他形式的征税收入;1907年11月份,英国驻华使馆人员在仔细调查后认为,中国每年征收土药税款可达650万镑,按照当时的英镑和库平两的兑换比率(1907年时1英镑合7.5库平两,见许毅主编:《从百年屈辱到民族复兴——清代外债与洋务运动》,第546页货币折算比例表,经济科学出版社2002年版),这一数字相当于4875万库平两,论者没有出示立论的依据,疑为据全国土药产量及贸易量等数据计算,但部分土药贸易系走私进行,偷漏税款甚为严重,有关机构不可能全部征到税款。禁烟上谕发布十日后,朱尔典估计说,中国每年从洋药中的收入"计五百七十一万一千七百十一两(合英金八十五万九千一百三十六镑),土药则十倍之。是以所征之税约有四千五百万两(合英金六百七十六万八千七百五十镑)"。总括各种资料,应该说每年征税(银)4000万两以上的数字应是可信的。广东省禁烟总局官员许珏曾对本省的牌照捐收入有所估计,认为粤省牌照捐在三十个月的时间内可收入2145万元,按照这一计算,该省每年牌照捐的收入可达858万元(后来由于英国人的反对等原因,这一计划没有全部实现),这从另一个侧面说明鸦片税厘的收入不能仅看统税收入,其他税款的征收数目也不可忽视(见许珏:《復庵遗集》,影印本,第431—434、470—471、485各页)。
② 刘锦藻:《清朝续文献通考》第68卷,第8249页。
③ 汪敬虞主编:《中国近代经济史(1895—1927)》,第1334页。
④ 人们往往惊讶国家在清末时期财政扩张的速率之快,仔细分析清理财政时期的预算收入数字,可以发现,这是在中央严令各省清理财政后,各省向来以各种方式隐匿的收入被揭示出来,暗账多变成明账,预算收入自然扩大;从这个角度看,1903年的收入数字也就不能算是国家收入的全部数字,而是被地方隐瞒了许多。

这一比例上升到11.3%。①1908年各省册报岁入数字为24191万两，中央收入数字不详，若以中央次年的收入数字3801万两计入（因缺少具体数字，姑采此法）②，那么，1908年全国总收入约为27992万两（实际收入很可能低于此数），当年仅土药统税一项收入就达2800余万两，③洋药税厘约为502万两，④洋土药税厘占全国总收入的比例达11.8%，这还未将其他的鸦片税收入计入在内。可见，鸦片税厘承担了财政扩张的重要职能。鸦片税厘虽有重要的财政意义，但缩期禁政却使这部分收入化为泡影，在原本已经非常沉重的税捐条件下，筹补这笔税款就显得十分困难。这笔税款缺失以后，不但清廷的财政损失难以筹补，影响了新政事业的推进，更深刻的影响，在于抵补税款的行动短时间内激化了原有的社会矛盾，禁政和新政不得不走向它的反面，民众所面对的困境，不但有"新政之累"，而且还要加上"禁政之累"。

在鸦片税厘的分配比例上，清廷控制使用的比例相对较少，估计不会超过三分之一，⑤其余大部分税款被外省所支配。在各省财政结构中，鸦片税厘收入占有重要地位的省份主要有两类，一类是

---

① 田海林、张志勇：《禁烟新政与清王朝的覆亡》，中国史学会编：《辛亥革命与20世纪的中国》（中册），中央文献出版社2002年，第1289—1304各页。
② 刘锦藻：《清朝续文献通考》卷67，第8233—8234页。
③ 《咨请各省筹补药税》，《大公报》1909年4月3日。
④ 汤象龙编著：《中国近代海关税收和分配统计》，中华书局1992年，第118—120页。
⑤ 彭雨新据《华制存考》说，1908年"户部（实际上是度支部——引者）奏称土药统税试办一年期满之结果，税项所入应拨还各省额款者居十分之八，可拨作练兵经费者仅十分之二"，如照此计算，拨还各省的土药税款则应占绝大部分。彭雨新：《清末中央与各省财政关系》，《社会科学杂志》第9卷第1期，1947年。

出产鸦片较多的省份，例如北方的山西、陕西、甘肃、山东等省，南方的四川、贵州、云南等省；另一类是鸦片贸易量较大的省份，例如湖北、广东、江苏两属、福建、广西等省。这些省份的财政情况相对来说好于其他省份，但随着鸦片禁政的推行，财政运行也就较多地受到禁政所带来的负面影响，对外赔款筹措和练兵新政经费保障均受到程度不同的冲击。在各类抵补措施并不十分奏效的情况下，清廷每年的鸦片税收入均有所减少，海关的洋药入口税厘和土药统税局的解款迅速萎缩，国家部门的用款倍受牵制；与鸦片利益密切相关的省份更受影响，尤其是这笔税款与练兵和各项新政的开支密切相关，所以，禁政虽具有社会道义的支持，却对新政构成了威胁。

每年数千万财源丧失之后，各地举债受挫，钱庄和银号不堪忍受政府的过度透支，纷纷倒闭，以致引发此起彼伏的金融风潮。在出产鸦片较多的四川省，由于实施严厉的禁烟措施，银根吃紧的情形更为严重。[1]清廷财政状况的困窘以至于崩溃，虽以甲午和庚子两次战争赔款为转折，但随后的鸦片禁政却使崩塌的趋势更加明显，推动社会进步的改革终于成为清廷财政总崩溃的导火线。难怪有学者将鸦片禁政与清廷灭亡联系起来，认定两者之间具有明显的因果联系。[2]鸦片禁政的确使清廷和各省陷入财政困境，但由此得出禁政与辛亥鼎革属于因果关系的论断则不甚妥切。历史演进的制

---

[1] 周勇、刘景修编：《近代重庆经济与社会发展：1876—1949》，第153、308、316、322各页。
[2] 田海林、张志勇前揭文，该文的中心论题据作者称是："清末禁烟新政搞得越好，清王朝就覆亡得越快"，将鸦片禁政视为清王朝的掘墓者，两者的因果关系至为明显。

约因素往往是多方面的，各种因素之间互为牵制，每一项因素与最终结果之间至多是处于一种相关关系。

　　禁政与新政处于同一个时期，两者互有牵制，因缘凑泊，其间产生的矛盾也环环相扣，并逐步加深和激化，共同构成辛亥鼎革的重要因素。譬如，禁政的直接后果是促进了清廷与外省关系的恶变，并使清廷财政陷入危机；间接后果较为复杂，诸如抵补税厘过程中，清廷与外省的纠葛不绝，地方税政的败坏趋向，民众的变乱，清理财政过程中的上下纠纷等；除了鸦片禁政引起的上下矛盾以外，清廷在宣统年间更加快了整军经武的步伐，有限的财政能力被军备经费所挤占，相反民生实业却被压抑，外省新政项目也因经费不足而对清廷怨言满腹。尚有一个重要的因素不可忽视，这就是清廷一意实施中央集权的各种计划，盐政集权、财政集权、军政集权、司法审判集权等等，这类措施将清廷与外省关系的恶变推向顶端，种种变量交织错杂，共同作用，给清朝气息奄奄的运脉重重一击，覆亡就是必然的。

征引文献

（按汉语拼音字母排序，外文文献置后）

一、档案文献

（一）中国第一历史档案馆未刊档案：

1兵部、陆军部全宗 2财政处全宗 3端方档案全宗 4会议政务处全宗 5军机处录副外交类 6军机处录副财政类 7禁烟总局全宗 8练兵处全宗 9民政部全宗 10农工商部全宗 11四川巴县档案 12税务处全宗 13山东巡抚衙门全宗 14学部全宗 15巡警部全宗 16宪政编查馆全宗 17总理练兵处全宗 18朱批奏折财政类 19张之洞档案 20赵尔巽档案全宗 21政务处全宗

（二）已刊档案：

陈旭麓等主编：《辛亥革命前后——盛宣怀档案资料选辑之一》，上海人民出版社1979年；

《度支部试办全国预算奏稿（附：全国预算暂行章程、特别预算暂行章程、主管预算各衙门事项清单）》，中国社科院近代史所图书馆藏；

《度支部清理财政处档案》（上、下册），中国社科院近代史所图书馆藏；

第一历史档案馆：《清代两次试办

印花税史料》,《历史档案》1997年第4期;故宫博物院明清档案部编:《清末预备立宪档案史料》,中华书局1979年;

国家档案局明清档案馆编:《义和团档案史料》,中华书局1959年;

甘厚慈辑:《北洋公牍类纂》,光绪三十三年京城益森公司铅印本;

胡滨译:《英国档案有关鸦片战争资料选译》,中华书局1993年;

李必樟编译:《上海近代贸易经济发展概况:1854—1898年英国驻上海领事贸易报告汇编》,上海社会科学院出版社1993年;

莫世祥等译编:《近代拱北海关报告汇编:1887—1946》,澳门基金会出版1998年;

《美国外交文件》(1906年),华盛顿特区:政府出版局1909年印;

全廉等校勘:《度支部通阜司奏案辑要》(全一函),京师京华印刷局印刷,年代不详,中国社科院近代史所图书馆藏;

《清末云南为禁种大烟而劝办桑棉档案史料之一》,《云南档案史料》1991年第4期;

《清末民初云南禁种大烟劝办桑棉档案史料之二》,《云南档案史料》1993年第3期;

《清末督抚答复厘定地方官制电稿》,载《近代史资料》,总第76号;

税务处督办梁士诒辑:《重印总税务司赫德筹饷节略》,单行本,民国三年十月;

四川省档案馆编:《四川保路运动档案选编》,四川人民出版社1981年;

天津市档案馆等编:《天津商会档案汇编(1903—1911)》,天津人民出版社1989年;

王彦威辑:《清末外交史料》,沈云龙主编《近代中国史料丛刊》(以下简称《丛刊》)三编,第11—13号;

王树敏、王延熙辑:《皇朝道咸同光奏议》,台湾文海出版公司影印本;

外贸部、海关总署研究室编:《帝国主义与中国海关》第八编:《中国海关与英德续借款》,科学出版社1959年;

徐雪筠译:《上海近代社会发展概况》,上海社会科学院出版社1985年;

《英国蓝皮书(为中国禁烟事)》,载《外交报汇编》,台湾广文书局1964年影印;

中国第一历史档案馆编:《光绪宣统两朝上谕档》,广西师范大学出版社1996年;

中国第二历史档案馆、中国社科院近代史所合编:《中国海关密档—

赫德、金登干函电汇编（1874—1907）》第7卷，中华书局1995年；

中国第一历史档案馆编：《清代档案史料丛编》第11辑，中华书局1984年；

中华人民共和国海关总署研究室编译：《辛丑和约以后的商约谈判》，中华书局1994年；

中国近代史资料丛刊编委会主编：《中国海关与义和团运动》，中华书局1983年；

"中研院"近代史研究所编：《海防档·购买船炮·福州船厂》，台湾艺文印书馆1957年；

朱寿朋编：《光绪朝东华录》，中华书局1984年；

周勇、刘景修译编：《近代重庆经济与社会发展：1876—1949》，四川大学出版社1987年；

章开沅等主编：《苏州商会档案丛编》第1辑，华中师范大学出版社1991年；

Chinese Maritime Customs, *Annual Trade Reports and the Trade Returns of the Various Treaty Ports, 1864—1916*;

美国陆军部岛国事务局：《菲律宾鸦片调查委员会报告》（*Report of the Philippine Opium Investigation Committee*），华盛顿特区：政府出版局1905年。

二、报刊

1 《北华捷报》
2 《北方日报》
3 《刍言报》
4 《大公报》
5 《大阪每日新闻》
6 《福报》
7 《国民报》
8 《国风报》
9 《广益丛报》
10 《国闻报》
11 《国闻周报》
12 《华字汇报》
13 《汉口见闻录》
14 《汇报》
15 《华制存考》
16 《华字日报》
17 《汉口中西报》
18 《汉口日报》

19《集成报》
20《警钟日报》
21《京津时报》
22《京报》
23《岭东日报》
24《民报》
25《民呼、民吁、民立报》
26《南华早报》
27《纽约时报》
28《内阁官报》
29《清议报》
30《四川官报》
31《苏报》
32《申报》
33《神州日报》
34《盛京时报》
35《商务官报》
36《时报》
37《时务报》
38《顺天时报》
39《时敏新报》
40《同文沪报》
41《万国公报》
42《外交报》
43《文言报》
44《字林西报》
45《字林星期周刊》
46《中国日报》
47《正宗爱国报》
48《中国时报》（天津）
49《直隶教育官报》
50《中外日报》
51《政艺通报》
52《政治官报》
53《东方杂志》
54《大中华》
55《东吴月报》
56《国学论丛》
57《禁毒月刊》
58《禁毒专刊》
59《教育杂志》
60《教育世界》
61《民权素》
62《南大经济》
63《社会科学》（国立清华大学）
64《社会科学》（广州大学）
65《社会科学》（福建省研究院）
66《社会科学月报》（上海）
67《社会科学季刊》（国立中央大学）
68《社会科学季刊》（武汉大学）
69《社会科学论丛》（国立中山大学）
70《社会科学月刊》（上海）
71《社会科学研究》（上海）
72《社会科学论丛》（广州中山大学）
73《社会科学论丛季刊》（广州中山大学）
74《社会科学学报》（昆明云南大学）
75《社会科学丛刊》（国立中央大学）

76《社会科学运动季刊》（上海）
77《社会科学杂志》（北京国立"中央"研究院）
78《社会科学杂志》（上海）
79《社会科学杂志汇刊》（上海）
80《食货》
81《银行月刊》
82《青鹤》
83《中国社会经济史集刊》（国立"中央"研究院）
84《中国近代经济史研究集刊》（国立"中央"研究院）
85《中和月刊》
86《政论》
87《浙江潮》

三、资料汇编

戴执礼编：《四川保路运动史料》，科学出版社1959年；
第一历史档案馆编：《清代职官履历全编》，华东师大出版社1997年；
隗瀛涛、赵清主编：《四川辛亥革命史料》，四川人民出版社1981年；
鲁子健编：《清代四川财政史料》（下），四川省社会科学院出版社1988年；李文治编：《中国近代农业史资料（1840—1911）》，三联书店1957年；马模贞主编：《中国禁毒史资料》，天津人民出版1998年；千家驹编：《旧中国公债史资料》，中华书局1984年；
璩鑫圭、唐良炎编：《中国近代教育史资料汇编·学制演变》，上海教育出版社1991年；
饶怀民、藤谷浩悦编：《长沙抢米风潮资料汇编》，岳麓书社2001年；
上海市禁毒工作领导小组、上海市档案馆编：《清末民初的禁烟运动和万国禁烟会》，上海科学技术出版社1996年；
武汉大学历史系中国近代史教研室编：《辛亥革命在湖北史料选辑》，湖北人民出版社1981年；
王铁崖编：《中外旧约章汇编》，三联书店1957年；
萧铮编：《民国二十年代大陆土地问题资料》（136），台湾成文出版社1977年；姚贤镐编：《中国近代对外贸易史资料（1840—1895）》，中华书局1962年；严中平等编：《中国近代经济史统计资料选编》第2辑，科学出版社1957年；

云南省历史研究所编：《清实录有关云南史料汇编》，云南人民出版社1985年；张侠等编：《清末海军史料》，海洋出版社1982年；

中国近代兵器工业档案史料编委会：《中国近代兵器工业档案史料（一）》，兵器工业出版社1993年；

中国史学会编：《中国近代史资料丛刊·洋务运动》，上海人民出版社1961年；中国史学会编：《中国近代史资料丛刊·辛亥革命》，上海人民出版社1957年；中国史学会编：《中国近代史资料丛刊·戊戌变法》，神州国光社1953年；

中国人民银行参事室编著：《中国清代外债史资料（1853—1911）》，中国金融出版社1991年；

中国人民银行总行参事室金融史资料组编：《中国近代货币史资料》，中华书局1964年；

朱有瓛主编：《中国近代学制史资料》，华东师范大学出版社1987年；

浙江省社会科学院历史研究所编：《辛亥革命浙江史料选辑》，浙江人民出版社1981年；

小岛晋治监修：《幕末明治中国见闻录集成》第1卷，樱书房1997年影印。

四、官书史籍

安徽省清理财政局编：《安徽全省财政说明书》，广东省广州市图书馆藏；

广西清理财政局编：《广西财政沿革利弊说明书》，中国社科院近代史所图书馆藏；

广东清理财政局编：《广东财政沿革利弊说明书》，中国社科院近代史所图书馆藏；

湖南省清理财政局编：《湖南全省财政说明书》，广东省广州市图书馆藏；

湖北省清理财政局编：《湖北全省财政说明书》，广东省广州市图书馆藏；金毓黻编：《宣统政纪》，辽海书社1934年印；

贾桢等纂修：《文宗显皇帝实录》，中华书局1986年影印本；

江苏省苏属清理财政局编：《苏属财

政说明书》省预算，中国社科院近代史所图书馆藏；

江西省清理财政局编：《江西全省财政说明书》，广东省广州市图书馆藏；

刘锦藻编：《清朝续文献通考》，上海商务印书馆1936年版；

清理财政局编订：《广东财政说明书》，中国社科院近代史所图书馆藏；沈桐生辑：《光绪政要》，江苏广陵古籍刻印社1991年；

世续、陆润等纂修：《德宗景皇帝实录》，中华书局1987年影印本；

《山西全省财政沿革利弊说明书》，山西清理财政局印，中国社科院近代史所图书馆藏；

《山东清理财政局编订全省财政说明书》第四册，中国社科院近代史所图书馆藏；

商务印书馆编译所编：《光绪新法令》，宣统二年铅印；

商务印书馆编译所编：《大清宣统新法令》，宣统二年铅印；

文庆等遍：《筹办夷务始末》（道光朝），中华书局1964年；

席裕福、沈师徐辑：《皇朝政典类纂》，《丛刊》续编，第888—889号；

盐务署编：《中国盐政沿革史（长芦）》，《丛刊》正编，第636—637号；

直隶省清理财政局编：《直隶清理财政局说明书》，中国社科院近代史研究所图书馆藏；

赵尔巽主编：《清史稿》，中华书局1976—1977年。

五、文集日记函札年谱

岑学吕编：《三水梁燕孙（士诒）先生年谱》，台湾文海出版社有限公司影印本；陈夔龙著：《庸庵尚书奏议》，《丛刊》正编，第507号；

陈璧著：《望嵩堂奏稿》，《丛刊》正编，第93号；

陈涛著：《审安斋遗稿》，《丛刊》正编，第338号；

陈善同著：《陈侍御奏议》，民国十一年河南商务印刷所铅印；

丁凤麟等编《薛福成选集》，上海人民出版社1987年；

丁日昌撰，范海泉、刘治安点校：《丁禹生政书》，丁新豹出版社1987年；

丁贤俊、喻作凤编：《伍廷芳集》，中华书局1993年；

杜春和等编：《荣禄存札》，齐鲁书社1986年版；端方著：《端忠敏公奏稿》，《丛刊》正编，第94号；

方宗诚编：《开县李尚书（宗义）政书》，《丛刊》正编，第462号；

胡思敬著：《退庐全集、笺牍、奏疏》，《丛刊》正编，第444号；

胡思敬著：《退庐全集：驴背集、审国病书、大盗窃国记、丙午厘定官制刍议》，《丛刊》正编，第445号；

胡钧撰：《张文襄公（之洞）年谱》，《丛刊》正编，第47号；

胡珠生编：《宋恕集》，中华书局1993年；

何启、胡礼垣编：《新政真诠·劝学篇书后·去毒篇辩》第五编，上海格致新报馆1901年铅印本；

江春霖撰：《梅阳江侍御奏议》，蒲田江氏铅印本；

蒋湘南撰：《七经楼文钞》，同治九年重刊本；

金兆丰撰：《镇安晏海澄（安澜）先生年谱》，《丛刊》正编，第491号；蒯光典著：《金粟斋遗集》，《丛刊》正编，第304号；

刘光第著：《刘光第集》，中华书局1986年；

刘世珩撰：《财政条议》（清末民初史料丛书第23种），成文出版社据光绪三十二年版本影印；

李刚己著：《李刚己遗稿》，《丛刊》正编，第348号；

林葆恒编：《闽县林侍郎（绍年）奏稿》，《丛刊》正编，第301号；鲁一同著：《通甫类稿》，《丛刊》正编，第368号；

骆惠敏编，刘桂梁译：《清末民初政情内幕（上）》，上海知识出版社1986年；

罗正钧编：《左文襄公（宗棠）年谱》，《丛刊》正编，第145号；

梁启超著：《饮冰室合集》，中华书局1989年影印；劳祖德整理：《郑孝胥日记》，中华书局1993年；

欧阳辅之编：《刘忠诚公（坤一）遗集》，《丛刊》正编，第252号；皮锡瑞著：《师伏堂日记》，《湖南历史资料》1958年第4期；

钱仲联笺注：《人境庐诗草》附录二，《黄公度先生年谱》，上海古籍出版社1981年；

上海图书馆编：《汪康年师友书札》，上海古籍出版社1986—1989年；

宋晋撰：《水流云在馆奏议》，清末民初史料丛书第50种；盛宣怀：《愚斋存稿》，《丛刊》续编，第122—

125号；

《孙中山全集》第1卷，中华书局1981年；

孙宝瑄著：《忘山庐日记》，上海古籍出版社1983年；

天津图书馆等：《袁世凯奏议》，天津古籍出版社1984年；

桐乡庐氏校刻：《桐乡劳先生（乃宣）遗稿》，《丛刊》正编，第357号；

王树枏编：《张文襄公（之洞）全集》，《丛刊》正编，第452—484号；

王栻主编：《严复集》第二册，中华书局1986年；

王闿运撰：《湘绮楼日记》，岳麓书社1997年；

汪诒年编纂：《汪康年遗著》，1920年铅印本；

汪康著年：《汪穰卿笔记》：上海书店1997年；

汪诒年编：《汪穰卿先生传记七卷遗文三种》，杭州汪氏1938年铸版；

吴汝纶编：《李文忠公（鸿章）全集》，《丛刊》续编，692—696号；

萧荣爵编：《曾忠襄公（国荃）奏议》，《丛刊》正编，第432、436号；

许珏撰：《復庵遗集》（清末民初史料丛书第49种），成文出版社1970年印行；许同莘撰：《张文襄公年谱》，商务印书馆1946年上海初版；

徐世昌撰：《退耕堂政书》，民国三年刻印本；

熊希龄著：《熊希龄先生遗稿》，上海书店出版社1998年；

夏东元编：《郑观应集》，上海人民出版社1982年；

薛福成著：《出使英法义比四国日记》，岳麓书社1985年；杨坚校补：《郭嵩焘奏稿》，岳麓书社1983年；

杨曾勗辑：《无锡杨仁山（楷）先生遗著》，《丛刊》正编，第536号；

佚名编：《清代名人书札》，《丛刊》续编，第749号；

喻岳衡点校：《曾纪泽遗集》，岳麓书社1993年；

姚锡光撰：《吏皖存牍》，光绪三十四年京师铅印本；

姚锡光撰：《尘牍丛钞》，光绪三十四年京师刻；

苑书义等编：《张之洞全集》，河北人民出版社1998年；

张之洞、刘坤一撰：《江楚会奏变法三折》，《丛刊》续编，第471号；

张奚若撰：《南通张季直（謇）先生传记》，《丛刊》续编，第791号；

赵树贵、曾丽雅编：《陈炽集》，中华书局1997年；

赵润生撰，赵炳麟辑：《赵柏岩集》，民国十一年全州赵氏铅印；

郑嘉谟撰：《鸦片专卖条陈》，光绪三十四年铅印本，北京大学图书馆收藏；周家禄著：《寿恺堂集》，《丛刊》正编，第83号；
中国科学院历史研究所第三所主编：《锡良遗稿》，中华书局1959年。

六、笔记及其他史料

蔡云万著：《蛰存斋笔记》，上海书店出版社1997年；
岑春煊著：《乐斋漫笔》，《近代稗海》第1辑，四川人民出版社1985年；程龢著：《浙鸿爪印》，《丛刊》正编，第799号；
陈夔龙著：《梦蕉亭杂记》，北京古籍出版社1985年；
陈忠倚辑：《皇朝经世文三编》，《丛刊》正编，第751号；
陈治先、陈冷汰译：《清室外纪》，《丛刊》正编，第722号；葛士浚辑：《皇朝经世文续编》，《丛刊》正编，第741号；
黄炎培等编纂：《中国商战失败史》，《丛刊》续编，第930号；黄濬：《花随人圣庵摭忆》，上海书店出版社1998年；
何良栋辑：《皇朝经世文四编》，《丛刊》正编，第761号；
何刚德撰：《客座偶谈》，民国二十三年铅印；
贺长龄、魏源编：《皇朝经世文编》，《丛刊》影印本；
胡思敬著：《国闻备乘》，上海书店出版社1997年；
江庸撰：《趋庭随笔》，民国二十三年北平和记印书馆铅印；
梁章钜撰：《浪迹丛谈、续谈、三谈》，中华书局1981年；
梁启超：《戊戌政变记》附录二，《湖南情形》，中华书局1954年；李圭著：《鸦片事略》，北平图书馆1931年印行；
李振华辑：《近代中国国内外大事记》，《丛刊》续编，第67辑；
李基鸿著：《百年一梦记》，《丛刊》续编，第423号；
李岳瑞著：《春冰室野乘》，上海广智书局1911年铅印；刘体仁著：《异辞录》，上海书店1984年影印；
麦中华编：《皇朝经世文新编》，

《丛刊》正编,第771号;

闵尔昌纂录:《碑传集补》,民国二十一年燕京大学国学研究所铅印;

钱恂制:《光绪通商综核表》,《丛刊》续编,第48辑;

荣孟源等主编:《近代稗海》第二辑,四川人民出版社1985年;孙家振著:《退醒庐笔记》,上海书店出版社1997年;

邵之棠编:《皇朝经世文统编》,《丛刊》续编,第716号;

沈惠风著:《眉庐丛话》,《丛刊》续编,第635号;

沈祖宪、吴闿生编:《容庵弟子记》,民国二年铅印;

天台野叟:《大清见闻录》,中州古籍出版社2000年;

魏允恭编:《江南制造局记》(一),《丛刊》正编,第404号;

吴廷燮:《清财政考略》,民国三年三月校印;

吴兆莘著:《中国税制史(下)》,商务印书馆1937年再版;

吴贯因著:《中国预算制度刍议》,北京文益印刷局1918年铅印;

王伯恭著:《蜷庐随笔》,山西古籍出版社、山西教育出版社1999年;

王照口述,王树枏笔录:《德宗遗事》,宣统三年铅印,台湾学生书局影印;

徐珂编:《清稗类钞》,中华书局1984年;

徐一士著:《一士类稿·一士谭荟》,重庆出版社1998年;

阎毓善著:《龙沙鳞爪》,《丛刊》正编,第907号;

佚名著:《清末实录》(外十一种),北京古籍出版社1999年;杨凤藻编:《皇朝经世文新编续集》,《丛刊》正编,第781号;

杨寿楠著:《觉花寮杂记》,民国年间铅印;

杨楷制:《光绪通商列表》,《丛刊》续编,第479号;

渔隐编:《时务经济策论统宗》第12卷,《理财科》(下),上海文贤阁1908年石刻本;

朱彭寿著:《旧典备征安乐康平室随笔》,中华书局1980年;

张枬、王忍之编:《辛亥革命前十年间时论选集》,三联书店1977年;

政协甘肃省委员会文史资料研究委员会编:《甘肃文史资料选辑》第10辑,甘肃人民出版社1981年版;

朱克敬著,杨坚点校:《瞑庵杂识》4卷,岳麓书社1983年。

七、研究论著

（一）专著：

崔运武：《中国早期现代化中的地方督抚》，中国社会科学出版社1998年；陈寅恪：《柳如是别传》（上册），上海古籍出版社1980年；

陈其南：《台湾的传统中国社会》，允晨文化1987年；

戴一峰著：《中国近代海关与中国财政》，厦门大学出版社1993年版；

邓绍辉著：《晚清财政与中国近代化》，四川人民出版社1998年；

戴维·F.马斯托，《美国禁毒史——麻醉品控制的由来》，周云译，北京大学出版社1999年；

冯尔康、常建华著：《清人社会生活》，沈阳出版社2002年；

冯柳堂：《中国历代民食政策史》，商务印书馆1993年影印第1版；

冯天瑜：《"千岁丸"上海行——日本人1862年的中国观察》，商务印书馆2001年；

傅宗懋：《清代督抚制度》，政治大学1963年；

顾学裘：《鸦片》，商务印书馆1936年；

关晓红：《晚清学部研究》，广东教育出版社2001年；

胡汉生：《四川近代史事三考》，重庆出版社1988年；

何烈：《清咸、同时期的财政》，"中华丛书"编审委员会1981年编印；

何烈：《厘金制度新探》，台北中国学术著作奖助委员会1972年；

韩延龙、苏亦工等：《中国近代警察史》，社会科学文献出版社2000年；

黄通等合编：《日据时代台湾之财政》，联经出版事业公司1987年；侯宜杰：《二十世纪初中国政治改革风潮》，人民出版社1993年；

贾士毅：《民国财政史》上册，商务印书馆1917年；

姜鸣：《龙旗飘扬的舰队——中国近代海军兴衰史》，三联书店2002年；

孔祥吉著：《晚清佚文丛考：以戊戌维新为中心》，巴蜀书社1998年；

林崇墉：《沈葆桢与福州船政》，联经出版事业公司1987年；

刘彦著，戴荻校：《中国近时外交史》（《民国丛书》第一辑第27号），上海书店影印；

刘秉麟：《中国财政小史》（《万有文库》第一集1000种），商务印书馆1933年；

刘广京：《经世思想与新兴企业》，联经出版事业公司1990年；

罗玉东：《中国厘金史》，《丛刊》续编，第62辑；

罗运炎：《中国鸦片问题》，上海兴华报社1929年；

罗志田主编：《20世纪的中国：学术与社会》（上），山东人民出版社2001年；

罗尔纲著：《晚清兵志》，中华书局1997年；

李定一、吴相湘编纂：《中国近代史论丛》第2辑第5册，正中书局1979年；

李定一等编纂：《中国近代史论丛·财政经济》，正中书局1985年；

李恩涵：《曾纪泽的外交》，《"中研院"近代史研究所专刊》（15），1982年再版；

廖梅：《汪康年：从民权论到文化保守主义》，上海古籍出版社2001年；

莱特《中国关税沿革史》，姚曾廙译，商务印书馆1963年；

马丁·布思著，《鸦片史》，任华梨译，海南出版社1999年；

M.G.马森：《西方的中华帝国观》，时事出版社1999年；

马小泉：《国家与社会：清末地方自治与宪政改革》，河南大学出版社2001年；

庞百腾：《沈葆桢评传——中国近代化的尝试》，上海古籍出版社2000年；

彭泽益：《十九世纪后半期的中国财政与经济》，人民出版社1983年；

秦和平：《云南鸦片问题与禁烟运动》，四川民族出版社1998年；秦和平：《四川鸦片问题与禁烟运动》，四川民族出版社2001年；苏同炳：《中国近代史上的关键人物》，百花文艺出版社2000年；苏智良：《中国毒品史》，上海人民出版社1997年；

苏云峰：《三（两）江师范学堂：南京大学的前身，1903—1911》，南京大学出版社2002年；

桑兵：《晚清学堂学生与社会变迁》，学林出版社1995年；

沈云龙：《徐世昌评传》（传记文学丛刊之52），传记文学出版社1979年；

商丽浩：《政府与社会：近代公共教育经费配置研究》，河北教育出版社2001年；

汤志钧、汤仁译：《维新·保皇·知新报》，上海社会科学院出版社2000年；

汤象龙：《中国近代财政经济史论文选》，西南财经大学出版社1987年；

汤象龙：《中国近代海关税收与分配统计》，中华书局1992年；

陶亢德编辑：《鸦片之今昔》，上海宇宙风社1937年；

威罗贝：《外人在华特权和利益》，三联书店1957年；

吴相湘：《近代史事论丛》（传记文学丛书之82），传记文学出版社1978年再版；

王宏斌：《赫德爵士转——大清海关洋总管》，文化艺术出版社2000年；

王宏斌：《禁毒史鉴》，岳麓书社1997年；

王曾才：《中英外交史论集》，台北联经出版事业公司1979年；

王树槐：《庚子赔款》，《"中研院"近代史研究所专刊》（31），1974年出版；

王良行：《近代中国对外贸易史论集》，台北县中和市知书房出版1997年初版；王尔敏：《清末兵工业的兴起》，"中研院"近代史研究所1963年；

王尔敏：《淮军志》，学术著作奖助委员会1967年；

王晓秋、尚小明主编：《戊戌维新与清末新政——晚清改革史研究》，北京大学出版社1998年；

王笛：《跨出封闭的世界——长江上游区域社会研究（1644—1911）》，中华书局2001年；

王绳祖编：《中英关系史论丛》，人民出版社1981年；

汪敬虞主编：《中国近代经济史：1895—1927》中册，人民出版社2000年；

萧治致、杨卫东编撰：《鸦片战争前中西关系纪事》，湖北人民出版社1986年；许毅主编：《从百年屈辱到民族复兴——清代外债与洋务运动》，经济科学出版社2002年；

于恩德：《中国禁烟法令变迁史》，中华书局1934年；

［日］伊能嘉矩：《台湾文化志》（中卷），中译本，台湾省文献委员会1991年；

张仲礼主编：《中国近代近代经济史论著选译》，上海社会科学院出版社1987年；

张仲礼、陈曾年：《沙逊集团在旧中国》，人民出版社1985年；

张德泽：《清代国家机关考略》，中国人民大学出版社1981年；

"中研院"近代史研究所社会经济史组编：《财政与近代历史》，"中研院"近代史所1999年印；

赵丰田：《晚清五十年经济思想史》，北京燕京大学哈佛燕京学社1939年；

庄吉发：《同光年间的地方财政与自强经费的来源》，《清末自强运动研讨会论文集》，1988年；

朱维铮：《求索真文明——晚清学术史论》，上海古籍出版社1996年；

朱宏源：《同盟会的革命理论——〈民报〉个案研究》，"中研院"近代史所专刊50，"中研院"近代史所1985年；

朱庆葆等：《鸦片与近代中国》，江苏教育出版社1995年；

郑曦原编：《帝国的回忆——〈纽约时报〉晚清观察记》，三联书店2001年；

中国人民大学清史研究所编：《清史编年》，第十一、十二卷，中国人民大学出版社2000年；

周育民：《晚清财政与社会变迁》，上海人民出版社2000年；

周询：《蜀海丛谈》，巴蜀书社1986年；

中国第一历史档案馆编：《明清档案与历史研究——中国第一历史档案馆六十周年纪念论文集》（上、下），中华书局1988年；

梅里贝斯·E.卡梅伦（Meribeth E.Cameron）：《1898—1912年中国的改革运动》（*The Reform Movement in China，1898-1912*），奥克塔冈图书公司1963年重印；

Lima，Margaret Lulia Beng）：《英国与印中鸦片贸易的终结 1905—1913》（*Britain and the Termination of the India-China Opium Trade，1905-1913*），未刊伦敦大学博士论文，1969年；

乔舒亚.A.福格尔（JoshuaA.Fogel）与罗威廉（WilliamT.Rowe）合编《展望变革的中国：韦慕庭教授退休纪念文集》（*Perpectives on a Changing China:Essays in Honor of Professor G.Martin Wilbur on the Occasion of His Retirement*），西景出版社1979年；

Lian Lin-hsiao:*China's Foreign Trade Statistics,1864—1949*，Harvard University Press, 1974.

（二）论文：

陈诗启：《海关总税务司对鸦片税厘并征与粤海常关权力的争夺和葡萄牙的永居澳门》，《中国社会经济史研究》1982年第1期；

陈庭锐：《鸦片问题之结束》，《大中华》第1卷第12期，（上海）中华书局1915年；

戴一峰：《论近代中国海关与鸦片税厘并征》，《福建论坛》（文史哲版）1993年第5期；

戴一峰：《晚清中央与地方财政关系：以近代海关为中心》，《中国经济史研究》2000年第4期；

杜正胜：《史语所的过去、现在与未来》，"迈向新学术之路：学术史与方法学的省思"研讨会，1998年10

月，罗志田主编：《20世纪的中国：学术与社会》（上），山东人民出版社2001年；

郭卫东：《不平等条约与鸦片输华合法化》，《历史档案》1998年第2期；

何汉威：《从清末刚毅、铁良南巡看中央和地方的财政关系》，《"中研院"历史语言研究所集刊》第68本第1分1997年；

何汉威：《从银贱钱荒到铜圆泛滥——清末新货币的发行及其影响》，《"中研院"历史语言研究所集刊》第62本第3分，1993年；

何汉威：《清末赋税基准的扩大及其局限——以杂税中的烟酒税和契税为例》，《"中研院"近代史研究所集刊》第17期下册，1988年；

何引流：《中国的毒品问题》，《中国经济论文集》第2集，中国经济情报社1936年；

何瑜：《晚清中央集权体制变化原因再析》，《清史研究》1992年第1期；

刘翠溶：《关税与清末自强新政》，《清末自强运动研讨会论文集》，1988年；

刘绍唐主编：《民国人物小传·李经羲》，《传记文学》第40卷第4期；

刘伟：《晚清"就地筹款"的演变与影响》，《华中师范大学学报》第39卷第2期，2000年；

刘渭平：《早年澳洲籍中国政府政治顾问之一：莫理循的生平及其对华的影响》，《传记文学》第29卷第1期；

刘光华：《殖民地财政政策的特殊性》，《社会科学论丛》第1卷第8号，国立中山大学1929年；

刘隽：《道光朝两淮废引改票始末》，《中国近代经济史研究集刊》第1卷；

刘增合：《清末禁烟谕旨起因论》，王宏斌主编：《毒品问题与近代中国》，当代中国出版社2001年版；

林满红：《银与鸦片的流通及银贵钱贱现象的区域分布（1808—1854）——世界经济对近代中国空间方面之一影响》，《"中研院"近代史研究所集刊》1993年第22期上；

林满红：《清代本国鸦片之替代进口鸦片（1858—1906）——近代中国"进口替代"个案研究之一》，《"中研院"近代史研究所集刊》1980年第9期；

林满红：《财经安稳与国民健康之间：晚清的土产鸦片议论（1833—1905）》，"中研院"近代史所社会经济史组编：《财政与近代历史》，"中研院"近代史所1999年印；林满红：《晚清的鸦片税（1858—

1906）》，《思与言》1979年第5期；
林乾：《咸丰后督抚职权的膨胀与晚清政治》，《社会科学战线》1989年第1期；罗玉东：《光绪朝补救财政之方策》，《中国近代经济史研究集刊》1933年第1卷第2期；
乐观道人：《清末督抚佚闻》，《青鹤》第4卷第1期，1935年；
罗志田：《立足于中国传统的跨世纪开放型新史学》，《四川大学学报》1996年第2期；
李玉：《晚清印花税创行源流考》，《湖湘论坛》1998年第2期；
廖全吉：《曾国藩幕府盛况与晚清地方权力之变化》，《中山学术文化集刊》1969年第4集；
目黑克己：《光绪初年山西省禁种罂粟问题》，《国外中国近代史研究》第22辑；茅家琦：《地方势力扩张与晚清政局》，《中国历史上的分与合学术研讨会论文集》，台北联合报系文化基金会1995年；
欧阳红：《张之洞幕府研究》，中山大学历史系硕士学位论文，2001年；
彭雨新：《清末中央与各省财政关系》，《社会科学杂志》1947年第9卷第1期；戚其章：《颐和园工程与北洋海军》，《社会科学战线》1989年第4期；

斯蒂芬·R.麦金农：《北洋军阀、袁世凯与中国近代军阀主义的兴起》，《亚洲研究杂志》1973年5月第32号；
石楠：《略论港英政府的鸦片专卖政策》，《近代史研究》1992年第6期；
沈乃正：《清末之督抚集权、中央集权与"同署办公"》，《社会科学》第2卷第2期，国立清华大学出版社1937年；
沈金鉴：《辛亥革命前夕我国之陆军及其军费》，《社会科学》第2卷第2期，国立清华大学出版社1937年；
汤象龙：《民国以前的赔款是如何偿付的？》，《中国近代经济史研究集刊》第2卷第2期，1934年出版；
汤象龙：《重庆海关税收和分配统计（1891—1910）》，《四川文史资料》1983年第3期；
唐上意：《清末民初四川州县捐税激增之一斑》，《四川师院学报》1982年第2期；田海林、张志勇：《许珏与晚清禁烟运动》，王宏斌主编：《毒品问题与近代中国》，当代中国出版社2001年；
田海林、张志勇：《禁烟新政与清王朝的覆亡》，"纪念辛亥革命90周年国际学术讨论会"论文，2001年10月，中国史学会编：《辛亥革命与20世纪的中国》中册，中央文献出版社

2002年；

托马斯·D.莱因斯著，黄检秋译：《改革、民族主义与国际主义：1900—1908年中国的禁烟运动与英美的影响》，《近代亚洲研究》（Modern Asian Studies）第25期，译文载《国外中国近代史研究》第25辑；

西川正夫：《四川保路运动前夜的社会状况》，邱远应译：《辛亥革命史丛刊》第5辑，中华书局1983年；

王金香：《清末鸦片税收述论》，《山西师大学报》第27卷第4期；

王树槐：《鸦片毒害——光绪二十三年问卷调查分析》，《"中研院"近代史研究所集刊》1980年第9期；

王宏斌：《20世纪初英美对华鸦片政策与清末禁烟运动》，《南开史学》1991年第2期；

王宏斌：《清末广东禁烟运动与中英外交风波》，王宏斌主编：《毒品问题与近代中国》，当代中国出版社2001年；

王雪华：《督抚与清代政治》，《武汉大学学报》1992年第1期；

汪林茂：《清咸、同年间筹饷制度的变化与财权下移》，《杭州大学学报》第21卷第2期，1991年6月；

魏光奇：《清代后期中央集权财政体制的瓦解》，《近代史研究》1986年

第1期；吴敦俊：《近代贵州经济的支柱——烟税》，《贵州文史丛刊》1986年第4期；

尹福庭：《试论太平天国革命时期清政府中央和地方权力的消长及其影响》，中国人民大学清史研究所编：《清史研究集》第4集，四川人民出版社1986年；殷俊玲：《宣统元年反抗户口调查风潮》，《历史档案》1999年第3期；

莊吉发：《同光年间的地方财政与自强经费的来源》，《清末自强运动研讨会论文集》，台北，1988年；

张远鹏、虞晓波：《禁烟禁毒研究的力作——评介〈鸦片与近代中国〉》，《江海学刊》1996年第6期；

张振鹤、丁原英：《清末民变年表，1902—1911（上、下）》，《近代史资料》1982年第3、4期；

朱偰：《田赋附加税之沿革》，《社会科学丛刊》第1卷第1期，国立中央大学1934年；

郑友揆：《我国海关贸易统计编制方法及其内容之沿革考》，《社会科学杂志》第5卷第3期，中央研究院社会科学研究所1934年；

郑宗启：《鸦片之源流》（一名：鸦片史话），《国学论丛》第1卷第1号，北京清华学校研究院1928年；

岸本（中山）美绪：《〈租覈〉市场論の經濟思想史的位置》，《中國近代史研討会》第二集，1982年；

加藤繁：《清朝後期の財政に就いて》，《歷史教育》第14卷第2号，昭和十四年5月；

目黑克彦：《中国近代における輸入アヘンに対する税厘徵收問題の基礎的研究》，《平成七年度科研費報告書》1996年3月；

新村容子：《清朝政府のアヘン輸入代替政策とアヘン貿易》，《東洋学報》78卷第2期，1996年9月；

新村蓉子：清代四川アヘンの商品生產，《東洋学報》1979年3月；

David Edward Owen, *British Opium Policy in China and India*, Yale University Press, 1934;

托马斯·L.肯尼迪（Thomas L. Kennedy）：《毛瑟枪与鸦片贸易：1895—1911年的湖北枪炮厂》，乔舒亚·A.福格尔（Joshua A.Fogel）与罗威廉（William T.Rowe）合编《展望变革的中国：韦慕庭教授退休纪念文集》（*Perpectives on a Changing China:Essays in Honor of Professor G.Martin Wilbur on the Occasion of His Retirement*），西景出版社1979年版；

Perkins（帕金斯），"Government as an Obstacle to Industration:The case of 19th-Century China（阻碍工业化的政府：19世纪中国状况）" *Journal of Economic History*, 27.4（Dec.1967）(《经济史季刊》第27卷第4期，1967年12月)；

David Pong（庞百腾），"Keeping the Foochow Navy Yard Afloat: Government Finance and China's Early Modern Defence Industry, 1866—1875（《维持福州造船厂：财政与中国早期的近代国防工业，1866—1875》），*Modern Asian Studies*, 21.1（Feb.1987）(《现代亚洲研究》第21卷第1期，1987年2月).